北京协和医院
陈德昌回忆录

醉心医海

陈德昌 著

Devotion to Medicine

中国协和医科大学出版社
北京

图书在版编目（CIP）数据

醉心医海：北京协和医院陈德昌回忆录 / 陈德昌著 .
北京：中国协和医科大学出版社，2024.7.
ISBN 978-7-5679-2439-0

Ⅰ. K826.2

中国国家版本馆CIP数据核字第2024P7B060号

著 陈德昌
责任编辑 李元君　胡安霞　聂志扬
装帧设计 邱晓俐
责任校对 张　麓
责任印制 黄艳霞
出版发行 **中国协和医科大学出版社**
（北京市东城区东单三条9号　邮编100730　电话010-65260431）
网　址 www.pumcp.com
印　刷 北京联兴盛业印刷股份有限公司
开　本 787mm×1092mm　1/16
印　张 53
字　数 920千字
版　次 2024年7月第1版
印　次 2024年7月第1次印刷
定　价 150.00元

醉心医海

陈德昌教授（1932年1月16日—2022年12月10日）

醉心医海七十载，人人笑他太痴狂。铁肩担道义，妙手著文章，侠骨也柔肠。巧遇伯乐，掉转方向，沉得下去，专注学问，在中国重症医学事业的艰难跋涉道路上，他将一个崭新的时代开创。在一个个生命不幸遭遇暴风骤雨时，他使出全部的力量，把他们从死神手中夺回。教授暮年，壮心不已，著书立说，铿锵前行，任英雄气概纵横驰骋，古今多少事，都付笑谈中。

序言

（一）

陈德昌教授是著名的医学科学家、医学教育家，是我国重症医学的开拓者和奠基人，也是全体协和人无比敬仰的前辈。

陈德昌教授出生于1932年，青少年时代在上海生活和学习。高中毕业时，他以优异的成绩被学校直接推荐到上海震旦大学医学院就读。1953年毕业后在上海瑞金医院任住院医师，经过六年的历练，成长为一名烧伤科主治医师。1964年，陈德昌教授调到北京协和医院工作，师从著名外科学家曾宪九教授。在漫长但又短暂的九十载人生旅途中，医学是陈德昌教授始终挚爱并毕生坚守的事业。

1979年，陈德昌教授在恩师曾宪九教授的帮助下，前往法国巴黎进修重症医学。1982年回国后，他参照国际先进模式在北京协和医院筹建了中国大陆第一个加强医疗病房（ICU）——由最初仅1张病床后来增加到2张病床的外科ICU。1983年，在外科ICU基础上创建的加强医疗科正式成立，这也是中国大陆第一个重症医学临床科室，陈德昌教授担任首任科主任。此后20余年间，协和ICU收治危重患者3760名，基于这一大宗临床病例，陈德昌教授领衔ICU团队对全身感染和多器官功能障碍综合征进行了系统的基础和临床研究，诊疗水平达到国内领先、国际先进，研究成果荣获2002年国家科学技术进步奖二等奖。

近半个世纪以来，正是由于曾宪九教授高瞻远瞩布局谋划学科，陈德昌教授呕心沥血建设发展学科，才使得重症医学在中国以星星之火燃为燎原之势，北京协和医院也成为中国重症医学的发源地。

陈德昌教授将国际重症医学最先进和最前沿的理念较早地、系统地介绍到中国，始终引领中国重症医学事业科学化、规范化发展。1997年，在他的倡议和主导下，中国重症医学领域第一个全国性学术组织——中国病理生理学会危重病医学专业委员会正式成立，陈德昌教授担任第一、二届主任委员。在学会的带领下，重症医学理论和技能培训、国内外学术交流如火如荼地开展起来，极大地促进了我国重症医学事业的发展。

陈德昌教授还是一位甘为人梯、提携后辈的好老师，为国家培养了一大批重症医学领军人物，刘大为、席修明、严静、陈德昌（上海）、许媛、邱海波、杜斌、马朋林等均出自他的门下，他们现已成为中国重症医学的中坚力量。张力、刘刚、乔晓溪、陈彤延、李安澜、刘剑、王谊冰、张海涛、侯百东、孙东旭、李毅等，都曾在陈德昌教授的指导下学习和工作，他们时刻不忘恩师的教诲，正秉承陈德昌教授的遗志为医学事业发展贡献着热血和力量。

无论是参加严重烧伤医疗组，还是参加医学代表团三次出访越南；无论是参加赴阿尔及利亚医疗队，还是作为医疗队队长深入西藏阿里，祖国的号召、人民的需要，永远是陈德昌教授奔赴的方向。2003年“非典”暴发，作为我国重症医学的领军人物，71岁的陈德昌教授再次临危受命，在北京“非典”防治指挥中心担当重任，多次参加危重患者会诊，向上级政府和主管部门建议动员三甲医院ICU医师和护士，集中治疗“非典”危重患者以降低病死率，取得了显著效果。

陈德昌教授还是一位不折不扣的作家。他酷爱写作，笔耕不辍，在主流媒体发表了百余篇随笔。翻阅此书，相信您一定会对陈德昌教授的作家“身份”有更为深切的感触。在他的笔下，有对战乱时期、逃难的儿童时期及家庭生活的细腻描写，有对历史人文的独到见解，有对创业历程的理性审视，有对恩师前辈的追思缅怀，还有对学科发展和医学教育的无限畅想……一个个瞬间、一段段往事，回忆的文字汇聚成星河，构成了陈德昌教授璀璨的一生。

陈德昌教授为中国重症医学事业的发展壮大作出了不可磨灭的贡献，这本回忆录不仅是他个人一生成长经历的珍贵记录，也是北京协和医院乃至中国医学界宝贵的精神财富。陈德昌教授虽然已经离开了我们，但他的精神长存。对他最好的纪念，就是传承和发扬他的爱国精神、拼搏精神、创新精神、奉献精神，希望每位读者都能在书中汲取百折不挠、勇于创新的力量，为把我们的祖国建设得更加美好作出应有的贡献！

北京协和医院院长 张抒扬

北京协和医院副院长 杜斌

2023年5月

序言

（二）

我与陈德昌相识相知相爱59年，志同道合，心意相通，彼此信任，共同成长，携手一生。回顾往事，德昌在抗日战争中的上海度过懵懂儿时，孜孜求学后辛苦工作，在磨难中成长，在厚积中薄发。奉调令来到北京协和医院，遇恩师曾宪九教授，赴法国学习危重病医学，开启了他后半辈子学习和工作生涯。

在开创中国危重病医学的道路上，德昌谨遵曾宪九教授“设定的梦想，瞄准的目标”，坚持不懈付出20余年的勤奋努力，艰难跋涉，顽强奋斗，从无到有地在国内创立了一支危重病医学队伍，在“非典”流行、地震灾害等重大事件的医疗救援工作中作出了显著的成绩和卓越的贡献。作为拓荒者和领路人，德昌曾获得多项国家级和省部级奖励。

在人生路上我和德昌风雨同舟，一路相辅，在党的光辉照耀下逐梦前行，初心终成。德昌钟爱写作，文思敏捷，语言生动，笔耕不辍几十年，将不同时期所见所闻所思所想倾注于笔端。这些文字里，有他念念不忘的恩师曾宪九教授的理念和师长的谆谆教导，也有他热爱并为之奉献半生的危重病医学事业，使这本回忆录中既闪耀着人文的光芒，也充满了学术的芬芳。

衷心期望通过德昌回忆录的出版，使他所敬奉的“做人，做事，做学问；尽心，尽力，尽责任”的格言能得以发扬光大！更期待广大危重病医学后继者能为祖国、为人民、为医学科学事业，作出新的更大贡献！

致谢我的小女儿陈铭、北京协和医院时任宣传处副处长董琳以及宣传处王晶，他们十分熟悉德昌生前文章的写作历程，将德昌分散的诸多短文在几个月内整理成书，并逐字逐句地认真审核，为本书的顺利出版付出了大量辛勤努力，深表感谢。

陈德昌之妻　潘家绮

2023年8月

序言

（三）

为敬爱的父亲而写

我敬爱的父亲陈德昌，浓眉大眼，络腮胡子，声音洪亮，爱哈哈大笑，爱讲有趣的故事，表情丰富，喜爱结交五湖四海的朋友，年轻时走路疾步生风。在钻研和思考问题时，父亲展现出严格、审慎、逻辑分析能力强的一面。单位里的同事们都亲切地称呼他为“大胡子”或“拼命三郎”。有父亲在的地方总是充满了生机。

父亲是我一生崇拜的偶像，也是我人生重要的启蒙老师。他对我的教育多源自亲身感悟。当我遇到困惑时，他会给我讲一段故事或陪我去书店买书、去电影院看老电影，我们总是不停地交换彼此的想法和见解，一些感悟和深思便在这些启发式探讨中孕育而生。父亲是我精神世界成长的源泉。父爱如山，我终生铭记父亲对我的教诲。

无论是从事工作还是面对生活，父亲一直怀揣孩童般的好奇与探索之心，喜欢问“为什么”。除了钻研危重病医学专业外，他最喜爱沉浸式博览群书、看电影和写作，如同喜爱大块吃肉般让他深感畅快淋漓。本书便是父亲笔耕不辍几十年的结晶：书中收录了他回忆年幼时躲避战火逃难的情景，长大后热爱读书并立志从事医学事业，从此踏上不平凡的医学探索与实践之路的心路历程。师从北京协和医院曾宪九恩师后创建ICU，留学法国学习当时世界先进的危重病医学知识与技术，并带回祖国，为发展壮大我国危重病医学毕生不懈地奋斗。书中字里行间饱含深情，特别是对恩师、家人、好友、共同奋战的工作团队，以及北京协和医院优秀的跨学科协作平台给予的大力支持的感恩之情。父亲自幼学习的第一外语是法语，出色的法语交流能力使得父亲经历了非同寻常的多维度人生，他参与了《毛泽东选集》第四卷的翻译工作，作为复核组组长高质量地完成了该项光荣任务。书中生动描写了父亲多次优异地完成国家派遣的外事任务（如赴丹麦、赴阿尔及利亚、三次赴越南等地进行医学翻译或医疗援助工作）；1972—1973年，父亲作为中央派遣赴西藏阿里的第二批医疗队队长，骑马行医至藏民帐篷中救治了许多藏族同胞。书中阿里的照片均来自父亲当时的实地拍摄。父亲的兴趣爱好十分广泛，本书也收录了他对好书赏析、社会洞见、医学教育与发展等诸多方面问题的所思所想，文章类型丰富。这些短文曾陆续发表在博客、“Basic重症医学”微信公众号、《北京协和医院院报》《健康报》《中华医学杂志》专家论坛等。

记得小时候，父亲对我讲起他丰富的经历，总会将一些困境笑着讲述出来，父亲给我的印象一向是积极、乐观、浑身充满了力量向前冲。他也时常鼓励周围的人们：“困难是暂时的，终会过去。”随着年龄增长，我如今逐篇整理父亲的文章时，方才深刻体会父亲一生所经历的挑战并不像他笑容所展现的那般轻松。若置身于相同情景中，我时常扪心自问自己会如何做？人生正如庄子思想“物化”观所诠释：万物间相互影响，万物都在不停地变化、转化。环境的改变驱使人们自身的蜕变与精神升华。父亲的抉择与成长使他变得更加刚毅、坚韧与豁达。

如何过好晚年时光，父亲选择重拾自己的兴趣爱好，将自己的日程安排得充实、紧凑。虽因受多病困扰，足不出户，父亲通过坚持写作保持与外部世界与时俱进、积极活跃的思想交流，并兴致盎然地学习使用电脑进行写作、编辑、配图。在最后一年，父亲有强烈的时间紧迫感，每当我们呼唤父亲来餐桌旁吃饭时，父亲总舍不得中途停笔，并抱歉地说："不好意思哦，再等等我。让我写完这一段，我在与时间赛跑。"

本书的文章倾注了父亲晚年大量的精力与心血。希望本书的出版能为认识父亲的朋友们带去温馨的回忆和永久的陪伴；也会为行走在人生不平坦旅途中的朋友们带去更多的勇气、坚定的信念以及些许的启发和思索。

感谢我的母亲潘家绮、北京协和医院时任宣传处副处长董琳老师及宣传处王晶老师与我一起整理父亲的文章。相信父亲的在天之灵会深感欣慰与感激，人间值得。

陈德昌之女　陈　铭

2023年10月

目录

追求与超越

恩师情深

新征程

医海钩沉

人生旅途

人生百味　情牵中华

缅怀

时光记忆：特别鸣谢

附录

追求与超越

『宝剑锋从磨砺出，梅花香自苦寒来。』

一、我的爸爸妈妈

妈妈和她的父亲

——2014年11月29日初稿

——2019年7月16日完稿

“妈妈的父亲是我的外公”，早年我对这位老人家的了解仅止于此。然而，我有着两位外婆。大外婆是外公正娶，我的外婆屈身为妾。外公组成的家庭对妈妈精神上的伤害让她产生了一种持久性的反抗，并长期以来压抑在心头。直到晚年由一两件往事钩沉，妈妈突然爆发出强烈的叛逆性，让后辈们感到意外。这里面总有悲愤和屈辱，让她无法释怀。

外公喜欢做官。他一不是进士出身，二无济世之抱负，三无显赫名人的推荐。按科举惯例，中了进士才有资格做官。非进士不入翰林，非翰林不入内阁。清朝的当权者可以卖官鬻爵以聚敛财富，造成了官场腐败。我的外公不是进士，胸无运筹之策，却稀里糊涂地当上了大清银行的行长。有位远房长辈曾经很不客气地说过，我的外公出钱买官。但外公不谙权术，在任上无所作为，于宦海沉浮，玩不转了。一年后，他便从奉天（现在的沈阳）卷了铺盖回家。从此闲居不出。

外公一生没有干过什么正经的事，却把官老爷的架子搬回家来。才五十岁，要众人称他为“老爷”。从二楼卧室到楼下客厅，还需家人扶持。从那张遗像来看，他端庄稳重，上嘴唇一排浓密的唇髭修剪整齐。人生跌宕起伏，没有在他脸上留下沟壑痕迹。外公的标准像赢得全家上下和族中亲戚的敬仰。标准像的背后是一层并未破译的密码，外公是否心焉内疚，不为人所知。

宗法社会男人娶妻，首先考虑门当户对。大外婆矮小、干瘪、瘦小。我不相信外公对他的妻子真有爱情，不过是父母包办的一种生物匹配，借以繁衍后代。外公纳妾是在奉天做官的时候。纳妾是一个男人强加给另一个女人的婚姻，是一项买卖。我外婆原籍不在舟山，她记得自家姓李。那年兵荒马乱，外婆跟着父母背井离乡，战乱逃难途中与父母失散了，从此没有了娘家。她也没有养父养母，她必须无条件地接受她的男人，生儿育女。她没有话语权，没有独立的人格。男人纳妾，可以不顾和他一起生活的那位无辜女子终生蒙受的屈辱，又将屈辱传袭给无辜的庶出子女们。妻与妾的名分和地位，划分清楚，子女属嫡系或庶出，泾渭分明。这样的婚姻制度和家庭组合被包装得礼仪有序，在历史上绵延千年之久。

我的外婆生下她第一个孩子就是我妈妈，女孩中排行第一。此时，大外婆已经有了两个男孩，第二个男孩比我妈妈大不了几个月。大外婆母乳不足，外公责成我外婆当男孩的奶妈。我妈妈由代用品喂养。从出生的那天起，我妈妈在家庭中地位的尊卑和被剥夺的权利已被决定。

我妈妈从小机灵，她的奶奶喜欢她。有一天，她奶奶说："小骨头，拿只小凳过来，阿娘（南方'奶奶'之俗称）教你识字。"妈妈站在小凳上才够得上桌面。她开始背诵唐诗，朗朗上口。老人不在意小孩是否能懂，记住就行。然而，妈妈是女孩，在学龄前只得在家中接受私塾式教育。老师是她的奶奶，学生就她一个。我的二姨妈是嫡系，没有获得这份恩宠。有嫉恨之情、耿耿于怀者绝不止二姨妈一人。

女孩最遭罪的是缠足（俗称"裹小脚"）。实际上是一种酷刑，把女孩的双脚用长长的布条缠裹起来，越缠越紧。足部骨骼关节不能正常发育，变成畸形，俗称"三寸金莲"，走起路来，一摇三摆。据传说，这种陋习是由南唐李后主惹出来的。女子不裹脚，嫁不出去。宋、元、明、清各个朝代，都推崇小脚，没有一个人出来反对。到新文化运动才被彻底批判而唾弃。妈妈当年不能违抗世代相袭的家规。然而，她裹脚不过几天，奶奶下达旨谕：豁免。"把裹脚布去掉！"家中无人敢反对。妈妈的脚略显瘦小一点，没有畸形，称为"文明足"。

按当年宗法家庭的规矩而论，奶奶此举太荒唐。北宋有个王安石，是改革家，连他也没有做过这方面的尝试。谁也搞不清楚妈妈的奶奶是怎么想的，这位奶奶真了不起。解除裹脚布最初几天，更剧烈的疼痛像是要把妈妈的心剜出来似的。她第一次切身感受到肉体痛苦的滋味，但她不知道在她的一生中将会遭到更

我的妈妈　武仁瑛
（作者爸爸拍摄的杰作之一）

多痛苦的折磨，尤其是精神上的折磨。

待事之年，妈妈进入南洋女子师范大学附中读书。民国早年，在武氏家族中，史无前例。她因此对外公心存感激。她开始接触新思想，接受新文化运动的启蒙教育。邵力子先生到校讲课，他反对宗法社会婚姻中的陈规陋习，提倡婚姻自由。邵力子先生关于现代婚姻的新概念对妈妈有着自然的亲和力。老师让她看到了新社会的曙光。

妈妈走出家门，迈进学校大门上学是件大事，对嫡系子女亮出了信号。大舅二舅摆出无所谓的样子，他们是男孩。二姨妈感到自身的利益和地位受到威胁，很可能还有在幕后矜持寡言的大外婆。妈妈没有发现在她的背后有一群狼，若即若离地盯住她，眼睛闪烁着凌厉的冷光。

没有先兆，外公脑溢血很快死去。嫉妒和怨愤一下子聚焦在我妈妈身上。大殓过后，二姨妈在家族会议上，当众宣称我妈妈“没有继承权”。妈妈高中毕业被剥夺上大学的权利。晴空霹雳！妈妈毫无思想准备而备受震慑。兄妹变了脸，面纱撕掉了。一瞬间，她成为异类，似乎她来到这个家就是原罪。但是，她不可能意识到厄运的制造者其实是他的父亲。妈妈踩上了人生第一个转折点，险些被毁掉。家中唯一可以信赖的人是真心爱着她的亲生母亲。外婆睁着眼看着自家身世的悲剧正在她女儿的命运中延续。几十年来，外婆所承受的屈辱和伤害竟如此深沉凝重。

现实粉碎了青年人的幻想，激发了妈妈的愤怒和觉醒。天赋的本性和学校的教育，支撑着她勇敢地面对封建世俗的打击。她不甘心被宗法社会打垮。然而，不幸的事件一个挨着一个降临。嫡系兄妹要把她在奶奶和父亲在世时所享受的待遇进行清算或者惩罚。把妈妈嫁出去，嫁到家境清寒的寡妇孤儿人家，不失为诡密而体面的做法。惩罚是双向的，既针对妈妈，也针对外婆。妈妈没有能力带着自己的母亲跨出武家的门槛，由她赡养。和外婆告别，撕裂着妈妈的心。她诅咒这个可憎可恶的家。对抗那帮嫡系兄妹，她不是对手。她保持长期的沉默，苦果堵在她心里。

妈妈和她的母亲

——2019年7月22日完稿

从我长记性之时起，我知道我有两位外婆：大外婆与外婆。一个外公家为什么有两位外婆？我向自己提出这个问题，那是好多年以后的事。我知道外婆李葵是我的。我爱缠住外婆转悠。跟大外婆似乎隔着一层玻璃，从来不想接近她。

说是到外婆家去，其实是去二舅的住家，在上海极司菲尔路，独栋独户的小别墅。推开大门，走廊的尽端是楼梯。走廊右侧有两扇大窗户，还有扇门通向后屋一个天井。穿过天井就是厨房，白天也亮着灯。妈妈拉着我的手上楼。此刻，会听到厨房里女佣人大声叫唤："姨娘，你宝贝外孙来了。"妈妈以外孙的口吻替我应答着，不停步。从厨房深处传来我外婆亲热地喊着我的名字，但闻其声不见其人。这声音，大半个世纪过后犹在我的耳边。"姨娘"指的是我外婆。白天外婆很多时间在厨房那里忙着，尽管家里有好几位女佣人。

大外婆住二楼正房，光照好。一进门，妈妈按惯例会提醒我要放大嗓门称呼大外婆。在这个家中，大外婆不容争辩地是祖宗，尽管她不当家。她矮小，脸面肌肉萎缩，喜怒不形于色，老是端坐着，很少见她站起来挪动。传统节日，她由家人扶持着，慢步走下楼来。进入客厅，在沙发上坐定，接受众多后辈的问候和敬意。大外婆从来不进厨房。她很注意着装和言谈，对我妈妈、对我都很客气。根据小孩的本能，我看得出来，大外婆不是妈妈的亲生母亲。

我的大外婆（左）
和外婆李葵（右）

二舅简直是大外婆的复制品。一副猴脸长在男人的身上，不讨我喜欢。二舅也不爱理我。他很少在家中露面。二舅做生意之精明是出了名的。二舅妈比他高大，身材丰满，两眼炯炯有神，盛气凌人。两人合影，一猴一牛，出奇地匹配。二舅妈是名副其实的大当家，权威性在大外婆之上，说起话来，无所顾忌。当年他们已有七个孩子，两子五女。这群天之骄子都住二楼，和大外婆的卧室一壁之隔，中间有门相通，门常开。我虽愚钝，却有自知之明，不随意跨越。

如果妈妈带着我，前来做客宿夜，自必在大外婆卧室内早餐，像是老人家给我们母子俩一种礼遇优待。同桌就几个人，大家低声碎语，气氛压抑。一碗白米粥，糯软甘甜。修长的油条剪成小段，用瓷盘托上。另有油煎花生，小块松花蛋，小块酱豆腐，分小盘摆放。两只小巧的玻璃瓶盛着醋和酱油备用。从我胃肠道来说，确有几分诱人之处。我妈妈感受截然不同，因为不见外婆同桌就坐，这样的早餐吃下去也尽是苦涩滋味。

我的外婆住三层气楼，斜坡大屋顶下。一条走廊，两间房间宽敞，家具简单得不能再简单，收拾得很干净。不同方向各有窗户突出在屋顶斜坡之上。爬上椅子，向窗外眺望，居住区内散落的别墅群尽收眼底。一尊观世音塑像被安放在明显的位置，前面一只小小铜香炉，擦得锃亮。在受尽屈辱的外婆心目中，观音菩萨大慈大悲给她宽慰，给她希望。从二层到三层的楼梯直上直下，很陡。外婆用手扶着木栏，侧着身，一步一步地挪动缠足小脚。上楼下楼，独自一人。下楼似乎更费劲些。

妈妈来看望外婆，先在大外婆那里坐着聊天，然后再上楼来。这是规矩，从来如此。外婆善良、懦弱，遇事常常没了主意。每次见到我妈妈，母女俩坐在床边促膝而谈。话匣子一打开，像小溪之水潺潺流出。外婆谈得很认真，舟山话带上浓浓的外地乡音。老人家有自己的苦恼，无人可以倾诉。她担心妈妈的处境，但自身经济拮据，爱莫能助。久而久之，我对外婆产生一种感情，不知道如何表达。外国小孩会说“外婆，我爱你”，会亲吻外婆，但我不会这样。

有一次，大家已经在饭厅，围着桌子坐定，等着上菜。外婆端着一小锅米粥进屋来。冷不防一失手，锅打落在地，黏稠的热粥泼在她的脚上。在座有几位女眷发出轻声惊叫。我妈妈急忙起身，扶着外婆上楼去。母女俩的背影像一块火红的烙铁，在我的记忆中不会褪去。女佣人忙着打扫地面，没有人想着要上前去帮助外婆。往后，并不见有医生来为外婆治疗烫伤。家里安好无事。

又过了好几年，我和妈妈去外婆家。客厅里早已坐着几位亲戚，外婆按例不在其中。大家偶然说起外婆的健康情况。这样的话题放到桌面上来谈，实属罕见。有位亲戚说，我外婆应该到医院去看病。妈妈随着附和客人好心的建议。话音未落，二舅妈虎眼圆睁，勃然大怒，撂下一句狠话：“我们武家的事，不用你管。”妈妈二话不说，带着我愤然走出客厅，径直回家。她没有将此事告诉外婆。一路上，妈妈一言不发。

那年我已是初中学生。身处其境，我理解妈妈的强忍和克制。如果妈妈说外婆是她的母亲，此话一出，二舅妈必然反唇相讥：“好啊，你把你妈领回去，你养她。”妈妈是好强的女人，当着众亲戚的面，她被激怒而不反击，这样的自我克制，很痛苦。

回到家中，见到我爸爸，妈妈一肚子怒火，按捺不住，像火山喷发。爸爸所处的地位，面对强势武家的傲慢和羞辱，他也无能为力。然而，此刻爸爸听着妈妈的控诉，很耐心、很认真。妈妈始终认为爸爸是贴心人，是可靠的男人。在被蔑视、被损害的共同生活中，夫妻的爱情最真诚。正是在这种时刻，我知道我有位好爸爸。

太平洋战争结束，日军撤出外国租界。上海港重新开放对外贸易。二舅重振家业，买下一幢设计精巧的新宅。没住上两年，淮海战役打响，二舅带领全家移居美国。在上海的房地产和一家外贸商行，全权交给大舅掌管。20世纪50年代初，我外婆由她亲生的小女儿、我的四姨妈赡养，定居香港。“黄鹤一去不复返。”一次离别，两个世界，音讯全无。从那以后，我再也没有见过我的外婆。我深信外婆临终前一定惦记着我妈妈和妈妈这一家。

我还是学龄前儿童的时候，外婆曾经送给我两件小玩意儿。一件是以硬橡胶为材料的鲍比狗，一件是木雕的杂技演员，全身倒立，双臂撑在麒麟的背上。木

鲍比狗与杂技演员（外婆送作者的两件小玩意儿）

雕工艺粗糙，形象生动。外婆说过："给我外孙的东西，他不会丢。"

那只鲍比橡皮狗，那个耍杂技的小木雕，至今仍站在我的电脑前。写这篇文章的时候，我可以告慰外婆在天之灵，这两件小玩意儿就在我面前，我没有丢。对外婆的怀念，我不会丢。

爸爸的童年和少年

——2015年1月30日初稿

——2019年7月14日完稿

我家没有家谱。我爸爸不知道他爸爸的爸爸是谁。祖先可能在舟山群岛一带以打鱼为生。在一张边缘破损、泛黄的纸片上，可见毛笔写着我爷爷的名字——陈炳辉。

有一张放大的相片：爷爷弱冠之年，瘦削的躯干挂上一套马褂长袍，眼神迷惘，表情木讷，面无笑容。十八岁的他走出农村，到上海去寻求机遇。惜乎，他没有体力去打工，没有资格当职员，更没有冒险家那股胆量和泼辣。爷爷手头没有博弈的筹码，在十里洋场注定混不下去。他找到一家补习学校，苦学英文。但不幸患上了肺结核，把身上仅有的一点钱都搭进去了，一事无成。回到家乡，不久病死。

一间昏暗的小屋，一盏油灯，一根灯草，一个三岁小孩，坐在一张方桌子上，紧挨着他爸爸的病榻。一遍又一遍地听他妈妈对他说："他是你的爹。叫啊，快叫你爹呀……"爷爷闭上眼，永远地闭上了，再也没有睁开。他给这个世界留下一个寡妇，一个孤儿。

爸爸知道自己有位父亲，但很陌生。这是他最初也是最后的记忆。那天夜里，他的父亲死了。为什么？他不懂，他会失去自己的母亲吗？他会流落街头吗？他会饿死吗？他感到恐惧。童年时期所经受的苦难和折磨，永远在他心灵深处打上创伤的烙印，一辈子没有愈合。

奶奶有一位亲妹妹，我们叫她姨婆。在上海，姨丈公开了一家宁波红帮裁缝铺。在宁波乡下，姨丈公有房产和土地。姨婆获悉我爷爷的死讯，二话不说，着手安排把我奶奶和爸爸接来上海安身。我奶奶没有抗拒厄运的能力，我可以断言，没有姨婆出手相助，寡妇孤儿俩早已家破人亡。

奶奶带着我爸爸逃离定海贫困的乡村，闯入上海这座繁华的大城市。富有人家，客来客往，川流不息。穷人家的孩子很敏感，我爸爸总觉得人们用另一种眼光审视着他：“你是谁？你为什么挤进来？”似乎有一个声音在他内心深处冲着他喊话：“你是死了爹的孤儿。”

我的爸爸　陈兆瑛

爸爸在上海一家私立“创世学校”接受中小学教育，学费由姨婆资助。校长是一位中国基督教牧师。可能教学质量不佳，学校在上海院校的排行榜上，不见其名。爸爸读书用功，听话，守规矩，校长先生看在眼里。有一年暑假，校长先生别出心裁，安排我爸爸每天到他家客厅做作业，绘制大幅世界地图。稍后，每天总有一个女孩到客厅来弹钢琴。她是校长的女儿。爸爸专心绘画，举止拘谨，从来不敢和女孩对话。高中毕业后，校长有意推荐他上大学学习，承诺负担大学的全程学费。校长先生原先计划帮助家境清寒的好学生上大学，并且为自家闺女找个好夫婿。上大学，爸爸梦寐以求。先生的一番真心诚意，在这名学生胸中点燃了一把火。

姨婆和爸爸

奶奶神态冷酷，对爸爸说：“不能一辈子赖在姨妈家，讨人家接济。你长大了，该找工作赚钱养活你娘。”奶奶守寡多年，有感而发。她没有文化，目光短浅，不懂得大学教育是什么回事。我们没有理由苛求前辈老人，但决不意味着凡是老前辈之所言都是正确的。摆在爸爸面前的是他人生旅程中第二个转折点。这次应该由他自己做出选择，不该是他的母亲。爸爸不吭声。他按照宗法社会的习俗，不论父母意见正确与否，做儿子的必须听从，是为孝。他放弃了自己的追求。校长先生大失所望。不能上大学，爸爸心里明白，他痛失良机，在夜里蒙上被子大哭。但哭，有什么用？

命运曾经向爸爸伸出橄榄枝。但是，他选择了妥协和畏缩。在人生关键时刻，迈出了错误的第一步。就这一步之差影响着他的一辈子。很快爸爸滑向另一条人生轨道。他进入一家老式店铺当学徒，帮老板娘买菜、抱小孩、倒尿壶。在众人眼里，他不过是谨小慎微、唯唯诺诺、干不成大事的小伙计。在他内心深处，同样一个声音冲着他喊话："你真窝囊！"

在姨婆家里，他因血缘关系而求得生存。众亲戚无形的歧视，让他感到羞辱和自卑。寄人篱下，他没有自己的家。他梦想去创造一种新生活，但他缺乏独立生活的意志和胆量。他想飞，又怕掉下来。他不是鹰，他是只胆怯的小鸟。爸爸少年的生涯是悲剧。他曾经向女儿、儿子、儿媳细细诉说，似乎想得到孩子们的同情和谅解，但不知引为戒。我姐姐和我，行将择校上学，爸爸不操心，远不如我妈妈重视之深切。唐朝杜牧写《阿房宫赋》留下一段名言，他说："秦人不暇自哀，而后人哀之。"他告诫着我们，作为后生之辈，不要"哀之而不鉴之"。我写回忆，是反思，哀之而鉴之。

妈妈爸爸的姻缘

——2015年1月1日初稿

——2019年7月18日完稿

谁也没有料到外公会在很短时间内因病不治而去世，谁也没有料到妈妈会这么匆忙地和爸爸结婚。是因为我爸爸的激情打动了她的心？不是的。他们在婚前互不相识，妈妈的婚姻甚至由不得我外婆做主。从外公病故到她出嫁那段时期，武家嫡系兄妹推出了一套冷酷的计谋：他们委托一位远房叔婆做媒，把我妈妈嫁到寡妇孤儿的清寒人家去，让她从武家出局。

按封建社会惯例，女儿出嫁要从娘家带着嫁妆到丈夫家去，亦称"陪妆"，包括家具、衣被、钱财以及珠宝首饰等物。"送妆"与"迎妆"按规定礼仪进行。陪嫁物品及运送嫁妆的所有车辆都扎上红布。嫁妆是新娘子的私人财物，女儿对娘家财产的继承权通过嫁妆来体现。"迎妆"时，整套红木家具最容易招引婆家众亲戚挑剔的目光。记得妈妈曾经说过：在她的嫁妆中，红木五斗柜上本应该配置三面大镜子，被撤消了。红木大衣柜的背面，用一般木板替代。她没有说这是为什么……

爸爸妈妈的结婚照

我的爸爸

令人难以置信，妈妈公然被剥夺了对娘家财产的继承权。多年生活在同一家庭的屋檐下，那帮嫡系兄妹，把丧父不久的年轻而无助的姐妹，逼入绝境。妈妈没有被压垮，她决心出走，摆脱封建家庭的无情摧残。天无绝人之路。我的姨婆（我奶奶的亲妹妹）慷慨出资，把妈妈的嫁妆和婚姻礼仪所需各项费用全部包下，完成了婚礼。姨婆果断之举，救了我妈妈，救了我全家。对此，我永记不忘。妈妈终于跨出了武家的大门，决心去闯出新生活的路子。她没有眼泪。我试着从我出生的年月，作逆向的推算，妈妈结婚时大约23岁。

妈妈被迫接受生活上明显的落差。通向洞房的是一条狭小楼梯，新娘穿着高跟鞋，把脚横过来踩着，侧身扶住栏杆，拾级而上。在妈妈的心中，这是一条通天之路。房间虽小，但她踏上了一片清亮的、充满着生机的土地。

妈妈见到了我爸爸，为常言道：一见钟情。面对突如其来的风云变幻，女人似乎拥有男人所没有的另一种感觉器官，并且有5G功能系统，可以在0.1毫秒或0.2毫秒的时间内，捕捉信息并做出反应。妈妈自信找到了终生可以信赖的男人。爸爸为人敦厚、内向，丝毫没有沾染当年上海滩某些青年人的那种花哨和市侩气息，他没有不良嗜好。爸爸给妈妈带来安全感，他说的是干净的口语，不说脏话，从不跟人家吵架。即使对方恶语相加，也能保持沉默，不被激怒。爸爸从无欺人之心。他不善于表达自己的意见，因而显得过于拘谨，缺乏男子汉的阳刚气概。

妈妈和爸爸的爱情是在结婚之后，在共同生活中螺旋式上升，缓缓地加温。他们的爱情像美酒，醇甘绵长，没有小说中描述的那种火爆和狂热。生活有冷酷的一面，生活也有温馨的一面。妈妈有了自己的家。她终于获得了做人的尊严。

妈妈第一次抗争

——2019年7月19日完稿

我妈妈结婚后生了4个孩子，2男2女。我排行老四。大哥陈鹏飞出生前，爸爸梦见大鹏起飞，遂取名“鹏飞”。我见过大哥第一张照片，他坐着，短短的腿，大脑袋，双眼圆睁像在探视着什么，有点傻。但妈妈夸他机灵。大哥在公园里已能扶矮围栏站立，在爸爸的照相机前面姿势摆得不错。男孩穿着女孩的衣裙，不知哪来的规矩，以为唯有如此男孩才容易养大。年轻的爸爸妈妈把他看成今后能光耀门庭的宝贝儿子。守寡多年的奶奶把我大哥当作传宗接代的根苗。大家看到了希望。

我大姐陈龙珠排行第二。她出生之时，全家集恩宠于大哥的身上。大姐的长相并不惹人喜欢。我见过大姐童年的照片，坐在竹编的小推车上，对着爸爸的镜头，伸出一只手挡住自己的脸，好一派不合作的架势。女孩不服管教，从小就独行其是，像个男孩子。在脆弱的小家庭里，姐姐的倔强脾气独领风骚。

我的大哥　陈鹏飞

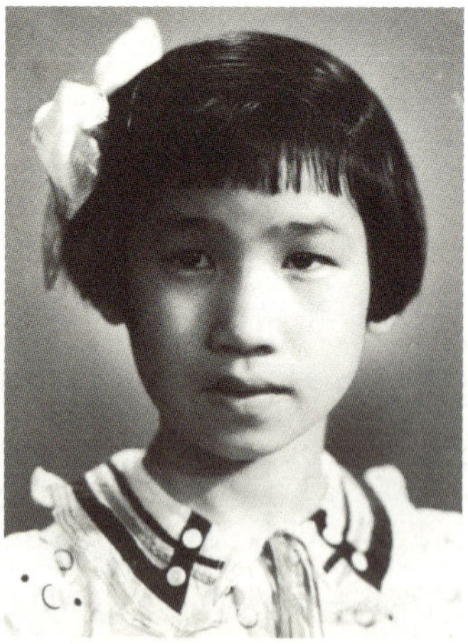

我的大姐　陈龙珠

我二姐陈明珠是合乎标准的胖娃娃。全身圆圆的一团，谁抱她在怀里，就舍不得放下。她嘴甜，张口就说“好好姆妈”。回顾我妈妈的童年，我外婆不敢冒犯家规，痛苦地克制着对她最心疼的亲生女儿的爱。然而，母爱是不能被替代的。如今，我二姐“好好姆妈”的语声，声声入耳，妈妈怎能不销魂？

我排行第四。长相实在难负众望。塌鼻梁，前额和下巴两头突起。我最初的照片，头发梳前留海，不男不女。爸爸给我照相，我独自东窜西跑，不听招唤。妈妈给我一块大银圆。屁股刚坐下，又起立。爸爸的镜头就抓住了这一刻。一个不安分守己的小家伙。看在我是男孩的面上，姑息了。

妈妈怀抱我的二姐　陈明珠

我小的时候

谁知我的大哥和二姐都在他们3岁那一年患急腹症，肚子鼓鼓的。我奶奶守寡养大我的爸爸，在家中说话具有绝对的权威性。她出主意请老中医来家诊治。老中医话说来头头是道，服泻药排毒。开完药方，走人。结果，我大哥死了。

轮到我二姐，老中医下处方，服泻药排毒。开完药方，走人。我二姐也死了。两个孩子就这样先后死去。那位老中医不知是哪家名医第几代传人，他坚信祖师爷的诊治方法错不了，不必受临床实践的检验。那年头，也不讲求循证医学。

我奶奶专断又无知，容不得儿媳妇半点不同意见，爸爸一意屈从。传统封建的陋习依然顽固地压制着新建小家庭的成长。妥协是对错误的怂恿，妈妈头脑是清醒的。这类事件不能再次发生！

只剩下两个孩子：姐姐和我。妈妈辞去家教的工作，做全职家庭妇女，而且避孕。我从小多病。还没上幼儿园就发猩红热。妈妈毫不犹豫，敢冒天下之大不韪顶撞奶奶的意见，她请了位西医大夫。那位谭以礼大夫给我用上抗血清，我活了，妈妈捡回她儿子的一条命。抗争从那时开始。

1937年我开始在中法学校初级班上学，检查发现颈部双侧成串的结核性淋

我的奶奶

巴结肿大。那年，喇格纳学校被日军占领并借用中法学校教室。他们在上午开课，我们被排在傍晚。妈妈利用白天我的课外时间陪我到张祛病大夫的诊所定期做X线深度照射治疗。奶奶横加阻拦，爸爸不违母命，妈妈坚持。成串的结核性肿大淋巴结，干干净净消失了，没有变成冷脓肿。我的学业没有中断。妈妈赢得了话语权。

20世纪50年代，我在上海广慈医院（现瑞金医院）做外科住院医生。曾轮转到小儿外科培训1年，见到小儿急腹症最常见的有胆道蛔虫症、急性阑尾炎穿孔后腹膜炎和肠套叠。胆道蛔虫症因疼痛和强迫性体位容易被诊断。阑尾炎穿孔和肠套叠都需要急诊手术。这些孩子可以存活。很自然，我想起了大哥和二姐之死。如果他们还活着！但是，生活中没有“如果”。

我最爱读的鲁迅文章是他写的那篇《父亲的病》（见《朝花夕拾》）。我相信鲁迅先生说的话，他说实话。医生免不了要犯错误。但是，他必须承认错误，思过改正。凡因循守旧，故弄虚玄，不是医者之道。鲁迅发出了呐喊。他的《呐喊》不仅限于医学。鲁迅对正在发生深刻变革的时代，亮出了强烈的信号。

妈妈在20世纪初出生。她挣脱封建氏族社会的桎梏，追求新的生活。两名儿女的死亡再次震醒了她。生活不是蔷薇。她选择抗争和独立。

妈妈爸爸和孩子们

——2019年7月23日完稿

从我获得记忆能力之日起，我家就居住在虹口的一座大宅院里。江南民居的传统建筑模式，二层楼房，“五上五下”。正面，上下层各有三间。左、右两侧设厢房，每层分前、中、后三间。庭院位于正房与厢房之间，上方架有玻璃顶棚，面积与庭院相等。庭院前方有一片花园，两侧设大小荷花池各一。花园侧面有漆黑大门，从来不打开。围墙与层楼等高。独门、独院、独幢楼房。这座大宅院里共同居住着我父系和母系多房亲戚。平日里很清静。

爸爸妈妈和奶奶分别住在右侧厢房的前、中、后三间。从右侧前厢房的小阳台或者从中厢房的窗户，都可以看到下海庙的屋顶标志性饰物。下海庙与我家居住的大宅院相隔一条街。大家常说“我们住在下海庙（附近）”，反而易使我把原本的街道名称给淡忘了。

我和爸爸妈妈住在前厢房，姐姐和奶奶住在后厢房。儿时的生活是人生中最幸福的，没有痛苦，没有悲哀。我好哭，无缘无故地耍脾气，不讲道理。那时，妈妈把我抱在怀里，一边拍着，一边走着，一边唱着妈妈自编的安眠曲，把我引入甜蜜的梦乡。我清楚地记得妈妈唱的调、每句词，还有她的声腔。

在人生艰难的时光，我多么需要听到妈妈自编的安眠曲。母亲特有的音乐，能够平息我的苦恼。但是，不可能了，永远不可能了。在默默的回忆中，我静静地听着妈妈的安眠曲，梦想着仍然睡在妈妈的怀里。就这样，在上海那座城市，在虹口那座大宅院里的一个温馨的家庭里，我开始了有意识的生活。童年的幸福原来如此简单，却又如此难得，一去不复返。

姐姐常到前厢房和我一起玩。我小时多病，常易发烧，还闹过一次猩红热，那时好几天不见姐姐露面。妈妈怕把病传给女儿。姐姐的活动范围比我大。在二层楼左、右后厢房层面的延伸部位，可以找到铁制扶梯，直达长方形露天阳台，贯通楼房的左右两侧，供各家晒衣被之用。我姐姐就在那片自由的天地里和同年龄段的表姐妹们一起玩耍，不干扰大人们的作息生活，也不在大人们视野之内。阳台是儿童的乐园。妈妈禁止我去攀登铁扶梯。我只能从姐姐的口述中感受孩子们的欢乐。对我们家以外的故事，姐姐也比我知道得多。她曾经在奔跑中摔跤，回家一声不吭，生怕失去她的乐园。

妈妈、姐姐和我

姐姐和我

我不如姐姐独立性强。妈妈给我过多的关爱，我对妈妈有更多的依赖。有一天放学，没有见到妈妈来接我回家，我就哭。此刻，见姐姐向我跑来。她提着书包，耸着肩膀，脑袋使劲向前攒动，活像水缸里的蝌蚪。姐姐比我年长三岁，在我面前她是“大人”。她把长方形的书包竖起来，坐在上面。等了不多一会儿，不耐厌烦，她忽然站起来拉着我的手说了一声：“我们走吧。”回家的路曲折又漫长。走过提篮桥监狱大门时，我很害怕，怕被站岗的警察抓进去，紧紧拉着姐姐的手。姐姐勇往直前，的确了不起。她推开我家后门，闯进厨房。但见茫茫水雾之中，一家人忙得不亦乐乎。妈妈忘了到学校去把孩子接回家。一片惊呼声欢迎我们归来。姐姐是英雄！我表现不错，路上没有哭鼻子。

下海庙每年有庙会，很热闹。夜里有灯会。俗话说：“好女不看灯。”女孩在待字之年不宜抛头露面，免得滋生出事端。小女孩容易被拐走贩卖，现实生活中不乏其例。妈妈不准孩子们外出。姐姐不服管教溜出去了，不被人知。在平淡的生活中添加一点越轨历险记，我姐姐心中说不出何等样的痛快。

孩子们小小年纪，人的品格雏形正在逐渐演进。姐姐胆子大，独立行动不依赖大人，缺了些许女孩子那份温顺。倔脾气是她的特征。我与姐姐显然不同，特别爱黏在妈妈身上，很听话。拉着妈妈和爸爸的手，从不擅自跨出房门。不惹事，也懒得自己动手干活。

我妈妈在外公家力争女权，在她一手组建的小家庭里，她重男轻女。在众亲戚面前，多次夸她儿子多乖多聪明。我大舅爱挑剔。有次在外婆家客厅，他向我提一个问题，我答不上，扭头就跑，慌忙逃窜，上楼去找我妈妈，但听得背后一阵哄笑声。在众人眼里，我并不被看好。

意想不到的事总是最有趣的。爸爸不言语，把我拉到他跟前，仔细端详，给我戴上一副大眼镜，穿上他的一双大皮鞋，左右两只脚反着穿。他像导演按自己的意图把演员打扮了当，拿起相机，咔嚓一声，作品完成。爸爸在想什么呢？

这就是爸爸拍的那张照片。如今拿在手中揣摩着。天可怜见，儿子这般模样，爸爸能有几多忧虑。

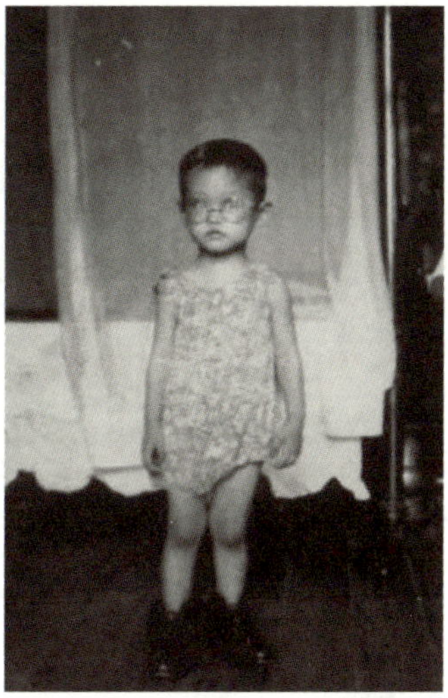
反穿大人皮鞋（爸爸导演）

为着儿女的教育

——2007年11月16日初稿

——2019年7月27日完稿

在前厢房梳妆台上方，挂着一个镜框。上面是爸爸高中时代在校长先生授意下绘制的大幅水彩世界地图。我认定爸爸画的大洋洲就是一只乌龟。学龄前儿童往往很自信。围绕这幅地图所产生的故事，经过好多年以后我才得以知道：校长是热心人，我奶奶目光短浅，爸爸失去了上大学的机会。这幅地图无时无刻不在警示着我们一家人：知识就是力量。教育可以开发人的潜在能力，为社会作贡献。在人生关键的时刻，必须迈好这关键的一步。

1937年淞沪战役，我们家从虹口搬到法租界的一座石库门楼房里。居住条件比虹口大宅院差得多了。大家没有怨言，因为国难当头。姐姐和我曾经在一所民办小学校上学，妈妈不满意。古有孟母三迁，第三次搬家将家搬到学宫旁边。孟母说："这才是孩子居住的地方。就在这里定居下来。"为了给儿子提供良好的教育环境，孟母择地而居，居住的条件服从教育儿子的需要。妈妈是孟母教育思想的信奉者。兵荒马乱的年代，她没有可能择居，只能居而择校。妈妈为我找到了中法学校，由法国天主教会创办；为姐姐找到清心女子学校，由美国基督教会

姐姐和我

创办。两所学校均对学生管教严格，男女分校。不设宗教课是妈妈择校的依据。

妈妈送姐姐去清心女校参加入学考试的那天，下着雷阵雨。回家的路上，临街悬挂的一块招牌突然被狂风吹落，击中人力车夫的小腿。车夫倒地不起，小腿骨折被送进医院。消息传来，爸爸在家发呆，他没有起身去学校看望我妈妈和我姐姐。我望着窗外的瓢泼大雨，害怕妈妈遭遇不测。隔了很长一段时间，楼梯上响起妈妈和姐姐的脚步声和说话声。我想冲出房门去搂住我的妈妈。但是我坐着，四肢瘫痪了似的。我想说："妈妈，你不要离开我。"但是我却沉默着，仿佛丧失了语言的能力。母爱对于一个七岁的孩子太重要了。暑期结束，新学期开始，姐姐和我各自上新的学校。

妈妈毕业于师范学校，深知子女教育的重要性。妈妈辞去了学校任教的工作，成为全职家庭妇女。我排行老四，前面一男一女在幼儿时病死，姐姐排行老二。在重男轻女的旧社会，我毕竟是"独生子"，得到特殊待遇。1941年太平洋战争爆发，日军全面侵占上海。父亲两次失业，没有收入。孩子们上学的学费按多少石、多少斗米的米价来计算，学费占全家开支的最大一笔。爸妈节衣缩食，竭尽全力供应我的学费。姐姐没有享受同等待遇。她申请助学金，作为一部分补贴。课余时间，她还在学校图书馆做些管理员的工作，渡过难关，不至于辍学。家中保姆已经辞退，姐姐放学回来还要帮妈妈干一段时间家务。她唯一的愿望是力争读上大学，其他一切她都可忍受。

石库门家的厨灶就设在通向晒台楼梯一个拐弯处。放上一只炉子，由储存食用油的"洋铅皮"圆桶改装而成。体积不大，恰好嵌在拐弯旮旯，不致过多地妨碍公众通道。燃烧不理想，烟熏呛人，但有窗户向小天井开放。姐姐放学回来，拿起一把小凳子对着炉灶的门坐着，一边摇着扇子送风，一边在膝盖上铺开书本出声朗读。一直到高中毕业，每日如此。我初次接触鲁迅的著作是姐姐扇炉火时朗读的"孔乙己"那篇文章。学校要求熟读而能背诵，姐姐反复诵读好多遍。房门是敞开的，我听着听着，就这样记住了。古有"吹火照书"的故事，传说苏颋出身于权贵人家，父亲做过尚书左丞，后来做了宰相。他“少不得父意，常与仆夫杂处”。但好学不倦，每于读书又患无灯烛，常在马厩中，凭灶头散射出来的闪闪火光专心诵读。我姐姐没有做官的爸爸，家中经济拮据，“吹火照书”成为她生活的现实。能苦学至此，确实很不容易。姐姐很用功，每学期考试不是第二就是第一。她数理化成绩都很好。穷人家的孩子早懂事。

晚饭过后，妈妈收拾桌子。每人各占一方，妈妈有缝缝补补的活，爸爸打开《世界史纲》(*Outlines of the World History*) 静静阅读。这个习惯几十年没有改变过。妈妈永远有干不完的针线活，爸爸反复阅读同一本书，一切遵循着牢固的一贯制。姐姐离开炉灶，回到桌上，书写作业。我天赋不如姐姐，数学、几何之类总需要姐姐帮忙。我临睡前要捱过一段难熬的时光，苦苦诵读，不及姐姐利索。

第二次世界大战结束，上海港重启对外贸易，爸爸找到了工作。家境好转后，姐姐高中毕业。妈妈有鉴于自身不幸的经历，不顾我奶奶的反对，决心把女儿继续送大学学习。我姐姐不愿留上海，报考南京金陵女大英国文学系被录取。妈妈终于看到女儿获得了自己没有获得的权利，情不自禁地高兴。姐姐第一次离家远行，妈妈亲自陪送她去南京。

1947年淮海战役打响，南京城内人心惶惶。我姐姐单身在外，急中生智，把衣箱和随身用品等全部家当留在学生宿舍，拼全力挤上了已经超载的火车直奔上海。全家毫无预感，不知姐姐出了什么事。我并不感意外。记得她上小学那年，我上幼儿园，妈妈没有按时来接我们，姐姐拉着我的手回家。上了大学，她还是这脾气，改变不了。妈妈随机应变，着手帮助姐姐转圣约翰大学。怎么办?

妈妈和姐姐（1960年）

妈妈不知校长是谁，竟然在校园内拦截一辆行驶中的汽车。倪葆春先生正在车内，准备外出，不料半路杀出个“程咬金”。转学之事就如此办妥了。

家和学校两点一线构成我们少年时代一个小小的宇宙。妈妈占据着宇宙的中心，巧妙地将姐姐和我在小学、中学和大学的轨道上转动着、运行着。这就是妈妈。她给了孩子们一份最好的爱。

妈妈有一只心爱的白色瓷笔筒（历经岁月变迁已丢失），正面刻画着孟母在窗前管教儿子读书的情景。我把生活中的妈妈比作画中的孟母。孟母教子的画面时时刻刻唤起我对妈妈教育儿女不平凡岁月的回忆。

世态炎凉变脸快

——2019年7月28日完稿

妈妈租下的石库门住处属于两开间楼房。正面是长窗落地的客堂间，楼上是正房，右侧是厢房，左侧没有厢房。我家居住在二楼正房和右厢房。正房与邻居的正房联排。两户人家之间有围墙相隔。在厢房、客堂、围墙之间形成豆腐干状的天井，比虹口公馆的庭院面积要小得多，而且没有花园。大门是唯一的出入口，通向一条里弄。

客堂后面有木楼梯通向二楼。楼梯后面是后天井，几乎被水泥砌成的大水池占满了。只有楼下一只水龙头供应整个楼房的饮水和洗涤之用的自来水，没有管道连接至二层。后天井再往后是厨房，有一大灶，炉腔很大，灶头可放上两只很大的铁锅。厨房被炊事烟火熏成一片漆黑，光线昏暗。后门常年锁住，紧闭不开，因为外面就是城市贫民栖身之所，房屋破旧，人流杂乱。厨房上面有“亭子间”，是一间小卧室。屋顶是晒台，砌有半身高的栏杆。各户人家的晒台彼此分隔，不能贯穿通行。与虹口公馆大院的屋顶大晒台相比，此处的气派大不能比。姐姐因此失去了昔日那份放任自由的快乐。妈妈忙着处理家里家外事务，没有闲暇陪我。生活在四面围堵的石库门里很别扭，有点烦闷。

当我登晒台之高而远眺时，也只能看到一排排的石库门楼房与一条条里弄鳞次栉比。仰望天空，“井底之蛙”永远见不到天涯，也无法想象天涯是什么样。淞沪抗战爆发后，从虹口和闸北搬迁过来许多人家已经把石库门挤满了。

1941年珍珠港事件引爆太平洋战争，日军进占上海英、法租界。进出口贸易全面停止。老板对爸爸说："生意做不了，只能歇业。你就停薪留职吧。"做老板的真能说话，薪水不发了，让你留职。怎么谋生？你该自己另找出路。老板一句话立即生效。十四年抗战期间爸爸失业四年，我们家底子薄，经不住消耗。但退一步看，我们还能住在石库门的楼房里，要比很多在贫穷生死线挣扎的人家要好得多。

以前多次听人说"冬天是穷人的鬼门关"。只有生活中切身感受过，方能深刻理解。记得我的棉鞋都是由妈妈亲手制作。手工程序繁多。鞋面、鞋帮需用整块呢料剪裁、镶边、熨烫平整。鞋底按我的脚形画下纸样，先做好内层衬垫，再用各色呢绒的碎边角料拼凑而成。一层一层垫铺整齐后上浆，熨斗加温贴平。用锥子带着麻线一针针、一排排地缝紧，以确保鞋底做得结实。最后把鞋面、鞋帮、鞋底连成一体。两边鞋帮的上沿钉上搭扣。这段后期工程费时，也最吃力。

"慈母手中线，游子身上衣。"每当看着妈妈用全身气力过针引线，便感到一股电流穿过我的身体刺痛我的心。有一年妈妈实在忙不过来，冬天我只穿着布鞋，右脚长了冻疮，而且逐渐长大、变深，直至呈紫褐色。妈妈发现了差点没哭出来。一放寒假，妈妈让我全天躺在被窝里暖脚。我就是在这段无所事事的日子里开始读《三国演义》。夜里入睡前，总能看到在昏黄的灯光下，妈妈为我改制棉鞋的侧影。

每逢春节，按惯例我们要去众亲戚家拜年。妈妈总会提前动手准备为我赶制大棉袍。翻箱倒柜找出一块蓝色绸缎作面料，内层垫铺棉花。衣领、袖子、长排纽扣等处的裁剪缝纫都是细活。那么多纽扣，每一个都是妈妈手工缝制。妈妈其实没有学过缝纫，是生活教会了她。大年初一，我欢欢喜喜穿上新棉袍到外婆家拜年。哪怕生活再窘迫，妈妈也会苦心筹备，让一家人的着装从不失体面。上海人就是这样，如同京剧演员上台前精心穿戴好行头，亮相那一刹那的精气神十分重要。

石库门里没有供暖设备，室内阴冷。穿上大棉袍，我容光焕发，准备去给住在舅舅家的外婆拜年。舅舅住的是经典欧式别墅，屋内有独立的供暖系统。我的表姐、表妹、表哥、表弟一行七人全部新装。用料考究，都是量身裁衣。尤其是女式旗袍，合身且时尚。大家闺秀们要给人一种视觉上的冲击，她们在室内衣着单薄。外出时披上大衣，钻进汽车，冻不着。

我的装扮完全不同，是按我家室温条件设计的，以御寒为主。室内室外就这么一套。到了外婆家拜年，险遭不测：一进门不知鞠了多少躬。称呼对方要说得响亮，还不能说错。大表姐正值待字之年，摆出一副少夫人的气势。我向她一鞠躬（比长辈少了二鞠躬），她居高临下地看着我，微微欠身，也不称呼。这使我耿耿于怀。她不过比我年长几岁而已。我穿着长棉袍，一巡鞠躬下来满头大汗，自觉内衣湿汗贴背。我又不好意思当众脱掉大棉袍，里面的衣衫一旦外露，恐怕会引起客厅内一片哗然。妈妈已经够辛苦，做儿子的决不能拆台。不知熬到了哪个时辰，舅妈向外婆耳语几句。只见外婆过来，带着我和妈妈上楼去。我觉得晕乎，对外婆说："我太热了。"外婆二话不说把我全身衣服扒下来。裤子也很厚重，都被脱掉，换上了我表哥的衣裤。大棉鞋不配套，也换了下来。妈妈帮我擦汗。我顿时舒了口气。

下午向外婆、舅妈告别的时候，我是完整的、清醒的，没有变成烤鸭。"脱我战时袍，著我旧时裳。"我拉着妈妈的手开心地打道回家。我心知：这个家再苦、再困难，也是我的。

石库门楼房里没有卫生设备，木制马桶放在卧室内。行方便之时，满屋恶臭难闻。每当晚餐过后，里弄传来"倒马桶"的吆喝声，粪车驾到。只听到各家各户，后门砰砰作响，女眷、女佣们纷纷提着马桶，全线出动。但闻哗啦哗啦之声顿起，恰似毒气炸弹爆炸，里弄空间狭小，空气中弥散的高浓度微粒，粒粒令人窒息。何况在进餐之后，这幕毒气战最令人憎恶，但最令人无法拒绝。洗刷马桶的多重奏，音域高亢，爆发出抑制不住的愤怒之声，声声入耳，入肺、入胃、入心，无孔不入。我国烹饪艺术蜚声全球，美食是我国文化的重要组成部分。惜乎，只讲究进口，却置排泄于不顾，竟然极端到这等地步。口腔与肛门之间距不及身高的一半，却呈天壤之别，上清而下浊。苏州雕花楼堪称建筑之精品，无奈狭路相逢，偏巧在精美的木雕床一侧，遇见久违了的木制马桶。西方物质文明招来众多非议，但抽水马桶终使我们能享受到一份清凉世界。在20世纪30年代上海里弄的这场毒气战中，姐姐跟随妈妈参加作战行列。年复一年，日复一日，酷暑寒冬毫无例外。完成这一家子的环保任务，功绩不见于史册，不见于名人回忆录。

初中年代，我有很多新发现。一日三餐，那白米饭原来不是从碗底长出来的。吃了一碗，下一餐，犯难了。上海大城市和穷乡僻壤自然有差别，我们不必啃树皮。何况我不知道人饿了，树皮也能啃。幼儿园老师没讲过，中学教学没有这门课程。生活中，我学到了一个新名词"户口米"。

1941年太平洋战事爆发，米价飞涨。清贫人家别无出路，购买户口米糊口。“户口米”顾名思义就是按户口本上的人数，每月去米店买米，定量供应。这米是一种红色糙米，混有相当量的泥土、细小石粒和糠屑谷皮之类。我家有两名中学生，每学期学费亦按米价折算。为使子女不至辍学，只能购买此等廉价米，煮熟后拌上妈妈自制的“豆瓣酱”聊以充饥。尽管面有菜色，终能免于挨饿，且子女能继续在名校上学。这份划一不二的餐单维持了好几个年头。即便如此，尚需经过两道工序。一是排队。每天供应量有限，一清早去排队，晚了可能买不到米。寒冬季节在北风中站立，很不是滋味。等米店伙计出来，给排队的人在棉袄的肩膀部位，用粉笔写上号码。刹那间，队形大乱，争先恐后，优胜劣败，不讲温文恭谦礼让。当户口米都供应紧张的岁月，更有劳警察出动维持秩序，挥舞着的警棍对妇孺分享，一视同仁。警棍所到之处，只触及排队人的肩背部，以示宽大。喧喧嚷嚷的好一阵子，挤来挤去重新排队，重新写上编号。家以食为本，担任此项特种兵角色者乃是我的妈妈和姐姐。好不容易妈妈和姐姐抱回来一袋米，俩人冻得够呛。第二道工序是过筛，也就是要把红糙米摊在桌面上，每人面前放上一堆米，再分成一排排的米挑拣。把糙米与糠屑杂质分开。动作机械、单调，不需要肢体冲突，没有警棍的威胁。工作依旧落实在姐姐和妈妈的身上。妈妈沉默无言、神色凝重，姐姐自有她的焦虑。剔除杂质后才能洗米下锅。副食品只有一样，就是甜面酱，拌在饭里吃。天天如此。日子久了，会令人厌食。我的胃肠道是有记忆的。我的舌尖味蕾也是有记忆的。

生活紧箍且越勒越紧。妈妈要面子，不愿上当铺。她去就近的信托商店把昔日穿着的皮大衣、皮袄卖了。再往后，轮到卖金银摆设、珠宝手饰等。卖给信托商店免不了被压价，这叫作“杀穷汉”。但至少能够一手交货，一手拿到钱，回家可开支。当铺专放高利贷，估价由朝奉先生说了算。按期无力偿还，典卖出去的东西全归当铺所有。我姐姐始终跟随着妈妈，她最知道妈妈心中的隐痛。朱罗纱帐一大包，换不了多少钱。众目睽睽大包小包往外递，招来石库门里表亲不少冷眼冷语。

某日，有人发现晒台上晒在竹竿上的衣服不翼而飞了，断断续续嘀咕着。

竹竿上衣服常有丢失，搭腔的人多了起来，嗓门越来越高。有句话听得清楚：“兔子不吃窝边草。”意见表达得很明白：如今石库门楼房里有兔子，专吃窝边草。和各房亲戚相比，我们家最穷，成了众矢之的。妈妈保持冷静，因为人家没有指名道姓。如果她站出来责问，说不清，道不明，很容易遭到反讥：做贼心

石库门晾衣服

石库门弄堂里晾衣杆

虚，对号入座吧。不站出来争辩，也让你背上黑锅。妈妈着实很生气。看似生活小事，却侮辱人格，让人难以忍受。言无实据，这件事并没有闹将下去。此事在我小小年纪的脑海里留下了深深的烙印。

我妈妈是热心人，平时与表亲叔伯、妯娌之间和睦相处。大家习惯称她为“大阿姐”，以示亲昵之意。爸爸年幼丧父，素来谨小慎微，从不惹是生非，没有什么与人过不去的地方。日军进攻上海闸北地区，妈妈赶紧在法租界租下这一幢石库门楼房用以独家居住。我姨婆还蒙在鼓里，不知道日本兵要打过来了。姨婆是我们家的恩人。妈妈急忙告知她老人家搬家，和我们同住一幢楼。姨婆想到她两位弟弟和几房外甥，把他们也带上。大家挤在一起，以为权宜之计。但虹口被日军占领，再也回不去了。

妈妈和姐姐

我爸爸失业，好人倒霉容易受人欺。俗语说，远亲不如近邻。谁知远亲一旦成为近邻，问题更复杂、更恼人。这些人的脸拉得越来越长。他们似乎意识到我们家的存在，不安全。

有人出面向我妈妈进言，要我们一家人不走公用楼梯。从楼上正房正面，另开门户，自己架设梯子上下。妈妈断然拒绝，不吵架，不接受。她规劝对方顾念表亲情面，不要把事情做绝。这些亲戚也不想一想，当初这幢楼房是我妈妈租下来的，他们竟敢下逐客令，真不知羞耻。

石库门里有位表叔，不知拜何路财神，能挣钱。他把旧家具撤出，买进全套红木家具。听婶婶说，她前去验收家具，只见那家女主人坐在一旁哭泣。男主人到最后时刻狠下心，把衣柜、抽屉里的衣服及其他物件都抛在地上。家具运走。

我妈妈说过，如果轮到我们家非要卖掉全套红木家具的那一天，我们在上海就再也活不下去，应该收拾细软回归海岛。两代人寻求定居上海的努力，终将成为泡沫。我感到几分彷徨，几分恐惧，全部生活局限在家庭和学校两点一线之间。社会像一个巨大的黑洞，吞噬着无穷尽的可变数和未知数，吞噬着芸芸众生的精髓和生命。

突然，一天早上，有亲戚夺门而入，大呼："和平了！"妈妈竟然不解其意。有人告诉她："和平了，就是不打仗了。"妈妈感到一阵眩晕。倍受穷困潦倒的煎熬和折磨，她都挺住了，没有倒下。

回想在我走向社会之前，妈妈和姐姐这两位普通的女性，以她们自身的顽强和拼搏为我打造了自己并非天生的个性，使我能在动荡、变革的时代去经受大浪淘沙的洗礼。

柳暗花明又一村。石库门里恢复了昔日的生气。更多的笑脸回来了。1947年，我进入震旦大学医学院，姐姐去南京金陵大学上学。石库门里的亲戚们对我妈妈和爸爸说着祝贺的话，表示着善意的羡慕。我相信他们是真诚的。一笑泯恩仇。明天将是另外一天。

步高里 石库门门口（2008年）

妈妈爸爸这一辈子

——2019年7月28日 完稿

世界上永远有竞争。适者存，竞争必然是残酷的。卢梭说："人生而平等。"眼下的社会实践告诉我："人生而不平等。"凡是面临生存与毁灭的双重挑战者，只能做出一种选择：抗争或者逃避。

在我们小小的家庭里，妈妈和爸爸分别采取两种不同的反应模式。爸爸选择了逃避。即使碰上足以威胁他以及全家生存的极端事件，他不抗争、不反击、不拼搏，遇事退缩，不进取、不冒犯、不吭声。他信守一个字——"不"。失业多年，糊口成问题。爸爸不着急，从来不见他外出奔走，谋求工作机会。他在家练写隶书，真耐得住气。

平日里，我嫌爸爸只知藏书，不读书。谁知他还能搬出一套道理。老子说："生而不有"，争也没用，顺其自然。"无为而无不为"，他记住了两个字，可以"无为"。个人安身的法则是心境平静。他为石库门楼房的那间小房间，取名"宁静楼"。宁静致远，他丢了工作，没有事业心，没有明确的目标，他能走多远。儿女正在长身体的阶段，营养不良，上学的学费都成难题，他们又能走多远。因此，我曾经很长时间厌恶老子的哲学。

现在看来，不怪老子，要怪我爸爸在搞"修正主义"。灾难来临之时，爸爸习惯性地躲在妈妈的身后，并不以为自己是男人、是丈夫，应该挺身而出保护我妈妈和孩子们。我知道爸爸是好人，但他无能。为此，我对爸爸极不满意。然而，我原谅他。说到底，他是我爸爸，他不是坏人。

恰好相反，妈妈选择抗争。外公去世后，她不能忍受宗法氏族社会的欺压和排挤。即便出自媒妁之言，她决心甩掉那帮可憎恶可诅咒之辈的羁绊，出嫁寡妇孤儿清寒人家。她有眼力，看清楚我爸爸是靠谱的男人，甘心一辈子做他的好伴侣。爸爸畏缩到再无后退的余地。在茫茫人海中，妈妈不动声色地站到爸爸面前。同是天

爸爸妈妈晚年时的合影

妈妈

妈妈爸爸合影

涯沦落人，妈妈和爸爸走到了一起。

爸爸和妈妈两人性格全然不同，怎么能走到一起来了呢？孔子说“和而不同”。我妈妈和爸爸在人生的起跑线上，都有着悲惨的遭遇，在各自的父亲去世后被迫离家出走。妈妈不知道我外婆的父母是谁，爸爸不知道我爷爷的父母是谁。两人都懂得社会的冷酷，渴望挣脱昔日的窘迫。两人都珍惜婚姻之可贵，追求和谐的新生活。“和”是妈妈爸爸两人生存的需要。然而，面对竞争的社会，两人采取不同的应对模式。妈妈选择抗争，爸爸选择逃避。这就是“不同”。“和”把他们揉捏在一起，在“不同”中彼此磨合，相辅相成。妈妈和爸爸创造了属于他们的两人世界。

爸爸不因时运不济而沉沦，不因苦恼而酗酒，不因拮据而赌博，不为谋生而同流合污。爸爸为人正直。从这层意义来说，我有个好爸爸。妈妈从来不责怪爸爸“无能”。

妈妈并非弱小女子。她为人好强，做事敢担当。无论命途如何多舛，日子多不好过，妈妈抗争不屈，决不乞求于人。孔子说“要知天命”“不逾矩”。一个人的所作所为，要遵循客观存在的自然规律。妈妈认为，只要不“逾矩”，人应该有作为。她常说“成事在人”，这是妈妈的人生哲学。天上不会掉馅饼。

妈妈对家抱有强烈的责任感，她是顶梁柱。我要说：“有吾父必有吾母”。没有妈妈，我的爸爸不成为爸爸。爸爸失业四年，分文不进。妈妈含辛茹苦，坚持让姐姐和我读上大学。没有妈妈的坚持，我姐姐不可能成为研究员，我不可能当上医生。没有妈妈，我们的家可能不像今天的模样。妈妈的孩子们多少能为社会做点贡献，妈妈不白辛劳！1949年新中国成立，社会发生了巨大的变革，足以使妈妈扬眉吐气。这个家是属于她的，属于我爸爸的，属于孩子们的。妈妈爸爸给我们的家，是一个干净的家。

爸爸的藏书爱好

——2014年1月10日初稿

——2014年1月17日完稿

我爸爸对收藏书籍有特殊的爱好。他喜欢在零星休闲时光独自信步逛书店，浏览之余，挑一两本经典之作，如唐诗、宋词、元曲、清末小说之类，买回家来，面有得意之色。因月薪收入有限，需要好几个月才能抱回一本他喜欢的书。爸爸有怪癖：英文书必买原版精装本，中文经典书籍不买线装本。买来后他小心翼翼地把新书插在书架上，很仔细地把书排列在大衣橱内一个双层格子里，整齐地分上下两排。另有一部分，占了衣橱底部的一只大抽屉。日积月累，书多了起来。

爸爸对书籍倍加爱护，读后物归原处。书架上排列整齐，书面、书页、有棱有角。无奈经济不宽裕，财政大权尽在妈妈掌握之中，全套红木家具中只有一门小橱和一只长抽屉供爸爸藏书之用。这在相当程度上抑制了他购书藏书的积极性。妈妈对我家经济抱有高度的危机感，紧缩银根，贯彻始终。然而，妈妈对爸爸采取宽容的“绥靖政策”。如果男人能把自己的兴奋点严格定位在读书、购书、藏书方面，可以给女人一种无与伦比的安全感。

爸爸阅读

20世纪40年代后期，爸爸对书的执着爱好感动了我的外婆。她老人家请舅舅商行里的木匠老师傅，按我家多功能居室尚能容纳的剩余空间，丈量尺寸，打造了一只木门书柜子。每格书架的厚度足以安放前后两排书本。虽说做工粗糙，但扩大了容量。爸爸很知足。

爸爸的书柜中收藏有四大古典小说，他最爱读《红楼梦》。《资治通鉴》《史记》《胡适全集》《陆放翁全集》，曾国藩、陆游、巴金、茅盾、张恨水、冰心等人的书集，兼收并蓄。其中，《史记》《资治通鉴》等大部著作，供为珍本，好生收藏，却从不见爸爸开卷阅读。英文版有爱德华·吉本的《罗马帝国衰亡史》《希腊文明史》等大部头的原版精装本，一本又厚又重的《韦伯斯特大词典》。还有俄国经典文学作品的英译本，如契诃夫短篇小说集、陀思妥耶夫斯基的《罪与罚》。英文版的经典小说，包括《悲惨世界》《战争与和平》，以及配有精致插图的《唐·吉诃德》等也在其列。

爸爸没有社交应酬，每日按时回家，没有朋友来访。晚饭后阅读约莫一小时。反复阅读一本书——《世界史纲》英文老版本，几十年如一日。星期天也常见他捧着沉甸甸的精装版书本，轻轻地翻阅着。他喜欢搬动书，翻一翻，摸一摸。触摸书本，使他摆脱烦恼，安抚心灵。书的魅力在于作者，却没有激发爸爸深入阅读的欲望。他对《史记》和《资治通鉴》，吉本的名著《罗马帝国衰亡史》以及塞万提斯插图精美的《唐·吉诃德》、托尔斯泰的《战争与和平》等书，十分珍惜收藏，但很少深入阅读。爸爸阅读面较广，但不专一，也不系统。如果爸爸能够认真读好书柜里的两三本书，或许能改变他的精神世界，但他没有这样做。

太平洋战争爆发，爸爸失业四年。我不满意爸爸不能保护一家人免受冻馁之苦。如果没有妈妈竭力支撑，我们的家要在上海这座大城市里生存下来几乎不可能。众亲戚指责爸爸无能。世态炎凉、人情冷酷。爸爸依靠这几本大大小小的书籍建筑起自己的避风港。

爸爸的书柜

爸爸的书柜先后两次遭受大清除。第一次，1964年我奉命调动工作，家从上海搬到北京。仓促成行，爸妈暂时住姐姐家，我住北京协和医院集体宿舍。搬家收拾中，很多书按旧书被收购。第二次，1966年我从国外回来后“文化大革命”开始，“扫四旧”。人们惶惶不可终日，我把爸爸的中文书册，悉数按废纸论斤两卖了。往事如烟，却也历历在目。

现在已经是2014年的元月，天气晴朗。极目望去，北京四环路车水马龙、高楼林立。眼前不再是过去那么一片被周围屋檐框住的、豆腐块般的天空。阳光洒满我现在的书房。如今爸爸的书柜已不复存在，他心爱的书很多流失。我怀念着爸爸的书柜。在穷困潦倒之时，爸爸做到了洁身自好，清贫而自重，无贪财之心，留给我们的是个干净的家。

妈妈和爸爸　后话

——2019年7月30日完稿

人的一生，都有童年。中年忙忙碌碌，把童年忘了。年老了，退休得悠闲，童年又回来了。回想起我的爸爸妈妈以及和他们在一起的点点滴滴。

1985年爸爸因脑卒中去世。爸爸临终时我正在法国访问，不在他身边。回到家中，爸爸的床已经空了。他的一生，刹那间，全部闪现在我心头。悲切之情，顿时语塞，哭不出来。

2015年8月9日立秋，整理抽屉时发现一张旧纸片，折叠处已有破裂。打开，映入眼帘的是妈妈给爸爸的一首诗，是最后的告别。折纸夹有爸爸遗照底片。诗写得不工整，读起来情绵绵，悲切切。转录在此，以志纪念。

今日与君别　相处五十九　形影必相随　风雨相与共
同舟共济事　历历在眼中　白头已偕老　还想永伴侣
谁知晴天雷　霹雳你我分　你先上仙去　留我孤雁存
欲哭泪已乾　我也是脆竹　黄泉与君逢

仁泣书中

世事沧桑，六十多年后，曾经聚居在上海的武氏家族纷纷离去。有的散居在中原大地，有的移民异国他乡，健在的老一辈人不多了。偶有几位远房亲戚来我家走访，妈妈每以礼相待。

宗法社会建立在家族血缘关系的基础上，重视家谱的完整性。这个习俗依然存在。20世纪90年代，武家动议续写家谱，要求妈妈参加。这无疑把封存在妈妈心底的无名之火，一下子撩拨起来。当年她23岁，兄弟姐妹冷眼相逼。她跨

1994年新居亚运村
（左：妈妈，91岁；右：作者，62岁）

1994年新居亚运村
（左：妈妈；右：作者的夫人潘家绮）

爸爸和妈妈

出大门，就不是娘家的孩子了。这一时刻，刻骨铭心，忘不了。今天，她终于发出了叛逆者的怒吼。妈妈断然拒绝参加续写家谱，不承认她与武家有亲属关系。这是控诉，她不需要辩解。有些事妈妈没有说，有些话她永远带走了。

1979年，我被批准赴法国学习。回国后，遵照恩师曾宪九教授的授意，忙着开拓危重病医学的新领域，创建中国大陆第一家综合性ICU病房。回家少了，我和妈妈的交谈也少了。我们家生活水平有了很大的改善，我很知足。在医院里，我也找到了自己的位置。

而妈妈始终把我记挂在心里，这一点我能感觉到。妈妈需要儿子的爱，但我却把妈妈疏远了，妈妈似乎感到儿子不再需要她。有几次，我下了班，很累，躺在床上休息。妈妈一个人走来，坐在我的床边，似乎想和我谈上几句。我并没有理睬她，妈妈坐了一会儿，默默地走了。妈妈对我的爱是终生的，是无私的。她坐在床边的身影成为我心头的烙印。

1995年中秋节的上午，姐姐和姐夫都来看望92岁的妈妈。她老人家躺在床上，对着我们讲了一段简短的话，条理清晰。她在追思自己的一生。姐姐和姐夫走后，她要我给她一片安眠药，她想睡一会儿。不记得过了多少时间，妈妈安详地闭上眼睛，再也没有睁开。上午她说的话成了她诀别的遗言。我把妈妈生前亲笔写的两句话，刻在她的墓碑上："历经坎坷·含辛茹苦育后代；绝处逢生·发奋自强建家业。"妈妈的生命结束了，我也失去了我生命的一部分。

我的妈妈

妈妈92岁去世。1995年9月25日我护送妈妈安葬于北京太子峪公墓。妈妈一生颠沛，抗争不屈，勇者胜。她奋发自强、永不服输、勤俭持家、艰苦创业的精神是留给我的宝贵遗产。我永远不会忘记。我爱我的妈妈。

妈妈永远在我心中，永远，而且永恒。

二、中小学时代

“留存一段记忆只是片刻，怀想一段记忆却是永远。”

——白落梅

讲在前面的话

——2019年4月29日完稿

历史背景

我儿时的家一开始居住在虹口大宅院里，温馨的家中，有着妈妈、爸爸、姐姐和我。童年的幸福原来如此简单却又如此难得，一去不复返。

全家照

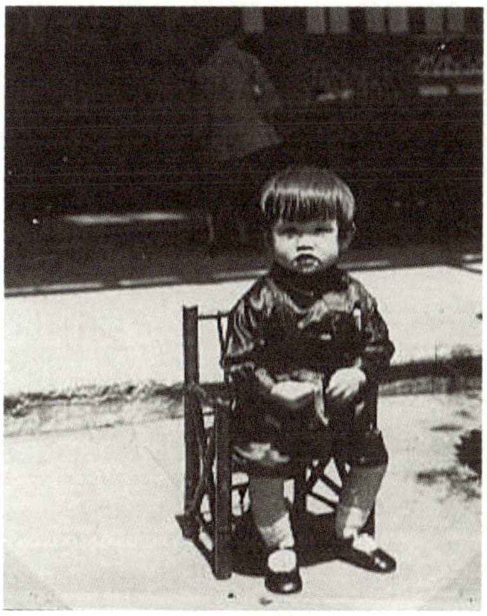

儿时坐不住的我

这是我能找到的最早的孩童时期照片。妈妈说我屁股坐不稳，爸爸刚把镜头对准我，我就站起来溜了，多次被捉拿入座。孩子长大了会变成什么模样？一般而言，小时了了，大未必佳。

何况小小年纪，而视茫茫。傻头傻脑，能长大恐怕难以成人。家有这等宝贝儿子，做爸妈的要一辈子为他操心：何以成家，何以立业？谁都希望家有男孩，殊不知男孩会增添更多麻烦。

“八·一三”淞沪会战

1937年7月7日，日本军队发动“卢沟桥事变”，又趁势南下攻占天津。8月13日，日本军队入侵上海闸北区（闸北区与虹口区毗邻）。八一三淞沪会战是中国抗日战争中爆发最早也是规模最大的会战，中日双方投入了百万军队。我国19路军谢晋元率领一个营的兵力，号称“八百壮士”，孤军死守苏州河北岸四行仓库，拒不投降。

“在沦陷的上海，在数万日军围困中，升起唯一一面中国国旗的就是当时死守四行仓库的国民党第88师524团第一营。”《泰晤士报》撰文赞扬“为人道而战、为文明而战、为和平而战”的“八百壮士”。

英国和法国多方斡旋，中国军队被缴械。日军答应不进入，围而不攻。直到太平洋战争爆发，上海市区包括英、法租界被日军全面占领。谢晋元和800名战士惨遭杀害。

上海有条苏州河，把河北岸的虹口区、闸北区与河南岸的外国租界分隔开来。大批苏州河以北的上海市民涌入南岸的英租界、法租界以躲避战火。上海法租界（Shanghai French Concession）是法国自1849（清朝时期）年通过不平等条约强行在中国获取的四个租借地之一（另外三个法租界分别在汉口、广州和天津）。直至1943年，上海法租界才被我国收回。这近一百年是旧中国备受屈辱、任人宰割的一段历史。

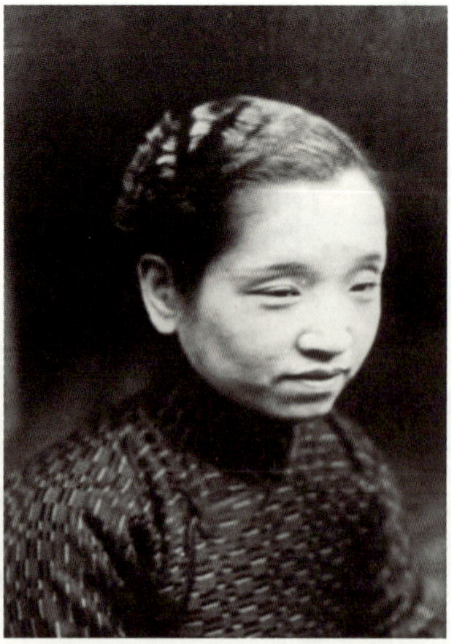
1937年抗日战争期间，我的妈妈

起初侵华日军暂未染指法租界。在这股迁移潮中，我和姐姐跟随着爸爸妈妈跨越外白渡桥进入了法租界的石库门。在石库门楼房的晒台上，我们可以听到远处的炮轰声，可以看到闸北方向中国飞机和日本飞机在空中厮杀。飞机飞行得慢且低，看得清楚。妈妈会急忙把我和姐姐从晒台上拉下来，以免遭流弹之不测。里弄居民自发组织起来采购大量大饼，并用大幅床单包裹起来，托民间慈善机构支援前线。我妈妈也为此忙乎了好些日子。

作为学龄前儿童的我，对于突然发生的一切不知所措，不能理解，也十分惊恐。我第一次切身感受战争意味着什么，日本侵略、兵临城下是怎么一回事。战争对童稚之心所造成的创伤难以磨灭。

离开虹口的老宅，搬入法租界

记得是一位远房长辈，时任《申报》主编，紧急通知妈妈虹口区可能守不住，将落入日军之手。妈妈在最后几天搞到一辆大卡车赶回老宅。整幢楼房已经人去楼空，街道不见行人。搬家完全依靠一位体强力壮的老师傅，他一人在楼上把抽屉和大小衣柜腾空后，整件家具拆分为好几个部件，用粗绳索捆绑，打开窗户沿着两根长竹竿一件一件地慢慢滑送下来。院子里只有妈妈一人在下面接应着。安放落地后，师傅再把绳索拉上，周而复始。吊装完毕，急忙上卡车。妈妈日后告诉我：家具是她“抢出来的”。如今经历多次搬迁，只留下红木大衣柜完整无损。在我有生之年，我绝舍不得离开它。大衣柜是历史的见证，是妈妈勇敢的见证。

多年以后，我才知道那座虹口老宅被日军炮弹击中，夷为平地。一街之隔的下海庙安然无恙。作为幼儿园的孩子自有孩子的悲痛，匆忙间我只带上了小小的幼儿园书包，很多玩具都没能带走。再也不可能回到幼儿园了。一下子没有了歌声、琴声、游戏、讲故事，也没有了欢笑。我禁不住想念老师和同学们，不知他们搬到哪里去了。将永远见不到他们，我感到特别沮丧。虹口区那段童年生活就这样一去不复返。

学龄前的老师

——2019年3月26日 初稿

——2019年6月16日 完稿

幼儿园入学面试

幼儿园附属于虹口华德路小学。入学考试绝对没有现在高考那种斩将过关的悲壮。老师微笑着提问题，模仿幼儿特有的语腔，听来亲切。老师问我："眉毛有啥用处?"我几乎不假思索地回答："我妈妈画眉毛用的。"这句话从语法上、从道理上，都讲不通。既然有了眉毛，妈妈为什么还要画眉毛。然而，我观察仔细，说的是实话。妈妈每天花一定的时间把多余的眉毛清除掉。她用一根线，构成一个长方形，中间有一段两股线交缠着，两头各形成一个圆圈。妈妈左右手的拇指和示指在圆圈中一张一缩，让中段的那股交缠的线双向地旋转，紧贴眉毛边缘来回滚动着。最后用一枝笔在细长的眉毛上加深颜色。妈妈的眉毛始终保持着又细又弯的完美状态。爸爸从来不理他的眉毛。所以，我只说"妈妈画眉毛用的"。答题效果具喜剧性，考试很轻松地通过了。据妈妈后来告诉我，幼儿园几位老师听了哄堂大笑。没有料想到，轮到我做爸爸的时候，陪小女儿去参加幼儿园的入学考试，老师也很和蔼可亲地问我小女儿"你来幼儿园干吗"，我女儿很高兴地大声回答，"我来吃饭来哒"！效果同样是喜剧性的。因为一般小孩都回答"我来学习的"。这肯定是他们爸妈教的，孩子不敢说他们想说的话。所以我为此而自豪：我小女儿不失乃父之风。

虹口幼儿园的老师

启蒙老师很重要，但是最容易被遗忘。不要看幼儿园的孩子们个子小，他们都很有个性，好动、顽皮、跳着、大声叫着。他们的欢乐对老师有感染性。孩子们不高兴就会哭，哭得很认真，很容易赢得老师的好言爱抚。

朱老师文静又温柔，没有结婚。她很体贴孩子们，从来不对孩子大声讲话。幼儿园里其他老师，我都记不清了，只有朱老师的模样，今天想起来依然鲜明。

孩子习惯以自我为中心，爱怎么玩就怎么玩。做集体游戏先要排好队，对

我和朱老师在幼儿园的沙坑里

最初来到幼儿园的孩子不是件容易的事。朱老师不喊口令，只听她说："小朋友呀，大家站好队，伸开手臂。看谁站得最好，谁排队最整齐。"老师做示范动作，说话温柔，孩子们就像一群小鸡一样，摇摇晃晃，互相靠近。他们高兴就会听从老师的指挥。

最有趣的是老鹰抓小鸡。扮演主角的老鹰及面对的小鸡往往是班里最机灵的孩子。那只当上首领的小鸡认真地保护着身后的一群尾随者。队形变动很快。后面的孩子跟不上摔了跤，不哭，爬起来急着去抓前面孩子的衣服。大家笑得那么开怀，那么舒畅，即便今天也多么想回到那个年月、那个时光。

幼儿园老师教孩子们睁开眼睛去看周围的世界。蓝天、白云、绿草地。大自然是美丽的。老师用孩子们可以接受的方式告诉大家：外部世界也有危险，有"伪装的狼妈妈"。有一首儿歌是这么唱的：

"小白兔乖乖，把门儿开开。"

"不开不开，我不开，妈妈没回来。"

朱老师教唱歌。她弹钢琴，没有乐谱，脸向着大家，不厌其烦地纠正着我们的发音。她用眼睛、嘴巴和头部的活动，指挥着演唱。童音歌声悦耳。放学了，我跑步扑到妈妈身上。回家的路上，喋喋不休地讲着幼儿园的故事。幼儿园里有童年的欢乐，有琴声、歌声、笑声，还有美食点心。这一切已经悄悄远去。

学龄前我还有一位老师，她是我的妈妈。她先教我背唐诗。诗句短，有韵律，朗诵像唱歌。调是妈妈世代家传的，容易学也容易记。所谓学，从一个字不

我的妈妈

识到一个字不漏地背出来，最后仍然一个字不识。

第一首诗是唐朝诗人贺知章写的《回乡偶书》：

少小离家老大回，
乡音无改鬓毛衰。
儿童相见不相识，
笑问客从何处来。

设想一下：一个人小小年纪就离家出走，回来已经86岁，两鬓苍苍。时过境迁，触景生情。唯独他自己说的一口乡音改不了。村里的儿童见了这位外来的陌生老人，好奇怪。即便与他同龄人，活到这把年纪也可能认不出来这位老乡。儿童天真，笑嘻嘻地问他从哪里来。就这么短短几句话，勾起诗人几十年离别乡愁。那首诗七言律，四行二十八个字。不能少一个字也不能多一个字。游子一生漂泊在外，迟暮回归故里，诗人用词朴素，情意凝重，浓缩成诗。

然而，我一个5岁的孩子，还没有开始自己的人生，即便妈妈逐字逐句做了讲解，也没有听懂。不知贺知章其人，怎能读懂贺知章写的诗。妈妈对学龄前教学不讲究这一套。她认为“熟读唐诗三百首，不会吟诗也会吟”。有时她喜欢让我在长辈面前背几首唐诗，即刻的效应是一片赞美声。从此，我对唐诗有了感情。喜欢背诵唐诗，为得到夸奖而产生的成就感。应该说，我对唐诗宋词的爱好是在小不点的时候打下的基础。能背诵，虽年幼读不懂但好学。

小学时代

——2019年4月29日完稿

妈妈不愿因战事误了我和姐姐的学业，临时找到一家“新寰”私立中小学，离家不远。学校院子很大，分别有五栋楼房，不知哪个富贵人家逃避战火，离开上海留下来的，可以容纳众多学生。我因提前结束了幼儿园而进入小学一年级很不习惯，那年5岁。

老师走进课室，上讲台，全班学生起立。听老师口令，坐下。

学生上课时不准做小动作，或与邻座学生窃窃私语。犯规者“立壁角”——面壁思过，这一招颇有威胁力。小学里怎么也找不到像幼儿园的朱老师。我最讨厌上手工劳作课，自己动手剪纸花，尤其用一张纸折叠成大、小不等的方块。我甚至痛恨我在同学面前出洋相，简直折磨人。

唯有一件事，我对那所小学颇具好感。全校组织演讲比赛，班级老师选中了我，演讲的题目是“陆绩怀橘”。陆绩，三国时代吴郡人，父亲曾为庐州太守，与袁术是好朋友。陆绩年6岁，见袁术，老人家送他几只橘子。陆绩把3只橘子偷偷藏在怀里。临行拜辞，不注意，橘子一下子散落在地。陆绩跪下说：“是橘甘，母性之所爱，欲怀而遗母。”袁术夸他：“陆郎幼而知孝，大必成才。”听了老师讲解，我心里想着，为什么眼下没有人给我送橘子。

老师要我熟读能背，不带稿。我有着妈妈“熟读唐诗三百首”的培训功底，第一次面对全班同学，大声诵背，一气呵成。不料老师并不满意，她说演讲要带动作，陆绩不小心把橘子一股脑儿倾泻在地上，所以，我演讲必须把陆绩的心态表演出来。我愣住了。她接着说，“回家让你妈妈教你”。

妈妈是师范学校毕业生，谁知道她竟怀有做导演的奇才。妈妈要我想想，陆绩当年6岁，和我同年龄段，如果我在亲戚家，把偷偷塞在怀里的橘子抖落一地，我会成啥模样。她教我在关节眼上，做出夸张的动作，把陆绩的感情和思想表演出来。

比赛之日，我面对台下全校师生，豁出去了，尽情发挥，没有怯场。演讲完毕，掌声热烈。我心中美滋滋，有了成就感。班级老师把我潜在的智能发掘出来，我觉得老师可爱。

妈妈居而择校

——2022年8月15日 完稿

虽然妈妈不可能学“孟母三迁”，但战乱中我家从虹口进入法租界，这“一迁”已经折腾得够呛。妈妈很重视我和姐姐的学业。她为我找到中法学校，是法国天主教会办的。为姐姐找到清心女中，是美国基督教会办的。选择这两所学校并非出于宗教信仰的缘故，而是因为这两所学校都是男女分校，管教严格且双语教育。

就这样，1939年我进了中法学校（现在的光明中学）。实际年龄7岁，虚报为10岁，方有资格报考。学校创办于1886年，即清光绪十二年，最初名称“法文书馆”，1911年改称“中法学堂”，采用法国学制，由法国天主教会主办。校址屡经变迁，1913年，最后坐落在敏体尼荫路（Boulevard de Montigny）。1848年第一任法国驻沪领事即是敏体尼（Charles de Montigny）。1946年改名为中法中学。

1913年中法学堂的校门在大楼的西侧，面临敏体尼荫路。路中央有隔离带，对侧路口是黄金大戏院（已拆除）。

1923年，学堂的东翼新建了一栋与西翼对称的三层建筑，与原有建筑浑然

半圆形结构

2008年我与家绮在中法学校（现在的光明中学）门口合影

一体。整体的平面结构呈“山”字形布局，整栋建筑外墙是清水红砖墙，立面以竖线条构图为主，分层装饰有白色腰线，采用落地长窗，各层窗为长方形外加百叶。学校总务室配置法国母钟，控制着每一间教室的子钟。

在校求学时期，我就在1923年建成的那栋教学楼里。大楼整体的建筑采用了半圆形拱券结构。据说拱券结构是古罗马时代典型的建筑特征。它除了有良好的竖向承重和结构稳定性，也是古典装饰美学的构图基础。

1937年入学考试那天，我第一次进入学校。推开两扇沉重的大门可见宽阔的长廊，一侧有大柱支撑着，通向操场，很明亮；一侧是各年级的课室。监考官是副校长，一位法国修士，高个子，一身天主教神职人员黑色道袍，中世纪款式。我顿感即将进入与日常社会不同的学校环境，中小学生活将从这里开始。

中法学校的初级班

——2022年8月16日完稿

早年“中法学堂”分设初小、高小、初中、高中共四级。初小和高小需每日读中文三小时、法文三小时。初中起开设的课程全部以法文讲课；高中学科与法国国内中学同步。1939年我进中法学校后学制改编：开办一个初级班（cours elementaire），是小学。一年后上中级班（cours moyen），包括高小和初中。最后高级班（cours superieur），高中两年。

初级班语文教学以法文为主。全部由中国老师授课。第1册法语课本，先学24个字母。学老师发音，拉大嗓门“喊字”，很热闹。接着学元音（voyelles）和辅音（consonnes），始知拼音法，能读几个字。同样，必须高声朗读，例如b-a-ba，可以认识简单的名词和语句。孩子学习母语是自然的过程，外来语就不一样，这是另外一种人讲的语言，与日常生活脱节，需要老师把它装进我们的脑袋里去。

书本上，字与物件画图并列，发音与图像相结合。接着学语法，明明写着“la pipe du papa”（烟斗的爸爸），为什么要说“爸爸的烟斗”。反之“papa a la pipe”（爸爸有烟斗），我明白，毫无疑问。我并不以为自己智力有问题。无论如何应付法语考试，不难。

初级班只有一门中文课，唯一的课本是《古文观止》，我和这门课真较劲

少年时期的我

奖品砚台

我的中文教师　妈妈

了。《古文观止》中很多精品佳作，出自历代名家之手。那时我才7岁，学习汉语古文比学习法文难多了。

小学一年结束。在大礼堂召开全校大会暨应届高中学生毕业典礼。每年法国领事亲自出席，由领事馆官员陪同。走廊上，站立着学生童子军军乐队。贵宾光临或退席，必奏乐以壮声势。大礼堂前排，毕业生毕业典礼，校长发证书表扬优秀者。我们初小学生坐在观众席的最后一排。

大会上，冷不防听到台上中文老师点我的名字“上台领奖”，声音洪亮，我的大名在大礼堂上空响起。我坐在最后排，年纪小且个儿矮。在掌声中、在众人瞩目中，我向领奖台行进。真是喜出望外。得到奖励和鼓励消除了我对法语和以法语为主的双语学校的畏惧感。真是难忘的一天，难忘的一刻。

颁发给我的奖品有两件：一件是一本很大的法文彩色画册*Baron Crac*。从画图来看，是讲一名法国龙骑兵，连人带马跨上一颗大炮弹给轰了出去，落在俄罗斯的一大片冰雪地上。骑兵疲倦了，想就地休息，看到附近有一个十字架，把马拴上，自己在稍远处找个地方躺下。翌日一早醒来，冰天雪地融化了。一座大教堂显露了出来。他的马竟然高高地拴在顶端的十字架上。画册中的法文读不懂，但画面上的人物逼真、生动、色彩鲜明。不是漫画，但比漫画故事更出奇。可惜经历多次搬迁，这本大画册不慎丢失。

还有一件奖品是一个写毛笔字用的砚台，奖品附有一张字条：“中文第一名”。天机毕露，秘密终于揭开。我感到幸运：实际上，中文教师是我的妈妈。

学生与修士

——2022年8月16日完稿

学校招收的全是中国学生，没有混血儿，绝大多数不是教徒，信奉天主教的占少数。中法学校不设宗教课，解除了我妈妈和爸爸的顾虑。学校里除了中国老师多数是法国修士，法语称为“Frere”（即兄弟）。学生称中国修士为“相公”。见了法国修士，要称“Monsieur”（即先生）。“Monsieur”法语的发音真是难为了我们这些小学一年级的孩子。天主教会创办中小学，教学由修士负责。创办大学概由神父（Pere）负责。修士和神父是终身制，修士不会晋升为神父。

几位法国修士，都是大胡子。有两位是名副其实的美髯公，长髯过胸而及腹。一位灰白色长髯，Frère Alfred，他是长者，令人望而生畏。另一位棕红色长髯，他是Frère Ricaldo，西班牙人，很热情，与法国修士不同。英文老师Frère Victorin，双目炯炯射透镜片，一副英国绅士气派。几位中年修士，Frère Louis 和 Frère Daniel，胡须修剪整齐，两人外出必同行，路遇妈妈和我，他们轻轻掀起宽边帽沿，彬彬有礼；Frère Lambert，胡须全白，他在黑板上写字飞快，很有笔力，行间距整齐；另有一位，忘了他的姓名，脾气急躁，大家不喜欢他，曾因脑溢血留下后遗症，单侧下肢轻度瘫痪，跛足，不用手杖。一位年轻的修士Frère Ambroise，戴眼镜，没长胡须，一张“娃娃脸”，学生对他有自然的亲切感。

Frère Jsoseph，学生戏称他为“三毛”。到高中，每个星期天我都在他的一间暗房里洗胶卷，把显影的照片挂起来，很多是老上海外滩码头的景色。沙逊大厦独占鳌头，中国银行尚未建楼，女神的塑像高高矗立着。某个星期天，我因发热没有去上学。翌日我递上一张纸条说明我发热“摄氏100度”。Frère Jsoseph很快把字条还我并画上一盆鱼，鱼背冒着几丝蒸气，题曰：“陈已熟透（bien cuit）。”我恍然醒悟自己写错了，应该写“华氏100度”。

法国修士Frère Ange，运动员体魄，修士中唯独他一人跨骑一辆山炮台重型摩托车，呼啸来去。他笑起来爱歪着嘴脸，一眼微闭，富有生趣。我们上初级班的孩子，比他矮了大半截。每晚放学，他亲自站在校门口，目送着全校学生乖乖地离去。学校立下一条规矩，每位学生走过他身前，必须一鞠躬，说声“Au revoir，Monsieur（再见，先生）。”对小孩来说，法语发音拗口，很别扭。有大

中法学堂1929级师生合影。前排左起Frère Bénard、校长Frère Vincent、副校长Frère Ange、Frère Joseph。后面两排共8位校友，1929年毕业。1940年正月再次返校拜访老师，补拍这张合影。应该感谢他们为后辈学生留下纪念（照片由光明中学校校友会提供）

胆者，说了声：“哎哟哇，默歇！”副校长反应敏捷，两个手指拧住孩子的耳朵，提了起来，直到校门外的人行道上才放手。男孩不哭，二十年后一条好汉也。

一位中国修士，魏相公，年老不授课。他见到我妈妈，两人就侧身坐在走廊长凳上聊天，放学铃声响起，暂告段落。妈妈说他是书香门第，谈得来。

修士身穿中世纪式的黑色道袍，腰间系上一根很长很长的粗丝带，末端拖着须带。颈前衣领扣上一块白色的硬衬片，胸前挂的是十字架。他们全体住在教学大楼的顶层。每位修士有单间卧室。每次轮到我把全班家庭作业本安放在三层楼墙角木架子上，我能看到最近的一大间内，修士们静坐着听一位修士朗读。像我们学生听课一个模样。三层楼应该是修道院。教堂是核心。从外形看与教学楼各层无差别。

2008年12月9日我和夫人家绮有机会回访上海，故地重游。原中法学校正在大修。楼内无人，有散落在地的工具。工人师傅都在操场上忙着翻修地面。我特意走进过去听课的教室。停留片刻，回想着讲台上的老师和听课的同学。很遗憾，我们忘了上三层去观望一下那神秘的修道院的内部景象。上屋顶（围有栏杆）眺望周围，过去的民宅、黄金大戏院、菜市场（Marche Meuniot）等，已拆除干净，不留痕迹。

城市大发展，高楼大厦拔地而起。年复一年，1923年建的原中法学校的教学楼渐渐地被包围，所占用的空间被压缩，视野被切割。我很高兴见到学校的教

家绮和我在教学楼内

我曾经的教室

学楼保持着固有的建筑美，得到修缮，留下了历史。然而，我略有遗憾。我梦想母校周围的高楼包围圈能后退500或者1000米，为1923年的教学楼增铺更多的绿草地。

双语学校里的中国老师

——2019年4月29日完稿

在教学楼二层面临植树路那侧，有一间大办公室，统舱式，办公桌串连成一长排，中国老师在这里集体办公。中国老师和法国修士是两个不同的群体。法国修士属于教会，有严密的组织性，他们是神职人员，不受世俗习惯的干扰，物质生活有保障。中国老师来自社会不同阶层，有的家境清寒，有的略为宽裕，月薪收入中等。他们有各自的授课任务，有的全职，有的兼职。初小、初中年级，各班的班主任都是中国老师，初中三年级有一个班的班主任是法国修士，高中的班主任都是法国修士。中国老师分中文课老师和用法语讲课的物理、数学课老师。

初中三年级有一位班主任，董寿山，是法语课的中国老师。这位老先生与众不同，晚清款式的长袍，外加马褂，穿布鞋，双腿裤脚管各缠上一条黑丝带。步履稳健，一步一个脚印，腰背挺直。他不忘手执戒尺，师道尊严。他从来不用戒尺打学生手心，但闻戒尺猛击桌面之声，犹似县老爷升堂使用“惊堂拍”。董老先生的儿子是我国著名肾内科专家，前中法学校的校友，董德长教授。

初中一年级，有位班主任，姓瞿，神情冷漠，性格怪僻。他讲课认真，一丝不苟。吐字清楚，寒气袭人。课堂秩序良好，冷嗖嗖。他从不缺席，不兼职。对学生或者其他中国老师，不多说一句闲话，独来独往。据说他赡养年老多病的母亲，还有一位未婚的姐姐，老师本人也未婚，生活过得艰苦，不见生活有乐趣。忽然有一天，他没有来上班。众说纷纭，有人说他暴病死了，有人说他是饿死的、累死的。总之，不再见他的人影。新的班主任上岗，大家很快把瞿老师忘了，好像他不曾存在，一片空白。

最令人不可思议的是一位朱老师，懒散，不修边幅，没有责任心。他酷爱赌博，后被学校开除。冬天一个早晨，我在上学的路上，听得背后有人叫我的名字，回头一望，只见朱老师一身白色棉衣棉裤，是慈善机构分发的赈灾衣服。他伸出手，轻轻地说：“你给我一点钱吧。”我大吃一惊，拔腿往学校奔跑。他赌输了，倾家荡产，毁了家，毁了他自己。最后冻死街头。

在中法学校，最令我敬佩的有两位中国老师，罗老师和唐老师。罗老师家境清寒，体格瘦弱，衣着朴素，怀大学中文系教授之才，甘心一辈子做中学的“教书先生”。

他第一课讲的是《古文观止》卷壹，《郑伯克段于鄢》，选自《左传》。他从不照本宣读，开卷便把文章题目逐字讲解。为什么书称“郑伯克段”？兄弟俩，“段不弟，故不言弟”。做哥哥的庄公，有意除掉他的弟弟段，姑养其奸而成其罪。“称郑伯，讥失教也。”做弟弟的段欲与做哥哥的郑伯争夺爵位，被哥哥郑伯打败了，故曰“克”。哥哥把弟弟驱逐出境，没有杀他，放他一马。就这么回事。

老师意在揭露古代亲兄弟争权夺利、相互戕害之罪恶，用学生容易听懂的方式，进行历史是非观的教育。罗老师是讲故事的能手。他讲历史，也讲哲理，寓教育于兴趣。

罗老师不幸得了肺结核，仍坚持带病来校授课，及至喉音嘶哑。他走下讲台，站在教室中间的通道上讲课，更靠近学生。孩子们会主动聚坐在老师周围。这种情景在中法学校，没有前例。

《古文观止》卷四《触龙说赵太后》一文，选自《战国策》。讲的是秦要攻打赵国，赵求救齐国出兵抗秦。齐提出交换条件，必以长安君为人质。赵太后执政，爱子心切，不答应。众臣强谏，太后大怒，发下话来，“有复言长安君为质者，老妇必唾其面。”在这关节眼上，老臣触龙愿见。太后盛气而揖之。这位老臣病足，走路慢吞吞，年迈气衰矣。娓娓谈来，情真意切，峰回路转，居然把赵太后说服了。孩子们张大着眼，悉听下文分解。罗老师讲课，讲历史，也讲心理学，讲人文学。

罗老师讲授中文与我妈妈显然不同。妈妈重视文章要熟读，一心要把文章“嵌”入孩子的潜意识里。学童年幼，可以“不求甚解”。韩愈《进学解》有一说“异曲同工”，言之有理。

惜乎，《触龙说赵太后》竟然是罗老师最后的一课。从此以后，我再也没有见到他。谨引用法国作家阿尔丰斯·都德的名作《最后一课》(*La derniere classe*)，以寄哀思。中学老师没有像大学教授那样享有身后盛誉。罗老师毕其一生，献身于教育事业，鞠躬尽瘁，没有任何显赫的职称和学术地位。他授业，“大音希声”，这就是我的罗老师。

在同一家学校里，在中国老师的群体中，我看到三种完全不同类型的人。我惊奇、不能理解，事物显得复杂。他们都生活在中国的社会。固然，人的社会有共性，也有着不同的社会阶层之分。中国老师们都有家，有妻子，有孩子。每人的家庭是另一个小社会，有私密性。中国老师本人接受不同的教育，造成不同的人格素质，他们也不可避免地受着身处的不同社会阶层的影响。

在我的心目中，董老师堪称为人师表。罗老师在中国语文教育及中国文化等方面给我的教育，不可或缺，终身受益。中国学生对中国老师有天生的钦佩和亲切感。获悉瞿老师猝死，我即刻想到他那位多病缠身的老母亲、那位单身未嫁的姐姐，她们将怎样活下去？她们从此销声匿迹，没有人会关心她们。另外，朱老师沉迷赌博，不可自拔。贫困摧毁了他的尊严和自信。赌博毁了他的家，也毁了他自己。可是，他曾经也是老师呀。凡此种种，无不反射着老上海外国租界年代的社会现实。

初小班　大操场

——2022年8月16日完稿

这里不是幼儿园，集体生活有很多不成文的规矩。每次上课前，第一次铃声响起，不管玩得多欢，大家都赶紧到操场两侧的公共厕所去小便、洗手。各班学生按各自的年级，在大操场规定的地方排队，双人并列。我矮小，当排头兵。各班级中国老师在走廊上站着，面对自己的学生。第二次铃响，排好队形。走廊中间，站着法国修士。吹哨声起，各班级学生按序，拾级而上进入走廊，把洗过的双手摊开给修士观看。接着，由各班老师带领自己的学生鱼贯进入教室。每栋教学楼都有楼梯，每层走廊很宽敞。

与此同理，散课铃响，老师带领学生排队走出课堂。上下楼梯，仍然保持队形，不准违规动作，不准高声说话。每天如此，不必三令五申。这套规矩想必是法国修士从修道院搬用过来的。

至我长大成人，当上ICU（Intensive Care Unit，重症医学科）医师后曾先后两次赴两家中学会诊。这两家学校离昆明均不远。下课时学生争先恐后，相互推挤，一人摔倒后来者压上，造成惨剧。环顾现场，楼梯又窄又陡，又没有老师带领。触景生情，始感母校用心之深切。

中法学校不设体育课。有一位中国修士，姓周，是课间操场活动的总监。他提供运动器材，组织每周休假日球赛。每到课间休息，孩子们涌向操场，纵情吵闹，把上课45分钟的憋气痛痛快快地吐出来。男孩喜欢踢小皮球，只要有几位

走廊宽敞（家绮2008年12月9日访问）

楼梯盘旋而上

带球上场，谁都可以挤进来抢球，他们喊着、叫着、踩球、抢球，带球快跑。不成球队，没有球门，不计胜负，累了自动退出，别的孩子又加入进来。他们是驰骋操场的好汉，其中佼佼者入选校队。

篮球赛投篮技巧有观赏性，参与者少。操场围墙前，一排乒乓球台。打乒乓球的，比较斯文。小块沙滩，有引体向上的单杠，技高和寡。操场南面一块大面积黑色木板，为打“手球”（balle-pelote）专用。手球是西班牙式体育活动，全上海独此一家。大木板今已拆除。

我幼年多病不爱运动。操场上同学像小白兔，到处窜跑着。我是少有的观光者，形影孤单，但也逃不过淘气学生的挑衅。中学年代的男孩初具攻击性。两三人慢慢围上来不作声，一下把我摔倒在地，扬长而去，我不敢向操场活动总监告状。过不了一两天，这帮小男孩故伎重演。我忍无可忍，拳打脚踢，体力不支，再次摔倒。有一要点，不能哭。在妈妈面前，一字不提。擦破皮，说是自己不慎摔倒的，让妈妈清洁创面，涂上红汞。俗语说得好，不打不相识。我学到一手社交能力，有了朋友，身体也慢慢强壮起来，比上语文课更有长进。教室与操场，两种文明。

唯有课间活动时间，可以见到我们校长，Frère Vincent，独自一人，在整条长廊上往返走动。校长有一撮浓密的银白色山羊胡子，戴上副眼镜，捧着一本小书，估计是《圣经》，专心阅读，目不暇顾。直到上课铃响，才回办公室。沉默寡言，没有见过他微笑。长期修道院生活，不耐人间烟火。

操场故事多

——2022年8月19日完稿

手球

再说打“手球”，这是一项传统的巴斯克西班牙体育运动。场地上直竖一面墙壁，运动员戴有特制皮手套。甲队运动员以手猛力击球，打在墙上，任其反弹。乙队接手，快速反击。快步移动，消耗体力。当年，中法学校操场上有块大黑板，可以开展这项运动，全上海独此一家。我最喜欢观看在学校里的“手球”比赛。

这项运动历史悠久，最初以人与人、面对面击球。1980年留法期间，我曾

巴斯克手球的球墙

巴斯克传统手球的长球拍，由藤条编制而成

访问南方Biarritz，毗邻西班牙，面对大西洋，景色迷人。

我应邀观看一场正统的手球比赛，甲乙双方球员，上衣分红、蓝两色，以资识别。异国他乡，重温旧梦。

据我手头现有资料，如今手球不戴手套，以网拍击球。回力球改用棒击。西班牙特色不见了，谁出的馊主意？

小窗牛奶

操场活动总监在底层楼梯下有一间小房间，堆放着各种球类、比赛用具等。向后院有窗户，窗下小小一张桌板。妈妈特别注意我的营养，她和修士说妥，每

2008年我再次回到牛奶小窗口

我的发小　原中国奥委会名誉主席何振梁（右）及其夫人梁丽娟（中）与我（左）聚餐

天早晨把一瓶加热的牛奶灌进保暖瓶，放在手提竹编小篮里，搁在窗下小桌板上。课间休息，我自己进入，独自享用。初小班的同学是机灵鬼，他们发现了秘密。尽管我把房门反锁，仍有几个人爬上窗沿敲着窗，叫喊着。我坚持不了几天，窗户开放，每人用保暖瓶盖喝上一口。急忙中，牛奶洒在桌面上没擦干净。闹了一段时日，修士很恼火。他没有对我妈妈说，而是把小房间关闭，取消我的特权。

我的老同学何振梁，晚年来我家做客。看了几张旧时照，他坦然承认当年他也曾爬上窗沿与其他孩子挤在一起敲窗叫喊。人生有着太多的不可预测。他身为中国奥委会主席，周游列国，此时此刻他多么想爬上窗沿找到那小瓶盖的牛奶，追回他的童年。

妈妈的家教

——2019年4月29日完稿

妈妈多次对我说："你是中国人，哪能不学中文。"从1940年开始，放学回家完成规定的法语家庭作业后，妈妈就坐下来耐心地讲解当天老师教的中文课本。那个年代出版的《古文观止》没有标点符号。韩愈说："授之书而习其句读。"所以，妈妈教我读古文，首先教我学习如何分句分读。文辞意尽处为句，语意未尽而须停顿处为读（逗）。通过分解和讲解，唤起小孩子的求知欲和好奇心。

妈妈手执一根细小的象牙棍，一端刻有圆圈，在红色印泥上轻按，按句按

我的妈妈

读（逗），加以点明。“句读之不知”，容易误读，不能正确理解文章的含义。诵读古文有调，朗朗上口，便于孩子记忆。但和吟诗不是一个调。

从每周的课程来看，中文课时不多。初期读刘禹锡（772—842年，唐朝）的《陋室铭》；陶渊明（约365—427年，东晋末到南朝宋初）的《归去来兮辞》《桃花源记》等篇容易记，读来有趣。还有欧阳修（1007—1072年，宋朝）的《秋声赋》《丰乐亭记》《醉翁亭记》。其中《秋声赋》和《丰乐亭记》堪称姐妹篇，然而，写景与抒情尽不相同，要理解就难了。

读《捕蛇者说》（柳宗元，723—819年，唐朝），知捕蛇者的祖父和父亲都因捕毒蛇而死，他本人依然在捕蛇，以求官府免除税赋和差役。我怎么也不曾想到做老百姓，要受这等苦难。“缄敛之毒甚是蛇”。

《吊古战场文》（李华，715—766年，唐朝）写战争之疯狂和野蛮。

– 白刃交兮宝刀折，两军蹙兮生死决。降矣哉，终身夷狄；战矣哉，暴骨沙砾。

– 谁无父母？提携捧负，畏其不寿。谁无兄弟？如足如手。谁无夫妇？如宾如友。

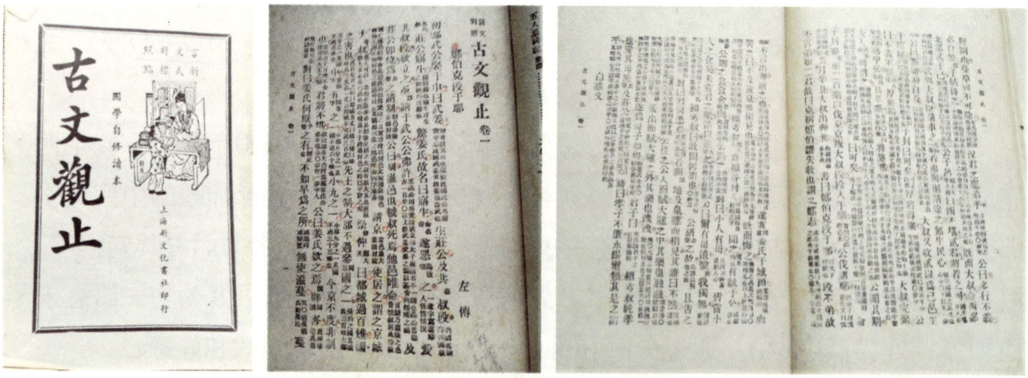

我研读的《古文观止》（文中红圈由妈妈按句按读加以点明）

– 生也何恩，杀之何咎。其存其没，家莫闻知。

– 悁悁心目，寝寐见之。布奠倾觞，哭望天涯。天地为愁，草木凄悲。

全文不过600个字，字字滴血，催人肝肺。今日重读，犹觉惊心动魄。“此乃古战场也”。呜呼噫嘻，从古如斯，地球上的战争没有停止过，战争越来越残酷。

后记（2022年8月21日）

中法学校说是双语学校，其实教学以法语为主。从第一学年初级班开始，妈妈在家教我读古文，每篇要朗诵出声，熟读而能背诵。教课书是《古文观止》，有中国古代文学、古代历史。妈妈认为语文是文化和历史的载体，古文和诗词是中国语言文学的根本，妈妈帮我打好阅读古文的基础。我认为这不只是语文学习，经历政治运动的颠沛动乱，我之所以能够守住人生最根本的东西，信仰和理念，在很大程度上得益于斯。

至今我还记得那篇《吊古战场文》，我没有上过战场，文章写得好，也没有引起我的共鸣。晚上到该上床睡觉的时间了，因为不能通篇背诵，妈妈很坚持不让上床，直到能背诵为止。我不理解妈妈为什么对我如此严厉。长大成人，连年战乱，始有感悟。

今日想起来，在中法学校求学，尽管法语水平可以与法国国内中学学生水平相等，如果我把中国文化的根本丢了，岂非得不偿失，事与愿违耶。家教不可或缺，妈妈真不愧为师范的老师。

爸爸的书柜培养了我的阅读习惯

——2008年3月21日初稿

——2014年1月10日第一次修稿

——2019年6月17日第二次修稿

——2022年8月28日完稿

20世纪30年代，我家居住在石库门客堂上面的正房，既是卧室，又是客厅、餐厅、书房，还是卫生间。面积有限，恰似生物进化初级阶段的单细胞那样，集多功能之大成于一身。跨进门槛，一览无遗，一应俱有。

爸爸有个书柜，书柜中的书不分古今中外，对我来说，都有很大吸引力。我喜欢读故事。初中一年级的寒假，我找出《三国演义》：诸葛亮是偶像，曹操远比刘备有吸引力，司马懿胆敢令诸葛亮计谋受挫，我厌恶他。几张为数不多的插图，剩下的凭自己想象，满脑袋的千军万马，两军对峙，战鼓声、呐喊声，旗门开处，双方战将横刀立马，一番亮相、杀性顿起，飞马冲突，人仰马翻。且看“关云长温酒斩华雄”，何等气势。众多的人物和故事，从遥远的古代闯进我的生活。那年我9岁。整个寒假，我埋头阅读，妈妈夸我是个乖孩子。

初中二年级暑假，我再次打开爸爸书柜的门“寻宝”，取出分册平装本《水浒传》。林冲、鲁智深、武松、李逵等，像活生生的人，出现在我的眼前。他们刚正不阿，无辜而横遭迫害，杀出一条血路。他们是无畏者。夏季上海天气炎热，家中没有电扇，只能赤膊。我用手中那把大芭蕉扇，拭去背上汗珠，挥洒在地。阅读《三国演义》激发我的好奇心，《水浒传》触动了我的情感，《西游记》诱导我的想象力。

20世纪40年代，外婆请木匠老师傅打造了一只木门书柜。每格书架的厚度足以安放前后两排书本，扩大了存书容量。新书柜给我提供了更加丰富的课外读物，激励了我阅读书籍的兴趣。这一年，我刚上高中，喜欢阅读小说，甚于学校课本。喜欢看电影，也喜欢逛书店，特别是旧书店，信手取来，价廉物美。我个人可以动用的资金是口袋里的零用钱。爸爸的私房钱小有积累。

购书的年增长率明显上升。爸爸以惊人之举，大手笔买下吉本的《罗马帝国衰亡史》，几本希腊文化与艺术史的大部名著，还有塞万提斯的《唐·吉诃德》

我的爸爸（右一）在世界语协会全国大会上

等。那些书中插图本身就是艺术作品。爸爸的喜悦之情不逊于有钱人买下豪宅。我喜欢屠格涅夫的小说集，最初挑选《罗亭》《贵族之家》《处女地》《父与子》等册，读一本，买一本。鲁迅的著作，也从《呐喊》《彷徨》《野草》《准风月谈》《朝花夕拾》《华盖集》等单印本开始，一本一本购买。《战争与和平》中译文本，必须一次买全，不能分册另售，确实要痛下决心，得到的回报，超过我的期望。书内附有多幅彩色套印的精美油画，我偏爱那位心地和善、举止笨拙的私生子比埃尔。托尔斯泰笔下的拿破仑和雨果《悲惨世界》中的拿破仑，在我眼里，判若两人。

因为有了专用书柜，爸爸也从旧书店买进旧书，分类收藏。我读莫泊桑、弗洛贝尔、仲马、阿纳托尔·法朗士等法文原版小说，都是旧书简装本。《悲惨世界》法文原版，分四册，印刷精良，爸爸从旧书店中买回。我读了好几遍，起初只限于若干章节。第一次开卷，忘了哪年，忘了自己有多大，根本没有读懂。高中毕业那年暑假，我鼓足勇气，在闷热的石库门楼房里，酷暑逼人，汗流浃背，手摇济公活佛的大蒲扇，连续读了好几天。冉阿让（Jean Valjean）出狱后，主教收容他在家过夜。故事不复杂，读来很有震撼力。他从特纳迪尔（Thenardier）夫妇手中，救出柯赛特（Cosette），逃进修道院。那一段过程，但觉惊险，谈不上有何感悟。其他章节，看不懂的就跳过去了。真正通读全书，是在大学一年级暑假。《悲惨世界》中有一段《沙葬》，正选入大学一年级法语课文。暑假里我一鼓作气把全书读完，始知世界有多悲惨。雨果这部小说对我的影响最为长久。

爸爸的书柜屡经劫波。有一部分书竟奇迹般地幸存下来。那个版本的《战争

《史记》

《战争与和平》

《唐·吉诃德》

与和平》，分册不全，书页颇多残缺，依然蜷缩在我今天书橱的角落里，勾起我青年时代阅读的激情。《悲惨世界》完整无缺。大女儿找出一本《儒林外史》与《老残游记》的合订本，由世界书局1935年出版，爸爸从旧书店买回。那本书字迹清楚，但纸张发黄，垂垂老矣。一见如故，爱不释手。

然而，有许多书历经清除后按旧书被收购或按废纸论斤两卖了。《红楼梦》《三国演义》《水浒传》，曾有过几种版本，已经丢失，20世纪80年代补进。居然缺了《西游记》，这丝毫不影响我对唐玄奘的尊敬，可是对孙悟空和猪八戒，总觉得在感情上说不过去。《胡适全集》早已被扫地出门。即便是《飘》精装原版，经与《黑奴吁天录》对比，难免遭受厄运。至于《桃花扇》《西厢记》等书，爸爸亦爱莫能助。坦诚地说，对这批旧书加以“横扫清除”，纯属自觉行动。两次抄家，都不涉及藏书。有一部深蓝封面的精装本《少年百科全书》（1930年老版本），共十册，印刷精良。其中《世界历史》和《世界文学》两册最厚，有著名油画的复印。《少年百科全书》是我最多阅读的一部启蒙教育的历史书，弥补了我在校学习的亏缺。

丰子恺写他孩子阿宝的《画册》，蓝色硬面本。《阿宝两只脚，凳子四只脚》《屋顶飞了》等几张漫画是我的心爱。竟然从我的两只手，把几本书扔在废纸堆里秤斤两卖掉。回忆起来，后悔莫及。

现在夜深人寂，我在网站中搜索到丰子恺漫画全集。我最喜爱的漫画一下子如梦幻中展示在我眼前。阿宝是好孩子，她想到凳子有4只脚，应该有4只鞋。所以她把自己脚上的2只鞋也脱下来给凳子穿上。先生廖廖几笔，阿宝的纯正童心跃然纸上。翻阅漫画全集，却遗憾未能找到《屋顶飞了》那幅漫画。我闭目冥思，身居20层高楼的顶层。躺在床上，瞬间，满天的阳光倾泻直下——我家的屋顶也飞了。

爸爸书柜里的读物陪伴了我从初中到高中所有的寒暑假。当我打开爸爸书柜的门、打开一本又一本的书阅读。我被深深地吸引进了一个大千世界，是课堂上尚未探究的世界。书中展现在我脑海里的这个世界很大，很深，很神秘。爸爸的书柜是我的精神乐园。

当阳光洒满我如今的书房时，我看着书房内摆着的这两只书柜。情不自禁地想念着爸爸书柜里那些大大小小的书本，它们编织着我童年的梦、少年的梦、青年的梦。我打开书柜门拿取一本书，静下心来打开阅读。在阅读和默默的追忆中去寻找已经逝去的岁月。

读《三国演义》的乐趣

——2019年6月17日初稿

——2022年9月3日完稿

初中一年级寒假，妈妈操劳家务，腾不出时间为我赶制棉鞋。我左脚外缘长出一大块冻疮，呈紫褐色。妈妈要我躺在床上，盖上厚厚的棉被保暖。妈妈一般在晚饭后，才能坐下来，为我赶做厚棉鞋。左脚冻疮没有溃烂，留下瘢痕而已。

整天躺在床上，百般无聊。我想起爸爸的书柜，随意捡出《三国演义》，作者罗贯中（约1330—1400年，元末明初）。

我大字不识几个，阅读是跳跃式的。第一回第一句“话说天下大势，分久必合，合久必分”，今天读来，不胜赞叹罗贯中的聪明才智。

全书有两则故事把我吸引住了：周瑜要和曹操打一场水战，以决胜负，问计于孔明。先生说“大江之上，以弓箭为先。”周瑜军中正缺箭用，怕误大事。孔明提出只消三天，送上十万支箭并立下军令状。周瑜大喜。他本性忌才，正要寻事害孔明。暗地里吩咐军中匠人，故意迟延。孔明没有食言。三天到了，他把十余万支箭送至中军帐交差。妙哉，“草船借箭”。接着，用火攻，大败曹操。周瑜大惊，心想“此人决不可留”。当时我是一名小小初中学生，就这样心甘情愿做一名小小的粉丝。

然而孔明是人，人就要犯错误。街亭失守，因为孔明选人不当。马谡言过其实，高傲而拒谏，打乱了孔明既定的战术部署。司马懿十五万大军向望西城蜂拥而来。孔明身边无大将，只剩二千五百军守城。我读到此处，为孔明捏了一把汗。但我深信孔明死不了，否则《三国演义》就再无下文。孔明大开四门，他在城上敌楼前焚香操琴。司马懿认为孔明生平谨慎，不曾冒险。见如此模样疑有埋伏，他下令退兵。孔明不按常规玩牌，导演一出扣人心弦的“空城记”。

我虽把书轻轻放回书架上去，离我们已经遥远的古代，却带着众多的人物和故事，从此闯进了我的生活。那年我9岁。第二年的整个暑假，我重读了《三国演义》。

在四大经典小说中，我读《三国演义》次数最多。读得多了，想得也多了。“草船借箭”成功，孔明凭借一双眼睛能把气象看得那么准吗？直到今天，即便有了望远镜，有了天文台，天气预报尚且容易出错。“空城计”，孔明又赢了一局，司马懿真这么傻吗？拥有十五万大军，派出五百人的敢死队，冲进城中去，探其虚实。司马懿这点胆识也没有，可能吗？这些故事，子乌虚有，纯属演绎。尽管如此，我喜欢《三国演义》。我认为“草船借箭”“空城计”等，一个也不能少。少了，还成什么《三国演义》。我没有兴趣读《三国志》，虽然那是正史。

上课窥阅小说犯规

——2014年1月10日初稿

——2019年6月17日修稿

——2022年9月30日完稿

校长很少露面，但我曾获“殊荣”和校长先生面对面。事出有因。当年学生的课桌比现在的高而宽大，底座和椅子相连。桌面可掀起，下面是只箱子，足够存放书包、本子及零星杂物。放下桌板可以阅读，可以书写。桌面呈斜坡状。伏案做作业，能保持腰背部良好状态。设计聪明，贴合实用。

我暗自揣度，想出一条妙计，即便上课时间，我也能随心所欲阅读小说。办法是把书的一端顶着我的肚子，另一头顶住可以启合的桌板边缘，其间有充分的空间供我翻阅。如果老师走下讲台，我使劲挺肚子并配合手的推动，书本便顺势滑进桌箱内，桌面自然闭合。大胆尝试，多次得手。

很可能是初中二年级，我对数学不感兴趣。趁老师在黑板上写一连串公式推算的过程，我偷偷拿出一本《老残游记》（光绪二十九年，即1903年最初发表，共二十回）。正读到早春黄河解冻，老残在河边观赏，景色引人入胜。不提防老师刹那间出现。我急忙把肚子一挺，可惜动作迟了一步。法国老师取了我的书本，撂下一句话：“到校长室去。”这一说，比罚“立壁角”有更大的震慑力。我心不在焉下了课，很是苦恼。《老残游记》是我从爸爸书橱柜取出来的，丢了书，我将无法交代。我选择主动检讨。

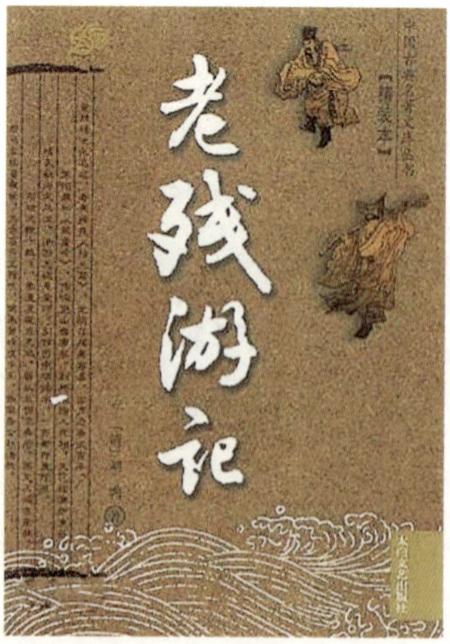

《老残游记》

校长办公室就在学校大门右侧，通过一间小小的候客室，我轻声敲门，老秘书放我进入。校长办公室不大，背面是壁炉，摆设典雅，明亮清静。临街两扇窗，有一扇门通向操场，紧闭着。校长的书桌是欧式古典风格，桌上放着那本倒霉的《老残游记》。

光明中学教室

老秘书为人和善，知我来意，站在我身边。估计他已经翻阅这本小说，向校长做了简介。校长是修士中最严肃的一位。他侧过脸，从镜片边缘上方盯住我好长一会儿。我两条腿无意识地抖动着。秘书先生要我站立端正。校长说话不多，语音低沉，由秘书在旁翻译。很可能校长认为只是本“游记”而已，我没有受到记过的处分。有造化，逃过一劫。《老残游记》放在校长书桌上的远端，拿不回来了。呜呼，我再也没有机会读完全书。虽然爸爸始终没有发现，但我毕竟把书弄丢了。书是爸爸喜爱之物，我对不起他。这番经历自有出乎意料的逆向性后效应，强力地激发着我课外阅读的欲望。

附录（2019年6月17日）

70多年过去了，幼年的遗憾，永不忘怀。我从书架上取出《老残游记》，摘录刘鹗原著第十二回中的片段，写在电脑软盘上，以资弥补。

第十二回　寒风冻塞黄河水　暖气催成

“却说老残由东昌府动身，打算回省城去，一日，走到齐河县城南门觅店，看那街上，家家客店都是满的，心里诧异道：‘从来此地没有这么热闹。这是什么缘故呢？’

……

老残复行往下游走去，过了原来的地方，再往下走，只见有两只船。船上有十来个人都拿着木杵打冰，望前打些时，又望后打。河的对岸，也有两只船，也是这么打。看看天色渐渐昏了，打算回店。再看那堤上柳树，一棵一棵的影子，都已照在地下，一丝一丝的摇动，原来月光已经放出光亮来了。”

读来行文朴实，意境清凉。我年幼胆敢在上课时间读《老残游记》，在中法学校无疑是创举，足以自豪。

追记（2022年9月2日）

刘鹗（1857—1909年）生于江苏六合，卒于新疆乌鲁木齐。他学识博杂，是医师，也是小说家、诗人，他能搞水利，也搞慈善事业。他曾上书建议修筑铁路，利用外资开采山西煤矿，兴办实业，是有利民生的大事，却被人骂他是汉奸。光绪26年（1900年）八国联军入侵北京，俄国兵抢占太仓粟（京师官方谷仓里的粮食），刘鹗向联军以低价购得太仓粟，赈济饥民，却被控告，因私购太仓粟，流放新疆，最后病死在迪化（今乌鲁木齐）。

2019年，我把第十二回文章摘录到下面那段为止了：

“看看天色渐渐昏了，打算回店……原来月光已经放出光亮来了。”

因为当初我把刘鹗的著作，当作一本“游记”。

如今读刘鹗生平的介绍，始知必须把下面一段文字附上：

“老残对着雪月交辉的景致，想起谢灵运的诗，‘明月照积雪，北风劲且哀’两句。……原来就是方才流的泪，天寒，立刻就冻住了，地下必定还有几多冰珠子呢。闷闷地回到店里，也就睡了。”

说的是老残观景生情，想到国家，想到自身的未来，黯然泪下。读着读着，仿佛老残脸上流的泪，冻成几多冰珠子，也撒在我身上。刘鹗有抱负，有才学，但不见于用。他做了善事，反被流放新疆迪化，最后在一座寺庙的戏台底下，病死！不知道刘鹗之为人，怎能懂得他的“寒风冻塞黄河水”那篇好文章，好在哪里？吾感悟晚矣，但终于觉悟了。

我心目中的巴金

——2019年6月27日完稿

从我念高中的时候起，爸爸陆续买进巴金的《家》，巴金翻译的《屠格涅夫小说全集》，曹禺的《雷雨》《日出》《原野》，郭沫若翻译的《战争与和平》等名著。初中和高中我最爱读书，课外阅读的时间也最多。爸爸的书柜成为我的家庭课堂。我可以自由进出，无所谓上课下课。随意打开一本书，听任何一位从未见过面的作家讲故事。不必借书又还书，有几位作家因此成为我的“知心好友”。

我最初读到的《家》是简洁本，配有大幅插图，容易读懂。无论在我母系亲属或是父系亲属中都能找到书中不同人物的身影。时代已经改变，封建社会衰败腐化显露无遗，但不会自动退出历史舞台。表面的慈祥和虚伪掩盖不了深层的无耻和冷酷。《家》写的正是这样一家人，焦点集中在丫鬟鸣凤的身上，鸣凤投河自尽，惊醒了觉新，青年人毅然出走，反对封建专制，反对包办婚姻是当代青年人强烈的呼声，争取思想解放和爱情自由，是他们共同的追求。

我用自己仅有的一点生活知识来读这本书，感觉很亲切，十分贴近真实的生活。虽然不知我的推断是否正确，但我总觉得《家》可能就是巴金的“家”。如果巴金没有生活在这样的家庭环境里，很难写出如此复杂、深沉又贴近真实生活的小说。《家》中的人物不可能如此鲜活，如此触动我的心。不久，爸爸买回来原著全文，我重读了一遍。

1958年，上海有好几位著名作家到广慈医院（现在的瑞金医院）看望全身严重烧伤的炼钢工人邱财康。他们曾有几天深入病房，体验生活。我是住院医生，直觉告诉我，他们很可能奉命而来，要写一篇文章歌颂新生事物和先进人物。但体验生活的时间较短，短短的几天不知能否深入生活？就在那时，我无意中见到了在病

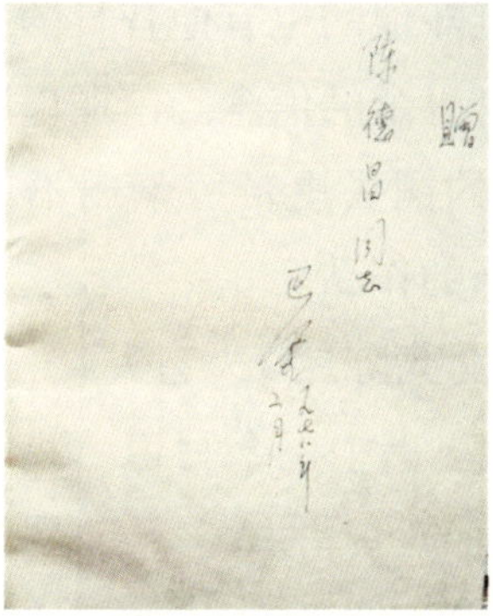

《家》
（巴金亲笔签名）

《家》
（巴金赠送的第二个版本）

房外的大平台上散步的巴金。我情不自禁向他诉说着我读《家》有感。我也谈到我爸爸学过世界语，曾经开办一家小小的世界语出版物的书店。巴金还记得他曾经在虹口这家小书店门前和几位学世界语的朋友合影。在离开病房那天，他送给我一本《家》。一位作家把自己的作品赠予我，真是第一次，我做梦也想不到！1964年我奉调到北京协和医院，匆匆搬家，不慎把书弄丢了。现在保存的是巴金在1978年送给我的第二个版本，并留有其亲笔署名。书，我保存着；巴金，永远记在我心头。

我曾经把巴金翻译的《屠格涅夫全集》一鼓作气读完，从《罗亭》《贵族之家》读到《父与子》《处女地》。巴金的翻译帮助我打开了俄罗斯文学的大门。我读了托尔斯泰的《战争与和平》。我阅读的动力着实有着婴孩吃奶那股劲。可以推断我读这几本书的时候高中还没有毕业，进大学读医学之后就再也没有这等悠闲了。

我读过几部外国名著的中文译本，总觉得像是外国人用中国语言写外国人的故事。我喜欢读巴金的翻译作品，他是中国人用中国人的语言讲外国人的故事并且保留外国作者原有的风格。我把他的创作和他的翻译作品合在一起，组成了我早期心目中的巴金。

1957年开始“反右派”。1966年掀起“文化大革命”。只有亲身经历过的人才知道“浩劫”意味着什么。作家、艺术家、哲学家、科学家成批地被打成“牛鬼蛇神”。巴金不可能例外。两场批斗的群众大会，一片“打倒巴金”的喊声叫人胆战心惊。四面八方高举的拳头都对着他。巴金成为一个“身经百斗”的“牛鬼”。上台批斗他的也有他昔日的朋友。巴金没有自杀。巴金有巴金的信念。萧珊以脆弱的身躯抵挡着鞭打巴金的铜头皮带。萧珊不离开巴金。火，烧毁不了巴金的作品。

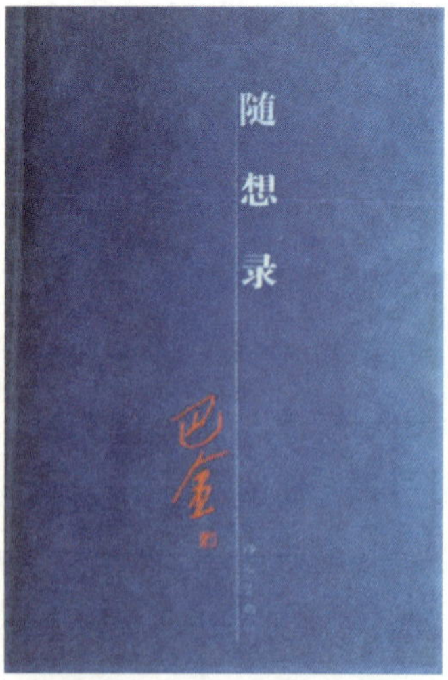

2006年，小女儿赠送的巴金《随想录》

2006年，我的小女儿陈铭（“毛头”）送给我一本巴金的《随想录》。书中巴金写道“我明明记得我曾经由人变兽，有人告诉我这不过是十年一梦”；“我的心还在发痛，它还在出血”；“我不会忘记自己是一个人，也下定决心不再变为兽”。巴金又写道“十年的噩梦醒了，它带走了说不尽、数不清的个人恩怨，它告诉我们过去的事决不能再来”。

“十年一梦”，巴金从自身的遭遇中醒悟。他写道：“我在心里说，绝不让这一类的事情再发生。”不要轻易把无辜者打成反革命，坐牢23年被释放出狱。一张彻底平反的通知在被害者逝世3年之后送到他的坟头。历史是一面镜子，会给我们看到希望。我们要往前看。我们对社会主义的信仰坚定不移，坚持走社会主义的道路，我们能获得民族的复兴。

1993年7月6日《随想录》代序题目是“没有神”，很醒目。巴金告诉我们“没有神，也就没有兽，大家都是人。”巴金是有良知的知识分子。这是我今天心目中的巴金。

在法国短篇小说中探索

——2019年4月29日完稿

10到15岁是我的少年时期。学业按学校制定的课程进展，不至发生偏离。然而，抗日战争和第二次世界大战在全球范围内发生激烈的震荡，必然波及我赖以生活的社会。我们的家也经受着战争和贫困的磨难。事物在变，人在变。我在思想上产生这样或那样的疑问。

我的家庭教育包括两部分：一部分是妈妈教我学习古文，认识中国固有的文

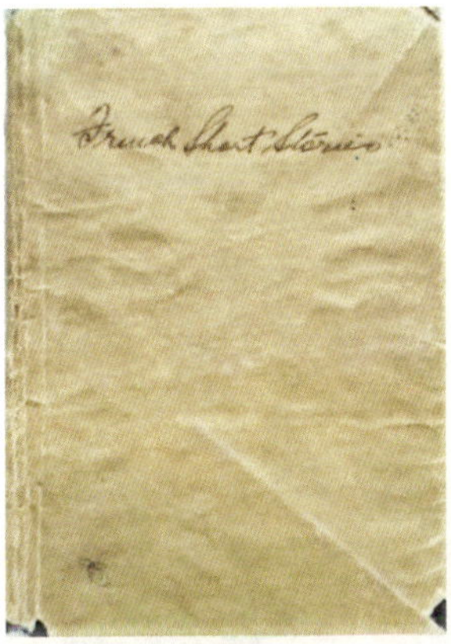

《法国短篇小说集》原文版

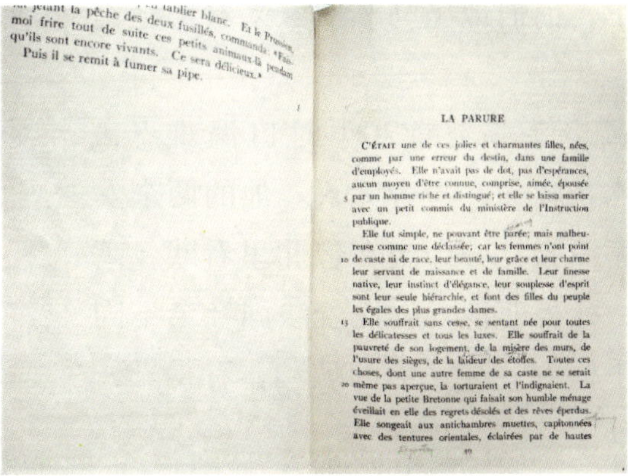

… jetant la pêche des deux fusillés, … tablier blanc. Et le Prussien, moi frire tout de suite ces petits animaux-là pendant qu'ils sont encore vivants. Ce sera délicieux.»

Puis il se remit à fumer sa pipe.

LA PARURE

C'ÉTAIT une de ces jolies et charmantes filles, nées, comme par une erreur du destin, dans une famille d'employés. Elle n'avait pas de dot, pas d'espérances, aucun moyen d'être connue, comprise, aimée, épousée par un homme riche et distingué; et elle se laissa marier avec un petit commis du ministère de l'Instruction publique.

Elle fut simple, ne pouvant être parée; mais malheureuse comme une déclassée; car les femmes n'ont point de caste ni de race, leur beauté, leur grâce et leur charme leur servant de naissance et de famille. Leur finesse native, leur instinct d'élégance, leur souplesse d'esprit sont leur seule hiérarchie, et font des filles du peuple les égales des plus grandes dames.

Elle souffrait sans cesse, se sentant née pour toutes les délicatesses et tous les luxes. Elle souffrait de la pauvreté de son logement, de la misère des murs, de l'usure des sièges, de la laideur des étoffes. Toutes ces choses, dont une autre femme de sa caste ne se serait même pas aperçue, la torturaient et l'indignaient. La vue de la petite Bretonne qui faisait son humble ménage éveillait en elle des regrets désolés et des rêves éperdus. Elle songeait aux antichambres muettes, capitonnées avec des tentures orientales, éclairées par de hautes

莫泊桑的短篇小说

化和传统的历史，弥补了学校教育的一大缺陷；另一部分来自爸爸的书柜，为我提供课外读物的重要来源，我能不受约束地享受着最自由的阅读时间。在20世纪40年代，爸爸从旧书店买回来几本法国经典小说。虽然爸爸曾经参加过业余的短期初级法语学习，但他没有阅读原文版名著的能力。很可能这是他为我的法语阅读做的准备，因为1939年我进入法语学校。其中两本书对我来说，像是天上掉下来的馅饼，很难得。

中学时代暑假或者寒假，我把课外阅读当作业余爱好，主要读故事情节。最初并无选择，随手捡来《法国短篇小说选集》。我惊奇地发现除了学校法语教科书以外，还有着另一种法语，家庭和学校以外有着另一种世界。

《一根绳子》（*Une ficelle*）指的是从街上捡来的不起眼的小绳子。《一串项链》（*La parure*），到头来才知道借来的钻石项链是假的。两段很简单的故事，毫无惊人之处。莫泊桑对一个人在现实生活中所产生的心理反应和精神状态剖析深刻，用讽刺而幽默的文笔把主角人物的悲情生动地表达出来。几篇短文第一次在我少年的头脑里掀起了波浪。

在中学的暑假期间，我开始阅读巴尔扎克写的《高老头》（*Le Pere Goriot*），共读了两遍。这本书第一次向我展示了法国社会的现实。法国社会也是人的社会，法国人也是人。

高老头年老而孤独。他收入单薄，身居小市民合租的简易住房。他竭尽全力培养他的两个女儿，一心想她们有朝一日能够进入上层社会，成为贵夫人。他实现了他的梦想。大女儿贵为伯爵夫人，小女儿嫁给富豪。为了隐瞒自家出身卑微，她们只敢在夜幕掩护之下，悄悄地坐马车回家来看望她们的爸爸。

然而，在高老头临终前20小时口渴难忍，呼喊着要求喝水。嗟夫，身旁无人。他的两个女儿，一个正出席酒会，一个坐在包厢里看戏。高老头生得卑屈，死得悲惨，诉说着法国社会不同阶层之间，似乎横着一片无形的玻璃，看得见，却很难渗透。

《高老头》

一位年轻人Rastignac是高老头的邻居，发现了两位贵夫人夜间驾临的秘密。他略施小计，和伯爵夫人搭上关系，突破了“无形玻璃”的阻隔闯进上层权力社会，步步高升。他在参加高老头的葬礼后，独自站在墓地高处，指向夜色朦胧的巴黎，发出贪婪的、变态的、狂妄的喊叫：“现在（巴黎）属于我们。”

高老头的父爱并不单纯。他把对女儿的“爱”作为攀援名贵、抬高地位的手段。原本高尚的感情变得畸形、庸俗、腐化。高老头的父爱的悲剧，既是个性发展的必然结果，也是时代的必然产物。巴尔扎克叙之切切，勾起我一番沉思。耄耋之年，我很庆幸自己的两个女儿都陪在我身边。但我相信故事绝非无中生有，高老头在社会中必有原型人物。我对高老头的形象终能有所认识，透过他的形象去思考巴尔扎克究竟写了些什么。阅读经典名著不能囫囵吞枣。不同年龄阅读后的感受亦完全不同。

阅读法语《悲惨世界》和实践中成长（1）

——2014年1月10日初稿

——2022年9月21日完稿

中法学校规定的法语教学和考试制度很严格。初中年级的语法学习和语法分析，很重要，但是十分枯燥。爸爸小书柜有几本法国作家的名著。每年暑假和寒假我不爱外出逛街，手伸进了爸爸的小书柜。要发现新大陆需要冒险，求知也一样。

可能在中级班三年级暑假，我第一次阅读雨果写的《悲惨世界》（*Les Misrables*），1939年版本，共5大部。第一次，只读了第一部（*Fantine*）第1、2章。每章又分14篇。我读完第2章的14篇，仅仅是全书的开卷。我发现在我生活的世界之外，还有另一个世界。学校的课本没有说。

Jean Valjean（冉阿让）因家人挨饿，无奈之下打破商店的玻璃伸手进去偷了一只面包，被当场抓住。他多次越狱，被罚了19年苦役。释放出狱，带上一张苦役犯的“黄色通行证”，让他终身受辱。一路奔走，多家旅店把他赶出门外。一位好心的主教留他住宿并待以上宾之礼，用银制餐具与他共进晚餐。

夜深人静，主教已经入睡，Jean Valjean把全套银制餐具尽收自己的背囊，翻墙而出。清晨被巡逻的宪兵队抓获并带至主教面前。出乎意料，主教撒了谎说餐具是他送给Jean Valjean的，并拿出另外两座银制烛台，说Jean Valjean忘了带走。主教亲自把银制烛台送到Jean Valjean手中。宪兵退出。主教坐下来，对Jean Valjean说："我把银物送给你，我买下了你的灵魂。""我把你的灵魂送还给上帝"（大意）。主教以无私的爱人之心，帮助Jean Valjean从邪恶的黑暗中走出来，走上善良的光明大道。主教以爱人之心，对Jean Valjean讲了一番话，唤醒他的良知，祝愿他成为一个真正的人。

家中珍藏的《悲惨世界》法语版（1939年版本，共5大部）

Jean Valjean不是坏人。他失业，不忍心看着她姐姐和七个孩子挨饿，偷了一个面包。他付出的代价是19年的苦役。他不知道姐姐和她的七个孩子身在何处，是否还活着。他对社会怀着刻骨仇恨和难以克制的复仇之心。主教那番谈话再次在他耳边响起。他将往何处去？他的精神纠结翻滚几乎崩溃。他大叫："Je suis un miserable"（我是个坏蛋）。他大哭，这是19年来第一次。他回到主教家的小院门外，默默下跪。读到这里，我也想哭。

在Jean Valjean进入Montreuil-sur-mer的那天傍晚，一家民房发生火灾。他奋不顾身，从大火中救出两个孩子。事后知道，他们是宪兵队长家的。这座小城市接纳了他，没有要求他出示身份证。众人称他为"Madelaine大爷"。

这位大爷只有100多法朗，是19年苦役挣来的全部收入。他着手对当地传统工艺品生产进行改革，产品畅销。他设立工厂，招收当地贫苦民众就业。他开设医院，创办学校，救济孤儿寡妇。5年来，他给Montreuil-sur-mer带来财富和繁荣。上级政府委任他当市长。他拒绝。全市民众发出强烈的呼声。Madelaine大爷接受任命，拒绝授勋。苦役犯浴火重生。如果*Les Miserables*写到此止，雨果将不成其为雨果。

Madelaine大爷被尊称为"市长先生"。新上任一位警察局督察员是Javert，他恪守职责，秉公办事。Javert深信"苦役犯是坏人，不会变成好人"。在Digne警察局任职期间，他已经发现有一名苦役犯，刑满释放，没有去指定的地点报到。此人在哪里？在干什么？经过一段时间的共事，他似乎在市长大人身上嗅到淡淡的蛛丝马迹。通过各种渠道去搜索确证实据，他的判断不错，终于果断地向法院提起公诉。市长先生亲自到庭，承认前苦役犯Jean Valjean就是他本人。

此时，Fantine病危。她希望最后能见到多年沦落他乡的幼小女儿Cosette。市长先生赶到病床前，向她保证一定找到孩子。就在此刻，Javert出现，向市长先生出示逮捕令。

Jean Valjean逃脱Javert的追捕。按照仅有的一点线索找到了Cosette。夜深人寂，他见到Cosette提着大水桶，去远处水井打水。冻得红彤彤的小脚套上一双木靴。在老板娘面前小女孩活像一头巨象跟前的小耗子。

Valjean用巨款把小女孩救赎。Cosette不知道她的妈妈是谁。也不知道妈妈已经死了。她认定眼前的Madelaine大爷是“父亲”、她唯一的亲人。Valjean带着Cosette潜往巴黎的一处别墅，定居下来。即便如此，他曾遭黑帮绑架。黑帮在现场被警察逮捕，但受害者在混乱中溜走了。Javert怀疑受害者本人就是Jean Valjean，并开始追踪。

时光流逝，Cosette已是妙龄少女，含苞待放。青年大学生Marius应时出现。做父亲的觉察到两人相爱，互通书信。他决定带着Cosette离开法国。作为一名中学生读者，我急切希望Jean Valjean能够摆脱警方无休止的纠缠和追捕，重建他的生活。

然而，巴黎发生了一场贫民的暴动。Marius和其他青年支持叛乱者，在街头垒起路障，与政府军对峙。叛乱被镇压。Jean Valjean在巷战现场，找到了受伤的Marius。他背起青年人，通过巴黎地下水渠，步履艰难地走了出来。在一个安全的去处，Marius得到Cosette的看护。

Jean Valjean是好人。但是社会的偏见、“苦役犯决不可能变成好人”，逼使他终身被摒弃在社会之外，没完没了地经受着冷酷的屈辱和非人道的磨难。等待着Jean Valjean的又将是什么呢。

阅读法语《悲惨世界》和实践中成长（2）

——2014年1月10日初稿

——2022年9月21日完稿

Marius要和Cosette结婚了。Marius一身黑色婚礼服。Cosette一件精心设计的白色婚纱，他们去教堂举行婚礼。Cosette把手搭在Guillenormand先生的手臂上。这位老先生是Marius的长辈、上校军官、道地的豪门贵族，伴送着新娘在风琴演奏声中走向神坛。Cosette的父亲Jean Valjean因为手臂意外受伤，挂着一块三角巾，走在他们身后。Marius和Cosette接受神父的祝福。Marius是伯爵，Cosette是伯爵夫人。

盛大的婚宴，按传统的礼仪进行。此时，大家发现那位令人尊敬的父亲不见了。这无疑使Cosette大吃一惊。93岁高龄的长者，颤抖的手握着香槟酒杯，即席发表激情的贺辞。全场鼓掌。Cosette在婚纱下把娇小的脚轻轻压在新郎的足背上。她把父亲完全忘了。

Jean Valjean回到寓所。他急促地甩掉三角巾。他的手臂没有受伤。Cosette的房间只剩笨重的家具。他打开手提箱，把Cosette不同年龄穿着的衣服、裙子、袜子、鞋子、一件件平铺在床上。他猛然抓住孩子的衣服，捂住他的脸，双肩剧烈地抽动着。无声的哭泣，最悲痛的哭泣。

翌日凌晨，岳父只身登门造访，在客厅和新郎密谈。Jean Valjean以极大的勇气、坦白自己真实身世，如果被发现伯爵家里窝藏通缉的逃犯，将不是光彩的事。他必须离开。Marius承诺保守秘密。

Jean Valjean不能忘怀Cosette，他不能控制自己。一天夜晚，在伯爵家的低层，一间阴暗寒冷的房间里，Cosette求他回到幸福的新家庭中来。Jean Valjean脸色发青。他说："我不是你父亲，你不再需要父亲"，"你有了一位好丈夫"。但是，每天夜晚，他都会回来见Cosette。

有一天，房间里没有烛光。接着，壁炉里没有了燃烧的柴火。接着，壁炉前两把座椅被挪走。从某一天起，Jean Valjean不再回来。什么"Madelaine大爷"，什么"市长先生"，见鬼去罢!

终于真相大白。Marius肯定他的救命恩人是Jean Valjean。他清楚地知道Cosette和她母亲Fantine的身世。Jean Valjean留给新婚夫妻的巨额存款是干净的。Javert因忏悔和精神崩溃开枪自杀，坠入塞纳河中，其并不是被Jean Valjean谋杀。Marius恍然大悟。他疯狂地拉着Cosette，跳上马车，赶到老人的住所。一切都晚了。

Jean Valjean奄奄一息。他心爱的人最后也把他抛弃。他应该死去。善良的灵魂从受尽摧残的躯体中逸出而升华。在Pere-Lachaise墓地，无人到达的荒僻深处，有一块石碑，没有刻上死者的姓名。有人用粉笔写上一首诗，

"Il dort. Quoique le sort fut pour lui bien etrange,

Il vivait. Il mourut quand il n' eut plus son ange;

La chose simplement d' elle-meme arriva,

Comme la nuit se fait lorsque le jour s' en va."

多少年了，风吹雨打，不见痕迹。我没有能力把诗翻译出来，我把它铭刻在我的头脑里。

追记（2022年9月22日）

《悲惨世界》这本书，我曾先后读过4次。每次都从第1章和第2章读起。几乎每次都没有读完全书。2019年6月10日那天，我特意把雨果的原著从书橱里捡出来。发现一页破旧的日历，印有“1977年2月26日”等字样，夹在第五部“Jean Valjean”第8章第2篇文章的书页中。很可能那年，我读完了全书。1940年年初，我第一次打开了这本书。70个年头，我走过坎坷的道路。1977年“文化大革命”结束，拨乱反正，在历史转折的拐点上，我重读过《悲惨世界》。

我不是在阅读经典小说，我是和书中的人物对话。Javert的信条坚定不移。“法庭对重案罪犯的判决不可能错误”，“苦役犯是坏人，不会变成好人”。然而当我用更多的精力、更长的时间去倾听Jean Valjean的心声时，发现他是好人。他打破窗玻璃偷了一个面包，一心想着要让他单身的姐姐和7个挨饿的孩子活下去。他多次越狱，多次被捉拿归案，做了19年的苦役犯。刑满释放，他得到的是一张黄色的身份证。从此，他被社会摒弃，受尽屈辱。他有着难以克制的报复之心，即便好心的主教收留他过夜，待之以礼，他却把主教仅有的银制餐具偷走，又被宪兵抓获。他面临着两种情况，主教说实话，他再次被抓获，接受更残酷的虐待，永世不得翻身；或者主教撒谎，说银餐具是他送的，希望因此唤醒Jean Valjean的良知，做一个真正的人。他面对着激烈的精神冲击。他大哭，他大喊。他往何处去？

思想的转变是痛苦的。Jean Valjean选择了正确的道路。他做了很多造福社会的事。他用尽心机，冒着生命的危险，把Cosette赎救出来。在巷战的现场，他把受伤的Marius从地下水渠背出来。最后，所有的人都离开了这个被通缉的苦役犯。在墓地上，只有一块石碑，没有死者的姓名。用粉笔在墓碑上写下的诗，被风和雨洗刷干净。Jean Valjean死了，正像白天已经过去，黑夜必然降临。

战难、贫困、“文化大革命”，我的心也有着创伤。今天，我是幸福的。耄耋之年，全身心爱着我的家绮形影不离，两个女儿陪伴着我。我的学生，特别是杜斌、邱海波、马朋林、孙红等几位，他们做着我没有意想到的事、我做不到的事。社会给我爱和温暖，我是幸福的。但是，我相信在我们生活的地球上，有美好的世界，也有着悲惨世界。

法语作文“奇文”

——2019年4月29日完稿

1946年在高中下半学期，我曾写过几篇“奇文”。法语作文属家庭作业，修士先在上课时提出题目，有一次命题为“水与火的对话”，授意我们写出水与火都是人类需要的，如江河水利、以火取暖、烧菜做饭等，学生按照上述构思，作文不至于不得要领。我回到家中，拿起笔来，不知哪里来了灵感，反其道而言之，写“火与水的争吵”。火与水相互指责对方造成的灾祸，打了起来，结果引发大规模核爆炸，地球碎片洒落到宇宙星球上，那里的人不明白陨石从哪里来。经学者证实，大众惊呼：“呀！地球毁了”。我的结论：“水与火都是强者，地球太脆弱。”我写这篇作文，估计因为在二战胜利后初有核爆炸的概念，又略知陨石是何物。然而，其他星球上至今没有发现生命的迹象，“宇宙星球人”的存在，纯属虚构。限于初中法语水平，草草成文。日后读法国老师红笔批示“Hors du sujet!”（文不对题！）。在另一页上，红笔加批“Conclusion dramatique，mais peu vraisemblable”（戏剧性结论，但不够真实）老师的评语似乎从反面给了我一点小小的鼓励。此后，我的逆反心理一发不可收拾。

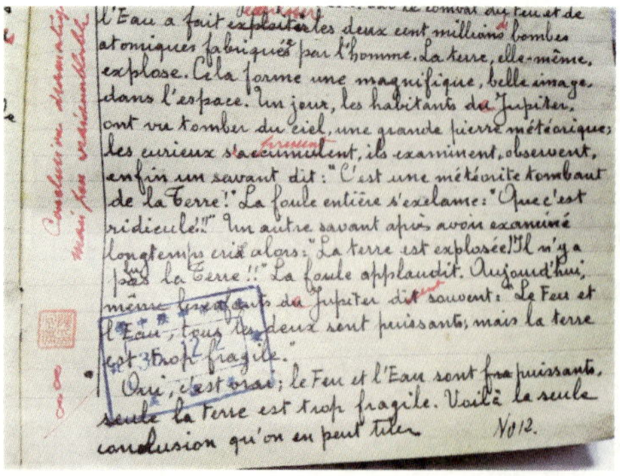
l'Eau a fait exploiter les deux cent millions bombes
atomiques fabriquées par l'homme. La terre, elle-même,
explose. Cela forme une magnifique, belle image
dans l'espace. Un jour, les habitants de Jupiter,
ont vu tomber du ciel, une grande pierre météorique;
les curieux s'accumulent, ils examinent, observent,
enfin un savant dit: "C'est une météorite tombant
de la Terre!" La foule entière s'exclame: "Que c'est
ridicule!!" Un autre savant après avoir examiné
longtemps crie alors: "La terre est explosée! Il n'y a
pas la Terre!!" La foule applaudit. Aujourd'hui,
même les enfants de Jupiter dit souvent: "Le Feu et
l'Eau, tous les deux sont puissants; mais la terre
est trop fragile."
Oui, c'est vrai; le Feu et l'Eau sont puissants.
la Terre est trop fragile. Voilà la seule
conclusion qu'on en peut tirer.
No 12.

我的“奇文”

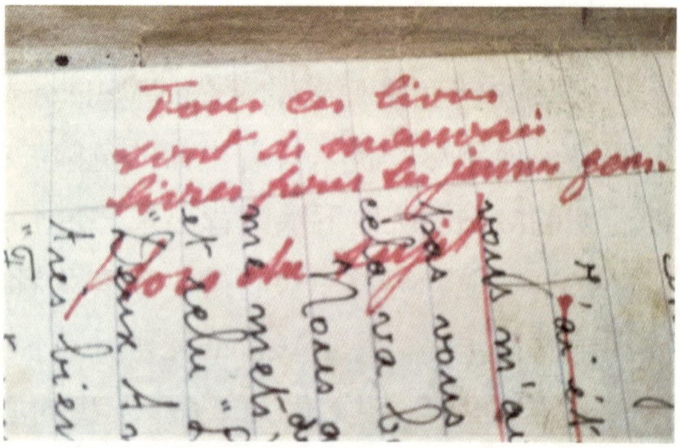

修士的红笔批语

另有一篇也是1946年写的家庭作业，命题谈暑假课外阅读。我感兴趣的有几位法国作家，原著是爸爸从旧书店里买回来的，我私下里读了多篇Maupassant（莫泊桑）的短文，如《项链》《绳子》等，乃至着了迷。

写作业，忘乎所以，大言不惭，说我很想读《漂亮朋友》（*Bel ami*）和福楼拜写的《包法利夫人》（*Madame Bovary*），可惜书店里没找到。意犹未尽，加上一小段："Mes livres de classe sont places tout haut sur mon placard；je n'ai ni repasse une lecon，ni y jete un coup d'oeil"（课堂的教科书，束之书架之上，不翻阅，也不看一眼）。这番话不慎激怒了那位美髯公法国修士Jules Alfred，红笔批语"都是不良读物，青年不宜"，当面训话一次。

当年的我毫无悔过之意，因为我心无邪念，"禁书"激发我阅读的好奇心。近日处理旧书废纸，我意外地发掘出深埋多年的几篇得意之作的原稿。虽然和同班同学处在同一个时空，作文命题也是一样的，我的思考是独立的，与众不同。打开有点破损的作文本，青少年时代的狂想和逆反，从久已冰封的"火山口"喷发出来，往事在回忆中复活。

高中年级开设打字课

在中央楼大教室后半部，每人一台专用打字机，Remington，名牌。学生多了，打字机也多了。打字桌体积较小，桌子前面竖着一根厚木板，支撑着一块阅读用的书架。初学者要挺直腰，盯着书架上的文章，不允许看字键。采用"10指打字法"。初学时，老师高声喊话："Tapez fort！"（用力敲！）。训练学生手指猛击字键。滚筒损坏了，打字机出故障，不用你操心。

20世纪30年代中期，中法学生在东二楼走廊里上打字课，教师是副校长Frère Ange（最后排站立者），有9位学生正在练习（照片由光明中学校友会提供）

你可以不管文章在说些什么，即使你对文章不感兴趣，只管打字就是了。考试要在规定的时间内，多打字，不出错。我不是钢琴演奏家，不懂乐谱，打字机打不出音乐，但是，我也会疯狂敲击，我的打字成绩足以自傲。

我家也有一台Remington打字机。进前震旦大学医学院，有些课目没有教科书，也不发讲义，例如《有机化学》，妇产科、继任老师讲的《新编生物学》及《内科学》的某些章节等。我在上课时做好速记，回家打字成册。等到某个星期，轮到某科考试，我把打字稿从抽屉里取出复习就是。早年我从事涉外工作之际，打字机亦能提高工作效率。

乔布斯推出麦金塔计算机及iPad等电子商品后，伴随着我多年的Remington打字机在我的视野里消失。乔布斯是一个改变世界的人。

老师临别赠言

——2019年4月29日初稿

——2019年6月30日完稿

中国老师唐烈先生

高中年级的汉语古文老师是唐烈先生。他授课认真，诵文解读按一定的节奏和语腔，得意之处，晃动一两下脑袋，颇有古代文人的遗风。但是，他不像罗老师那样善于吸引学生的注意力。有一天他家中不幸起火，看得出他的忧虑和烦恼。而他讲课一如既往，一丝不苟。那个年代，一般的中学老师被谑称为“教书匠”，真是委屈他们了。他们家境清寒，从来不费心机巧立课目，开设什么补习班，增加额外收入。师道尊严，老师的奉献精神是留给学生们最宝贵的教育。

高中毕业时，唐烈老师在我的留言本上，写下一段话：

“成汤铭日新又新
於盘子张书言忠
行笃诸绅
今之手册当与之后先媲美
藉以陶冶身心耳
题此以应　德昌贤棣　留念
武进唐烈”

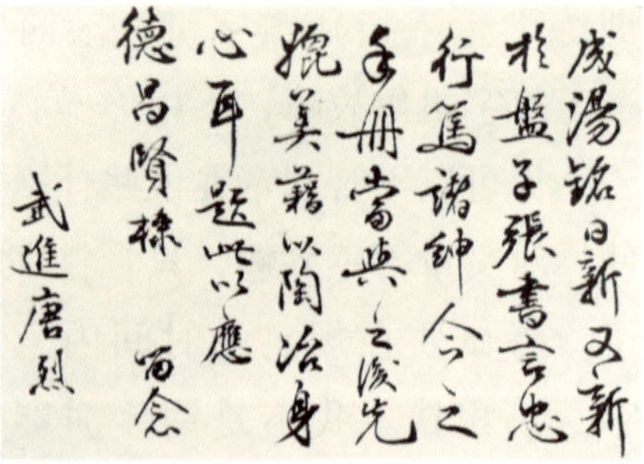

唐烈老师的留言

“成汤”（约公元前1670—公元前1587）是商朝开国君主。唐老师摘引《汤诰》中的一句话“有功于民，勤力乃事”作为核心思想，教导我做人的基本准则。韩愈说：“师者，所以传道受业解惑也”。人非生而知之者。他说的“之”，指知识和道理。我们求学于老师，并不是只为了“受业”，比如求得一门学问、一门科学或者一门技术。老师的首要职责是传授道理。古文中的“道”，指儒家之道。今天，我理解的“道”，是指一个人如何“在新时代、在新社会做人的道理”。唐老师一手好书法，引经据典，谆谆教诲，见文如见其人。

唐老师平日讲话或诵读古文，带有浓厚的常州乡音。在留言册上，他写上“武进唐烈”。根据文史记载，武进是吴文化的发源地之一，有2700多年的古城建设史和2500多年的文字记载史。武进先后诞生了9名状元和1546名进士。历史上曾形成“阳湖文派”和“常州词派”。唐老师不在乎什么状元或进士之类的名誉，他爱自己的故乡，他爱故乡的文化和历史。他牢记自己的“根”。

法国老师Louis修士

曾记得我八九岁时，每星期天上午，妈妈领着我去复兴公园自由活动。在她的眼皮底下，任我在草地上奔跑，跳跳蹦蹦。我们常能遇见Louis Daniel-Joseph修士和他的堂兄，两人相伴，在河边人行道上散步。见到我妈妈，两人把宽边修士帽轻轻上提，微笑示意。妈妈两手交叠，轻按右腹，欠身还礼。我也习以为常。

1947年6月我高中毕业，行将离开母校，Louis老师亦即将搭乘轮船回法国里昂。我请他在纪念手册上，留下励志之言。我依依不舍，想为他送行。他答应陪我一同去外滩码头。法国远洋轮船，号称3000吨，比我想象的要小，然而大厅宽敞，采光好，楼梯设计和大厅家具设置气派豪华。但是，Louis 先生的卧舱，是开放型的上下卧铺。轮船从上海到马赛似乎需要四五天，这等旅行的生活条件够艰苦的了。按我的理解，他是天主教的修道士，他有信仰，有自己的生活目标。这就是他留给我的最后印象。

临行前，先生特意留给我一封亲笔短信，提到我妈妈，并且嘱咐我“做个好孩子”。他最后加上一句“tachez de vous developper un peu plus pour les sciences”，大意是勉励我“要更多一些、向科学发展”。1948年3月他从巴黎寄给我一张明信片，正面是巴黎埃菲尔铁塔。从此音息全无。

作为一位法国老师，Louis和我接触主要在课堂授课、批阅家庭作业和多种考试场合，他怎么能对我未来的发展提出中肯的忠告呢？他没有评价我哪项

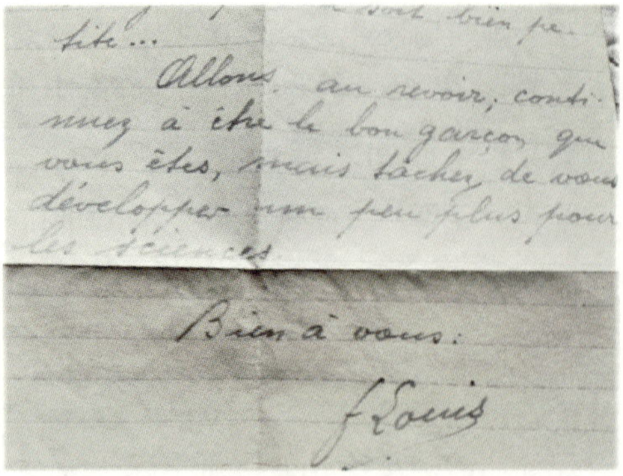
Allons, au revoir, continuez à être le bon garçon que vous êtes, mais tâchez de vous développer un peu plus pour les sciences.

Bien à vous.

f. Louis

Louis老师的亲笔信

前震旦大学医学院

课目考试得分孰多孰少，也不强调我是报考大学，抑或选上某种职业为好。但是，他对学生有洞察力，有祈盼，他不希望我过多地偏执于语言学和文学，他给我的是建议，质朴而真诚。作为班级老师，他想到的不只是一个班级，而是一个一个的学生，注意发掘学生的潜能。教书育人，师者之道也。他的话，我听得进去。高中毕业考试，我名列前茅。经中法学校推荐，我直接进入前震旦大学医学院。

近日从旧书堆中找回两位老师当年书写的临别赠言，时隔70年漫长的岁月，重谈旧文，泪含在眼眶里。

双语教育的目标之一：语言能力

——2014年1月10日初稿

——2022年9月5日完稿

我和法语有缘

1939年，日本军队进犯上海虹口，全家迁居前法租界。我家搬进石库门楼房，和中法学校相隔两条街。就这样，我有机会进中法学校学法语。我对汉语古文和法语似乎有先天性好感（正像我对数学有着天生性厌恶），我愿意接受双语教育。

人称“法语美”，讲究语法和逻辑，行文流畅，朗读自有抑扬顿挫。有语言美，就有文化美，欧洲贵族阶层喜欢在交际场合说法语，以示高雅。这在托尔斯泰的《战争与和平》一书中屡见不鲜。法语结构严密，写文章禁忌语义歧义（equivoque），据说历史上曾有一段时期，国与国之间签订条约或协议以法语为正本。

法语语言能力（Competence）

中法学校双语教育的目标在第一阶段，首先要培养中国学生的“法语语言能力”。为此，学校在语音、词汇、句法和语义知识等方面的教学制订了严格的程序。

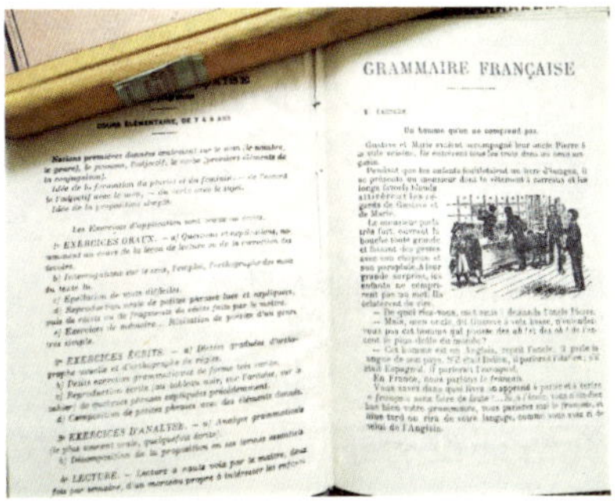

法语语法课本

中法学校的初级班相当于小学最后的学年，我懵懵懂懂开始学法语。最初由中国老师执教。法语课本从初级班（一个班级）、中级班（五个班级）到高级班（两个班级），共分厚厚的3册。课本内容按学年循序渐进，编写由浅入深，充分考虑到学生智力发展的过程。这3册法语课本陪伴我整整8个年头。约摸在2009年，上海光明中学校长到北京来会见几位老校友，我把这3册法语课本捐赠母校留念。

学法语比学英语难，动词的时态变格共有多少模式，我已记不清了，单说过去时态，就分passe simple（简单过去时），passe compose（复合过去时），imparfait（未完全过去时），plus-que-parfait（愈过去时）。

再说将来时态，又分future simple（简单将来时），future proche（最近将来时），future anterieur（先将来时）。时态变格还有conditionnel（条件式），subjonctif（虚拟式），participe（分词）等。动词在不同的时态变格中，要注意人称、性别、复数或单数等相应的改变，搭配恰当。

动词不定式（infinitif）也有现在时和过去时之分。动词不定式因结尾不同，又分4组：er，ir，oir，re。同属ir结尾组，finir和dormir的时态变格却各有不同书写法，等等。

法语动词的时态变化搞得这么复杂，不能像教中国语言那样简练些吗？不可能。法语是外来语，不是母语。为此，学好法语的语法分析（analyse grammaticale），列入每天的“家庭作业”，第二天交。老师批改认真，如果语法分析错误太多，盛怒之下会把家庭作业本使劲一甩，本子飞出窗外去了。

法语多有作弄人之处，凡是动词时态变格以及形容词，都有阳性、阴性、单数、复数之分。书写成文有严格规则，但是，末尾字母相应的改变，口语中听不出来。在《法语语法》课本外，还有《朗诵和听写》(*Lectures et Dictees*)作为辅导课本，一概列入考试范围。

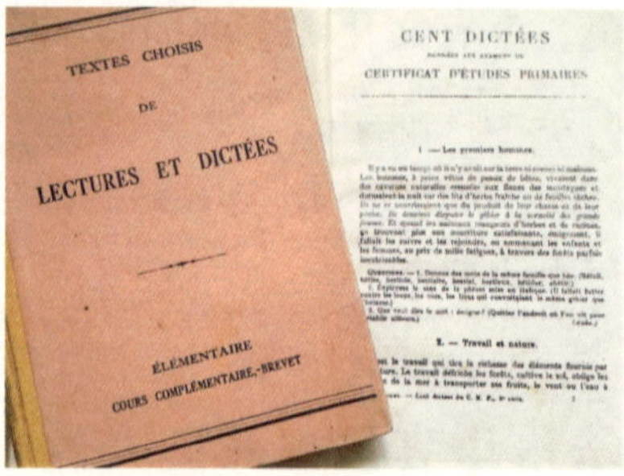

*Lectures et Dictees*作为辅导课本

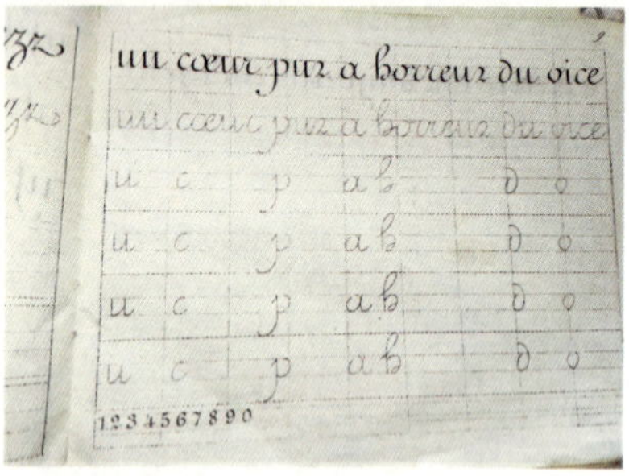

用阔笔头书写的练习本

第1册课本，先讲24个字母，书写一如英语。接着学元音(voyelles)和辅音(consonnes)，始知拼音法，识几个字，再认简单的名词和语句。孩子们学老师发音，拉大嗓门“喊字”。

最难忘的是高中毕业考试。首场考“听写”，考的是学生的法语语言能力。听写错一个字，包括标点符号的错误，扣3分，满分是20分。听写不及格，就此出局，连参加毕业考试的资格都没有了。

只见讲台上站着一位法国修士Frère Victorin，课室后方站着副校长Frère Ange，这两位修士吐字清楚，语速适中，发音宏亮。讲台上的那位，逐句念出。副校长跟着重复一遍。我记得文章的题目是“Le train”(“火车”)，还记得文章第一句。首场考“听写”通过，我舒了一口气。

双语教育的目标之二：运用能力

——2014年1月10日初稿

——2022年9月9日完稿

语言运用(Performance)

“语言能力”与“语言运用”是有区别的。老师禁止学生“背词典”，不允许“死读硬记单词”(mot-a-mot)。片面追求词汇量是错误的。单词拼凑无法表达自己的思想和感情，亦不可能理解他人的思想和感情。盖房子可以把砖一块一块叠起来，写文章把单词一个一个拼凑起来，行吗？

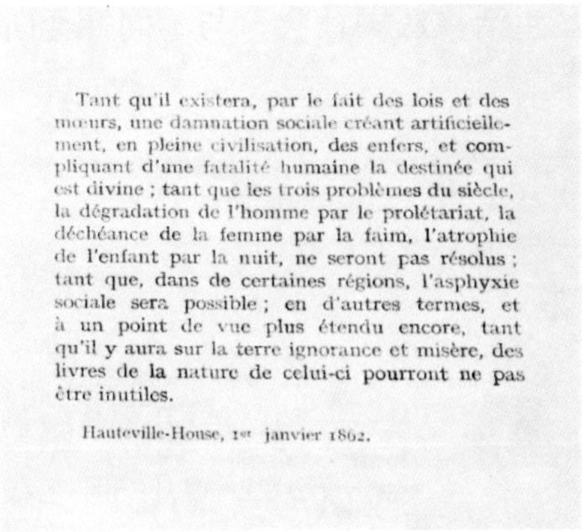
Tant qu'il existera, par le fait des lois et des mœurs, une damnation sociale créant artificiellement, en pleine civilisation, des enfers, et compliquant d'une fatalité humaine la destinée qui est divine ; tant que les trois problèmes du siècle, la dégradation de l'homme par le prolétariat, la déchéance de la femme par la faim, l'atrophie de l'enfant par la nuit, ne seront pas résolus ; tant que, dans de certaines régions, l'asphyxie sociale sera possible ; en d'autres termes, et à un point de vue plus étendu encore, tant qu'il y aura sur la terre ignorance et misère, des livres de la nature de celui-ci pourront ne pas être inutiles.

Hauteville-House, 1er janvier 1862.

雨果 《悲惨世界》开卷

可喜之事，日常交谈中，动词时态被简化，不那么折腾人。说话短，语速快，这和我在高中年级时谈话应用“le francais livresque”（书本法语）大有区别。总之，不能按照中国人的习惯用词和语言逻辑来运用法语。

要懂得主句（proposition principale）和从句（proposition auxilliaire）有层次之分，又有相互联系。法国人常用整段文章来表达意见，一个主句连着一串从句。雨果在《悲惨世界》的开卷，在全书目录之前，曾写了一篇短篇文章（1862年），其中有4个从句，主句只有一个，末尾一句，很短“des livres de la nature de celui-ci pourront ne pas etre inutiles”（大意：这样一类的书籍不可能是无用的），作为文章的归纳。其实，4个从句是重点，表达着作者的忧虑和对现实的抨击，初学法语的中国读者可能难以抓住文中的核心思想。

中法学校双语教育在第二阶段，很重视对学生进行逻辑思维的教育，以提高对法语原著的正确理解的能力。高中年级重点是学习逻辑分析（analyse logique），并且列入家庭作业，翌日交。老师批阅记分，要求严格。

中法学校高中年级的期考和毕业考试规定笔试和口试，两者并举，目的在于培训学生用法语与他人“沟通的能力”，防止“只能阅读，不能开口讲话”的弊病。中国人要熟悉法国人的思维逻辑和他们习惯的表达方法。

1979—1980年我留法期间，常听到几位法国朋友抱怨说他们听不懂中国人（包括某几位外交秘书）讲的法语，中国朋友抱怨听不懂法国人讲的法语。这样的语言障碍极大地影响着双方的沟通和交流。“入乡随俗”，生活在法国，要按法国人的习惯说话。比如，打电话，我接听时要说的第一句或者我拨打电话找他人谈话时应该说的第一句，在法国有着规定的习惯用语。最初到巴黎时，我拨打电话，第一句顺口说了：“你是谁呀？”接着想说“某某先生在家吗”。哪知我刚说完第一句，对方接听的中年妇女即刻反问：“这是我该问你的！”她显得不高兴，开口就问你是谁，不礼貌。此刻，我应该说：“Je voudrais parler a Monsieur un tel”。（我要和××先生说句话。）此处应用动词条件式（conditionnel），不用现代时态，以示谦逊之意。法语是“活语言”。生活在法国社会，与不同社会阶层的人打交道，我必须提高我的法语运用能力。

双语教育的最终目标：交际能力

——2014年1月10日初稿

——2022年9月25日完稿

交际能力被确定为双语教育的“最终目标”，语言能力与交际能力二者，既有区别，又有联系，是一个整体。中学的双语教育，将在大学医学院学习，特别在留法期间生活和工作的实践中，经受检验。

双语教育开辟我一生之路。1947年，我进前震旦大学医学院学习医学，教学语言为法语；1953年，进入前广慈医院做住院医师兼任外事工作；1964年奉调到卫生部报到，由此进入北京协和医院进一步接受英语教育；1979年赴巴黎留学。毫无疑义，中法双语教育或者说中英法三语教育开启了我一生的旅程。

1952年，我弱冠之年，经苏联、柏林，进入哥本哈根。第一次目睹外面的世界——更大，更多样化，更复杂。1979年，我进入巴黎第五大学Cochin教学医院的ICU。身处其境，我发现我国的医学与国际水平存在着多大的差距。时至1980年，危重病医学在中国大陆仍是一片空白。这种状况必须改变。

第一学年我做了两件事，一是每日下午下班后赶到“巴黎医院医学图书馆”，翻阅杂志、文献，做好笔记。每晚阅读笔记，成为我的家庭作业。二是每周三我参加法国外科学会的例行讨论会，从不缺席，逐步接触法国外科学界，接受学术氛围的熏陶。第一学年结束，法国外科学会颁发1979年列席证书，以资鼓励。

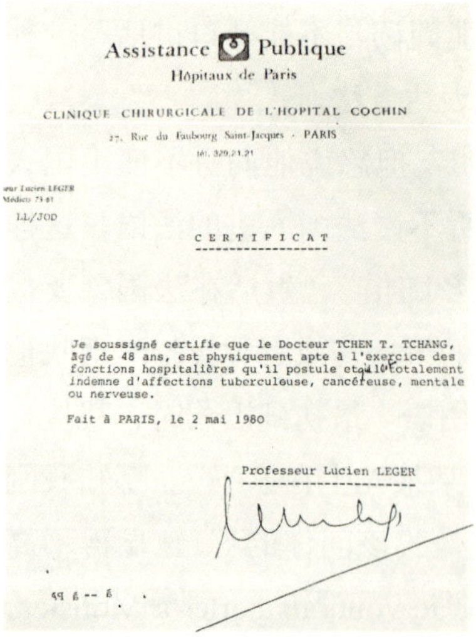
Assistance Publique
Hôpitaux de Paris

CLINIQUE CHIRURGICALE DE L'HOPITAL COCHIN
27, Rue du Faubourg Saint-Jacques - PARIS
tél. 329.21.21

Professeur Lucien LEGER
Médico 73 61
LL/JOD

CERTIFICAT

Je soussigné certifie que le Docteur TCHEN T. TCHANG, âgé de 48 ans, est physiquement apte à l'exercice des fonctions hospitalières qu'il postule et qu'il totalement indemne d'affections tuberculeuse, cancéreuse, mentale ou nerveuse.

Fait à PARIS, le 2 mai 1980

Professeur Lucien LEGER

Leger教授亲笔签发的推荐信

1980年，我陪同法国医学代表团访问北京协和医院

第二学年，Leger教授亲笔签发推荐信，经法国卫生部、教育部、劳动部等行政机关批准，获得“巴黎公立医院医师”资格证书。我进入Ambroise-Pare医院，参加临床工作。

Leger教授向我表示他将率领法国医学代表团访华的友好意愿，我协助他与中华医学会取得联系。1980年，法国医学代表团以Leger教授为团长，来华访问北京协和医院和前震旦大学医学院两地，我全程陪同并担任法语翻译。法国医学代表团受到邓小平同志接见。

1981年回国后，我仍然与法国大使 Chayet保持友好联系。他是个中国通。留法期间，我曾多次应邀赴法国教授或社会人士家宴。1983年，在医院领导及法国同仁的支持和帮助下，北京协和医院综合性ICU建立。

我的老师曾宪九教授当初考虑到我在中学和大学的法语教育背景，可能有相

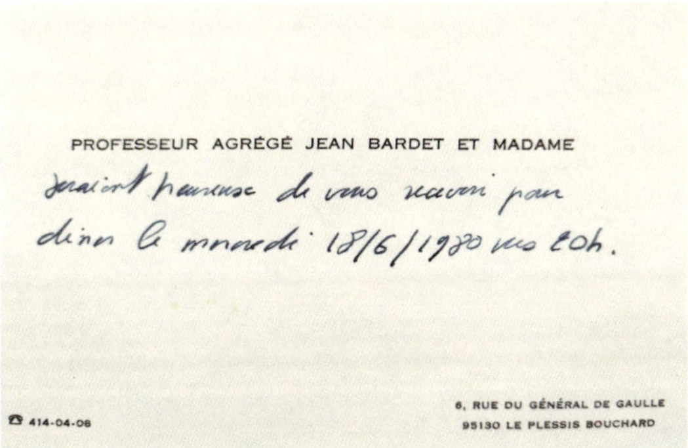

PROFESSEUR AGRÉGÉ JEAN BARDET ET MADAME

seraient heureux de vous recevoir pour

dîner le mercredi 18/6/1980 vers 20h.

414-04-06

6, RUE DU GÉNÉRAL DE GAULLE

95130 LE PLESSIS BOUCHARD

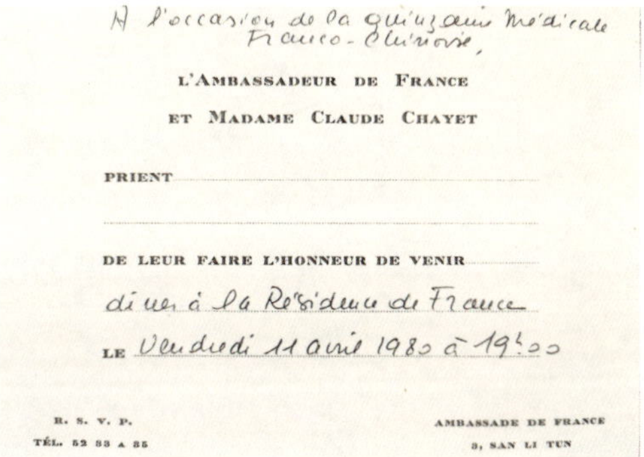

A l'occasion de la quinzaine Médicale Franco-Chinoise,

L'AMBASSADEUR DE FRANCE

ET MADAME CLAUDE CHAYET

PRIENT

DE LEUR FAIRE L'HONNEUR DE VENIR

dîner à la Résidence de France

LE Vendredi 11 avril 1980 à 19h00

R. S. V. P.

TÉL. 52 33 A 35

AMBASSADE DE FRANCE

3, SAN LI TUN

法国大使及友好人士的邀请信

应的国际交流能力，所以特授意我去法国留学。对我来说，在巴黎生活和学习，可以直观地看到我习惯生活的世界并不是世界的全部，可以直观地看到我国医学与国际水平的差距。我需要学习正确地看待法国社会的现实，更多地接触法国社会高层次人士和高学术地位的学者。这对于我本人的成长及医学在中国的发展，是非常重要的。

我忘不了当初中法学校双语教育的法国老师们，为我在法语语言能力和语言运用两个基本问题上打下扎实的基础。今天我对危重病医学在中国的发展能有所贡献，我衷心感谢中法学校的中国和法国老师们对我的教育。

我更不能忘怀我亲爱的妈妈。没有她耐心的、严格的中国古文的家庭教育，我在中法学校的双语教育将是不完整的。

1947年我高中毕业离校前，和妈妈在高中教室前的走廊上摄影留念（照片由爸爸拍摄）

三、震旦大学医学院教室的故事

大学一年级新生

——2009年9月26日完稿

1903年2月27日，由法国天主教会资助的“上海震旦学院”成立，1928年改名为“震旦大学”（Aurora University），首任院长是我国近代著名教育家马相伯。他为学院取名“震旦”，取自梵文“中国”一词，兼有“旭日东升”的寓意。1905年，因不满教会干涉校政，马相伯带领部分师生脱离了震旦学院并成立“复旦公学”（今“复旦大学”的前身）。1932年，民国教育部批准胡文耀担任震旦大学校长，设立了法学院、文学院、理工学院、医学院（分设普通医学与口腔医学系）共4个学院。1952年全国院系调整，震旦大学各个院系被归并上海其他各高校。震旦大学医学院与其他医学院合并组成“上海第二医学院”（今“上海交通大学医学院”）。

震旦大学医学院的教学楼是红色斜坡屋顶，红漆门窗木框，木楼梯和木地板是棕褐色的。上下二层都是实验室，楼下腾出一大间作为教室。男生与女生分别按照约定俗成的习惯入座，等待老师到来。男生们总显得有些不耐烦。此时，门外进来一位洋人，身材高大厚实，宽肩阔背，全身黑色西装，不打领带。颈部围有白色硬质领圈，很醒目。天主教神父外出时，若不穿黑色长袍，可以这般着装。他提着黑色皮包，很显气派，进入教室，脱下黑色礼帽，这种礼帽只有在电影里见过，高筒状，黑得锃亮。他很自信地登上讲台。学生们也很自然地认定这位就是我们的化学老师。

谁知此人竟从讲台的另一端下去了，选了个靠近窗边的空座位坐下，把那顶黑得锃亮的高筒礼帽，四平八稳地放在桌面上。教室内一片窃窃私语。原来他是我们班上的同学，入学报到晚了几天。这位波兰籍神父看上去应该够得上不惑之年，显得很平和。他整个头部符合希腊雕塑的造型，下巴活像拿破仑。这么一把年纪，与我们这帮大孩子坐在一起听课，要有点勇气。不过，他是神父。神父是“出家人”，能摆脱世俗的烦恼，没有家庭的牵累，不必担忧毕业后的就业。修道院和教堂是上帝赐给他的生活和居住的地方。

我上大学，爸妈节衣缩食，费了九牛二虎之力。我肩负着我们家几代人的期望。我的前途未卜，无法预先设想，绝不可能像神父那样超脱。我是个十足的世俗现实主义者，我必须考虑大学毕业后的谋生问题。抗战前，我们家庭经济情况尚为稳定。二战爆发后爸爸失业，我们家几乎没有能力在上海支撑下去。爸爸鼓励我读哲学方面的书，他认为要做人，应该学点哲学。他从书店里买来一些讲东方或西方的哲学史、思想史之类的小册子。“哲学”按拉丁词义来解析：“philo-”指的是智慧，“-sophia”意即爱好。我对这类课外读物产生了兴趣。智慧是什么？我还没有这等感悟水平。我自认为是无神论者，即便是在教会学校上小学和中学，也从来不参与神学班的课。上了大学，天主教徒去念神学，非天主教徒也有选择上神学课的。我选择了哲学。授课老师是法国神父G，他是大学的教务长。我从他那里学习到比较系统的哲学知识。我感到一些满足，更促进了课外阅读的兴趣。哲学也是我为数很少的每次考试必获第一名的科目之一。

法国天主教耶稣会负责大学教育。常听到有些人热衷于引用天主教传教士布道时的一句说词：“忏悔吧，你们这些罪人，主的天国已经近了。”我不是天主教徒，从来不相信一个人听了这样的宣道，就豁然开朗，皈依了天主教。中国老百姓很务实。按中国的传统，中国知识分子很重视自己的信仰，不会轻率做出抉择。最初，利马窦及其他天主教传教士进入中国，把西方的科学和技术传到中国。他们和清朝皇室结交，以逐步扩大天主教在中国的影响。这些神父可以直接向康熙皇帝本人讲授几何、三角和拉丁文，用心良苦。到我上大学的年代，上海法国天主教耶稣会在上海的上层社会和知识分子阶层中已经拥有一定的影响力，同时在法租界占有大量地产。但是，与美国基督教会创办的圣约翰大学相比较，震旦大学还略逊一筹。

从社会、文化和家族习俗等背景来看，我和大学里的天主教徒不一样。那些天主教学生，多数家庭富有，家族在社会上、在宗教界有声望。甚至在教会方面，在某些大家族的网络方面，有很深的人脉关系。我属于另类。就这样，我跨进了一个非常新鲜、完全陌生的大学校园的世界。有很多事是我在以后几年的大学生活中学到的，有很多知识不是坐在教室里听课学到的，这些知识其实比坐在教室里听课所学到的更为重要。大学生活不能被替代。

生物学老师

——2009年9月23日 完稿

1947年我进入震旦大学医学院。一年级的教室最大，因为入学新生多，但淘汰率高。有一部分学生日后转入口腔系；另一部分志在获得大学肄业资格，男的去经商，女的出嫁。到二年级，可能剩下一半。英语称大学一年级学生为“Freshman”，学生本人也颇有新鲜感。同班同学年龄差别大，很多年以后才知道有位同学比我大8岁，社会阅历大不相同。有几位俄罗斯同学刮了胡子，面颊还是一片青黑，一副男子汉的体魄。也有一两位同胞西装革履，估计不过20岁，却摆出涉世已久、城府较深的架势。不过，这两位学兄到三年级以后不再见其踪影，出局了也。我才15岁，乳臭未干，发育尚未完成，猛然进入大学的新环境，感到大有必要把自己更新一番，便开始学着做“小大人”的模样。

男生属于躁动、喧闹的动物群体。这些刚从中学走出来的学生，尚没有摆脱猴子般的习性。他们最早进入教室，相互招呼、取笑、大大咧咧，满不在乎周围人的反应。男生也许会惹人讨厌，但他们使教室充满着生气。教室第一排是女生们的专座，先被空着，这似乎是几代人传下来的不成文的约定。从入学第一天开始就被严格执行，没有哪个冒失鬼敢擅自闯入去抢占第一排座位。在教师没有进入教室之前，女生们鱼贯而入，温文尔雅、轻声细语、目不斜视，如入无人之境，视男生如无物。领头的是一位混血儿，法国女孩的长相和装束，有着一个中国的姓氏。她是段祺瑞的孙女，和蔼而不可亲，始终和全班同学保持着礼貌的距离，道地的“不可接触者”。我顽皮地把教室看成一座“动物园”，教师属于特种群体。我做此番比喻，心里并没有对老师有失恭敬之意，纯粹出于童真情趣。老师们分有两支：一支是天主教神父，另一支是中国和外国的世俗老师，统一的教学语言是法语。他们以个体的方式出现在学生群体面前，教学风格不同，共性是向学生展示一个新鲜的世界。从学生们的眼光看来，教师们的世界的确非常新鲜。老师们成为我重点观察的对象。

六年制的教学把一年级定为医学预科，主课是生物、物理和化学。生物学就在教学红楼的大教室内上课。当女生们像羽毛一样飘落在各自座位上坐定以后，老师即将出场。生物学老师是神父H，他是大学里年纪最大的一位长者。谢了顶的圆脑袋，配上一副圆眼镜，镜片小，恰好框住那双微微突出的圆眼球。白色短鬓，杂乱不加梳理，无须。厚沉沉的双层下巴肉，把脖颈塞得鼓鼓的。中世纪款式的神职人员黑色长袍笼罩着他那又矮又胖的身躯，步履也极为缓慢。他的办公室就在主教室旁边，因为他喜欢和走廊里的过往者搭话，从而使这一段不到100米的距离，若以行走的时间来计算，延伸为1000米。然而，他不耽误上课时间。

如果你坐在靠后或离教室门稍远的座位，可以首先看到一小段黑色长袍，像一片竖立着的半圆形锅盖似的进入门框，不见任何其他部位。这锅盖样的黑色长袍的片段缓缓显现，立刻吸引了学生们的注意力，教室内的噪声渐趋平息。如同播放慢镜头般，你可以觉察到这片“锅盖”正在逐步挺进，后续显现的是一个圆圆的大肚子，最终看到了和大肚子紧密相连着的神父H完整形象的侧影。大家注视着这位长者从容不迫地走上讲台，稳稳地坐下，用胖乎乎的手不太灵活地翻动着书页。那胖乎乎的脸给人的印象十分安详。他咬音不清且吐字缓慢，使听者不至紧张。教室内的气氛与中学时的迥然不同。对着讲台方向看，时光似乎回到了中世纪的岁月。

生物学的第一章竟然是细胞学，着实给入学的新生一棍子下马威。听第一堂细胞学的课，我似懂非懂。在上生物学这门课之前，我自以为对客观世界，对人的自身，多少拥有一些知识。而一个小小的细胞竟然包涵着一个浩瀚的宇宙。简直闻所未闻，不可思议。我感到从未有过的困惑。虽然在毕业后，不同阶段、不同专业的转换过程中，我曾多次经受困惑，然而第一次的困惑是最强烈的。令我不胜惊奇的是，那些有关生命奥秘的故事最初是从一位动作迟缓的老者口中听到的。此后进入教室，我再也不敢玩世不恭地戏称之为“动物园”。

一年级第二学期，神父H因病去世。如今回忆起往事，虽然一个甲子过去了，抹去历史的尘埃和风雨，我对神父H依然怀有深深地敬意。他有自己的信仰及终身所专注的事业。他在物质生活方面很少索取。虽然年事已高，行动迟缓，却不知垂垂老矣，始终生活在大学校园、教室，与学生们在一起。除了信奉他所信仰的上帝以外，在不引人瞩目的小块“园地”上，把毕生的精力献给了医学教育工作。

接替他的是一位新来的神父，看上去已步入中年，略嫌清瘦，胡子刮得精光，神采奕奕。他印发自编的讲义，内容大为更新。我的生物学知识，更多的是来自这位中年神父的授课。关于摩根遗传学说，他能深入浅出地娓娓道来，引人入胜。至今我还记得他在黑板上用粉笔写出的示意图。他从来不坐在椅子上。他想把视野囊括全教室，对着台下听课者的脸部来回扫描，捕捉他们的眼神。每每讲到问题的关键点或奇妙之处，他必然要加上一声“Tac!”。这个语气词成了他的专利，唯他莫属。

大学的教学，特别对一年级的新生，重要的是使他们感到有趣，产生好奇心，而不是施加压力、使他们望而生畏。一年级老师的启蒙和诱导，对于初次涉足医学领域的年轻学子而言，无疑很重要。但是，大一启蒙老师的敬业形象，很容易在学生的记忆中消失殆尽，可悲也夫。

化学老师

——2009年9月26日完稿

化学老师Hz来了。他穿着实验室的白大褂快步跃上讲台，径直往台中央一站，也不坐下，一开腔就讲课，满口化学，没有多余的闲话。Hz是犹太人，他的姓名比较特别，反而好记。他目光犀利，炯炯有神，似乎目中无人，显得精明和傲慢，鼻子挺拔，很自然地带出漂亮的鼻音。他不拿讲稿，语速快，能快速用粉笔在黑板上挥写自如，字迹清晰、有力。然后，用刷子快速擦拭整个黑板。重新开始他的龙飞凤舞，动作干脆利索。讲课是他充沛精力的一种宣泄。化学老师上化学课的确很“化学”。

化学课从不印发讲义，学生必须当场做好笔记。我占据有两点优势：一是法语稍有功底，二是高中学过速记和打字。我快速书写，夹杂自编的速记符号。回到家里，赶紧把听入耳的、记下来的讲课内容，一口气在打字机上敲打一阵。也许受到犹太老师“化学反应”的感染，我也学会那股疯劲，飞快地打字整理完毕，最后把整份讲义放进抽屉，听课全过程才到此结束。直到某个星期天化学考试之前，我才把累积在抽屉里的讲义取出来温习。在这期间，总会有一段缓冲，我可以心安理得地喘上一口气。如果说上生物学课，神父H把我带回到了“类中世纪”时光，化学老师则一把将我抓回了“现在”，推上快速行驶的轨道。我初次感到学习也要加快节奏。第二学期上无机化学，学校印发讲义，人手一册，方便多了，却失掉了那份刺激。

一年级学生也在指定的实验室、指定的时间里做化学实验。自己动手在实验桌上操作，玩弄试管和烧杯，倾倒试剂，观察液体颜色魔术般变幻，把报告写在作业本上。白色工作服会被弄得色彩斑斓，烧好几个小点和窟窿。做实验能引导学生懂得必须对书本知识加以验证，同时把学生引入一个神奇的世界。我对科学的兴趣在这种环境中慢慢萌芽、滋长。

有一次在Benz灯上操作，我手握试管，忘了使用木夹子。试管内的液体很快达到沸点，试管架放在实验桌的另一头。惊恐之中，找不到木夹子。我咬紧牙关，捏住滚烫的试管放回到架子上，没有把试管摔在地上。随后查看两根手指居然没有起疮，不禁流露出胜利者的喜悦。回首瞬间，发现那位神父，身为现场指导老师，正在静观那场有惊无险的表演。他那双眼睛像猫头鹰，从眼镜架的上缘投射出两股光束，寒气逼人。老师什么也没说。我心里明白，在简单的基本操作中粗心大意，这是不应该的。老师的责备非常绅士。大学就是和中学不一样，对于大一新生来说，这一点特别敏感，中学老师对学生的责备是直率的，在下课后中学老师还会与学生沟通和交谈。我的中学化学老师是法国修士J。我曾经有一段时间跟着他学底片洗印等暗房操作，这种光景在大学里将不可能重现。

初次进入大学，对校园、教室、老师、同学、上课、考试、图书馆、实验室等都感到新鲜，眼前听的课，接触的老师，只是起点和引路人。从“新红楼”的高层往远处看，在围墙的那边，一条马路之隔就是我们的教学医院。一座座病房楼，排列有序。前面是大片草地，中间夹着几条并行的林荫道。可望而不可及，很自然会产生一连串梦想，梦想那边的世界将更为神奇。我期待某一天，我将从大学本部跨入教学医院。医学院学制比其他学院要长两年，要读更多书，要经历N次的考试。无论在实验室、病房或手术室，我将亲眼目睹一般人所看不到的东西，经历一般人所无法想象的场景。6年后，我将毕业，离开这座医学院。我将变成一个怎么样的人？前面等待我的将是康庄大道还是独木小桥，或是别的什么？我不知道。正如面对不同菜系的烹饪一样，大学教学那盘美食，需要较长一段时间的细心品尝。

20世纪40年代的大一学生似乎没有像现在大学生这般成熟与活跃，校园生活也较简单。那时的大学虽说不上是一片净土，然而在我的记忆所及，校园里受社会不良习气的污染比较少。作为15岁的“大一新生”“Freshman”，实在天真，称得上“绝对小孩”，做的梦也很单纯。

物理学老师

——2009年10月11日初稿

——2009年10月17日完稿

在这所大学里，中法文化混合的环境中，物理学老师L基本上保持着中国人的本色——不穿西装，一身中式长袍，下摆露出西装裤腿。脚穿皮鞋，不穿布鞋，算是对外部环境的一种适应。他外表像国文老师，不像是搞物理学的。几乎不见他开颜谈笑。来也匆匆，去也匆匆，和学生们的交流，限于他用粉笔在黑板上演释一系列公式。大概物理学诸多公式，像数学一样，本身就构成一种语言。他在阐述定律时，用词简练。他不讲物理学历史或者物理学家的故事。那个年代，很多其他学科的教师都不讲科学人文学。学生们不知道学科发展的来龙去脉，好像天生就一贯如此，这是教学的一大缺点。同样，L老师不厌其烦地演释，不顾及学生们的兴趣。他不傲慢，但似乎很难接近。这是L老师给我的第一印象。

我不想掩饰我捣蛋鬼式的淘气。时年我15岁，说白了，“绝对小孩”。持续地听老师用闽南音法语授课，我好发困。曾有一次，我鼓足勇气，做一个硬纸团，牛皮筋套在手指上，出其不意地把纸团弹射向大黑板，即刻激发轰动的效应。这是中学时代练就的功夫，一旦纸团射出，即刻偃旗息鼓，埋头写笔记，绝不抬头东张西望，避免暴露。阶梯教室，靠后坐，居高临下，这样的恶作剧足以振奋精神。然而，就只此一次。我充分意识到自己已是一名大学生，必须自我克制，消除这种邪念。

尽管按我当年的逻辑，淘气不等于对老师不尊敬，但有时也会感到愧疚。因此，大体上，我可以算是一个乖学生。多次物理学考试，成绩最好的一次我得了第二名，也是唯一的一次。从考场出来，我对一道难题的解析和计算结果很有把握。在围上前来的一些同学面前，敞开心扉讲解，颇有成就感。从此以后，我彻底打消了恶作剧的邪念，下决心好好听课。然而，悔过自省并没有使我再次得到第二名，反而跌出前五名以外。我大惑不解。

那位物理学老师引起我的好奇，远远超过物理学本身。老师L衣着朴素，出行无车，估计没有在其他大学兼职，也没有在校外某家企业谋取职位。那个年代，大学没有设置科研基金，没有建立研究生制度。他居住在上海，十里洋场，依然一副洁身自好的气派。他在法国教会大学任教，低调而不张扬，对法国文化、法国神职人员保持着距离。下课之后，他很快消失在流动的人群之中。他也不负责指导物理实验室的工作，我和老师L的距离只是从讲台到阶梯教室座位之间的那一段，从来没有打个招呼，没有讲过话。这在大一的师生之间似乎很自然。

他好像置身于时代和社会之外的怪人。他把物理学作为他喜爱的一门科学。他讲课十分认真，在黑板上演释公式，全神贯注，一个步骤一个步骤地解析清楚。这种身教胜于言教：一个人要做学问，要学会集中精力，一个问题一个问题地去弄懂它，不专心学习、不专注于实践，怎能有深入的思维。我的知识有限，认知能力并不高明。老师L的教导，在我走出校门以后经过实践的磨砺，才能感悟。

老师L在校园中的活动范围，局限在老的物理楼和医学院的新教学楼，其间相隔一条马路。我进入二年级，就没有再见到他。院系调整以后，不知他去了哪里。在我的心目中，老师L是位物理学的好老师，认真而且全神贯注。他是位正直的人。

语言

——2009年10月9日完稿

在医学预科三项主课中，唯独物理学由中国世俗老师任教。前文稍有提及，老师L是福建人，用法语讲课，带有浓重的闽南乡音。讲课内容曾多次提到有关波长的问题。“波长”的法语名词是“longueur d’ondes”，由多个音节组成，中间稍有起伏。考虑到教室讲课音响效果，末尾的e必须吐字清楚。闽南话发音短促，不连贯，偏高亢。听来像“朗-格-唐”，特别怪。

上海是一座多种文化、多种语言荟萃的城市。在英租界，英语和上海俚语混合的结果，产生了“洋泾浜英语”。洋泾浜曾经是分隔英租界和法租界一条小河，因为影响交通被填平，改名为爱多雅路。老师L用法语讲课，用词和语法都是正规的，不属于“洋泾浜外语”一类。大一的新生中，有一部分是从震旦附中、法国天主教圣玛丽兄弟会创办的中法学堂及徐汇中学等法语学校转入，这些学生所接受的法语教学，发音比较符合官方标准，尽管也带上些许江浙的乡音和语腔。听老师L的闽南音法语，一开始，我很不习惯。

后来我去巴黎进修，有更多机会接触法国南方人士，尤其在全法会议上，听马赛或里昂的教授做学术报告。他们对“en”或“an”的发音，与巴黎人大不一样，差异具有“特征性”。如果听他们说les enfants，maintenant，lentement，cependant等，可以毫不犹豫地断定他们是马赛人或里昂人。中国人一般不善于运用鼻音和喉音，要学会讲一口标准的巴黎音，不容易，就像外国人即便能讲地道的北京话，总能听出他是老外。到了第二代或第三代华裔，才把老祖宗的语言发音给彻底改了。

这也使我注意到同班外地同学，比如来自武汉的同学，在发音时，就很难把法语中的f与v、l 与n、b与p，让人听出区别。同样，上海话分不清“王”和“黄”“陈”和“程”等姓氏。

记得我在小学和中学年代，曾按上海音拼写法文“陈”姓。大学登记注册，改用普通话发音，但按法语拼音拼写。解放后，统一改用我国拼音字母。我的译音姓名首位大写字母，由Z，改T，又改C。我记不清我当初去法国进修，曾使用哪个音译姓名；中间因公返回，第二次入境，又忘了使用哪个译名；最后要期满回国时，去巴黎市警察局办理离境手续，从索引中竟然一时找不到我的名卡。想起来，这是一段很有趣的故事。从大学的教室到五湖四海，从“半殖民地”的上海城市到改革开放走向世界，能有这番体会，恐怕也是史无前例。

考试

——2009年10月8日完稿

大学听课，可以认真，也可以不认真，悉听尊便。然而，医学院考试制度很严格，每周考一门课。生物学、物理学、化学、动物学、植物学、哲学、法文语文等，轮番大战。考试偏偏定在星期天上午，岂非咄咄怪事。考场设在教学主楼“新红楼”的最高层，很宽敞，没有遮拦。几个年级在同一考场。窗明几净、气氛肃穆，考场不是产生幽默感的地方，谁也不会开玩笑。作为一个群体，学生对考试很认真，不敢怠慢。除非谁愿意自动出局。养成这样的习惯是有好处的，他们在日后撰写科研论文时，不至于胆大妄为。一进门，每人领取试题卷和答题用纸，乖乖地找一个座位坐下，审视考题。有的很高兴，奋笔疾书，不暇他顾，这对那些拿着试卷发呆者，无疑是一种挑逗、嘲弄。考场不见监考老师。教务长会出其不意，突然现身，直奔某学生的座位，拿走他的试卷，没有斥责声。该生被即刻“驱逐出境”。这类事件很少发生，但威慑力度大，震惊四座，足以惩前毖后。但是，作弊现象绵延至今，并没有断绝。

一次非常偶然的机会，我的座位距离我的同班同学——那位波兰神父很近，在他左侧稍靠后的一排。那天我很得意，几项试题几乎一气呵成。附近不时传来类似蟋蟀之声，也未加注意。直至答题完毕即将离席之际，无意中发现“蟋蟀之声”竟然出自波兰神父那顶高筒状、黑得锃亮的大礼帽下。他怎么能凭着那片薄纸来应付这场考试呢，堪称身手不凡。他又怎么能逃脱教务长那迅雷不及掩耳的搜捕呢，这是个谜。也许教务长认定这位神父学生必将受到上帝的审查，暂时放他一马。天主教徒习惯定期或不定期进入一个精致的小木屋，向上帝忏悔他做过哪些不可告人的亏心事。木屋内有层夹板，嵌上镂空花格的小窗。那一边坐着“上帝”，听取忏悔。那位“上帝”是位神父，披上授带，成为上帝的全权代表。我不知道我的波兰同学是否把这次小小的考试作弊行为，向上帝忏悔。

各年级的周考成绩按期在主楼大厅嵌在墙上的玻璃框内公布。成绩优良、名列前茅者，眉飞色舞，决不故作谦虚，这一幕极具感染性。我就此产生愿望：想在下一次考试中，取得更好的成绩，良性的反馈能提升学习的兴趣。路，是一步一步走过来的。我们同班的波兰神父走的是另一条道，他不会名落孙山，总能比孙山超前几名。在成绩未公布之前，我问他考得如何，但见他满脸春风、泰然自如，微笑着说：“Magnifique!”（棒极了！）他的微笑似乎是“永恒的”，当然与蒙娜丽莎的不同，如果他的微笑在班上长期出现，我想这所大学很可能要垮掉。然而，第二个学期，再也没有看到他来上课。

良心大概不能靠上帝恩赐。没有学校的良好教育，天下会大乱。

走向社会有很大的不确定性

——2018年7月26日初稿

——2022年10月2日完稿

在震旦大学医学院，我最喜欢的是生理学，最讨厌的是解剖学。生理学的老师是吴云瑞教授，他也是药理学教授。学生都知道他是仙鹤草素（Agrimonin）

的研制成功者。这位老先生上课在午后一点半，他的法语发音含糊不清，学生听课也不专心，窃窃私语者多，听着听着，发现老师突然打盹。课室内，讲台上下，顿然失声。就这么短短的片刻，吴老师醒了。绝妙之处在于他能很快从中断处接下去讲，“无缝对接”。一堂课内会多次反复如此场景，真够刺激的。

我为什么喜欢生理学？第一次做动物实验要把乌龟的心脏取出来。同班自有聪明人，他教我在乌龟头外露的时候，用绳子把颈脖扎紧，踩在乌龟背上，一刀斩首，取出心脏，解剖干净，保留一段左右心的动静脉开口。离体的心脏，上架，灌上生理盐水——心脏搏动如常。然后，按课本做实验。自己把记录纸在烟鼓上熏黑，可以取得各种曲线。这次实验之所以使我大为惊奇，是因为我从来没有想象过心脏离开身体仍能自己搏动，而且有那么多液体能影响心脏的功能。那年我15岁，特别好奇。从此，我喜欢上了生理学。

我喜欢听内科邝安堃讲课，他从来不照本宣读，而是按自己的思想自由发挥，很注意授课的逻辑性，上课最后还总加上一句：“今天讲课的内容，回去读《临床病理学》(法文版)第几页到第几页。”由于讲课内容大部分都不在课本里，因此我上课必须做好笔记。回家打字装订成小册，以备考试用。邝教授爱讲故事。有一堂课，主题是痛风。他讲了一个故事：当年他在法国上学，老师开篇就说，有一名学生上课时给他画了一张素描——老师在台上讲课，大胖子，西装两只口袋里塞满了肉肠、大块奶酪和一瓶红葡萄酒，素描上写着老师的话“La goutte est une maladie de nutrition”(痛风是一种营养病)。当然，淘气的学

1980年邝安堃教授(左)访法时与作者(右)合影

生受到训斥。邝教授很尊敬他的老师，每每以“Mon regrette maitre Paul Valeriz-Radeaux”相称。“mon regrette maitre”说明老师已经去世，他用了“遗憾”一词。Paul Valeriz-Radeaux是巴斯德的女婿（内科主任大查房时，兴之所致，他就讲一部法国电影。效应奇妙，学生容易记住他教学的内容）。邝教师在法国11年，故事多。所以，我爱上了内科学。

我讨厌做解剖。外科手术操作技巧对我没有吸引力。我为什么选上外科作为终身专业？直视下看到病变部位比隔着一层肚皮看病更痛快，能看到常人看不到的东西。看老师在手术台上为患者开膛切割病灶自如，大开眼界。这就是在医院实习阶段，我进入外科的原因。

四、外科住院医师的“奇葩”生涯

哥本哈根之行

——2018年7月26日初稿

——2022年11月7日完稿

1952年做实习医生没多久，我奉调去丹麦哥本哈根参加国际妇女大会，当上中国代表团的一名小翻译。那也是我生平第一次坐火车从上海到北京。接着从北京到中国边境小站满洲里，那里荒无人烟，之后换乘苏联的火车，沿着一条笔直的直线，跨越西伯利亚绿色大草原。

在6天的行程中，但见稀疏散落的孤立的白色小木屋，几乎整个窗户被向外置放的巨幅斯大林肖像所覆盖。看不到有人居住的迹象。到莫斯科稍事休息，住红场附近。在东柏林尚需停留若干天，那里战争废墟正在被清除，露出几条空空的街道，一派萧条景象。火车站打包、搬运等体力劳动很多由妇女担任。

有一个新区：斯大林大道，那里矗立着巨大的斯大林全身塑像。有新建的大楼，冷冷清清。我们大清早乘坐专用旅游包车离开东柏林，能听到隔几条街以外游行队伍高喊口号。西柏林位置在民主德国版图内，进入火车站，高音喇叭不断用德语呼叫“注意了，注意了！”，告诫人们不要走错方向。身处其境，我切实感到二战结束不久，但世界已分裂成两大阵营。我们取道德国战前修筑的公路，沿途自然风景很美，看不出任何战争的痕迹。

然后，我们直奔港口搭乘轮船横渡波罗的海。上船后，我遇见一名体魄强壮的舵手，他操作舵轮，让我站在他身旁观看大海。他讲一口普通话，比我流利，之后我得知他是船长。他曾在天津港工作多年，正是“有缘千里来相逢”。和他聊天（不涉及我此行的目的）轻松愉快。

终于到达哥本哈根，这里是世界上著名的历史文化名城，市容整洁，无噪声之乱耳。我知道哥本哈根有座美人鱼塑像，她就是“海的女儿”，丹麦作家安徒生所写的一篇童话的主人公。我见到了她。那年我20岁，记得是美人鱼爱上了王子，还救了王子的命。我想爱情将给她带来希望和新生，她因此能够脱去鱼尾，长出双脚，站立起来和王子相会。眼前，但见“海的女儿”侧身坐在海边一块大石头上，望着大海。她没有腿，只有鱼尾。白云蓝天和海洋的蓝色相辉映，美人鱼塑像沉默、平静、若有所思。为爱情做出绝对的献身，她的心灵一片阳光。安徒生写的童话，寓意深切，伴随着我一生的成长。

我读的第一篇安徒生童话是《卖火柴的小姑娘》。那个小女孩又冷又饿，她擦亮第一根火柴，看见了希望。火柴熄灭了，她擦亮第二根、第三根、第四根火柴……她看到了久违的祖母。她想让祖母留在自己身边，就擦亮了一整把火柴，最后小女孩嘴角带着微笑死去。明亮与黑暗、温暖与残酷，读了就忘不了。

我阅读安徒生的童话时已经不是童年。童话像春天的雨水，浸润着我少年的心灵。德国作家席勒说过：“童话里的道理比其他任何说教对孩子的影响更大。”

我们此行不是旅游，时间紧张，观光景点有限。此前我们并不知道哥本哈根有阿西斯腾斯公墓，安徒生长眠于此。安徒生在哥本哈根上大学、写作，最后在这里去世。我到了哥本哈根，虽然短暂，但也算是见到了安徒生。

哥本哈根很美。我看到了哥本哈根，也看到了柏林。我走进了世界。

1956年，我见到了伊巴露丽

——2018年7月26日初稿

——2022年10月11日完稿

从丹麦回到北京已是1953年，我的大学生活就此结束了。经统一分配，我留在母校，从此开始我的外科住院医师生涯。刚解放时，没有专门的外国语学校。国庆节和五一节外交活动多，若需要翻译就会到震旦大学寻找合适的外事法文翻译，到圣约翰大学去找英文翻译。前文便讲了我刚20岁做实习医生时去丹麦为妇联工作当个小翻译的经历。我想或许是从小学就学法语的优势，又学过速记，所以一次政审通过，此后我每年两次（国庆节和五一节）都会接到临时外调到北京涉外单位当翻译的任务。

1956年，我奉命参加中国共产党第八次全国代表大会的接待工作。到达北京后接到党的八大的工作证，证件上注明“翻译”两字。党的七大是1945年在延安召开的。时隔11年，我能当上党的八大的一名翻译，做梦也想不到。1956年正值国民经济恢复、抗美援朝胜利、“第一个五年计划”取得重大成就，形势鼓舞人心。有很多新鲜事物，我也特有干劲。

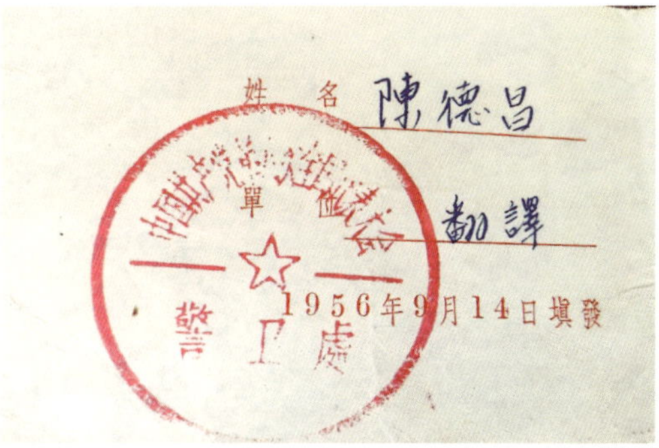

翻译证

中共八大在全国政协礼堂召开
（1956年9月15日至1956年9月27日）

据悉有50多个外国共产党（执政党和地下党）代表团应邀参加大会。我被分配到西班牙共产党代表团接待小组，代表团团长是西共总书记Dolores Ibarurri（伊巴露丽）。随后，我见到了我们的组长周砚，她是上海人，当时正是而立之年。周砚是一名联络员，直接对党中央负责，组内另有一位西班牙语翻译掌管日常事务，还有两位便衣警卫。我们住一座大院，院内有多幢别墅式楼房，每个代表团一幢。小组工作人员住楼下，各有自己的单间。中共八大在全国政协礼堂召开，我们离市中心远了一些，到政协礼堂还需要越过一道铁道线。送代表团到会场，不宜太早更不能迟到。为此，我们事先安排了多次练习。

在参加党的八大工作之前，我曾耳闻有位国际知名人物“热情之花”（西班牙语“La Pasionaria”）。当我第一次见到伊巴露丽，出现在我前面的是一位白发苍苍的长者。我不知道她确切的年龄，实际上，那时她已61岁了，这多少使我感到吃惊。伊巴露丽作为西共总书记率团来北京，参加中共八大。她体格硬朗，步履稳健，精神气质不同寻常。

第一次礼节性会晤，毛主席握着伊巴露丽的手笑着说：“你也来啦。”语言

在天安门城楼上，共同欢祝国庆（前排右为作者）

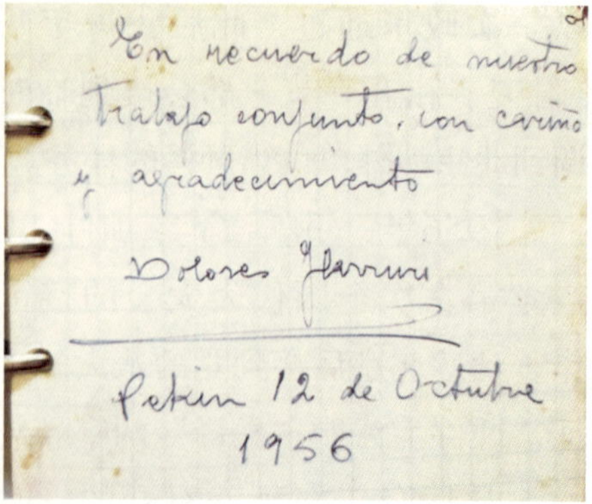

伊巴露丽送给作者的笔记本

朴素，语气亲切，像见到了久违的老朋友似的。我惊愕了一下，急着想如何用法语表达出来切合此情此景。伊巴露丽曾先后访问北京近郊区农村，访问天津，乘小艇观看正在兴建中的长江大桥。西班牙共产党代表团还曾和法共代表团同机，去外地访问。

在党的八大召开期间，毛主席曾亲切会见伊巴露丽，并单独交谈。

西班牙共产党代表团应邀参加我国国庆节观礼，伊巴露丽登上天安门城楼，情不自禁地轻声赞叹："Que c'est beau d'avoir le pouvoir d'Etat"（有了国家政权，多美）。这句话给我留下了深刻印象。

代表团访华行将结束。临行前，伊巴露丽送给我一本笔记本，并亲笔签名留念。虽历经多年的动乱，我始终保存着它。

再见，伊巴露丽同志，我们的La Pasionaria。

后记

参加党的八大的西班牙共产党代表团接待工作，是我一生中第一次接受党课教育。1953年，我刚走出大学的校门，是一个很不成熟的大孩子。我要感谢我们的组长周砚同志，她像一位姐姐那样手把手地教着我。

1953年，我们的组长周砚同志

任务完成后，我应邀去她家做客，见到了她的爱人，他是外交部的一位司长。周砚交给我一大堆外国摄影杂志，要我回上海交给她的母亲。她母亲独自居住在欧化建筑的公寓楼里，室内装饰和家具很雅致。老人家身旁无亲人，她希望我妈妈也能来她家做客。我曾暗自思忖周砚这位富家闺女是如何走上革命道路的。我不知道周砚是否健在，我不会忘了她。

人生重要之抉择

——2019年8月5日初稿

——2020年2月3日修稿

——2022年9月完稿

1960年，我奉调去中联部参加《毛泽东选集》第4卷的翻译工作，为期一年。我是复核组组长，顾问是北京大学法语系李熙祖教授。李熙祖教授为人真诚温和，用讨论的方式对待不同的意见，与这样一位长辈合作，我心情舒畅。定稿组有罗大刚教授，他当时正为罗曼·罗兰（1866—1944年）纪念大会撰写演讲稿。他曾邀请我到他家做客，他的书房占地面积不大，但四壁都是书，我至今仍保存着他送给我的一块砚石。工作组内曾任南京大学法文教授的何如教授，是最先把毛主席写的诗词翻译成法文的人，并因此得到法国总统密特朗的赞扬，曾获法国教育部颁发的棕榈奖章。何如教授是一位懂得幽默的人，他说："最大的痛苦是他人要修改我的翻译作品"。然而，在日常工作中，他能耐心听取不同意见。我和他们几位很快融洽相处，学习有收获，工作也认真。当《毛泽东选集》第4卷翻译任务完成时，我获得了好评。

此后，中联部处长要我考虑留在中联部或者编译局工作。依他看来，我留下来工作更为重要。处长只是提出建议，并非组织决定。这是第一次我需要为自己的命运做出选择。但我表示回医院重操故业。不久，上海第二医学院党委委派一位委员来到中联部，向我提出同样的问题：去或留。很可能受董方中教授忠告的影响，我依然选择回上海广慈医院。当时，我认为烧伤治疗将成为我终身的专业。

人生出现转折点的时刻，妙在是我没有丝毫预感。1964年突然有一天，我正在上海广慈医院烧伤病房值夜班，得到支部传达院党委的决定：从即日起我调离

Saida昔日法国人住房（1966年在阿尔及利亚的Saida）

Saida老区的阿拉伯市场

上海去卫生部报到，不再做临床工作，另有任命。我服从广慈医院院党委的调配到了北京，却被告知卫生部外援计划于两年前早已撤销，而且卫生部也从来没有发出对我的调令。我当然不愿意再回上海广慈医院，只能放弃了我无法坚持的专业。

北京协和医院

于是，我选择到北京协和医院工作。这是1964年，进入协和医院外科要从住院医生做起。协和医院外科的要求很严格，我能被接受吗？虽有压力，但我喜欢，而且十分投入。

在协和医院外科工作几个月后，我奉调去阿尔及利亚医疗支援一年。医疗队队部设在Saida的一座法国医生的私人诊所内，主人早已撤离。我们在一家医院工作，医院规模不小，但医疗水平差。原来，法国人居住区与本地人居住的老区之间，两地划分清楚，生活和文化不同，判若两个世界。

从阿尔及利亚回国后，国内正在进行“文化大革命”，我因接受审查不能进病房工作。虽然关上了一扇窗，谁知却打开了一扇大门——那时我在门诊或急诊

恩师曾宪九教授

室轮转，意外与当时“靠边站”的曾宪九教授朝夕相处。医院每周有一天门诊歇业，进行政治学习，这样与曾教授面对面地说话机会多了，也可以散会后在走廊上走着，随意谈话。他喜欢和我谈有关生理学和病理生理学的问题，聊天没有计划，但也不是闲聊，是一个问题接着一个问题地谈。曾教授总是先向我发问，意在听我是怎么想的，并且不知不觉中把我的思考引入更深的层次。我很快意识到曾教授是位治学严谨、循循诱导的老师，倍感亲切。我何曾奢望过，在不寻常的岁月中，竟有机会“享受”这种特殊的教学。

后记

从1953年大学毕业到1979年赴法国留学之前，我曾面临两次命运的不同机遇：是继续云海飘游，还是回归人间大地。法国哲学家Jean Paul Sartre（让·保罗·萨特）说，“人是靠追求超越的目的才能存在”，“人要不断超越自身，人才能体现自己是真正的人”。因此，“必须依靠自己做出选择”。他言之有理。1964年，我选择了北京协和医院。

一家好医院：北京协和医院；一位好老师：我敬爱的曾宪九教授。在新的时代，让我有机会为祖国效力。他们培养我的才能，激发我的动力，让我奋发进取，做一个对社会主义建设有用的人。回首过去，人生会有难以预料的跌宕起伏，我很感恩在困难中老天给予我的机遇，也庆幸自己做出了正确的选择。

第一次访问越南（1962年）

——2022年10月15日初稿

——2022年12月8日8:23完稿邮件发给小女儿（2022年12月10日去世）

在广慈医院工作期间，1962年我被临时委派赴北京卫生部报到，任务是参加中国卫生代表团前往越南进行访问。代表团团长是卫生部徐运北副部长，副团长是中国医学科学院院长黄家驷教授。代表团中还有卫生部对外联络司司长张惠新，另有一位司长和一位能识辨几百种蚊子的专家。其中，我最年轻，是临床医师。代表团翻译由越南政府委派，所以我要做好代表团的秘书工作，做好张司长的助手。初到河内，下了火车，代表团受到热烈欢迎。

河内是越南的首都，有着很多欧式建筑，街道清洁，主要交通工具是自行车，车行有序。

代表团受到热烈欢迎
（前排左，黄家驷院长；前排右，作者）

河内建筑

河内的法国总督府

我中小学在中法学校上学，法语历史学课文告诉我：法国人的祖先是高卢人，早先的领袖是Vercingetorix。但是，在中法学校时我不知道越南是我们的邻邦，不知道越南有位胡志明。童年时代我居住上海前法租界，警察局有“安南巡捕”，他们都是越南人。为什么上海人称他们是安南人？

1884年，越南完全沦为法国殖民地，法国的总督府就设在河内。1945年9月2日奠边府战役，越南打败法军，建立越南民主共和国。我国代表团访问之时，美国军队进驻南越，扶植南越傀儡政府。越南人民正为抗击美军入侵、实现国家的统一进行着艰苦的斗争。中国政府给越南人民提供了巨大的援助，这也是中越友好最佳的岁月。

越南卫生部为中国代表团安排的活动日程很紧凑。所到之处，不论医院或者河内大学，主人都认真地叙述他们的努力，珍视取得的成就。他们有民族优越感。有位外科教授，留法海归，是越南德高望重的医学界长辈，在和他多次交谈中，我注意到黄家驷院长和他始终保持相互尊重的态度。

越南卫生部门为我们安排了紧凑的欢迎、观摩活动日程

第一排左一为作者

前排右六为作者

最上排右二为作者

右一为黄家驷院长；右二为作者

越南卫生部安排的学术交流活动

按计划，黄家驷院长将在河内大学欢迎大会上做一次题为“心脏外科在中国的发展”的学术演讲。虽然我在出国前已完成讲稿的法语译文，黄院长考虑我是住院医师，特地约我在他卧室内，肩并肩地给我逐段讲解。他意在帮助我加深理解，不要在大会上照本宣读法译文稿。演讲完毕，黄院长以中国医学科学院的名义向河内大学赠送一套中国制造的体外循环机。黄院长如实地介绍了中国的医学水平，我们与越南专家开展友好的学术交流，结交了很多越南朋友。越南此行，我增长了见识。

我们沿着“国道”从河内到达北纬17°，即“北越”与“南越”的分界线，对其他省市进行访问。虽然长途奔波，耗费体力，但我们精神愉悦。这是一次难得的学习机会。我对越南有了初步的认识。

在某个滨海城市，越南卫生部长陪同中国代表团在海边沙滩稍事休息。徐副

海边稍事休息（后排右一，作者）

在越南参加的多个学术交流活动
（左三，作者）

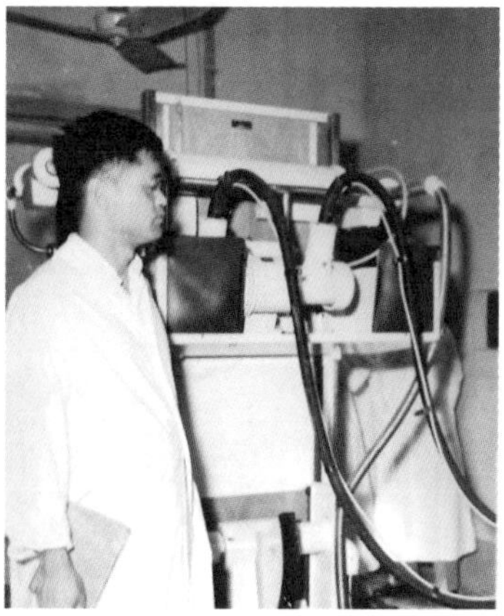

作者

对河内及外省市的访问

以上均为“对河内及外省市的访问”
（左四，作者）

右三为作者

越南前总理在主席府接见中国代表团并合影（二排右二，作者）

部长是游泳能手，海水激发了他潜在的青春活力，他纵身入海，很快向远处游去。随团的四位越南保卫人员急忙跳入海中，追上了他，劝阻他返回沙滩。这一幕富有戏剧性。我不会游泳，但我爱大海，我试着向大海走去，很谨慎，尽量控制身体使双脚不致于脱离地面。然而，一阵海浪涌上来，把我打晕了。等我清醒过来，发现我被冲刷到沙滩高处，海浪没有把我卷入大海。青年人喜欢寻找刺激。好痛快！

河内有个西湖，湖边有座庙，供奉着孔子、老子和关公的牌位。寺庙的主持给我们看一块越南最早的木刻活字印刷版，整篇是汉字。在19世纪中叶越南沦为法国殖民地之前，汉字一直是官方文字。1945年，越南民主共和国成立，胡志明主席为普及平民教育，签署法令废除汉字，规定“国语字”为法定文字，越南国语字是以拉丁字母为基础的拼音文字。

传说，当年北方帝国入侵，勇士出征前，湖中大乌龟献上一把剑，以壮其行。勇士得胜归国，把剑还给大乌龟，建还剑亭，以志纪念。越南国家博物馆里存放着几根粗大的木桩，据介绍是打在河道的入口处，以阻止北方帝国舰队的入侵。在代表团南下途中，曾看到大河的北岸竖立着一堵高墙，墙上的大幅壁画描绘着越南军队正与北方帝国展开大战。从对岸观望也清楚可见。越南的陪同人员

西湖中有个“还剑亭”

中越友谊桥

直率地告诉我，所谓北方帝国指的是中国。

在中越边境，过去有“镇南关”，后来1953年改为“睦南关”，1965年再次改为“友谊关”。

河内有主席府，是原来法国的总督府，占地面积很大，有散落的楼群，有小湖。胡志明在主席府大楼办公，住在湖边一座小小的竹楼上，家具简单得不能再简单。胡主席便是在小竹楼上接见了中国代表团。他很和蔼，亲民大气，衣服朴素，胡须长而稀疏。

胡志明主席长期致力于越南解放事业，终身未婚。他特别喜欢去幼儿园看望小朋友。越南百姓亲切地称他为“胡伯伯”。此刻，在我面前，他便是一位令人尊敬的老爷爷，因为我是代表团成员中最年轻的一个。那天应邀在小竹楼上共进早餐，他用法语和我交谈了几句，递给我一根香蕉。遗憾的是小竹楼上没有摄影记者在场，但胡志明主席的形象从此铭记在心。不论世界风云变幻，说到越南，我总是立即想到胡志明。

第二次越南之行（1963年）（上）

——2022年10月28日初稿

——2022年11月5日修稿

——2022年12月8日8：23完稿邮件发给小女儿（2022年12月10日去世）

1963年，我接到卫生部临时外调令再次去越南，时间8个月。此次是中国军事医学代表团，其中唯我不是军人。代表团由几位资深军事医学专家组成，他们都是我的长辈，我是一名年轻的外科医师，没有接受正规的住院医师培训，军事医学知识是空白。我虽身穿军装，却没有接受过任何形式的军事训练。在这里，我学到了医学院课堂上学不到的东西，见到了医院病房里不可能发生的事，我踏进了1962年首次访越时未曾发现的另一个世界。我年轻，好奇，我相信好奇是一种生命力。

在河内，经过几天会议，专家听取报告，相互交流，展开讨论，代表团随即向奠边府出发。这里曾发生奠边府战役（1954年3月13日到5月8日），此战役也是越南八年抗法战争的最后决战。奠边府在河内以西约180英里处（1英里等于1.6公里），为约12英里长、8英里宽的狭长盆地，地势平坦，只有几处小山包，曾经有若干个小村庄。这里周围丛林覆盖，山峦连绵起伏，有不少山峰高达3000多英尺。

面对一大片“古战场”，我看到的是死寂一般的荒凉。越南人民军陪同人员向代表团讲述奠边府战役的历史。我到了陈赓的指挥所，看到他躺过的竹制摇椅。在那里，我肃立几分钟，以致敬意。

越南人民军陪同人员为这番介绍做了认真的准备，因为中国代表团的代表主要是医学专家，有军籍。对于我来说，作为一名临床医师，今天写回忆，不是记录70年前的战争，写的是我的思考和感受。

有感

早年，毛主席以农村包围城市的战略，大力开展游击战，建立革命根据地。就现代革命战争而言，这是颠覆旧世界的创新，没有先例。“二战”结束，毛主席不失时机改变战略，从游击战转入阵地攻坚战。毛主席提出“三大战役”，目的在长江以北，消灭国民党军队的主力。他拒绝斯大林的劝阻，趁势挥师南下，一举解放中国大陆。中国共产党建党28年，夺取了全国政权。没有毛泽东，就没有新中国。

毛主席是一位改变世界的人。虽说我是一名医生，但我希望扩展自己的知识领域，眼观耳识，认真学习。

第二次越南之行（1963年）（下）

——2022年10月8日完稿

奠边府战役结束，法军从越南北部撤出。美军乘虚而入侵占越南南部，扶植傀儡政府，形成越南南北对峙之势。越南政府发起抗美战争。如果不能从北方获得人力和物资增援，战争不可能成功。

1959年5月5日根据抗美斗争的需要，越南决定正式开辟一条向南方运输的道路，这就是被美国人称之为“胡志明小道”的一条秘密补给线，它可以说是越南南北方之间的一条“大动脉”，是一条炸不断的“生命线”。

胡志明小道既称“小道”，可能是纵贯南北的一条运输线，隐蔽在森林、灌木丛林之中；既称“胡志明”，估计小道在越南境内。这是我对“胡志明小道”中的理解，但我的如此认识不是正确的。

美国人想要摧毁“北越”对“南越”战区的人员输送和物资供应，必须找到这条小道的具体位置。但是，直到他们从越南撤出，也没有搞清楚小道的起始地点、长度、具体路线及运行实况。说“胡志明小道有传奇色彩”，言不虚也。

明朝画家董其昌有句名言：“读万卷书，走万里路”。按我的理解，读书是从书本上获取知识，行路是实践，从现实中去观察，去思辨，求得内心的感悟。1964年越南之行，我便深受教益。然而，反过来想，美国人怎么会直到从越南撤出也没清楚这条小道面貌？这次我亲临其境，随中国军事医学代表团，乘军用小吉普车，走访了20号公路老挝路段的“胡志明小道”。代表团到“胡志明小道”实地视察，却走到老挝来了。1971年，有几位越南的作家和艺术家亲赴现场采集资料，他们也在寻找“胡志明小道”之奥秘。我想，我很可能是在越南战争期间，进入“胡志明小道”的唯一的中国非军人外科医师。今年我90岁，安下心来阅读历史，对“胡志明小道”有了更多的认识。行了路，仍尚须读书。“胡志明小道”不是小道。虽说“胡志明小道”纵贯越南全境，总长近2万公里，垂直的主干道以及多条横行路线多数在老挝境内。如果身不在庐山中，安知庐山真面目。

代表团从奠边府出发，不觉察中进入了老挝。奠边府与老挝最近边界相距只有16公里。老挝北邻中国，东临越南，西南毗连泰国，南接柬埔寨，是位于中南半岛北部的一个内陆国家。老挝东边与越南的毗邻地带，农业经济不发达。

北越以越、老两国边界为起点，向西跨入老挝境内，开辟通向南方的多条路线，这是老挝境内的“胡志明小道”。代表团此番出行，乘坐越南军用小吉普，伪装巧妙。我自愿坐在车队第一辆小吉普的副驾驶员位置上，不论怎等新鲜事，先睹为快。代表团的车队由人民军战士护送。队长是高个子，体型比普通士兵更有军人的力量感，喜欢穿高帮军靴，腰带佩枪，给大家带来安全感。

我乘坐的小吉普

我第一次投入茂密丛林的怀抱。森林里没有路，路是人砍伐出来的。树又粗又高，树叶密密层层，阳光照射被分割成数不清的光束，若明若暗。粗壮的古藤，不知从哪块地面上钻了出来，爬到大树的顶层，又垂直返回地面。人顺着古藤爬上去，爬得高，望得远，这是理想的哨兵岗位。

老挝的农村（与越南毗邻地带）

密林中开出小块平地，搭建几座高脚竹楼，是接待站。可见竹楼脚下移动的人影。路途劳顿，遇上这等去处，午间休息，很惬意。竹楼没有家具，大家一字排开，平躺着，四肢舒展。

兴之所致，我给大家讲《基督山恩仇记》。话说年轻的船长，高高兴兴地返航，却遭人诬陷，正在行结婚典礼之际，被宪兵逮捕。我讲故事，朗朗上口，众人屏息静听。估计这几位老先生没有时间阅读这部小说。我自鸣得意，睡在我身旁的老爷子轻轻地对我说："你故事讲得好。可是不要晃动你的脚丫子"。他言之有理。我们长途跋涉，穿上一双长筒胶靴，防水，不透气，怎奈无法洗脚。难得有机会脱下长筒靴，肆意晃动光脚丫子，异味飘散，浸透旁人支气管和肺泡，善哉善哉。

那时的我

森林里的粗壮大树与比较低矮的灌木丛林同时并存。如果灌木丛过于茂密，则难以插足。在密林小道穿行，行军的生活并不轻松。我不耐炎热湿燥，出汗，因口渴大量饮水，所以食欲不振。越南朋友告诉我，要吃辣椒。经验之谈，行之有效，从此我很能吃辣。善意的关心是一份人情。

老先生说："你不要晃动脚丫子"

1963年苏发努冯在老挝的宿营地

代表团人员分别乘坐军用小吉普在修整的路面上行驶，乃贵宾待遇。此番老挝之行，没有遭遇美机空中侦察。日子久了，我有了两位越南朋友。他们是人民军年轻军官。一位很斯文，读书人气质。说一口规范化法语，容易听懂。从来没有听到他大声喊话。另一位，军人气派，爱开玩笑，几份粗野，几份幽默。有几句调皮语，可用法语表达，不能用笔写在纸上，不登大雅之堂。这两位朋友有互补性。与他们同行，军旅生活增添生趣。

我们走“胡志明小道”，还见到苏发努冯亲王宿营地。苏发努冯是老挝巴特寮革命运动领导人，老挝境内的越军运输部队，全部穿着巴特寮军装。1975年老挝人民民主共和国成立，苏发努冯当选为国家主席。

此次越南之行临行前，军委领导接见代表团。政委语重心长地祝愿我们：“健健康康地去，健健康康地回来。”政委讲“健康”，听来另有寓意。我将家绮的照片怀装进胸前的衣服口袋里，作为我的护身符。

“胡志明小道”上我的背影

丛林

边界河

参加鱼雷快艇演习，海水把我的军装打湿了，口袋里家绮的照片依然如常。在陆地我乘坐快速行进的坦克，路面崎岖不平，坐在坦克内人上下前后左右摇晃，戴着保护帽的脑袋在驾驶室内磕磕碰碰。当坦克停驶，我掀起车盖爬下车来，衣袋中家绮的照片也被汗水浸湿。

我们一行到17度分界线，前面有一条河。一个国家因此线南北分裂，隔河相望，我心中不是滋味。周围树木长得不那么茂密、不那么高耸，时不时有美军战机在上空盘旋。总的说来，此地平静无战事。见景生情，我效法孙悟空，站在河岸空地上，撒了一泡尿。而后，我健健康康地回到河内。胸前口袋里，照片上微笑的家绮似乎见证了一路我在异国的军旅生涯。

岁月飞逝，40年过去了，昔日风光不再。我依然怀念着20世纪60年代那些和我在丛林里共同生活的越南朋友。眺望远方，海面开阔，风平浪静。若有人问我："你到过越南吗?"我回答不含糊："我到过。"

第三次越南之行（1999年）

——2022年10月8日完稿

1999年参加越南总理范文同医疗小组重返越南，这是我第三次赴越南。那时的越南国家已经统一，西贡已经解放。

1999年第三次访问越南前与中组部合影（右三，组长王信德，时任北京医院神经内科主任；右二，纪宝华，时任北京协和医院副院长、心内科主任；右一，作者，时任北京协和医院ICU主任）

越南总理范文同的医疗组成员（左二，作者；左三，纪宝华）

纪宝华与作者参加会诊，越南天气比北京热许多

外事工作无小事——俞志英不该被遗忘的人

——2012年10月8日 完稿

新中国早年的北京城

1952年我第一次离开上海去北京，什么都新鲜，很兴奋。火车速度不快，窗外一掠而过的树木、农田，从来没有见过，孩子般好奇。过长江，车厢一节一节脱钩，一节一节地被推上渡轮，过江后一节一节地挂上，很费时，金属碰撞之声震耳，不寂寞。火车在大地上奔跑着，真痛快。过大小车站都想观赏一番。德州车站有卖烧鸡，香，好吃。进入北京，火车贴近城墙走了一段，没想到城墙那么高，也没想到那么高的城墙后来被拆得荡然无存，当年的火车站只剩下钟楼这一片，算是立此存证。火车站显得乱。到前门，人群熙熙攘攘，好热闹。这番光景再也复制不出来了。

我们一行年轻人进大栅栏，住组织部招待所。二层楼房，中央有个大天井，分块玻璃封顶。客房围住天井四周，光线好。走廊墙上有一架电话机，木盒子，耳机拿在手里，话筒固定在墙上，完全分开，我是第一次见到。我打电活尚有困难，普通话说得很不好。室内三张床，记得到处都是土。进来一位大哥，人民装布鞋，室内依然戴上帽子，看我白衬衫浅色呢裤黑皮鞋，轻声问我："你们单位在搞什么运动呀?"他拿起床头一本"毛选"，打开，指着其中一页，问："你学习过毛主席这篇报告吗?"不难想象，我有点窘。他很客气，没有接着问。稍坐片刻，他出去了。我想着，这位大哥准是政工干部。过不久，我们转移到北新桥招待所，大门口挂着"侨务委员会"的牌子。招待所干净多了，可是北新桥像乡下，出了门都是泥路，鼻子和口腔可以感到空气中也有土。北京办公室生活和上海大学里不一样，我还没有毕业，不知天高地厚，年轻气盛，掩盖不住自己的骄傲劲。此时开始学谦虚。这，也是第一次。

出国前，搬到史家胡同招待所，据说是前印度使馆驻地。中华人民共和国早年，北京城很安静，东单北大街车辆稀少，行人很少。原来，我很早就和东单北大街结缘，当时竟然不知道协和医院隔街可望，更不知道11年后我将返回来，将在北京东城这一块土地上以协和医院为中心，里里外外转悠生活50年，不知道我大女儿将在新开路小学读书、小女儿将在史家胡同小学和二中上学。

那个年代，北京人讲礼貌，"劳驾"总是带在嘴上。上海人爱说"阿拉"，听来以老大自居，北京人常说“您”，把对话者摆在尊敬的位置上。毕竟北京有孔庙，还有国子监。然而，我的确没有想到，若干年后，竟然会杀出个“四人帮”。在1953年时，做梦也想不到那么多。在史家胡同生活和学习，很快活。国家经济建设已经启动。抗美援朝胜利，虽然付出巨大代价，但前景美好，人们精神很振奋。听《婚姻法》宣传。请来几位领导做形势报告。客厅之内，长方桌子面对面，听得清楚，不拘束。领导真有口才，纵论天下大事，举例分析，悬河滔滔，内政外交，像在谈家常。廖承志也来了，像他这样一位传奇人物，我略有知闻。他很幽默，赢得阵阵笑声。讲完起身，后转，双手一甩，一踢腿，一抬手，轻轻唱了一句京腔“各位大姐，小生告辞了也……锵、锵、锵……”，快步跨出。显然他是向在场几位长辈表示谦逊和亲切之意，我们小字辈沾了光。这是我第一次见到廖承志同志。第一次，能记住一辈子。

西域之行路漫长

满洲里很像荒野。因为中苏火车轨道规格不一，要换乘苏联的国际列车。我们这人数不算太少的一行人，站在国境线前沿，禁不住有点西出阳关之感。世界已进入冷战时期，我们要去的地方可不是唐僧取经的西域。国际列车比较舒适。正是五六月份，西伯利亚大平原一望无际，很少居民，偶见一两座小房子，木结构，几乎整个窗户被一幅斯大林画像所覆盖，正面向外，对着铁路线。画像是给火车上的旅客们看的。每到一座大站，我们一定下去转转。大城市火车站大厅内都有斯大林全身塑像，到处都有斯大林画像。“二战”胜利，喜庆之意溢于言表。总有些可爱的孩子要我们签字，然后活像小鸡那样拍拍翅膀，跳着蹦着走了。他们不缠人，圆脑袋、大眼睛，叽叽咕咕听不懂的俄语，童稚的天真最惹人喜爱。

我们在火车上约摸过了五天五夜，西伯利亚好大呵。在这五天的生活里，俞志英大姐进入我的记忆。人到中年，大姐脸上有少许皱纹，烫发，穿格子的呢裙子，西装上衣披在肩上，喜欢抽烟，烟瘾大。她抽烟、吐烟、握烟的手势，略带口音的普通话，像是上海人。大姐平时不爱多说话，总若有所思。紧抿的嘴唇，眼神冷峻，女干将却有男性气质。她涉外工作有经验，英文很棒，过一段时间，才知道她是世界工联亚澳联络局的一位负责人。随行工作人员都是年轻人，旅行途中，常要开个碰头会，俞大姐每会必到。大家挤在一个车厢里，彼此看得清楚。我想，大姐也一定把我看得清楚：一个毛毛糙糙、不太懂事的大孩子。苏联列车到达西部国境线，要换车。气氛有点紧张，高音喇叭频频喊话，提醒人们注意。我们这行人分坐几节车厢，下车后我应该检查其中一节，看有无遗留的随身物品。无所发现，我心安理得。上东柏林列车，车厢内部装饰时尚，中间有隔断，打开可以四人分享，合上是两人一间。窗外另一番景色。此次旅行像打开了魔术盒子，一天一个世界。我们的组长有一天对我说，在我检查过的那节苏联列车车厢上，捡回来一双皮鞋和一只皮包，语气像打招呼，没有批评。

东柏林在战后废墟中开始重建。市区倒塌了的建筑物已全部拆除，空荡荡。街道清理出来，重铺路面，行车平稳，周围凄凉，有些城区尚无人烟。斯大林大道是一条完整的街道，两旁建筑物全部新建，也矗立着斯大林全身塑像。火车站上多数是妇女在劳动。我看到一名打包工人，中年女性，头发花白，裙子过膝，没有制服，单腿跪压在大包裹上，费劲。大战遗留的苦难似乎还没有过去。在东柏林逗留期间，发生了几次游行。离开那天，大家起早，上一辆旅游大客车，就我们一行人专用。司机年轻，专心驾驶，避开游行队伍。他几乎不说话，车内安静。在以后的岁月里，我曾在国外坐旅游客车多次，唯这次有独无偶，算是长点见识，看电影或者读小说不如身临其境。年轻人喜欢快乐、阳光和激情，我自知阅历太少，童真而无邪。

民主德国的公路维护得好，两旁成排植树。5月阳光明媚，野外处处满春色。万绿丛中一点红、一点黄，或者一点什么别的颜色，迷人。东柏林沉闷的阴影悄悄地退去。车厢里有了说笑声。

从民主德国去丹麦，乘船横渡波罗的海。到达哥本哈根，使馆派人前来接迎，慰问之心甚切，怕我们饿着了似的。时任大使是耿飚将军。记忆中的哥本哈根特别安静，特别平和。海边的美人鱼真美，雕塑使人想起安徒生童话。在正式活动开始之前，开过几次会。有人曾建议由我来保管文件。俞志英大姐说："在车厢里丢下的鞋和皮包都没有捡回来，能让他保管文件吗？"淡淡一句活，这是第一次，批评戳着我的脊梁骨，我的优点是听话，要我干什么就干什么，总是高高兴兴。

任务结束，回国在望。就要见到北京、见到上海了，皆大欢喜。途经莫斯科，小住几天。从旅馆的窗户可以望见红场。在莫斯科旅游式参观，浮光掠影而已。当年，我的理想和激情充满着浪漫主义，对于即将爆发的动乱和灾难，没有思想准备。那时太单纯了，我怎能预见历史将狠狠地教育我们呢？如果以

1953年西行作为我认识生活和认识世界的起点，回顾60年来的历程，刻骨铭心之处，不禁感慨而已。

在理发店里读报

大约1955年，我临时调北京工作。在孟老的住所，再次见到俞志英大姐。她的先生也在场，夫妇俩衣着朴素。我们一起吃了一顿饭。此后没有见过、也没有再想起俞大姐。时针转到2012年10月8日，国庆节和中秋节长假结束，我在小区内理发店理发，师傅递给我10月4日《南方周末》。《副刊》上一张照片是1964年邓小平会见新西兰共产党总书记威尔科克斯，左起是俞志英和蔡畅。俞大姐的神态犹如1953年。文章题为“俞志英阿姨二三事”，作者林夏阳。我一口气读完，把报纸带回家。

据作者叙述，俞志英是1938年在南京金陵女子大学毕业，1939年秘密加入中共地下党。多大的决心，多忠贞的信仰，那个年头，民族存亡之际，国难沉重，加入地下党，是生死考验，虽说曙光在前，但很难预见党能在十年后夺取全国政权，成为执政党。她一生参与过许多不为人知的重要工作，她的气质、她的神态是长期地下工作铸造的。我初次见到她，估计她在亚澳联络局任职期内。这样一位共产党员，在1966年遭到迫害。俞大姐是怎么熬过来的？天知道。她不止一次地说过：“要是那时候有一瓶安眠药，我早就与林北铭在一起了。”林北铭是林夏阳的母亲，曾在中联部与俞志英做同事，因非法关押逼供，愤而自杀。俞大姐即使“解放”了，再也没有回到中联部，一度调到佛教会工作，后期还因脑部疾患，行动困难。

1998年，俞志英去世。俞大姐不让发布讣告，没有遗体告别仪式。她奉献很多，就这样走了。面对大姐的照片，我沉痛又悲切。21世纪第一个十年已经过去了。展望明天，我们要实事求是，要以人为本。不能让历史的悲剧重演。俞志英大姐走了，我们要纪念她。

五、人缘与医缘：选择与立志

从大阳伞下拔牙说起

——2009年10月15日初稿

——2010年2月20日完稿

既然有“人缘”一说，把我与医学的缘分简称为“医缘”，大致可能不悖于逻辑推理。人缘肯定是一种客观存在的现象。话说我的医缘，实在有趣。

解放前，老上海有些小街小巷，可以见到一把一把大阳伞，像小帐篷般一个挨着一个，这便是街头拔牙的郎中们的“诊所”。大阳伞下挂着一大串患者的牙齿，是醒目的招牌，也是郎中资历的标记。哪家悬挂着的串环越大，串在上面的牙齿越多，那位郎中的经验越丰富。街头拔牙的郎中们不必过问什么口腔医学，对器械消毒不太感兴趣，也不在乎微风过后街头尘土飞扬。他们平时神态悠闲，有自愿求治者现身帐前，则请君入“伞”。他们解决问题，收费低廉，没有听说闹医患纠纷，或在“伞”下斥骂、发生肢体冲突的，也没有听说告状打官司的。也许他们是哪门祖师爷的第几代传人，经过十几代人、几十代人，拔了不知多少人的牙齿，挂上一大串又一大串拔下来的牙齿。虽然名不见经传，他们对自己、对自己所擅长的拔牙专业，心安理得。

我小时爱吃甜食，7岁到9岁那段时期经常由妈妈陪我去上海五洲大药房高层建筑顶层，那里有好几家西医诊所，也有医学院教授开设私人门诊。那里有一家口腔科门诊，据说全套口腔科设备是进口的，责任医师是龚医师，我称呼他叔叔。他很和蔼，见到我，先摸摸我的脑袋，怪舒服的。我不怕拔牙，局部注射麻药，一针之痛尚能挺过来。去诊所多数情况是补牙，在蛀牙的窟窿眼里用牙钻，钻呀磨呀的，像触电似的，钻得我想大叫大哭。龚医师的绝招是先把我夸奖一番，说我是他见过的孩子中最勇敢的。我到他诊所去过多次，从来没有见到其他孩子，这并不重要，要对得起这项殊荣，不能在医师面前显丑，不能给妈妈丢脸。我使劲捏住妈妈的手，使出浑身解数，不哭。当我从口腔科椅子上爬下来的时候，妈妈擦去我脸上的汗，我感到很光彩，很牛。人说返老还童，现在这把年龄，反而不及当初。

口腔科门诊是我能记事之时起，最早接触的现代医疗环境。医师和护士一身洁白工作服，戴口罩帽子，手术器械擦洗干净、消毒，患者漱口的杯子，每人换一个。这里和“大阳伞”不是同一个世界，却在一个世界里同时存在。一直到20世纪50年初，大阳伞下拨牙才销声匿迹。“牙疼不是病”，大阳伞下拔牙的郎中们对细菌感染没有认识，不知多少代的郎中，拔了不知多少人的牙，稀里糊涂地拔牙，把拔下来的牙串连起来，悬吊起来。如果对事物的规律性，不思索、不研究，这样的实践即使重复千次、万次、百万次，也出不了真知。大阳伞下拔牙出不了口腔医学。

科学思维模式影响着医学科学的发展。消毒和无菌术及麻醉学的问世是现代外科学发展的重要环节。外科手术引起的疼痛，容易引起重视。人们看不见细菌，不知感染是怎么一回事。没有“无菌概念”和“无菌技术”，没有“麻醉学”，外科治疗只能停留在肢体或浅表部位，不可能有真实意义的腹腔外科、胸外科、脑外科的发展。“微生物学说”和“免疫学说”的诞生，使世界上的人群不至于大批死于鼠疫、白喉、结核病、斑疹伤寒、天花、狂犬病等。“微生物学说”“免疫学说”“无菌概念”是从西方引进的。

我国传统医学对产褥热，按辨证论治体系进行诊治，不涉及无菌概念和消毒问题。伊格纳兹·塞麦尔维斯（Ignaz Philipp Semmelweis）第一个揭示产科患者产褥热是因产科医师污染的双手、传染所造成的后果。我们可以明显地看到两种不同的思维模式引出不同的结果：Semmelweis 这样的人物不会在当年的中国产生。Semmelweis的发现促使消毒和无菌术的产生和发展，为产褥热开辟了治疗途径，贡献莫大矣。而他却因此被解雇，失去工作，受谴责，精神崩溃。最后，事实证明他是正确的。Semmelweis是智者，也是勇者。

立志于医

26岁时的我（与外甥在广慈医院草坪）

我自幼多病，患过猩红热，请了西医谭医生用了抗血清，方得以虎口脱险。1939年7岁，我患颈淋巴结结核，谭医生介绍去找张祛病，我接受深度放射治疗，没有休学，治疗效果很好。我经常牙痛，也是西医牙科治疗见效。中学时代，我开始寻找我自己的理想，做着未来的梦。或许由于现代医学的医疗环境给我良好的印象，带着对医学的憧憬和兴趣，我选择了医学。二舅妈看不起我们，说："家无米百担，别想学医科。"1947年6月高中毕业，我于考试中名列前茅，经中法学校推荐，我直接进入原震旦大学医学院，那时我15岁。之后遇到了感动我的人和事。1958年进入严重烧伤医疗组，遇到了好的医生，好缘。二十有六，更立志于医。

从医是我人生的一个重大转折和机遇，我必须抓住这一机遇，实现做一名好医生的愿望。把患者当亲人，急患者所急，抢救患者生命，学习现代医学的理论和技术，不断积累经验，我是这样想的，更是这样做的。

许多良师益友中，其中五位对我的影响最大，他们的教诲影响着我一生，指导我始终走在正确的道路上，我终生铭记难忘。

董方中教授

外科主任董方中教授喜欢打网球，起得早。他骑车来医院，车筐里的大口袋塞满了大饼油条，把睡梦中的青年医生大声叫醒吃早饭。我们美餐一顿之后，会听董主任讲一段课。他对大面积烧伤，休克期渗液多，严重水肿的患者，有独特的休克期输液复苏的方案。他反复强调输入足够量的白蛋白以维持血管内胶体渗透压的重要性。我记住他的教导，因为行之有效。

戴自英教授对于耐药细菌感染患者的判断、抗生素治疗方案的抉择等疑难问题上的意见举足轻重，后来才知道他是青霉素发现者亚历山大·弗莱明（Alexander Fleming）的学生。

戴自英教授

史济湘主任属于不同见解者。他点子多，往往与大家的意见相左，而且坚持己见，一时难以说服他。他出的好点子也不少。史主任不随大流，不人云亦云，虽然脾气不好，是一位怪人。老师们是决策者，他们可以听取学生们这样或那样的建议，最后他们说了算。他们说话要受实践的检验，我受益匪浅。

史济湘主任的混合移植方法

大面积烧伤，皮肤失去了正常的屏障保护功能，创面会出现重症感染以及大量蛋白质、电解质、水分和热量的丢失。这些临床表现是严重烧伤的常见并发症之一，也是导致患者死亡的“罪魁祸首”之一。治疗上需要早期进行创面皮肤覆盖，若用异体皮肤作为材质，将很快因排异反应导致治疗失败。若选用自体皮肤，选取哪个部位的皮肤可以支持大面积烧伤部位的覆盖？这些救治工作中的棘手问题需要在抢救中尽早解决，以争取患者的生机。

史济湘主任

史济湘主任的移植方法是在烧伤早期分期分批切除焦痂、大张异体皮打洞嵌植自体小皮片覆盖创面，并以头皮作为主要供皮区。这一治疗技术在临床应用之后，烧伤治疗水平不断提高，并很快在国内得到推广和在国外引起关注、研究。1985年，该项治疗技术获国家科技进步二等奖。

邝安堃教授

探索之路是艰辛的

内科主任邝安堃教授是皮质激素治疗的权威性人物，他1919年赴法留学，1933年获法国巴黎大学医学院医学博士学位后回国，先后担任震旦大学医学院皮肤科、小儿科及广慈医院内科、皮肤科、小儿科的主任。

1947年我进入震旦大学医学院。子曰："十有五而志于学。"人有内在性兴趣，社会及教育环境可以影响兴趣的选择，但兴趣有很强的自主性。从有志于学到而立之年，是选择兴趣并确立志向的关键性的15年。学医之初，我对生理学感兴趣，因此我喜欢内科学。当时广慈医院内科主任是邝安堃教授，他的启发式教学使我对课外阅读产生兴趣，我意识到没有生理学就没有科学的医学，不科学的医学是愚昧的。我对邝安堃教授怀有敬意。

智多星朱德安医生。如果背侧大面积深Ⅱ度烧伤多天受压，病灶深度加深，将产生和重度烧伤同样严重的后果。按惯例，在普通病床上帮助翻身，费时费力，患者更痛苦，而且暴露不全。朱德安大夫急中生智，去图书馆找出柯蒂斯·阿茨（Curtis Artz）的《烧伤治疗学》（*The Treatment of Burns*）。书中照片所示翻身床可以让伤员定时做180度旋转翻身。他深受启发，向技工组老师傅求教，共同研究如何自己动手仿制。工人师傅们通宵达旦，用自来水管等零件赶制成功，随即在临床应用。朱大夫和我是同龄人，他敏捷的临床思维、敢想敢干的精神，告诉我应该怎样做好临床工作。

朱德安医生

朱德安医生与医院技工组的管道工共同设计、打造的第一张翻身床

在1958年那段非常时期遇到了好的医生、好的缘，影响着我一生。二十有六更志于医，立下必为之志，做对人民有益的事。

1958年，火红的年代

——2009年10月25日初稿

——2009年10月28日完稿

1958年是个火红的年代。国家要富强，民族要兴旺，这种愿望是基本的、强烈的、永恒的。近百年的耻辱、贫穷、被掠夺、被人瞧不起，要改变命运的愿望也是基本的、强烈的、永恒的。

所以有了“大跃进”——想快，想快快改变。6亿多人要生活，老是供不应求，老是穷，就要想“多”。这时出现了两件大事：大炼钢铁，想在若干年内产量要超过英国，不至于挨打；大搞粮食生产，不至于挨饿。这些道理我很想得通，真心诚意拥护“总路线”。不过，小高炉炼出来的是大量废铁；亩产十万斤，是搞虚假。农民饿肚子，城里人也吃不饱。经济亏损，那是后来的事，始料未及，因为不懂经济建设，不懂经济学，加上脱离实际，种下苦果，很令人痛心。那个年代，离开三中全会还远，离后来的改革开放还有一大段路要走。

那个年代就是火，就是红。时隔50年再想，还是那股感觉。上海第三钢铁厂炼钢工人严重烧伤是生产事故，原因是不遵守操作规程，但绝对不是偷懒，是想追求“多”，追求更“快”。这两名工人都被收进外科病房，在我管的病床上，我此前从来没有见过全身的大面积烧伤。包括我的老师们，都没有治疗成功的经验。一位工人不到一周去世了，另一位工人还活着，他还在想那个“多”、那个“快”。我是他的医生，见到这样的工人，这样活生生的人，我能不想一想吗？有缘分，这就是人缘；从那时起，我开始了烧伤专业的生活，这就是医缘。后来，我收治了更多的大面积的、深度烧伤的患者，他们都是些感动我的人。医疗不只是医院的行动，成了社会的行动。我接触更多更多的人，这都是缘分。

到1958年，我名义上当了五年的住院医生，其实每年都有临时涉外任务外调，其中整整一年在北京生物制品研究所，又整整一年在上海一医中山医院麻醉科，都是涉外任务，还有整整一个季度参加党的八大的外宾接待工作。论基本外科业务能力，我和毕业后一两年的住院医生差不了多少。在那段非常时期，董方中教授将全部时间投入烧伤医疗工作。我有幸成为他的学生。大约有两年，我每天和他在一起。

我们使用的唯一的一台切皮机，是董主任从美国带回来的。切皮机的鼓面上需要涂上一层粘胶，把供皮区的皮肤紧紧粘住，切片机才能取下一大块薄层皮肤，移植到烧伤后裸露的创面上。那种医用粘胶也是由董主任带回国的，只剩下

20世纪50年代，至山东会诊，作者（左一）与积水潭医院汪昌业医师（右一）、山东省立医院刘士怡主任（坐排左一）、青岛海军医院李春纪（坐排右一）等医师在云门山山顶合影

1958年，山东烧伤病例讨论会

20世纪50年代，山东会诊欢送会
（前排左至右：山东省立医院纪主任、作者、市立医院主任潘明哲、哈医大医院讲师孙甲东；后排：护士长孙智萍、田福家）

20世纪50年代，至黑龙江烧伤病例会诊，与黑龙江省立医院及省卫生厅领导们合影（前排右四，作者）

1959年3月23日，作者（前排右一）与上海、郑州等医护人员至洛阳第一拖拉机厂抢救烧伤患者。医护工作者与拖拉机厂书记兼厂长杨立功、书记崔维亭、副厂长郑定立合影留念

大半筒，我们不知道用完以后该怎么办。使用切皮机的技术是董主任教我的，严重烧伤休克期需要大量输液复苏治疗，有关水与电解质平衡方面的知识也是董主任一步一步示教的。之后，有更多的老师，如史济湘和张涤生教授等，“全日制”地加入了医疗组。在抗生素治疗和基本知识方面，戴自英教授是我的启蒙老师。

烧伤患者一批一批地进入病房。他们作为资深专家，绝大部分时间都在病房里，将全部精力投入到严重烧伤的治疗上。他们年逾半百，起得早，睡眠也少。大面积切除烧焦的坏死皮肤、取皮、植皮，特别费时，消耗体力，他们和青年医生一样，长时间地站着做手术。病情危重而多变，会诊意见分歧，争论也多，特别在病房开设的最初2个到3个月，没有成功的经验可供借鉴，每一个病例在治疗上都会提出新的挑战。他们比年轻人需要更多的运筹和思考，奉献他们的才智。作为老一辈的知识分子，1964年他们和青年知识分子一起，受到卫生部的嘉奖。

不是有着善良愿望的人，都能实现自己的愿望。一位负责科研工作的医学院副院长倪葆春教授，他在解放前是圣约翰大学医学院院长，无党派人士，性格开朗。他英语功底很好，他会坦率地、略带几分嘲笑地说我们20世纪50年代的青年医生“写英文，写得像中文，说中国话，倒像在讲英语”。从专业的角度，他对严重烧伤的治疗进展十分关注，连续几个月，每天来病房参加讨论。从某天起，他不来了，不是因为他对严重烧伤治疗不感兴趣了，而是因为别有任命。倪院长秉性平和，泊然处中，平易近人，我亲切地称呼他为“倪院长”。那个年头，崇尚高调批评，即便是讨论专业技术性问题，气氛也多少会有点紧张。尽管他的意见不显得举足轻重，然而他的参与无形中起着安抚的作用。在这方面，他和董方中主任属于同一类型。我需要和宽厚的长辈们在一起工作，特别在心理层面上。

伤员成批地涌来，我像受到潮水的冲击。伤员们都是在生产岗位上烧伤的，生命受到威胁。医生要救死扶伤。我们责无旁贷，义无反顾。这段生活是紧凑的、浓缩的、炽热的，又是异乎寻常地带上狂想的色彩。有烦恼、有挫折，有争吵、有亢奋、有皆大喜欢。在治疗大面积深度烧伤取得初步成功经验之后，医疗组曾以集体名义发表了论文。1958年是个多事的年代。

随后是 1959 年的“反右倾”，不久便爆发了“文化大革命”。俱往矣。这一切已经成为历史。然而，在我今天的回忆中，1958 年仍然那样火红。

山西长治见闻

——2009年10月29日完稿

“大跃进”像股强大的旋风，在全国范围内掀起一阵阵狂热。从我所接触的几起事件来看，钢铁冶金工业领先，后来涉及大型机器制造工业，生产指挥和调度系统似乎失去了控制，大批工人烧伤的事故在较短时期内骤然增多。出于特殊的机遇，在青年医生中，我第一个进入严重烧伤“第一冲击波”的治疗工作。随着形势发展，各地医院告急，纷纷向上海求援，我因而在1959年年初第一次被派往外地支援，匆匆忙忙搭上火车，爬上硬卧上铺躺下，顾不上和周围旅客聊天，翻开随身带着的那本柯蒂斯·阿茨（Curtis Artz）写的《烧伤治疗学》，如饥如渴地“充电”。说白了，我参与过的大面积烧伤患者的治疗为数不多，只能算见过一点世面。27岁，能有多少学问，只是初生之犊不怕虎，套用当今的流行语，是“敢于亮剑”。换个角度来说，是容易把自己估计过高，我便以这样的精神状态进入角色。

下面的事故发生在山西长治。1959年年初郑州的任务告一段落后，我取道新乡、焦作，日夜兼程奔赴长治市。沿途但见遍地小高炉，夜幕笼罩下大片星星之火，蔚为壮观。但是，问题已经浮现出来。驾驶吉普车的司机显得疲劳不堪，他对坐在右侧的当地医生说，他很困，要那位医生关注他不要打盹。他是认真的，没有开玩笑的心思。当地医生也认真，当他发现司机脑袋摇晃的时候，就递上一只苹果，还需要喊一声，让他咬上一口，嚼着。道路不平坦，行进中，车身猛烈抖动，然后一个急刹车，我从后座开门跳下。不看不知道，一看吓一跳，车子一只前轮正在道路的边沿上。往下看，像是山崖，很深。如果滚下去，我就没有今天写文章的福气了。过了焦作，不得不替换司机，上车的那位师傅也是从挑灯夜战的小高炉群中选拔出来的，神情疲惫是理所当然。应该谢天谢地，他神志相当清醒。进入长治市，“天空已经鱼肚样发白”，这样一段描写在小说中读过，眼前看到了，真是白得像鱼肚皮，和上海早晨醒来时见到的天空不一样。

医院爆满，筛选出没有生命危险的伤员，往其他医疗单位紧急转运，以腾出空间和人力。剩下两类群体：有生命危险，但有比较大的机会救活，这类伤员人数不少，眼下就急需投入大量人力和物资；另一类，全层皮肤烧焦的面积大，从现场抢救出来、能到达医院的这类伤员可能只有两三名，估计倾尽长治市全市的医疗资源，全力以赴，伤员存活的机会依然很渺茫。如果要按战争创伤的处理原则，社会公众又肯定难以接受。我能够充分理解，但问题很棘手。

放眼望去，满屋是伤员，到处是忙碌的医生和护士，和他们比较，我算是最有经验的一名医生。大家似乎在等着我给大家一个意见，一个行动方案，一个能把大家的信心聚集起来的"作战计划"。大家等待的是一位司令员，而我不是。为此，我感到痛苦。根据最初几次大批烧伤的处理经验，我首先向接待方的行政领导申诉我对全局的分析和设想。我心里明白，我不是司令员，当司令的是党组织。在这样一种氛围中，混乱夹杂着惊慌，尽管我没有能力以一言或以一举扭转全局，但我不能束手等待。我必须冲进人群，去做我能够做的工作，去做我应该马上做的工作，不然的话，我也会发疯。

没过多久，我被告知纱布、棉垫、绑带缺货；需要大量血浆，供应不上了，血库亮出红牌。或许因为我太年轻，我大发脾气。也许是傍晚，长治市市长带一队人马到现场，他们是铁路局的、药局的、供销社的、人民公社的，看架势，都是"掌柜的"。市长的模样忘了，只记得他左臂上戴一块黑布，缝着一个白色的"孝"字，说话不拖音，没有令人嫌恶的"嘛"的、"嘛"的，这在当时，实在罕见。会议开得干脆，尽管有过一些比较难对付的讨价还价，最后仍一锤定音。第一批物资有多少布匹做床单，多少鸡蛋、肉食、蔬菜供应伤员，更不用说药物和敷料等等，都做出定量、定时到货的规定。这位市长讲究实效。我钦佩他。在我那个年龄段，很热衷于寻找英雄偶像。

每次就餐，有接待人员陪同我去食堂，享受小灶。我们需要穿过一个开阔的大院。沿着围墙，顺着太阳照得暖和的那一溜，蹲着很多男的和女的，有的穿着白大褂，有的穿着便服。他们每人拿着一大块烙饼，另一只手握着一根粗大的葱，交替地、一口一口、慢慢地咬着。就近的地上，放着一大碗稀粥。其碗之大，其粥之稀，足以留下深刻印象。

我逐渐地发现，他们中间有越来越多的熟悉的面孔，原来他们就是干活的医生和护士。女的容易害羞，腼腆地微笑，好像表示稀粥粗粮见不得外地来的客人。作为外地来客，我享受着小灶，在物资供应匮乏的困难时期，可能属于省级领导的待遇。我食欲好，狼吞虎咽，一扫而尽，然而一顿小灶该等于他们多少餐摄入的热卡。我不知道，也没有往这方面去想。我没有勇气回到食堂，而是蹲在墙根边上，和他们一起啃烙饼，喝稀粥。

这就是我和他们之间的差别，因为我医术比他们高明？因为他们知识比较滞后？但这能怪他们吗？如果我在长治学习和工作，不也和他们一样吗？几天来，和我一起工作的医生和护士，他们在尽最大的努力做好医疗工作，而他们不会得到表扬或荣誉。下车伊始，我曾经以训斥的口气，说他们应该用肥皂把手洗刷干净，应该换件干净的白大褂来上班，甚至在正式的会议上提出意见，直至好心人提醒我长治市肥皂供应紧缺，我才有所收敛。

长治之行，给我的头脑打开了一扇窗。回顾往事，我为我的愚昧和鲁莽而愧疚。然而，像长治这样的城市，在经济、医疗和日常生活等方面所暴露出来的问题，是我前所未见、前所未闻的。我深感惊讶，不可思议。贫穷和落后，在20世纪50年代，确实是深刻的忧患。

江西公路雨夜受困

——2009年10月31日完稿

从上海到景德镇，走的是哪条路，记不得了，反正不可能快。全层皮肤烧焦（焦痂），算是Ⅲ度烧伤。按一般医院的医疗能力，这等程度的严重烧伤患者，面积大的，很可能因为大量输液复苏治疗跟不上，在最初2天或3天就死了，失去早期活下来的机会。外地支援的医生赶到事发地点，大部分幸存者已过了休克期。紧接着要为活下来的严重烧伤患者，做早期的大面积切除焦痂和植皮手术。每一批烧伤患者，受伤时间是一致的，每位伤员的手术都需要抢在早期的时限内。每次手术相当费时，医疗力量有限。伤员多，只能排队顺序进行。患者病情也不稳定，围手术期的支持性治疗也需要同步辅佐。早期切痂植皮手术成功与否，决定着这类伤员的命运。所以，工作起来，很紧张，也很投入。

我在景德镇做了哪些工作、逗留了多久，记忆并不确切。有一位护士和一位检验科技术员与我同行。返回上海的路上，三个人挤在一辆小吉普车里。那时没有高速公路，走的是一条泥路，路面还算宽阔，但高低不平，坐车也累。离开了医院，车在野外奔驰。这段时间，我听不到患者的呻吟，闻不到烧伤创面散发的特殊气味，见不到周围医生或护士那种无法掩饰的惶惑和疲劳，能够呼吸到新鲜的空气。江西的土地是红色的，我第一次看见，遍地红土，连绵不断。那个泥土火红、火红的，不是紫禁城围墙那种红色。江西的土地红得艳，红得野，红土衬着绿色植物，色彩鲜明，相映成趣。美到处存在，千真万确。我发现了美，真是一项大发现。

天有不测风云。先是打下急骤的雨点，赶紧拉上车篷。接着泼下一场大雨，虽然没有倾盆之势，一旦下起来，就没完没了。前方一片雨雾蒙蒙，另是一番风景。此景不长，路面泛起泥浆，车行约十多里地开外，后轮陷入泥坑。司机头顶一块油布，下车去巡视良久，前后跑动，上车又复下车，苦无良策。他回到驾驶座上坐下，一脸的雨水，一脸的丧气。我们三人都没有带雨具，龟缩在车篷里，明知帮不上忙，尽说几句不着边际的话，想多少缓和一点尴尬的局面。不管怎么说，前不把店，后不把村，后轮打转而车不动，这一夜注定要在车上过，已是板上钉钉的现实。

过去有部美国电影《雨中曲》，演员在滂沱大雨中挥动雨伞，踢踏起舞，看着令人痴迷，但是眼下境况丝毫不会激发任何情趣。我被困在江西的泥路上，夜深寒气袭人，一阵阵寒栗之感，像小股冰水顺着背脊流淌下来。听着雨水不停击打车篷发出的不规则嘈杂之音，按捺不住心头泛起的烦躁和焦急。好容易挨到天亮，雨也停了。不知哪个时辰来了一辆卡车，两位司机合力搬来大小石块，扔在后轮的泥坑中。我们全体下车，一起发力，把车推出。看着那两位师傅手上和足下沾满红色泥块，模样怪诞，经过一夜沉闷，大家第一次发出开怀的笑声。我们的鞋子同样灌进了泥浆，那份沉甸甸的湿冷，陪伴着我们踏进上海老家。

急性胸膜炎

——2009年11月1日完稿

1958年为抢救邱财康最初开辟的烧伤病房，作为权宜之计，占了传染病房大楼的最高一层。那里按原来的设计是单间隔离，墙壁全铺上白色瓷砖，和普通病房比较更适合收治严重烧伤患者，不需要变动原有建筑结构。大屋顶平台还可以晾晒被服等物，有两间宽大的被服类物资贮藏室。1958年，被服库的那两间大房间成为烧伤病房医生和护士的宿舍。全体会议也在那里召开。

从景德镇回来，直奔病房。淋浴洗尘，煞是痛快。在那么一小块天地里，有着我熟悉的面孔、熟悉的环境和熟悉的生活。有些伤员手术后还没有转运出去，又进来一批新的伤员，医疗上的压力不见有缓解的趋势。到了某一天，在手术台上，我大汗淋漓。大家发现我脸色不好，要我下台休息。我原以为是一次普通感冒，并不在意，回宿舍稍睡片刻，醒来，竟有好几位医生围住我床边。从眼神看得出他们有点着急，出了什么事？肺科胡曾吉主任在我胸部又听又叩打，照完胸片以后，急诊住院治疗，转送肺科病房。诊断是急性胸膜炎，胸腔积液。我的感觉像是运动员在跑道上，一下子摔了出去。

相隔半天的光景，我成了患者。我清楚医疗的流程，要接受一系列检查，而检查本身是折磨人的，于是我开始了一段不寻常的生活。几乎每天，我被扶上轮椅，在医院各处角落转悠。轮椅的轮子在地上滚动着，周边的景物不停地向后移去，完全不是上班时脚踏实地行走的那种滋味。有些人在行走中意外地发现是我坐在轮椅上，很惊讶。急急忙忙凑近我，问我怎么啦，离去的时候则一脸茫然，怕我得了什么怪病。我平日脚步快、脾气急、嗓门大，在各科室之间穿梭，他们大概很难把我的原样和眼前坐在轮椅上的这个患者对上号。人非草木，周围的人们对我的关心，使我感动，也让我悲哀。

检查时要检查我的支气管，顺便从深处取出分泌物，找结核分枝杆菌。那个年代，没有纤维窥镜，使用的一根窥镜是直的、金属的。麻醉科主任李杏芳教授是女性，心肠软，先从静脉注入麻醉剂。不料在窥镜进入气管后，我就开始挣扎。据说我力大如牛，几个人压住我，怕我挣脱捆绑我的布带。醒来后，我只觉咽喉烧灼，没有痛苦的记忆。过不了多久，又通知我要做支气管造影。到放射科，上了检查床，见一大群医学生围了上来，我才知道同时兼有示教任务。放射科医生和我很熟，他笑容可掬，向我耐心做了解释。说来简单，谁知碘油注入支气管后，顿时让我窒息。想拼命吸气，却吸不进去，想呼叫救命，也叫不出来。那是一种恐惧，不会游泳的人溺水的恐惧。

然而，造影引起的窒息和恐惧，毕竟是一过性的。从一系列的胸片来看，我右肺的中下两叶萎缩，支气管多处呈鸟窝状扩大，右肺呼吸功能只能依靠上叶。我幼年时犯过一次严重肺部感染，险些丧命。我想起妈妈经常提起我从小就多病，众亲戚在背后议论，说这孩子养不大。妈妈的忧心忡忡是有根据的。又经过一系列会诊，一番仔细斟酌，大家建议做肺叶切除术，并且郑重告诫我，如果感染反复发作，支气管扩张加重，会大量咯血，莫要有侥幸心理，等到50岁，犹恐后悔不及。话，我都能听懂，要接受这样的事实，则勾起千头万绪，全在心头泛腾。作为患者，与作为医生，对于疾病的感受完全不同，我陷入抑郁和沉默。

我正值而立之年，未婚，在青年医生和护士中，颇有一些追随者，现在叫作“粉丝”。他们下班后，常到病房来看望我，说笑话，希望我能高兴。他们和我一样，都是大孩子，童心未泯。他们的笑声，很有感染力，带着热乎乎的朝气。同龄人中也有人责怪我固执己见，“好发少爷脾气”。我一听就恼火。妈妈每天在探望时间到来，手中不停地打着毛衣，把她对我的牵挂，绕住毛线，一丝不拉，全部编织起来。妈妈比我想得更多。我已经长大，本人就是医生，妈妈能静静地听着我的倾诉。我终于做出决定，不同意手术。我不愿意停下来，不愿意在火红的年代，花费更多时间躺在病床上。50岁，离我远着呢。大家应该允许我实现自己的梦想。这段时间，对我来说，显得冗长，显得凝重。

妈妈（正中间）是里弄干部（拍于1961年12月28日）

医生的病中生活

——2009年11月4日 完稿

肺科病房原来是二等病房，每间病室两张床，有独立卫生间，面积比病室略微小些，摆着一只高脚大浴缸。病室后面有内走廊，封闭式，供工作人员走动；病室前面是外走廊，完全开放，有半截铁花栏杆，花砖地。每间隔一段距离，摆着小圆桌和两把椅子，患者可以在走廊上散步或者坐下来休息。病房前面是一片大草地，占据整个医院的全部进深，从前门围墙到后门，把医院划分两个区域。传染病房楼和内外妇等各专科的病房楼群之间，完全隔开。草地中间并行地开出几条林荫小道，通往传染病房大楼。这里视野开阔、明朗，身在病房，却不像在医院里。阳光下，我坐在走廊椅子上，静悄悄。桌上摆着一盆“兔子花”，是麻醉科主任李杏芳教授送给我的。隔着大草地，眺望树荫后面的传染病房大楼，最高一层是烧伤病房。远处看去平静似“西线无战事”，丝毫泄露不出那里面的“硝烟弥漫”。人需要空间、草地、树木和阳光。

在我决定放弃手术之后，内科治疗还要继续一段时间。肺科病房很安静，走廊上少有人走动。内科医师和护士说话细声细气，神情和缓，从选择专业之日起，他们就不像外科弟兄们那么急躁、好斗。但是，放射科医生把碘油注入我的气管让我窒息的情景真够刻骨铭心。不过，医生的语气平和，脸上挂着灿烂的微笑，患者自然没脾气。也许因为职业的习惯，外科医生性格不同。

人在病中，平时风风火火的外科医生被迫“闲下来”，就有了更多的思考。可以不夸张地说，大面积深度烧伤的切痂植皮，或者紧急截肢手术等方案，要取得成功，的确是前人没有做过的事。有些难题需要我们有勇气去探索，我也要实话实说。我认为这是科学性。决定外科危重患者的手术，事出仓促。家属容易感到手术医生“动员”签字，带着“强制性”，备受压力，又无可奈何。患者九死一生，只能把生命交给我们。我想，外科医生本身应该患上一或两次重病，换个位置来体验生活。最好要有个前提条件，但愿得了重病，有惊无险，能够活下来，让我们继续干这一行。

烧伤病房所收治的都是些奋不顾身地站在炼钢高炉前的生产者。他们烧伤了，我们作为医生，总要想办法，让他们活着。说医生要吓唬家属，推卸责任，那是绝对没有的，从来没想过。一批同时住院的严重烧伤患者，有时会一个接一个地死去。一间又一间，病室的灯光熄灭了，人去室空，全部物件撤出，封闭消毒，夜以继日的医疗工作戛然停止。我推车把逝者送到太平间去。回来的路上，有几次，我坐在病房大楼的石阶上，一时没有力气站起来。医生精神上也承受不了，只能忍着。医生的苦恼不会轻易流露。患者活了，这是我们莫大欣慰。最大的喜庆，亦无非在屋顶宿舍，吵吵闹闹，疯狂一阵。

在烧伤病房工作的几年里，感动我的是各地区、各家工厂运送来院的一批又一批的烧伤患者。无论在灾难性事故的现场，或者经受烧伤后漫长治疗的煎熬，他们都是勇敢的人。榜样的激励有很强的感召力，这方面切身的体验，比读书，比听先进事迹的报告，要强得多，对一个人的影响也更为持久。

显然，由于最初接收两位严重烧伤患者，并且紧跟着收治成批的危重患者，医院日子过得很艰苦。原则容易说，也容易懂。但要让治疗工作确实能使患者获益，颇费挫折和思量。拦在面前的难题，超过大家已有的知识和现成的经验。在严重烧伤演进过程中，有些人逐步告退。

我和一伙青年医生、护士在一起，都在20到30岁年龄段，能够熬夜，好奇心大，喜欢琢磨，喜欢出点子。有的点子，不尽合理。有的建议并不一定被采用，大家总能兴趣盎然。我们是医疗服务的主体，不是决策者。大家都很投入，可以说很尽心。我相信那个年代，在那群年轻人当中，谁也不会想到晋升，谁也不会想到获奖，谁也不会想到荣誉，仅凭一腔热血。

在我数十年的专业生涯中，上世纪五十年代末，烧伤病房初创阶段那种氛围，那股工作精神，是可贵的。今天看来也很难得。我想念那些年轻人，他们曾经和我一起摸爬滚打。他们中间多数人没有得到奖状、奖赏、荣誉，或者光荣称号。但是，他们是基础，是奠基石。很少有人知道他们的劳苦和奉献。

形势大好的困难时期

——2009年11月5日完稿

时间大致来到1959年，困难时期，供应全面紧张。医院大食堂开饭，大家十分关注掌勺师傅，关注他分发给每个人碗中的饭和菜，手下能留多少情。师傅掌勺分食，从技术上要求，比以往需要多一点时间。他们还没有掌握张秉贵“一抓就准”的过硬本领。日子久了，党委书记下食堂，和师傅们一起，亲自掌勺分食。

内科治疗告一段落，我离开肺科病房，回到屋顶平台上的那间宿舍，开始休病假。烧伤病房是医院内耐药细菌感染的重灾区，好几个月我不能恢复工作。尘埃落定，生活变得单调而冷清。我到大食堂去排队，能碰到很多人，跟他们聊天，保持着与现实的联系——这无疑和吃饭一样需要。

有一天（我的故事中有很多的“有一天”），在病房全体会议上，正式批准、宣布在康复期给我特殊营养供应。这是党委的决定。我没有站起来表示感谢，或者表示谦逊之意，今天回想起来，我当初似乎不应该这样。那个时候，虽然领导还没有动员养小球藻，但大家都面有菜色，正在勒紧裤带。

烧伤病房老杨师傅是医院顶尖的大厨师，为保障烧伤患者的营养供应，专门调来，专司烹饪。从那天起，午、晚两餐，由杨师傅给我做好饭菜。雪白的米饭，看上去粒粒皆珍珠。我最喜欢红烧鱼，完整地摆在盘子上，浇一层稠厚的浆，浓郁的香味慢慢升起。天啊，这是怎么样的年月啊，慈禧太后西出北京城也没能享受这等待遇。日常同桌吃饭的年轻伙伴们不时路过，见我坐在厨房门口小凳上尽情品尝，有坦率的淘气鬼对我说上几句俏皮话，逗得大家发笑。他们从不靠近我，从不近距离窥视我的盘中餐。

1964年我奉调到北京工作，从此告别和我朝夕相处的一群年轻人。光阴荏苒，人去楼空，即便是当年最年轻的一个，今日也步入老年。四十余载，人间沧桑，可能相见不相识。楼房可能还在，其中的事物想必荡然无存。那时节，忙碌的人流穿梭往来，呼唤声、低语声、笑声，夹裹着悲与喜、烦恼与欢乐，在时光的隧道里，已经远去，无踪无影。然而，困难时期，大家食不果腹，而我独自品尝红烧鱼。那幅画面构成我的怀旧情结，不可能从我的记忆中抹去。

夕拾的朝花

——2009年12月16日 完稿

全身大面积烧伤，使伤面皮肤在相当长的一段时期内失去了固有的屏障功能，铜绿假单胞菌已经在血液里繁殖，患者正处于休克临界状态，虽然尚未出现感染性休克。到了这等地步，设想依靠调动患者自身的内在因素，去抵御外界致病菌的入侵，遏制各种毒素诱发的全身性病理生理学反应，以防止广泛性自身组织的破坏，也就是大家常说的“扶正祛邪”，那是不现实的。应用某些药物去“加强免疫功能”，或者收效甚微，或者不能证明药物货真价实。既要扶正，又要祛邪，原则意见达成一致，并不困难。当患者生命受到威胁的时刻，出于焦虑和善意，或者出于不同医学学派的思考和判断，容易众说纷纭，莫衷一是。

然而，对待邱财康发生铜绿假单胞菌菌血症的问题，没有陷入喋喋不休的辩论，而是果断地决定应用有效的杀菌性抗生素。国内无药，通过外贸的特别通道，进口多黏菌素，赢得了时间。参与医疗探索的过程，对我来说，是一堂临床教学的课，教我从不同侧面去审视和思考，教我做出决断所需要的魄力。严重感染的治疗始终是棘手的问题，类似的争议，今天还在继续，今后仍将继续下去，这是医疗不断发展的正常现象。在医疗实践中学到的知识，是最有说服力的。以患者生命安危为代价换来的知识，是珍贵的。

多黏菌素的作用不容争辩。血培养呈阴性，临床症状好转，大家姑且喘了一口气。不知谁声称多黏菌素有肾毒性，用药不能超过一周。说多黏菌素有肾毒性作用，确有其事；正因为如此，它被后来问世的第三代头孢菌素所替代；说用药限于一周，犹似空穴来风，毫无根据。谁都不想在一周后贸然停药，功亏一篑，后悔莫及。烧伤医疗小组内，记不清是谁发表了这样的“高见”。我们似乎为自己设置了障碍，作茧自缚。这个故事恰恰发生在思维相当活跃，反应相当敏捷的医疗小组内。为什么？

如果患者尚未脱离危重状态，医生们在治疗上竭尽己之所能，他们的举措又备受社会公众的瞩目，那时医生们会变得很敏感，近乎神经质，情绪很容易因病情的变化而变化。身临其境者有时难以保持审慎和冷静。局外人以为当医生的能够泰山崩于前而色不变。然而，医生所承受的煎熬，很少被局外人所知，很少被社会公众所体察。所谓心理问题，不一定发展到心理障碍的程度，但是可以影响思维能力的正常发挥。在烧伤医疗服务的过程中，曾经出现过这样那样的小故事、小插曲，可以看到心理因素起着作用。

我们没有把自己的手脚捆住。为了将治疗继续下去，确实费了一番周折。内科主任邝安堃教授主张加用小剂量皮质激素，以减少药物的肾毒性。他的申述很简单。我不明白个中的作用机制，没有发言权，在场的诸位老师也没有提出异议。也许大家都想走出令人莫名其妙的怪圈，也许邝教授在皮质激素治疗问题上，享有权威性。他的建议被采纳，结果延长了多黏菌素治疗的疗程。后来的实践证明，“用药一周”决不是临界的期限，可以不加用皮质激素。今天对于激素的作用机制的理解，比20世纪50年代远为深入。然而，严重感染或者感染性休克应用皮质激素治疗问题，仍然需要进一步探索和论证。

邝主任当初考虑的依据，可能和现代的认知（例如，2002年Ananne提出的主张）并不一致。我感兴趣的是邝主任喜欢用逆向思维模式，不按照常规的程序进行思索。他的脑袋会转弯，这是他的魅力所在。烧伤医疗组由资深教授和青年住院医生组成。从整体来看，是一支非常活跃的团队，始终有着一股气势，不甘心被常规所束缚，始终保持着一种魄力，知难而上。创新思维是在适宜的土壤和氛围中“冒”出来的，也是因为时代的客观需要“压”出来的。

今年（2009年）12月上旬，第二届中法危重病医学会议在上海召开，人气很旺，出乎意料。告别宴会席间，一群青年男女前来向我敬酒，他们是瑞金医院烧伤病房的一代新人，快活、自信地微笑着。我估计他们不知道烧伤病房草创阶段所经历过的折腾和挫折，他们的专业水平肯定比我高明，也许他们认定严重烧伤的治疗本来就应该像今天那个样子。如果我把故事原原本本地告诉他们，眼前的青年人很可能为我们这辈人的愚钝而感到惊讶。

然而，我们就是这样闯过来的，似乎一步也少不了，包括我们所走的弯路。成功是从失败的教训中转化出来的。从那个时候起，我觉得错误和失败并不可怕。哭鼻子不是办法。一个人没有反思的能力，就不会有前途。站在我面前的青年人，他们会像我们这辈人那样痴迷吗？烧伤治疗也是危重病医学的一部分，他们都这么说。这是一种觉醒，我从内心感到高兴。

六、春天里的生命之歌

序曲（一）一个巨变的时代

——2016年2月14日初稿

——2018年5月21日完稿

从抢救炼钢工人邱财康的故事说起

1958年“大跃进”像飓风，席卷中国大陆。激动人心的口号“多、快、好、省建设社会主义”，“多、快”是核心。钢铁多了，粮食多了，社会就会有大的发展。所以，有了“快”，就有“好”；有了“多、快”，就有“省”。钢铁年产量五年超过英国，十年赶上美国。那个年代提出几个“同时并举”，比如“土洋并举”。“土”指的是广泛发动群众，土法炼钢，“土高炉”遍地开花。把大扇铁门拆下来送去土法炼钢，炼出来的是铁疙瘩，不是钢，那是后话。农业“亩产万斤”，媒体大张旗鼓报道，著名科学家也加以肯定。“人有多大胆，地有多大产”，如今看起来是不科学的。

烈火中的炼钢工人

我要讲的故事在“大跃进”发展之初，要超额完成钢铁年产量的计划，炼钢厂责无旁贷。上海第三钢铁厂（以下简称上钢三厂）是钢铁工业战线上的一支主力部队，鼓足干劲，苦干大战。1958年5月26日夜里，上钢三厂某高炉车间，那只盛满熔化了“钢水”的挂斗突然倾斜。灼热的钢水像火山口喷出来的岩浆那样，对着车间倒灌下来。这条火龙完全失控，无情地追赶着那些毫无思想准备的值班炼钢工人。一片火光和烟雾下，人们争先恐后，夺门而出。其中有两名工人，全身严重烧伤，由救护车紧急转运上海广慈医院（今瑞金医院），担架直接送入外科大楼的手术室。他们是邱财康和刘四小。外科住院医生的宿舍在门诊楼的阁楼上，专线电话铃声大震，宿舍里的外科医生全体出动。

天哪，大火竟可以把人烧成这般模样。我们先把伤员的衣服剪开，让全身裸露出来，可见全身烧伤，面目全非，一股烧焦的烟火气味，冲击着我的神经，我的心在颤抖。第一步是分别计算烧伤总面积和Ⅲ度烧伤的面积。刘四小的烧伤深度比邱财康更为严重。手术室里站满了外科住院医生，谁也没有见识过这等严重烧伤。他们能活下来吗？现场没有总指挥，但大家做得很认真。我永远记住曾经和这样一群年轻人在一起，在那火热的1958年。

先按照传统包扎方法，用大块厚敷料把全身包扎起来。我管理的病区恰好有两张空床。我把他们两人安排在同一个较为宽敞的单间内。作为住院医生，从那天起，我再也没有离开过病房，再也没有离开过邱财康和刘四小。医疗工作艰难，屡败屡战，这将考验着我们做医生的每一个人。伤员与死亡的抗争，人间的悲剧与喜剧，都将从这里开始。

（以下当年烧伤患者的照片可能会引起视觉不适，照片来源于作者的拍摄）

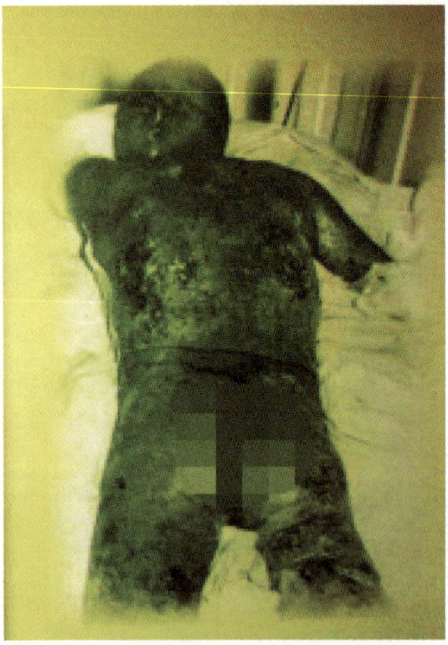

邱财康（俯卧位）

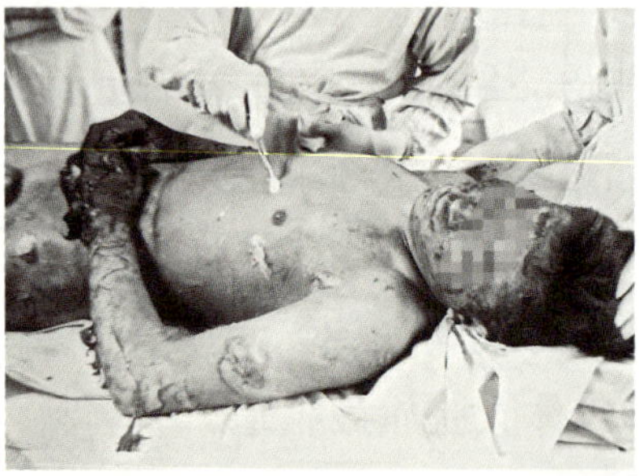

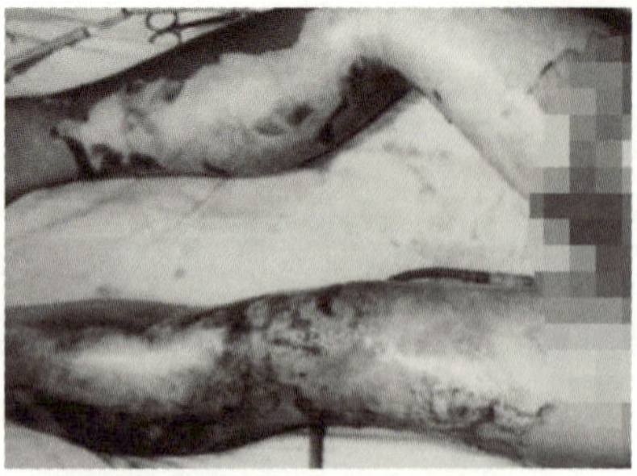

大火可以把人烧成这般模样
（其他炼钢工人，不是邱财康）

序曲（二）生死搏斗在这里开始

——2016年2月15日初稿

——2018年5月28日完稿

大面积烧伤后第一个8小时的输液量，占第一个24小时输液总量的一半。大量的血浆和盐水要在规定时间内输入，否则伤员将很快死于低容量性休克。穿刺时怎么也找不到可供输液的静脉，外科傅培彬主任闻讯赶来，他在腹股沟处切开小口，经股静脉插入塑料管。这是我第一次在临床直视下静脉插管，建立有效的输液通道，今天不成问题的问题，曾经是横在我面前的拦路虎。但是，我没有退缩，这是一场遭遇战，我必须亮剑。

厚层的敷料很快被大量创面渗液湿透，失去了隔离的作用，创面细菌感染发展之快，出乎我的意料，必须改用全身暴露疗法。我换上手术室的消毒衣，帮助患者侧身，更换被背侧受压部位的创面渗液湿透了的敷料，让护士们抢时间更换床单。被服供应不上，怎么办？时任院长程贤家现场责令总务科动用库存物资。外科临时派出几位住院医生帮助更换敷料和改变患者体位。尽管如此费时费力，创面暴露并不充分。烧伤初期的输液治疗和创面暴露等问题亟待改进。外科主任董方中和副主任史济湘主持医疗工作，攻坚战拉开了序幕。

由于头面部完全暴露，刘四小和邱财康两人都面部肿胀，变了形。我只能凭床头卡，辨别谁是谁。邱财康眯着眼睛对我说，他是高炉的炉长，有眼力，能识辨火焰颜色的变化，判断钢水出炉的合适时间，因而受到苏联专家的赏识。在这场大火中，身为炉长，他撤退在后，通道已被火焰烟雾封死，急中生智，他从窗户跳出来。他说话有点气喘，但语音清楚。接着他说，他才28岁，年轻，治好了，他可以重新站在高炉前。他似乎没有感觉自己正面临着死亡的威胁。“你要把我治好。”他重复地说着。他需要帮助。我坐在床边，贴近他的耳朵，对他说：“我不离开你。”从邱财康和刘四小入院那天起，我没有离开过他们。我守住了诺言。应该谢谢几位护士，她们帮我在病房贮藏室内架起一张行军床。一日三餐由她们去食堂打饭供应我。

做了几年临床大夫，我容易记住患者的床号和他的疾病诊断，似乎床号和疾病诊断就是患者本人。然而，眼下躺在床上的不仅是全身烧伤的患者，他是一位站在高炉前的炼钢工人，一个活生生的人，从烈火浓烟中走出来的人。医院和医院里的医生是他最后的希望。我能为他做些什么呢?

约摸在烧伤后四天，刘四小去世了。我送走了这位青年人。生龙活虎的生命瞬间从人世间消失，无踪无影。过不了几天，邱财康的血培养发现绿脓杆菌，全身严重感染伴有绿脓杆菌菌血症，后果严重。老师们感到愕然，谁也没有治疗绿脓杆菌感染的临床经验。邱财康没有昏迷，他与死神抗争着。他有事业心，有自己的信念和追求。他牵挂着妻子和两个年幼的小孩，他爱着他们。烧伤的丈夫和没有烧伤的妻子，忍受着同样的煎熬。妻子被护士好言相劝，安排在另一间房间等待。一对夫妻活着不能见面。妻子在等待着什么呢?

邱财康躺在病床上，他有生存的权利，他在挣扎。如果我和患者素昧平生，我会含着眼泪，对他说，你要挺住；如果我是患者的朋友，我只能待在他的身旁，尽我最后一片心意，陪他走完最后一段路程；如果我是和尚，我将为他祈祷，抛弃人间恩恩怨怨，超脱尘世，升华圆寂；如果我是神父，我将安抚他的心灵，真诚忏悔，宽恕别人，接受最后审判；如果我是心理分析师，我要让患者把埋藏在心灵深处的话，尽情倾诉，不把烦恼带到坟墓里去。然而，我是谁?我是医生。我应该为他做些什么?在危急关头，广慈医院领导召开外科扩大会议。

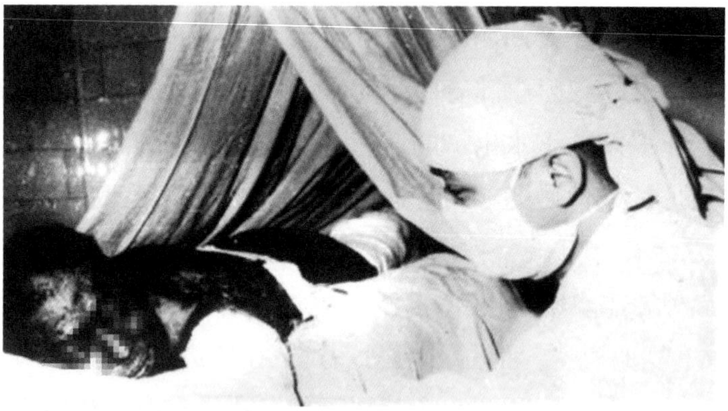

1958年，作者（右）在严重烧伤的炼钢工人邱财康（左）的床边

人物和故事（一）医学院党委书记发出动员令

——2016年2月18日初稿

——2016年6月20日修稿

——2018年6月5日完稿

医学院党委书记关子展召开动员大会

广慈医院领导紧急召开外科扩大会议，医学院党委书记关子展出席并讲话。他说：“外国人能做到的，我们一定要做到。外国人没有做到的，我们也一定要做到。”此次会议上，医学院党委书记关子展重申广慈医院院长的话，并且加以强调。医院领导想表达一种理念：“要解放思想，各显神通。”也就是说，我们能够做到的一定要做好。我们在治疗大面积烧伤方面应该是国际水平，“外国人没有做到的，我们现在也做不到的，应该想办法，怎样能做得更好，而且努力去做到。不论资深老教授，或者初生之犊的青年医生，大家都要破除迷信，破除对自己既有经验

有很多人投入了战斗，抢救、查阅大量资料

的迷信，破除对洋人权威的迷信，闯出一条新的路子”。他的讲话是促进，是激励，这次会议在我的记忆里留下深刻的印象。

在“大炼钢铁”的时代背景下，社会上对于治好邱财康的要求是刚性的。然而，全国尚没有治疗大面积严重烧伤成功的经验。上海有几位著名专家坦言，广慈医院医生们已经尽了最大的努力，要跨越这个限度，不那么容易。在关键时刻，医学院党委书记和广慈医院院长的这一段话，对于渴望在治疗上取得突破性进展的医生们来说，具有爆炸性。

不拘一格降人才

要让严重烧伤的炼钢工人活下来，关键在于用好人才。当务之急是着手组建一个心无旁骛的专职的烧伤医疗小组。外科主任董方中曾经在美国宾夕法尼亚大学教学医院工作。在几位教授中，只有董主任在美国做住院总医生期间曾经成功治疗Ⅲ度烧伤的患者。上海第一医学院戴自英教授，在抗生素临床治疗学方面功底深厚，他在牛津大学的导师是青霉素发明者之一、诺贝尔奖得主H. W.Florey。外科副主任史济湘敢于迎接挑战，点子多，不是人云亦云之辈。内科主任邝安堃，1919年赴法国求学，获医学博士学位，他是唯一获得“巴黎国立医院医生”职称的中国人。邝安堃1939年回国，他的思维方式与众不同，会提出大家没有想到的问题。稍后，整形外科主任张涤生加入了医疗组。1946年，张主任因军功被选派赴美学习整形外科。师从宾夕法尼亚大学医学进修学院Robert H. Ivy教授。还有青年住院医生朱德安，他工作认真执着，思维活跃创新，不善辞令。

这几个人有着不同的学术背景，不同的社会阅历，不同的个性。医疗小组里四位科主任都是“海归”学者，在“拔白旗”“反右派”紧接而蝉联的“大跃进”

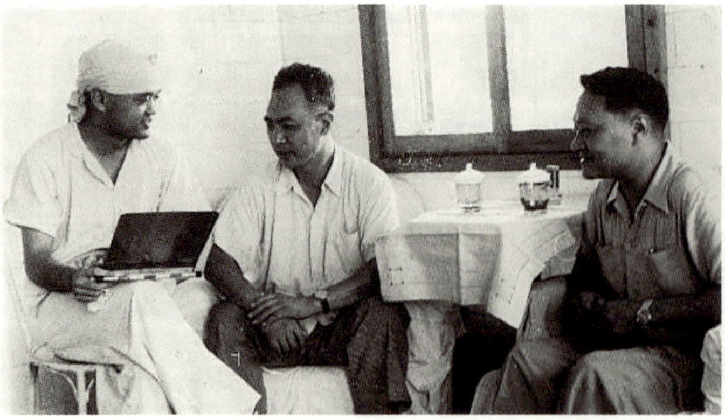

1958年，病例讨论（右，外科主任董方中；中，党委书记关子展；左，作者，住院医师）

形势下，党委如此安排和组织，大有“不拘一格降人才”的气概。医学院党委书记有胆识，有魄力，他爱人才，知人才，善用人才，我深感钦佩，我很高兴能在如此组建起来的烧伤医疗小组中工作。与几位老师和同事们共处、共事是我的机遇，也是缘分。这段时期的临床实践中，我逐步学到一个信条：不论今后的遭遇会多坎坷，工作会多艰辛，我要不时地自问：“我和谁在一起?”“我能做得更好吗?”“为什么我不能做到?”

燃眉之急　急切难下

按照自身的规律，烧伤病情在步步紧逼地演进。出于好心，为加强消毒隔离，外科把邱财康从普通外科病房转移到手术室。不久，邱财康发生全身性严重感染，很快血培养出现绿脓杆菌。事出意外，实属必然。面对绿脓杆菌严重感染，烧伤医疗小组苦无良策。内科主任邝安堃教授提出抗血清治疗。按理说，要把灭活或者减毒的病菌，注入健康志愿受试者的体内，然后把他们的血清，输给邱财康，以强化患者的免疫反应，来杀灭病菌。

内科主任邝安堃教授

今天回头想，要使受试者能产生足够效价的抗体血清，至少需要几个星期的时间。然而，患者已经发生严重感染伴有菌血症，应用血清治疗难以救

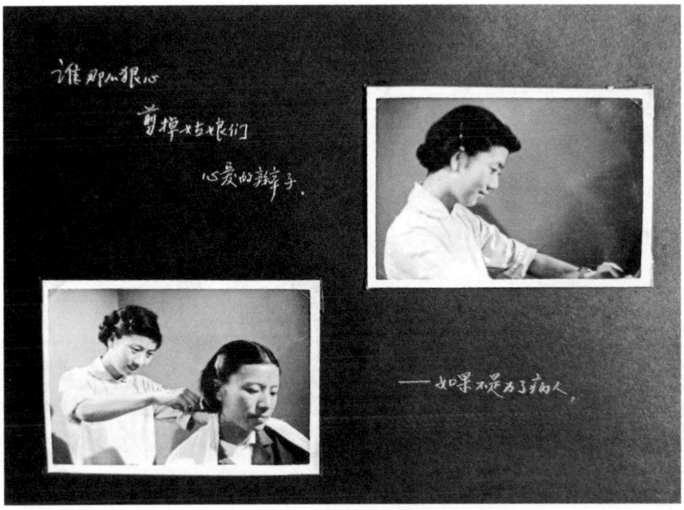

为了患者，志愿者们剪去了长发

燃眉之急。我能清楚地记得当年曾从多位健康志愿者中，选出几位受试者。她们是共青团员江悦琴和共产党员朱根梅，以及两位烧伤病房护士。她们注射培养液后都希望自己赶快发烧，考虑到给健康志愿者注入灭活或者减毒的病菌肯定有风险，她们为接受试验而住院观察。可惜血清疗法没有取得预期效果。

两位志愿受试者住院观察中

看来，我们需要改变概念。根据William Osler的假设，或许我们可以做如下的推理，全身性严重感染是一种机体反应，患者可能并非死于入侵的病菌本身，而死于感染引起的机体反应。抗生素可以杀灭致病菌，却不足以调控失衡的全身性感染反应。设想用抗毒血清来强化患者自身的免疫防御能力，似乎有一定道理。但是，就严重Ⅲ度烧伤患者而言，严重感染机体反应所激发的多器官功能损害，没有被遏制。在这种情况下，患者的免疫机制究竟如何运作，目前尚有很多未解之谜。采用抗血清治疗之所以沿用至1996年，从一个侧面显示着临床医生的无奈。今天，我们的注意力正转向感染免疫问题更为深入的研究，这是一种转变。另一方面，临床的演进，迫使我们更加注意严重烧伤后继发的严重感染的特殊性。大面积裸露的创面不能在一定时期内被覆盖，“烧伤创面脓毒症”持续加重，是全身严重感染造成高死亡率的根本原因。这是一种醒悟。

没有羽毛扇的诸葛亮

广慈医院领导请上海第一医学院戴自英教授急会诊。戴教授进入手术室观看，毫无顾忌地大声发话：“怎么能把全身创面感染患者挪到手术室来，不怕把外科患者都感染绿脓杆菌吗？赶快转移吧。”（大意）外科基本原则，大家都知道，竟然在忙乱中被忽略。事后想起来，确实害怕。戴教授肯定了多黏菌素的疗效，当年没有其他类抗生素可以替代，他坚持通过外贸渠道紧急采购。戴教授意见鲜明，措辞谨慎。大家很快达成一致。戴教授还提

我国抗生素领域的著名专家戴自英教授

出要定期做细菌学调查，包括血液和全身多部位创面，要做不同抗生素的联合敏感试验，做烧伤病房细菌学流行病学调查，合理应用抗生素。他和医院检验科蓝大夫对口交接后，第一例患者就从邱财康做起。

戴教授快言快语，语出惊人，像一位拳击高手，快速发出猛烈的组合拳。即日起，他被特聘为医疗小组成员，每天到广慈医院烧伤病房上班。很难想象，如果没有戴自英教授的参与，我们怎能从治疗烧伤后严重感染的窘境中走出来。1958年和1959年，在全国范围内，炼钢工人成批严重烧伤事故的发生率明显增高。戴教授和我们一起，到外地会诊烧伤严重感染的疑难患者，从来不以客座自居。我记不起他哪个年月离开我们的烧伤病房，回上海第一人民医院去了，功成身退。

快速出击的组合拳

1958年，我国经济尚处于相对的封闭状态，为了一位炼钢工人，特派专人去香港采购多黏菌素，搭乘飞机返回，一时成为新闻。这些盛在小小瓶子里的白色粉末，按时按量，注射到邱财康的体内。我把小小的药瓶拿在手里，端详着。小药瓶，不论是那些放在药柜里尚未启用的，或者用后被扔在纸篓里的，都活像一只只小精灵，把邱财康从死神手里夺回来。病房里凝重的空气活跃了起来。啃书本，找不到这种感觉。

采纳戴自英教授的建议，医院领导决定把邱财康从外科大楼转移到传染病房大楼。

此次，医院领导启用传染病房闲置着的整个顶层，临时改装成烧伤病房和手

从传染病房大楼看内外科大楼（中间大片草地和林荫道）

传染病房大楼（早期的烧伤病房设在大楼的顶层）

术室，比较实用。邱财康经过一段露天长距离转移，进入烧伤病房。医护人员出入必须换鞋，淋浴后换上手术室衣裤。会诊室、会议室，接待室和配膳室在隔离区之外。传染病房大楼屋顶是大面积的平台，为晾晒被单和被褥子专用。有两间宽大的被服类物资贮藏室，分别改为男女值班室兼宿舍。新的烧伤病房在整体上，形成一个相对独立的“大院”。

人物与故事（二）实验室研究与临床实践

——2016年2月29日 完稿

全身烧伤早期血管内液体向细胞外液间隙转移以及从创面渗出在最初几个小时内丢失量是惊人的。用厚层敷料包扎不能保护创面与外界的隔离，反而有利于细菌的繁殖。紧急解除包扎，暴露全身，发现创面已经发生绿脓杆菌感染，右侧大腿深Ⅱ度烧伤创面重，问题一个接着一个，不给医护人员和患者喘息的机会。因为没有做到充分的暴露，对患者形成致命性威胁。上海第二医学院微生物教研究室主任余教授提出用噬菌体杀死绿脓杆菌。国际上有关噬菌体作用的研究发现，噬菌体颗粒感染一个细菌细胞后可迅速生成几百个子代噬菌体颗粒，每个子代颗粒再感染其他细菌细胞，可以再生成几百个子代噬菌体颗粒。重复4次，一个噬菌体颗粒便可使几十亿个细菌感染而死亡。上述现象在培养皿上可以重现，可是谁也没有在临床应用上做过类似的尝试。余教授提出大胆的设想。他把医学院学生鼓动起来，打破了校园内往日的沉静。充满好奇心的莘莘学子，利用星期天，穿上白大褂，一批又一批地走出校门，奔向医院，奔向郊区的污水沟去采样。然后，把采集的大量样品，集中到医学院的实验室。噬菌体终于培养成功，必须在最短时间内，把培养出来的噬菌体悬液进行净化处理。医学院没有能力，他们向上海生物制品所发出请求，遭到对方严辞拒绝，因为这样做，很可能污染生物制品所的内部生产环境。

党委出面协调，大门打开了，生物制品所工作人员忧心忡忡，注视着“魔鬼”从禁锢它的瓶子里面跳出来。《天方夜谭》的故事竟然要在20世纪50年代，在人们眼皮底下重演。幸运的是经过双方精心合作，过程顺利，没有发生意外。进入广慈医院，“魔鬼”受到破格的欢迎。众人对即将出现奇迹的可能性充满着浪漫的幻想。临床医生做好一只大口径的塑料袋，套上患者整条下肢，灌上那神秘的液体，把下肢悬挂起来，使噬菌体能全方位接触创面。异想天开的处理方法自然招来质疑：长时间下肢伸直悬挂，将对膝关节造成过伸的压力损伤；为防止液体外溢，在大腿根部收紧塑料袋口，可能阻碍下肢静脉回流。反对者的意见得不到响应，因为他们提不出别的可供选择的方案。那天夜里，不同的人做着不同的梦。

当第二天太阳升起的时候，眼前的景象差一点叫我晕倒。邱财康右下肢肿胀，创面蒙上一层恐怖的绿色。主任们赶到，立即撤去那只充满浑浊液体的塑料袋。重新暴露的创面散发着特异的腥味，绿脓杆菌大有卷土重来之势，感染显示更大的威胁，美丽的假设没有被临床实践所验证。实验室内的观察，培养皿上、试管中、显微镜下的发现，并不同等于人体反应和临床表现。大家迫切希求奇迹的产生，那种激情是助推这场尝试的驱动力。然而，任何假设都需要科学的验证，这是硬道理。

这也是我所经历的第一次基础医学走出医学院的大门，进入教学医院，也是第一次实验室研究介入临床实践。迫于烧伤严重感染的压力，大家急着想找出有效的医疗方法。余教授激动人心的创举，旋即风轻云淡。事实上，在20世纪50年代，国际学术界对噬菌体毒理学的研究正方兴未艾。噬菌体本身是一种病毒，作用有益，也有害，有益是因为它会裂解人体内的某些致病菌，可能起到治病的效果，有害是因为它会裂解一些有益菌，反而造成损害。可惜，本次临床试验中发现的问题并没有列为研究课题。从本质上说，基础医学研究与临床实践相结合的问题关系着医学科学的发展。今天的转化医学、精准医疗、基因医学等，都是对临床与基础医学相结合问题进行长期探索，得到延伸的发展。1958年参加噬菌体临床应用这场尝试的人们，似乎没有感悟到他们迈出的一步意味着什么。余教授或许考虑到基础研究投入多，困难大，周期长，而临床医生又急于求成，深层的原因可能是对待基础医学那种由来已久的实用主义的习惯。

试验虽然失败了，但我们没有遭到指责和批判，没有耗费时间去无休止地争论。记得医学院党委书记在最初的动员会上说："外国人没有做到的，我们也一定要做到"。显然，要治好全身严重烧伤的患者，谁也不敢说有百分之百的把握，谁也不可能说自己能做到万无一失。我们要闯出一条前人没有走过的路，必然要冒风险。党委书记鼓励大家创新，同时也很注意保护创新的热情。我深信，如果没有医学院党委的支持，不可能出现如此务实和宽容的局面。

所谓"截肢之争"

邱财康下肢感染进一步加重，可以危及他的生命。临床医生因此备感压力而焦虑万分。立即撤除噬菌体在烧伤创面上的应用。烧伤病房会议室里，气氛有点紧张。史济湘主任深恐局面失控，他直截了当地主张急诊截肢。史主任那黑色宽边镜片后面圆睁着的大眼珠子，平日里一贯暗紫色的嘴唇，稍显黝黑的脸，头部略向右侧倾斜15度，他颜面的语言加强着他措辞的分量。他决非没有理由，不过，截肢要冒很大的风险。面对治疗上棘手的问题，不同意见的讨论是自然的，为寻找最佳治疗方案，这样做也是必要的。

史济湘主任的主张遭到外科某些偏激者的抨击，他们把一次正规治疗方案的讨论"上纲上线"，制造所谓的"截肢之争"，仿佛史济湘主任主张截肢是资产阶级医疗观点在作祟。但史主任不是这种人，清者自清。

"截肢之争"的故事发生在"大跃进"之初，也就是在反右派斗争、拔资产阶级学术权威白旗等政治运动之后，时代背景的影响不能忽视。1959年上海电影制片厂摄制的影片《春满人间》，虽说情节虚构，但显然以抢救邱财康事件为蓝本，批判的针对性一目了然。事实上，噬菌体临床应用失败在前，"截肢之争"发生在后。往事虽已远去，我没有因此淡忘，历史留给我充分的时间，可以冷静地反思。要解放思想，破除迷信，无疑是正确的。但是，解放思想，不能违反事物的客观规律；破除迷信，不能乱贴标签，刻意"上纲上线"。对待知识，对待科学，我们永远要有敬畏之心。不然，即使良好的动机，奇妙的设想，也可以致"天下大乱"。

学者的儒将风度

应该看到，挽救邱财康的生命是大家共同的殷切愿望。对某些具体问题的看法和认识，要允许多样性，集思广益。董方中教授不被众说纷纭所困惑，他在聆听各方面的争论时，习惯奄拉着眼皮，似乎闭上了双眼，却把眉毛高高吊起，表示他没有睡着。他淡淡的几句话，不温不火，既能切中肯綮，又能提升对话者的内心愉悦度。他把不同的意见纳入学术探讨的范畴，概括地说，可以暂缓截肢，但要想方设法使各部位创面得到充分的暴露，并且严密观察后效。知易行难，如何落实全身各部位得到充分暴露，避免长时间受压，将成为我们需要认真解决的一个新的难题。董教授摆事实、讲道理，终于排除干扰，不同而和，让各方取得共识。作为医疗组的组长，董教授展示着一位学者的儒将风度。

董方中教授

人物与故事（三）实践—读书—思索

——2016年3月8日完稿

让烧伤患者全身得到完全的、充分的暴露，成为我们必须跨越的一道坎。为避免躯干背侧长时间受压，需要定期更换仰卧位与俯卧位。也就是说，让患者在一定时间内趴着睡，背部创面完全暴露，不受压。在普通病床上，每次翻身，颇费人力，患者痛苦，效果不满意。我们能做得更好些吗？大家莫衷一是。“智多星”住院医生朱德安来到了烧伤医疗组。他好读书，爱琢磨。他从医院图书馆借到的一本Curtis Artz写的《烧伤治疗学》，很快成为医疗组的经典教科书。朱德安好心提醒我要好好读这本书。这是我走出学校大门以来，第一次静下心来认真阅读。

灵感垂青那些有着探索和求知渴望的人们。Artz用翻身床，完成患者体位180度的转换，“我为什么不能做到呢?”，朱德安医生这么想着。国内没有翻身床现成的产品。他拿着书，到医院技工车间，把图片给师傅们看，反复解释他的意图。不知熬了几个昼夜，技工组师傅们用自来水管打造出第一张翻身床。有位工人以身试床，把自己夹在两片床架子中间，完成180度以至360度翻转。大家欣喜若狂。按照原始模型仿造了好几张翻身床，以供急需。这几张造型粗犷的翻身床陪伴着我们在一起工作了很长一段时期，直到国产产品上市，才悄然退出。虽然后来的国内产品或者舶来品，外形更美观，操作更方便，但由医院技工师傅用心打造出来的翻身床在我的记忆里永远是烧伤病房创业的见证。

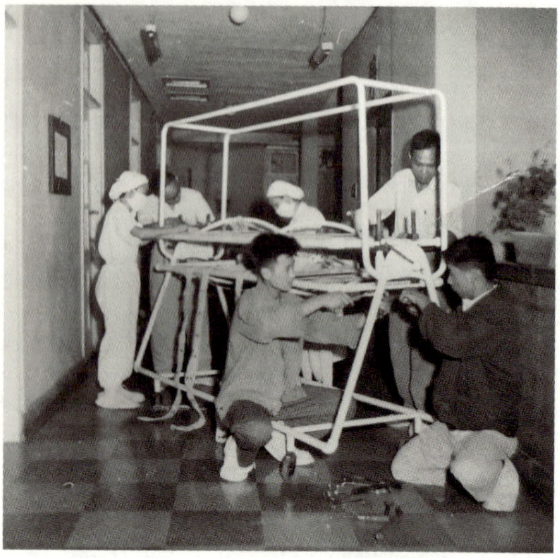
医护人员与技工师傅用水管自制翻身床

“智多星”的悲情

同样的工作环境，面临着同样的难题，读着同一本书，朱德安医生和我的头脑里却产生着不同的效应。朱德安医生总是多问一个为什么，多想一想应该做些什么，发现一个崭新的世界。我感受到他对我的榜样般影响。此外，他曾进行过几次创新的尝试，即使没有成功，也不因此而气馁。琢磨和探索成为他的习惯。他专心工作，从不张扬。早年，烧伤治疗各项数据的统计、论文的撰写多出自他的手笔。为编著第一本《烧伤治疗学》（当时以烧伤治疗专题组的集体名义出版），以及为帮助烧伤护理组编写第一本《烧伤护理学》，他付出很多的精力。在各级医生、护士及技工师傅的心目中，朱德安是一位普遍获得好评的青年医生。1961年，我们从传染病房大楼搬到新建的烧伤病房楼（现在已拆除），朱德安医生和我在同一间办公室，办公桌面对面。1962—1963年，在短短一年多时间内，我三次出差，到外单位临时工作。他显然不赞成我那种“飘移”生活。他说，如果不能专心致志地做好一项工作，就是浪费时间。言之情切。

朱德安医生有着属于他自己的世界。他生活在我们中间，为大家所需要，他不是孤独的。他的个性和同年龄段的青年人不一样：他的创新思维是外向型，捕获医学实践中多种经验、探索不同现象背后的内在联系，乐此而不疲。然而，1959政局多变，山雨欲来风满楼。身处动荡的社会，朱德安医生对人生哲理的冷静思考却是内向型的，近乎封闭。沉稳的外表掩盖了他内心的忧郁。在喧闹的人群中，他或许感到寂寞。朱德安医生是有抱负的人，但是，不知从哪段时间起，他的进取精神在不知不觉中逐渐淡化。他在想什么呢？因常年疾病缠身，多次住院治疗，过早地脱离临床第一线。

1964年我奉调赴北京报到，去到朱德安医生家里和他语别，他不掩饰忧郁和失落感，我也自有难言的苦衷。此后，我永远离开了上海广慈医院。

往事渐渐远去，却也变得渐渐清晰。当我想起朱德安医生，想到他的天赋和才干始终没有得到充分展现，这为他的一生蒙上了悲情色彩。没有人认为他是天才，我认为他和天才的差距“仅仅一步”，但我不理解这一步之差意味着什么。直到看到芥川龙之介在《侏儒的话》中写过的一段话，深有感悟和共鸣：“天才和我们相距仅仅一步。同时代者往往不理解这一步就是千里，后代又盲目相信这千里就是一步。同时代为此而杀了天才，后代又为此而在天才面前焚香。”我以此文纪念朱德安医生。

人物和故事（四）人的正确思想只能从实践中来

——2016年3月20日完稿

Ⅲ度烧伤意味着全层皮肤组织受到热力的损害而坏死，形成焦痂。深Ⅱ度烧伤虽然真皮层遭到部分损害，却有着残存的、没有失去活力的真皮细胞可以扩张而覆盖创面，形成瘢痕。大面积Ⅲ度烧伤与深Ⅱ度烧伤相比，预后迥然不同。Ⅲ度烧伤后的焦痂完全丧失了皮肤固有的隔离保护作用。焦痂与深层组织分离过程中，可以繁殖细菌、释放毒素，入侵血液循环，引起全身性感染。如果等待焦痂自行化解，旷日持久，裸露的创面将使全身性感染更为严重。烧伤科医生称之为“烧伤创面脓毒症”。20世纪50年代末，广慈医院烧伤医疗组虽然能把全身烧伤总面积达90%的患者病死率大幅度降下来，但是严重Ⅲ度烧伤的患者依然有着很高的病死率。所以，需要早期切除焦痂，植上自体皮，把“敞开的门户”关上。这是控制大面积Ⅲ度烧伤后严重感染的重要措施，抗生素治疗不能替代，这也是降低该组患者高死亡率的关键。

在探索的道路上，人和人的思维会有差异，有时甚至很难统一。临床上用肉眼观察对Ⅲ度和深Ⅱ度烧伤加以鉴别，此方法及时而可信，今天已成为常识。但在1959年，我随同史济湘主任去外地会诊，某教学医院外科教授曾对肉眼判断的方法提出质疑，因此反对我们提出的治疗方案且拂袖而去。

据入院估计，邱财康Ⅲ度烧伤为23%，约占体表面积的1/4。有指征切除焦痂及剩余的皮下脂肪，然后移植自体皮。皮肤怎么移植，我从来没有见过。没有取皮机，就不可能解决此等治疗难题。有一天，我见董方中教授从家里抱来一只盒子，里面放着一架他从美国带回来的手提式取皮机。我终于第一次看到董主任在Ⅲ度烧伤患者身上取皮，他操作轻快，得心应手。在取皮鼓面，涂上一层快速凝胶，以恰当的压力使鼓面紧贴供皮区，用手移动切皮刀，按合适的厚薄度，把皮取下来。当然，取下的是表皮层和部分真皮层。皮片不太薄也不太厚，边缘不出现锯齿状痕迹，按鼓面大小完整取下，固定在受皮区上。

董主任在很短的时间内，把取皮技术传授给烧伤医疗组内每位外科医生，包括高年资的和年轻的。在董主任的指导下，我第一次用手提式取皮机，取下患者

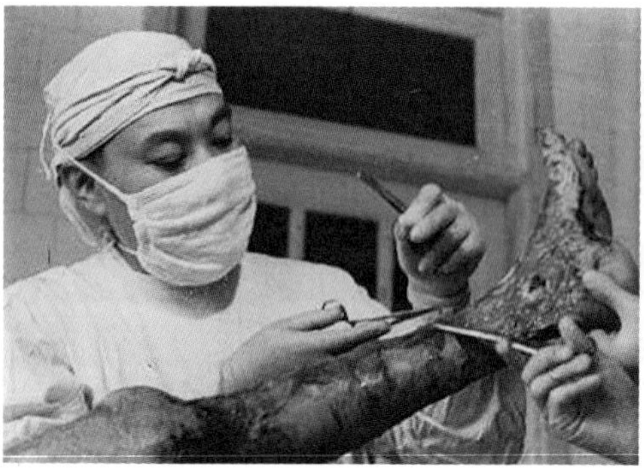

董方中主任

董方中主任接待外宾（左一，董方中教授；中间，来访的英国专家；右一，作者）

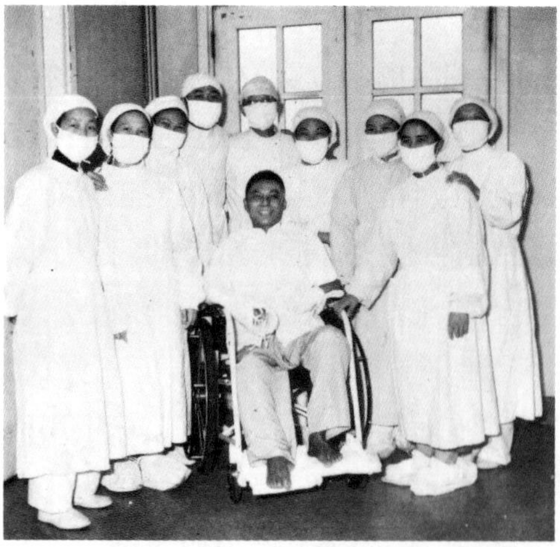

邱财康出院前与医疗组青年人合影

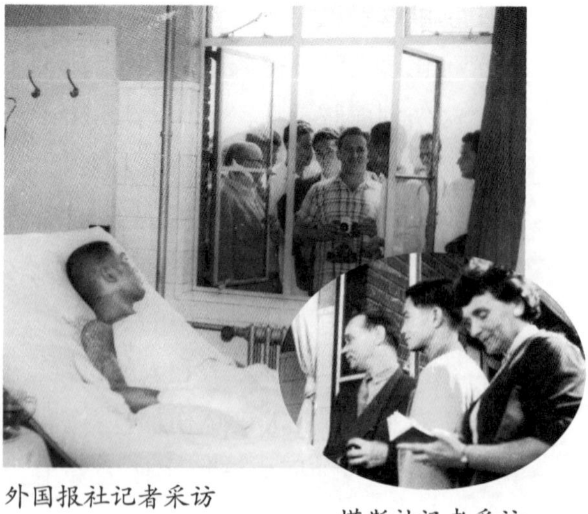

外国报社记者采访

塔斯社记者采访

“上钢三厂”欢迎邱财康归来的欢迎大会上，作者出席（讲台中间）

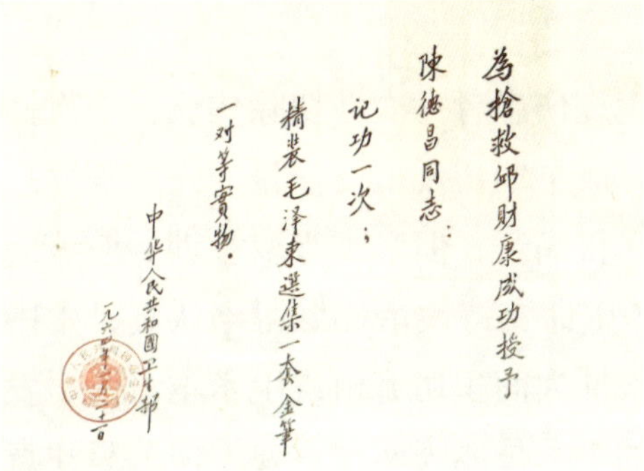

為搶救邱財康成功授予
陳德昌同志：
记功一次；
精装毛澤東選集一套、金筆
一对等實物。
中华人民共和國卫生部

卫生部颁发奖状

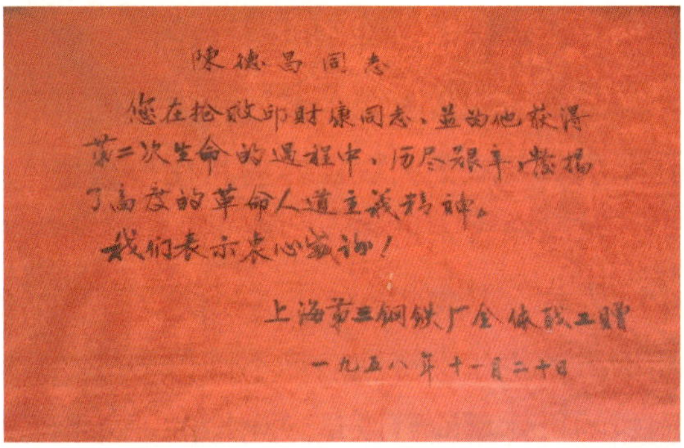

陈德昌同志
您在抢救邱财康同志、並为他获得第二次生命的过程中，历尽艰辛，发扬了高度的革命人道主义精神。
我们表示衷心敬佩！
上海第三钢铁厂全体职工赠
一九五八年十一月二十日

上钢三厂颁发奖状

的自体皮。感到自己也能帮助烧伤的炼钢工人夺取多一份的生存希望，我的心情兴奋而愉快。

此时，我头脑里忽然闪出一个问题，取皮机的发明者是怎么想出来的？一种技术可以改变Ⅲ度烧伤患者的命运，我深感好奇，甚于惊喜。董方中教授提出早期切痂植皮的原则，身体力行，被越来越多的外科同道所接受。屡经挫折和失败，上海广慈医院烧伤医疗组在全身烧伤总面积达90%的患者的治疗问题上，首次取得突破性进展。

1959年5月29日，我陪同邱财康等三位烧伤炼钢工人治愈后出院。当我们进入上钢三厂的那刻，人们便奔跑着向车队涌来。一片自发的、狂热的海洋，在早春的阳光下，爆发出生命的凯歌，激昂而且感人。然而，“春天里的生命之歌”的故事并不到此结束。

人物和故事（五）成功是在失败中不失去热情

“成功就是在一个个失败之间不失去热情。”

——丘吉尔

广慈医院烧伤医疗组在初创阶段取得的进展确实鼓舞人心，但问题并不到此结束。“早期切焦植皮”只是一种概念，要根据患者的个体情况，确切界定“早期”的期限，把手术落实到烧伤后的某一天。为此，需要在治疗一个又一个患者的实践中去积累经验。1959年后期，我国厂家成功仿制美国手提式取皮机，开始进行市场供应。

某家医院曾大胆尝试为一位双侧下肢Ⅲ度烧伤患者一次性切除焦痂，一次性在背、腹部取下大块自体皮，在一次手术中完成早期切痂植皮，目的是想缩短疗程。可惜患者术后死亡。要创新，容易失败，很痛苦，但必须吸取教训，应该问个“为什么”。如果对严重烧伤患者在术前的生命支持性治疗做得不认真，术中和术后的生命支持性治疗不到位，那么，一次性大面积切痂植皮手术本身所引发剧烈的机体反应可以是致死性的。外科医生的手术技能固然很重要，但若只注意这方面就太局限了。在烧伤演进的不同阶段，会产生不同的机体反应紊乱，外科医生需要具备相应的病理生理学方面的基本知识，有统筹全局的视野，“科学家素质”的训练显得更为重要。

在接下来的日子里，从外地转运来院的严重烧伤患者逐渐增多，一般都已错过了早期切痂植皮的良好时机，裸露出来的创面尚不具备受皮的条件，只有每日多次换药，期待着形成新的肉芽创面。一次又一次换药，患者痛苦不堪，煎熬难以承受。为什么不直接植上自体皮呢？那个时候，面对着两个问题：一是不知道如何判断可以在感染的新生肉芽创面上移植自体皮的恰当时机；二是已经注意到大面积Ⅲ度烧伤患者自身供皮区面积十分有限，如果自体皮移植后不能存活，损失将无法弥补。出于谨慎考虑，作为临时取代性措施：试探着植上异体皮充当“生物性敷料”。

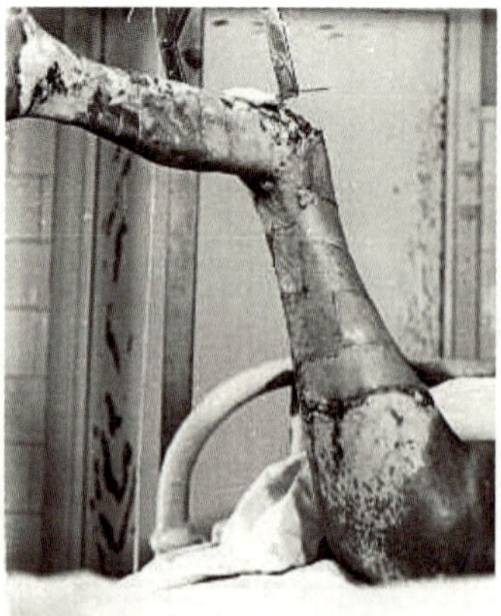
异体皮移植（作者拍摄）

可是，谁也不曾预料异体皮竟然在肉芽创面上

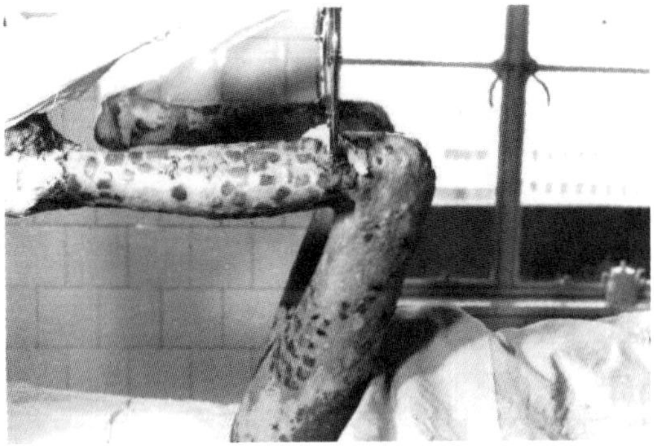
双侧下肢悬挂暴露（作者拍摄）

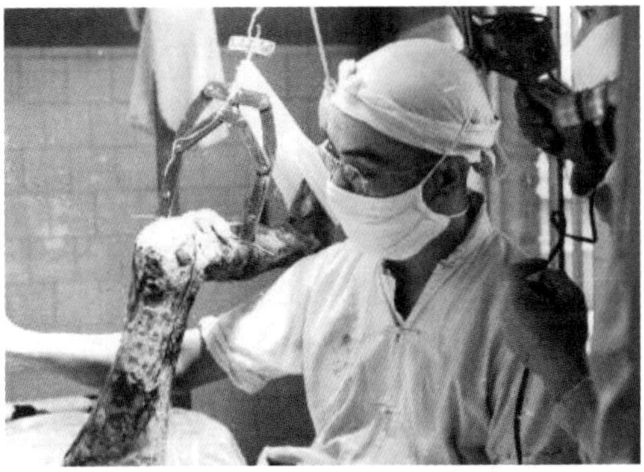
整形外科主任张涤生教授（作者拍摄）

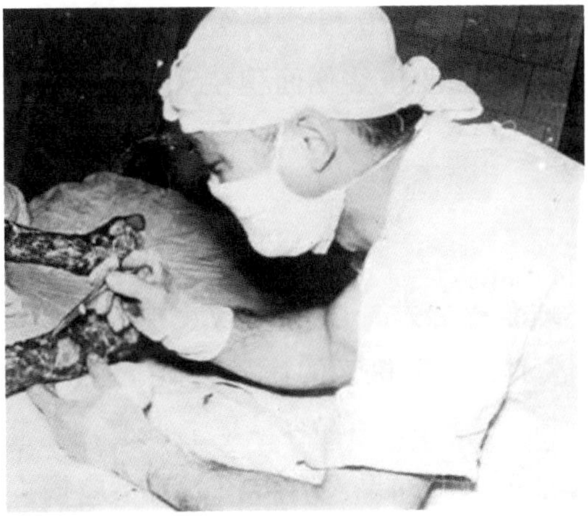
作者为烧伤患者床旁诊治中

很快存活，再也不能像敷料那样取下来。人体在接受异体皮2～3周内就发生排异反应，创面重新暴露，感染再现。患者和医生都为此而付出代价。不得已，改用暴露疗法，在具备条件的创面局部，植上小块自体皮，以少积多，以求全面覆盖。双侧下肢悬挂，患者处于强制性体位，又是一番折磨。因此，实践逼使我们去改进治疗。今天看到旧时的图片，我似乎还能听到患者悲惨的诉求。往事钩沉，愧疚之心并不能因最终的成功而消除。

敢于迈出第一步，承受着一次又一次挫折和失败的苦难，同时也有勇气承认错误，吸取教训。这是磨砺一个人的思想和专业成长的一种独特的模式，无法被替代。一些问题得到了解决，新的问题层出不穷。坦诚地说，在烧伤病房最初的三四个月里，我学到的东西比课本上、课堂上更多、更深刻，因为我也在思索，和大家一起在多次失败中寻找前进的路在何方。

人物和故事（六）在邱财康治愈出院之后

——2016年5月6日 完稿

烧伤坏死组织切除之后，原则上，要立即覆盖暴露的创面。如果Ⅲ度烧伤面积很大，可供移植的自体皮资源匮乏，颜面、腋窝等部位又不可能取皮，矛盾就会尖锐地凸显。采用异体皮作为临时性的“生物敷料”，将因排异反应，脱落或化解，创面再度暴露。已有的失败教训，不应该重复。20世纪50年代末，在治疗邱财康之前，对全身烧伤总面积90%、Ⅲ度烧伤面23%的患者，全国没有成功治疗的经验。1959年5月29日，邱财康治愈出院。广慈医院烧伤医疗组正面对着从外地转来的一批又一批严重Ⅲ度烧伤患者。如果Ⅲ度烧伤面积在50%以上，怎么办？

大面积Ⅲ度烧伤　自体皮资源匮乏

巧妇难为无米之炊。我们不可能侥幸地获得启发，以致异想天开，脱离实际。没有逻辑性，不是科学思维，只能下决心，另辟探索的途径。孔子说：“朝闻道，夕死可矣。”第一次听老夫子的话，难以理解——好容易早上得道，晚上就应该死了吗？现在，不妨把这句话倒过来思考，如果没有得道，就不应该去死。我想，所谓“闻道”，是指寻求客观事物的发展规律。焦痂面积大，自体皮资源匮乏，何以覆盖创面？解决这对矛盾的“道”是什么？不知其“道”，心不可死，求道的热情不可丢。不入虎穴，焉得虎子。说到底，“虎穴”就是临床。从临床实践中去发现不曾被发现的问题，去寻找灵感，在临床上求验证，“道”就在那里。

上海广慈医院烧伤医疗组医师们就是从“虎穴”里磕磕绊绊走过来的。最初揣摩的一个问题是能否在临床上观察到人体皮肤“自然扩展能力”的最大化，可以达到什么范围。在第一个问题取得初步认识之后，萌发了对第二个问题的思考，是否有可能开拓人体供皮区的潜力，把传统认为不能取皮的部位，开发为新的供皮区。这套科学研究的思路只能在临床实践中去探索，去求证，别无捷径。

不入虎穴　焉得虎子

1953年英国医生杰克逊（D. M. Jackson）等曾经报道一项有趣的尝试，把

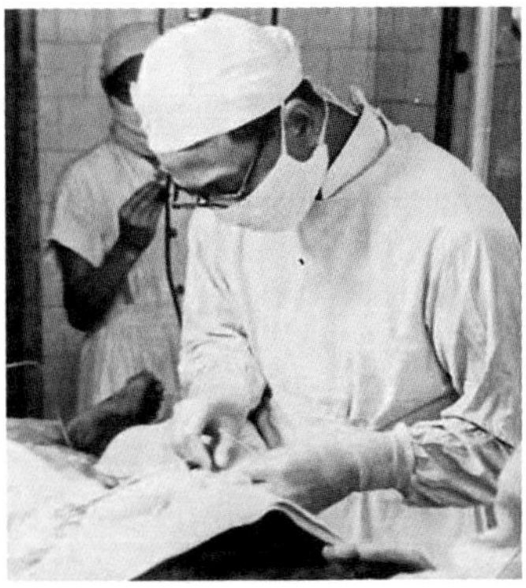
史济湘主任

自体皮与异体皮以条状形式间隔移植。在间隔移植的条件下，自体表皮将匍行于异体皮的真皮层之上，逐渐取代异体表皮，创面一期封闭不再暴露（呈“斑马状”图纹）。异体皮的排异反应不见了，自体皮的覆盖面积扩增一倍。史济湘主任阅读这篇论文，深受启发，论文随即传遍烧伤医疗组。20世纪60年代初，史主任带领全组重复杰克逊曾经采用的“狭条状自体皮与异体皮片间隔混合移植法”，并在此基础上开展新的尝试，琢磨以小块自体皮的最小面积，充分利用其四周边缘的自然扩展能力，去寻求可能达到覆盖创面的最大化范围。终于发现，如果嵌植的自体小皮片不小于1平方厘米，皮片之间的创面不大于1～1.5平方厘米，创面将最终被扩展的自体皮永久覆盖，不再暴露。医疗组终于找到了人体皮肤“自然扩展能力”最大化的范围，这是发现之一。

根据上述设想，混合移植的方法由最初的条状间隔（“斑马状”），逐步改为“砌砖”式及“大张异体皮打洞嵌植自体小皮片”等方法。这看似是几何学绘图的简单游戏，实际上手术操作却繁琐而耗时。然而，在这个年代自体皮与异体皮混合移植术的改进可使自体皮的供皮面积扩大7～10倍。换言之，只要患者还留有10%左右的正常皮肤，即可用来覆盖约90%的切痂创面。在大面积Ⅲ度烧伤治疗问题上，终于取得突破性进展。

1960年年初，广慈医院正式成立烧伤科，收治的患者烧伤更为严重。全身烧伤加上大面积Ⅲ度烧伤，自体供皮区所剩无几，到了极限。欲闻“道”，“道”在哪里？人的才干是被逼出来的，要把传统认为不能取皮的部位，开发为新的供皮区。头皮因而进入烧伤科医生们的视野，头皮血液灌注丰富，毛囊汗腺等位置较深，供皮区愈合快，可用手削刀反复取用。间隔最短者6～7天，头皮取皮的最高纪录达13次。这就是说，占全身体表面积百分之几的头皮可以满足全身90%以上深度烧伤创面修复的需要，这是发现之二。

我不禁联想起1979年到巴黎不久，法国卫生部邀请我参加一次法国烧伤学术讨论会，会上有位法国学者的报道引起了我的注意。为了探索人的皮肤能否加速生长，以便扩增自体皮的供皮资源，他曾试用各种培养液，把自体皮进行体外培养。他的研究思维似乎有逻辑性，但设计不切合实际，显然行不通。迄今为止，没有确凿证据证明可以“刺激”人体皮肤加速生长。国际上，先进国家的烧伤治疗数据表明，虽然烧伤总面积达80%的患者，预计死亡率已经降至50%，效果显著，但是Ⅲ度烧伤面积30%的患者，预计死亡率仍停滞在50%，居高不下。主要原因是他们没有解决创面覆盖问题。

在法国外科学会学术讨会上的演讲

1979年，我进入巴黎第五大学附属医院，开始新的学习生涯。我的法国导师L.Leger教授时任法国外科学会主席，要我在暑期结束后在外科学会例行学术讨论会上做报告，L.Leger教授将亲自主持会议。考虑到法国在严重烧伤患者的营养支持、抗生素联合敏感试验、病房定期进行细菌感染流行病学调查等方面比我国做得更细致，所以，选择全身烧伤合并大面积Ⅲ度烧伤患者的生存率这个议题可能比较恰当。其实，我在1964年离开上海广慈医院烧伤科后已经改变了专业，此次临行匆匆，随身没有携带相关的文献资料，只有几张图片记录了1966年以后烧伤科先后治疗成功几例三度烧伤面积超过90%的患者，其中包括1例烧伤总面积100%、Ⅲ度烧伤面积达94%的患者。当时只能凭记忆写下了探索的历程，并且对自体皮与异体皮间隔混合移植的几种模式，草拟了设计图，由巴黎第五大学附属医院派一位技术员协助我完成幻灯片的制作。报告得到热烈的反响，这无疑是烧伤治疗的极限，简直令人难以置信。但是，患者的关节活动受限、颜面被毁，与会者对治愈后患者的生话，提出深切的关注，法国十分重视人的生活质量。

1979年，作者在大学生例会预讲：Ⅲ度烧伤的生存率。Leger教授亲自主持会议

在一片掌声中，我走下台来，心情愉悦。我没有虚度年华。一般人可能以为上海广慈医院烧伤医疗组的医生们，从一个成功走向一个成功，最后把患者治愈。实际上，我们是从一个又一个失败中走过来的，这需要坚韧和勇气。虽然我参加烧伤医疗只有短短几年，却是我人生旅程中的一个里程碑。人的一生不可能永远是从一个成功走向一个成功。在某一个阶段，一个失败又一个失败，可能是常态。丘吉尔有一句话："成功就是在一个个失败之间不失去热情"。这是一句激励人心的哲言。

结束语　回忆是对历史的反思

——2016年5月28日初稿

——2016年6月16日完稿

"春天里的生命之歌"所追述的故事从1958年治疗第一位全身烧伤的炼钢工人邱财康开始，到1964年为止，背景是"大跃进"（包括"反右倾"）的全过程。这场社会实践给我们带来了些什么，谁也不是事前诸葛亮。一个贫穷的、不发达的大国难以在世界民族之林取得立足之地。这是不争的事实。然而，在"大跃进"的实践中出现急功求利、弄虚作假等不好的问题，破坏了社会经济和道德价值观。失去理性的疯狂把大跃进推向反面。老百姓为此付出了沉痛的代价。孔子说过："听其言观其行""君子耻其言过其行"。我相信，经过时间的洗涤，历史将把事物的真实面目显露在人民大众之前。

抢救邱财康等严重烧伤的炼钢工人事件，为什么能取得成功并且水平跃居世界首位呢？对我来说，是一个大疑问。重温当年的史料有助于寻找答案。烧伤四五天后，邱财康挺过了第一道难关，显然出乎众人的意料。满怀激情的人们以为能够轻易取胜。上海市委在广慈医院召开了一次现场会议，向全市新闻媒体下达指示，限期一个月，不公开发表报道。这是个信号，反对新闻炒作，反对弄虚作假。一个月即将到期之际，《文汇报》憋不住了，抢先发表独家新闻，喜庆之情溢于言表，而且报道没有言过其实，社论没有鼓动急躁冒进。

上海第二医学院党委领导保持了党的优良传统，没有卷入狂热的风潮。严重烧伤患者的预后是不确定的，治疗方案也有不确定性。怎么办？

其实，有不确定性并不可怕。世界的发展也是在变化的。

大家知道，乔布斯是奇才，他有自己的不确定性。如果没有乔布斯，我们不会有笔记本电脑，不会有iPod、iPhone和 iPad。乔布斯打造了一个具有不确定性、有创新性的“苹果”世界。他去世以后，今天的“苹果”正在失去创新引领者的地位。所以，在不确定的大变革的社会中，事情要办得靠谱，重要的是要找到靠谱的人。所谓靠谱的人恰恰是那种具有信仰和忠诚、有创新性的人。现在回过头来看，当年医学院党委不以“海归学者”、“资产阶级学术权威”为嫌，不拘一格，不限制一定规格提拔人才，爱惜人才，正视人才的不确定性，知人用人。党委的决策对烧伤医疗组的成长和发展所产生的深远影响，使我敬佩。现在看来，更应坚定地相信党、相信国家能领导全国人民一步步地度过这些暂时的艰难时刻。我学到一个信条，不论今后会遭遇多少坎坷，工作会多辛苦，我都要依靠和确定对党的信心。

严重烧伤的治疗涉及多个学科，问题复杂，所有参与者都有善于做的事，也有不善于做的事。一系列不确定的探索和变革，贯穿着病情演进的全过程，单单一个人不可能完成。董方中如此，戴自英、邝安堃、史济湘、朱德安等也不例外。意大利作家伊塔洛·卡尔维诺说：“人们应该手挽着手，就像盲人和瘸子一样，尽管吵架拌嘴，却不能分开行走。”医学院党委把不同年龄段、不同学历、不同阅历、不同个性的知识分子聚集起来，组建一个心无旁骛的专职医疗组，而不采取疏松的多科会诊的形式。子曰“君子和而不同”，就是这么回事。

医学院党委领导，主要是一把手关子展同志，没有硬搬教条，下决心放手发动知识分子，鼓励创新，保护创新的热情，不介入学术争论，不干预治疗方案的制订。党委抓住两点要害。一是目标专一，做好严重烧伤的治疗，力争做前人做不到的事。二是效果明确，要让烧伤的工人活下来。不说空话，不弄虚作假。党委在特定的历史时期，为探索发挥党的正确领导作用进行了持续的、艰巨的努力，上海二医党委的关子展同志是党的好领导，呈现了好的效果，众望所归，有目共睹。在不确定的、动荡的形势下，上海第二医学院飞出了一只凤凰。馅饼从来不会从天上掉下来。

1964年1月21日卫生部给有功人员授奖，我没有到场，因为我已奉调离开广慈医院，在北京协和医院工作。但我想起那些在受奖者榜上无名的人们，他们是烧伤医疗组的护士，还有技工师傅。他们尽自己的努力，默默作出贡献。他们也使我想起了“月亮，她不是自己发光，却能反射别人的光，同时使自己变得更美好”。

1964年

1月22日

中央卫生部在北京举行表彰大会，广慈医院外科、灼伤护理小组和检验科获荣誉奖状。董方中、杨之骏各记大功一次，傅培彬、史济湘、陈德昌、朱德安、张涤生等各记功一次。周总理亲自为他们颁奖。

中央卫生部北京表彰大会的公示及受奖者名单

邱财康治愈出院后
（照片正面）

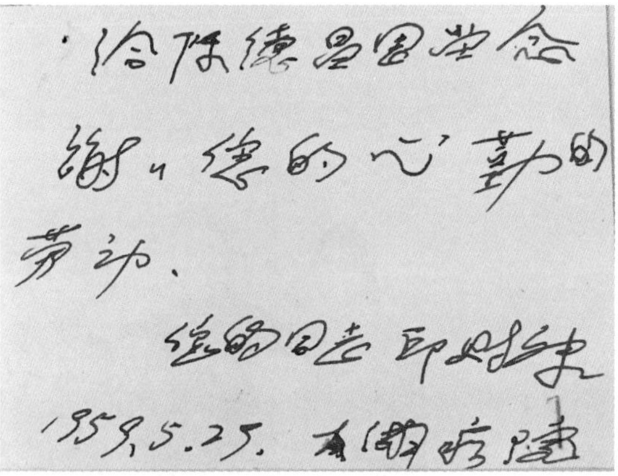

邱财康的亲笔赠言
（1959年5月）

护送上钢三厂3位全身烧伤的炼钢工人治愈出院
（左二，邱财康；右二，作者）

《春天里的生命之歌》所叙述的，也是“大跃进”年代盲目追求钢的高产量的故事。在炼钢车间熊熊大火中，站在第一线的炼钢工人严重烧伤，有的活了下来，残疾了，有的在短期内死去。他们为祖国的钢铁事业献出了他们的青春和他们的生命。春天里的生命之歌是感人的、悲壮的。20世纪60年代过去了。当年严重烧伤的炼钢工人，现如今有的还艰难地生活着，有的已经永远地离开了我们。今天，我把这篇文章和一束鲜花献给他们，我会记住那个年代，以及和他们一起度过的难熬的白昼与黑夜，我会记住他们，生命之歌将是永恒的。

1976年11月14日，邱财康赠予我的全家福

七、生活里的故事

第一次激情　过眼烟云

——2020年6月22日初稿

——2020年8月19日完稿

5月和6月是一年中最气候宜人的岁月。3、4月春寒料峭已经过去，7、8月盛暑酷热尚未到来。也正在这段时光，1952年，我第一次走出上海，远行去哥本哈根。我尚不清楚是什么把我从上海的石库门楼房、喧闹的街道、别具风味的外滩，剥离开来。当时我在医院里刚开始做实习医生，毫无精神准备，被推到广阔未知的外部世界。

随着妇女代表团，参加一次国际会议，我当上一名小翻译，尽管无论语文或工作经历，我都不具备相应的资格。从上海到北京，真是千里迢迢，火车过江，车厢靠轮渡往返运载，那时候，长江上还没有大桥。第一次来到北京，非常陌生。虽说故宫建筑宏伟，然而皇城外周，街道没有绿植覆盖，雨天一脚泥，沿街店铺低矮、阴暗、破旧，与上海相比，宛如隔世纪。初到之日，我们住在大栅栏的一家旅馆内，是中央组织部招待所，三层楼高，客房沿着周边排列，中央腾出一个宽敞的天井，顶层有大面积玻璃覆盖，透光、避雨。早餐的主食是一块大油饼，皮薄气鼓，加上大碗稀粥，别有一番滋味。旅馆没有现代化卫生设备，很少见服务员整理客房床铺，生活诸多不便。

我们一行作为代表团工作人员，受到特殊优待，不多久搬入史家胡同一家中式四合院里居住。四合院整洁、光亮、通风，据说曾经是印度大使馆驻地。客厅不大，姑且作为全团的会议室，有几位外交部官员特地给我们做世界形势报告，个个能说会道。不曾预料，知名人物廖承志出现在我眼前，他很能讲故事，谈笑风生，报告完毕，猛然转身，一踢腿，左手摆出撩袍之势，仿京剧唱腔，放声独白："各位大姐，小生告辞了也"，接着一片"锵、锵、锵"吆喝中，踏着台步，出门去了。我就这样见到了廖承志先生其人。

按日程安排，我又从陌生的北京出发，经过一段漫长的旅程，到达中苏边境的满洲里，那里见不到人间烟火。片刻停留是因为中国和苏联的铁路轨道宽度不一，必须改乘不同规格的车厢。接着经过更为漫长的行程，乘火车，直线横跨西伯利亚大草原。出奇的平坦。极目所望，周围的景色单调、不变，仿佛凝固了似的。每隔相当距离，有一座白色小木屋。大幅斯大林画像挡住窗户的一大块。小屋孤立，没有外向通道，也不见居民现身来往。茫茫草原，不见村落。

最初到达的城市，是"Novosibirsk（新西伯利亚）"。火车站有一群小孩子热情地涌上前来，要求我们签字留念。我不知道城市的名称，但见附近有间小屋，墙上写有："kipiatoke"（音译）字样，信手写在签字下方。随团的俄文翻译告诉我，"kipiatoke"指的是"热水站"。

我几乎怀疑我仍然生存在同一个地球上，姑且把自己看成哥伦布发现了新大陆。但是，哥伦布是道地的商人，为未来可能获取的商业利润，和西班牙女王伊丽莎白讨价还价，计较着自己必须分享的权益。我只是一名青年实习医生，别无他求，新大陆的现实给我思想上的冲击是巨大的。

到了东柏林，街道经过清除，显露出整齐的轮廓。两旁被摧毁房屋的废墟参差不齐地矗立着，显然，二战并非遥远之事。西柏林属于联邦德国，却嵌在民主德国的版图上。东柏林只有新建的一条街，左右楼房，整齐地排列着，刻板，冷落，毫无生气。街道一端，矗立着斯大林全身铜像。火车站附近的货栈，尽是青中年妇女，忙着打包和搬运，不见男子身影。进入火车站，东、西柏林之间有着分界线，冷战已经开始。冷战是冷的，双方不加掩饰。

国家和社会的变化，有目共睹。每个人的心理体验，纷繁复杂。一天大清早，我们一行人乘专用旅游大巴，经公路去港口，横渡波罗的海，才进入哥本哈根。我很自然地想到丹麦是安徒生的祖国。一个地球，两个世界，司机沉默不语。我们能隐约听到远隔几条街的示威游行者发出的口号声。德国的公路很美，两旁大片青草地，稍远处，大树成林，我们暂时脱离尘世。

中途几次小憩，阳光明媚，在草地上行走，轻松惬意，周围浓厚的绿色包围着我们。此时，一位姑娘，身着一件鲜红色薄绒短袖上衣，一条格子花呢短裙，身材修长。她自我赞赏地说："万绿丛中一点红"。她是妇联的一名外事干部，名叫小王。素不相识，千里萍水相逢，我自己也搞不明白究竟发生了什么。一路走来，我们相处很好。

国际会议结束，任务完成，我们打道回府，再次在东柏林短暂逗留。有一天，小王打来电话，要我到她房间去一趟。轻敲几下，我推门而入，只见她缓步走来，突然把我紧紧抱住，脸紧贴着我的脸，炽热的嘴唇急切地吻着我的嘴唇。然而，她很快把我推开，相对凝视片刻，转过身，向窗户走去，背对着我，一言不发。我没有近一步去靠近她，大步跨出房门，如梦似醉。那年我20岁，第一次，炽热的女性嘴唇烧灼着我的心。

几天过后，得悉妇联把小王留在柏林，新的工作岗位等待着她，秘而不宣。她悄悄隐去，我们没有机会告别留言。归途依然漫长，同行的青年朋友发现我不像来时那样天真活泼，一位哈尔滨大姐直率地问我："你怎么啦?"回到上海工作的广慈医院，自有一番热闹，听我大谈异国风光。

很快，我接到小王第一封来信，情意脉脉。从此，我们之间通信，不曾间断，柏林那段回忆频频涌上心头，我把每封来信保存在一只木盒子里。上海市妇联通知我前去领取一件礼物，打开长长的纸盒，但见一只大大的洋娃娃，能自动闪动眼皮。礼物是小王从遥远的柏林寄来的。一刹那，惜别之情复燃。办公室里都是妇女干部，直觉尤为敏感，她们用异样的眼光看着我。

外科病房有一位来自华东医院的进修住院医生是党员，空闲时聊天，他问我有否找到对象，这类话题必然使我兴奋不已。他听我把话说完，认真地告诫我，这不可能。按惯例，两地人事调动困难重重，更何况双方工作截然不同，日长年久，各自困惑烦难诸事，不可能如实在信中表达，感情必然生变，他劝我丢掉幻想。

说来凑巧，我再次奉调出差去北京，任务是陪同外宾去外省多个城市访问。半年时光就在匆忙中过去。回到上海，再也没有收到小王来信。从北京妇联传来消息，她已经结婚。没有发生晴天霹雳，因为她在我的生活中不曾留下太多痕迹，而心，又像被掏空了似的。此时，我想起那位进修医生、那位党员给我的忠告。

小王留在柏林，我在北京再也没有见过她。她干什么，我一点也不知道。她的结婚似乎很突然。在日后的涉外工作中，我屡有所闻：在国外担任特殊任务的青年干部，结婚对象由组织上指派。虽说一时激情的柏林奇遇打乱了我心态的平静，但时间是医治精神创伤的良药。此后，我对男女之情，特别审慎。医院里，无论护士或者青年女医生，纵然热情待我，我有意保持着距离。

在四年的住院医生的时期，我每年至少有1～2次，奉调到北京做些外事工作，最长的是一年。外科无法为我安排正规的住院医生培训日程。然而，我有机会接触来华访问的国际友人，他们有不同的历史背景和文化素养。我也有机会接触在我国建设早年，社会发生的深刻改变。我的视野不断地放宽，如果我拘束在医院的环境里，这是不可能发生的。

国内连续性发生群众性政治运动。我全力投入严重烧伤的炼钢工人的治疗工作，终日守护在伤员身旁，几乎与世隔离。柏林的奇遇很快从记忆中消退。

我和家绮　三生姻缘

——2020年3月14日初稿

——2020年12月20日完稿

这是我一生中难忘的奇遇记，富有戏剧性。

有一段鲜为人知的故事：约在1960年年初，我外调中联部参加毛选第4卷法语翻译工作，一年后回医院。1963年的一天，医院党委书记张明秀同志（女）约我面谈，她开门见山地向我介绍了两位教授的未婚女儿。一位女孩的父亲是医院泰斗级教授、骨科主任叶老先生。他早年留学英国，容貌和步态一望而知是位资深学者。他也有怪癖，爱玩恶作剧，冷不防地向某些喜形于色的青年医师提出一个怪问题，令年轻人答不上来而窘态毕露。骨科和烧伤科同在一幢新建的大楼里，那位老先生偶然在过道上和我相遇，用机智的短句嘲笑我，引起他随身的一群医师哄然大笑。我并不在意，却有了几分亲切感。老先生明确地请医院党委书记做红娘，他意中的女婿是我。另一位女孩的父亲是医学院基

坦然又自信的我

础部主任潘老先生。基础部和医院分设在两个区，中间有条林荫道相隔。我和潘老先生从来没有见过面，党委书记用更多的时间介绍，奇怪的是她既没有提到潘老先生是名门望族之后，也没有说他原本是内科主任而是颇有风趣地讲潘老先生有吸烟的嗜好，老伴禁止他在家中吸烟，为此，老先生变换多种戏法，把烟盒藏匿在老伴找不到的地方。换句话说，潘老先生怕老婆。

这次谈话张书记一反常态，和我随意聊家常。她以女性特有的细腻婉转地告诉我，叶老先生主动找医院党委，女大当嫁是人之常情。他心爱的女儿已到了最佳年龄，机不可失。叶老先生说：事成之后，请她吃18只蹄膀（即肘子肉）。按上海的习俗，老人家明白无误地请党委书记做红娘。另一方面：潘老先生的二女儿年已及笄。老先生是基础部主任，理所当然约见了医学院党委书记以女儿婚姻大事相托。书记考虑到医院里未婚男青年多，故以此事转达医院党委书记。医院党委书记给我思考时间，在两家女孩之中做出抉择。

然而思考需要时间。回忆中一幅景象在我的脑海慢慢浮现。很久以前，曾有一次在医院门前停下一辆人力车，从车上下来一位姑娘，身材稍显丰满，穿一身得体的旗袍，撑着小阳伞，一副白色镂空的手套。在人民装盛行的年代，姑娘这番打扮无疑会引起比较高的回头率。她径直走向医院大门，熟门熟路地进去了，不像是一位初次来病房探视的女子。我曾经和几位男性住院医师私下闲聊提起这件事，他们都知道姑娘就是叶老先生的爱女，本院的儿科医师。我很快意识到娶这位姑娘回家，我将无法承受此等福分。凡事总需慢慢思量。

在医院的建筑群中，有一座通称“8号房子”的小洋房，二层楼，砖木结构。正侧两面由一条露天走廊相连接。院子里有两棵蔽天大树，景色优美。新中国成立后，“8号房子”改为行政办公楼，楼房顶层是阁楼，宽敞、安静、采光好，鲜有问津者。我做住院医师期间，经常要写阶段性总结报告，阁楼向阳那壁有扇窗，窗下有张小书桌，那里几乎成为我的私人机要办公室。写总结，不能一气呵成，要找个思考的间歇打腹稿。有一天，无意中发现一位女医师在阁楼另一侧的墙壁前一条长桌前，用老式的油墨复印机一张一张地复印。我在写字桌前久坐不起，正想站起来舒展我的两条腿，便好奇地走近那位女医师。所谓老式油墨复印机其实不是什么机器，全靠多次重复的手工操作。她复印的是内科通讯。我说了一句什么话，忘了，对方无视我的存在，有意地在没有第三者在场的情况下保持男女间必要的距离。我踱步回到窗下，伏案写作。事隔良久，我获悉她就是潘老先生的二女儿，一名内科住院医师。我一万个想不到，“8号房子”阁楼上匆匆一遇，竟然成为我和潘家绮的第一次见面。

我首先考虑潘老先生的女儿，并向党委书记汇报。1963年“三八”节，按惯例工会安排全院女职工集体去看电影。女医师和女护士占医院人群的多数，此刻院内显得格外清静，我独自坐在空无一人的内科医师办公室里，静候潘家绮的出现——她是唯一留在医院值班的女医师。家绮不知道内科支部书记事先有所安排，一位素不相识的男性外科医师出现在内科医师办公室内，她似乎意识到有些不同寻常之处，当年我在医院也初享声誉。家绮在对面椅子上坐下，没有顾忌。她一身白色工作服，轻轻地把一本厚重的《西式内科学》精装版放在桌面上。初次谈话，她不时用右手食指轻轻敲打桌面。我的第一印象，她温和、文静。

内科支部书记说，家绮中学时代性格像男孩，喜欢骑车、爬竿、遛狗，高中爱打棒球，是校队队员，曾随队参加全市女中棒球比赛，获第二名。

黄毛丫头十八变，她的容貌和行为也转向女性化，19岁那年，家绮陪姐姐去照相馆照相，摄影师出于职业本能，很快发现那位“姑娘很漂亮”，还主动给家绮拍下了一张照片。我暗自庆幸，那年她没有遇到电影导演去做公众明星。

内科支部书记还说，家绮在家是听话的乖孩子，父教严，不准看电影，不准读《红楼梦》，从来不参加社交活动，家在医院附近，相隔一条马路，一下班就回家。

书记微笑着递给我一张纸条，上面写着家绮家的电话号码。某个星期日上午，我按号码拨打电话，稍等片刻，就听到家绮本人接应。我问她能否今天上午来她家，她说可以，我欣然前往。她家和医院相隔一条马路，是一座三层楼洋

家绮孩提时照片

女中棒球队（前排右三，潘家绮）

1956年，潘家绮是校女子垒球队的外野手

19岁的家绮

家绮在家

房，有一片大院子，独门进出，专供医学院教授居住。一墙之隔是步高里居民楼群，是前法租界标志性建筑之一。

潘老先生家居第三层楼。客厅大而摆设简朴。临窗一张大书桌，潘老先生专用。屋内一排长沙发，一张圆面大餐桌，还有一张红木方桌，接待来客。潘老先生坐主位，两侧是夫人和家绮，唯一空闲的红木凳子显然是留给我的。家绮迎我入室内，见潘老先生神情严肃，凝视着一位陌生年轻人的闯入。他的夫人，用福尔摩斯般的眼神察看着我。潘老先生没有向我提出任何问题，寒暄片刻，老先生说："好吧，你们去谈吧。"

家绮住在亭子间，窗下一张书桌，中间一张床，左侧靠壁是欧式玻璃门大书柜，书桌右侧一张传统款式红木的宽大坐椅。家绮一身欧式女子深蓝色呢制西装，两只袖口露出一段红色薄毛衣，蓝红两色相匹配恰当。家绮坐在书桌旁，侧身打开一本相册，从祖父一代开始，讲她家族的故事。听着听着，我的心安静了下来。我不敢久留，回到客厅向潘老先生和其夫人告别。

记得20世纪60年代初，烧伤病房大楼建成，我是烧伤科的专职医师，病房

2008年重访上海家绮的旧居　建国西路56弄26号

原先岳母的房间

亭子间　原先家绮的房间

家绮全家合影

（前排左一，大姐潘家兰；左二，父亲潘孺孙；右二，母亲翁履康；右一，潘家绮。后排左一，大弟潘家普；中间，弟潘家纯；右一，二弟潘家复）

收治的都是严重烧伤患者。白天病房里总有做不完的事，晚餐后我又再次进病房巡诊，然后回住院医师集体宿舍。周末工作照常，日久成习惯，眼下问题是我将如何继续保持和家绮的经常联系。我想起《天方夜谭》，这本名著给了我启发。于是我们彼此相约，每晚在家绮单身居住的亭子间里相会。我做住院医生时期，每年多次接待外宾或者随团出国访问，颇多海内外见闻。每天晚上，我去家绮亭子间幽会，关上房门，以免惊动她的父母。我坐在那张红木宽大坐椅上，紧贴家绮书桌。我居然成为座上常客，开始讲让她感兴趣的故事，中国的、法国的、意大利的、西班牙的……我开始我的“天方夜谭”。

显然，母亲对女儿有着特殊的关怀，每晚在适当时间，母亲会轻声把家绮唤上楼去，喝一杯牛奶。在妈妈眼睛直视下，女儿慢条斯理地把奶喝完，慢条斯理地走下楼来，让妈妈放心。有一次坐着聊天时间长了些，我起步下楼，楼梯上暗中摸索，一脚踩空，咕隆隆滚落到楼底。当时我年轻，不吭一声，动作敏捷，起身溜出庭院大门。第二天，母亲责怪女儿，“太晚了，夜晚声响，惊动邻居，影响不好”。

当年从此楼梯滚落到底

不像小说中描写的那样，我们没有去过咖啡店，也没有相约去看过一次电影。家绮28岁，花样之年，我比她年长6岁，干柴烈火，两人很快热恋。消息不胫而走，有人不无惋惜地说，潘家绮要嫁给一个老头子。一位护士长好心提醒家绮：鲜花不要插在牛粪上。

话说得不错，好好一朵鲜花，牛粪算什么东西，众说纷纭，殊不知牛粪养分含量高，是上等肥料。跨越56年的时空，插上去的鲜花，依然香气四溢、神采奕奕，不减当年。这使我回想起古有“佛与牛粪”之说：苏东坡和禅师打坐问禅师：“禅师，你看我打坐的样子怎么样？”禅师回答：“像一尊佛！”禅师接着问苏东坡：“学士，你看我打坐的姿势怎么样？”苏东坡得意地打趣道：“像一堆牛粪！”苏小妹得知后正色提醒苏东坡：“哥哥，禅师的心中如佛，所以看你如佛；而你心中如牛粪，所以你看禅师才如牛粪！禅是一种悟性，不是巧辩。”

我终于打开了我的天方夜谭式的话盒子。几个月过去了，我又接到临时外调令，即将第二次去越南。这一次，我是中国军事医学代表团的随员，时间8个

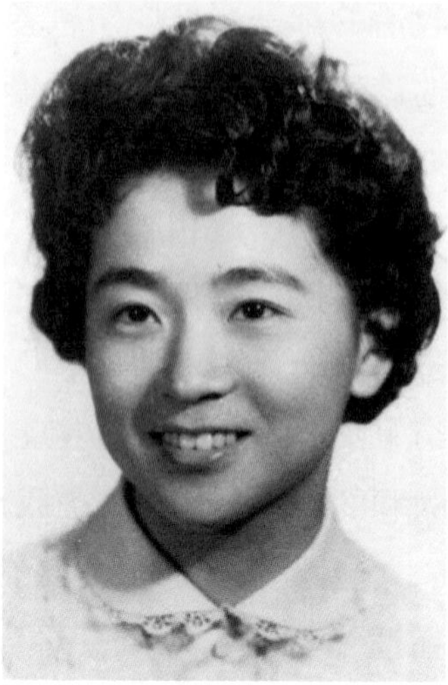

家绮的照片是我的护身符

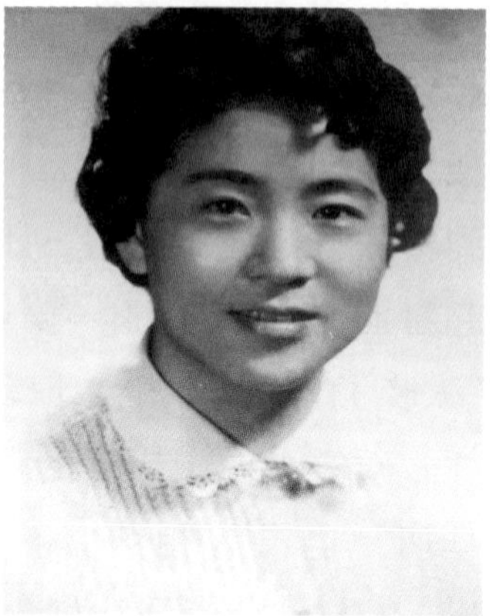

照片被汗水浸渍

月，内容秘而不宣。家绮姐姐为人机灵，陪家绮去照相馆拍了两张照片，意味深长地交到我手中，要我随身带上。我穿着军服衫，把家绮的照片插在胸前的口袋里作为我的护身符。短暂的离别，意外地加深了我和家绮的相互爱慕之情。

回国后，我自认为治疗严重烧伤将成为我终身的事业，但我的一生总是充满着很多的不确定性和可变因素。某天我值夜班，支部书记来到病房隔离区外，两人在病房隔离区那长条形鞋柜前，各占一方，站着对话。支部书记是原上海圣约翰大学医学院毕业生。算起来他和我同年资，是在1960年烧伤科成立后入的组。他语声平和地通知我，接卫生部调令，我将参加一项援外任务，要我早日赴北京报到，今后不必回归医院，不再做临床医师了。前半句，我习以为常；后半句，犹如晴天霹雳。我故作镇静反问："谁做的决定？"答曰："党委决定。"一切显得很自然，我理应服从。

毫无疑义，我将走上命运的另一条轨道，不免思念烧伤病房建立之初朝夕相处的传奇式人物和一起奋战的日日夜夜。俱往矣，明朝将会怎样？事出仓促，我突然想到我和家绮。我们两人相识不久，热恋已经成为医院里半公开的秘密，我岂能一走了之。我年已34岁，男大当娶，时不再来。我直奔潘老先生的家，理直气壮地宣布我要和家绮结婚，吾意已决。潘老先生原以为我将一辈子留在教学医院，专业工作初露头角，比较靠谱，女儿将始终在他眼皮底下，在他关爱之中。不料半路杀出的程咬金要把他女儿带走。潘老先生勃然大怒："绝不同意。"加上一句："你是谁？我们不认识你。"我怒发冲冠，拳头猛击桌面，大吼一声："我和家绮结婚。关你什么事？"转身就走。

其实，当时我还没有征得家绮本人的意愿。据说家绮着急，去找我的一位同班同学，时任医学院院长办公室主任。事情闹大了，医院党委书记找我谈话，毫不客气地训斥我一番："你大胆，潘老先生是医学院受人尊敬的老前辈，你竟敢这等无礼。"随后命令我立即去老先生家道歉，但没提及我求婚之事。党委书记言之有理。我退下来寻思，要我向老人家道歉，暗示事情并没有闹绝。医学院党委书记对老少双方都发下话来。我没有学会川剧中“快速变脸”，硬着头皮去了老先生家，但见潘老先生正襟危坐，面有不悦之色，只淡淡地说上一句，同意我和家绮的婚事。我险些没从座位上蹦了起来，二话不说冲出大门，急匆匆找到了家绮，急匆匆拉着她到照相馆照了一张合影，两人不同的眼神和面部表情如实地记录下当年事变的突发性，这张合影至今仍保存在客厅里。若干年后，我们俩看到《亮剑》那部电视剧，主角李云龙犯了与我同样的过失。他是军人，脾气更暴，当着老人家的面把佩带的手枪砰然压在桌面上。家绮对我说，如果我当年有枪，怕是也会拔枪威胁。然而，我见到李云龙挺着身子在院子里罚站几个小时不动，思想起来深感内疚。天下父母，谁不爱护亲生的女儿？

潘老先生，潘孺孙（1907—1986年），江苏苏州人，我国著名的寄生虫医学专家，1952年任上海寄生虫学会理事长

获得长辈同意与家绮结婚后立刻拍的照片

我必须在1964年年底赴京报到，家绮将在一年后才能北上和我团聚。为此，我抓紧时机，决定1965年2月春节和家绮结婚。“社会教育运动”正在开展，上海婚事从简，岳母来不及为女儿添购全套嫁妆。亭子间权充新婚洞房，这是潘老先生的主意，换上一张新的双人床，加上绸缎面料的丝棉被，那张红木宽大坐椅就原地摆设着。岳母是总设计师，女儿婚嫁总让做母亲的兴冲冲，到处都能见到她的身影。新房由家绮的二弟一手布置，他深知我和夫人的情趣和品位，二弟站在书桌上为我们换上粉红色薄窗帘。在家设婚宴两桌，我爸爸妈妈来了，喜气

我和家绮的结婚照

洋洋，席上以茶代酒，相饮甚欢，茶不醉人人自醉。亭子间虽小，尚能留出相当的活动空间，淡泊中带着一丝清雅。我和夫人觉得很温馨，很浪漫。就在这段特定的时间里，人世间诸多烦恼都能与我们俩隔绝开来。我心中想的是如何使夫人感到幸福、快乐，我感到夫人想的也是如何使我感到幸福、快乐，而幸福竟唾手可得。从保留下来的几张照片可以看到家绮当时是那么坦然、平静，那么自信，无忧无虑。这种神态在尔后的生活中，难以再现。

不行婚礼，我不穿正统的西装，家绮不披婚纱。家绮穿一件她妈妈为她新做的淡红色织锦缎面的棉袄。我们两人胸前佩带红花，银线勾划边缘。花乃一家潘姓亲戚从香港航空寄来，堪称豪华。楼梯不铺红地毯，不奏《结婚进行曲》。耳旁依稀能听到当年从亭子间楼梯不慎踩空滚落一路的骨碌碌声响。洞房内，花烛之夜无花烛，我顿然发现家绮是真正的美人。爱情之火瞬间爆发，洒满天下人间。

1963年，我和家绮最初相恋，“两个人两个世界”；1965年结婚，自此我们共命运，“两个人一个世界”。我的另一半就是她，她的另一半就是我。任凭岁月流逝，我和家绮夫妻恩爱。

在无限的空间和时光中，我和家绮携手共度（2019年10月）

人间的蜜月是甜的

——2009年3月17日完稿

1965年婚后两天（亦是春节），我和家绮去苏州看望她的祖父和祖母，以尽晋见问候之礼。家绮的祖父住在江苏师范学院的宿舍里，解放前是东吴大学的副校长。祖父任教多年，当过教务长、副校长、代校长，一辈子忠诚于教育事业。

祖父身高1.8米，腰背笔直。他谈笑自若，没有长辈的架子，从骨子里透出来的文化人气质，有着很强的感染力。见到他，我丝毫没有见到岳父时那种局促感。祖父很高兴见到我们，说“上海代表团来了”。夜晚，我们在他家留宿。翌日，家绮站在大学宿舍楼前，撑着一把油纸大雨伞，轻轻昂着脸，一脸诚朴的微笑，好像世间没有烦恼事。这一瞬间，很感人，比那幅珍藏在巴黎卢浮宫的名画《蒙娜丽莎的微笑》更引发我的激情和灵感，我反射性地按下了相机快门。两人年轻时代的梦想就从这里开始。家绮是典型的窈窕淑女，天生是我的好逑。

苏州东吴大学

青涩醉人的微笑，天生是我的好逑

祖父的父亲在光绪年间曾出洋考察欧美等国的教育，很可能受到西方思潮的影响，所以把儿子送进教会学校读书。从祖父上学和任教的几所学校来看，都是美国基督教圣公会开办的。祖父一度准备接受洗礼，不料遭到他父亲反对。他老爸赞赏西方教育，却不能容忍儿子“入洋教”。我简直无法想象眼前这位温和老人，在年轻时竟敢挑起两代人之间的激烈冲突，致使家庭关系濒临考验。最后祖父屈从，没有入教。那天接见我们，坐在一旁的祖母是基督教徒。祖父没有凤凰那般灿丽，那般壮烈，他是一个普通的人，曾两度去美国芝加哥大学攻读，分别获得理科硕士和生物化学硕士学位，经历东西方文明的碰撞，又接受了新社会激烈变革的洗礼和考验。1959年，祖父71岁时被批准加入中国共产党。

故事离我们渐行渐远。今天回头看，两代人之间发生思想冲突，有时难以避免，代沟的形成似乎符合自然。我和岳父之间如此，祖父和曾祖父之间亦如此。社会的变革在加速进行。如今对待恋爱、婚姻、工作、事业、信仰、人生价值等问题，“80后”和“70后”的看法可以大相径庭，“80后”和“50后”的差距更大，有的可以理解，有的难以容忍，是社会在进步或在倒退，还是轮回循环？孔子被尊为万世师表。他被打倒又被竖立起来，又被打倒。总有人尊孔，总有人反孔。几千年来，历次尊孔、反孔的形式和内容、层出不穷，每每都带上时代的明显的烙印，但是尊孔——反孔的规律似乎没有偏离奇怪的循环。

见到夫人的祖父，我想到岳父，我在想些什么。祖父见到我们可能想到他的老爸，祖父会怎么想。父母生下儿女之日起，儿子和女儿就不再属于爸爸和妈妈。我们今天来看望祖父祖母，很难看清楚他们两位老人所编织的梦想。祖父祖

祖孙三代
（左一，岳父潘孺孙；中间，曾祖父潘季儒；右一，祖父潘慎明）

岳父潘孺孙和岳母翁履康的墓在无锡青龙山公墓。在那里，岳父可看到对面梅园和他挚爱的血吸虫病防治研究所

美丽人生，一个整体一个世界

母同样无从了解我和夫人正在编织的梦。在苏州住了一夜，翌日向祖父母告别，返回上海。

两天后，我准备回北京。岳父劝说我夫人在母校做完住院总医师的工作后再调去协和医院也不迟。岳父想得周到，话很有道理，真的有道理，他很爱我的夫人。“上一代人爱下一代甚于下一代人爱上一代。尽管下一代人不一定那么爱着上一代人”，这话是大学上哲学课讲伦理学的一段章节里的。法国老师说：“L' amour descend”（“爱是下行的”）。到了自己为人父的年纪，到了我爸爸妈妈、岳父岳母相继撒手人寰的岁月，那天哲学课老师讲的那句话像是对我说的。是的，那句话是对我说的。

两个人的西湖梦

——2013年6月9日端午节之前完稿

2013年的春天很短，夏天来得有点唐突且阴而多雨。清晨将醒未醒之际，一段段往事在梦幻中浮现。今天梦见了西湖。1965年10月是我和家绮在杭州度蜜月的时光。杭州的西湖不是单纯的湖。东湖没有西湖的浪漫，大明湖没有西湖

杭州西湖蜜月　家绮划船

的澄澈，西湖不能容忍秦淮河上花灯缭乱和画舫丝竹乱耳。西湖是做梦的地方，是产生灵感和寻找启迪的地方。当叽叽喳喳的游客人群任意窜流嬉闹之际，西湖含羞地合上薄薄的纱幔，保持她的灵气和静谧的意境。在终成眷属的有情人面前，那层纱幔轻轻揭开，西湖显露她的温情脉脉，坦诚地敞开心扉。西湖是可以信赖的知音。几千年几百年时光流逝，人间风云变幻，西湖始终是西湖。

蜜月度假在西湖，是享受。新婚燕尔，我们两人租了一条船。一双桨，一张白色的顶篷，简单朴素，很舒坦。船在湖光水色中荡漾着，漫无目的，自由自在。世俗的烦恼，城市的喧嚣，均被推向很远的远处。我不会游泳，但会划船，是在颐和园昆明湖里学会的。家绮坐在我的对面，笑容在她脸上荡漾着。缘分和机遇可以一纵即逝，不属于谁的专利。单身闯荡，终于找到了彼此的另一半，不再是尘世中飘游的离子，这是快乐，是幸福。从此，有了两个人的世界，是两个人的共同归宿感。

而立之年，锐气方盛。我自信有独立思考的能力，自以为拥有一定阅历和知识，能够对事物做出判断，在突然出现转折的关键时刻，我从不犹豫。自信又自负，这样的混合体蕴育着危机。我自信有能力摆脱贫穷和被人欺侮的窘困。我要比父辈们强。我很能做梦，踌躇满志，尽管梦曾多次破碎，我的自信给我勇气继续做梦。在我们这对有情人终成眷属的时候，我在生活的白纸上描绘的是阳光、花朵和希望。我没有像今天那样看到人世间那么多欺诈、虚伪的另一面，尤其没有看到神圣与愚蠢并存的两面。没有什么奇怪，世界本来就由黑与白、正义和邪恶正反两面所组成的。青年时代的阅历不足以对世界有比较完整的认识，唯有心灵深处的童心和真诚没有泯灭，不断地唤醒我的理性。1965年，我婚后就要离开“吾生于斯”的上海，移居到陌生的北京城，去陌生的单位，开始陌生的专业。生活转折很突然，很富戏剧性。蜜月西湖之游是家绮和我在生活新的拐点上一次洗礼。从头越，豁出去了。

家绮象征性地划着浆，游船的动力和方向由我来掌握，我暗自几分得意。我想起我的爸妈。说起爸妈的故事会让人掉眼泪。爸爸虽然待我妈妈很好，但是他不能保护妈妈、保护我们的家，这应该是他最大的遗憾。在风浪中免于全家灭顶之灾是我妈妈。西湖的流水似乎给我的划浆一种反弹，一种推进，一种责任感。

家绮坐西湖小船

六和塔前我和家绮的合影

家绮是美人，凡是见到她的男孩都会有同样的第一印象，自然的美。古人说，情人眼里出西施。尽管我难免会自作多情，我的眼里出不了西施，否则我会像唐明皇那样倒霉。东施效颦，没有见过，想起来也恶心。家绮不是西施，不是东施，家绮就是家绮。美是心灵深处向外部世界开放性的展示，是自然的表露。宇宙中有大量无法估计的暗物质，我们看不见、听不到、捉摸不着。我相信真正的美是暗物质，是可以感受的。

西湖静悄悄。很长很长的时间过去后，能见到远处划过来一条船，和我们一样，有两位青年男女，偶尔从湖面上飘来低声絮语，渐渐远去。西湖恢复了她的平静。我们刻意避开名胜古迹等旅游景点，选幽静的角落慢慢划游，不想让历史和神话闯进我们两人的世界。那个年头，似有山雨欲来风满楼之势，恰在这等间歇，西湖以她的和谐、深沉和平静容纳着我和家绮，赐给我们情意切切和浪漫的

家绮在杭州虎跑公园

杭州的虎跑公园

梦想，赐给我们宽慰和祝福。我情不自禁，胆敢把苏东坡的名句改了——“欲把西湖比西子，淡妆总比浓抹宜。”改得很不像样，但这是我真实的感受。薄雾朦胧，淡淡的西湖真美。

六十年一个甲子，有大欢喜，有大悲伤，也有暴风骤雨，我和家绮已是古稀或耄耋老人。西湖是我和家绮第一次做两个人的梦的地方。一叶小小扁舟，静静地在湖光水色中荡漾，载着正在启航的两名年轻人，还有他们的梦。西湖，我们两人的西湖，永远在我们的心头，永远，永远。

一张照片的故事

——2009年3月11日完稿

眼前那张照片是1965年一个上午，我和夫人家绮站在上海外滩的马路边上，斜靠着栏杆。两人在说什么悄悄话？记不起来了。但脉脉温情，一目了然。内心的真情像地层深处涌出的一股温泉，缓缓流淌，不起波澜，质朴无华，清澈而无遮掩。不需要画外音，不需要背景音乐，照片把我轻轻地浮托，回溯似乎不太遥远的昨天。45年的生活历程像一幅画卷，慢慢地舒展开来。故事从1964年开始，回忆像一张漫天的纱网，把飘忽的往事一片一片地拢聚在一起，静静地把梦来编织。

1964年年底我调入北京协和医院。离开上海前与家绮站在外滩马路上

这是个梦，不是神话，更像童话，永远新鲜，永远奇妙，永远令人痴迷。这个梦，别人不会感兴趣，平凡得不能再平凡，天真得不能再幼稚。这个梦是什么，无法用文字写出来，无法用语言来表达。即便能讲出来，写出来，别人绝不爱听。照片不是精致之作，没有导演的构思，没有摄影师苛刻的折腾，我和夫人不需要浑身解数，去进入角色。我们本来就活在角色之中。人世间的确有无法表达的感情，无法言语的思维。对我以及我的夫人来说，这张

照片是艺术精品，但是，无须担忧，这张照片肯定不会被拿到某博物馆去展览，肯定不会被某拍卖行大肆炒作。因为，它实在太简单了。

夫人还记得她那时说她累了想回家，就这么简单。我相信，那时我们绝没有像电影或影视剧中俊男靓女之辈，彼此吐露莎士比亚诗歌般的情思。如果有情人之间总要按这么个架势说话，言必海誓山盟，句句作警世之言，开口则妙语连珠，以博得欢心，岂不累死人才怪。夫人的脸上没有蒙娜丽莎那种令人看不透的微笑，她也没有故意把嘴角往上提升，像在不休止地说着“茄子”，然而，这一切很美。在上海外滩的街头，似乎只有我们两个人。梦是我们的。

新婚后的别离

当某一天，我们俩在旧书破纸堆中偶然发现这张照片的时候，惊喜是同步的。曾经和我们一起生活过的，那些熟悉的、亲密的、养育我们的、真诚爱我们的、帮助我们的人和事，还有那些可厌恶的、刺伤我们心的人和事，在百万分之一秒的瞬间，展现无遗。那些人、那些事，经过时光的洗礼，原形更加分明。他们都在闪闪发光。有的光，热烈、奔放、传播希望，催人奋进；有的光，冰寒、狡黠、恶意、引君入瓮。他们依然如故，一如既往，各自散发着爱和恨……我们是谁？我们从哪里来？不忘过去，能够更好理解现在。昨天的梦在延伸，编织在今天的梦里面。

这里编织着我们的生活　人生要一步一步地走

20世纪90年代，我和家绮在协和西门老楼前合影梦的发展有着自己的规律，事先无法猜测，无法想象。在这张照片拍摄几天后，我离开上海，回北京正式报到。不知山雨欲来风满楼，独自编织着自己的梦想。周围的人和事物，似乎都为1964年及后继的故事做准备。但是做梦却没想到“文化大革命”即将来临。真应该感谢苍天对我们这一对无知的年轻人的厚爱。打击虽然来得突然，痛苦却是逐步加大剂量，并且夹杂着希望。梦想是一张细柔的纱网，在风雨中一点一点地灌注着韧性，把我、夫人和一家人，编织在一起，没有破裂，没有随风飘落。现在思想起来，不是周围的人和事物围着我们的故事在转，而是我们在围着周围的人和事物转悠；不是我们在编织梦想，而是梦想在编织我们的生活。过去如此，今天仍然如此。

夫妻恩爱　五十六年风雨同舟

——2020年6月24日初稿

——2020年12月25日完稿

因1964年年底工作调动要赴北京报到，我撤销了老家户口，并安排爸爸妈妈随我移居北京。婚假期间搬家是件麻烦事。“社教”运动已经开始，家中红木家具几乎一并卖掉。妈妈说这套家具是她在“八一三”战事爆发，日军入侵虹口前几天冒险抢运出来的，出于怀旧情结，保留了大衣柜和五斗柜两大件。等搬家卡车将大包小包东西运走后，房间空空如也，爸爸妈妈搭起铺板睡觉。当初为临时逃避战火搬入这栋石库门楼房，竟然一住就是30多年。终于有朝一日要走出这座“围城”，把愉快的、不愉快的往事均甩在脑后。与新婚后的家绮告别，百感交集。前面等待我们的是什么呢？

到了北京，方知是一场误会。时任卫生部对外联络处处长核查清楚后亲自对我说：确认没有对我发出调令。所谓对外援助计划早在两年前已撤销，当年调令是发给医学院基础部的。此辈何许人也，竟敢在我背后，玩弄这等恶作剧！一气之下，我不愿再回上海。当领导问我愿意留北京还是回上海，我想起法国哲学家萨特（Jean-Paul Sartre）说过“人要不断超越自身，才能体现自己是真正的人”，因此“必须依靠自己做出选择”。我选择了留在北京，并且选择了北京协和医院。北京协和医院是我向往的地方。双方决定都很干脆，两厢情愿。对外联络局

21世纪20年代北京协和医院（西门）

局长同意我留京，编制属卫生部，平日里在北京协和医院工作，每有涉外任务，将听从卫生部派遣。我当时似乎未多想在工作上能否被协和医院所接受，能否落稳脚跟，若站不住又怎么办。

人年轻时候，容易把自己估计过高。从医学院毕业以后，因频繁接受组织派遣的外调任务，我未能经历正规的外科住院医生轮训。此次，站在人生轨道的拐点上，我欣然接受挑战，我想编织一个新的梦想。40余年的实践告诉我，到头来，还是梦想编织了我的新生活。经北京协和医院审核保留主治医职称，工作从住院医生做起，我欣然接受。协和对住院医生要求严格，坚持临床和教学高标准，我认真学习，比以往勤奋很多。

才过了几个月，我奉命参加赴阿尔及利亚的医疗队，任务为期一年。期满回国，“文化大革命”已经来临，卫生部通知我：姐夫犯“错误”，挨大会批斗，我必须与姐夫划清界限，再也不能住姐姐家。我和年迈的爸妈带着年幼的大女儿在面积不足8平方米的斗室内定居下来。就在这瞬间，命运把我带到了新的世界。我不知道我将变成什么样的人。身处大动荡、大变革的时代，我精神上毫无准备，也无

大女儿在上海出生

妈妈把大女儿接回北京

家绮、大女儿和我

法理解。我不知道我将走向哪里。年已古稀的爸爸妈妈，还有幼小的大女儿，不断唤醒我的良知和责任。

艰难岁月 家绮回京探亲

在先农坛附近，有间8平方米左右的职工宿舍。宿舍由医科院药物所的马棚改建而成，砖瓦结构，被分隔成一家一户的住房，有窗有门，一字排开，南北向前后各一排。整幢宿舍分左右两翼。居中，留出一条曾供马匹进出的过道。轮到我家搬进去的时候，宿舍已经爆满。红卫兵全国大串连，把中央过道的北端堵死，北边墙上开出一扇小窗户，约半截墙高低。另一端按上两块轻薄门板作为户门。我们全家就在这约8平方米被截出的过道空间内“安营扎寨”。开门出去，这向南半截是中央过道前半部位，作为宿舍的进出口。沿着双侧墙根，左右安上两排水管和洗水池，供住户洗漱用。冬天无暖气，在寒冬腊月里，一夜过后水管全部冻住。妈妈早起，总会拿着隔夜准备好的一满壶冷水慢慢地对着一只水龙头浇下去，直到水龙头可流出自来水，然后再把其他水龙头逐一打开。水龙头都化冻后，妈妈围上厚厚的围巾，高高地挽起袖子，把被冻红的双手浸泡在冷水里洗衣服或床单等。有个别邻居从心眼里把我家打入另类，时不时可见一位小脚老太太，冷冷地盯着我们。我情不自禁地联想起狄更斯《双城记》中描写的那位手织毛衣的女人。这段“蜗居”生活使我遭遇了一生中最不可思议的煎熬、最深的痛苦、最难以忍受的无形的歧视，以及令我自己也深感吃惊的自己的忍耐度。

家绮是真心爱我的人

家绮留在上海，无法调来北京。这番大起大落，她从来没有提出要和我“划清界限”。在最艰苦的日子里，虽然分居京沪两地，“天河”相隔，她在医院加班加点，把节假日拼凑在一起，积累到相当的天数，以便春节赶来北京看望这个家，可以多住上几天，每年和我有次“鹊桥相

协和医院护士楼地下室

会”。家绮的到来，给我莫大的欣慰和信心。我深切地感受到她是爱我的人，她是我的爱人。

就在我们住的宿舍前方，有一片开阔地带。那里有几间闲置着的泥土垒起的小屋，土墙上留下两大框架，没有安装门和窗。冬天刮冷风，毫无遮挡。屋内没有家具，没有火炉。出于无奈，我在家绮到来之前，临时向总务科申请一间小土屋，并从库房借来一张床，具体地说其实是一块大门板，搁在两张四只脚的长板凳上，门板放上床垫、棉被和枕头。妈妈先把地上和泥墙四角堆积着的泥块和破碎杂物，做一番大扫除。这里就是我为家绮准备的临时招待所，室内温度零摄氏度以下，我俩的心窝却暖烘烘的。事后，我把小屋和门板等归还总务科。

另有几次，我们没有运气，只能在医院护士楼地下室的犄角旮旯，找到狭长的空间，能容纳一张木板床。上面有多条大小管道通过。我们从夹层中间钻进去躺下，室内倒是比较暖和。

至今我仍能认出那块宝地，生活空间被极度压缩，家绮和我都需要勇气和幽默感。我们联想着牛郎和织女每年七夕鹊桥相会的美好传说，两人释然一笑。昔日西湖的春意和温馨再次拥抱我们的两人世界。我看到了希望之光。

家绮每次探亲后回上海，从来不说实情，总对她的妈妈说，我们在北京“生活还算可以”。“文化大革命”后期，我岳母亲自来到北京，意在实地视察。她

20世纪70年代，小女儿出生后，我岳母再次来北京时的全家合影（第一排自左至右：岳母、妈妈、小女儿、爸爸；第二排自左至右：家绮、三外甥、大女儿、姐姐；第三排自左至右：二外甥、作者、姐夫、大外甥）

还带来小孙子，比我女儿稍长1岁。妈妈和岳母加上两个孩子，四人挤在一张床上，一字排开，横过来睡。我岳母很可能没预料我家这般处境。她知道我有时好发脾气，临别那天，岳母轻声细语地对我说："你要对小妹妹（家绮昵称）好一点哦"。

"清理阶级队伍"运动行将结束，我恢复了党籍。1972年，我参加西藏阿里医疗队，担任队长。家绮在黄山，为架设高压电线的施工队服务，特意请假，从黄山到上海再赶来北京送行。临行之时，爸妈和年幼的大女儿，站在宿舍门前目送我。我不敢回头，和家绮两人肩扛着木棍，挂上两只大包袱，急匆匆奔赴火车站。

我长期在大城市生活，从来没有下过乡。阿里高原平均海拔4500米，寒冷缺氧，地广人稀，缺医少药，医疗队需要下乡巡诊，进入藏族老乡的帐篷。我必须学会骑马、喝酥油、吃糌粑。为藏族老乡治疗，作为医生，昨日之我正在向今日之我转型。

1974年，时任北京协和医院副院长章央芬（曾任上海第二医学院副院长），在适当时机帮助家绮调来北京，经行政部门同意把空闲着的一间房间，就在我家居住的斗室斜对面，分给了我们夫妻两人。家绮从上海运来床和沙发等，布置就

1972年，西藏之行临行前的全家合影

绪。回首新婚一别，我们相隔异地千里迢迢，竟然已有十年。

峰回路转，1978年迎来改革开放的大好时光。该过去的终究会过去，换了人间。我和家绮走上了新的生活道路，见到了光明和希望。1979年经恩师曾宪九教授推荐，我被批准去法国巴黎学习危重病医学（小女儿“毛头”当时3岁）。

在我赴法留学之前，曾宪九教授患肺癌进行了手术。2年后期满回国，我竭尽全力把这门新兴学科移植到祖国的大地上。曾宪九教授抓紧时间帮助我进行新学科的筹建工作，1982年建立起具雏形的外科ICU；1983年创建中国大陆第一家规范化的综合性ICU，曾宪九教授亲自命名为“加强医疗科”。这是我在北京协和医院接受教育最深刻的阶段，到了年老退休回顾当年，我多少做了点工作，没有虚度此生。

我和家绮相识五十六年，在社会动荡、风风雨雨中相依为命撑了过来。家绮和我的二人世界里有苦难和悲痛，也有成就和喜悦。我中有她，她中有我。耄耋之年，更是相依为命，我的另一半就是她，她的另一半就是我。岁月流逝，我和家绮夫妻恩爱，在无限的空间和时光中，傲然共存。

人生难得觅知音，难忘的时光。

1984年小女儿机场送家绮赴美留学

我和毛头

2006年我和家绮在新装修后的ICU病房参观

2013年，我与家绮风雨同舟

耄耋相依

（2017年1月，协和梧桐会至家中拜早年拍摄）

光荣在党60年，“生命之光”如此神秘和美丽

回来吧，我的青春

——2020年10月29日初稿

——2020年11月1日完稿

我年轻时满脸的大胡子（外号“大胡子”），那种古希腊式的男性美是青春的骄傲。不知从哪年哪月起，青春从我的脸上悄悄地溜走了，留下的是一团邋遢。

我拿起剃须刀，费劲地把胡子刮光。对镜自照，我大为恼火。几分英俊、几分潇洒不见了，没有门牙的支持，嘴唇干瘪，薄薄的两片，嘴角歪斜，失去了火的激情，失去了对女性的那种秘而不宣的吸引力。更为可悲的是，男性群体再也听不到从这两片嘴唇喷发出来的、奔放的、炙热的、使人疯狂的语言。我的两眼曾炯炯发光，射出诱人的魅力，今天竟然退缩到眼窝深处，惶恐地张望着。丢了毛、褪了色的两道浓眉，稀稀拉拉地粘贴在发皱的前额下方。昔日的自信、自豪和荣光，哪里去了？！我要把青春寻找回来。

2012年4月14日，心里火热的我在电脑前工作

年轻时的“大胡子”

2013年2月，心里火热的我在电脑前写作

我的家绮

家绮在公园山石前

青春那么可爱，又那么短暂，我慢慢地回忆那逝去的美妙时光、令人陶醉的岁月、做不完的梦。充满着希望的光亮，照耀着昏暗的崎岖道路，引导着我一步一步地从坎坷中走过来。我一定要把那已经消逝的青春找回来，慢慢地、艰难地从记忆中寻找回来。我的颜面老了，但我心里的血依旧火热。啊，我的天，我想起了那只“小青鸟”，我的家绮。

有一天，一只小青鸟站在树枝上，望见在路上走着的我，俯冲下来落到不远处。刹那间，我见到了一位年轻姑娘：身着青蓝色的衣裤，制裁合身。长腿、长裤、青蓝色；衬衫、挽起了袖子，青蓝色；薄毛线镂空的小背心，敞开着、青蓝色——这就是年轻时的家绮。她向我走来，没有细声细语，没有低婉的歌声，小青鸟带着一片青蓝色的云彩，一下子飞进了我的心窝。

我凝视着家绮温柔的脸。她的目光纯朴、洁净、透明，她的微笑是永恒的。

我老了，比任何时候更需要爱。家绮的爱像清泉灌注着我的身心，安抚着我屡经创伤的灵魂。爱，无言、无声，编织着幸福的梦，激活了青春之火，点燃着希望之光，照亮着生命。直到永远，永远。

古稀之年的情人节①

人到古稀之年，也爱浪漫，也会疯狂，一种浪漫的疯狂。今年（2009年）2月14日是我和老伴第45个情人节。一时兴起，凭老年证坐上公交车去地铁站。刷卡进入地铁5号线终点站，南下东单。又意犹未尽地随着熙熙攘攘的人流转上1号线，随心所欲到复兴门出站，无意中发现百盛公司大门近在咫尺。虽然囊中羞涩，姑念逛商店也是一种享受，遂顺其道而入。老伴围绕着宝石和首饰的柜台转悠，久久不忍离去。她不想占有，意在观赏而已。在苦难的高压下，经受生活的洗礼凝成的爱情比钻石精品更为光彩夺人。在众多的成对的情侣中，我和老伴形似鹤立鸡群。比较恰当的比喻，或许更像一对老公鸡和老母鸡。我们俩也手拉着手，想重温昔日的浪漫的梦。沉着中别有疯狂，温文尔雅中寓有浪漫。

回首和家绮一起走过的日子。在1963年妇女节这个特定的日子里、在特定的地点，第一次被引见会见我的夫人。恰好这位君子，适值风华正茂之年。箭在弦上，一触即发。当我第一次在书信中以“我的小青鸟”称呼家绮的时候，故事已经发展到乔叟（Chaucer）在诗歌中所写的“每只鸟都来选择他的配偶”的阶段。

1963年我第二次访问越南，那时还尚未成婚，夫人特意为我拍了不同表情的玉照两张，以壮我行。到了越南，从河内南下迂回前行达17度纬线。接着，打道去老挝。夫人的照片始终留在我衬衫的口袋里，沿途天气炎热、潮湿，照片被汗水浸渍。而我自我感觉良好，犹似夫人伴我同行。此去行程千里，跋山越岭，辗转于神秘的小道之上。医务界的同道们鲜有知道我这段“漫游奇境记”。事隔40余年后，老伴第一次看到有关的照片，戏谑地说我是“传奇人物”。迟到的赞赏，使我忘乎所以。如果把时光回流40年，我会期待夫人送我一盒巧克力，法国巧克力，因为当年我的胃肠道功能处在顶峰最佳状态。

1965年我被派往阿尔及利亚医疗队，9个月后应召提前返回北京，“文化大革命”已经开始。这是一场“大地震”。刹那间，原有的社会结构纷纷倒塌。没有梦想，没有浪漫，有的是疯狂和暴力。然而，玫瑰在风雨中挺拔而绽放。红色的玫瑰，红得鲜艳，展现着倔强和自豪。玫瑰并不温和，她有刺。

“文化大革命”期间夫人参加医疗队进驻黄山，跟随着在山沟里架设电线的

① 本文于2009年2月17日发表于《健康报》，经作者修订后使用。

20世纪70年代初，那时的我们

工人师傅们，为“三线建设”东奔西走。我在北京接受审查，晨出夜归，尽管没有住牛棚，但两地千里阻隔，俩人不能相见，可以相思。我国自古传有牛郎织女的爱情神话。王母娘娘把“迢迢牵牛星，皎皎河汉女”那样一对热恋中的情人，放在天空上，把星群划成一道银河水。俩人相见，不得相会。《古诗》曰：“河汉清且浅，相去复几许。盈盈一水间，脉脉不得语。”真挚的爱情感动了千万只喜鹊，搭成鹊桥。牛郎织女终于能在每年农历七月初七日鹊桥相会。七夕是中国人的情人节。

“莫唱当年《长恨歌》，人间亦自有银河。”到了“文化大革命”后期，夫人获准每年探亲假一次。另加每年节假日顶替他人上班，将积累所得的天数凑成第二次探亲。每次来京，医院行政科临时调拨闲置斗室一间。自己动手，搬来门板，搭成床铺。有劳年迈老母，日前清除垃圾，打扫停当。没有炉火取暖，没有玫瑰，没有巧克力。自比牛郎与织女，思想起来，实在浪漫。

十一届三中全会以后，夫人有机会调来北京。牛郎织女鹊桥相会的历史就此划上句号。1979年我去法国，1984年夫人去美国，两人学成回国，各自为开拓专业殚精竭虑，回家还需清除炉灰、搬运蜂窝煤、抢购及堆放冬储大白菜。20世纪90年代初，从新开路80号大院搬入亚运村，住上了单元楼，有了暖气，告别了生炉子和搬运蜂窝煤。我和家绮不再因动荡而奔波、分离，日子安定了下来。日常家务料理完毕，可以静下心来阅读。零距离生活十分讲究实际，锅碗瓢盆诸多矛盾，在所难免，每当争吵过后必有一方首先表示歉意做出妥协。俩人互相以心贴着心，有争端，没有阻隔，在争取事业成功和家庭和谐之间寻求平衡。

今年（2009年）的情人节我（77岁）和夫人俩坐在七楼“渝水之乡”的餐厅里，分享着古稀之年情人节的快乐。45年了，我们从风雨中走过来。沸腾的水，蒸发、冷却，变成蒸馏水，更纯净、更透彻、更晶莹。陈年老酒，酒香更醇。古稀之年的情人节，别有一番浪漫在心头。引苏东坡的诗句为证：“人有悲欢离合，月有阴晴圆缺，此事古难全。但愿人长久，千里共婵娟。”

20世纪70年代至90年代，新开路80号大院里我们的家

20世纪90年代，住进单元楼，我的早期电脑

后记 耄耋之年 日日是情人节

80年前的今天，此时此刻，我已经出生了。在人世间，我最先认识的是妈妈，然后是爸爸。现在，他们已经离开了我，只在我心里存在。他们身心交瘁，看不到我的今天。一瞬间，八十载岁月，风风雨雨，跌跌撞撞。人的一生不可能没有心悲神伤，茫然无望。然而，都过去了。莫泊桑在《人生》里说："不会那么不好。"有悲有喜，寻找希望、浪漫与阳光，我相信良知终将战胜邪恶，疯狂和灾难必将成为过去，明天将是另外的一天。我在家人的爱中找到了自身的尊严和位置，知道了自己是谁，明白了自己对于家人意味着什么。我懂得了在逆境中，保持韧性和自信。挫折、孤独和失落，比鲜花和掌声重要。有缘遇恩师，传道受业解惑，教我做人成材。在北京协和医院，我创建了中国大陆第一家ICU（当年称为"加强医疗科"），积二十余年的努力，推动了危重医学事业在国内的发展。

如今，我和家绮坐在一起，静下心来，慢慢沉思，慢慢感悟。回归两人的世界：执子之手，偕子同行。在我80大寿寿宴中，我与家绮即兴做诗。

2012年80岁大寿 情人节

夫人潘家绮与我的共同随感：

人生难得知己知音
世事沧桑，风雨与共
青春风华，那最难忘的时光
留得你我笑傲其中

大女儿陈颖贺寿祝词：

天赐良缘觅知音，
恩爱携手度一生。
高山流水心中曲，
美满吉祥春满门。

小女儿陈铭贺寿祝词：

时时挂念爸爸妈妈。
生日只是一天，
祝愿爸爸妈妈每一天都快乐和幸福。

生命与时间共存，我们是幸福的。
珍惜时间，珍惜生命。
知足不辱，知止不殆。
引用俄罗斯诗人巴尔蒙特的一句诗：“为了太阳，我才来到这个世界。”

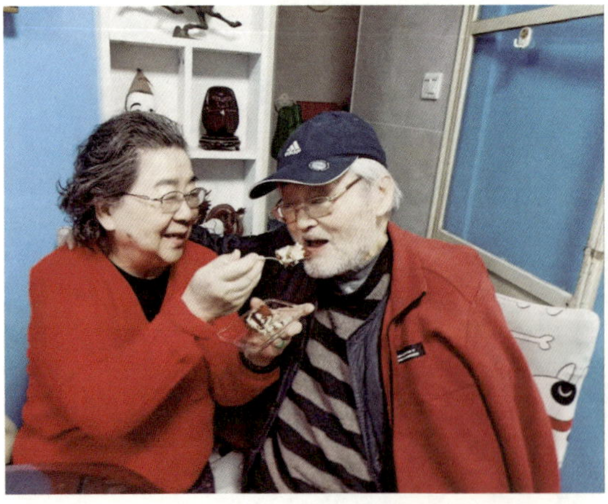
2021年2月13日年初二，爱情最美好 我们相伴

2022年耄耋之年九十大寿 情人节

我家的“三八”妇女节

——2008年3月9日初稿

——2013年3月14日第一次修稿

——2014年3月8日第二次修稿

——2014年3月15日第三次修稿

——2020年3月10日完稿

凡有人类聚居的社会，男大当娶，女大当嫁，古今中外，莫不如此。这种必然性却又与偶然性难分难解，不可思议。我的老家在海岛。大海并不那么驯服，祖祖辈辈风里浪里惨淡经营，几经挫折后在上海定居下来。爸妈使尽九牛二虎之力，供我上名校就读。十五岁进大学，有志于学，读书不求甚解；到而立之年，满脸大胡子，好任性，不受拘束。兴之所致，能办些好事，缺点不少，每每因为挨批评而有所察觉；优点不多，受到表扬容易沾沾自喜。每逢上级调遣参加涉外工作，也能西装革履，乔装打扮显示几分勃勃英姿。人说我：胸无大志，游戏人生，现时了了，大未必佳。我自认为，这样评语尚称恰如其分，不算苛刻。直到同辈同事纷纷婚娶成家，尤其节假日住院医生宿舍人去楼空，才昏昏然想起我也该寻找我的另一半。

我夫人家绮的老家在江南鱼米之乡，算得上是名门望族之后，是文人世家培养出来的闺秀淑女，家训严明，老老实实读书，清清白白做人。《红楼梦》《聊斋》《西厢记》等名著一概在其禁读之列，更不用说《金瓶梅》，着实畏之如虎狼，避之似瘟疫，碰不得。家绮中学时代最大的放纵就是骑自行车或在花园里逗她的爱犬鲍比，打闹而已。大学年代打垒球，淑女也疯狂。不闻柴米油盐贵，不知世途之可畏。到了待事之年，父母欲在家行相亲之仪。怎奈风声泄露，她竟逃之夭夭，不见了踪影，尽显捉弄父母之能事。免不了会有些傻乎乎的

20世纪80年代，我乔装打扮，几分英姿

家绮（中间）少年时骑自行车

家绮少年时期与兄弟姐妹的合影（右一，家绮）

同班异性同学在学校大食堂安放碗筷的木架上文质彬彬地留下一张字条，写几句爱慕之词，一经发现，毫不迟疑，字条上交党支部书记，以警戒后来者。从父母角度而言，家有此凤实乃不省油的灯。父母这番苦心，只有轮到自己为人父、为人母的时候才能亲身感受。

话说大龄男女婚姻事，天南地北，海阔天空，难以预测。择偶有何标准？说穿了无所依据，不讲道理，皇帝女儿也怕嫁。对我来说，女方如何抉择，无法体会。男方有时过分谨慎，无端挑剔倒是事实：若女方稳重矜持，怕日后冷若冰霜不好沟通；反之，活泼浪漫者，难免水性杨花之嫌；笑脸相迎，咯咯笑声不绝于耳，足以引出一身鸡皮疙瘩，浑身痒痒；即便容貌端正，手戴镂空白手套，撑上一顶小小遮阳伞者，从三轮车上缓缓起身走将下来，虽举止如仪，却着实使男方望而却步——自知不是白马王子，退避三舍而后已。然而，不论何等奇妙曲折、扑朔迷离，男男女女最后都能找到自己的意中人。

天赐良机。我岳父大人将自家心事上诉党委书记。那个年代，党委关心的事务很宽泛，尤其在婚姻问题上，今日的大龄男女恐怕未必能有当年我辈同等的“享受”。有一天，党委书记张明秀同志找我谈话，耐心地介绍了岳父家的情况，似乎超越一般政审的规格，涉及家庭成员的性格和生活趣事，谈笑风生。书记媒妁之言，以惊人的才华展示出人所未知的另一面。事后获悉，岳父把我历年拍摄的胸片一一借出，请呼吸科孙桐年主任仔细审读。可见书记对双方，待遇公平，老少无欺。

1963年的“三八”节是我和家绮第一次相会的日子。按惯例，每年“三八”节这天，工会安排全院女职工集体去看电影。我坐在内科医师办公室内，空荡荡别无一人。到约定时刻门开处，支部书记伴同她进来，我等候的那位女青年出现了。第一眼印象：在我眼前的是位窈窕淑女，纯朴，没有娇气，她出生的家庭和家庭教育也一目了然。按一般概率，必然君子好逑，然而，她未婚，没有男朋友，一位也没有，是大家闺秀。我是满脸胡子，不修边幅，医院里大家叫我“大胡子”。简短介绍后支书退出。家绮很自然在对面椅子上坐下。她一身白色工作服，手本挽着一本厚重的英文版西氏内科学，轻轻地把书放在桌子上。也许出于老天爷的好意，我丝毫不感拘谨，对话就这样开始。家绮说话时不经意地用食指轻轻敲打桌面。气氛轻松。我离开办公室之前，没有提出今后我们将如何联系。这是我们第一次正式见面。据家绮回忆：当初她没有找到感觉，以为没戏。

事隔一周，我拨打电话给家绮，然后进门、登堂、入室，规规矩矩地称呼“伯父、伯母”。亭子间是闺阁深处，陈设简洁，淡泊清雅，充满着未嫁女性的生活气息。从婚后共同生活的实践来看，这并非夫人的一贯风格。我们在一起翻阅家庭照相本，留在我记忆中唯有她一身深蓝色西装和袖口露出的那一段红色毛衣，见面聊了些什么似乎根本不重要，也记不起来了。不知何年何月何日何时我被那枝神奇的箭射中，坠入爱河。不知何年何月何日何时，我在信中称她为“小青鸟”。

坦诚地说，我20岁到30岁，客观环境很好，做了一点好事，竟然见诸报端声名鹊起。经多次告诫和批评没有忘乎所以。无奈修养基础较差，不知天高地厚，物极必反，势在必然。话得说回来，寻找对象确是黄金时档。不过，深知我底细者屡屡忠告天真的女方，要谨慎行事，静观为好。大凡世俗之人，一旦坠入爱河中，就犯迷糊。家绮竟然回答对方说我“没有缺点”。可见男女双方的智商都已经降到相当低的程度。好心的善男信女，同声惋惜：“一朵鲜花插在牛粪上。”

此后看到家绮抱着大厚书，就会立即回想起第一次见面（家绮1984年美国留学期间）

及至“文化大革命”，悟以往之不谏。曾暗自思忖，山重水复疑无

岳父岳母在上海兆丰公园

2013年4月4日拍摄 相濡以沫

路，之所以柳暗花明又一村，绝非我有多少能耐，阴差阳错者有之，歪打正着者有之。风里雨里家绮和我走在一起，时有争吵，始终心贴着心，相濡以沫，相依为命。地球悄悄转动，世上已是2008年。家绮和我不觉年逾古稀。我们的世界从门槛之外逐步退缩到门槛之内。沉思多于行动，梦想超越现实。据说西湖月老祠有一副对联："愿天下有情人都成了眷属，是前生注定事莫错过姻缘"。月老祠不复存在，对联的话，我相信。

2013年"三八"节有感

每逢"三八"节，自然想到1963年同一个日子，我和家绮第一次相会。50年悄然逝去。心中总在嘀咕，老了，不至于吧，怎么可能？然而，这是事实。一对老朋友，夫妇俩兴冲冲地来探望我们，以为今年是我们金婚之喜。其实，我和家绮到1965年才结的婚。老朋友搞错了，捧来一只大花篮，满屋飘香。他们带来亲情和温馨，产生的效应，无法言喻。人到老年，情趣的萌发和感情的表达，竟然和青年时期大不一样。时间每分每秒、一点一滴都在改造着人，我们自己不觉察。每天24小时忙着，工作、读书、开会、吃饭，家里有说不清的婆婆妈妈，也忙着要睡觉，要点悠闲，要偷点懒。这两个方面都是生活，缺一不可。如果每天再加一小时，25小时，让我稍歇，动脑子想一想，多好。可是，没有25小时，永远不会有。岁月不饶人。

回过头来看自己，三十而立，自以为什么都能干，对什么都感兴趣。阳光、

我和家绮的结婚照

雨露，加上好运气。但是，“文化大革命”来了，天下大乱。四十而多惑：我是谁，我将到哪里去。西藏阿里的生活让我的心安静下来。看那辽阔裸露的高原，那绵延起伏的山脉，几千年、几万年，大体上不动摇、不崩塌，无声地自重。五十知天命，我终于看到“四人帮”的倒台。专枉、暴力和动乱之不得人心，注定是短命的。祸兮福所倚。乘改革开放之春风，我去法国学习新的专业。回国已经49岁，我专心致志去创业，不懈怠。改革开放，我赢得了宝贵的二十年。到了六十，应该耳顺，反而不顺，有的话听不进去，易怒，这是退步。到了七十，已经从一线退下来。经过一段时期的适应，胸怀更舒展些，思想可以超脱些。我想，我努力了，做了我应该做的事。不在其位，我不必有过多的遗憾。一直不退下来不好，到一定年纪要退下来，这样做很有必要，是历史给我们上的课。

今年“三八”节，我已是耄耋老人。我和家绮结婚已经49年。在我的心目中，家绮仍然是窈窕淑女。经历半个世纪的考验，两个“另一半”组成两人世界，君子好逑，仍然情意相投。

把世事看透一点，潮起潮落是人生的过程。我们珍惜生活，执子之手，与子同行，做自己爱做的事，做应该做的事，对我们国家的未来发展充满着信心。没有必要把幸福想得太复杂。这就是幸福。

2014年快乐的“三八”节及感悟

用了三年的手机坏了，已不能再修了。小女儿“毛头”送给我一部新手机，叫智能手机。这部手机能打长途电话、写博客、网购、看电影、读新闻、摄影、发照片等。还有聊天软件叫“微信”，可以打语音电话、发照片、看新闻等。智能手机这么多的功能，电话机、时钟、手表该到退休年龄了。网上购物可足不出户就有送货上门，不满意可退货。书店、商场，要重新找到自己的位置。美国《时代》杂志出了最后一期，封面写上“再见了，谢谢”醒目大字。其他几家有全球影响力的纸质杂志挨个地落下帷幕，告别曾经辉煌的时代。

眼下我过的老年生活，我爸爸妈妈无法想象。乔布斯创造的电子产品包括笔记本电脑、iPhone、iPad等，改变了世界。小小的微信带给我的是有效生命的延长和生活更多的情趣，我打开了又一扇让我好奇的大门，发现里面有更多的知识可以探索，感叹如今的现代化深深地影响着我的生活。除了学会玩转智能手机，我花了几年功夫好不容易学会使用电脑，用电脑写博客产生成就感。我并不追求成功，灵感来潮就想写文章，写了就是成就。我想读书，读了就有回报。我写文章错别字很多，网页会有正确的提示。典故引用不当可以上网查字典，不必从书柜里搬书。学会搜索百度或者维基百科等网站，所获得的海量信息等于请家教补课学习。通讯用电子邮件在电脑和手机里都是“举手之劳”，不必往返电报大楼。发电报还要按字节付费，需仔细抠字数省钱，这个年代一去不复返了。后来我还有了iPad，比电脑小巧轻便，比手机屏幕大，随便走到哪个房间看电视剧、看电影都可以。想看经典的电视剧、电影吗？比如说《唐顿庄园》《战争与和平》，悉听咱家自便，还可反复观赏，意犹未尽。虽说手机、电脑、iPad是同一个道理，但人老了键盘按钮记不住，手指也不灵活，总制造混乱。有人踢乌龙球，我闹“乌龙指”，活像学前儿童进幼儿园，我仍乐此不疲，确信可因此推迟老年痴呆。新世纪现代化很快，网络赐给我宽阔的空间，让我看到开放的、充满活力的、永远年轻的世界。

2012年6月，我年老学习电脑　思索中

但是我的心功能正缓慢地下降。人的衰老是必然规律，坐着、躺着、只吃不运动是危险因素，众人皆知。面对着iPad屏幕，跟着节目中美国教练所示范的基本动作，练腰背肌、腹肌，活动肩关节等，会产生全身轻快的感觉。天啊，运动过头了一点，那么一点点，“三八”节这天下午突发房颤，只能暂停运动，加用药物让阵发性房颤“转”过来。小女儿特别敏感，早晚必来电话告诫再三，我懂得她的焦虑。比我预期的快，房颤“转”了，我比犯病前更高兴，奇怪的心理。要找到运动合适的力度，靠我家绮帮着我揣摩。家绮有几位好友是心内科“常务家庭顾问”，解我们燃眉之急。爱情、亲情、友情，让老年人的世界充满着阳光。虽然到户外行走的距离受限，我拒绝坐轮椅。我也不喜欢太极拳，深蹲姿势把体重压在双侧膝关节上，受不了。

浪漫岁月 家绮在六和塔前

出国门已经没有可能。然而，我有电脑，有iPad，有微信，斗室之内有满柜的纸质书本，传达室每天还有一叠报纸期刊，等着家绮去取。世界任何地方的新闻我都尽收眼底。每天总有很多感想，在电脑里记录下来。我“富”甲天下，每天不闲着，做自己喜欢做的事情并沉浸其中。

今天是“三八”妇女节，一到这个节日我就会情不自禁回想起1963年3月8日我和家绮第一次在内科办公室（上海）见面，这是我们正式约会的日子。一对陌生的年轻人由一只“无形的手”引领着兴冲冲地走到一起，从此两人一起“创造新生活”。是励志，是梦想，是浓浓的浪漫。

在过去的社会岁月里建筑我们的小世界并不容易。社会既神秘又诡变，不可预测，无法想象。看看现在温馨的家再想想过去，不必追问青春的岁月哪里去了。婚后因客观原因我和家绮两地分居。我们上大山去生活，出国门去求学，方知山之高而被人遗忘，世界之大而为人所不知。生我者育我者的父母，四位老人都相继于20世纪八九十年代去世。他们看到了斗争时代的结束，也看到了改革开放的曙光，这是莫大的欣慰。我们两个女儿先后出生，相隔十年，现都已成年，各自走着自己的人生之路。我和家绮已年逾古稀，而发苍苍，而视茫茫，齿

2008年家绮和我在苏州园林回忆过往

2009年国庆节我与家绮在烟台

牙残缺不全，步态蹒跚摇晃，而知时间之可贵。

我们两个人的世界是一本读不完的书，有着讲不完的故事。面对电脑写作，把心平静下来，开卷阅读，慢慢思索，咀嚼我们俩在时间长河中闯荡的历程，品味人生的跌宕起伏、磨难和喜悦。外部世界及贯穿昨天和明天的时空隧道，始终开放着。我珍惜时间，珍惜身旁爱我的人，珍惜那些关心和想念我们的人。2014年“三八”节，我很高兴。我有感恩之心。谢天谢地。

珍惜身旁爱我的人（2022年1月16日，90大寿照）

星星

不是学校规定的教科书，不列入考试，完全出于自发的兴趣，我随意从爸爸的小书柜，取出一本书，不大也不厚，纽约1907年版本。包书纸上，爸爸亲笔写下“法国短篇小说”（*French Short Stories*）。估计是一名早期读者1914年在首页上签字。有一名中国读者只读了两篇文章，《两位朋友》（*Deux amis*）和《星星》（*Les etoiles*），且于字里行间，模糊地加注几个中文字，甚至没有读完全文。看来，他的法语水平不及我。约摸在20世纪40年代初，我拿到了这本书，看到作者有梅里美（Merimee）、莫泊桑（Maupassant）、都德（Daudet）、巴尔扎克（Balzac）、左拉（Zola）、谬塞（Musset）等。在学校课本上，我没有见过他们的姓名，没有读过他们的文章。

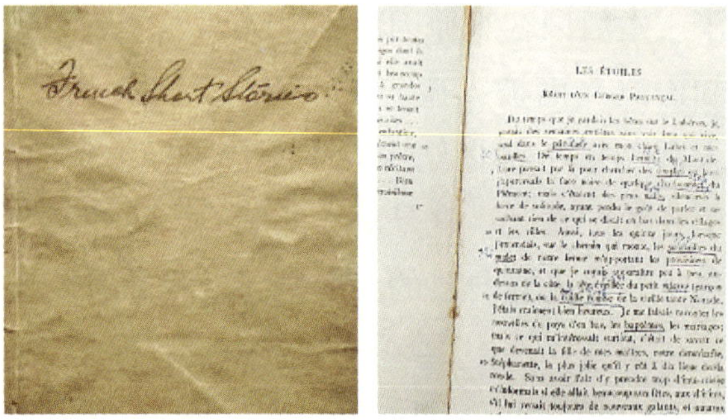

French Short Stories

首次阅读，我选上了《星星》，心里却想星星有什么可写的。故事写一个牧羊小哥终年生活在大山的一片牧场，与他作伴的是一只牧羊犬和羊群。每隔两周，山下的村子里有一个男孩或者一个大妈，赶着一头骡子给他送来食物和生活用品。也就是这段时间，他才可以和人聊天，谈论村子里的趣闻逸事。他心里特别惦记着村子里一位姑娘，在方圆十里地内，她是最美的，他尤其关心村子里是否有几位帅哥和姑娘来往，牧羊小哥不好意思直说。他本人已及弱冠之年。

有个星期天，中午一阵雷雨，下午雨过天晴。他隐约听到骡子的铃声：有人上山来了。来者并非男孩，因为他病了，也不是大妈，她休假，去看望孩子们去了。雷雨冲刷，大山景色如洗，就这样，他朝思暮想的那位姑娘出现在他面前，给他带来了食物和生活用品。

她在牧场上逛了一会，问他独自一人生活很久了，在想些什么？他默默地注视着她的衣裙、她红润的脸，谈话心不在焉。姑娘收拾完毕，下山去了，隐隐约约传来骡子足蹄踢打山路碎石的杂音。那些碎石一颗颗地跌落在他心头。他仍然是孤单一人，不知道自己在想什么。暮色降临，朦胧中，上山的小路，再次响起了骡子的铃声。山下暴雨，小河涨水，要想过河，很可能被淹死。那位姑娘又回来了，浑身湿透。牧羊小哥让她在自己的住宿处休息。他坐在空旷处，燃起篝火，烘干她的衣裙。牧羊小哥的满腔激情在心头燃烧。上天见证，他没有任何邪念。夜深，万籁俱寂。

姑娘回到小哥的身边坐下，观看着满天星星。村子里的人们熟悉人间的生活，大山上的牧羊人最懂得天空的星星。小哥讲着一颗又一颗星星的故事。不

我与家绮在杭州西湖公园山洞前

我和家绮坐在公园长椅上

一颗星星安然落在我的心窝里

我心爱的人、真心爱着我的爱人

知过了多久，姑娘睡着了，她惹人喜爱的头和鬈曲的头发，轻轻地靠在他的肩上。明朗的天，闪亮着美妙的意念。牧羊小哥很幸福，他意识到，满天星斗中，有一颗明亮的小星星，迷失了方向，落在他的肩膀上。

我读着都德（Daudet）的文章，仰望着满天闪亮的星星，虔诚地希望能有一颗星星降落在我的心坎上。70多年过去了，一天，《法国短篇小说》这本书，重新回归我的手握之中，包书纸上爸爸的手笔清晰可读，书纸的质量好，没有缺损。沉默冥思，我发现一颗明亮的星星安然坐落在我的心窝里——星星就是我的家绮，真心爱着我的我的爱人。我年迈之躯依然焕发着生命之光。

八、1972年西藏阿里的生活

我喜欢西藏高原，喜欢她的广阔、安宁、平静；

我喜欢西藏高原的雪山，喜欢她的肃穆、尊严、挺拔；

我喜欢西藏雪山上雪白的雪，因为世间的纷争与嘈杂都在这里被冷却，被深深地埋葬。

雪山缓慢地把我引入平和的心境。

路漫漫其修远兮

——2006年2月初稿

——2015年8月16日修稿

——2021年2月10日完稿

离开北京城最初一段时间，思家心切，人之常情。父母双亲已是古稀老人，在一间小小的陋室里抚养着我四岁的大女儿。我的妻子家绮在上海，天各一方，爱莫能助。我去西藏前，家绮专程赶到北京为我送行。妈妈对我说："你去西藏，我把家管好，把你的女儿带好。"我懂得妈妈在想什么，我懂得她承诺的分量。临行时，两老一小站在小屋门前，面无表情，大家要说的话都说了。我和家绮用一木棍搭肩扛着两只行李包，一前一后。我俩都不敢回头看，就这样动身上路了。

到达阿里两个月后才接到妈妈寄来的第一封来信，信中妈妈说离别时她一个人悄悄地跟着我和家绮，直等我们上了电车，见不到人影，又在马路对面站了一会儿才回家，独自流着泪。古人有句话："游子天涯路，高堂万里心。"

没有想到家书邮递会如此困难。1956年，火车到了张掖就算是终点站，如今铁路能延伸到乌鲁木齐，已经进了一大步。邮件由乌鲁木齐转发喀什，至叶城，换车过界山达坂，绕过好几道弯进入西藏。一封信走上一两个月是平常事。家绮来信说：我离家两个月，杳无音讯，她着急，写了封航空信投寄“西藏阿里狮泉河”，上海邮局职员说，地图上没有标出“阿里”，也没有“狮泉河”，无法邮递。家绮不甘心，去新华书店查找地图，亦无所获。终于，在一张供当年红卫兵大串联参阅的地图上发现阿里的标志，最后说服了邮局。这是1972年的故事。

古人说：“读万卷书，行万里路。”要认识真实的世界，先决条件是要行万里路。医疗队此行，走的正是古代丝绸之路。从西安进入河西走廊，依次经过武威、张掖，由嘉峪关西出，进新疆，跨越界山达坂到达西藏。这段丝绸之路颠簸而修远。所说河西走廊是指甘肃走廊，因在黄河以西而得名。河西走廊曾经是古代丝绸之路的枢纽路段，连接着亚非欧三大洲的物质贸易与文化交流。对此，季羡林曾经做出评价。他说：“世界上历史悠久、地域广阔、自成体系、影响深远的文化体系只有四个：中国、印度、希腊、伊斯兰，再没有第五个；而这四个文化体系汇流的地方只有一个，就是中国的河西走廊敦煌和新疆地区，再没有第二个了。”出张掖，进入新疆及更遥远的地方，统称“西域”。1972年我到武威、酒泉、张掖之时，昔日行商繁荣富庶的风光早已消失得无影无踪，留下的是古代艺术宝藏和说不完的令人神往的传奇故事，散发的独特魅力使人产生遐想和憧憬。

张掖和嘉峪关都是古代丝绸之路通往西域的重要驿站。嘉峪关城关位于甘肃嘉峪关市最狭窄的山谷中部，地势最高的嘉峪山上，是关隘中最雄险的一座，至今保存完好。城关两翼的城墙横穿沙漠戈壁。过了嘉峪关，回头但见落日余晖下的古城建筑，几分凄凉，几分悲壮。古诗曰：“西出阳关无故人。”此地离阳关还有一长段距离。

医疗队专用的长途客车是第一代解放牌卡车改装的，正在检修。我们在乌鲁木齐多逗留了几天。卫生局接待人员很热情，我们一行人住八层楼高的旅馆，称得上星级旅馆了，算是向西进发前的一次休整。卫生局特意安排我们去观看新疆地区出土的文物。古代丝绸之路经吐鲁番而西出，我们从焉耆折拐。出土文物中有公元25年的丝织品，做工精致，花色图案很美。最引人注目的是1200多年前一个叫卜天寿的12岁孩子抄写的论语手稿，书法很有魄力，难以相信出自孩童之手笔。卷末注明年月，有孩子自己的签名，并写上年龄。在古代，这个地区民族文化交流如此发达，见者莫不惊叹。我们也曾观看新疆歌舞演出，新疆居住着多个少数民族，他们的歌舞所表达的激情，自然而奔放，没有汉族宫廷舞蹈的矫作姿态，没有汉族艺人在皇上和权贵面前的那份卑屈。在喀什，我很少有时间去逛街，没有见到过花砖的墙、花砖的地。我无缘接触当地的老乡，擦肩而过，也没有打个招呼，不无遗憾。

之后有一段路程将沿着火焰山走。山的石头是红色的，阳光照射下，红得灼热。远处望去，一派红光，蔚然壮观，迎面吹来的风热辣辣地刺脸。山凹里腾起一团云雾，顿时想起《西游记》中火焰山出妖怪的故事，今日身临其境，感受真有其事似的。

新疆军区和南疆军分区分别给我们开出介绍信，我们将沿着天山山脉西行。前进方向的右边有绵延起伏的高山峻岭，左边是一望无际的戈壁滩。去阿克苏的路上很颠簸，行李跟着翻筋斗，这就是出了名的“搓板路”。过了阿克苏，但见大风飞扬，满天沙尘。一个上午下车来，发现大家头发眉毛，一层灰白色。彼此顾盼，放肆地大笑一通。

作为匆匆的过客，我第一次认识新疆是在通往西藏的必经之路上，可惜道路交通远不能适应现代化建设的需要。要进入新疆，既费时又耗力，何况更加僻远的西藏。那个年代，缺乏整体、有效的交通网络，新疆成为丝绸之路上的一个瓶颈，界山达坂又把新疆与西藏相隔离，好有“蜀道难，难于上青天”之比。实际上，“藏道”比“蜀道”更难，高寒、缺氧、海拔更高。然而，西藏的前途和新疆密切相关。西藏的改革和建设需要一个发达而稳定的新疆，更需要一个发达而稳定的祖国给予援助和支持。新疆是个大孩子，他的发育成长期在美好的明天。

界山达坂

——2015年8月14日初稿

——2021年2月7日完稿

到达叶城，一片开阔的空旷地带横在眼前。极目远眺，一座山脉拔地而起，矗立着。大山牢牢地扎根在这块大地上，凝聚着巨大的力量、不可动摇。这就是界山达坂，介于新疆与西藏之间的大山脉。

我们终于要向西藏进发了。那辆卡车改装的长途大巴承载着十来个人加上全部行李，驱动马达不堪重负，上路伊始就哼哼着，晃动着。车到山前自有路，达坂慢慢地掀起面纱的一角。峰峦起伏，白雪皑皑。盘山公路蜿蜒而上，托起一片稀薄的凉爽之气。苍天在上，穆穆皇皇。

道路从我们来的方向开始通向前方，看不见尽头。两边尽是起伏的山峦，嵌上白雪。迷雾笼罩山顶，灰蒙蒙，不移动，这种天气可以持续好几个月。大山矜持而威严。有几个兵站，有个兵站叫“甜水海”，可惜没有海，水也绝对不甜。初来者不宜停留，更不宜过夜住宿，头痛、失眠、厌食等反应十分恼人。司机师傅特别辛苦，两眼盯住崎岖不平的山路，双手把住方向盘，车行加速。

翻越黑卡达坂，发生了第一次故障。过了红柳滩，在奇台达坂，卡车正在向自己的极限发起冲刺。一阵痉挛，车子再次瘫痪。大家下来推车，轮子转动了。我从车后转出来，突然，似乎有一只大手掐住我的喉咙、喘不上气来，脚被钉在冻土上。时间凝固了，就这么几分钟，也许只几秒钟，稀薄的空气冲进我的肺腑。我走向车门把住扶手，爬进车厢。理性的选择是返回就近的兵站“三十里营房”休息一天，让司机师傅把车修好了，继续上路。

达坂寒气袭人。因为疲劳，车厢内恢复安静。眷念缠绵无穷时，千里似梦幻。我的思念很快飞向遥远的北京，那间阴暗的、潮湿的小屋里住着我爸妈和女儿，还有那位长期异地分居的家绮。我曾一度颇感迷茫和失落，是这个家一直支撑着我。其他的往事、人间的恩恩怨怨，经过时间的洗炼，统统在界山达坂的博大和宽容中分解净化。但愿人长久。凝视窗外，万里净空，天高云淡。

盘山公路蜿蜒而上（作者拍摄）

医疗队专用长途大巴在界山达坂的公路上（作者拍摄）

界山达坂上的兵站

——2006年12月25日圣诞之夜初稿

——2010年4月10日病中修稿

——2021年2月7日完稿

此次进藏的路线，按计划沿着兵站走，昼行夜宿，在兵站稍事休息，使大家有时间逐步适应高原气候。兵站一般在荒山古道的一隅，有点像小说里的野外客栈，围墙很矮，院子不大。我们一行十来人进去，塞得满满当当。兵站的平房小屋简陋，大统舱、木板床、供应棉被，不用打开行李大包。能洗脸，每餐有馒头和烤羊肉，自然没有蔬菜。在连接叶城到狮泉河的漫漫山道上，我们在兵站美美地睡了个大觉。兵站算是星级宾馆了，这里很安全。

几个星期来，我们一步一步走进大山。因为地处偏僻，长年累月少有人往来，兵站里的青年人见到我们很亲切。有的小青年来兵站一年了，想家。他们终年与高山相伴，不为人所知，平凡得不能再平凡。然而，他们是不可缺少的，没有他们，兵站不可能存在。

已过叶城，行进在界山达坂上：道路通向前方，盘山的道路望不见尽头（作者拍摄）

雪山（作者拍摄）

山间路（作者拍摄）

我们的大客车

有机会和三两小伙子坐在路边的大石头上，或者蹲在路旁，名副其实地侃大山，侃他们的家和家乡事，侃他们的向往。我不好意思搅乱青年人的梦、干预他们真情的倾诉，但我也无法掩盖对他们现状的遗憾。山沟里的生活单调而孤独，兵站难得有几本书，时光悄悄地流逝，有谁真正关心他们的成长、他们的教育。我们这群从城里来的人是匆匆的过客，我们也有着自己的思念和焦虑。行进途中的琐事和高原反应，始终纠缠着我们。

第二天清早，又要赶路。长途客车在院子里准备就绪。真难为它了，风尘仆仆把我们驮着、拉着。好几次，汽车闹病，只见司机师傅躺在车下，附近地面上散着零件和修理工具。大家不吭声，除了师傅自己，谁也帮不了忙。汽车终又转动起来。告别之时，大家微笑着，相约在回程路上再相见。可是谁知道何时将回程？

界山达坂气候干燥，一年有几个月是狂风肆虐。大地没有植被，裸露着，毫无阻挡。风在汽车可以通行的路上，深深地刻划下一道道伤痕，像坚硬的波浪。这就是“搓板路”。汽车在上面行驶，颠簸着，人在车厢内，随颠簸跳动着。高原正显示着她冷酷的一面，把我那些理不清的杂念，零乱地撒落在这条“搓板路”上。

静静的狮泉河

——2005年10月初稿

——2015年7月26日修稿

——2021年2月7日完稿

“艺术里的美，
往往并不是现象的真实，
却是真实过后的回忆。”
（蒋勋）

从乌鲁木齐出发走南疆，沿着天山南麓、塔克拉马干北侧，取中间的那条通道经过阿克苏、库尔勒，向西奔喀什，抵达叶城，跨过界山达坂，就进入了西藏。由此再转折南下，直达阿里地区的狮泉河，这里也称后藏，是西藏的最西部，这段蜿蜒曲折的路程走了整整一个月。当年路况很不好，分段在几个兵站留宿过夜，大家也有了逐步适应高原气候的时间。

1972年6月25日离开北京，7月29日到达阿里狮泉河。除了在乌鲁木齐稍事停留外，一行人一路不顾路途险阻，不停顿地奔波着。在古丝绸之路的历史长河中徜徉，1个月显得短促。我想寻找自己，思考我是谁，我要往哪里去，今后我该怎么生活？如果说阿里是我的另一所大学，古丝绸之路就是必修的预备班。如果我突然空降到狮泉河，我很可能把阿里的藏族老乡当作外星人，或者他们也把我当作外星人。

当我踩上阿里高原的土地上时，发现周围的景象，自然的或者人文的，完全不一样了，仿佛换了人间。西藏不是新疆，平均海拔很高，周边连绵的山峦反而不显得突出，山上的白雪更贴近地平线。这里没有树木，不见花草，没有住房，没有街道，见不到人群，没有现代社会的迹象，顿觉与世隔绝。这里视野开阔，一片蛮荒之地。耳朵似乎聋了，万籁俱寂。人身处其中，浑身上下有着不可抗拒的窘迫感，不仅是呼吸，也包括心理上的，我像是一位不速之客降落到一个梦幻般的神话世界。

狮泉河是地区的行政办事机构所在地，有地区行政干部的宿舍大院。几排平房、土墙，有门和窗，还有电灯。那个年代，阿里见不到楼房。狮泉河大院藏汉

当年狮泉河大院（作者拍摄）

往狮泉河运输物资的卡车（作者拍摄）

两族干部各自有自己的生活圈子，大家很注意尊重彼此的风俗习惯，不像在自己家里那么随意。汉族干部单身不带家眷，藏族干部的妻子若怀有身孕必然返回拉萨，毕竟阿里缺氧更为严重，且没有合格的产科医生。

大院深处有一架发电机，哒哒作响，几辆解放牌卡车不时拉煤上山。我无法估计需要消耗多少汽油才能把这么一堆煤运上山来，而这一堆煤又能供狮泉河机关大院燃烧多久。灯光微弱而孤单，宣示着本地区已进入20世纪。邮局把我们和我们的家联系在一起，思念和倾诉，浓缩在那么几片薄薄的纸张里。

大院有土围子，算是简单的防御工事，残缺不全。在当年分赴全国各地的医疗队中，唯独阿里医疗队外出巡诊需要佩枪，所以我在狮泉河迎来生平第一次射击训练。此前对枪一点儿没概念，持枪瞄准，手总是把握不住，扣动扳机，枪声响起把自己吓了一跳。我的成绩糟糕透顶，射出去的子弹不知飞到哪里去了。

到达狮泉河稍事休息，行李大包都尚未打开，就动身去地委机关所在地，听地委书记讲话。我们的任务与第一批医疗队有所不同，第二批医疗队把点设在两个县，加强外出巡诊。医疗队将兵分两路：一路去日土县，据悉海拔3500米；另一路去措勤县，海拔4500米以上。初到狮泉河的那段日子里，因所处高原，我不能大声出气，说话均采用短句。多年来体检显示，我右肺中叶和下叶塌陷，肺活量受限。我身为队长要兼顾两支

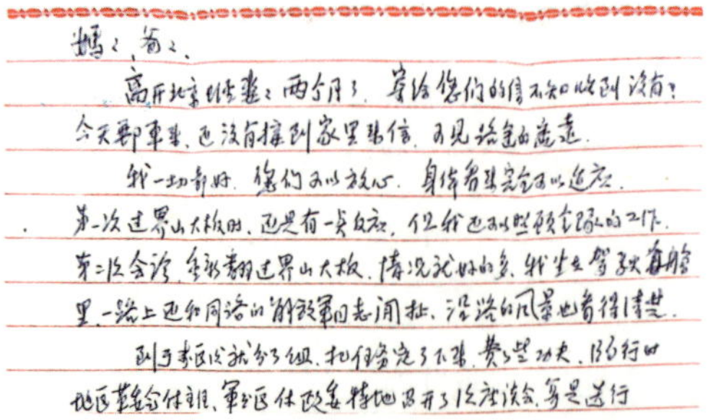
妈妈、爸爸，
离开北京已经整整两个月了，寄给您们的信不知收到没有？今天邮车来，也没有接到家里来信，可见路途之遥远。
我一切都好，您们可以放心，身体看来完全可以适应。
第一次过界山大坂时，还是有一点反应，但我还可以照顾全队的工作。第二次会诊，乘车翻过界山大坂，情况就好的多，我坐在驾驶室里，一路上还和同路的解放军同志闲扯，沿路的风景也看得清楚。
到了专区后我们分了组，把任务定了下来，费了些功夫，阿里行署地区革委会休组、军分区休政委特地召开了座谈会，算是送行

1972年寄给爸爸妈妈的一封家信

小分队，将先在日土县工作，下半年去措勤县。

狮泉河大院有医务所，有病房、手术室、药房、X光检查室等，更重要的是有一位汉族专职医师，他是我在阿里遇到唯一一位常驻医师。阿里幅员辽阔，牧民居住非常分散，几乎见不到有藏族老乡上门求诊，即便他们患有这样或那样的慢性病，自己也不曾觉察到。只有急腹症或者创伤才迫使他们向县级或者下辖的区级卫生所寻求医疗援助，但往往找不到医师。

狮泉河大院的医务所离当地老百姓太远了，地委书记说，要把医疗队下放到县，就是要我们更接近住在帐篷里的牧民。对我来说，必须改变我的生活习惯和工作方式。平日里我在大城市医院学习到的那套知识，有的可能用不上，如果要处理重病或急病，或许会感到很不好办。阿里需要的是合格的全科医师，并且建立起一套适合阿里地区的医疗服务体系，那时没有人考虑这样一些问题。

每次骑马外出巡诊会带上一只木制药箱，容积小，只能摆上几种基本药物，几卷绷带。我走到牧民的帐篷里去做些基本的体检，留下一些他们需要的药物。在帐篷里过夜，大家在一起喝酥油茶，老乡们特别高兴。人们需要医疗服务，也需要情感上的亲近。如果连汉族的人影也见不着，彼此之间没有接触，怎能促进社会的安定和团结。

阿里在呼唤

——2005年10月初稿

——2015年8月6日修稿

——2021年2月7日完稿

阿里土地面积太大，人太少，所谓居民点最多也不过五六顶帐篷。各居民点相距很远，经常因牧场更替而迁移。老乡们对医学观念淡漠，缺乏卫生常识，需要委派外省市的医疗队，采用巡诊的方式，让医生走到藏民的帐篷里去。在高原雪山，吉普车的用途有限，汽油供应也是个问题，外出巡诊必须骑马。阿里的马能吃苦耐劳，单骑走千里。然而，要依靠分批派出短期的、行医能力有限的医疗队，仅为权宜之计，难以取得实效。

按阿里地区医疗编制，各县及其管辖下的各个区都有医务所，分配有专职的医师。但是，花名册上那些在编的医师却不在岗。他们到哪里去了呢？据说是在山下休病假。当我掀起医务所的门帘时，室内空荡荡，没有医师，也没有患者。在有的区竟能发现各种手术专用的器械箱（包括腹部手术、骨科手术）、麻醉机、未经组装的X光机等，几只大木箱似是尘封多年。

藏族牧民，他们的帐篷、羊群和牦牛（作者拍摄）

问题也有令人费解的一面。如果个别医师疏于职守可能是个人因素，但看起来多数医务所都没有医师甘心留下来，这是为什么？也许我不能以自己学医和从业的经历来责怪当年那些不在岗位值守的年轻医师，他们很可能是医学院的学生，毕业后没有机会接受正规的住院医师培训，刚出校门，就懵懵懂懂被投放在医务所独当一面。即便检查后发现了患有白内障、骨关节病、先天性心脏病或者其他慢性疾病的藏民，他们该怎么办？没有老师指教和带领、没有护士协助，有成套手术器械而没有消毒锅，有X光机而没有胶片供应……他们或许感到阿里似乎不需要他们这样的医师，也看不到自己的前途。卫生行政部门制定了计划，按编制分配了医师，按指标下拨了各项装备：大家好好干吧，从此再无人过问。这就是1972年我发现的阿里。

我出生在上海，长期在大城市生活，医学院毕业后，在教学医院工作。尽管

高原雪山上的雪（作者拍摄）

西藏广袤千里，但一直被隔离在我的视野之外，我不知道西藏人民是怎么生活的。今天我来到了阿里，看到老乡们生活赤贫，缺医少药，简直难以想象。作为援藏阿里医疗队的一员，我应该做些什么呢？我很快意识到正面临挑战。

贫穷不是社会主义，我相信西藏必然需要重大的改革，阿里将建设得更好。阿里高原上的雪山，庄严肃穆。雪山上的雪，洁白，永恒，是真正的美。雪山上的雪是慷慨的，给下游的广阔大地提供水资源。阿里静静的，雪山静静的，我听到了她们的呼唤。

医疗队在阿里

——2005年初稿

——2015年10月9日修稿

——2021年2月10日完稿

第二批阿里医疗队的任务和分组名单已经确定，地区革委会副主任和军分区副政委特地召开了一次座谈会，给予勉励和告诫。第一阶段，我先去日土县工作，这里平均海拔约3500米，山上积雪的雪线相当贴近地面，但气候和地理环境比狮泉河要好。在离县城不远的地方，山顶上有一座喇嘛庙，有路可循，但见断壁残垣，没有屋顶，彩色壁画虽已褪色，仍清晰可见，浮雕被打落，散了一地。造反派人为的破坏，令人惋惜。

日土县的土房子（作者拍摄）

所说“县城”，其实就是个土围子，里面就这么几间土平房。这里的伙食比狮泉河大院办得好，阿里的羊肉不膻，手抓羊肉大块大块地吃。我也学会了用羊粪和牛粪取火。干牛粪易燃，能起火苗，到野外容易捡到。最初不好意思用手去捡，在阿里戴手套捡牛粪可要闹大笑话，用粗铁丝做个夹子可以解决问题。日子久了，发现牛粪与烤羊肉关系如此密切，干脆赤手空拳把一大堆牛粪抱回来。烤羊肉要撒上盐、辣椒粉、胡椒粉，在火上翻转，滋滋作响，肉香馋人。糌粑是把青稞粉和奶酪捏成的饭团，平时吃了胀气，出门走远路是必需的食物，耐饥。藏族老乡捏糌粑，不洗手。他们技术熟练，捏出来的糌粑将青稞粉和奶酪充分揉和，有味。酥油茶是阿里的“咖啡牛奶”。在寒冷、干旱地区，藏族的食谱是有道理的。我们医疗队有位中年女医师，她腿短了些，不敢长途骑马，胃肠道也不能接受糌粑和酥油茶，只能在狮泉河大院医务所留守，可见胃肠道也需入乡随俗。

阿里（作者拍摄）

阿里土地面积31万平方公里，江苏省10万平方公里。据说一个日土县可能有江苏省那么大。骑马巡诊，远的一个来回要七八天。从日土县到下辖的热帮、多玛、日松、乌江等区巡诊，每次骑马八九个小时是平常事。当地的藏民知道北京来了医疗队，主动赶来日土县城看病。上午门诊患者有时可增加到10位左右，完全出乎我们初到狮泉河大院时的猜测。除了按规定周三、周五下午政治学习外，每天下午安排手术，有外科的、妇产科的、口腔科的。初期开展小手术，很顺利。

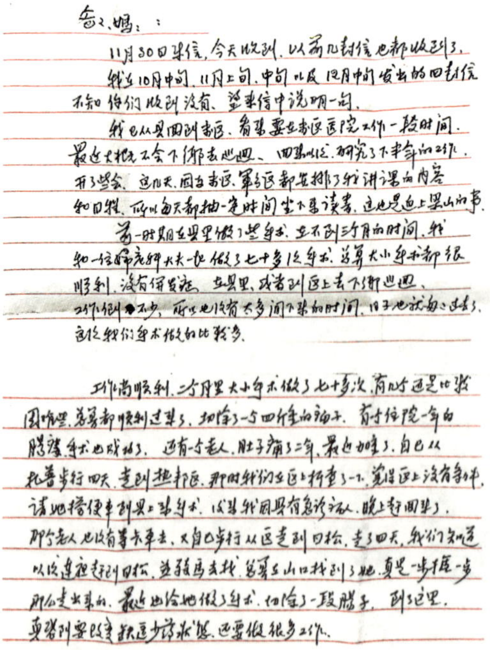

爸爸、妈妈：

11月30日来信，今天收到。以前几封信也都收到了。

我在10月中旬、11月上旬、中旬以及12月中旬发出的四封信不知你们收到没有，望来信中说明一下。

我已从县回到专区，看来要在专区医院工作一段时间。最近大概不会下乡去巡回、回来以后，研究了下半年的工作，开了些会。这几天，因为专区、军分区都安排了我讲课的内容和日程，所以每天都抽一定时间坐下来读书，这也是逼上梁山的事。

前一时期在县里做了些手术，在不到三个月的时间，我和一位妇产科大夫一起做了七十多次手术，总算大小手术都很顺利，没有併发症。在县里、或者到区上去下乡巡回，工作倒不少，所以也没有太多闲下来的时间，日子也就匆匆过去了。这次我们手术做的比较多。

工作尚顺利，二个月里大小手术做了七十多次，有几个还是比较困难的，总算都顺利过来了。切除了一个四斤重的瘤子。有个住院一年的膀胱手术也成功了。还有一个老人，肚子痛了二年，最近加重了，自己从扎普步行四天，走到热帮区，那时我们在区上检查了一下，觉得区上没有条件，请她搭便车到县上来手术。以后我因县有急诊病人，晚上赶回来了。那个老人也没有等卡车去，又自己步行从区走到日松，走了四天，我们知道以后连夜赶到日松，并骑马去找，总算在山口找到了她。真是一步挨一步那么走出来的。最近也给她做了手术，切除了一段肠子。到这里，真感到要改变缺医少药状态，还要做很多工作。

给爸爸妈妈的家信

一位老年妇女腹痛两年，近来加重，从扎普步行4天到热帮区找巡诊中的北京医疗队。经检查，需要手术治疗。热帮区没有条件，建议她搭乘卡车到日土县来。恰逢县里通知有急诊患者，要我当晚赶回。老人错过了时间，独自步行4天到日松。我们骑马去找，终于在山口发现了她。老人

北京协和医院吴大夫和郭护士同日土县的娃娃们在一起（作者拍摄）

孩子们需要接受教育（作者拍摄）

硬是一步一步地走过来的。凡是做医师的，谁能见之而无动于衷？我们知道自己的医术并不高明，日土医务所的手术条件也很不理想，但又怎能忍心把这样的患者撇下不管呢？在日土县，做了部分肠切除术，手术成功。我在给爸妈的家信中写了这段故事，没有记下藏族老人患的是什么病。

妇产科吴慕珍医师为一位子宫肌瘤患者做了子宫切除手术，肿瘤重13斤，满满一脸盆。一位孕妇分娩大出血，这里没有输血条件。两条生命，生与死的搏斗，一下都落在医师的手中，没有人能和她分担风险。犹豫和退缩，就是死亡。吴医师这位弱小女子突然变了个模样，过程是血腥的，结果是皆大欢喜，产妇和婴儿都活了下来。藏族老乡表达着感激之情，她们悲痛后的狂喜，让我们医疗队员掉下了眼泪。

工作有了进展，大家都忙起来了。3个月，做大小手术70多台次。生活也热乎了起来。藏民很尊重汉族医师，在日土县做手术只要征求家属的意见，家属不需要先听取活佛的旨意，然后再做出决定。在偌大的方圆之内，也见不到活佛。藏族老百姓相信医疗队。一年来，根据我在措勤和日土两个县的巡回医疗中所见，这是一个了不起的转变。然而，这样的转变仅仅是开始。一年来的生活告诉我，藏族老乡比较愿意接受现代医学的治疗。但是，他们对活佛依然保持着信赖，这种情况在一定时期内，将在西藏广大地区继续存在。一个民族要与时俱进地发展，需要思想的启蒙，唤醒内心的觉悟。孩子们需要教育，他们是西藏的未来，是西藏的主人。

阿里，第一次出诊

——2007年初稿

——2015年7月24日修稿

——2021年2月7日完稿

我们是第二批赴阿里的医疗队，由中国医学科学院和中医学院联合组成。医科院派出北京协和医院和阜外医院两支小分队，包括基本外科、妇产科、心内科、口腔科、放射科等大夫、护士以及检验科技术人员等。与阿里当地分散的医务所里单干的医师相比，我们有更多的优势，医疗队是一个团队。按照阿里地委领导的意见把医疗队分别设在两个点：日土县和措勤县。这样，医疗服务更接近牧民的帐篷。必要时可以调集有关专科的医师和护士，在县或者县下辖的某个区医务所做手术。这将是一次有趣的探索。

从狮泉河抵达日土县，我第一次把北京离家前结结实实捆绑的偌大行李包一下子抖落开来。忙着布置新的生活环境。喘息未停，消息来得突然。某家牧民患急病，要求出诊，我决定即日启程。据说要翻山越岭，为安全起见，县里委派两位藏族向导N和Z，N兼任翻译。还特意为我选一匹好马。我把睡具塞进马褡子里，显得很厚沉，由Z的坐骑驮着，为的是让我轻装上马。

N把马牵了过来，我攀鞍而上。虽说马比较矮小，我踩着马镫硬是上不去，还需Z托我一把。然后N把缰绳交给我。我第一次跨上马背，前后左右顿失依靠。在众人关切的嘱咐声中，我左右晃动着骑马缓步出了土围子的豁口，骑在马上的我像一个笨拙的木偶人。

寻找生活的乐趣（作者拍摄）

和藏族娃娃合影（作者拍摄）

强力的日照逐渐消退，夜色降临。已经越过几起几伏的山坡，离目的地尚有距离。N说要加快步伐。我的马紧跟着其他两匹，小步跑动。周围的景物简单地重复着，我免不了有几分害怕。直等到下马的时刻，双侧臀部传来一阵热辣辣的灼痛。臀部水疮磨破，湿漉漉地一大片粘在内裤上。持续几小时骑马的强迫姿势，下地后两条腿僵硬而不听使唤。一瘸一拐，煞是狼狈。

其实没有发生急病情况，来人传话有误。这里只有五顶帐篷。藏族乡亲们很快围拢来，他们难得有机会见到汉人。他们好奇地听我说汉语，看我做简单的体格检查。最靠近我的总是一群高矮不一的小孩，黝黑的脸上嵌着一对乌亮的眼珠，毫无顾忌地盯着我，叽叽喳喳不停地说着什么。世界上，孩子是最无邪的。夜色朦胧中我看着他们，从心底里祝愿他们长大后，阿里会变得更好。

因为长途骑马劳累，夜里我睡得很沉。第二天早起，我进入邻近的帐篷走访老乡家。用牦牛的毛编织的帐篷，简单得不能简单了。在帐篷里，我和藏族老乡们面对面，一点也不拘谨。喝酥油茶和微笑是阿里被普遍接受的语言，不需要翻译。这是第一次接触，谈不上交流。臀部皮肤大块磨损使我不能席地而坐，捡来一大块石头，左右半侧臀部可以交替就坐，轮换悬空。尽管无法暴露晾干，但可以减少创面受压。

我们必须在午前上马，返回日土县大院。N是行动的指挥，我和N之间没有语言障碍，他的汉语水平和办事能力无一不表示他曾在汉语干部学校受过正规培训。在返回的路上，N和Z打破了来时的沉默，两人谈得很多，音调逐步提高。因为听不懂藏语，我不好意思过多插入他们的谈话，这番热烈的对话成为伴随此行的“背景音乐”。

这次出诊，算不上是医疗服务。然而，这是我第一次在藏族牧民帐篷里过夜。看到他们真实的生活，听到他们说话。我国有这么一大片辽阔的西部地区以及在那里生活的藏族牧民，长期被阻隔在我的视野之外。来阿里，首先需要改变自己。

已经是傍晚八点多钟，阿里地区的日照犹似北京夏季下午五点钟光景。远处传来一阵阵狗的狂吠声，可以看到日土县的土围子。几个小小的人影一字排开，能听到小分队伙伴们的呼唤，十分亲切。我轻提缰绳，纵马向前，开始奔跑。我随着马的节奏，双脚顶着马镫蹦跳着。天呀，我学会了骑马！狂喜使我喘不过气来。

打断精神桎梏　开垦耕种

——2021年2月7日完稿

在日土县，总能有意外的发现。好几个世纪以来，西藏神权至上，耕地种青稞要触怒山神。就这么一道紧箍咒和套在藏民头上的箍，社会发展停滞千年。荒唐的是解放前，西藏地方政府从印度进口粮食，专供地方政府各级官员和寺院神职人员享用。今天，时代改变了。在驻藏汉族干部的帮助下，昔日的奴隶为了生存，他们组织农耕生产大队150多人，开垦了150亩地种植青稞，有3000多头羊，100多匹马。与措勤和狮泉河相比，这里的气候和土地状况要好些，但是耕地播种很辛苦。老队长50多岁了，还在田野上、山沟里东奔西跑。

耕耘有收获，唤醒了希望。从现代城市人的眼里看来，马拉犁的耕种方法太原始了。然而，从游牧转向农耕是社会发展的重大变革。我在阿里见证着他们走出了第一步，我能理解这一步将给阿里带来深刻的改变，此番心理体验无疑是复杂的。我希望藏族老乡能改变自己的命运，这样的感觉是我在进藏之初所没有的。

过了春节，医疗小分队在日土县的任务告一段落，将向噶尔县转移。县委召开座谈会，向医疗队赠送了锦旗。老乡们知道我们要走，纷纷赶着路过来。那位藏族妇女，当初分娩大出血，在医疗队帮助下母亲和婴儿都活了下来。产后婴儿发高烧，抽筋，母亲惊慌大哭。大家忙了一阵子，婴儿脱离危险。这天，母亲抱

马拉犁（作者拍摄）

着孩子赶来，孩子长得胖乎乎的。她应该高兴，却大哭起来，一直送我们到土围子大门外。我们登上卡车，马达开始发动，有几位妇女情不自禁哭了，眼泪有传染性，不会流泪的男人不是男人。卡车开出去一段路，回头看，透过飞扬起来的尘土，老乡们还在挥手。别了，日土县。别了，藏族老乡们。

从马上摔下来

——2011年8月6日初稿

——2015年11月5日修稿

——2021年2月7日完稿

晨起，天阴多云。早上有两个小组要外出巡诊，三位医疗队员，两位藏族向导。两条不同的巡诊路线由区政府安排，沿途事务由向导料理。我们只需要背上那只笨重的木头药箱。卧具塞在马褡子里，厚厚的，分别由两匹马驮着。出发时集合在一起，有七匹马，一支小小的马队。估计来回需要七八天工夫。高原上很静，马蹄声碎，我骑在马背上，不知在想些什么。

这一天出巡，在安排方面可以说一切正常。马的步态很平稳，我没有做出让马感到不舒服的动作，也没有任何征兆预示会发生事故。然而，短短的一瞬间，我从马上摔了下来。当我重新发现自己的时候，屁股坐在地上。我头脑清醒，试着活动两条腿，没有问题。可是左肘关节不能动弹，麻木，不知疼痛。穿着厚重的衣服，不知道有没有开放性伤口。马没有离开我，站得很近。有人找来几根细树枝，用药箱内的绑带帮我把前臂固定好，挂在脖子上。众人把我推上一块大石头，扶我跨上马背。向导告诉我，如果继续前进，先要翻过前方一座大山，估计骑马要走四五个小时。后续的路比较远，可能傍晚到达第一站。那边的土围子里没有医务所，我决定撤回狮泉河接受检查和治疗，和医疗队伙伴们分道扬镳了。

骑在马背上，慢步走着，身体免不了要摇晃，左肘关节疼痛发作。退到下一站，藏族干部直率地说，此地离狮泉河远着呢。他干脆给我换上大卡车，可以快一点，向导和我同行。车速比马要快，路面不平，颠簸得很厉害。我咬住牙忍住疼痛，额头冒着汗。不知经过几个小时，撤回到了另一个站。站主人想了一想说：恰好有一辆吉普停靠着，跑得比大车快。在征得我同意后，司机跑着去试车。好心的人们给我端上两大碗酥油茶，帮我提精神。喝完茶，我不敢再要，估计到狮泉河后，需要全身麻醉。众人忙了一阵子，扶我上车，向导在后座上。很快上路，下一站直达狮泉河。临别时刻，连一声谢谢都没有说。在患难的关头，遇上这么一伙好心的藏族干部和老乡，他们的热情真诚使我备受感动。他们中间有的人从来没有见过汉人，他们知道我是医师，从马上摔了下来，仅此而已。

在奔向狮泉河的路上，很长一段是“搓板路”。向导问我：要快点，还是慢点？车开得慢，也要上下颠簸。倒不如开快，可以早到，豁出去了。我使劲压住左臂和左肩，把牙齿咬得紧紧的。每次较大的颠簸，就像一次电击。唯一的念头就是想着“痛苦总要过去”。看见狮泉河机关大院一排排的土屋，就像回到了家。这里也是医疗队的联络站，有几位医疗队员轮换着留在那里休整。夜幕已经落下。阜外医院心内科白医师先测我血压，听诊心脏，很快挂上静脉点滴。没有开放创口。医务所有架X光机，摄片、洗片和读片都由阜外医院放射科李医师一人干。最后诊断：左肘关节完全性脱臼，没有骨折。处理方案说来简单，全身麻醉下手法复位。狮泉河医务所有一位专职的常驻的汉族外科医师，他拿主意。

所谓全麻，说的是20世纪50年代初曾盛行一时的乙醚面罩吸入麻醉。在诱导期，最初吸入的几口，特别刺激。乙醚浓度逐步加大，其苦难言。说不出话来，欲罢不能。我暗自祷念：“一切要来的，快来吧。”几乎在强制性窒息中昏睡过去。等我苏醒过来的时候，已过半夜。

大家坦诚地告诉我：没有骨科大夫，手法复位不顺利，麻醉也不满意。干体力活的人手倒是不缺，有拉的，有扯的，有呐喊的，一伙人热热闹闹把这件事办

1972年骑马外出巡诊的路上（作者得意的摄影作品）

了。没过多久，左上肢肿胀，远端血液循环受阻，把石膏锯开了，变成石膏托。肘部上下大片瘀斑，肩部也是。最后效果却很好。一个月后左肘关节可以活动，没有后遗症。真要感谢那帮哥们儿。

康复需要时间，搓洗换下来的衣裤有困难。脱下来的内裤裤裆里有一大堆银白色颗粒，圆圆的、胖胖的，鼓鼓的、亮亮的。这小玩意儿从来没有见过。请教同室的放射科李医师，他失声大笑：“这是虱子。”呵，虱子原来这般模样。乍一看，顶逗人的。难怪阿Q要把虱子放在嘴里，咬得噼啪作响。我很好奇，却没有阿Q那股馋劲。可怜那位李医师，我的内衣裤洗涤由他包干，他洗了好些日子，怪不好意思。一个月以后，我解除石膏托。

怎么从马上摔下来的，我再也想不起来。然而，我能记住，一路上颠簸，那些陌生的藏族干部和老乡，他们与我素不相识，却把我快速转运到狮泉河。军分区政委特意赶到狮泉河机关大院来看望我，政委的话很简单，暖暖的。阿里生活艰苦。在阿里，有友情，有人的感情，这是宝贵的。一个月后，我可以离开狮泉河，骑马重新踏上巡诊之路。那天，太阳格外炫目。放眼望去，蓝天在上，高原雪山，一片白茫茫。愿人世间也能像阿里雪山上的雪那么纯洁、安静、明朗。

一位向导一匹马

——2016年4月初稿

——2021年2月10日完稿

此次巡诊，我和藏族翻译T搭档。他是向导，巡诊路线和准备工作做得有板有眼，说汉语也很流利。他面带微笑，隐隐地透出一缕淡淡的狡黠。他喜欢穿方格子红色衬衫，褪下羊皮大袍右侧衣袖，把它塞进腰带，这种服装款式显出他与众不同的帅气。他不是干部。据介绍，他早年曾被派往北京民族学院学习。因为家庭关系，不可能当干部。但因为他的人缘好，留在区里做些杂务。

医疗队员骑马外出巡诊，大部分时间在马背上。连续几个小时的颠簸，我的肩胛骨似乎失去肌肉的支持会自行解脱下来似的。颈项部、整个脊柱，特别是腰部酸痛难忍，我费劲地扛住那颗沉重的脑袋。对饥渴感的耐受性考验着骑马人的体力。这无疑是一种磨炼。

高原上日照时间延长。当我们走出藏族牧民的帐篷，准备打道回区政府的时候，天色还亮。向导告诉我：翻过一个山头，离区政府所在地就不远了。我在阿里生活久了，对“不远了”这类口头禅能有更确切的理解。上坡斜度缓和。踏上山脊之顶，暮色渐渐降临。下坡很陡，满山坡的碎石，山谷很深。为减轻马的负重，T翻身下马，在我身后步行。我对自己双腿缺乏信心，没有勇气下马行走。我全神贯注设法维持身体的平衡，防止从前面掀翻下来。下坡时可以感到马的前蹄强劲有力，能轻巧地避开大的石块，踏着不规则的碎步，寻找可以通行的缝隙，缓缓下山。

行至半山腰无意中回顾身后，T不见了？！我孤单单的一个人，身处荒山乱石之中，前不知去向，后不见来路，迷路的恐惧顿使我毛骨悚然。我让马横了过来停止前进，在马背上坐稳了，睁大眼睛搜索，终于捕捉到T的身影。远远望去，约莫我中指那么大。他牵着马，在高高的山脊上。天哪，他并没有顺着坡下山，却取与山脊平行的方向，从容不迫地走着，好像他原来就是单身独行。这不越走越远了吗？什么时候他擅自分道？我不曾察觉。此时我挺直身子喊叫，能听到空谷中的回音，但是T没有应答。叫天，天应，人不应。T似乎把我这个人忘得一干二净。我想爬坡而上，向他靠拢。马不肯，像钉在地上似的，坚决不动。

应对突然事件，人的本能可以产生两种反应：逃避或者抗争。短暂的惶恐过后，我被深深地激怒，拨转马头继续顺坡下山。我竭力保持平衡，免得滚下山去摔断了骨头。终于到达谷底，道路比较宽，算得上双行线，我略微松了一口气。月亮正从山脊背后爬上来。前方山谷越来越宽，越来越明亮，身后山谷拐弯深处显得阴森。我骑马走在道路的中央，小心翼翼注视着道路两旁。此刻最大的威胁莫过于半路杀出一群恶狼，对人和马发起有组织的攻击，汉族干部曾经多次跟我讲狼群的故事。糟糕的是我没有带上手枪，我只能紧握手电筒，希望晃动的灯光，或许能产生阻吓的作用。

月光洒满大地，那么透明，那么清澈。高原恰似铺上了一层水银，那种液体金属折射出奇特的反光，冷冷的。空气似乎停止流动，凝固在晶体里。周围出奇地寂静，清晰的马蹄声平稳而有规律，像起搏器那样激动着我的心脏。我预感如果马蹄声停了，我的心脏也将骤然停止搏动。

行至三岔路口，一条道向左，沿着绵延的山峦而行；另一条道向右，地势起伏，但视野开阔。我迷失了方向。如果是道地的北京人，走到哪里都能辨出东西南北。但是，我出生在上海，走路辨别方向只认左右。我不知道阿里这段边境线是与尼泊尔还是与印度为界。眼下我身处何方？我会误越国境，闯入邻国的管辖地区吗？我只能凭直觉转向右方。

我以手中的缰绳对马发出指令，马向前走着，不时以大鼻孔喘粗气，表示无奈的埋怨。他的反抗是温和的。只要缰绳稍有松懈，马就自动转向左边，再次强化指令使马回到我认为正确的道路上来。不多久，马又恢复自主行动。如此奇妙的作用与反作用，走出一条左右摆动的曲折路线。我颇感别扭，没有能力使马就范。不得马心，我恐怕再也找不到区政府的所在地。这是一匹倔强的马，在默默的忍耐中，偶尔宣示潜在的彪悍。马的全身毛色发青，散在斑块带黑色，在月光下十分显眼。它与我已同行数日，唯有到此关键时刻，我才第一次认真地打量了它一番。

我把自身的安全托付给那匹不听使唤的马，它选择了左边的大道。不知走了多长的时间，清澈的月光下，坑坑洼洼的大路上，我看到了辎重卡车留下的轮胎痕迹。是谁家的卡车？已经顾不上那么多了。不远处，传来狗群的吠声。然后是散在的暗淡的光亮，时隐时现。在一定的距离之外，我绕着土垒围墙，巡视一周。几条顽皮的狗飞奔而来，在马的前后蹦跳着。这是我熟悉的区政府。

我在后门下马。从马背上卸下马鞍和毛毯子，几乎精疲力竭。大青马伸了伸脖子，把脸转向我。月光下，他的大眼睛特别亮，似乎想对我说些什么。一股热流闪电般击中了我。我抱住大青马的头，他的耳朵在弹跳着，还有那粗糙的鬃毛。大青马把我从荒山旷野带了回来。我能对它说些什么呢？后来才知道大青马的好伙伴是原区委书记。可惜区委书记被批斗，调走了，留下他心爱的马。在大青马的心目中，区委书记是不能被替代的。大青马感到孤独。我默默祈祷那位区委书记能回来，大青马能重新回到他的伙伴身边。我轻轻拍打着大青马长长的颈部。我相信总会有这么一天。

在西藏阿里高原的辽阔地域，很可能迷路。然而，医疗队队员外出巡诊都有识途的向导陪同。此次却迷了路，不正常。区里的藏族干部见我黑夜单骑归来，显然很吃惊。我简短地讲述了事情的经过。他提了两三个问题，急步走出屋去。不一会儿，五六条黑影翻身上马，背上枪，在一片嘈杂的马蹄声中冲出了土围子大门。似乎过了很长很长的时间，院子里静静的，不见马队回来。

房间的厚门帘轻轻被掀起，“队长，您回来啦。我找您大半天，您到哪里去了？”他就是向导T，笑容可掬。好聪明的提问！我坐着，不起身，眼睛直盯着他。“我正找你，大声叫你。你听不见吧。”T退出，他很知趣。我不知道他如何向区里的领导交代，我也不过问此事。过了一段时日，我再也没有见到T的身影。

我在阿里生活半年多了，我相信周围的藏族老乡，他们都是厚道的人。虽然生活艰苦，他们纯朴，他们把我看成他们需要的人，是他们帮助我重建自信。凡事都可能出意外。竟然有一位颇能赢得我好感的藏族向导，深夜把我撇在荒山丛岭之中。为什么？不能理解。我看见他外露的表情，看不见他内在的思想。表情在光亮下，思想在阴暗处。

或有可能，是精干的向导偶然在工作中有点小小的疏忽。但是，那匹倔强的大青马不听从我的指挥，固执地按它的判断行事，把我带回区里。马没有欺骗我，马的精神令我敬佩。如果没有识途老马，我越往前走，将偏离区政府大院越来越远，在蛮荒的高原上，没有远程呼叫系统，没有野外独立生活的经验，我将掉入“肉眼看不见的黑洞”。

今天，当我拿起笔写下这段故事的时候，我把深深埋藏着的记忆挖掘出来。我静静地思考着。那天迷路的深夜，月光洒满大地，那么透明，那么清澈，我终生难忘。

马和我的缘分

——2006年12月21日初稿

——2007年8月1日修稿

——2007年8月5日完稿

医疗队在阿里的任务是外出巡诊，到藏民帐篷里去诊治患者。藏民居住得非常分散，各家距离很远，经常因牧场更替而迁移帐篷，是标准的游牧生活。作为交通工具，吉普车的用途在这里明显受限。如果途中车辆发生故障，或遭遇风暴袭击、大雪封山，后果是灾难性的。外出巡诊必须骑马，称马为坐骑，就是把马当作交通工具。从此我和马建立了奇妙的关系。

记得刚来西藏时，出现在我面前的那匹马比较矮小，肌肉并不发达，但体形结实，一副温顺谦逊的模样，给我安全感。徐悲鸿画中的骏马，有很大的观赏性，却难以驾驭。我那匹马，如果与塞万提斯笔下唐·吉诃德的那匹瘦马相比较，要精神得多。我很清楚自己不是一个热衷于武士传奇美梦的人，也没有那种铲除人间不平事的侠义勇气。唐·吉诃德虽然显得滑稽又愚蠢，然而他是一位心胸坦诚的人，从来不因失败而气馁的精神正是我所需要的。

我缺乏动物学方面的知识，不敢妄自猜测马是否能听见并且发出多种频道的语音，以便与外界保持联系。最初见面之时，马和我之间没有可以沟通的语言。生活使我很快懂得彼此的肢体动作，能够很好地表达各自的意愿、要求和情绪，理解对方的反馈。马和我的沟通方式是建立在互相尊重基础上的肢体语言。

缰绳是控制权。按平等的态度而言，缰绳是保持我和马共同行动的重要联系。一旦缰绳在握，不能撒手，除非下马准备离去。下马后应该把缰绳拴好。如何告诉马该出发了？只需轻轻勒一下缰绳，马就缓慢起步。如果我把缰绳勒得太紧、太猛，马会突然跃起，快步飞奔。马在想："你这家伙发疯啦？干吗着急？"记得书本上有"悬崖勒马"一词，这里所说的"勒"，意指"勒令"马止步，并非"勒紧"缰绳。一念之错，可以粉身碎骨。可见，读书务求正确理解，尽管读书可以不求甚解。

要停止前进，只需把身体向前稍作倾斜，因为这是翻身下马的第一个动作，马容易领会，自然停步。马的肚带一定要勒紧，以免长途颠簸中马鞍滑动，损伤马背。马很有办法惩罚粗心大意的骑手。马镫很重要，它把人和马连成一个整体。对于初学骑马的新手尤其如此。谁如果心急火燎，用足跟猛击马的肚皮，马会忽地蹿出，冷不防把骑马人从背上甩出去。马在说："这家伙不讲道理。去你的！"此时，如果骑马人的鞋被套在马镫里太紧太深，马会拖着人狂奔一阵。这叫作"套镫"，是危险动作。马不能忍受粗暴。

说"鞍马劳顿"，人固然累，其实马更累。所以就算我已经疲劳不堪、举步维艰，下马第一件事，也必须把全套马具包括马鞍、笼套、马镫等，统统卸下，解除马的负担。这样如同我在向马说："你辛苦了，谢谢。"信息的传递是双向的。首先要学会和马建立起平等的伙伴关系。

马的语言如此朴实而简单，要求人平等地对待马。与人的语言不同，马的语言没有虚伪性，没有欺骗性。无论马愿意接受我还是排斥我，总是直言不讳。它表达意见是坦诚的、直率的。马以敦厚的气质告诉我，它是可靠的对话者。它提供的服务也是实实在在的，胜过连篇累牍的口是心非的说教，马的言行一致，使我感到安慰。马带着我从狂热的混乱的氛围中走出来，使我对一个平和的安定的时代的诞生产生强烈的希望。马对我不抱有什么企图，不把我当作它的工具，我有什么理由把马当作单纯的交通工具呢？

我从笨拙地不会翻身上马到自如地骑马去巡诊，并且能懂马的“语言”，这番经历莫名使我对自己恢复了信心。从我第一天跨上马背之日起，我和马的缘分帮我揭开了西藏高原生活的新的一页。生活在西藏高原，马是我忠诚的伙伴。

日土县帐篷内外

——2005年初稿

——2021年2月10日完稿

外出巡诊，我从上午出发，晚上八点多钟才赶到打青稞的场地，太阳已经落到山坡后面去了。刚下马两腿发麻，迈不开步。老乡从帐篷里出来迎接我，他们没有想到汉族医师会来看望他们。

这里帐篷很简单，有两根木柱子支撑着，估计已转手好几代人了，再也看不出原木的颜色。帐篷用牦牛毛编织而成，组织稀松，近乎半透明，通气性好，保暖性可想而知。四周用粗毛绳系在牦牛角上，牛角尖钉入地下。帐篷底部四周依次堆上三四层青稞的粮袋，形成一圈稳固的基础。

中央木柱下方放置一只木箱，颜色和格调与木柱完全匹配，浑然一体。木箱的前方，留出小段距离，就是取火堆。底层是羊粪颗粒，经久耐烧的羊粪堆是供暖中心，保持着最低温度。有客来访，主人临时放上几大块干牛粪，有节奏地吹气。牛粪易燃、起火苗。帐篷内顿时烟雾弥漫，呛咳难忍。帐篷的顶部有开口，烟雾由此冒出。帐篷内的火堆是核心，宾主分别坐在木箱两侧，面对着火堆，依次席地坐定。

进入帐篷，热情的主人先敬青稞酒三碗，酒清如水，口感清淡。初来阿里，但知入乡随俗，三碗一口气喝下。殊不知酒的后劲大，晕晕乎欲倒。以后长了知识，斟酒三次，每次喝一口，足矣。这是礼遇的规格。几个月来，我们尽力之所及，给他们有限的医疗服务，争取更多的机会进入藏族农牧民的生活。在物质匮乏的条件下，亲情比医疗更为重要。在藏族老乡的眼里，我们不再是外来人。

藏族老乡认为我是他们需要的人（作者拍摄）

日土县藏民（作者拍摄）

我们将离开这个居民点向另一站转移。临行那天，一位老人骑马送我上山头。他握住我的手碰自己的额头，没有语言。就在这瞬间，一股热流倾入我的心窝。我不知道老人家为什么激动，他很清楚今后再也见不到我了。在这块土地上，有着人与人之间最纯朴的感情。我听到了从心里发出的呐喊。

日土县面积大，地貌和气候条件因地而异。有次经过长长的一段峡谷，两侧峭壁，石头是黑的，峥嵘阴森之状，令人压抑。有的地区，高原开阔，可以种青稞，比较适宜生存和劳动。

从全局来看，当年的日土县是贫困地区。那里的婴孩赤裸着身子被装进一只用牦牛毛织成的线口袋，底部放上厚层干羊粪蛋，口袋外面裹上羊皮袄，这就是他们的襁褓。过一段时间，把婴孩提出来，换上新的干羊粪，婴孩不会红屁股。

阿里的孩子们没有玩具，手中捏一块腔骨可随意吸吮着。经年累月的习惯使小小的示指和拇指远端显露出红润的皮肤，与全身其他皮肤的黝黑形成反差。他

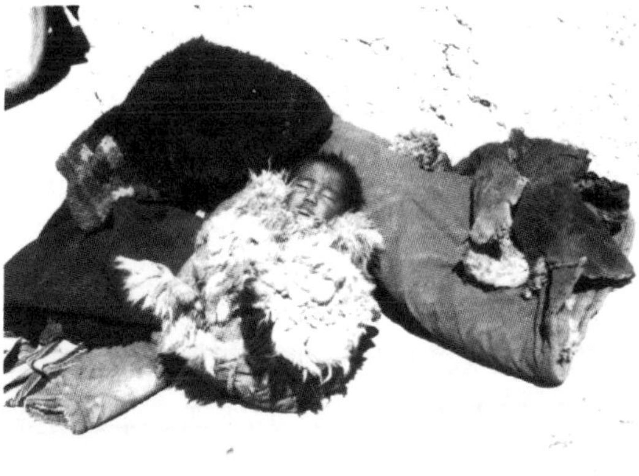

襁褓中的婴儿（作者拍摄）

大孩子抱着他的小兄弟（作者拍摄）

们喜欢蹦跳，不娇气，也不避陌生人。不需多久，他们就会依偎着我或者坐在我的腿上。

估计不到十岁，孩子就要分担一部分家务，抱弟妹等。这里没有幼儿园，没有学校。我不怀疑阿里孩子们的聪明才智。但愿他们有一天可以受到教育，享受他们应有的权利。

阿里的宰羊时节

——2016年3月18日初稿

——2021年2月10日完稿

羊为藏族提供了终生服务。一年之中某一季节，阿里老乡们需要把盐巴运往外地去贩卖。这是一项传统的地区贸易，把相应重量的盐巴装满相应大小的毛线袋里，挂在每只羊的背上。整个羊群统一装束，由一个牧羊人统领，这支驮盐的羊群浩浩荡荡出发了。跋山涉水，风餐露宿，据说往返要一个多月。每次驮运，总有好几头羊要死亡。冰雪封山之日，狂风和严寒对羊群的摧残，严酷而无情。我曾见到在凛冽的寒风吹打下，羊群在无遮拦的羊圈内，惊恐地紧挨在一起，一片哀叫声，声声揪心。

可悲的是到头来，羊免不了惨遭屠宰的厄运。人们剥羊皮、取羊毛，切割羊肉和羊骨。有了羊，就有羊粪那样永不熄灭的火种。有了羊，就有了羊皮大袍。有了羊，就能吃烤羊肉，就有酥油、酥油茶和糌粑，在漫长的历史演进中，形成西藏独特的饮食和生活习惯，莫不出于羊之所赐。

每当藏民宰羊的时节，大家在帐篷，开阔地带，席地而坐。宰羊有一套程序，开膛破肚做得很地道。从上下两端，把消化道切断，整个内脏系统被完全剥离。于是一手紧紧捏住肠道上端，一手使劲将肠内容物往下挤压，直到排空为止。不用清水灌洗肠道。把肝脏和脾脏在腹腔内原地捏碎，全部塞进肠道，两端闭死。然后放进大锅内去煮。肉香扑鼻，特别馋人。此日宰羊好几只。不远处，羊皮已下，摊开晾晒。羊肉及骨骼，按熟练的解剖手法，分类处理。羊腿是精品。烤羊肉是我们日常生活不可或缺的一部分。

把煮熟的香肠切成一段一段的，大家用手抓来。吆喝声、打闹声，声声入

宰羊时节，阿里的藏民们（作者拍摄）

耳。羊肠、羊肝、羊血，样样可口。我私下里假设，人的肠道可能和大脑情感中枢有着特种联系，把肠道喂好了，人感到舒坦、痛快。想起历史上那么多的文人墨客，喜欢以诗词抒情，郁郁乎文哉，却不知所从。今日在阿里和藏族老乡们在一起，痛饮青稞酒，饱餐牛羊肉，乐在其中矣。在西藏高原，我应该看得更远。

黑色的乌鸦

——2007年7月18日初稿

——2008年5月12日完稿

谁说天下乌鸦一般黑？天下乌鸦阿里的最黑。黑得发亮，黑得出油，黑得有神，一片黑带出一片光亮。阿里的乌鸦因其迷人的黑色，虽然并不妖娆，却染上几分黑美人的诱惑力。人，千万不能自作多情。在藏民的心目中，乌鸦是神，乌鸦不可侵犯。任何偷猎者，偷食者，必被藏民处死。这不是神话，是事实。最初进藏的解放军曾为此立下一条纪律，军中无戏言。

乌鸦低空掠飞，总喜欢贴着我的头顶冲下来。阿里乌鸦羽毛丰满，双翅展开，超过我的肩宽。它没有忽视我的存在，不过显示某种冷漠，不屑一顾。在这大块天地中，杀戮始终在进行，悄然而有序。乌鸦能够找到恰当的生存空间，来去自由，超然自在，俨然君子气派，道貌岸然。

现在我来到西藏高原，乌鸦有点瞧不起我。它和我保持着距离，但不攻击我，坦然地摆出那副非友非敌的姿态，毫不在乎地给我选择的自由。乌鸦的黑色不代表邪恶、不代表灾难。西藏的乌鸦告诉我：地球在转动着。我要站住了，不应该倒下。在充满矛盾的生物世界中，有着广阔的生存空间。乌鸦是智者。在宰羊时节，乌鸦会不请自来。

宰羊之日羊肠大餐，美美地饱食一顿，配上浑浊不清的羊肠水，原汤化原食，道地的十全大补。始知幸福竟会如此简单。

此日宰羊好几只，一片狼藉。成群的乌鸦，一旁侍候已久，聒噪而上，顾不上绅士风度。乌鸦徒有尊神之虚名，无我等大快朵颐之实惠。到头来，人比乌鸦略胜一筹。

阿里高原上的牦牛

——2007年1月18日初稿

——2008年4月11日第一次修稿

——2015年8月20日第二次修稿

——2021年2月10日完稿

在西藏阿里高原，牦牛是庞然大物。整个体形使人想起史前时期岩洞石壁上所刻画的那种野牛。浑身披挂厚重的皮毛，双侧腹壁牛毛更长，几乎拖到地面。墨黑一色或有黑与棕褐色混杂，后者较为少见。若尾巴呈纯白色者，尤其令人瞩目。牦牛四蹄结实，步履稳健，胸、肩、臀部线条粗壮，脊梁硬朗，颈椎部隆起，牛角弯曲，呈防卫姿态，眼神凝重，牛脾气，倔强而执着，处险而不惊。

如果按照人类的心理学来划分，牦牛可能属于被动攻击型。通俗的说法，善待牦牛者，必得善报。人不犯牛，牛决不犯人。人若犯牛，牛必犯人，以牙还牙，置侵犯者于死地，毫不含糊。牦牛威武不淫，是非分明。牦牛外貌强悍、粗犷，充分展示威慑的力量，但不是为所欲为。它决不发起无情的打击。我从来不认为牦牛是高原上的霸主，它以惊人的蛮力和耐力，服务高原上的人们。牦牛善待善良的人，不怀疑、不猜忌，表现出充分信任。但是处在严酷的生存条件、危机四伏的环境里，牦牛已不知温情脉脉为何物。它不会引诱我去抚摸它的鼻梁或面颊或去拍打它粗壮的颈部。牦牛不善于表达亲切感。在细腻情感的沟通方面，牦牛不如狗，也不如马。

牦牛和藏民们（作者拍摄）

山上的牦牛（作者拍摄）

有藏民的地方，就会有牦牛（作者拍摄）

牦牛成群地在整片山坡上移动着，三三两两、行动迟缓，从容不迫、旁若无类。远处望去，疑似一片稀疏的乌云，在山坡上静悄悄地掠过。这是一支不容其他生物轻视的队伍，虽然队形散乱，没有领头的，没有殿后的，却方向一致，气势不凡。牦牛被驯服、被畜养，成为藏民在高原上生存的重要伙伴。尽管阿里人烟稀少，凡是有藏民居住的地方，就会有牦牛。牦牛组成的辎重运输大队，能水陆兼程，不避急流，不畏山路艰险，任重而致远，不达目的地，不罢休。

牦牛身躯不及大象高大。大象能挥舞鼻子显示威力，足以自卫。从不侵犯无辜，这是大象的美德。大象享受着优越的自然条件，悠然自在。牦牛以特有的忍耐、坚韧，在高原恶劣的自然环境中，顶着呼啸的狂风，冒着严寒和缺氧，处之泰然。牦牛付出得多，索取得少。在这一层面上，大象不如牦牛。

有牦牛的地方，也有我

永恒的太阳以无穷的光和热覆盖着大地。太阳以不同的光照，使大地折射出不同的色彩和景象。雪线下黑色山峦，茫茫荒野，遍地碎石。但见散在的灌木丛，低矮的红柳，忍受着严寒和缺氧。没有红土，没有绿地，没有鲜花。我离开北京，千里迢迢来到阿里高原。牦牛向我径直走来。黑色的牦牛，黑色的毛、黑色的眼睛给身处困境的人们带来宽慰和力量。牦牛自信、无畏、忍耐。牦牛的气势显示其生的尊严。我不无自豪地说，有牦牛的地方，也有我。

高原上的万物生灵

——2007年7月14日初稿

——2008年5月12日完稿

阿里除了马、牦牛与藏民共生存以外，最常相伴的还有狗。它们具有共同的美德：都是人类的朋友。在蛮荒之野，还可能会见到狼、鹰和田鼠所组成的“友好”的强势对立面。在严酷的生态环境中，保持着大自然亦和谐、亦矛盾的态势。

狗，我在城市时就比较熟悉。初到阿里，狗很可能嗅到我身上刺鼻的城市异味，认为很有必要对这样一位入境者进行近距离考察。当我初次享用广阔大地、大行方便之时，曾经遭遇突如其来的围堵。狗，以五只之众，缓步走来，从容不迫，意图不明。出于本能反应，我赶紧收拾停当，系上裤带，以确保行动自由。随手捡起两块石头，以防不测。约在五步开外，狗依次蹲下，前后左右，团团围住。恰似六方会谈的局面，似乎僵持了很长很长一段时间，考验着我与狗双边的耐性。在众目睽睽之下，我与狗面面相觑。看上去，这群狗很像牧羊犬，比较面熟，绝非藏獒之辈，但体形壮硕，直立高度足以扼住我的咽喉，猛扑上来足以把我掀翻在地。我毅然放弃对抗的决心，避免激化矛盾。幸好我与狗，在城市里有过一段友好共处的经验。姑念昔日一番交情，我选择了对话。以同样的从容不迫，我站了起来。急切之下，我开始讲上海话。自信这种与生俱来的母语，可以恰如其分表达和解和安抚的信息。狗，善解人意，其应变机智确实惊人。我突然意识到我与狗有着可以沟通的语言。狗终于依次散开，离我而去。毫无疑问，第一个撤退的是英明的领导者。就这样，我通过了高原上的第一次入境面试。

与人的一般水平相比较，狗的情商并不低下。狗在处理种群关系时，谙韬略，知进退。从总体来看，人和狗是朋友。特别对老弱无援者、被社会抛弃的孤独者，狗是可以信赖的伙伴。狗给人们温情、友善和帮助。在人的生命受到威胁的危急关头，狗是现场的保卫者和第一时间的救生员。然而，狗深知人以群分，有好人，也有坏人，好人也远非完人。狗讨厌虚伪，憎恶欺诈。因此，狗对人要进行考察和甄别。赫胥黎说：“对狗而言，每位主人都是拿破仑。”在阿里，我不是狗的主人。可是，每当我出外巡诊之日，成群的狗跳跃着，奔跑着，兴奋地狂吠，以示欢送，以壮我行。我整装上马，放眼大地，打心里涌现出一股豪迈之情：在现实生活中，我不是唐·吉诃德。

在西藏高原，狼绝不是人类的朋友，无法想象人与狼共舞。狼能窥伺时机瞄准那些掉队的孤立无援的老弱病残者，群起而攻之。这种攻击，有成熟的策略。把视线从残杀的现场移开，不难发现远处山崖上一只狼傲然坐镇，它就是黑社会的龙头老大。因为有组织，狼为非作歹，肆无忌惮。狼群攻击马匹的故事，时有所闻。马的面颊、颈项，全被抓烂、撕裂。马回到马群中，马群围住那伤痕累累的马，直到受伤的马最终倒下。马会流泪，但狼冷酷而残忍。在漆黑的夜幕中，狼群的目光闪烁着，像鬼火，不即不离，徘徊在周围。面对狼的包围，不能躺倒，必须站起来。即使没有自卫能力，也要取对峙之势。狼怕光、怕火、怕枪声。狼没有勇气正视牦牛。

鹰是高原上的强者。那炯炯有神的眼光，站在巍巍的山巅之上，傲视旷野，不可一世。锐喙、利爪、宽大的翅膀，可怕的盘旋和俯冲，致命的攻击力，夺取弱者的生命，有恃无恐。鹰吞食人群遗弃的尸体，以大自然的清道夫自诩，沾沾自喜。鹰高高在上，普天之下，莫非王土。鹰是黩武者、是暴君。

西藏高原孕育着多种有灵性的生命。不同生灵间的友爱、协作或是伤害都属大自然。人并非万物之灵，只是其中的一部分。在人群密集的社会里，不时闪现着狼等禽兽的影子。西藏的刺猬为了临时的共同利益彼此靠拢，取暖求生。终因自私和贪婪，近距离摩擦，相互刺伤。这样的悲剧，以不同的形式、不同色彩的故事，在人类社会里也重复上演着。

倒逼出来的才干

——2015年11月22日初稿

——2021年1月30日修稿

——2021年2月10日完稿

年底按地委指示，我将要抽出一段时间回狮泉河，讨论下一阶段的工作，同时组织一系列讲课。心内科、放射科、检验科都参加。有几位临床医师在县里，一时回不来。此刻不知从哪里弄来几本书，也忘了怎样自编讲义，但求不误人子弟为好。春节临近，送来一位部队战士，胃大出血，急诊做了胃大部切除术。军分区司令员亲自参加术前讨论，观看手术。完毕后，和我们一起吃了饭，匆匆离去。

卡车与帐篷共存（作者拍摄）

那年春节同时也是藏历新年。地委和军分区领导分别邀请我们参加宴会，地方小，来宾多，很热闹。还有一些人登门拜年。忙了好几天，没有想家。我从狮泉河返回日土县，那里的小分队正准备向噶尔县转移。藏族老乡依依临别，我的心头百味杂陈。

按原定计划，下一阶段我去措勤县，离狮泉河860公里，汽车走了四天，路途颠簸，很累。牧民居住很分散，帐篷与帐篷之间，骑马要走上一天。措勤县海拔更高，大风起时飞沙走石，打在脸上很痛。一位医疗队员双手捧着一只锅，赶着回宿舍。一股风把锅盖刮跑了，只见他奔跑着去追呀追的。

下乡巡回，消耗体力。措勤县生态环境多变化，与日土县不同。有次外出巡诊，要经过大片开阔地带。向导知道在什么地方可以找到独一无二的水塘。我们约在500米处下马。卸下马具，向导牵着马去饮水，然后把小口袋饲料套上马嘴。没有拴马桩，他备有几副“套结”，用牦牛的粗毛绳织成一个“8”字扣，中间一段毛绳相连，套上马的前蹄。马能小步移动，不会放跑了。

配膳和就餐程序是地道的“阿里式”。两位向导从马背取下几只大口袋，用一只紫铜水锅打上一锅水，把整块茶砖敲下一半，加上大块盐巴投入锅中。找来三块石头，架上水锅。大家分头捡来牛粪，放在水锅下面。向导从腰带小包里，取出小块火石，击石取火。然后趴下，有节奏吹气，直到火苗蹿起。我尝试着吹上两三口，烟雾倒吸，呛咳不止，眼泪与鼻涕双管齐下，方知要做好这番操作非一日之功。高原上水加温到80℃就能煮出浓浓的茶水。手捏糌粑也需要技巧，老乡的双手能把酥油和青稞面捏得十分均匀。糌粑在握，喝上一碗浓茶，慢慢地咀嚼着，解渴耐饥。

野外的“阿里快餐”（作者拍摄）

茶后休息。把马褡子铺在地上，马鞍可以当靠背枕头，盖上大

两位能干的向导（作者拍摄）

衣。阳光普照，一头栽入梦乡。一觉醒来不知今朝是何年。两三只老鹰，展翅翱翔，高空盘旋，窥伺着我们。马儿就在不远处，前蹄被套，跳着走动，步态滑稽。我们一行三人收拾行装，翻身上马，老鹰怏怏然离开。好奇心驱使我去水溏边观看，竟是死水一潭，水色浑浊，近乎发黑，根本不是可饮之水。但是，我没有闹肚子，没有腹泻，没有在北京那种娇气。无论如何，此刻潭中之水已经化为大碗浓茶，沁我脾胃。

措勤县由中医学院医疗小分队负责。北京协和医院基本外科唐伟松医师是唯一的西医大夫，唐医师在措勤开展工作要比在狮泉河和日土县遇到的困难更多。他性格内向，毫不张扬地做了两件好事：一是他查出几位患肝包囊虫病的藏族牧民。顾不上计较手术室条件简陋，他自己做硬膜外麻醉。先后做了多次手术，使牧民得到治疗受益。二是他培养一位措勤县医务所的年轻医师，做他的手术助手。两人合作把一位患者的巨大卵巢囊肿切除。有一位产妇胎死宫内，大出血，唐医师果断地切除子宫，挽救了她的生命。

我在措勤县期间，一位黄疸患者腹痛反复发作，很痛苦，前来求诊。我们决定剖腹探查，发现胆道泥沙样结石，做了内引流手术。这样的手术，没有唐伟松医师的帮助，我一个人是不可能完成的。患者术后恢复顺利，高高兴兴地回去了。疑难病治疗成功有很强的励志作用。说实话，才干是被困难倒逼出来的。

在措勤县，中医学院医疗队员武医师下乡巡诊（作者拍摄）

北京协和医院医疗队员唐伟松医师（照片由唐伟松大夫提供）

阿里的回忆录行将结束（2021年1月30日），我特意在唐伟松医师的照片下，写上一段打油诗，以抒情怀。诗曰：

“威武英姿一条枪，
不爱‘宝马’爱骑马。”

阿里帐篷内外的生活

——2007年8月16日初稿

——2015年7月25日完稿

这里不是新疆，也不是内蒙古。西藏阿里的帐篷很简单，中间立一根木柱子，不粗，高度约两米，或者稍高一点。人们很难在方圆几十里地的范围内找出同样一株栋梁之材，奇货可居也。别小看它在小小帐篷里的作用，它的角色相当于故宫大殿之上的顶梁大柱。另有一根木柱子，支撑着帐篷的出入口。

帐篷用牦牛毛编织而成，通气性好，保暖性一般。藏民用粗毛绳将帐篷系在牦牛角上，再把牛角牢牢钉入地下固定。帐篷内中央木柱下方有取火堆，用羊粪或牛粪作燃料取暖。顶部有圆形排烟出口。

藏民帐篷内的火堆是核心，宾主分别坐在木箱两侧，席地依次坐定，面对着火堆。有时，热情的主人先敬三碗青稞酒。酒清如水，清香扑鼻，口感清淡。初次走访，但知入乡随俗，不知深浅，三碗酒一口气喝下，以志敬意，以示豪爽。殊不知青稞酒后劲不小，稍待片刻，自觉晕乎欲倒，只能故作镇静。日子久了，长了知识。原来斟酒三次，每次喝一口，足矣。这是一种礼遇的规格。

藏民们一般都喝酥油茶。大包酥油、大块粗茶砖，加上盐巴，放在木桶里，用粗木棍反复捶打、搅拌。藏族妇女打酥油茶是阿里一道美丽的景色。无论什么光照条件，无论什么视角，无论什么背景，只要留神观看，就会很容易地发现这样一幅充满生活气息的动人画面。酥油茶是阿里的“牛奶咖啡”，是不可或缺的饮料，解渴，提神，补充热卡。阿里风大，气候干燥，日照强烈，海拔高，体力

帐篷和土坯子泥屋

消耗大。骑马归来，美滋滋喝上几杯酥油茶，赛过活神仙。藏族老乡殷勤好客，为我们取出专供招待用的杯子，把尘土擦洗干净。虽然擦洗方法极不卫生，但他们的热情专注实在感人。

长年的游牧生活，风吹日晒，阿里的老乡显得苍老，皮肤粗糙，被烤成棕褐色。海拔较高的地区，妇女的脸上，主要在面颊部，必然涂上厚厚一层羊血。虽然作为医生，我能理解这是一种预防皮肤皲裂的好方法，不免还是会少见多怪，提一些傻问题。她们似乎一点儿都不介意我的好奇心，高兴地微笑着，毫不掩饰内心的得意。我也学会喝完酥油茶不擦嘴、不洗脸，酥油保护颜面部，尤其是嘴唇不开裂、不出血，特别有效。

藏族老乡每人一套羊皮大长袍，几乎终身受用，款式不分男女。体格检查，发现他们不穿内衣裤。男的腰间插把刀，为切割羊肉用。还佩上一个小口袋，有的做工精致，里面放小块打火石，以此取火。牧民没有火柴。羊皮大袍很宽大，束紧腰带，可以在胸前放上两条羊腿，为长途出行时备用。阿里老乡怀里揣的羊腿是经风干保存的，临时用刀一片片削下，可以生吃。衣兜之内，还可以带上一个婴儿。方法简便，就是用一只大小合适的毛线袋，底部填上厚层干燥的羊粪，把赤身裸体的婴儿放进去，裹在胸前。一路骑马，无碍于事。按时把婴儿取出，更换新的干燥羊粪，婴儿也不红屁股。想当年赵子龙救主，未必能把阿斗安置得如此体贴。

民以食为天。羊肉、青稞、酥油、茶砖、盐巴是民食的基本。酥油可以自产、自制、自给。羊群是最大的物资财富。然而，牧场情况令人担忧。从远处望去，尚见一片淡淡的绿痕。近处看来，出草的泥块疏散而斑秃。土地贫瘠，水源短缺。一家之主总要花一定时间外出寻找可以放牧的草场。当羊群没有青草可啃食时，人们只能拆除帐篷，全部辎重由牦牛驮着，辗转迁移，直到找到新的牧场。游牧生活离不开牦牛，“有藏民居住的地方，就会有牦牛”。

茶砖如何运进来，我没有注意。记得有一次运输上不来，解放军空军在狮泉河空投茶砖。场面壮观。阿里重要的地区贸易是贩卖盐巴。牧民们将盐巴装袋靠羊群驮运到外面去售卖。在冰雪封山的时候，人可以打石取火，还有酥油茶、糌粑和帐篷，但狂风和严寒对羊群的摧残，严酷而无情。

阿里地大而贫瘠，老乡们拥有的是太阳、大地、河流所能够提供的那么一份最基本的生存所需的物质条件资源。他们的需要已经简单得几乎不能再简单了。然而这一切并没有妨碍牧民们去寻找生活的乐趣，他们秉性纯朴、真诚。可是，阿里的生产力仍然被古老的个体的农畜牧业模式捆绑。

阿里不是世外桃源，境外的叛乱分子总要乘隙而入，这就是为什么我们阿里医疗队在外出巡诊时需要佩枪。有一位武装部主任，他体魄壮实，见到我们就微笑着。他从来不谈他在干什么，不谈他在野外生活的经验。我们不知道他的队伍常驻在哪里，不应该是一位光杆司令吧。他回机关大院没有规定的时间，住上几天又悄悄地走了。来也匆匆，去也匆匆。他的存在给我们安全感，潜意识的。

1972年，我来到了西藏阿里，一个完全陌生的世界，一个近乎原始的贫穷的社会。我想走得更近些，知道得更现实些。贫穷不是社会主义，我相信阿里终将会形成一个适合于人民居住和劳动的现代环境。

归去来兮　知来者之可追

——2015年12月12日初稿

——2020年8月2日修稿

——2021年2月7日完稿

1973年5月初，我在噶尔县。获悉卫生部来电：第三批赴阿里医疗队将在5月10日离开北京，估计1个月后到达阿里。卫生部要我们在第三批队员抵达后，再返回北京。分别在措勤县和噶尔县工作的两支医疗分队相继回狮泉河集中，大家重新相聚。一年来多少为阿里藏族老乡们做了一点有益的工作，心里也多了一点欣慰。总结会、告别座谈会、地委和军分区领导的接见，都按惯例地进行着。

有了更多的悠闲。晚上我独自坐在狮泉河大院的院子里，极目望去，大片原野，周边高山峻岭竟然不显得高大。天空深蓝色，透出幽柔的荧光，不知天有多大、多高、多深。满天繁星，闪烁着，像尘埃颗粒，不计其数。我久久地仰望着，在深奥莫测的天地之间，感到自己不过是一个完全可以被忽视的细小微粒。在数以亿万年计算的时光长河中，我的生命瞬间即逝。在城市里，天被多边切割成一块局促的空间。身处楼房的斗室，我傲据宇宙的中心。这不是单纯的视觉上的差异。

回头看我走过来的路。毕业后，我被分配在母校，没有下乡到基层去工作的经历。在大城市教学医院当住院医生，不知道农民是怎么生活的。多次奉调去妇联、工会、团中央、卫生部、中联部等单位，做一些涉外的工作。陪同外宾参加宴会、观光和访谈，见到的是我国已经取得的辉煌成就。我工作多次受到好评。成功的累积可以建立一个人的自信，也可以制造自负和傲慢。我自以为哪里都能去得，哪项工作都能做得。我所认识的世界只是上海、北京、苏州、杭州，还有广州，仅此而已，这样的生活环境局限了我对外面事物的感知能力，阿里之行扩展了我生存的境域。

如果1972年我没有到阿里来，如果没有长时间骑马踏过那些荒无人烟的土地去巡诊，如果没有走进藏族牧民的帐篷，没有进入他们的生活，我最多只能像猎奇的旅游者那样赞叹阿里神奇的仙境，我不可能有今天这番感悟。

西藏曾经长期在神权的统治下停滞在封建奴隶制社会，与世隔绝。随着西藏和平解放，鲜艳的五星红旗在这里飘扬。解放砸开了束缚千年的枷锁，掀开了西藏历史新的一页。今天我们医疗队可以乘大巴沿盘山公路，跨越界山达坂，依旧埋怨路况不好。殊不知当初根本没有路，路是进藏部队开出来的。运送粮食的牦牛大批死亡。为数众多的官兵因为缺氧、缺粮、断盐，在界山达坂上倒下，献出了他们的生命。在险恶的路段开凿，一天可以为10名左右的战士开追悼会。西藏自治区政府成立之前，西藏没有可能从中世纪的黑暗中走出来。见不到第一次工业革命和第二次工业革命对这里人们的思想产生丝毫影响。要在这样一块大地上，进行社会主义的改革和建设，毫无疑问，将是史无前例的艰巨的历史任务。

1972年我来到了阿里，我见到了藏族老乡。他们生活贫穷，难以想象。在艰苦生存的世界里，即便在马拉犁耕如此原始的生产条件下，他们脚踏在自己的土地上，劳动着，很勤奋。他们对生活的追求合乎情理。他们是昔日的奴隶，今天勇敢地迈出了社会变革的第一步，非常重要的一步。这给我深刻的印象。1972年就我个人而言，正在经受人生严峻考验。我一度很苦恼，似乎自己是“老九”，是当今社会“无用的人”，我来到了阿里，藏族老乡把我看成他们需要的人。他们开朗厚道，默默地医治着我的孤独和心头的创伤。

1973年最后要离开这块海拔4000~5000米的高原。回家的路途依旧，重新跨越界山达坂。我坐在盘山公路旁一块大石头上，沉默无言。今天的我不再是初

肃穆的界山达坂（作者拍摄）

雪山之巅的沉思

到阿里的我，我的心里有着两个我。从昨日之我向今日之我转型，明天等待着我的将会是什么?

我必须记住，一个人摔了跤，绝不能从此趴下。跌倒了，必须爬起来。李白在《行路难》一诗中描写了道路的艰难，“欲渡黄河冰塞川，将登太行雪满山”。诗的最后，他写道：“长风破浪会有时，直挂云帆济沧海。”昂扬奋发的精神应该是人生的基调。归去来兮，悟已往之不谏，知来者之可追。从高山之巅，我凝视着前方，看到了希望和光亮。

医学院给了我最基本的医疗知识。走进西藏，藏民们给了我热情，我忙忙碌碌地做对人民有益的事情。生活充实，生命有活力。过去的我正在向目前的我转变，我将不失去热情，做一个好医生。回溯往事，鼓励我从逆境中求奋进，知来者之可追。阴霾总会过去。赴藏医疗队的经历宝贵难忘，有勇气，有追求。

九、1979—1981年我的留法生涯

讲在前面的话

——2021年3月1日完稿

我国众多教学医院外科教授中如此重视生理学、病理生理学、生物化学等基础理论者，曾宪九教授另居一格。曾教授强调："外科学是随着基础医学的发展而发展的，没有外科基础科研就不会有临床外科根本性的改革。"20世纪60年代初他创建外科实验室，重点研究外科患者手术前后，水与电解质平衡以及外科患者营养代谢等问题。曾教授在人体内环境稳定等方面的开拓性研究，为危重病医学奠定了基础。

恩师曾宪九教授

危重病医学（critical care medicine，CCM）是一门新兴学科。确切地说，"危重病医学会"（Society of Critical Care Medicine，SCCM）是1970年在美国创建的，并且很快把CCM向欧洲传播和发展。然而，危重病医学的基本学术理念在我国鲜有知之者。国内还没有建立相应的临床基地，没有合乎国际规范的ICU。

1978年改革开放后，曾宪九教授审时度势决心引进危重病医学，建设ICU，以适应时代发展的需要。1979年我被委派出国学习。老师考虑到我从中学到大学在法国天主教会办的学校求学那段历史背景，授意我去法国，于是我荣幸地成为改革开放后第一批公派留法的进修生之一。两年期满回国，在北京协和医院创建ICU。在一个新的时代，我敬爱的老师曾宪九教授把我引入医学科学新的领域，并

且赋予了我新的使命。

1979年5月的一天下午，协和医院派来一辆车把我送到首都机场，同车前往的还有我的妈妈、夫人家绮和2岁多的小女儿“毛头”。此次去巴黎学习计划为期两年。虽说也是离别，但与1972年去西藏阿里离家的那一天相比（时间相隔也不过7年），心境迥然不同。拨乱反正，让我绝处逢生。1979年，我进入巴黎第五大学，开始我的留学生涯。

邓副委员长会见华侨和留学生代表

据新华社巴黎六月十六日电　邓颖超副委员长今天勉励在法国的华侨们为统一祖国和中法人民的友好而努力，并嘱咐中国留学生要勤奋学习，以后为祖国的四化作出贡献。

邓副委员长和她率领的中国人大代表团今天上午在中国驻法国大使馆会见了在法国的华侨代表和中国留学生、进修生。

她在热烈的掌声中发表讲话，她指出，侨胞们热爱祖国，关心祖国的统一，为祖国的革命和建设都作出了贡献。她希望侨胞们为实现祖国统一、使台湾早日回到祖国怀抱作出贡献。她还勉励他们继续为发展和促进中法人民之间的友好而努力。

她对中国留学生讲述了过去周恩来同志、邓小平同志等在法国勤工俭学时艰苦生活和工作的情况。她希望留学生们不辜负祖国和人民对他们的殷切希望，勤奋地学好科学技术，学好所在国的语言文字，以后回国为祖国实现四个现代化贡献力量。

邓颖超同志最后还表示，她要和大家一起为实现前述任务共同努力，进行竞赛。她的讲话生动、风趣，不断博得侨胞和留学生们一阵阵的掌声。

1980年邓颖超访法期间与留学生代表会见（第三排右六，作者）

1980年中国医学代表团访问法国（右一，作者；右二，北京协和医院病理科专家刘彤华教授；左二，前卫生部部长陈敏章）

作者（右）与前卫生部部长陈敏章（左）

巴黎大学城

——2017年11月19日初稿

——2021年2月26日完稿

1979年我到了巴黎，中国留学生被分派到巴黎不同的高等院校进修。遵照“外国学生接待中心”的安排，我们大多数留学生居住在“大学城”（Cite Universitaire）。大学城占地面积很广，每幢楼房都以不同国家的名字命名，建筑风格各有特色。以某一国家名字命名楼房并不专供该国留学生住宿，外籍学生占30%～50%。中国对外开放不久，那年是首次向法国派出留学生，“大学城”里还没有“中国楼”，我们居住比较分散。

大学城创建于1925年，由时任巴黎大学（Sorbonne）校长Andre Honnorat和实业家Emile Deutsch de la Meurthe合作创建。大学城的全名是巴黎国际大学城（Cite Internationale Universitaire de Paris，CIUP），位于巴黎第14区。大学城的南边贴近环城植树大道（Boulevard Peripherique），北面是 Parc Mont-Souris公园。

我选择了大学城最老的欧洲经典古建筑群Deutsch de la Meurthe（1925年）。大门是由一排粗大的石柱子拱顶着长条横梁，上面清楚地刻着“巴黎国际大学城”字样。石柱之间没有门，进出无阻。进入大学城，就是一大片精心修剪的几何图案式的冬青树，法国式的园艺。

巴黎国际大学城入口处

大门口拱门

再往前就是建筑群的主楼——大学城的接待大厅，很宽敞，有两层；双侧楼梯迂回而上，像两只手臂拥抱着。主楼旁有钟楼，尖耸的屋顶。主楼两侧另有两座楼房，中间一大片草地，很干净。我住在最深处的巴斯德楼（Pavillon Pasteur），和邻近的居里楼（Pavillon Curie）连成一片。

主楼的正面

接待大厅

Pavillon Pasteur楼与Curie楼联体

主楼旁的钟楼

巴黎大学城始建于哪一年，最初我不知道。有一张照片，我坐在一块大石头上，正面刻有“1842”大字，曾误信以为真。大学城的每一幢楼房都是历史的标志，是时代的见证，分散地嵌在大片的绿色草地上。

我在校园内

我选择了Deutsch de la Meurthe楼

从我居住的Pavillon Pasteur楼正面的窗子向外望去，像身处在19世纪的欧洲，四周如修道院般的安静。最初来到巴黎的中国留学生中只有我一人选择了古典的Deutsch de la Meurthe，很可能我受中学时代读过几本法国经典小说的影响，潜意识在寻梦。大学城是繁华大都市中的一块人间净土。我在巴黎学习时，对很多东西都感兴趣，不仅仅是医学。在大学城生活的两年，巴黎的历史和文化魅力第一次默默地浸润着我的头脑。一叶一菩提。一个巴黎，一个世界。

走进巴黎Cochin医院

——2018年10月3日初稿

——2021年2月28日完稿

1979年我到Cochin医院进修。我将在新的环境里，学习新的知识，这里是法国，语言不同，文化不同，生活习惯也不同。我多少有点神经质。我必须学习适应陌生的法国社会，并且融入陌生的群体中去。医院离大学城不远，在塞纳河左岸。出了地铁站Faubourg-Saint-Jacques，是一条石子路，路面干净。周围几幢石头建筑的楼房，没有商店，没有杂音。在石子路上走着，忽获一丝灵感，发现我正走在“唐僧去西方取经之

在巴黎拍摄的石子路

21世纪医院主体建筑群维修，此处为Cochin医院大楼入口

路”上，心慢慢平静下来。

Cochin医院是巴黎第五大学的教学医院。巴黎第五大学也称巴黎笛卡儿大学（Universite Paris Rene Descartes）。

勒内·笛卡儿（Rene Descartes）是法国跨越十六世纪和十七世纪的物理学家、数学家和哲学家，是解析几何学的创始人。他研究机械力学，为奠定现代科学的基础提出指导性原则。笛卡儿反对中世纪学院派的教条和思想僵化，倡导科学的方法论，敢于对没有根据的错误认识提出质疑，法国人称之为“笛卡儿精神”。他强调用清晰、准确的逻辑思维进行分析和推理，推翻不实之论说。1637年他发表的《关于方法论的演讲》是对科学的一大贡献。

Cochin医院以主教Jean-Denis Cochin命名。医院仍保留着200年前的多幢老楼，修道院建筑的古老本色依旧，一旦跨进大门，顿然感觉到这里是欧洲。Cochin医院尽管盖了一幢崭新的高楼，但在大院内各楼房之间穿行，就像在时间隧道里游走。

在上海原震旦大学医学院读书时期，老师曾经提到Widal建立伤寒的血清学诊断方法。到了法国，我才知道他是Georges-Fernand Widal教授，他在1905年任Cochin医院微生物学系主任。他为多种感染性疾病建立血清学诊断方法，其中包括针对伤寒的“Widal反应”。

他生前工作的微生物学实验室以及讲课的梯形教室都保存完整。梯形教室的讲台、地板、长排的桌凳等木材已焕然一新，但如实地维持着19世纪风格。实验室内实验桌的外形和排列一如当年，培育箱、水温箱都是原物，锃亮的紫铜和黄铜外壳，特别显眼。办公室内的摆设依旧，墙上镶嵌着Widal的大名，下面是他继任者的名单，以年代为序依次排列，这是巴黎第五大学微生物系的家谱，法国尊重历史和传统。医院微生物学大楼前的院子里，曾经有一座Widal的胸像雕塑。我进入那家医院时，胸像已经不见了。这里曾经发生过一段故事。

我留法期间，法国的政治稳定，经济繁荣。我看到的巴黎是高雅的、精致的历史和文化的产物。很难想象，1968年5月巴黎曾经发生过一场激进的大学生运动。学生要求对Sorbonne（巴黎大学）体制进行改革，学校当局反对，1968年5月3日关闭了Nanterre的Sorbonne大学。事态迅速扩大。学生首先在巴黎的Sorbonne校园内聚集，被警察驱逐。他们很快上街游行，挖出铺路砖块袭击警察，以致发生打、砸、烧等暴力行为。在野党以及政界著名人士乘机上街游行，他们的口号是“戴高乐下台”。

教育部长、著名作家Alain-Peyrefitte呼吁对话。时任总理的Georges Pompidou正在伊朗访问，5月11日赶回巴黎。他宣布释放被捕的几百名大学生，大学重新开放。理智和法治终于平息了这场历时2个多月的暴乱。

1979年，我走进Cochin医院，Widal的胸像已被闹事的大学生们搬走。面对残存的雕像基石和背面的影壁，我暗自寻思巴黎是几个世纪以来一代又一代的精英用智慧和勇气建设起来的城市，在巴黎大学接受教育的大学生们竟然失去理性，任性加以破坏，这使我不能理解。

有一天，法国朋友送给我一本书《法国医院的历史》（*Histoire des Hopitaux en France*），由Jean Imbert领衔编辑。我认真地阅读了有关1968年学生运动的篇章，特别注意到当时大学生对医学院体制改革的要求。1960年法国在校医学生共31 000人，1968年增加到80 000人。然而，很多医院并不承担医学生的临床实习任务，影响医学教学的质量。因此，有必要调整医学院与医院的关系，让更多的医学生能有机会进入临床实习。就大学生这项要求而言，无可非议。但是，搞打、砸、烧破坏巴黎这座美丽的城市的行为，应该谴责。

继第四共和国之后，法兰西第五共和国成立，政府对巴黎大学的体制进行改革。1970年12月31日，“Sorbonne”（巴黎大学）作为欧洲第二所最古老的大学退出历史舞台，不复存在。遵照Faure法律，1971年改组Sorbonne原有的5所学院（Faculties），分设为12所新的巴黎大学，成为法国著名的研究型大学。在这一系列改革中，可以明显地看到1968年5月学生运动的影响。所以，历史文献比较客观地称之为“French May”（法兰西五月），没有加上“Revolte”（造反）等字样。

我有好运气。1979—1981年，在我留法期间，巴黎第五大学的“笛卡儿精神”犹存，Widal的治学精神犹存，巴黎仍然是巴黎，留法学习使我受益。一所大学要尊重自身固有的传统，在新时代的大变革中，大学要防止任何蛊惑人心的过激思潮的干扰或冲击，善于抓住战略性转折，引领科学和文化的创新。这样的大学才有生命力。

法国教学医院的临床教学

——2019年10月4日初稿

——2021年2月26日完稿

1979年，我第一次走进巴黎教学医院的ICU，映入眼帘的是床边监测仪屏幕上闪烁的数字和移动着的曲线。一只落地的柜子原来是呼吸机。尽管当年法国ICU的医疗装备远没有今天那么精致，但我当时面对的是一种完全陌生的环境。法国医生习惯用首字母缩略词讲话，我听不懂。我迫切需要提高法语的学术语言水平，才能进一步提高我的医学认知能力。

一位法国住院医师推荐我去Gibert Jeune书店，离医院不远。在那里，我找到了一本专讲血流动力学生理学和病理生理学的书，行文简明，附有很多示意图，容易读懂。平装本，价格适可，我如获至宝。

Cochin医院ICU主任的病房巡诊是临床教学的重要内容。在听取病例报告后，主任开始一连串的提问。我心里打鼓。若轮到我，许多问题我将答不上来。来巴黎之前，我对危重病医学的基本问题缺乏系统性学习。如果我等待着某一天会有某一位法国医生给我讲解和指导，这样的医生不可能出现。我既然下决心到法国来学习，应该知道自己需要学什么。

某个星期六下午，我脱下工作服，准备离去。冷不防，迎面碰上主治医师。他说：“明天上午九时，你到我办公室来。”他要我做什么？出于礼貌，我没有问。翌日我准时赴约。老师的办公室在地下室，很宽敞。我与他对面就坐后，他递给我一支笔，把一张纸推到我面前，要我勾画出低钠血症的不同临床分型和相应的定义，以及由此推出临床治疗的原则。“只谈框架、大线条、不谈细节”，他说。

水与电解质平衡紊乱问题是每一位临床医生每天面对的问题，低钠血症的改变最为常见。在国内，我从来没有从血钠与总体水的对比关系加以考虑。老师注意到我缺乏应有的理解能力，知其一，不知其二。他不满意我的回答，但不作具体解答。简单地说了一句“Pas de complex”（不要自卑），要我学会阅读。谈话短时间内结束。

从医院出来，我想了很久。北京协和医院曾宪九教授创建的外科代谢与营养实验室在1962年就成功地用重水测量人的总体水。曾教授为什么如此重视总体水的测定？外科实验室成功地建立电解质测定。研究课题概称为“水与电解质平衡”，也就是说，实验室电解质测定必须与总体水情况的改变相联系，加以综合考虑。低血钠症可以由不同病因产生，治疗当然不一样。这些实验室检验结果，能帮助临床医师对外科患者手术前后的改变，有进一步的理解，目的是减少病死率。Cochin医院这场短时间的面试给我很大触动。

法国老师的提问，重点在生理学和病理生理学基本问题的知识，并不涉及临床治疗的新进展或者科研的新成果。他要求我学会思考，不希望我“抄袭处方”（Copier les recettes）。我首次感受法国医学教学很重视基础知识的临床应用。此时此刻，我想起曾宪九教授临行前给我的嘱托：“知其然，知其所以然。”

第一学年，巴黎教学医院不承认我的临床医师资格。我在病房里可以跟着住院医师巡诊，但我不知道如何和患者交谈，直接了解他的主诉，也不敢动手给患者作简单的体格检查。法国住院医师写日常的病程记录，字迹潦草，爱用首字母缩略词。但是，入院记录和出院总结写得很认真，都用打字机，不用手写。我脱离患者，读不懂病历。

有一天，主治医师为患者在床边做气管切开。看他操作困难，我自告奋勇戴上手套助他一臂之力。他很高兴。又有一天，需要做气管切开的患者，颈部僵硬，不能恰当地暴露气管。我建议他在患者枕后加靠垫，使气管前突。我戴上手套做他助手。忽然间护士长冲上前来，大声喊话：“怎么可以这样，我去报告主任。”她怒气冲冲，转身就走。我知道她不承认我的医师资格，我就脱下手套走出病房。

我不能像参观者那样，整天在病房内游走。学习真是逼出来的，我领取了巴

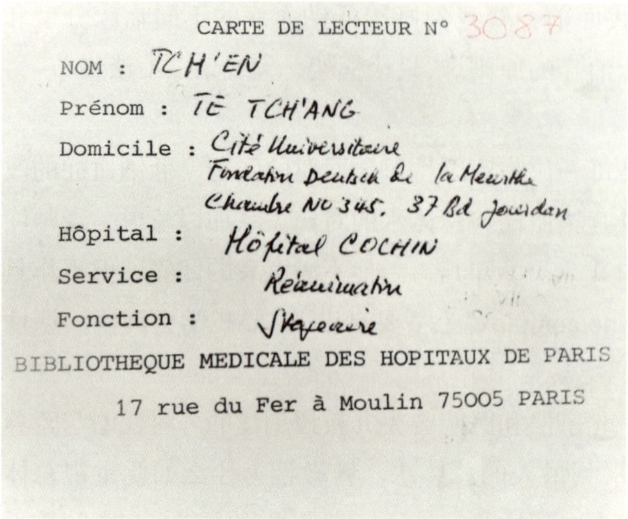
CARTE DE LECTEUR N° 3087

NOM : TCH'EN

Prénom : TE TCH'ANG

Domicile : Cité Universitaire
Fondation Deutsch de la Meurthe
Chambre No 345. 37 Bd Jourdan

Hôpital : Hôpital COCHIN

Service : Réanimation

Fonction : Stagiaire

BIBLIOTHEQUE MEDICALE DES HOPITAUX DE PARIS

17 rue du Fer à Moulin 75005 PARIS

巴黎医院医学图书馆读者卡

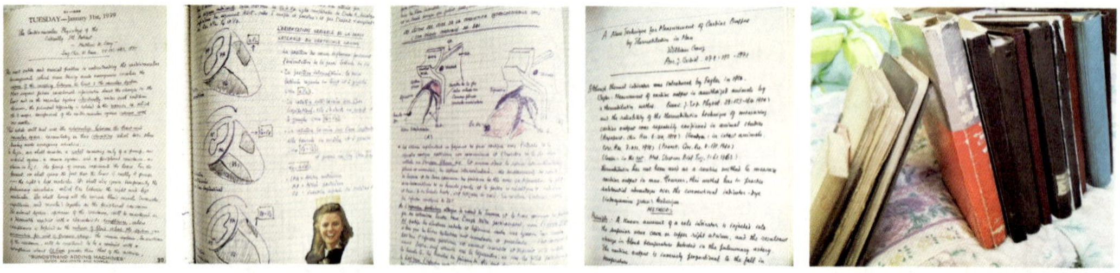

在法国留学期间我的阅读笔记和记录本

黎医院医学图书馆（Bibliotheque Medicale des Hopitaux de Paris）的读者卡，每天下午我提早下班直接去图书馆。这家图书馆的特色是储藏各国著名期刊，只准馆内阅读，不准外借，保证读者能找到各自需要的文献。

我在长桌上找到座位，只见周围的法国年轻医生，专心致志，奋笔疾书。这种氛围有强烈的感染力。图书馆可以提供方便把文献资料复印下来。我要节约支出，不想花更多的钱。我抓紧时间写好笔记，比国内勤奋多了。

第一学年，理论知识自学，没有指导老师。学习并不像我初来乍到之时想的那么轻松，但是我坚持每天在图书馆阅读。求知的欲望是动力，病房护士长冲着我喊话是鞭策。到了下班时刻，搭上地铁回宿舍。大学城食堂早已关门，我自己动手烧菜，学会煮鸡腿、煎鸡蛋，喝牛奶，不买水果。学会自己理发，不上理发店，省钱。

大学城

说巴黎大学城像修道院，并不夸张。我在书桌前坐好，埋头读书。每天阅读，不敢懈怠。周围一片寂静，我只听到翻书本发出的声音。在北京，我从来没有过这样的感觉。我甘心寂寞，坐一年的冷板凳，这段修道院般的生活为第二学年进入医院进修做了必要的准备，我的精神是振奋的。

在法国外科学会例行讨论会上作“中国严重烧伤治疗”的学术演讲

——2018年7月28日初稿

——2021年2月26日完稿

我曾参观过Cochin医院的烧伤治疗中心。主任是生理学教授，副主任是外科副教授，主管临床工作，这种模式的专科在中国是不可能设想的。他们很重视临床基础研究工作，其中有一项研究课题：为减少热量和水分从大面积裸露的创面丢失，把烧伤患者安置在温热的水雾环境中。我进入那间特设的单人病房，感觉一头雾水、憋气。他们勇于探索的精神可嘉，然而我认为研究课题的设计脱离实际。出于礼貌和谨慎，我没有随意发表意见。

我也曾经应法国卫生部的邀请到一个小城市参加烧伤的学术会议。我初到法国不久，小城市有两个火车站。我在第一站下车，向车站职员问路，他告诉我，那家旅馆在第二站，我赶紧回头抓住即将启动的火车的一节车厢把手，幸好未错过这趟车。开会的小城市显得古老，到会人数不多。会上有人报告：他多年来在培养皿上试用各种营养液，观察一块皮肤能否加速向外扩张。这种想法不高明。直到21世纪，也没有验证自体皮肤在离体情况下，通过特殊的培养能够“超常”扩展。那次会议上，我没有发言。

我的法国名誉导师Lucien Leger教授很担心我对学术采取“冷漠的态度”。他要求我每周三下午参加法国外科学会的例行讨论会，我按时前往。法国外科学会报告会在巴黎第五大学的院本部，大厅有粗大圆柱支撑，沿着宽大的大理石楼梯拾级而上，进入宫殿式候客大厅。与会者有各自的圈子，聚在一起低声交谈。我初来巴黎，与法国外科学术界没有交往，孤立于圈子之外。报告大厅气氛严肃，法国医生习惯对报告人提出质疑，毫无顾忌地发表自己的意见，这在国内少见。在这样的学术氛围中，我接受着熏陶，从不缺席。法国外科学会给我颁发出席法国外科学会例行讨论会的证书（不是奖状），以资鼓励。第二学年，我取得巴黎临床医师资格进入临床工作，没有时间再去。

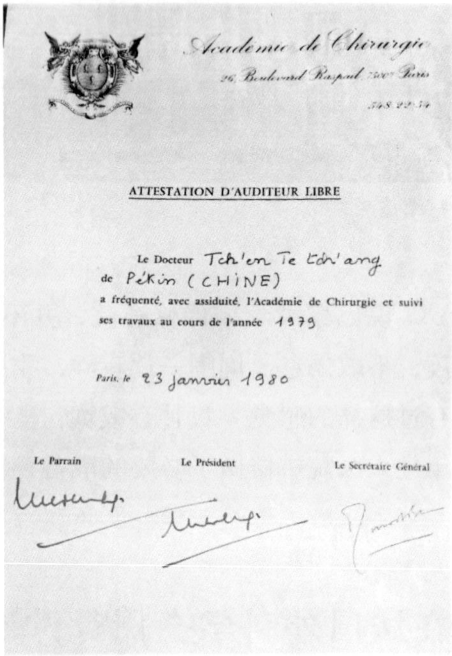
Académie de Chirurgie
26, Boulevard Raspail

ATTESTATION D'AUDITEUR LIBRE

Le Docteur Tch'en Te tch'ang
de Pékin (CHINE)
a fréquenté, avec assiduité, l'Académie de Chirurgie et suivi ses travaux au cours de l'année 1979

Paris, le 23 janvier 1980

Le Parrain | Le Président | Le Secrétaire Général

出席1979年法国外科学会例行讨论会的证书

进入Cochin医院约莫3个月后，有一天，我已走出医院大门去搭乘地铁。身后开来一辆黑色轿车停了下来，Leger教授伸手召唤我就近说话，他通知我在暑假结束后到法国外科学会例行的学术会议上做一次演讲。教授要我讲一讲中国在治疗全身严重烧伤方面的新进展。在起草演讲稿时，若语言方面有什么困难，可以找外科某某主治医师帮忙。在听到我的首肯后，他一溜烟地把车开走了。我参加过严重烧伤治疗工作，是我在个人履历上写着的。Leger教授以平和的方式在考察我。

我能讲些什么呢？实际上，1960年我被外调到中联部工作一年，1962年、1963年出国访问两次，1964年奉调到北京协和医院，我脱离烧伤的临床工作已经多年。此次出国手头并没有资料。

到了巴黎，眼见为实。法国人很重视烧伤后不同时期的体液平衡问题、抗生素合理应用，以及用输液泵把保持恒温的牛奶24小时匀速地从胃管输入等。在这些方面做得比我们更讲究。因此，我决定只讲我国治疗90%Ⅲ度烧伤患者的成功经验，不讲其余。

所谓90%，指的是烧伤面积占全身体表面积的比例。Ⅲ度烧伤指的是皮肤全厚层坏死，必须切除。裸露的创面要在短时间内用自体皮覆盖，这是让患者存活的关键。实际上，Ⅲ度烧伤占体表面积90%，自体皮可供植皮的来源极度短缺。我们的诀窍是改进自体皮与异体皮混合移植的技术，以异体皮为过渡性“支架”，让移植的自体皮面积能有最大限度的扩展，以覆盖大面积裸露的创面。但是，这种混合植皮法是有限度的。完全出于意外，我们发现头皮可以多次反复取皮，增加了自体皮的供皮来源，这是决定这类烧伤患者存活的关键。法国人也好，美国人也好，都没有解决这个难题。然而讲老实话，这只是一次技术革新，理论上没有突破。

我写了初稿，法国大夫阅读很细心。我在初稿上写道：“新的设想并非出于中国医生的想像。”他把这个词改了，很有礼貌地指出用词要推敲。我自己动手画好几张设计图，把自体皮与异体皮间隔移植方法在各阶段的演进，用图片加以说明。请法国医师把设计图交医学院技术员制作成幻灯片。

暑假结束，Leger教授读了我的演讲稿。他心生一计，要我在医学院学生大会上预先做一次报告，他亲自主持，观察我是否会怯场。法国大学生喜欢在课堂上提问题，这次也不例外，我认真应答。报告结束，掌声热烈。我通过了预演，正戏在后头。

法国外科学会例行报告会在巴黎第五大学的报告厅。那天，轮到我上台报告，面对就座的众多听众，我必须控制好自己的情绪。报告顺利进行。我把手头仅有的几张90%Ⅲ度烧伤存活者的照片，投影在屏幕上。有的缺胳膊缺腿，有的全身僵硬，面容全毁。提问者多数集中在一点上，有的婉转些，有的近乎愤慨。“他们活了，怎么生活呀？”他们提问讲究实际。的确，我也见过几位患者，活了下来，但平时口水直流，发音讲话很困难，靠喂食。不能与亲人沟通，生活不能自理。真是活遭罪。我作为医师也曾多次自问、自责。法国人十分重视人的生活质量，我从心里感谢他们能开诚直言。最后听众肯定我们艰难探索的成果，我在掌声中走下台来。这是我第一次站在国际论坛上发表演讲。

巴黎大学城里的中国留学生

——2017年11月19日初稿

——2021年2月28日完稿

巴黎的大学城是国际性的，是多个国家旅法学生聚集居住的地方。我们是最初到来的中国留学生，多数是国内高校的尖子生或者中坚骨干。每个人都有明确的目标，渴望着成功。当年我是留学生中年龄较大的一个，也是唯一在医院进修的临床医生。

在巴黎大学城里，我结识了好几位中国朋友，有几位年轻数学家和我很谈得来。有一位搞数学的，秉性温和，戴一副黑边眼镜，保留着大学生的本色。尽管所学的专业不同，我和他见了面很容易聊上几句。他有不少的机会被邀请参加国际数学会议。我见过他带回来的一叠照片，不记得在英国哪家大学的会议大厅。主席台上，贵宾们坐在一张用粗厚的原色大块木板做成的长桌子前，这些大人物都身披科学院的黑色长袍，胸前长条的红绶带，黑色的学者高帽，令人肃然起敬。我很羡慕他有资格参加高级别的学术会议。

他给我讲了一个故事。在会议间隙，邻座一位长者问他："下午参观Shakespear故居，您去吗?"他不假思索地回答："不去。"发问者并不掩盖他的惊讶，我们那位年轻人毫不在意。回到巴黎大学城，我告诉他"Shakespear就是莎士比亚"。他听了，咯咯地笑着。他从小喜欢玩数学游戏，讨厌背书，命题作文是活受罪。古今中外经典小说，他一本也没有读过。略闻莎士比亚大名，哪知此翁乃Shakespear。在他的世界里，莎士比亚可有可无。我和他不同，在中学时代，我就讨厌数学，怕数学影响我的总成绩。但这位数学家并没有把我排除在他的朋友世界之外。

在大学城，聊天可以增进人与人之间的友谊，还可以长知识。有一天，那位朋友兴致勃勃地给我讲牛顿的故事。他只字不提苹果砸中牛顿脑袋的传说是真是假。他慢条斯理地说："牛顿用Kepler定律，发现太阳的引力是向心的。之后，利用地球半径的测量数据，用微积分技巧，推出万有引力公式，并被实践证实。”（大意）牛顿不愧为划时代的科学家，我有礼貌地微笑着。我的数学知识不过初中学生的水平。他接着说：“运用数学的语言可以描述并且推敲大自然的现象，文学不能。医学说到底也离不开数学。”医学是我的专业。他这句话确实触发了我的思考：“是这样的吗？”

在学期的第一年，我开始学习血流动力学。有两种学说构成血流动力学的基本理论，分别基于1895年德国生理学家Otto Frank以及1910年英国生理学家Ernest Henry Starling进行的动物离体心脏实验。两人的实验结果显示心肌自身的内在特性，心脏本身控制着心输出量。

Frank对生理学有很多贡献，其中之一就是引入数学的方法来理解和分析生理学的问题。1899年Frank在血流动力学中，引入电学的欧姆定律以及电流数学计算公式。这对于帮助我们理解血流动力学的多种因素之间的相互关系很重要。由于Frank和Starling两人的共同贡献，后人称之为“Frank-Starling定律”，以“心肌收缩力曲线”作为表达。

我的青年数学家好友

经过长期的学习和临床实践，我悟出一个道理：科学的发展正在显示医学离不开数学。我在大学城的那位朋友是位青年数学家，思考问题就是不一样。

巴黎的大学城给我提供了良好的学术氛围。“一人一世界”，每个人的心里都有一个自己的世界。我对周围的人，能理解多少？我很惦记当年的那几位朋友，如今不知他们已成为何等人物。

1980年在巴黎Ambroise-Pare医院

——2012年8月15日初稿

——2021年2月28日完稿

说起Ambroise-Pare，首先需要重温法国医学的一段历史。法国老百姓曾经把外科医生称为“Barber Surgeon”，即“理发匠医生”。

Ambroise-Pare根据战地治疗伤员的经验，摒弃截肢后用烧红的热铁烙创面的老方法，采用由伽林（Galen）首创的结扎动脉止血，有效地降低出血性休克的死亡率。他想方设法摘除伤员体内的子弹，对战伤外科学做出重要贡献。

Ambroise-Pare纠正了错误的社会舆论，被尊为现代外科学创始者之一。显然，他深受当代医学科学局限性的影响，曾产生一些疑惑。1538年他不无遗憾地说："我为伤员处理创伤，上帝把他们治愈"（Je le pansai，Dieu le guérit）。他这种想法，一时流传甚广。英译文："I bandaged him and God healed him"。拉丁文的箴言是"Medicus curat, natura sanat"（我给他包扎，上帝治愈了他）。

1980年我申请转入Ambroise-Pare医院，并非单纯地表示我对外科大师Ambroise-Pare的敬仰。我获悉该医院的心脏科在法国享有盛誉，时任科主任是欧洲心脏学会主席。Ambroise-Pare医院心导管室并不宽敞，日程排得满满的（包括为不同科研课题设计心内多种导管的插入）。收治患者多，病房工作繁忙，发表的论文质量好，被引用率高，对我学习血流动力学更为有利。

也许因为我是中国改革开放后第一批公派留法进修生，要进入临床工作必须到法国卫生部、移民局、劳工部去办理手续，递呈我的监护人Lucien Leger教授的介绍信，表明没有移民意向。几个部门很分散，总算过程顺利，被授予"巴黎公立医院医师"（Medecin des Hopitaux d'Assistance de Paris）的资格证书。我松了口气，终于能从第一学年进修生活中超脱出来。我相信将会有更好的临床学习的机会。

医院坐落在著名的Rolland-Garros网球场附近，离大学城远了点。贴邻一个森林公园，盛开郁金香，色彩缤纷，环境幽美。多年后我才知道Rolland-

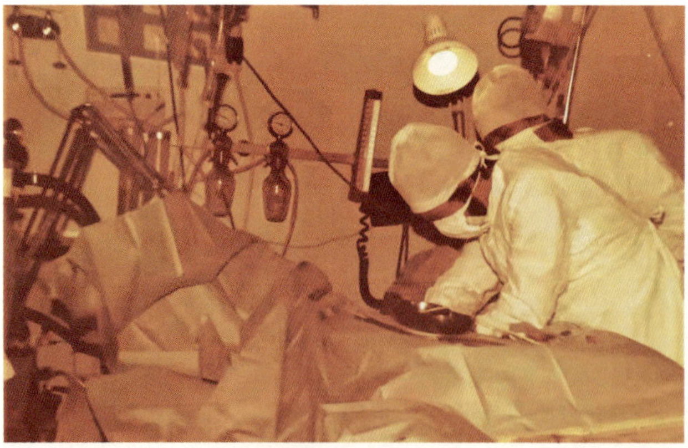

1980年，AP医院心脏科病房工作

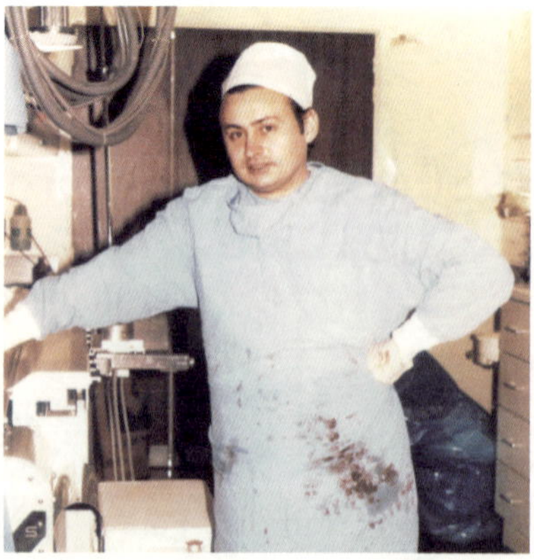

放射科医师做冠状动脉造影

Garros网球场是Boulogne森林公园的一部分。各家教学医院保持着自己的风格。Ambroise-Pare医院建筑现代化，没有古典历史的痕迹。工作节奏紧凑，女性着装很注意自己的职业身份。她们步态轻盈，身姿挺拔，有观赏性。男性医生们领带衬衫，穿上工作服，颇有风度。巴黎人平时说话语句短，语速快，高声谈话或大声叫唤，被认为是不文明的表现。医院工作秩序井然，现代化建筑必然有现代化的物业管理的支持。我进入教学医院首先要适应环境，学习行为准则。

时值1980年，不少法国人依然认为中国人皮肤是黄色的，眯着一对细眼睛，颧骨隆起。初到医院不久，好奇者问我：为什么我的皮肤不是黄色的，我的眼睛可以睁得和法国人一般大，脸上能长出胡子，尽管不如他们那么浓密。有一位女性主治医师F知道我从大学城到郊区上班要赶一段路程，愿意开车前来接我，我好高兴。我私下暗忖，F医师是否想近距离观察我这样一类稀有物种。

此后，每天早晨在约定的时间，在大学城对面的Parc Montsouris公园大门前，总有一辆小轿车开来，在我面前停下。“你好”，F医师从驾驶座上侧着身伸手帮我打开车门。

F医师长得比我高，鼻子稍嫌宽大。巴黎女人的发音和语腔与男人不一样，在句尾喜欢加拖音。F医师断断续续讲些科里的人员关系，帮我熟悉周边环境。她说负责导管组的主治医师满脸大胡子，修理得很细致，看上去总虎视眈眈，但实际上这位老兄心倒是好的，并不傲慢。F医师说得不错，人不可貌相。1980年我们北京协和医院心内科方圻教授访法期间来院参观，就由那位大胡子出面接待，当时我也在场。

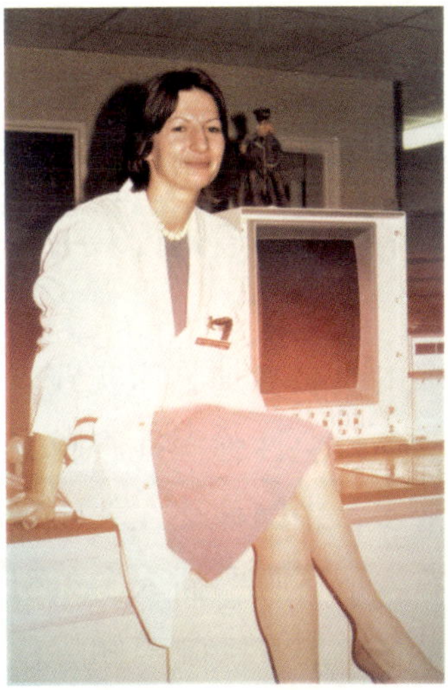
主治医师F

F医师还能给科里众多人物勾画形象，故事并无奇特之处，娓娓道来颇有生趣。她的男朋友是一位画家，曾经举办过几场个人画展，有点名声。他们同居多年，没有结婚。F带着我学习，平息了我初到异国他乡时的紧张情绪，与男性主治医师带教就是不一样。几位女性住院医师和护士给予我很多关照，有效缓解了我的精神压力。

可是说实话，我的学习收获在很大程度上是被男性主治医师们的突击式面试逼出来的。一天早晨，我刚上班，应一位主治大夫（他比我年轻）召唤进入他的办公室。他拿起一支笔，要我当即在

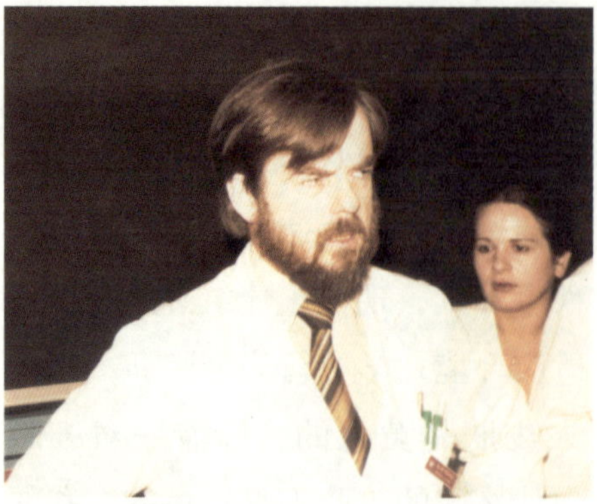

导管组的主治医师

给予我关照的医师和护士们

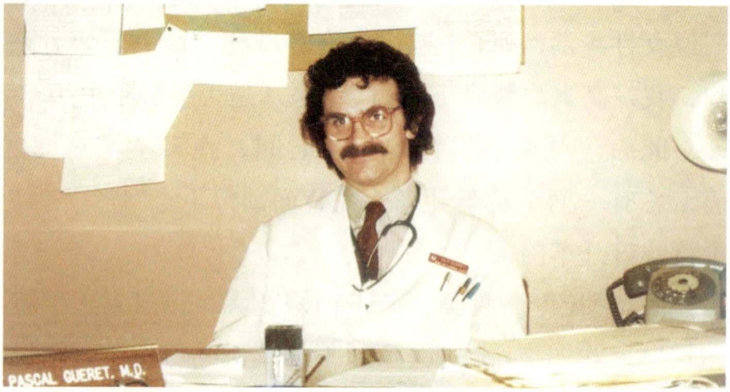

给予我帮助的男性主治医师们

墙头记事板上画出左心房和左心室的压力曲线、标出各波段的时间长短、说明各波段的意义。我平时阅读不求甚解，这下被逮个正着。老师问我住哪儿的时候，我告诉他清晨在路灯没有熄灭的时候出门，需要倒两次地铁，再换公交车。这位年轻的老师颇不在意地追加了一句："很好。你乘地铁，就可以读书。"此话不错，在巴黎的地铁车厢里，总有法国人站着或坐着手不释卷地读着书，这是事实。

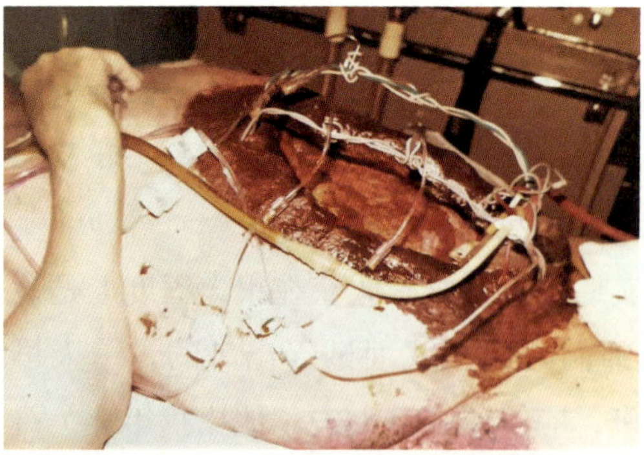

急性弥漫性腹膜炎患者

我有更多的机会参加临床实践。左面照片显示一位急性弥漫性腹膜炎患者腹腔积液多，中国往往在关闭腹腔后，于左右、上下腹壁插入多条引流管，引流不畅。那家医院不知哪位外科医师设想开放腹腔，由多条管道多方位地冲水“洗涤”或者引流。这个方法有很多弊端，在我离开医院时已经停用。

面对日常工作，我不免有剑拔弩张之时。一位比利时的年轻进修医师欺我能力欠佳，不时出言不逊，近乎训斥。我忍无可忍，冷冷地回敬他：“Oui，mon capitaine”（英语“Yes，Sir.”），轻声加上一句尾语：“Merde”（他娘的！）。学会粗俗地骂人，大有必要。在场的法国医生提醒他，要对我客气些。对我说该发脾气的时候，就发脾气。

我也曾经狼狈不堪。有一天上午病房巡诊后F主治医师要我为当天新住院的患者写一份入院病历，按规矩要24小时内完成。所谓新住院患者，往往是医院的“老顾客”，老病历厚厚一大本。我首先要阅读每次出院记录，然后写一份本次住院的病历。写上病史、入院体格检查、入院诊断和鉴别诊断的依据等。我磕磕绊绊写到下班的人们已经离开，才把这份病历放在F医师办公室的写字台上。脱下工作服，直奔公交车站，已到末班车的时刻。离车站还有一段距离，好心的司机把车停在我身边，开门招呼我上车。然后，到站后再换车。我急忙跳上地铁回大学城的宿舍。车厢内只有我一个人，痛快地吐了口气。

我不曾预料，几个月后会在一家中餐馆遇到F，她告诉我：她被科主任炒了鱿鱼。我问：“主任说些什么?”他只说了一句：“谢谢你多年来的合作，明天起你不必来上班。”就这么简单。F医师神情黯然。几天后，一位从美国进修归来不久的主治医师搬来好几纸箱的书籍和资料进驻离职的F医师的办公室。在巴黎教学医院内部，在法国医师之间竞争也很激烈。

就我亲身经历而言，在巴黎进修需要2年，1年不够。心理上，把自己放在恰当的位置。有几位主治医师比我年轻，然而他们是老师，我是学生。这是必须遵守的准则。在Ambroise-Pare医院工作，是我在巴黎学习专业最有收获的一年。我对那家医院的医师和护士怀有友好的记忆和感激之情。

法国外科学会与巴黎第五大学

——2009年1月10日完稿

谈及法国外科学会必然想到巴黎第五大学。在我留法的年代，这所大学以医学科学为重点。1968年5月，法国爆发了一场学生运动，也称“五月风暴”

1980年，曾宪九教授（左）访问法国和我的留法导师Leger教授（右）

或“五月革命”，波及好几个城市。这场学生运动迫使那所古老的Sorbonne大学在1970年改组，分别成立了12所独立的大学，巴黎第五大学就是其中之一。大学以René Descartes命名（或Université Paris Descartes）。一所大学的改革要动用暴力来解决，并且发生在巴黎，不可思议。这段历史是短命的。

巴黎第五大学有多所大楼，各有特色。法国外科学会例行学术报告会所在的大楼坐落在Odeon。学术报告会每周三下午举行，从不间断。Leger教授嘱咐我列席每周的报告会。大楼建筑内部俨然一座宫殿。宽大的楼梯斜坡长，石阶多。进入报告厅，墙上挂着大幅艺术壁毯。时任会长的Leger教授登上主席台，全场肃静。每当他宣布法国某位著名教授去世的消息，全体起立。会长致悼词，表达今天活着的我们对已经去世的外科学家的尊重。记得有一次他说，他和那位逝世的老朋友之间“30年友谊没有乌云”（Trente ans d’amitié sans nuages），以寄哀思。1979年，我曾在报告厅内一次例行的学术会议上，讲中国在治疗全身深度烧伤方面的进展。1980年我的老师曾宪九教授在这个讲台上发表演讲，报告他100例胰岛细胞瘤的研究工作。

Leger教授的家

——2007年4月22日初稿

——2022年2月24日完稿

我的留法导师Lucien Leger教授家住在巴黎右岸Haussmann大道。Haussman曾在十九世纪下半叶任巴黎地区的行政长官，他在任期内对城市建设规划进行大手笔的改革，大体上奠定了巴黎今天的面貌。在Haussman之前，巴黎城市建设曾经过多次改造，Louis XIV并不满意，所以他在凡尔赛建设他的宫殿。

Leger教授的家就在一栋公寓楼内，外墙由大块巨石堆砌，给人一种稳重的感觉。推门而入，里面是一座很大的露天院落，分设几个不同门户。大门统一款式，厚木，配上锃亮的长长的黄铜把手，门框上方安置铜的制动器，推门颇感费劲。人进入后，大门自行关上，绝不砰然作响。

公寓楼大堂内螺旋形楼梯盘旋而上。电梯占据中央部位，推拉栅栏门，可环顾四周，升降缓慢。找到门号按钮，通过对讲器通报姓名，登门入室。一切按小说或电影中所显示的程序进行。Leger教授家的客厅、餐厅和他的书房，宽敞而高深，采光良好。我没有见识过路易王朝的家具，Leger教授家的室内装饰和家具摆设是十九世纪的。

Leger教授喜欢展示他的收藏品。三只玻璃柜内分别存放着东西方不同国家的艺术品。其中有中国的几件精致瓷瓶和瓷盘，无疑使我深感自豪。有三尊福、禄、寿的象牙雕塑，头大，没有脖颈，肩窄，腹部占了躯干的大部分，腿短，鞋宽大以便支撑全身的重量。我很不喜欢这样的雕塑，造型与人体解剖不符。我喜欢Michelangelo的大卫塑像。

不经意间，在客厅的另一头的一张小圆桌上，一盏台灯引起我的注意。就在这彩色玻璃灯罩下，摆放着我送给Leger教授的一件佛山陶瓷工艺品——鲁智深。其满脸络腮胡，双目圆睁，手捧大酒缸，单腿独立，另一腿弯曲、提升，欲作猛踢状。好一副酒醉大闹山门的架式。虽然称不上是艺术佳品，但自我感觉良好。

Leger教授爱好珍藏油画。客厅的壁炉上方，抬头望去，挂着大幅名画Dionysus（酒神），我曾在Larousse法文辞典和相册中见到过。我坦率地提出疑问。Leger教授不无幽默地说："是啊，这幅画的原作在卢浮宫保存着，我很放心。"他微微一笑。与医院办公时光相比较，此刻的微笑所动用的脸部肌肉要多些。他发觉我对油画多少有点鉴赏能力，似乎感到意外。

他的书房两面高墙各分上下两层，都是书架，整齐地摆着精装书册。沿着紧贴书架子的精致木梯，可以直达上层。如此满满两壁的精装书本，估计仅供珍藏。一张大写字台在书房居中，写字台本身就是家具，置书房的偏左侧，有大幅贵妇人物肖像油画，摆在高大的木制画架上。Leger教授说这是Rembrandt的作品。显然，他很珍惜这幅油画。我对Rembrandt闻所未闻，第一次在法国外科教授的书房内看到他的一件珍品绘画。Rembrandt是17世纪荷兰最伟大的画家，也是17世纪欧洲最伟大的画家之一。

Leger教授向我讲解绘画的特色，兴趣盎然，犹如他对外科学某项专题发表演讲。Leger教授很不赞赏某些中国的水墨人物肖像画，认为人物神情刻板而划一，停滞在固定的模式。但是，欧洲画家的眼中，所见客观世界中的人和物永远在变化。

第一次登门拜访一位法国外科教授的家，完全出乎我的想象。我进入了欧洲的艺术和文化的世界，尽管时间很短，我想中国外科教授专心关注自己的专业，很可能没有像Leger教授对油画如此感兴趣者。文化修养不同也。然而，医学离不开文化和艺术。

Leger教授不像诸葛亮身居茅庐而拒不见客，他对国际问题亦感兴趣。有一次在他家举行的招待酒会上，我见到了中国大使和使馆参赞。当然，还有法国著名教授。大厅、餐厅和书房里都站着贵宾和社会名流，与寻常家庭景象不同。1980年中国医学代表团访问法国，Leger教授曾设家宴招待北京协和医院曾宪九教授和上海瑞金医院傅培彬教授。

1980年，在Leger教授家中曾宪九教授（右）；法国巴黎第五大学外科Leger教授（中）；傅培彬教授（左）

20世纪90年代初，我曾再次应邀赴法，顺便重返Haussmann大道拜访已经退休的Leger教授。此时，客厅、书房冷冷清清。他显得更为矮小，握住我的手许久没有放开。这不是他的习惯。昔日王者的神采，荡然无存，在我面前的是一位风烛残年的老人。此后，我再也没有见到他。

Leger教授实际上是我在巴黎的监护人，他指引着我留法学习的全部过程，为我打开进入法国医学界的大门。他也考虑到我回国开拓学科新领域、建立ICU会碰到很多困难，为此，在我回国之前他做了相应的安排。我敬仰Leger教授一生为外科学所做的贡献，他的文化修养显示他的魅力和做人的品格。我永远怀念他老人家。

1980年，曾宪九教授（右一）接见前来北京协和医院访问、时任法国外科学会主席、巴黎第五大学Cochin医院外科主任Leger教授（居中）（左一，作者）

医师餐厅里的奇遇

——2007年3月26日完稿

住院医师餐厅不能高声说笑。与中国不同，进入餐厅不脱白大褂。后进入餐厅者，先在每位背向着你的临门第一排就座者的背上挨个拍一下，然后去领取套餐，这是不成文的习俗。半天紧张工作之余，在住院医师餐厅就餐也是难得的放松机会。就餐是接触，是交流，只有一起就餐才能成为伙伴。法语所谓“Copains”，顾名思义指的就是一起就餐者。每餐高蛋白，营养很好。保证住院医师快速反应和不辞辛劳地工作。法国人面包吃得少，浪费多。剩余的面包撒在桌上，扬长而去。一位胖乎乎的餐厅厨师一肚子火气，他对我说：“领圣餐时，面包意味着耶稣的肉体”，“眼前的年轻人太不像话”。

主任餐厅就餐氛围大不相同。他们举止从容，彬彬有礼。一次非常偶然的机会，我受到Necker-Enfants Malades医院院长邀请，在那家医院的贵宾室就餐。我不知道Necker-Enfants Malades医院也是巴黎第五大学的教学医院。有一位科主任作陪，这就是Cara教授。他面带微笑，颇有长者风度。他是巴黎Necker-Enfants Malades医院麻醉科主任，兼任危重病医学科主任。Necker-Enfants Malades医院并不是我计划中进修的教学医院，因此，我对那家医院的历史和现状一无所知，我觉得与Cara教授在Necker-Enfants Malades医院贵宾餐厅相见是“奇遇”，那是我们的初次见面。我不明白为什么院长邀请我就餐并引见Cara教授，我高高兴兴地坐下来享受美食。贵宾餐厅室内布置、装饰、菜谱和烹饪均比较讲究，侍者按菜单分次上菜。因忙于应答和交谈，我只能小口进食，眼看着撤下去的盘中美味佳肴意犹未尽，望之兴叹。

1981年回国后我着手建立ICU。万事开头难，初创阶段，我必须拿出过关斩将的勇气。1984年，Cara教授来北京协和医院访问，多次和我的老师曾宪九教授面谈，还会见了欧阳启旭院长。在法国进修期间，Cara教授不是我的导师。在我回国后他为我的发展前途如此操心，对我来说是一个不解之谜。好几年过去了，我才发觉原来是Leger教授考虑到我要在中国开拓新学科领域绝非轻易之举，他在我回国之前已做好安排。

1984年，Cara教授（右）来华访问，与欧阳启旭院长（中）在曾宪九教授（左）家做客

Cara教授及其夫人，曾宪九教授及北京协和医师们合影

Cara教授的家居、美食和美器

——2007年4月27日 完稿

Cara教授

Cara教授从事麻醉学和危重病医学专业。我不在他工作的那家医院学习，而是作为朋友去他家做客。我不曾设想Cara教授将在我回国创建ICU之初雪中送炭，实实在在地助我一臂之力。Cara教授头发蓬松，脸部皱纹多，和蔼，平易近人。他发音浑厚。有些驼背，衣着稍嫌宽大，加上他的步态，似乎更像中国的长者。当然，他是天生的法国人。

Cara教授家住巴黎市区中心地带的高级公寓，标志着他的社会地位和声望。家具和室内装饰无疑是欧洲古典式，壁炉和上方的大镜子是客厅和书房的灵魂。客厅墙上挂着几幅大型艺术壁毡，绘画着古代战争和宫廷的故事。教授娓娓道来，引人入胜。讲解竟然出自一位医学教授之口，令人折服。壁毡的色彩、人物的表情、景物的立体感不如油画。

Cara教授家的书房像一个小型的欧洲古典式阅读室，嵌在现代化建筑中。阳光透过大扇窗户，源源不断地洒进来，室内明亮而舒敞。在他写字台座位的背后是一长排书柜，精装本和平装书籍错落其间。书架两旁分别陈列着一座古希腊学者的石塑头像和几件不同造型的工艺品。一张长桌，大小不等的镜框展示着教授和他的夫人及孩子们的照片，记录着已经过去的时光。书房里不见其他座椅。显然，主人不在这里接见来客。写字台桌面上书籍和文稿散乱。从这里，思想任意流淌。

那次应邀赴晚宴，我是唯一的客人，主人就是Cara教授夫妇俩。虽说是便饭，餐桌的布置，刀、叉、杯、盘的排列非常专业。大、中、小酒杯晶莹剔透。全套瓷器餐具，图案细致，色彩淡雅。顾名思义，餐具是用来装菜肴的器皿。我们中国人往往议论菜肴的色香味，法国人不仅精于美食，还讲究美器对美食的匹配与烘托。就座后，我情不自禁捧起瓷盘，从正面到反面慢慢端详，大加赞赏。Cara教授夫人特别高兴，喜悦之情溢于言表。后续效应使晚餐的气氛意外亲切。

我喜欢法国菜。带血水的牛排（beefsteak saignant）是上乘品种，口感好。我深信牛排此物聚天地之精华，食之延年益寿。奶酪有360多种，即使每天尝一种奶酪，也需要留法整整一年。奶酪大致分为两类：硬奶酪和软奶酪。就我而言，来者不拒，惜乎所尝品种有限。法国奶酪、红酒、面包被尊为“美食三位一体”（Triade gastronomique）。食蜗牛需要使用特殊工具，形状如小型圆匙，分叉、有锋，能把蜗牛从背壳剥离下来，刺挑而出，有一种捕取猎物的快感，而无伤大雅。鹅肝的口味，独一无二，普天之下只法国一家。

Cara教授夫人特意做了一大锅羊肉汤，选用小羊腿肉，先煮熟，再加汤和料，接着慢火炖了14个小时。羊肉又香、又嫩，不膻、不腻，诱惑力概莫大矣。我曾到过西藏、新疆和阿尔及利亚等地，品尝过不同口味的羊肉，均与Cara教授夫人亲自烹调的羊肉汤，无法媲美。美食与美器，是生活美学。这里是法国，是巴黎。

夜幕降临巴黎大学城。美食催人入睡。梦中我朦朦胧胧从大洋彼岸飘呀飘呀，飘落在北京新开路胡同的宿舍楼，这里有我的家。我依稀见到年迈的爸爸妈妈，我深爱着的妻子和年幼的两个女儿。我失声地呼唤着，呼唤一家人，前来品尝Cara教授夫人做的大锅羊肉汤。

Cara教授的学生Cazalaa

——2018年8月8日 完稿

1980年，Necker医院院长邀请我在医院贵宾小餐厅共进午餐的那天是我与Cara教授的首次见面。Cara教授是巴黎Necker-Enfants Malades医院麻醉科主任，兼任危重病医学科主任。

从那日开始，我有更多的机会到Necker医院ICU观摩。该医院历史悠久，实际是由Necker和Enfants Malades两家医院合并而成。早在1778年由Necker夫人创建的专门收治贫穷患者的医院，是由一家修道院改编而成。在法国大革命以前，Necker医院由天主教会掌管。1801年，Enfants Malades医院由巴黎的医疗行政机构接管。为了重新调整巴黎的医疗机构，行政当局在1802年12月将Enfants Malades医院改编为正规的儿童医院。这是世界上第一家儿童医院。1920年，毗邻的两家医院合并，组成今天的Necker-Enfants Malades医院。Necker收治成年患者，Enfants Malades收治患病的儿童。1816年发明听诊器的René Laennec就是这家医院的内科医师。

在Necker医院ICU，我认识了Cara教授的学生Cazalaa医师并结交为好友。

我（左）和朋友Cazalaa医师（右）

Cazalaa和他的家人

Cazalaa待人和蔼，他给我的第一印象，很自然地拉近了我们的距离。他理解我初次到巴黎学习危重病医学，不可避免地会在精神上承受不寻常的压力。他能耐心地解答我的多次提问，无论是专业或者人文方面。

没多久，我认识了Cazalaa医师的夫人Genevieve和他们的两个孩子，真是一个快乐的小家庭。我曾多次到他家拜访，似乎比在中国走亲戚更为惬意，仿佛并非身处异国他乡。Cazalaa是一个天生的乐天派。对他来说生活和工作没有太多麻烦事。他的微笑和他的神态给我的留学生涯带来愉悦和勇气。

2006年，Cazalaa医师托友人转递，把他编写的一本有关麻醉和复苏用品历史演变的书赠予我，并附上一封短信由他和夫人签名。

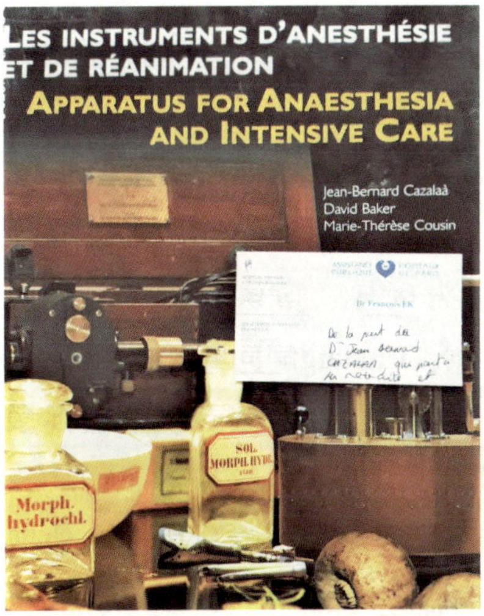

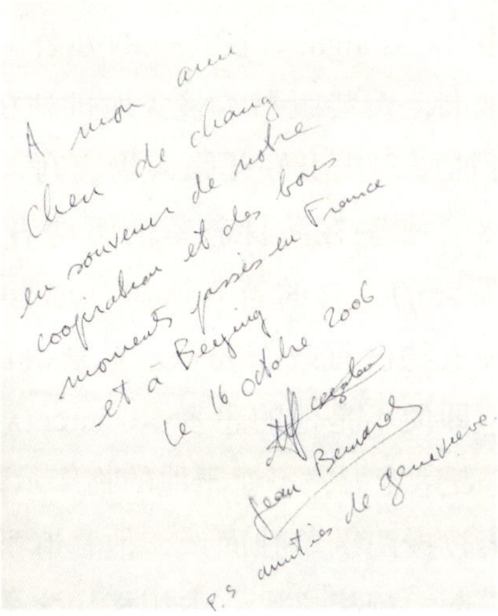

2006年，Cazalaa赠予我的书和签名短信

Pitié-Salpêtrière医院500年沧桑

——2019年10月26日初稿

——2021年3月6日完稿

巴黎Pitié-Salpêtrière医院可称为历史上最早的医院，始建于1613年。占地面积很大。成排的大树遮天，在下面行走，夏天也是凉快的。在大门入口处，矗立着Philippe Pinel的铜像。1794—1826年，Pinel是Salpêtrière医院的第一任主任医师，是法国精神病治疗改革之先驱。

Pitié-Salpêtrière医院是一家多科俱全的综合性教学医院，以神经精神病学享有盛誉。各专科有独立的病房楼，散落在这块安宁的土地上。我随机进入一幢楼房，说明来意要访问某专科某某教授。护士微笑着给我一张简易地图，标上那幢建筑的位置，然后用笔画出路线走向。我按图识路，错不了。

我留法时期，Pitié-Salpêtrière医院并没有列入我的进修计划。第一次，我应法国朋友邀请参加一场音乐会，就在医院内的大教堂。1675年大教堂由巴黎荣军院（L'hôtel des Invalides）的建筑师Libéral Bruant设计兴建。从建筑艺术角度来看是杰作。此日，大教堂内长排椅子全撤了。演奏的乐队就在大厅中央。圆穹隆下，阳光透过绘画的彩色玻璃浸洒而入。听众随意就座。院长首先致辞，介绍教堂的历史。我静静地坐着，感受教堂建筑的魅力和乐队的演奏。这是独自一人在家里听音乐不可能享受到的，也是在中国任何一家教学医院内不可能享受到的。

Pitié-Salpêtrière医院以神经精神病学著名，我有幸见到的第一位人物正是医院神经病科的主任Castaigne教授。他的办公室很宽敞，贴墙竖立着他的老前辈Charcot教授的藏书，精装版书本整齐地排列在多层的书架上，小梯子供人上下。Castaigne打开抽屉，找出好几张人物速写，保存良好，是他的老师Charcot的作品，内容大多是那些在阶梯教室的听课者或者学术会议的参加者，有坐着的、有站起来发言的，有的若有所思，也有交头接耳、窃窃私语者。虽说是速写，画中各种人物没有故作姿态，看来很自然。Castaigne向我们展示的是Charcot的另一面，即便不是他的患者，Charcot对周围人物的观察，快速捕捉多变的脸谱和感人的表达能力，不亚于他的临床示教。

我曾经和Viars教授两次单独面谈，他是麻醉科兼危重病医学科主任。他把两种学科综合在一起，规模之大，占用楼房之多，在巴黎也独此一家。Viars教授认为，麻醉科和危重病学科有显著的共性，也可以说，后者是前者的延续。他很直率地向我说明，这种综合性的学科的组建将不可避免地碰上不少麻烦。他并不谦虚地向我宣示他个人的能力和威望。两次面谈明确地提醒我，应该有自知之明。回国后，我必须排除类似的设想，集中精力把ICU建设起来。

Viars 教授

Rouby教授（左）和他的同事

我曾首次邀请Jean Jacque Rouby教授参加中国病理生理学会危重病医学会的第四届全国大会（在杭州），请他做学术演讲。当初我并不曾注意这位外科ICU主任也是Pitié-Salpêtrière医院的教授。他用英文演讲，题目是“急性呼吸窘迫综合征”（ARDS）。他的演讲吸引了很多听众，挤满了整个分会场，有的贴壁而站。此后，历届全国学术会议，他应邀必到。20世纪80年代，他曾接受北京协和医院ICU住院医生杜斌博士邀请到巴黎短期访问。他是我的老师，更是我的好朋友。

Salpêtrière（硝石）顾名思义，原本是一家军火厂。1656年路易十四授意改建救济院，收容巴黎的贫病老人、体态扭曲的残疾人、癫痫、精神病患者，还有被监禁的妓女。救济院里还有菜市场，嘈杂像一座乡镇。为改善救济院众多居民的生活条件，1684年工程师Libéral Bruant施工扩建。

法国大革命之前，这是世界最大的医院，可容纳10 000名患者，以及额外的300名囚犯，包括被抓捕的街头妓女。1612年建立的Pitié医院（L’Hôpital de la Pitié）在1911年迁移到Salpêtrière贴邻地区，1964年，两个机构合并，组成“Groupe Hospitalier Pitié-Salpêtrière”，这就是我见到的医院建筑群。

1795年至1826年，Pinel任 Salpêtrière医院的主任医师，他是一位勇敢者。面对现实，他把为数众多的、被人遗弃的、无家可归的精神病患者，作为重点服务对象。最初，他实际上只掌管200张病床患者的治疗，占众多收容者的少数。他决意对精神病患者治疗进行人道主义改革。

1826年Pinel死后，Jean-Étienne Dominique Esquirol（1772—1840）继任。1817年以来，Esquirol开设课程，系统讲解精神病学，他是1838年6月30日精神残疾人立法的总设计师。1831—1867年，Guillaume-Benjamin Duchenne（1806—1875）任职，他改进了精神病的诊断方法，被尊为19世纪杰出的医学科学家，但不曾入选法国科学院（Académie des Sciences）。

Jean-Martin Charcot（1825—1893）是Duchenne的学生。Charcot积极主张解除对精神病患者的强制性束缚，去除他们的镣铐。他是法国神经精神病学的创始人，也是世界神经病学先驱之一。他很尊重Duchenne，总以“Mon maitre，Duchenne”（“我的老师，Duchenne”）相称。1868—1881年，Charcot致力震颤麻痹的研究。他发现英国医师James Parkinson（1788—1824）早在1817年就发表文章，详细描述了震颤麻痹的临床表现，他特意把震颤麻痹改名为“帕金森病”，其间相隔60年。由此可见，Charcot对医学科学的忠诚和对其他科学家的尊重。1882年，他设立神经精神病学专题讲座，是欧洲第一家专科教学中心。

任教33年，Charcot吸引了来自欧洲各国的留学生。著名的Sigmund Freud（1856—1939），29岁在那里进修。Freud是精神分析学首创者。精神分析学实际上是Charcot学术思想的延伸。Joseph Babinski（1857—1932）也是他的学生。每位临床医师都熟悉“Babinski”体征。一幅Andre Brouillet名画描绘了1885年 Charcot的一次临床示教，站在他背后，扶持着那位女患者的医师是Babinski。

Pitié-Salpêtrière医院从一家杂乱无序的救济院（1656年）迈出了第一步。没有其他医院的模式可供借鉴，医院在荒凉的原野，默默无声地崛起，关键是要有Philippe Pinel那样勇敢的创建者。世世代代的医师在这里，给被病魔折磨和吞噬着的人们带来爱、光明和希望。这家医院孕育并诞生了Pinel、Esquirol、Duchenne、Charcot等领军人物。人才辈出，代代相传，这家医院有着不平凡的家谱，每一代人竭尽全力，做出自己的贡献。

500年来，世事沧桑，法国经历了路易十四王朝和拿破仑帝国的兴衰年代，全球发生过两次世界大战。在风雷激荡的外部环境中，Pitié-Salpêtrière医院这家百年老店始终屹立着，相继发展心脏外科、危重病医学科等。1968年4月27日，心外科主任Christian Cabrol（1925—2017年）成功完成了欧洲第一例心脏移植手术。我第二学年在Ambroise-Pare医院进修，那家医院凡是有外科手术适应证的心内科患者，按照惯例每周请Cabrol的弟子会诊。讨论后决定手术者，即转送Pitié-Salpêtrière医院。

医院一如既往，Pitié-Salpêtrière坚持以神经精神病科为重点，在欧洲独占鳌头。医院遵循科学规则办院，重视精英的医学教育，主张学术自由。医院之所以至今仍然焕发着生命的活力，奥秘就在其中。这部500年的医院发展历史，耐人寻思。

（感谢乔晓溪给本文作者提供必要的文献资料。）

G教授和他的老母亲

——2007年4月29日 完稿

到G教授的母亲家去做客，纯属偶然。和我一样，G教授本人也是今年第一次来探望他的母亲。他说的“今年”，已经过了八个月。按照中国的传统习俗，八个月，一个儿子才来到母亲的身边，感情上似乎难以接受。母亲虽然不住在市区，但毕竟在近郊区，交通很方便。然而，中国社会也发生了深刻的变革，家庭结构和亲属关系也随之发生了改变，时隔40年，“四世同堂”模式早已成为历史，一去不复返了。人改变着社会，社会也在改变着人。

G教授本人已两鬓霜染，母亲自然也很苍老。做母亲的最能体谅自己的儿子。大学教授忙于开拓自己的事业，理所当然。她甘心情愿为孩子操心劳累一辈子，不冀求知恩反馈。空巢老人，非常孤独。长年陪伴她的是一位中年保姆，还有一条对她很忠实的牧羊犬。她不得不聘请一位女大学生，每周有几个晚上，围坐在客厅壁炉前，朗读小说给她听。耄耋之年，老人头脑清醒，在室内活动，步态稳健，生活自理，真是好福气。

母亲多年见不到教授夫人，我不敢妄自猜测。孩子们为什么没来？记得有一位比利时医生对我诉苦，他小时侯最怕周末去奶奶家。奶奶强迫每个孩子喝一杯汽水样的饮料，味涩，其实是泻药。按照他奶奶的规矩，让孩子腹泻一次可以排毒，作为保健措施。这一天必然很不好受，我的比利时朋友一辈子见到汽水就害怕。可是，G教授的老母亲本人不喝汽水、不喝泻药。她性情温和，我相信她不会“折磨”她的孙子孙女。

老人家生活富裕，别墅独幢独院。室内摆设的硬木家具，款式古老，工艺精致，显耀着昔日的贵族气派。客厅有一幅教授母亲年轻时的肖像画，尽管发型、服装款式不再时尚，然而气质典雅，十分自信。再打量坐在我对面的那位老人，判若两人。无论男人或女人，过了更年期，就完成了繁殖后代的任务，按自然规律，理应退出生物舞台。不过，与其他生物不同，人到老年，不免要怀念自己对社会所做的一点贡献，希望得到尊重而不被过早地遗忘。时光流逝，世事沧桑，岁月不饶人。唯独法国美食具有永恒的魅力。午餐有一道菜，经教授母亲授意，她的保姆精心准备的“Saint-Jacques”蛤蜊，比一般的蛤蜊大，味道鲜美，似乎能激发人体多种内分泌激素，餐桌上的气氛也一下子活跃了起来。

临别时，母亲再次拥抱自己的儿子。她用手抚摸儿子的脸，轻轻地拍打几下。那只干枯的手，手指骨关节粗大畸形。这种场景，无声无言，情真动人。G教授驾车重返巴黎市区。不知道哪一天，他才能想起来再次回到母亲身边，说声：“妈妈，你好。”

扬州老人在巴黎

——2011年8月16日 完稿

1980年我在巴黎Ambroise-Pare医院进修。有一天，心内科呼叫我。有一间病室比较宽敞，有四张病床。其中三位法国患者在看电视，另一位患者是新住院的中国老人，一句法语也不懂。他对电视节目不感兴趣，嫌烦，就把电视毫不客气地关了。与同病室的法国人双方拒不退让。扬州老人大为光火，爆发口水战。还算斯文，没有肢体冲突。老先生虽显得瘦小，但见他怒目圆睁，大嗓门叫喊。在这场闹剧中，尽管他理亏却占了上风。我介入调解，双方都能接受。老先生遂即转送单人病室。法国人喜出望外，老人心满意足。我答应今后会常来看望他，临床工作总难掌握时间，与他见面的机会虽不多，但心里总惦记着他。

他一口地道的扬州话，住在巴黎15年，始终生活在华人圈子里，不跟法国人接触。自我封闭的环境让老人感到孤独。同病室的法国人嫌他怪癖，不讲理。其实，老人需要有人和他说话。他不是关在笼子里的马戏团动物，不能忍受任人摆布。听我说话上海口音，表情慢慢缓和下来。我们成了好朋友。

他老家在镇江，家境清贫，没有受过正规教育，识得几十个汉字。叔父是厨师，开了一家饭店。他从小在那里打杂，拉风箱、挑水、搬柴火，很能吃苦。1949年前，叔父到香港闯天下，把他也带上了。他很勤快，有活抢着干。把炉火管好，把饭桌收拾干净。叔父掌勺，他当下手，一边干一边学。洗菜切菜，学刀法，选菜配料，烧菜看火候。他机灵，眼睛看着，脑子记着。叔父看出他不是甘心寄人篱下之辈，迟迟不教他掌勺，差他去跑外卖。他毫无怨言，把自己打扮整齐，腰部系上洁白的布裙，肩头搭上白色餐巾，手提竹篮，把一盘盘菜放平稳了。按照指定的客户地址，挨家挨户送去，从来不出差错。回店交接清楚。一个青年人，舍得把老婆儿子留在乡下，从镇江小街深巷走出来，到香港图个发展，谋个好生活。他有自己的梦。

叔父的饭馆生意越来越好，铺面逐步扩大。他把家乡好几位亲戚招引到香港来帮忙。我们这位杨老终于能在其叔父指点下，掌勺烧菜。扬州菜是中国四大菜系之一。叔父的烹调技术颇有特色。他仔细揣摩叔父那套本领，把叔父的几道招牌菜拿了下来。过了一段时间，他当上二把手。若干年后，他另起炉灶，自立门面，把叔父一部分客户转入自己手里。随后，把三个儿子从镇江招来香港，同时也引进一批家乡亲戚。他干得比叔父出色。

在我面前杨老扬扬得意，眉飞色舞。当年乃叔父手下的小伙计，貌似憨厚，到底露出几分狡黠。20世纪60年代中期，他果断决定移民法国，使他的亲戚和同行大为吃惊。他考虑两点：一是要在这个崇尚美食的国家获取更多利益。他有商业头脑。二是年老退休以后，法国的医疗保障和生活福利比中国香港好。他讲究实惠。

为适应巴黎人的口味，他琢磨如何改进烹调技术。过不了多久，他成为拥有几家中餐馆的老板。在香榭丽舍大街上开设新餐厅，很有气派，事业达到鼎盛时期。然而，精明的杨老没有逃脱兴衰的一般规律。全家最宝贝的小孙子急症死去。接踵而来的坏消息是他二儿子赌博输了，瞒着父亲把位于香榭丽舍大街的那家餐厅卖掉抵债。他气得疯了似的，心脏病多次发作。双重打击没有压垮性格倔强的老人。他爱着他的家，爱着他的孩子们，爱着他亲手开创的家业，坚持做着他认为应该做的事。他把重点转移到现在的中餐厅，在Roosevelt街上，离Rolland Garros网球场不远。我进修的医院，就在这家中餐厅附近。

杨老是一个热心肠。出于职业本能，他首先关心我的就餐问题。医院科主任查房，很花费时间。查房结束收拾完毕，住院医生食堂往往已过饭点。我囊中羞涩，不敢外出。经常是食堂唯一迟到的就餐者，厨师怎么也要帮我拼凑出一盘菜来。有两次，厨师耸了耸肩说："没菜了。"我不想轻易离开，只见他托出一盘十二只煎鸡蛋，撒上了少许葱花。虽说我当年胃口特好，但毕竟非健康膳食。杨老要我去他那家中餐厅并把名片递给我，上面有地址。双方说妥，我按门市优惠价付费，每月结算。中午随到随供应。两菜一汤，色香味俱全，大快朵颐。碗筷匙碟，精巧美观。就餐环境幽雅。没有比我的胃肠道更能感悟老先生发家之道。

我推门而入，由杨老的三儿媳妇迎我就座。那年正是三儿子当掌柜，管账、管理供应渠道、与巴黎行政主管打交道等一应事务。那老三很精明，办事利索。他并不赞赏父亲的事业。之所以继承老人衣钵，完全出于孝道和对家族的责任感。中国餐饮业在巴黎褒贬参半。能赚钱，社会地位不高。多有委屈和辛酸，难与人言。因此，他坚决要送儿子上大学，另选一个体面的职业。他和媳妇俩热心招待，我很满意。

几天后，杨老转到一家疗养所。那里有护士照顾，能做基本检查，留有记录。病情起变化，可以直接返回医院。我没有再过问他的健康状况。直到有一天，他儿子告诉我，老人急性心肌梗死，凌晨走了。

我站在老先生的遗像前，敬上三炷香。我和杨老先生素昧平生，不远千里来相逢，总算有缘分。他艰苦经营，全身心扑在他争来的这份家业上。终其一生，在厨房和中餐厅里转悠着，别无爱好。巴黎有很多博物馆和宫殿，卢浮宫和凡尔赛宫，他不感兴趣。他没有去过歌剧院，搞不清歌剧和芭蕾舞闹的是什么玩意儿。在中国香港和巴黎两地旅居几十年，老人始终保持着中国农民俭朴的本色。中餐厅壁龛里端坐着关老爷。据说在他家卧室，供奉着观世音菩萨。这标记是植根在老人头脑中的一种信念。他的一生并不奇特，他的梦想也不复杂。他没有能力阻止厄运的袭击，只能用坚忍不拔的毅力，执着地做自己该做的事。杨老走了，我向他深深地鞠了一躬。

医院围墙外的巴黎人

——2018年8月4日 完稿

改革开放之初，中国的留法学生喜欢“中国人与中国人扎堆”。这可以理解，语言的障碍，文化、教育、生活习俗等多方面差异很大。数十年的闭关锁国，年青的一代人很难想象外部世界是一个什么模样。有些留学生的目标集中在学习现代化的科学知识和技能，学成后回国。他们因各自的勤奋、聪明和天赋，赢得法国老师的青睐。有的留学生对法国老师保持着礼貌上的距离，他们似乎对法国文化，对巴黎人不感兴趣。

然而，世界上各国的文化如此灿烂多彩，各国科学发展须深深植根于深厚底蕴的文化基础上。改革开放，给我机会认识今日的外部世界。巴黎人以浪漫、崇尚时装和美食而闻名，而且，巴黎人工作起来相当认真、严谨，也很严肃。法国的科学比中国先进，法国诺贝尔奖得主的人数在世界排行榜中名列前茅。

1979年来到巴黎，我要学习危重病医学这门新兴的学科。与此同时，法国的历史、哲学、文学和艺术对我有着不可抗拒的吸引力。我需要认识与我朝夕相处的法国人。第一学年，迫于专业压力，除在大学城和教学医院以及巴黎医学图书馆之间来回奔走之外，不敢涉足其他活动。第二学年，能适应国外的社会环境和独立生活的能力后，开始结识一些专业圈子以外的巴黎朋友。我发现医院围墙之外，有着广阔的世界。我所接触到的医院围墙外的巴黎人有着几个小故事。

故事之一：巴黎森林公园仓库里小剧场的青年演员

巴黎有好几个森林公园。第一次去的是Vincennes森林公园，位于巴黎市的东边，应几位巴黎青年朋友的邀请去观看话剧。到达时，天色已晚。直奔剧场，在公园内僻静角落。观看话剧，免费入场。这个剧场原来是一座遗弃的仓库，冬天没有暖气，特别冷。有几位青年演员，业余的。台词、面部表情、肢体语言都是古典式的，带有明显的夸张。台下不见有戏剧老师在场指导。舞台并不大，场地狭小，摆着三十来把折叠椅子，随意就坐。没有后台。中场休息，演员就走下舞台，在旁侧的长桌上喝杯热咖啡暖身。剧终，谢幕，鼓掌，演员和观众都很认真。

据说Vincennes森林公园占地面积略大于Boulogne森林公园，曾有过同样辉煌的历史，也曾是皇家园林之一。夜雾朦胧中，我对Vincennes森林公园一无所见。这次演出结束后，我有机会和这几位名不见经传的演员们闲聊，和其中几位同路者一起搭乘地铁回各自的宿舍。

他们的生活和工作条件都很艰苦。他们是年轻人，男的和女的演出时都穿得很单薄。一两杯热咖啡肯定不能使他们冻着的身体得到暖意。话剧的主题和内容，我毫无记忆。但是，我赞赏他们对专业那么执着。他们有理想，没有报酬，不计较自己的前途。这群理想主义者，充满着自信，带着顽皮的微笑，离不开法国人特有的幽默。

那天我第一次见到了这样几位巴黎的无名青年演员，他们勇敢地追求着自己的梦想。我见到他们在寒冷的舞台上，力求完美的表演。我感受到一股深切的感染力。

故事之二：即将访华的巴黎的大学校长

巴黎某所大学的校长Feuvrais先生将作为法国的大学校长代表团的成员，应邀去中国访问。改革开放后，中国第一次打开了大门，与外部世界进行沟通和交流。这位校长正在准备访华期间的演讲稿和幻灯片，主要是理工科方面的。Feuvrais校长不懂中文，也不善于用英文演讲。通过朋友关系，找到三位中国留学生，在约定的时间去他家做中法文字翻译工作。中国留学生中有一位是搞数学的，另一位搞工程学，我是医生。

Feuvrais校长就住在校园内一幢独立的楼房里。他每次以美酒款待。工作时

3位中国留学生（左一，学习数学；中间，作者；右一，研究工程学）

Feuvrais校长以美酒款待

间较长，校长夫人为我们准备工作餐。星期天，Feuvrais校长也邀请我们参加家宴，我们从不谦让，合作愉快。Feuvrais校长回国后，告诉我们，他这次访华很成功。我们也很高兴。我们需要有更多的法国朋友，尤其是高等教育方面。我们积极的参与，也算是为社会做了一点小小的贡献。

校长夫人招待我们工作午餐

1980年法国高校校长访华旅程

故事之三：在巴黎发现中国水烟壶

不记得哪位热心人介绍我认识一位企业老总，他已经退休。家居条件并不阔气。老先生满面春风，好客。语速慢，用词与年轻人不同，很像中学年代法国修士对我们讲话。他的第二任妻子曾经是一位空姐，和他前任妻子的儿子在同一个年龄段。徐娘虽老风韵犹存。

老先生的第二任妻子

有一天，我和两位中国留学生去他家做客。席间，女主人出示她的一件珍藏品，中国的。她不知是何物。我一看，眼前亮过闪光，几十年不见了。这是我姨婆（奶奶的亲妹妹）生前使用的那种水烟壶。像国外绅士吸雪茄一样，姨婆从不释手。我知道烟丝存放在带盖的小小的圆筒里，用小夹子把烟丝塞到过滤器内。所有零部件都集中在水烟壶，不必外取。我也熟悉点燃烟丝的技巧。烟通过水壶过滤，由长管用嘴吸入，咕噜咕噜作响。手握住的底座是水壶。姨婆的水烟壶是银制的，水壶

示教吸水烟

底座雕刻精致。法国女主人珍藏的中国水烟壶，制作比较粗糙。我有幸为大家做了一场虚拟的示教。

巴黎有一家东方艺术博物馆（Musee Guimet）保藏着大量中国历代的艺术珍品，有莫高窟的壁画、明嘉庆的瓷罐、汉朝的马头塑像等，叹为观止。

有一位法国朋友对我说："法国人是欧洲的中国人，中国人是亚洲的法国人。"真是这样的吗？我想，中国人不可能是亚洲的法国人，正如法国人不可能是欧洲的中国人。然而，中国人和法国人有很多共性，彼此需要更多的交流。

故事之四:《丁丁历险记》在巴黎

1980年，经一位法国朋友推荐的《丁丁历险记》（*Les Aventures de Tintin*）在巴黎是畅销书。这是精装大本系列漫画册，自1929年1月10日起在比利时报纸上连载，先后被翻译成包括中文在内的58种文字。销售几乎遍及世界各国。在北京，我从来没有听说过。故事的灵感来自丹麦作家和演员帕勒·哈尔德的环球旅行经历，当时年仅15岁的他44天环游了世界。漫画的主人公是Tintin，一个年轻的比利时记者。金黄色头发，前额上方翘起一缕是他标志性的形象。

在20多本漫画册中，我读过《蓝莲花》（*Le Lotus bleu*）和《丁丁在西藏》。Tintin到过中国上海，他还去了刚果、美洲、埃及。我还记得画册中那位傲慢的船长和聪明的Professeur Tournesol，漫画人物形象很有特色。我和那位法国朋友谈起我读后有感。出于对漫画作家的敬仰之心，尤其赞赏他高度想象力，我准备买几本画册带回国给我大女儿阅读。言者无意，闻者有心。几天后，法国朋

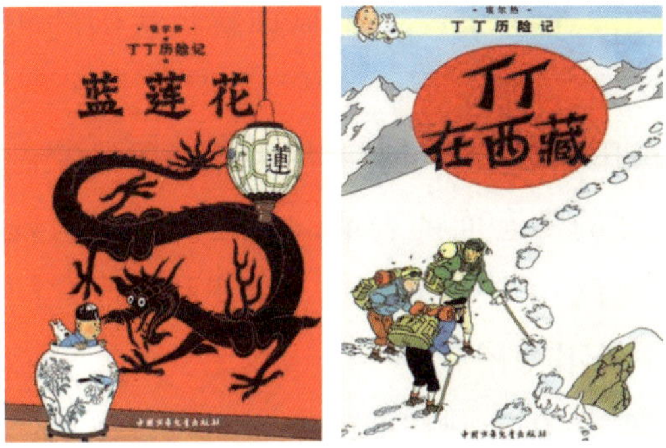

赠予我大女儿的《丁丁历险记》

友带来两本漫画册，特意送给我大女儿陈颖。他似乎比我更兴奋，当即在画册的首页，亲笔用法文写上：“陈颖，我的小朋友，中国是这样的吗?”1986年，陈颖才读到这两本丁丁漫画册。那年，她是外语学校法语系二年级学生。时至今日，大女儿还记得漫画册上，法国朋友写的这句话。可惜书找不回来了，丢了。

《丁丁历险记》的作者是比利时人，真名Georges Remi，笔名Herge（1907—1983）。他从来没有到过中国，怎么能出版《蓝莲花》和《丁丁在西藏》漫画册呢？他有缘见到中国人张仲仁，布鲁塞尔皇家美术学院油画和雕塑系的学生。那个年代欧洲对中国的了解很少。张仲仁向Herge介绍有关中国的知识，并且帮助他收集资料。Herge成为较早把中国引入欧洲的一位漫画家。20世纪70年代，漫画《丁丁在西藏》，就是描述Tintin寻找张仲仁的故事。1981年张仲仁应Herge的邀请访问欧洲，两年后Herge去世。

在没有留学法国之前，我总以为世界不认识中国。1979年走出北京，方知中国认识世界太少。我们要更多地认识世界，要学习从世界的角度来认识中国。改革开放，为我们开创了一个新的时代。

故事之五：社会上的巴黎人

经中国使馆介绍，我也结识了几位在巴黎的法国社会人士，有机会同几位中国留学生，出席他们的聚会。偶尔也有几位中国使馆的官员到场。作为留学生，我们从来不参加法国人的政治会议。法国人是天生的自由主义者。即便是普通的聚餐，席间他们总爱发表演说，各

普通聚餐

持己见，自以为是，好争辩，从来不能发出一种声音。这容易理解，法国的奶酪就有360种之多。他们谈笑风生，妙语连珠。

聚会中我最先认识的一位女士，我们有几位留法学生有时周末应邀去她家做客。她的先生上嘴唇长着一排胡髭，他自然的常态面部表情，一见面就引人发笑。那位老公围上围裙，在厨房灶头操作，有些手法像耍杂技。厨房和餐厅之间没有间隔。他们家住的是简易楼房，空间不是很宽裕。

老公下厨房，老婆陪客人喝“饭前酒”。这在法国，如同中国一样，少见。他有几盘拿手好菜，兼有自我宣扬的天赋。尽管说不上是法国美食，但大家吃得高兴，吃得入胃。他看上去大约40岁模样，玩起来像小孩。有一次饭后，他要我们大家手拉着手，唱着不太入调的歌，围着桌子跳呀转呀，唱呀唱呀。

他们就是我留法期间（1979—1981年）认识的巴黎人，医院围墙外的巴黎人。他们各有不同的专业，有各自的生活，萍水相逢，走到一起来了。今后很可能永远也没有机会见到他们。然而，他们留给我的回忆是愉快的。

Odeon有一家小书店

——2019年1月10日完稿

Odeon是巴黎地铁4号线和10号线的交通枢纽，在第6区中心。塞纳河左岸是文化区。几所大学、研究所、教学医院、Rodin博物馆、先贤祠等都在那里。我的宿舍在巴黎大学城，乘地铁很方便把我送到Odeon。

从地铁站出来往右拐弯，越过大马路，有一条狭长林荫小道，尽头处矗立着一座雕像。再往前走有一斜坡，拾级而上，正面是一家小书店。推门而入，不见店主。这是一家名副其实的小书店，两壁书架排满书籍，其间的空隙容一人通过。地上有几处堆放着书，码放整齐。没有柜台，没有桌椅。书店内非常安静。偶有一位或两位读者进入，挑选出架子上的书本，站着阅读，可以站上很长一段时间。然后，把书放回原处，从不随手乱扔。

功夫不负有心人。有一天，我发现了平装袖珍本《东西方科学》（*La science orientale er occidentale*）。作者Joseph Needham，中文姓名李约瑟，是英国生物化学家，他作为一名研究中国科学史的西方学者在中国享有盛誉。从此，每周听完

小书店门外也摆着书摊

外科学会学术报告后，我就绕道去这家小书店，粗略翻阅李约瑟的著作。李约瑟认为中国对世界文明的贡献，远超过其他国家，他批评欧洲人对中国有偏见。他的意见引起很多争论。国际科学史界认为，古代中国在农业和工艺品制造方面有独特的贡献，但并没有建立影响世界的科学体系。即便在李约瑟写的那本书里，他本人也提出这样的疑问："500年以来，欧洲发生文艺复兴，而且诞生了近代科学。中国停滞了，沉默了，落后了。这是为什么？"出于好奇，我买下了这本书。

重温历史可以受到教益。中国南北朝时期（公元480年左右）祖冲之能算出圆周率，精确到了小数点之后的7位（π=3.1415926）。他是在前人刘徽所采用的"割圆术"的基础上，将圆切割成几万块后，再做大量的计算。那个时候算盘还没有出现。祖冲之设计制造了水推磨、指南车、定时器等机械设备，对于当时的社会生产和生活有很大的实用价值。据说，他还写了一本著作《缀术》，但是久已失传。

然而，在欧洲，牛顿（1643—1727年）仔细推敲Kepler的运动定律，推出太阳的引力是向心的（指向太阳）。其实，Van Leewenhoek（1632—1723年）也早已发现万有引力，但他缺乏必要的数学知识。牛顿用数学的语言推敲自然的现象。哥白尼开始的科学革命，牛顿加以发展，为此后三百年的科学进展奠定基础。我们应该自问：为什么祖冲之以后，在长达1500年"空白期"，其间，中国没有产生牛顿，没有产生爱因斯坦等这样的科学家？

爱因斯坦说过，古代中国既没有产生形式逻辑，也没有产生实验方法，中国不可能产生科学。此话听起来逆耳，但是，爱因斯坦是正确的。中国古代的重大发明主要目的在于实用，发明较多地停留在技术层面，没有发展系统科学。中国的冯友兰先生在他写的《中国哲学史》一书中，针对同样的问题“为什么古代中国没有科学”发表了他的观点。

显然，与西方相比较，古代中国重实用、重技术。有零散的科学知识，不深究其所以然，缺乏理论研究。古代中国缺乏欧洲人那种致力“长期而系统的、通过数学化来探求宇宙的奥秘”的精神。所以，没有建立系统的科学体系。祖冲之的故事便是例证。

我想这也是对李约瑟提出的疑问，找到了答案。爱因斯坦的评论对于21世纪从事科学研究的人们来说，仍然有着警示的意义。我的老师曾宪九教授在决定委派我去法国留学之际，一再嘱咐我：“要学习先进技术”，更重要的是“要学习生理学和病理生理学，知其然，要知其所以然”。老师用心良苦，在我多年的医学实践中方有感悟。这也是为什么我至今不忘Odeon那家小书店。

巴黎第一家咖啡店和法国大革命

——2018年7月26日完稿

17世纪咖啡从土耳其输入巴黎。Le Procope 是巴黎第一家咖啡店，1686年由Francesco Procopio dei Coltelli创办。咖啡店坐落在巴黎第6区，塞纳河的左岸。中国的游客一般不知道有这个去处。即便是旅居法国1年或2年的中国留学生，亦罕有问津者。

巴黎第一家
咖啡店Le Procope

在法国思潮翻涌的17—18世纪，这里的咖啡和氛围吸引了诸多历史名人

咖啡馆内挂有创始人肖像画

1689年，在咖啡店所在的马路对面，法国喜剧院兴建。从此，咖啡店取得“戏剧咖啡店”的美誉。至今，这条街道仍以喜剧院命名。巴黎大学La Sorbonne和先贤祠是Le Procope的近邻。

从17世纪到18世纪长达200年的时间，法国各种思潮风起云涌。法国大革命在1789年开始，尽占天时地利人和之优势，Le Procope以咖啡之美味吸引着不同性格的年轻绅士和学者们，但见不到女性顾客。先生们高谈阔论，有着共同的怪脾气。应该赞扬的事物，他们加以诅咒；应该诅咒的，他们加以赞扬。

刻在这块圆牌上的名人

但是不要小看他们。几位“百科全书学派”学者Diderot，Benjamin Franklin（1706—1790年）是Le Procope的常客。革命派Robespierre（1758—1794年），Danton

（1759—1793年）常到咖啡店来聚会。小说家Balzac（1789—1850年），Victor Hugo（1802—1885年）也经常光顾咖啡店。还有青年炮兵军官Napoleon（1769—1821年）。他们的大名都刻在这块圆牌上。Le Procope保留着Voltaire的书桌，可惜我没有见到。

1980年应法国教授邀请，我有机会光顾这家咖啡店。Le Procope保持着古老简朴的特色，我喜欢这里的氛围。咖啡店掌柜的，特意给我们每人一张明信卡，正面显示着Voltaire，Moliere（1622—1673年），Rousseau（1712—1778年），Robespierre，Benjamin 5位历史名人的肖像画，并且写上咖啡店的简史和特色。他微笑着向我伸手示意，我坐着的正是Diderot的习惯座位。他的话无从考证，但是给了我非同寻常的快感，尽管这感觉是短暂的。恍惚间，我一下子退回到17—18世纪的法国。

欧洲文艺复兴是一个长期的过程。Voltaire反对君主专制，批判宗教的蒙昧主义。他写下《人权和公民权利宣言》，“人生而平等自由”，以新的思想看待国家、政权和宗教，开启了科学和理性之门。“人权”已载入今天的联合国宪章。Voltaire是公认的文艺复兴的领袖和导师。与他同时期的还有Rousseau,“社会契约”是Rousseau思想的核心内容。新社会契约不取决于国王，而取决于广大民众的共同意愿，民众有革命的权利。Rousseau的思想奠定了法国大革命的基础。Voltaire 和Rousseau两人都死于1778年。11年后，爆发法国大革命。

Robespierre（1758—1794年）是法国大革命时期的重要人物。他策划路易十六的死刑，促成法兰西共和国的建立。他主张中央集权，以恐怖手段消灭政

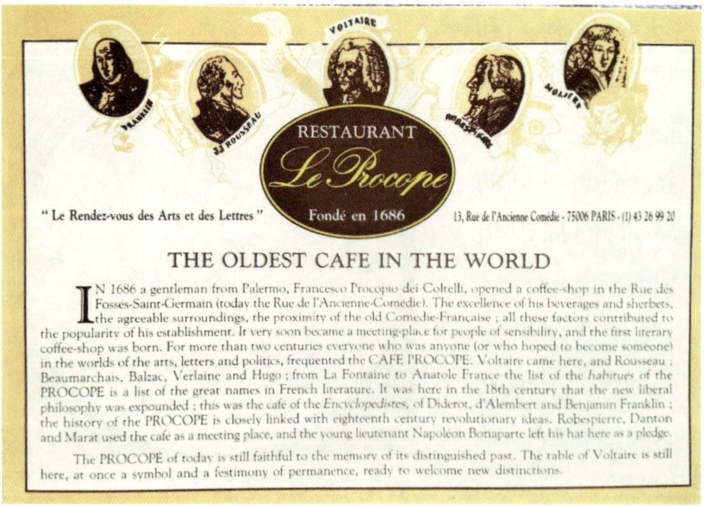

1980年Le Procope咖啡店掌柜赠给我的那张明信卡

敌。革命走向了极端，巴黎变成一座革命与恐怖交织的城市。1794年7月，他被另一派革命者包围在巴黎市政厅内。他从窗口跳下，折断了大腿。没有经过审判，第二天被送上1789年路易十六躺过的那张断头台。革命者把革命家的脑袋砍了。革命是暴力的，促进了历史的发展。但革命家被别的革命家杀死，这等故事，仍然在历史上一再重演着。马赛市广场有一块碑文，刻有Robespierre所倡导的箴言："自由、平等、博爱"，让今人知道此人曾经存在。

推翻路易王朝之后的4年期间，群众激情失控，凡涉嫌叛变共和国的人都上断头台。最高纪录，38分钟砍了21个头颅。全国约4万人被处决。革命的行动背离了革命的思想。此外，欧洲各国害怕革命蔓延，危及君主专制，群起讨伐法国。内乱和外患两大因素纠结在一起，法国社会发生动荡和混乱。民众渴望社会安定和国家强大。他们希望有一位强有力的人物，结束法国的危机，建立新的秩序和法制，并且打败欧洲列强。1804年成立了法兰西第一帝国，产生了一个皇帝，他就是拿破仑。社会的发展有着很大的不确定性。

拿破仑当上皇帝是民众选举的。成年男人中，159万人投赞成票，占绝对多数。他登上皇位，就宣誓忠于1789年的革命原则。他下令起草民法，经多次讨论，制定《民法法典》(Civil Code)或称《拿波仑法典》，尊重人权和法制。1804年《法典》正式实施，影响波及整个欧洲，对中东也产生了积极效应。1805年，Austerlitz战役，他大获全胜。1811年是他统治的鼎盛时期。拿破仑把帝国的版图扩张到大多数欧洲国家。他把法国大革命的思想和《法典》，带到被他征服的每一片国土上。他带领军队，长驱直入，兵临莫斯科。俄罗斯人无奈，把自家的首都烧了，坚壁清野。拿破仑不可能走得更远。

具有讽刺意义的是，拿破仑是用军事力量和民族压迫，传播法国大革命思想。欧洲人接受了人权宣言的理念，摧毁封建制度，确立了新原则。但是，他们很快觉察拿破仑的野心。显然，民族压迫的行为意味着对大革命原则的背叛。欧洲人遂即转向反抗。Waterloo一役，拿破仑被英国和普鲁士联军统帅Wellington打败。他被流放到Saint-Helene小岛，1821年死在那里。遗体回归法国，通过凯旋门进入巴黎。

在他死后100多年期间，法国经历了四次大规模的革命。等到戴高乐当选总统，已经是法兰西第五共和国。要把《人权和公民权利宣言》和《社会契约》的原则，在国家生活中得到落实，需要付出巨大的代价，甚至招来暴力和残杀。

拿破仑荣辱的一生给今天的政治家也好，老百姓也好，留下深刻的历史教训。在不同的时期，历史可以以不同的方式重演。对于广大老百姓来说，不能把一个国家的命运听任一个人的权力去摆布，不加以监督和制约。防止历史悲剧重演，是今天世界上活着的人们的共同奋斗目标。

从17世纪到18世纪，这些大人物曾经是光顾Le Procope的常客，辩论激励革命思想的产生。他们创造了法国的历史。他们对人类的伟大贡献，是唤醒人们认识自己是人，凡是人都有人的权利。然而，凡是人都容易犯错误。他们自己也不是完人，后人对他们褒贬不一。他们在咖啡店留下的痕迹，依然令人神往。1980年，我来到了巴黎。Le Procope那块沉积下来的石头，默默无声地落在塞纳河的左岸。

临街咖啡座仿佛是快节奏巴黎城市中的片片“绿洲”

今天巴黎有很多街头咖啡座，任意摆开小桌和椅子。人们歇下来，喝上一杯咖啡。总有一些人在街头咖啡座，耗上几个小时，似乎什么也不想，什么也不说。他们在繁忙的闹市中，寻找“沙漠中的一片绿洲”。今天巴黎街头的咖啡座不是Le Procope。

Patrick Modiano有一本名作《青春咖啡馆》（中文译名），写的是20世纪60年代一群“浪子大学生”，尽管他们是知识分子，但是没有思想，没有追求。他们像飘忽的幽灵，无休止地在逃避着什么。Modiano笔下的“青春咖啡馆”不是Le Procope。我不理解2014年诺贝尔奖得主Modiano，为什么要耗费这么多的笔墨去描写“一代失落的青年”（la jeunesse perdue）。或许文学家只展示社会现象，把悬念留给读者。

今天的Le Protocope失去了灵魂。不能想象，Voltaire，Diderot曾经是这里的常客，也见不到Balzac，Anatole France回到他们习惯的座位。他们的时代已经远去。那个时代的巴黎很难和现今的巴黎联系在一起。今天巴黎的咖啡店，没有Voltaire，没有Rousseau，没有Robespierre，没有Victor Hugo。

巴黎的BISTROT

——2018年8月10日 完稿

我知道法国的美食，享誉世界。在香榭丽舍大街上有几家著名的法国餐厅，我略有所闻，像我这样的留法学生不敢涉足。首先价格昂贵，座上客都衣冠楚楚，吃饭也有一套学问。留学第一学年，我应邀去法国餐厅吃饭。就座后，侍者很有礼貌地递给我一份“精装本”菜单。怎样点菜，我不知所措。故作正经地问侍者，要他推荐一两盘美食。完全出乎我的意外，吃顿饭并不轻松，就像我在医院接受主治医师面试一样。出国前，不可能有这方面的培训。我的功底不过是吃上海的大饼、油条和阳春面，最高水平的享受是绿野的小汤圆和腌笃鲜，如此而已。

天下的年轻人都有共性。法国住院医生喜欢请我去巴黎的Bistrot。确切地说，就是小酒馆。法国人为什么称之为Bistrot？名称不像法语词汇。我的那位法国朋友也不知道。我带着这个谜回国，最简单的办法是在电脑上搜索查询。“Bistro”来源于俄语“快”。1814年俄国军队占领巴黎，俄国士兵习惯说“Bistro”，催促小酒店侍者“快快上菜”。想不到俄国士兵粗俗的言语在法国餐饮业中名垂史册。但是，巴黎的Bistrot不是快餐店。

Bistrot室内安静，环境舒适，光照柔和。既可以喝咖啡、饮酒，也供应牛排、蜗牛、奶酪、巧克力和甜食。价格可以接受，不至于过分为难邀请我的东道主。在Bistrot，任凭世间诸多烦恼事，人生在此处是美好的。美食中自有朴素的哲理。

此时此刻，我想起了中国的小酒馆。孔乙己经常光顾的咸亨酒店，虽然简陋，喝上一盅酒，吃上几颗茴香豆，足以让这位落魄的读书人解忧消愁。抗战期间，西南联大的学生们，为节省用电，傍晚自发地去附近的小茶馆喝茶，读书或者聊天。然而，我比他们更幸运。巴黎的Bistrot和中国的小酒馆相比，风格不一样。这里是巴黎，不是当年的绍兴或者成都。这

巴黎的小酒馆Bistrot

里没有孔乙己，没有抗战时期的西南联大的大学生。Bistrot是淹没在巴黎大餐厅的汪洋之中的一些散在小岛。可是，就我的心灵感受而言，Bistrot并没有列入我留法学习的必修课。Bistrot仍然是一个谜。一次就餐，至今不忘。

塞纳河边（作者拍摄）

人的生活，一天24小时，包含两部分：一是工作时间，不同职业不同要求，绝对不容懈怠；二是业余时间，为个人心灵上的需要，绝对不容轻视。二者之间，要维持好动态的平衡。我在巴黎教学医院工作，必须学好专业知识和技能，有压力，有苦恼，也有振奋。另外，巴黎有富丽堂皇的宫殿、博物馆、巴黎圣母院、名胜的森林公园、美丽的塞纳河、街头咖啡座、诱人的美食等。在生活中诸多矛盾之间，寻找平衡之道，取得和谐生活的境界，巴黎是我的启蒙老师。这是我旅法学习的重大课题，也是我一辈子要学习的重大课题。

巴黎圣母院大教堂

——2018年12月11日完稿

我站在广场上，面对中世纪哥特式巨大的建筑物，感受到神奇的引力。产生引力的中心就是举世闻名的天主教大教堂。巴黎圣母院是古老的，每一块石头，每一座雕塑都诉说着遥远的历史。然而，在我的心目中，它又是新鲜的，有着不可抗拒的魅力。

不记得我从哪里进入教堂。但见多扇高大的彩色玻璃。深处是圣台，是大教堂的中心。我仿佛从20世纪不由自主地跌入了中世纪。我不是信徒，我忽视了进门一侧墙上半圆形池中的圣水，我也没有就位做祷告。一位身着黑衣服的女

巴黎圣母院大教堂，创建于1160年

教堂的彩色玻璃

士，轻轻地迎面走来。她很有礼貌地示意，要我按规矩入座，不要随便走动。

定神看去，一排排的善男信女正在虔诚地祈祷。玫瑰花样的彩色玻璃嵌在石壁上。我发现了教堂高大的管风琴，具有8000多个风琴管的庞然大物。根据历代记录，1955—1984年，法国管风琴首席演奏家是Pierre Cochereau。我第一次听到巴哈的音乐从一排排大风琴管的肺腑中喷洒出来，从高耸的穹顶缓慢地下沉、降落。此刻，我似乎感到灵魂从躯体中解脱出来，随着音乐缓缓腾飞。这是一次梦幻般的感觉。在其他场合，由管风琴演奏的巴哈音乐，再也没有产生类似的效应。

1980年的一天，我登上387级螺旋式阶梯，见到那些俯瞰着巴黎的石雕怪兽像，见到那座能诉说神奇故事的大钟。我沿着又长又窄的石梯，蜿蜒向上。在教堂高层露天的走廊上漫步眺望。几座怪兽的石像包围着我。Chimera和Stryge分别蹲在东西方向的栏沿上，无声无息，向世人隐瞒着光怪陆离的传说。

俯瞰巴黎的“怪兽们”

瞬间，雨果小说《巴黎

我在大钟的塔楼上和“小怪兽们”

圣母院·钟楼怪人》中卡西莫多（Quasimodo）的形象即刻浮现在我眼前。我的思绪瞬间飞向维克多·雨果笔下的《巴黎圣母院》。我登上右侧大钟的塔楼，找到了教堂1681年吊装的第一架最大的钟。卡西莫多早已不存在。这位钟楼怪人是畸形人，他面貌丑陋，一只奇特的脑袋，浑身不协调的肢体，每天疯狂地跳跃在几只摆动着的大钟之上拉动着绳索，猛烈的撞击，击出叩人心弦的钟声唤醒着人们的良知。

大教堂内还有黑衣神父菲比斯（Phobeous），他道貌岸然，是罪恶的化身。被他看中的吉卜赛女郎爱丝米拉达（Esmeralda），不肯就范。他刺伤宪兵队长，嫁祸于爱丝米拉达。从塔楼的高层，他恶狠狠盯住那位无辜的吉卜赛女郎被苦刑折磨，咀嚼着报复的残酷。就在此地此刻，卡西莫多把菲比斯从高处扔了下去。爱丝米拉达屈打成招，被判绞刑。行刑前，卡西莫多把她从法场上抱进圣母院。乞丐们闻讯后前来营救。国王下令镇压。在墓窟里，有两具尸体，一具是吉卜赛女郎爱丝米拉达，一具是钟楼怪人卡西莫多。在《巴黎圣母院》唯有外表丑陋的卡西莫多是干净的。

我与大钟

今天，我见到了大钟，可以触摸它。我似乎能感觉到它13吨的重量。然而，大钟是安静的，沉默着，不愿意对我讲述巴黎圣母院催人泪下的故事。

从钟楼眺望巴黎

阳光普照着广场上的芸芸众生

从大教堂的高处看去，我眺望着巴黎。我从塔楼上下来，从圣母院的深处走出来。阳光慷慨地普照着广场上芸芸众生，我清醒地返回现实的生活。1000年过去了，但愿未来的世界将是干净的，是正大光明的。

在这芸芸众生之中的我，自1981年从法国学成后归来，已经49岁，开启了我后半生梦想与创业之征程。

十、梦想与创业：我与协和ICU共命运

讲在前面的话

——2021年3月11日完稿

不要因为走得太远 忘了我们为什么出发。

——纪伯伦——

我的老师曾宪九教授

曾宪九（1914—1985年）湖北武昌人。著名外科学家，医学科学家，医学教育家，中国基本外科奠基人，危重病医学和肠外肠内营养学科奠基人，北京协和医院外科主任，一级教授。

曾宪九教授强调："外科学是随着基础医学的发展而发展的。"20世纪60年代初，他创建了北京协和医院外科实验室。他的指导思想很明确，外科实验室是临床基础研究型实验室，目的在于改进治疗，促进医学的发展。

曾教授十分重视外源性损伤因素对人机体应答所引发的紊乱以及各器官功能之间相互作用和影响。事实上，机体反应的调控以及器官功能支持是危重患者加强医疗的主体框架。曾宪九教授是危重病医学（Critical Care Medicine，CCM）在中国的奠基人。

20世纪70年代初，曾宪九教授敏锐地觉察到危重病医学在全球范围内逐渐发展形成可观的态势，新的概念相继问世。某些生理或病理生理学的实验室技术进入临床实践，必将推动学术的发展。学术思想的迅速发展是在中国创建ICU的动力，为

成功移植CCM奠定基础。因此，他认为北京协和医院建设现代化ICU病房刻不容缓。1979年，我经曾宪九教授推荐被委派到法国巴黎第五大学教学医院学习危重病医学理论知识，争取条件参加临床实践，两年后回国创建ICU。这是老师赋予我的使命，也正是我梦寐以求并将终生为之奋斗的事业。

1982年外科ICU建立

在北京协和医院，临床专科多、设置齐全。ICU作为一个陌生的新专科要取得一席之地，不可避免地会遇到很多问题。首先，要取得一定的病房占用面积。如果要占用已有的外科病房，不可行。我注意到行政科有一间宽大的办公室，原先是皮肤科门诊。行政科干部经常跑外勤，使用率不高。我向欧阳启旭院长提出征用建议，院长同意。这块寄托着老师和我起飞梦想的“处女地”，终于拿到手了。

经曾宪九教授许可，我不参加基本外科值夜班，也不参加门诊工作，以便集中精力尽早把病房运转起来。功夫不负有心人。北京举办国际贸易展览会，行将结束。展品中，有两套ICU专用的床边监测仪，波兰制造，无人问津。原因是外商不愿再次装箱搬运回国。医院行政科得知后，与对方商谈，结果用人民币廉价买进。外商不久派人来院安装上墙。虽说这组监测仪的制造工艺比较粗糙，但是能动态显示心跳、心率、呼吸频率和血氧饱和度等图形和参数。我从巴黎带回来3根漂浮导管，回国后又添购一台心输出量测量仪，这一组装备可以及时观测血流动力学和氧输送等变化。我迈出了第一步。

在巴黎第二学年，我发现北京协和医院拥有的Bird-8型呼吸机在巴黎ICU已被淘汰，因为需要高压氧驱动，每天搬动多个笨重氧气筒消耗体力。曾宪九教授特意用外汇订购Bennett-6400型柜式呼吸机。至此，心血管系统和呼吸系统功能衰竭所需的支持性治疗仪器设备基本到位。

ICU没有人事编制，当务之急，要组建专职的团队。比较可行之道是，从外科各病区征选几位机灵、勤快、好奇、好学的青年护士。我征得6位志愿者，她们是史丹胡、李燕、宁素茹、邢秀珍、高玉华和王丽华。我向曾宪九教授汇报人选。1982年成立了第一届专职ICU护士小组。此时，病房没有患者。曾教授亲自到会，他坐下来就问：“你们是自觉参加，还是服从分配来的？”回答是一致的，不含糊。姑娘们的热情表态令人信服。毫无疑问，我也需要一位专职的住院医师搭档。麻醉科应届毕业的研究生马遂医师志愿前来报到。我不再是孤军作战。

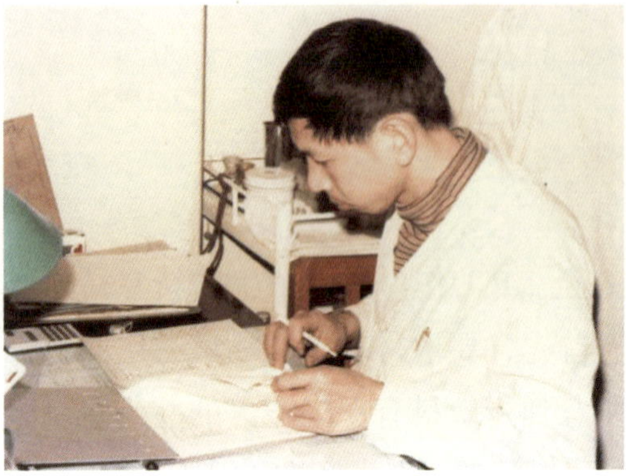

1982年马遂医师在ICU

1983年ICU护士小组合影（二排右一，史丹胡；右二，宁素茹；右三，孙红；右四，作者）

小小的ICU专职团队宣告成立。每个人都是当家人，把桌椅、立柜、必需用品、瓶瓶罐罐等，布置起来。大家高高兴兴，像母亲把初生婴儿抱在自己的怀里，喂她吃奶，期望她长大。

曾宪九教授果断决策，创建ICU从外科1张病床开始。万里长征取决于迈出去的第一步。欧美国家建设ICU经历多次重大的改革，也是一步一步走过来的。

1967年，Swan设想在心导管顶端安装一只小气囊，带动心导管进入肺动脉。Swan和Ganz合作，设计并研制“肺动脉漂浮导管”。1970年，他们第一次报道100例成功的经验。当导管从右心房进入肺动脉，到达“嵌入”状态，即可间接测知左心室功能，并不需要直接进入左心室。漂浮导管很快在临床上被推广应用，成为20世纪70年代ICU的标志之一。

我急切期望北京协和医院ICU在创建之初，处于较高的学术水平。当符合国际标准的肺动脉漂浮导管及基本设备准备就绪后，病房尚无患者。困难造就机遇。我到基本外科各病区去寻找适合在ICU治疗的第一位患者。有一位中年女患者同意来ICU接受治疗，并且愿意接受肺动脉漂浮导管插入。我立即报告给我的老师曾教授，他决定当日晚饭后7时左右，在邻近的放射科进行插管。曾教授邀请内科方圻教授和外科费立民教授也按时到场。我和马遂医师两人，经肘静脉插入，在X线透视下，导管顶端的气囊，顺利嵌入肺动脉。这是北京协和医院成功完成的第1例肺动脉漂浮导管插管。老师和学生们都松了一口气。

我回国后从1982年开始到1998年这期间，北京协和医院ICU曾经为537名患者留置漂浮导管，每次测定结果标记都在Starling曲线图纸上，据此判断不同类型的休克，分析病情演变和药物效应。每张曲线图都挂在患者的床头，形成北京协和医院初创ICU的特色。

1982年，在曾宪九教授的指导下，由一张病床开始的外科ICU建立。我的梦想终于见之于现实，就像一位母亲看到自己的孩子出生一样。也许旁人觉得这个孩子长得丑，但在我的眼里看这宝宝很可爱。做母亲的十月怀胎，分娩是痛苦的。但听到婴儿出生后的第一声啼哭，那种无法形容的喜悦，从心底油然而生，久久萦怀。

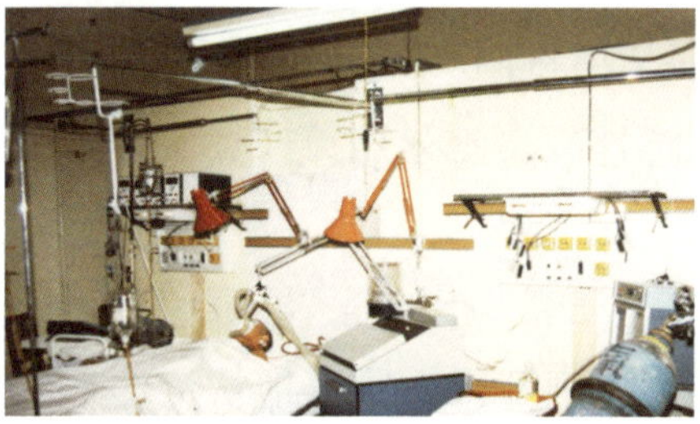

1982年由1张病床开始的外科ICU

1982年外科ICU建立

从重症加强医疗到危重病加强医疗

——北京协和医院ICU发展的不同阶段

——2022年1月8日 完稿

曾宪九教授是外科学家，也是外科生理学家。1978年改革开放，他曾经思考两个问题：一是是否需要在我国引进危重病医学？二是我们要选择怎样的大发展道路？曾宪九教授是我的启蒙老师，要建立危重病医学这门新兴的学科，并开展加强医疗工作，启蒙教育是基础。

1982年，曾宪九教授决定在北京协和医院建立外科ICU。他亲自将其命名为“加强医疗病房”。然而，不知从哪里刮起一阵风，称之为“重症监护病房”。确实闹过一场笑话。最初，哥本哈根的几位专家曾应武汉邀请来华，以建设ICU

为题作学术演讲。他们先到达北京参观了北京协和医院的ICU。他们的演讲由我们ICU住院医师乔晓溪担任翻译。外宾很满意，随即把乔晓溪带到武汉去了。到达武汉后他们惊奇地发现，到场的听众绝大多数是护士。ICU固然很需要精干、熟练的护士参加。但是，中文译名不正确，显然产生了误导。曾宪九教授说过："Intensive Care" 中的 "Care"，指的是 "Medical Care"（医疗），并不局限于 "Nursing Care"（护理）。我还记得某年，卫生部鉴于客观形势的需要，计划首批扶植全国14家医院重点建设ICU。到会的医院领导在申请单上几乎只提及床头监测仪，很少考虑到呼吸机的重要性。不是说"监护"吗？"监"被误解为"监测仪"，"护"被误解为需要比普通病区配备更多的护士，从整体上忽视了对ICU医疗功能的特殊要求和从业人员的专业培训。曾经有一段时期，甚至在中国医学科学院图书馆内，竟然把危重病医学专著编入护理学项目内。"重症监护病房"这一错误的中文译名，积习难改。近年来，媒体报道比较多地采用英文首字母缩略词"ICU"，不失为务实之举。

曾宪九教授反对"三衰病房"这类名称。所谓"三衰"指的是"心衰、呼衰、肾衰"，把某种病因产生的"多器官"功能衰竭，分割开来，错误地认为多器官功能衰竭是单器官功能衰竭"累积"的结果。

大家知道，1973年，Tilney已经发现在主动脉瘤切除手术后，可以发生多个远距离的器官功能衰竭。Eiseman等假设，在某种急性病，比如严重感染或严重创伤等情况下，有一种"触发机制"（Trigger）启动不恰当的机体反应，序贯性地引发远距离、原本健康的器官损害。受损器官像多米诺骨牌那样一个一个地倒下。Eiseman等称之为"序贯性多器官功能衰竭综合征"（multiple organ failure, MOF）。国际上统称"MOF"有特定的含义，被当初中国某些专家误解了。现在看来，引发MOF这种"激发机制"涉及人体炎症与免疫反应等复杂问题。需要更深入地探索和研究。这也是危重病医学发展的起点。我们有一条很长的路要走。

此外，回顾历史，在欧洲，从"重症患者加强医疗"演进到"危重患者加强医疗"，经历过不同的发展阶段。医疗功能各有区别。

重症加强医疗（Intensive Care Medicine）初期阶段，指的是单器官功能衰竭治疗，没有床边监测仪可以及时显示病情的变化，主要的器械设备是呼吸机或血液透析仪。20世纪50年代末期，面对死亡危及患者之际，治疗的重点措施可以概括为"VIP"。"V"指的是呼吸气体交换功能的支持；"I"指的是输液治疗，维持适度的血管内容量；"P"指的是心脏作为泵的功能，维持心输出量、全身性血流灌注以及纠正致命性心律紊乱。重症加强医疗单位（Intensive Care Unit）始建于美国和西欧，而且发展很快。

20世纪60年代进入危重病加强医疗（Critical Care Medicine）阶段。床边监测仪更新，实验室及时提供呼吸、肾功能以及代谢等生物化学数据，加强了临床医师及时发现和及时治疗的能力。危重病加强医疗的服务对象是多器官功能衰竭的患者，危重病加强医疗的目标是尽可能及时地判断，及时地进行复苏治疗，支持重要器官功能，防止发生序贯性多器官功能衰竭，以赢得时间为病因治疗创造条件。延续性生命支持性治疗（prolonged life support therapy）是其主要特点。

1959年，美国匹兹堡大学率先建立“危重病加强医疗病房”，领军人物是著名麻醉科教授 Peter Safar。他带领一批受过专业训练的专职医师，制定全天候值班制度。他促进危重病加强医学成为一门临床亚专科。20世纪60年代初，William Shoemaker在芝加哥的Cook County医院，建立“外科危重病加强医疗病房”，他的老师是著名外科生理学家 Francis Moore。

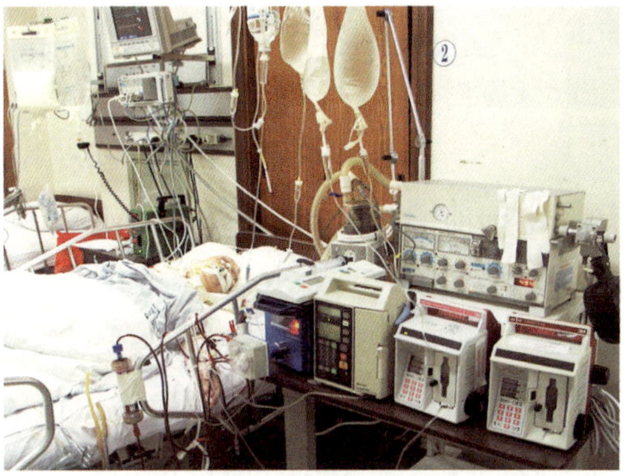
1983年从15号楼1层到1995年内科大楼的ICU

北京协和医院建设ICU同样经过了两个发展阶段。从严格意义说来，1982年的外科ICU属于重症加强医疗单位（Intensive Care Unit）。从1983年在15号楼1层成立综合性ICU 7张床，到1995年搬入新建的内科大楼设置14张床，名副其实地建成了危重病加强医疗单位（Critical Care Unit）。

从北京协和医院的全局来看，危重病加强医学也涉及麻醉科、急诊科和远途运输的航空医疗（或称“空中ICU”）等医学领域，尽管这些科室各有独立性。

2009年1月19日，卫生部下达通知，决定增加一级诊疗科目“重症医学科”。在文件中有这么一段内容“重症医学科的主要业务范围为急危重病患者的抢救和延续性生命支持；发生多器官功能障碍患者的治疗和器官功能支持；防止多器官功能障碍综合征”。

读了上述文件，我的体会是，所说的“重症医学科”，实际上包括重症医学和危重病医学。

2011年，Max Harry Weil在他发表的文章中第一句就指明：重症医学是危重

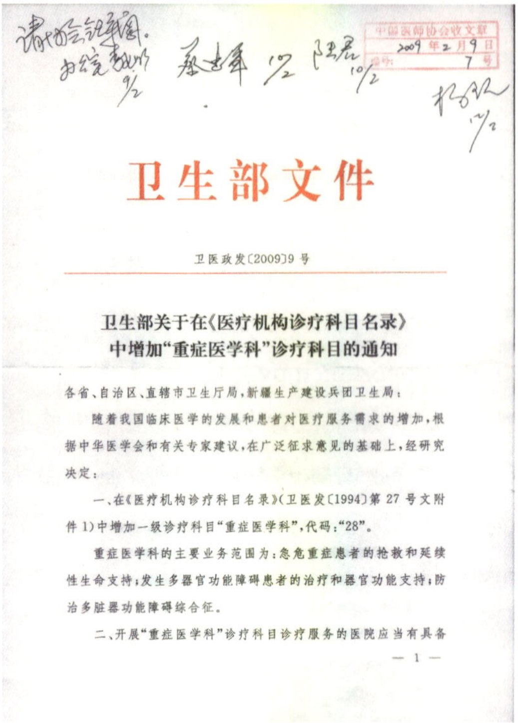

卫生部文件

卫医政发〔2009〕9 号

卫生部关于在《医疗机构诊疗科目名录》中增加“重症医学科”诊疗科目的通知

各省、自治区、直辖市卫生厅局，新疆生产建设兵团卫生局：

随着我国临床医学的发展和患者对医疗服务需求的增加，根据中华医学会和有关专家建议，在广泛征求意见的基础上，经研究决定：

一、在《医疗机构诊疗科目名录》(卫医发〔1994〕第 27 号文附件 1)中增加一级诊疗科目“重症医学科”，代码：“28”。

重症医学科的主要业务范围为：急危重症患者的抢救和延续性生命支持；发生多器官功能障碍患者的治疗和器官功能支持；防治多脏器功能障碍综合征。

二、开展“重症医学科”诊疗科目诊疗服务的医院应当有具备

— 1 —

世界公认的“世界危重医学之父”、美国SCCM首任主席Max Harry Weil（左）和作者（右）（照片拍摄于2005年3月的国际学术交流会议中）

2009年1月19日，卫生部发布在《医疗机构诊疗科目名录》中增加“重症医学科”诊疗科目的通知

病医学的前期（predecessor）。Max Harry Weil写这篇文章是有针对性的。要知道“从哪里来”（Where from），才能清醒地思考“要到哪里去”（Where to）。

我的老师曾宪九教授一再告诫我，要发展危重病医学，建设ICU，绝不是为了赶时髦。必须在正确的学术理念指引下，探索我们应该走的道路。重温历史可以为我们探索未来的发展提供指引和启示。

创业的指导思想：一切为患者

——2021年3月14日 完稿

一

为什么要建立ICU？新学科创建之初，会有诸多不可预知之事。有些医师开始注意到15号楼1层有ICU的存在。他们把濒临死亡的患者紧急运送至ICU，事先未经会诊也不打招呼。家属发现患者进入多种现代化仪器装备的特种病房，很

容易理解为医师尽了最大努力。但是，危重病患者终末期死亡率高。有一天，有位外科医师问我："为什么ICU患者死亡率高达100%？"怎么可能呢？想起来也简单，凡是在ICU死亡的患者，都纳入ICU病死率。反之，经ICU治疗，病情好转后，他的病案将随着患者转回原病区。病死率统计的根据是病案，而病案跟着患者走。这般统计结果提出了一个问题："建立ICU是为了什么？"

老协和时期，如果有病情复杂的重患者经过多科诊疗救治，仍难以挽回其生命并且死亡病因不明者，按医院惯例对有条件进行尸体解剖的，必须争取解剖尸体。这种复杂的死亡病例会在全院大内科"临床病理讨论会"（Clinical-Pathological Conference，CPC）上进行病例报告。大会先请各专科提出各自的诊断依据，病理科最后报告尸检的病理结果。一般来说，尸检结果通常出人意料。死亡原因，实乃初思不及也。最后，与会者会各抒己见地进行讨论，促进反思。这是临床教学的一项重要内容。新中国成立后，很少有患者家属同意解剖亲人的尸体。举行全院CPC的机会少多了。

我有机会参加过一次全院CPC。有位患者曾辗转几个科室治疗，不幸未能挽回其生命。临终前才被转入ICU，已无救治时机，这种情况在当时似乎已经成为不成文的习惯。作为经治科室之一，轮到ICU在CPC上发言时，我说话粗声大气："ICU不是临终安护病房。要不然，把ICU设在太平间隔壁，中间开扇门，更方便。"语言不雅，却引起大家注意。

从全局来看，当年临床医师对危重病医学的学术理念缺乏认识。危重病加强医疗的目标是尽可能及时判断，及时进行复苏治疗，支持重要器官功能，防止发生多器官功能衰竭，以赢得时间为病因治疗创造条件。确切地说，不是在已经发生致死性多器官功能衰竭之后，才开始加强医疗。而加强医疗不可能替代病因治疗。

在后继的日子里，情况发生了改变。转入ICU的患者，确实是应该收治的危重病患者。他们可能是外科患者，也可能是内科患者。我面临着新的考验，挑战是我引起的。"物竞天择，适者生存"这是规律，我不甘心被淘汰出局。我必须全身心投入，做好我的工作。

二

立必为之志。新学科建立之初，不受到质疑和非难是不可能的。1981年，巴黎Necker-Enfants Malades 医院的Cazalaa医师曾多次陪同我参观该院的ICU。

他好意对我说：“危重病医学的理念、ICU独特的医疗功能，很可能和中国医院原有的专科发生碰撞。”我因尚未经历，当时没能领会他的语重心长。

协和一切为民

1985年某月某日，一位内科医师突然驾临15号楼1层ICU我小小的办公室。她与我同年龄段，是内科中坚骨干之一。一进门她便拍着桌子说：“你这样搞很不好，在全院造成很坏影响。”她的态度惹得我很恼火，但是我尽力克制着自己，以日常的语气答话：“你是向我下最后通牒。你在设禁区，通知我‘紫禁城’不得入内。”她说：“国外没有像你这么搞的。”我回答道“法国就这么搞！”我绝不后退，但也不想事态升级。吵架会产生非理性后果，所以那次私人谈话很快结束。

20世纪80年代，协和ICU医护工作者
青春的活力 学科的活力

当然，这位女士的意见可能代表着当时一部分公众舆论。北京协和医院诸多临床专科在医、教、研方面所取得的成就是经过历史检验的。经过几代人的努力，北京协和医院有着良好的学术内环境。这位女士很可能担心危重病医学移植进来，会引发矛盾和混乱，甚至会影响自己所从事专业的发展。然而，不同意见理应摆在桌面上，以平等的态度进行洽谈，何必拍桌子。虽然问题摆在面前，但我确信：第一，缺乏学术上的远见和开拓新领域的勇气，不是协和精神。第二，发展危重病医学，建设ICU，有利于医学的发展和医疗水平的提高，更好地为患者服务，这才是协和精神。

我一生屡屡碰壁，屡碰屡输，看来很愚蠢。其实，我也是被逼迫出来的。如果屡碰屡输而不敢再碰，我就输定了。所有发生的事件给我敲响了警钟。我喜欢做梦，人不可以没有梦想。然而，要争取立足于北京协和医院众多学科之林，从做梦回到现实，我的头脑应该时刻保持清醒。我必须坚持危重病医学的目标，立志做好自己应该做的工作。梦可以做，侥幸心理不可有。

宋朝朱熹为《论语》中孔子的一句话，写下一条注解："大言不惭，则无必为之志。"我不甘心沦为大言不惭者之流。所以，我要立必为之志。

1983年12月建立综合性ICU

——2021年4月24日 完稿

1982年，在外科ICU的初创阶段，先后有两位外宾需要ICU收治，一位是北京大学90岁的美国老教授，一位是日本佛教协会会长。初建的外科ICU空间狭小，我设法让ICU医师和护士小组进入外宾病房专管医疗和护理工作，把急需的呼吸机也搬了进去。由于这支小小团队的共同努力，两位耄耋老人安好出院。

治疗那位日本老人时，我们手头只有Bird-8型呼吸机可供使用。病房还没有输送高压氧管道系统的设置，每天需要搬动好几只氧气筒。马遂和我轮流从推车架上把灌满氧气的筒抱下来，又把空筒抱上去，这是实实在在的体格锻炼。推车架在走廊上排成一长条。前来探望老人的日本朋友也注意到了这种怪现象。患者出院后，有位日本驻华使馆的官员向北京协和医院院长传达了一条出乎意料的信息，日本佛教协会将以日本国际协力事业团的名义，赠送给医院8张病床的整套ICU设备，包括专供肺动脉漂浮导管插管需要的C-arm X光机。

那间原本为行政科的办公室，显然容纳不下。院领导决定把15号楼1层原来

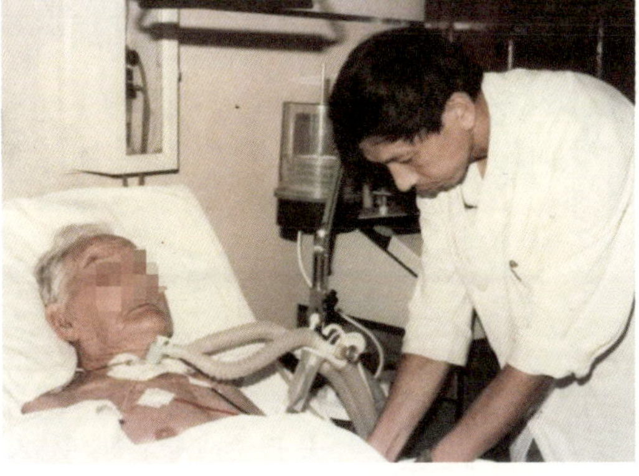

20世纪80年代，马遂医师在90岁老人的床边

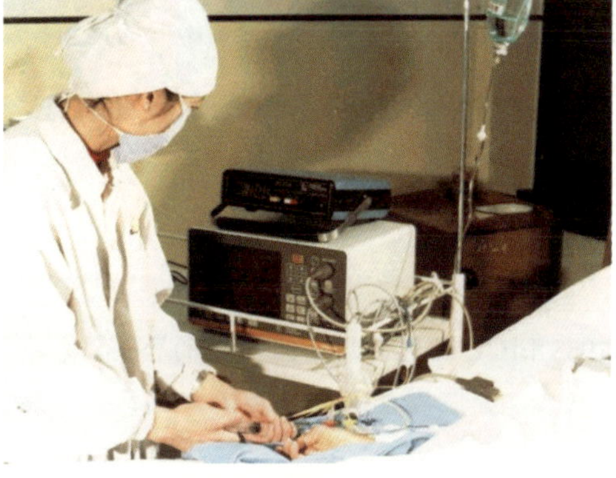

20世纪80年代，护士在测心输出量

的内科门诊搬走，腾出空间建立新的ICU。把各诊室之间的屏隔全部拆除，成为统舱，依次摆上7张病床。另辟一间安装C-arm X光机，为留置肺动脉漂浮导管专用。每台床边监测仪安置在特制木架上，固定在墙壁上。按老协和规定，每位住院医师要为他所收治的患者采样做血尿等常规检查。因此，各病房都专设一间独立的实验室。这项培训制度后来被取消。此时，我们把它改为ICU专用的实验室，安放血气分析仪等。

1983年12月9日，在曾宪九教授指导下，参照国际先进的学术理念和组织模式，北京协和医院建立了中国大陆第一家综合性ICU。曾宪九教授亲自将其命名为“加强医疗科”，1984年初任命我为第一任科主任。

这是北京协和医院老楼15号楼1层的长廊。长廊的左上方挂着一块牌子，“加强医疗科”是曾宪九教授亲自为科室命名。5个大字，赫然入目。如今人去楼空，

1983年，曾宪九教授亲自命名为“加强医疗科”

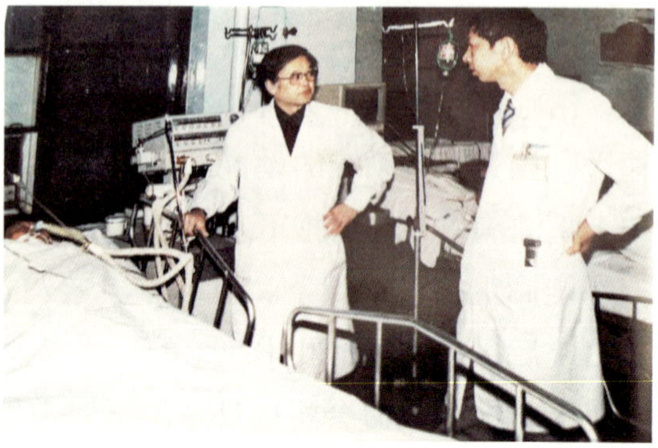

1983年综合性ICU在北京协和医院15号楼1层建立（左，作者；右，马遂）

1985年ICU住院医师小组与我的合影（左一，乔晓溪；左二，马遂；左三，作者）

1988年ICU护士小组与作者的合影（后排左四，作者；后排右三，孙红；后排右五，护士长黄世荣；其中3人是进修护士）

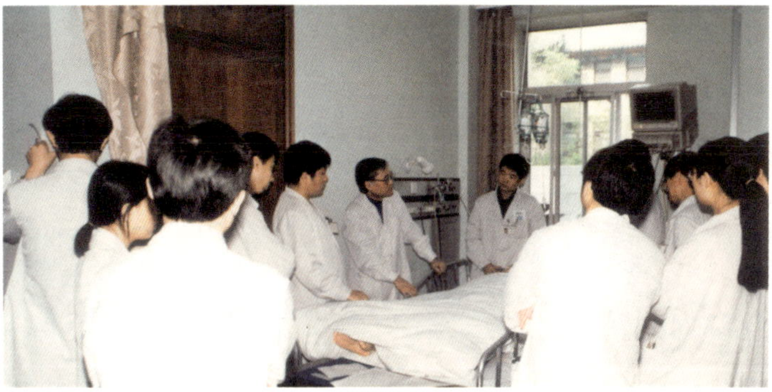

作者带领进修医师们查房

1985年解放军进修医师与作者（右二）和马遂（左二）的合影

1985年医师、护士及部分进修人员合影（后排右一，孙红；后排右八，护士长黄世荣；前排右六，刘大为）

1991年受卫生部指定举办全国培训中心

记忆犹在。套用一位老协和人的一句话："这条长廊不长，步行几分钟足已。这条长廊很长，ICU就从这里走出来。"

因为没有正规制定相应的人事编制，从1985年起，ICU分批接受外省市以及军队的进修医师和护士，以补充本院医护人员之不足。护士的短缺是重要问题。进修护士不经过一段时间的培训，不可以值班。1988年进修护士只有3人，能跟班当助手。本院护士的工作很辛苦。北京协和医院是中国大陆第一家按国际先进学术理念建立的ICU，在中国没有可以借鉴的前例。我们有责任创造条件，不失时机地推进危重病加强医疗的发展。

卫生部指定，分别在1991年、1994年和1995年举办全国培训，向全国传播危重病医学的基本知识，推进ICU的发展。这是客观形势发展的需要，我理应把

1994年卫生部部属专科医院危重病技术培训班

1995年卫生部危重病医学培训中心提高班

这项工作担当起来，并非我有多大学问。我也是初学者，要准备讲义，我必须重温基本知识。当老师，必要时也做学生。

挑战与博弈

——2021年3月20日初稿

——2022年2月16日完稿

1983年，第一次在广州举行中美联合讨论会，美方主席是美国著名学者John Dawns，我是中方主席。我们在会上做了学术演讲。讨论会明确地显示，我对危重病医学的知识水平与美方相比，有着明显的差距。我需要接受继续教育。

1983年在广州举行中美联合讨论会

1983年，中美联合讨论会美方主席John Dawns（左）与作者（右）亲切握手

美国来宾第一次进入开放后的广州，所见所闻，倍感新异。我们住普通旅馆，清晨醒来可以听到街上稀稀落落的木屐声。随着中国的开放和发展，再也遇不到此番风情。1983年的中美讨论会，有比较，有鞭策。路是人闯出来的，人才是教育出来的。

回忆往事，吸取教训，可以产生新的感悟。应该肯定，这支年轻的团队齐心协力，在1983年12月建立了符合危重病加强医疗（Critical Care）规范的综合性ICU，令人振奋，加强了自信。然而，我也要注意另一个方面。在创建初期，ICU曾收治一名警察，他在抓捕犯罪分子的过程中摔倒在地，头部磕在马路边沿上，造成重度颅脑创伤，开颅术后脑室引流。在ICU治疗过程中，曾经4次心搏骤停，每次都在上午9~10点钟，这引起了护士孙红的警觉。她仔细观察，发现心跳骤停与使用甲氰咪胍有关，当时给药方式是经三通管推注，后改为静脉点滴注入，改后再没有发生心跳骤停。重视临床工作（bedside），实际上是要求贴近患者。先后4次心跳骤停。为什么？孙红作为一名护士，发现了问题。经过思考，她做出正确的处理。这件事犹如醍醐灌顶，我应该做自我批评，防止今后重复犯错误。曾子曰：“吾日三省吾身”。如若不然，我将不能做好我应该做的工作，我将不能继承曾宪九教授未竟的事业。这是我不愿意看到的事情。

1985年，时任美国大使馆商务参赞因急性胰腺炎入住北京协和医院，在ICU

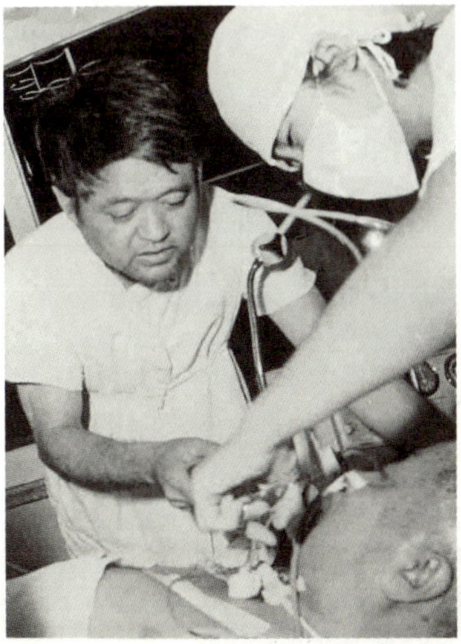

20世纪80年代，作者（左）与孙红（右）一起在患者床旁进行诊疗

1985年，时任美国大使馆商务参赞赠予的签名感谢状

接受治疗，转危为安。他曾经是美国海军陆战队的军人，参加过攻克中途岛的战役。出院前，他特地赠给我一张有特别意义的感谢状。上面印有尼米兹将军的一句话：“Uncommon Valor was a Common Virtue”（非凡的勇气是一种共同的美德）。颇有寓意。我英语水平有限，自有一番理解，铭记在心。

有一家煤矿曾经就有关矿难事件，约请我们洽谈合作问题。那家煤矿没有采用竖井式升降机运送工人上下班，坑道出入口呈斜坡层，坑道内全部用粗大钢柱支撑。巨型采煤机约3个成年人的身高。据介绍，采煤作业分布在地下不同深度，有多种原因可能引发矿难，后果严重。经过审慎的讨论，我们坦率表明没有能力承担这类救灾任务。我们真诚的态度取得对方的理解。我也只能集中力量把北京协和医院ICU医、教、研方面的工作开展起来。

在我心目中，北京协和医院ICU是新生的婴儿。看到她脱颖而出，经过10余年的磨砺（1983—1995年），有能力收治由其他临床科室转入的严重感染、感染性休克、急性呼吸窘迫综合征和严重创伤等危重患者，并且在已经出现多器官功能衰竭的情况下，进行有效的生命支持性治疗，降低病死率。ICU开始赢得其他临床科室的信任，我感到无比欣慰。北京协和医院ICU和我共命运，有着同步发展的经历，有着共同的困窘和喜悦。

1992年，山西晋城下矿，作者（左二）与煤矿工人和领导们合影

法国友人　雪中送炭

——2021年3月13日 完稿

1980年留法期间，我曾应Necker-Enfants Malades医院院长邀请，在医院贵宾室餐厅进餐，Cara教授出席作陪，我初次结识了Cara教授。Cara教授时任该医院麻醉科主任，兼任危重病医学科主任。之后，通过Cara教授的介绍我还结识了他的学生Cazalaa医师。Cazalaa多次陪同我参观Necker-Enfants Malades医院的ICU。我万万没有想到那次餐厅“奇遇”对我日后创建ICU初期有着深切影响。

我回国后，Cara教授多次来北京协和医院亲自和曾宪九教授面谈，也会见了当时的院长欧阳启旭。1983年12月，北京协和医院创建中国大陆第一个综合性ICU，Cara教授主动委派Cazalaa医师来北京，协助我工作1个月。工资和飞机票等费用都由Necker-Enfants Malades医院负担。

Cara教授于北京协和医院（右一，曾宪九教授；右二，Cara教授；左二，欧阳启旭院长；左一，作者）

我们安排Cazalaa医师住在医院附近的北京饭店。白天，Cazalaa医师向我们ICU的几位青年医师讲解危重病医学的初级知识。他工作的重点是帮我处理临床疑难病例。夜里，经常有危重患者的病情发生急剧变化，我派人把Cazalaa医师从北京饭店接回北京协和医院。

1984年Cazalaa医师于北京协和医院（由左至右：作者、唐伟松、Cazalaa、费立民、马遂）

有一天，ICU收治了一位并发急性肾衰竭的危重患者。患者有指征进行血液透析（简称“血透”），但当时尚没有配备相应的仪器设备。我征求了Cazalaa的意见。正巧那时，加拿大专家McIntyre在北京协和医院麻醉科访问，我也与McIntyre讨论了该病例。McIntyre和Cazalaa都建议应该进行血透，院领导接受了外宾的建议。很快，血透治疗得以落实。在肾内科沈亚瑾医师的热心帮助下，ICU开始了第一例血液透析。

虽然只有短短的一个月时间，在ICU尚未被大家认可之时，Cazalaa帮助我摆脱了孤军作战的困窘。Cara教授和我的好朋友Cazalaa，他们在1983年创建中国大陆第一家综合性ICU的最初日子里，给我及团队精神上、专业上及时、有效的支持与帮助，是我永生难忘的。

在北京协和医院综合性ICU建成后，我留法的名誉导师Leger教授来华访问。应该说，他是总设计师。Cara教授和Cazalaa医师在我回国后来华也是Leger教授事先规划好的。如果没有Leger教授的引导和帮助，我留法归来不可能取得今日的成果。

留法的名誉导师Leger教授于20世纪80年代曾多次来华访问北京协和医院。1980年，作者（左一）陪同法国医学代表团访问北京协和医院，中间Leger教授，右一曾宪九教授

Leger教授（左）来华访问期间与曾宪九教授（右）的合影

车祸——协和ICU远途空运的故事

——2021年3月26日完稿

1994年9月11日，有位患者在海南出了车祸。他是中国技术进出口总公司安排日本对中国援助基金全国项目的负责人，这次去海南考察环岛高速公路的建设

情况，在高速公路上出了车祸。两辆车猛烈相撞导致患者四根肋骨断裂，骨盆骨折，肝、脾、膀胱等破裂，肺部挤压伤。被紧急送到海南省某医院的ICU，这是一家新建的医院，医疗水平有限，甚至缺乏必要的器械设备。家属首先向北京市西城区政府求援，随后与北京复兴医院ICU取得联系。1994年9月13日，席修明主任飞抵海南，但海南省某医院不同意他参与治疗。时不待人，席主任建议家属将患者转至北京协和医院治疗，患者的弟弟果断同意。席主任和我通了电话，我立即飞到海南，在检查患者和观察医院的实际情况后，我坦率地提出意见：紧急运送患者回北京。

1994年9月16日，患者家属陪同我到深圳机场，要求包一架专机转运患者回北京。航空公司提出了运输途中的安全和责任问题。我义不容辞，以北京协和医院ICU主任和国际SOS救援中心驻中国代表的名义，向航空公司出具了责任自负的保证书，解除了航空公司的顾虑。此外，有很多技术问题需马上解决。例如，运送患者的专机是“非正常航班”的加机，没有规定的航线和起落时间，要专门向空中交通管理局申请航路；飞机没有平放担架的位置，必须从机舱中部登机，临时拆除中部两侧的多排座位，并设法把担架固定妥当；飞机上没有专门为患者空运所需的氧气设备，我通过SOS的全球救助系统与中国香港的SOS救援中心取得了联系，请他们供应特制的小型氧气筒，家属自己买了8只氧气袋备用；运送患者担架要用垂直升降机进入飞机舱中部，不能走斜梯。这一切都要和机场地面服务部门沟通，事先做好安排。为保证救护车及时到达机场，飞机按时起飞，还申请了警车开道。我很赞赏患者弟弟的才干和魄力，他曾经在军队里做过参谋，有着周密制定行动方案的习惯。

我也仔细考虑了空运中可能出现的意外。我电话通知ICU副主任刘大为，让他即日飞抵海南。刘大为有护送伤员长途空运的实战经验。1993年，一名日本登山运动员在新疆受重伤，就是他带队赶去急救并护送伤员回北京治疗的。当刘大为与护士孙红赶到海南，带来了空运过程中必要的急救设备和一只为空运患者特制的担架。实际上，是一只气囊睡卧袋，可以把患者全身包裹得纹丝不动，底层是塑料硬壳，便于搬运。他们的到来与支援在很大程度上，缓解了我精神上的压力。

大家忙了一阵子已到傍晚时分，回到旅馆去吃晚餐，刚落座，还没有点菜，患者家属从医院打来急电，说患者“不行了！”我们以冲锋的速度冲进病房。发现患者肚子鼓胀，呼吸困难。我二话不说，将插管拔掉。很显然，由于床边操作不慎，气管插管移位。正压呼吸机输入的氧气直接进入了胃肠道，肺部受压，患者全身组织缺氧。就在此刻，眼看着90厘米长的手术切口逐段裂开，充气的肠段外溢。刘大为紧急做气管插管，接上呼吸机。我戴上手套，尽可能把外露的肠段逐步回纳入腹腔。孙红打开从北京带来的消毒包，递给我几张大块厚棉垫捂住裂开的手术切口。我们三个人紧密配合，在很短的时间内遏制住了危机。原来安置的胃管可以进行胃肠减压。接下来，理所当然要紧急手术，重新闭合裂开的手术切口。医院此时准许我们进入手术室。几个小时后手术结束。患者完全依靠ICU的生命支持性治疗。

患者的弟弟没有愁眉苦脸，而是准备后面要做的事。他想到的是责任，对亲哥哥的责任。他毫不犹豫写下书面保证，交给了医院行政部门。家属和北京协和医院的医师兵分两路，各自检查出院的准备工作，约定在机场会合。

航空公司批准在1994年9月17日下午3～5点起飞。半路上确实遇到了麻烦，一辆面包车撞上一辆三轮车，还有围观群众，挤成一团。随行的警车拉响警笛，好不容易开出了一条路。这番折腾费了十多分钟时间。到达机场进入机舱，家属全体坐后舱座椅，以免干扰医疗工作。刘大为负责空运中的医疗工作，他是总指挥。从飞机起飞到降落至目的地，医师和护士连饭都顾不上吃一口，在进行一场生与死的争夺战。

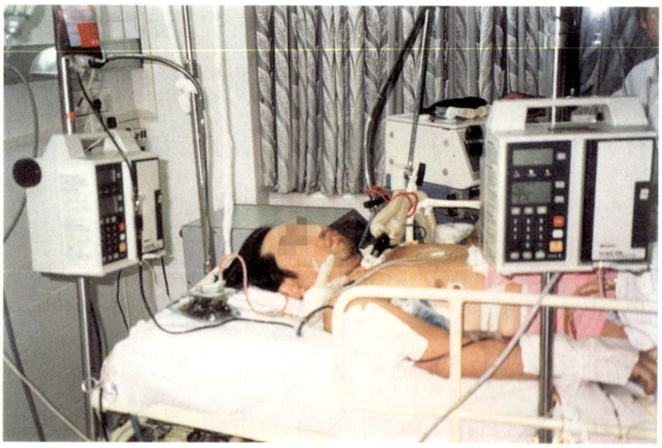
1994年，患者在北京协和医院ICU接受救治

患者进入北京协和医院ICU后，经检查发现多种并发症，如骨盆骨折，肝、脾破裂出血等严重创伤，诱发弥漫性血管内凝血（DIC）。此外，还在不同时期做了多次手术，包括膀胱输尿管修复术、腹腔脓肿引流术等。经过一年多的治疗，患者终于康复。患者不记得在海南的那场车祸，也不知道从海南动用专机飞回北京的经历。值得庆幸的是他没有后遗症。智力恢复，也恢复了适当的运动。

显而易见，一名医师仅凭借个人之力成不了大事。仿佛冥冥之中有一位无形的导演在患者严重创伤、出现并发症突变之际，把北京协和医院ICU专职医师、

患者家属（左四）、刘大为（右四）和孙红（右三）在北京协和医院合影

护士、患者的亲兄弟凝聚在一起。大家都临危不乱、周密行事。北京协和医院也充分发挥了得天独厚的综合学术优势以及跨学科的整体协作性。在解决一系列致命性并发症中发生了一些感人的事情，大家齐心协力合作上演了这部“人间悲喜剧”。我们开怀欢笑。北京协和医院ICU这只鹰，振翅起飞了。

全国性学术组织尚未建立时开展国际学术交流

——2021年3月14日初稿

——2021年8月9日完稿

我的老师曾宪九教授要我把危重病医学引进中国，这项任务对我来说是责任也是一份礼物。曾教授给我指出一条探索科学真理的道路。然而，留法学习只是探索之路的开始。在做好国内应该做的工作的同时，我必须走向世界进行更深入的探索。危重病医学的发源地不是在中国，而是在欧洲和美国。

我的好友，加拿大危重病医学专家McIntyre积极鼓励我参加国际学术组织，开展国际学术交流。1993年，我第一次参加在西班牙马德里召开的第6届世界危重病医学联盟（World Federation of Societies of Intensive and Critical Care Medicine，WFSICCM）大会。我去大会会员登记处办理入会手续，因为中国尚没有建立全国性学会，在会员名册上我被列为“中国代表”。

WFSICCM虽然号称“世界联盟”，实际上，不可避免地受到美苏冷战的影响，参会的国家较少。第6届WFSICCM大会主席Peter Suter在致辞中回忆了在Kyoto（日本京都）召开的第5届WFSICCM大会。他写道，那年“苏联是最强大的国家，美国最富有，欧洲只是一群散落的小国家”。然而，历史发生急剧的变化，1989年柏林墙倒塌。Suter希望第6届世界危重病医学联盟大会在新的历史时期，能更好地促进全球性学术交流。大会召开期间，我也注意到C. Natanson、

1993年第6届世界危重病医学联盟大会在西班牙召开

M. Fisher、M. H. Weil、J. L. Vincent、J. F. Dhainaut等欧美国家著名学者到会并发表演讲。出席大会者基本都是来自西班牙语系的国家。

从此，我参加各届WFSICCM大会并与世界联盟保持着联系。到了1997年，中国危重病医学会（中国病理生理学会危重病医学专业委员会）成立。2009年，北京协和医院ICU医师杜斌当选为WFSICCM理事。我们从此向走进世界迈出了第一步。

我也因为塞万提斯，始终怀念着西班牙的马德里

1995年，我参加第23届日本救急医学会大会，大会在福冈市久留米大学医学院召开。大会邀请了5位外宾。我在大会上演讲的题目是“Hemodynamic，Oxygen Delivery and pHi in Septic Shock”（感染性休克血流动力学、氧输送及胃黏膜pH等改变）。大会主席为我颁发了感谢状。

参加国际会议是学术交流的一种方式。出席会议的女士们和先生们正襟危坐，倾听着演讲者的发言。我环顾四周，不见交头接耳、窃窃私语者。此次访问日本，我接触的主要是学

1995年第23届日本救急医学会大会共邀请5位外宾（右二，作者）

大会主席给作者颁发感谢状

作者与日本学会委员们合影

作者（右）在京都与日本麻醉科学者会晤

术阶层。访问日本，人文交流是第一次。周围彬彬有礼的日本人使我很难将他们与当年侵占上海街头的日本士兵联想在一起，更难想象当年侵华日军在战场上的野蛮和残忍。

在会议间歇，我有机会与日本几位医学界著名人士交谈。语言交流困难并不足以成为障碍。我说英语结结巴巴。至于日本话，是在短短几天内学来的。把常用的语句，用法文拼音记下来，日本人的英语水平并不比我高明。

在京都，我很有兴趣和日本麻醉科的著名教授会晤。这种场合，当然需要翻译。谈话的内容已被遗忘，留在记忆中的是我第一次在榻榻米上席地而坐，尽管盘腿的姿势不合格。日本的餐馆、日本人的家，真干净。

1995年，作者（右）访问九州大学

九州大学也在福冈市，1903年曾经是福冈医科大学，1911年改为研究型大学，取名“九州帝国大学”。到1947年，更名为“九州大学”，删除“帝国”两字。社会变了，人也在变。1995年我访问九州大学，接待我的是一位女教授。她不再是穿和服、拖木屐的日本妇女。她爱穿西装，坦然自若，有几分男人的气概。

大会后，我应邀访问京都、大阪等地的教学医院。我不禁思忖，从1959年美国Pittsburgh大学Peter Safar教授率先建立危重病加强医疗病房到1995年这36年间，日本在引进危重病医学和建设ICU等方面的努力，在全国范围内取得可观的发展，给我内心强烈的震撼。对比之下，北京协和医院综合性ICU在1983年建立，1995年才搬入新建的内科大楼，拥有14张床位。无论规模还是质量都无法与日本相比拟。我必须迎头赶上。纵观历史，在亚洲国家中，日本具有现代医学发展的优势和优良的传统。

在我所到之处，日本医生的介绍和讲解都思维清晰、有条不紊。他们的知识水平和医疗能力无疑已进入国际先进行列。ICU收治的患者比我们的多，利用空间很合理，病床多而不拥挤。

有的医院ICU建筑设计特殊。一间大病房，很多个粗壮的大柱子，呈六角

我在大阪参观ICU

形，不同的侧面标有1到6的大字。病床围绕六角形大柱子呈扇状摆列。主任告诉我，设计的目的是便于医师和护士在床边工作。的确，在病床边的护士较多。我并不想把这样的建筑设计搬到北京协和医院来。然而，我注意到日本人不断地琢磨哪种设计对做好床旁工作更为有利。

这次出席日本的学术大会，我看到了日本医学界所做的巨大努力。从盛冈Morioka，经大阪、京都、东京到长崎等地，我有机会近距离接触到日本的知识分子并与他们交谈，这是有趣的收获。1985年，我曾有机会访问日本。1995年是我第二次访问日本。两次访问都是短期的，人际关系方面的交流有局限性。我衷心希望中国人和日本人之间维持睦邻关系。

20世纪30年代日本侵略中国的历史，国耻难忘。儿时的上海老宅遭日军轰炸，我记忆犹新。北京协和医学院曾经被侵华日军占领，并被日本强行关闭，这都是不争的事实。我很难把这两种完全不同的群体联系在一起，虽然，他们都是日本人。有人认为，日本民族有两面性，一面是樱花，一面是武士道。这样的传说耐人寻味，更有待今后历史的检验。

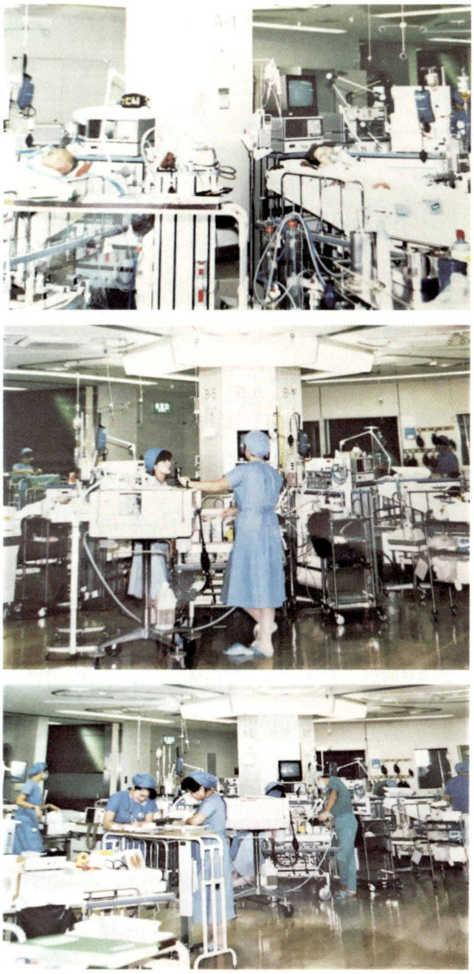

大阪ICU病房（作者拍摄）

1995年，在日本已故诗人的书房，作者签字留念

申请加入中华医学会

——2021年4月24日完稿

我的好朋友加拿大专家McIntyre曾经对我说："是时候了，你应该考虑筹建全国的危重病医学会。有了学会组织，对促进全国危重病医学的发展是有利的"。我认为他说得对。单凭一个人的能力或者一家医院ICU的力量，危重病医学要想在全国范围内发展起来并做到与时俱进，是不可能的。然而，我应该从哪儿做起呢？

20世纪90年代我的加拿大好友McIntyre医师

1997年1月，中央领导人罗干同志的母亲正在ICU接受治疗。他每天必来探望。罗干同志发现我们病房的医疗仪器装备与普通病房不同，便问我ICU在医疗方面与其他病房有什么区别。我向他作了简单的介绍。考虑到只言片语可能说不清楚，我又把刚刚在《中华医学杂志》上发表的题为《我国危重病医学的现状与进展》的文章交给他。

两三周后，中华医学会常务副会长约我面谈。我写的那篇文章，由罗干同志批给时任卫生部部长陈敏章。1997年1月29日，陈敏章部长写上批阅意见。接着，在文章周边的空白处出现了几位领导签名的批阅意见。文章经过公文履行，最后到了中华医学会常务副会长的手里。他微笑着问我，是否想申请入会？我说，好呀！

我的恩师曾宪九教授因肺癌已于1985年去世。由吴蔚然教授陪同我参加中华医学会的评审会议。吴蔚然教授在医学会是很有声望的人物。他详细介绍了中国危重病医学的现状，竭力推荐该学科加入中华医学会。他讲得条理清晰、内容全面。我没有发言补充。

然后，中华医学会有一位分会主任委员带头发言。他说："美国有本很有影响力的杂志名为《美国呼吸及危重病医学杂志》（*American Journal of Respiratory and Critical Care Medicine*），呼吸及危重病两者连在一起。"又说："ICU危重患

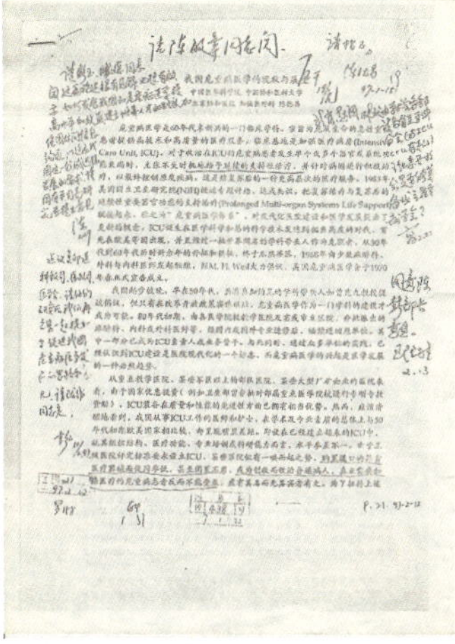

1997年《我国危重病医学的现状与展望》及卫生部陈敏章部长的批阅

吴蔚然教授

者一旦发生疑难问题也需要呼吸科会诊”，“所以，没有必要另立学会。”他言语平缓，以常人容易理解的事例指明问题的要点，没有指责申请者的轻率和偏见，保持长者浑厚的风度。接着，心内科学会代表发言火爆，他说：“心内科的危重患者只能送冠心病监护病房，送别的科室都会死。”这位代表像一名拳击高手，一套组合拳下来，干脆利落，使对方无还手之力。两位权威人物的发言如定海神针。我们的申请，很快被否决。

多年来，生活的坎坎坷坷逐渐使我养成了一种习惯：面对质疑和挑战，我都能从容处置。在吴蔚然教授没有提出正面应对之前，我必须调整我的情绪，保持沉默。没有人征求我的意见。大家很可能认为我名不见经传，不堪担当组建全国学会的工作。会议在平和的气氛中散会。

吴蔚然教授与我一起走出大门。他对我说：“他们不懂Critical Care Medicine是一种Medicine”。吴教授的话切中要害。当时中国医学界，甚至某些领军人物，对危重病医学在国际上的发展置若罔闻。

身居中华医学会高位者多以博学多识而闻名医学界，他们的意见可以左右学科发展的命运。然而，有些问题令我费解。美国的危重病医学会早在1970年成立，并积极影响着学科在全球的发展。危重病医学在欧美兴起，已经形成可观的态势。20世纪80年代，世界危重病医学联盟（WFSICCM）成立。1993年召开第6届联盟大会，我以“中国代表”资格加入WFSICCM。1991年，北京协和医院ICU受卫生部指定成立全国培训中心，先后于1991年、1994年及1995年3次举办全国ICU培训班。1996年曾经召开全国危重病医学会议。这些都是事实。

本次发言中，中华医学会分会主任委员首先以《美国呼吸及危重病医学杂志》举例说明“不必另立学会”。但是，查阅美国医学杂志文献，其中记载着美国胸科学会（ATS）曾与欧洲危重病医学会（ESICM）联合召开一系列学术会议，

1996年全国危重病医学会议

促进共识。ATS把原名《美国呼吸疾病杂志》(*American Journal of Respiratory Diseases*)改称《美国呼吸及危重病医学杂志》，意在争取多学科合作，并非甲方可以替代乙方。至今，美国危重病医学会(SCCM)依然独立存在，并积极影响着学科在全球的发展。

从中国现状来看，北京协和医院成立综合性ICU也有13年了。据不完全统计：当时中国医院总病床数为90 848张，ICU床位数为1934张，占全国医院总床位的2.13%。美国ICU资源调查报告结果显示：美国ICU床位数占医院总床位的比例平均为8%。此外，若以中国市级以上医院和医学院教学医院为调查对象，约16.2%的医院设有ICU，只相当于美国20世纪70年代的普及水平。

由此可见，成立全国性学会以促进中国危重病医学的发展，是大事不是小事。我曾经设想，中华医学会将热情赞同创建中国危重病医学会，并给予大力扶助。我的设想不免失之于天真。

孔子曰："知之为知之，不知为不知，是知也"。孔子的话中，前4个"知"，是指"知道"，最后一个"知"，指的是"智慧"。有知识不一定有智慧。在现实社会中，所谓博学多识之士中，久而久之，不乏有些人潜意识地认为自己是优秀的，世界上诸多事物大致上都在自己原有的认知范围之内。他们没有觉察到，此等行为可以遏制新生代的创新思维。苏格拉底说："我知道我不知道"。此乃苏格拉底之所以是苏格拉底的原因。

中国病理生理学会危重病医学专业委员会成立

——2021年4月24日完稿

现实告诉我，必须争取我立志为之奋斗的学科纳入公众认知的范围内。中华医学会的评审结论已经成为过去，不可能挽回。此后，我不应该再失去什么了。我能退到哪里去呢？里尔克说："好好忍耐，不要沮丧。如果春天要来，大地就使它一点一点完成。"生机盎然是不可抗拒的。

中国病理生理学会理事长伍贻经教授

有一位朋友曾助我一臂之力，他是复兴医院席修明医师，那时他正在北京协和医院ICU进修，他帮助我联系北京医学院伍贻经教授。伍教授时任中国病理生理学会理事长（任期1990—1995年）。伍贻经教授是位慈祥的老人，他耐心听取我的叙述，很痛快地表示支持。恰好下届学会候任理事长是北京协和医学院基础医学部病理生理学科主任薛全福教授（任期1995—2000年）。

中国病理生理学会理事长薛全福教授

一个基础医学的学会要接受一个临床医学的学会申请加入，确实是破格之举。北京协和医院引进危重病医学、创建ICU，也是中国大陆第一家。我们向中国病理生理学会提出入会申请，两位理事长首先将申请报告在常务理事会上专门讨论。有人担心："费了心血组成，以后有了独立的机会，人家离开了我们，白辛苦了"。薛全福理事长明确表态："在危重病医学开创之初，我们扶持一把。长大了，起飞了，我们也是办了件好事。"

此时此刻，薛全福教授这番话如一股热流涌入我的心头。这样的语言是前辈传给后来人慈母般的爱心和茁壮成长的期盼。在我的面前，有一扇门被关闭了，另一扇门打开了。薛全福教授的话激励我振奋前进。

薛教授据理力争。中国病理生理学会下达文件，批准成立危重病医学专业委员会。1997年，中国科学技术协会（简称“中国科协”）正处于调整各学会组织，暂停发展的阶段。然而，中国科协下达文件给中国病理生理学会，批准正式成立危重病医学专业委员会。这绝非寻常之举。国家科学技术部在批复文件中规定，在国内命名为“中国病理生理学会危重病医学专业委员会”，在国际上可采用“中国危重病医学会”（Chinese Society of Critical Care Medicine，CSCCM），利于交流。为此，我们分别印刻了两枚不同的印章。

薛全福教授（左）与作者（右），照片拍摄于2006年，第14届亚太地区危重病医学会会议期间

我读到上级文件，真是又惊又喜。薛全福教授实实在在地办了一件大好事，功不可没。我敬佩薛教授的品格，他为人低调、谦逊、从不张扬。

1997年9月17日至19日，在中国科技会堂召开第二届全国危重病医学会议和第五届呼吸和缺氧学术会议，有临床医师200余位，病理生理学会会员50余位参加。他们代表着全国33所医科大学（包括香港大学和香港中文大学）和127所医院（包括香港8所医院和台湾长庚医院、荣民总医院）。在1997年第二届全国危重病医学会议和第五届呼吸和缺氧学术会议上，宣布中国病理生理学会危重病医学专业委员会正式成立。我当选为第一届主任委员，2002年9月继任第二届主任委员。

几张普通的照片，一纸平凡的证书，见证着创业的历程，八千里路的云波皓月。

春天终于来到。曾教授教导我们：“外科学是随着基础医学的发展而发展的”。他认为ICU是临床基础型研究的良好临床基地。现在，中国病理生理学会

1997年9月中国病理生理学会第二届全国危重病医学会大会、第五届呼吸和缺氧学术会代表合影

1997年作者当选为中国病理生理学会危重病医学专业委员会第一届主任委员

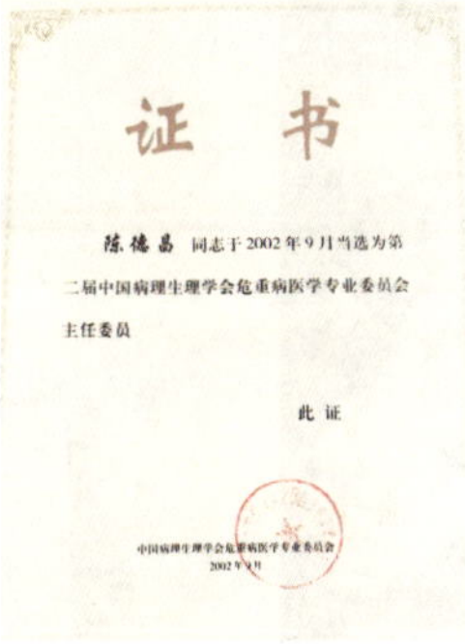

证 书

陈德昌 同志于2002年9月当选为第二届中国病理生理学会危重病医学专业委员会主任委员

此证

中国病理生理学会危重病医学专业委员会
2002年9月

2002年9月作者当选为中国病理生理学会第二届危重病医学专业委员会主任委员

接纳危重病医学作为一支分会，是在基础医学与临床医学之间架起一座桥梁，我们有许多工作需要努力去做。在成立大会上，我眼前所见是一片勃勃生机。危重病医学有着一种鲜活的力量。

“请进来”和“走出去”

——2021年4月12日完稿

2000年4月，在我担任中国危重病医学会主任委员之时，西太平洋危重病医学会（Western Pacific Association of Critical Care Medicine，WPACCM）的秘书长Kim Swee Ng向我表达了邀请中国学会作为团体会员加入WPACCM的愿望，理事会在2000年12月讨论了有关问题。2002年和2004年，我出席第12届和第13届WPACCM大会。大会分别在印度尼西亚巴厘和韩国汉城召开。

2004年6月，第13届WPACCM大会，作者（右）与韩国大会主席（左）握手

2002年作者参加第12届WPACCM

2004年6月，作者参加第13届WPACCM

鉴于台湾危重病医学会已经是该学会的团体会员，我和WPACCM主席Iqbal Mustafa进行磋商，双方达成共识。Mustafa签署正式文件：台湾学会正式更名为“中华台北危重病医学会”，我们学会的正式名称为“中国危重病医学会”。中国台湾方面同意更名为“中华台北危重病医学会”。经中国病理生理学会第七届常务理事会讨论，同意申请加入。2001年9月7日报请中国科协审批。2001年12月8日，科学技术部批复，同意中国病理生理学会申请，并指出：“在今后工作中如遇台湾问题，严防出现‘两个中国’或‘一中一台’的问题。”

2004年，WPACCM改名为“亚太危重病医学会”（Asia-Pacif ic Association of Critical Care Medicine，APACCM）。改名后召开的第一次国际会议——第14届APACCM大会，由该学会和中国危重病医学会（中国病理生理学会）联合举办。会议地点在北京国际会议中心，会议时间是2006年8月26日至8月29日。本次会议共收到国内外论文210余篇。

参加本次会议的代表有950余人，来自25个国家和地区，含美国28名，英国12名、澳大利亚3名、新西兰14名、比利时2名、加拿大2名、印度2名、印度尼西亚5名、日本10名、马来西亚7名、菲律宾1名、沙特阿拉伯2名、韩国35名、泰国2名、委内瑞拉1名、越南14名；中国香港和中国澳门特别行政区44名。

出席会议的著名学者有：Jean Louis Vincent，Charles Natanson，Jean Jacques Rouby，Dellinger，Rinal Bellomo，Simon Finfer，Ramsay Graham，唐高骏（中华台北危重病医学会秘书长），Francois Fournier（法国危重病医学会主席），Loo Shi（新加坡危重病医学会主席），JF Bion（欧洲危重病医学会主席）等。

作为中方执行主席，我在大会召开前夕举行的晚宴上，向来宾致欢迎词，并在大会上作学术演讲。中华医学会会长钟南山应邀参加本届大会并发表学术

2006年，第14届APACCM在北京召开
作者作为中方执行主席致欢迎词

2006年APACCM作者作为中方主席在大会致辞

2006年第14届APACCM专家合影（一）（左起于凯江、邱海波、作者、潘家绮、安友仲）

2006年第14届APACCM专家合影（二）（左起席修明、时任中国病理生理学会理事长薛全福、作者、时任中华医学会会长钟南山、刘大为、邱海波）

演讲。北京协和医院ICU杜斌作为大会秘书长，做了很多工作。2006年杜斌当选APACCM理事。

第14届APACCM大会在北京召开，我们第一次对外打开大门，邀请多位欧美外宾做学术演讲。从此，每届全国学术大会都邀请国外著名学者参加，法国JJ Rouby教授是常客，他成为我们的老朋友。

2007年，中国危重病医学会（中国病理生理学会危重病医学专业委员会）与法国危重病医学会召开首届中法联合讨论会。之后，每两年召开一次。

在中国危重病医学发展的早期历史阶段，开展国际学术交流，以“请进来”

2008年，中国病理生理危重病医学专业委员会第六届大会于广州期间的合影（左图：左起JJ Rouby、作者、F Fournier、潘家绮）（右图：左起Charles Natanson、作者、Antonio Gullo、潘家绮）

2009年，第二届中法危重病医学研讨会作者（右）时任中国危重病医学会主席与法方主席（左）交谈

1997年，作者接待美国Phillip 教授来访

的方式为主，重点在于把国外的新知识以及诊断医疗等新进展向中国传播。随着ICU在中国快速发展，ICU专职医师的继续教育（Continued Education）日益显示重要性和迫切性。

危重病医学继续教育问题的探索

——2021年4月19日完稿

1984年，北京协和医院建立综合性ICU，只有14张床位。20世纪90年代初，据不完全统计，中国医院总病床数为90 848张，ICU病床数为1934张，占医院床位总数的2.13%。显然，客观形势需要进一步发展ICU。1991年，卫生部指定北京协和医院举办全国培训中心。1994年，北京协和医院举办卫生部部属专科医院培训班，1995年，举办全国培训中心提高班。2003年，SARS疫情防治工作证明危重患者在ICU治疗可以降低死亡率，ICU特殊的医疗功能得到社会的公认，全国ICU发展加快。

我曾应邀到外省某医院会诊。危重患者按惯例收治在外科重病室，已经建立的ICU却闲置着。领导原以为引进成套设备后，即可启用。他们被后续问题困住了：派哪位医师、哪位护士去做专职的工作？从全局看，先进医疗设备可以大量引进，但从业人员素质和医疗能力与国际水平有着很大的差异。继续教育的重要性和迫切性已经提到议事日程上来。

2004年，我以专业委员会主任委员的名义向中国病理生理学会提出与美国危重病医学会联合举办危重病医学继续教育的建议。中国卫生部国际交流中心积极支持。美国危重病医学会向中国病理生理学会危重病医学会明确表达合作的意向，并于2004年7月委派美国学会的CEO专程来京，与中国学会主任委员洽谈可行性事项。2004年9月21日，以中国卫生部国际交流中心与中国病理生理学会危重病医学会为一方，美国危重病医学会为另一方，在卫生部国际交流中心大厅正式签署中、美联合举办危重病继续教育的协议书。签署仪式的照片和协议书都归卫生部国际交流中心收存。

2005年9月15日至9月17日在北京举办第一届危重病医学培训班，以美国危重医学会每年更新的*Refresher Course*为教材，授课题目由中美两家学会共同商定。首届培训班的授课老师全部由美方委派，美国危重病医学会前任主席M Parker教授领衔执教。计划招收学员120名，由于对来自各地的学员的专业知识水平和英文阅读能力缺乏了解，需要在入学前进行摸底测试。培训证书将由中国卫生部及中美学会负责人联合签发。

我初步考虑，有两个目标：①摸索出一条在中国培养ICU专业医师的途径；②选择学习优秀者，进入种子选手行列，作为定期委派专职医师出国进修的候选人。若能按设想顺利进行，这将成为中美双方的一项较长期的合作项目。

然而，中美联合举办第一届危重病医学培训班，在实施过程中出现了问题。入学前测试成绩可能合格，但是，美国老师用英语讲课，多数学员跟不上。中国医学院完全用中文作为教学语言。危重病医学作为新兴的专业，涉及内科和外科、临床和基础医学等多方面领域。青年住院医师对新的学术思想和学术用词缺乏理解和接受能力。如今，在校培训学习不可能以英语为教学语言。在北京举办第一届危重病医学培训班，短短两天内要取得在校教学的效果，是不现实的。这次中美联合举办继续教育的尝试，投入大而收效小。

设想通过中美联合举办继续教育短期培训班，不是一条在中国培养ICU专业医师的可取途经。人才培养各国有各自的特殊性。从中国早期情况来看，海归派中担任ICU主任者，占专业人员总体的少数。另有一部分人，出国留学而不归。出乎意料，有几位没有出国留学，土生土长的人，成为当今危重病医学的领军人物。这是个有趣的问题。我将在后续的篇章中加以论述。

2003年SARS流行

——2021年7月11日完稿

2003年春，严重急性呼吸综合征（SARS）首先在广州地区暴发，并很快蔓延到北京。这是一种冠状病毒（CoV-1）传染病，主要通过呼吸道途径传播。通俗说法，称之为“非典”（非典型肺炎）。在缺乏有效药物和疫苗的条件下，采取早期的人群隔离，禁止聚众集会是切断传染病传播环节，控制传染病流行和减少死亡率的有效措施。

2003年北京市SARS医疗救治指挥中心（前排中间，作者；站排右二，安友仲；右四，席修明；左四，杜斌）

2003年9月，作者荣获北京市卫生局颁发的SARS专家组成员聘书

2003年SARS暴发之初，因各种原因失去了早期隔离的最佳时期。2003年4月中旬，北京处于流行高峰。最高纪录，临床诊断SARS患者一天达300名。在SARS疫情肆意流行的危急关头，王岐山（时任北京市委副书记、代市长）临危受命，果断实行人群隔离，同时成立了北京市SARS医疗救治指挥中心，指挥中心由卫生局行政人员和临床医师联合组成。2003年9月，北京市卫生局委派我为北京市防治传染性非典型肺炎专家组成员，到指挥中心工作。卫生局高宜秦同志和我保持直接个人联系。我多次参加疑难危重患者的会诊讨论、电视电话远程会诊、死亡病例分析等工作。

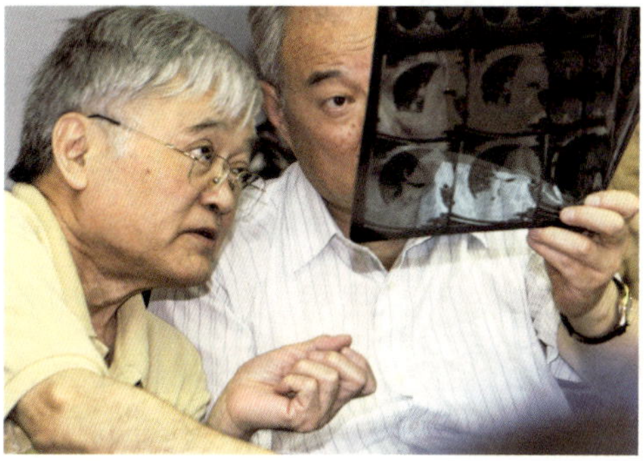

2003年，作者与专家分析患者肺部CT病例

指挥中心内的讨论会

两个多月以来，我居住在指挥中心，24小时值班。偶有几次回家更换衣裤。回家沿途不见其他车辆，人行道空无一人。到安慧里小区大门口，指挥中心的车不能进入。我声明自己是几区哪栋楼居民后方可以放行，不需要出示证件。昔日的喧闹繁华一下子消失了，我第一次发现疫情防控下的北京城很静很静。

既称“非典”，最初仅动员呼吸科医师到第一线，显然人手不足。ICU医师分散到各医院统计收治、死亡人数，做每天统计报表等，没有做到人尽其才。在某次会议上，我和席修明医师共同提议动员ICU医师参加临床医疗、“危重患者集中收治，集中管理”。设想把全市SARS危重患者集中在一家医院实行加强医疗（Intensive Care）。同时，以中国病理生理学会危重病医学专业委员会的名义，提供全北京市ICU主任的名单和联系方式。建议引起上级领导的注意。翌日，一位素不相识的女领导来到指挥中心，要求在北京市紧急调用200张ICU床位，可见疫情之危急。

按现实估计，急切难下。作为权宜之计，我提议分两步走：一方面，先调动100张ICU床位。选定一家医院，全院临时改建多个“简易ICU”，由北京市

专家讨论（左起：杜斌、作者、席修明）

SARS北京医疗救治狙击战成员合影（第一排右二，作者；右三，北京协和医院感染内科王爱霞教授）

各家教学医院及市立医院分别委派ICU主任、主治医师和住院医师，按原建制进驻，便于默契配合，不采取混合编制。另一方面，发挥中国病理生理学会危重病分会的组织作用，与浙江省医学会危重病分会主任委员严静教授、浙江医学院附属第一医院ICU主任方强教授取得联系，以备不时之需。对方答应如若必要，可在接到通知一周内组织团队支援北京。指挥中心领导接纳我的建议，责成我连夜写出ICU收治SARS危重患者的基本标准及人员设备安排的书面报告，上交市卫生局。

在短时期内，将分散在全市各医院的SARS危重患者集中起来，这项计划很快落实。初步结果显示，依靠北京市本身的力量，可以适应当前的客观需要，不必动用外省市ICU的支援。但是，对于转运危重患者，一般救护车缺乏呼吸机等装备，护送人员缺乏专业培训，不能胜任。我遂即起草SARS危重患者转运的指导原则和救护车装备标准，并且特意提名由席修明和安友仲两位ICU专家负责转运护送。上述建议之所以能及时落实，北京市卫生局高宜秦同志花费精力做了大量的工作。

2003年，作者在北京指挥中心工作会议上发言

作者荣获的SARS奖章

2003年春的SARS主要对呼吸功能造成严重损伤，及时应用正压呼吸机可以取得好的效果。SARS患者没有采用ECMO（体外膜肺）。我们也注意到在ICU收治的危重患者中，因滥用大剂量激素引起严重并发症，我们把这一问题向卫生局提呈报告，主管部门遂以红头文件的形式下达市内各家医院。

实践证实，集中北京市ICU按原建制收治SARS危重患者，能够降低病死率。从此，ICU特有的医疗功能赢得社会大众的信任。我当年才71岁，大家却把我当作长者，常驻指挥中心，没有四处奔波，工作不像奋战在第一线的医师那样辛苦劳累。没有想到，我荣获了北京市委和北京市政府颁发的奖章。

结束语

回顾往事，不胜感慨。早在1997年，我们曾经向中华医学会申请成立危重病医学全国性学术组织，没有被批准。幸运的是同年，在中国病理生理学会两位理事长伍贻经和薛全福教授的积极运筹下，国家科技部和中国科协下达文件，批准成立了中国病理生理学会危重病医学专业委员会。不料在6年之后，即2003年，SARS暴发流行，中国病理生理学会危重病医学专业委员会作为唯一的全国性学会，及时发挥组织作用，为SARS医疗救治工作降低危重患者死亡率作出了贡献。想当年，我们抓紧时机成立了第一家全国性学会，我们赢得了时间，就是赢得了生命。

历史经验告诉我们，创新和创业需要有远见、胆量和睿智。有位作家说过："人类需要认识到历史所带来的教训，并从中汲取智慧来应对。"

全身感染与多器官功能障碍综合征（MODS）的临床基础研究探索

——2012年11月11日初稿
——2012年12月22日第一次修稿
——2013年7月第二次修稿
——2013年1月10日第三次修稿
——2016年11月20日完稿

我的老师曾宪九教授说："医学研究分为单纯临床研究、基础研究、临床基础研究3种类型。"在《纪念建国三十周年》一文中，他写道："把基础研究的最新成果应用于临床研究，促进临床医学的发展，极为重要。"曾宪九教授主要指的是休克、营养代谢、感染等外科基本问题的研究，并相信由此可以推动临床医学的发展。曾教授撰文指出："第九届全国外科学术会议期间，有不少关于临床经验丰富、手术技术高超的报道，而有关基础理论的论文则廖廖无几。"曾教授强调："临床基础研究并不是基础科学的纯理论研究，而是把基础科学的新成果应用于临床，把临床发现的问题带到基础科学领域，用实验研究的方法进行探索。"曾宪九教授以毕生精力为实现他的学术理念而不懈努力。然而，在迅猛发展的基础医学与临床医学之间出现了隔阂。临床医师苦于基础医学理论学习及研究设施的短缺，基础医学者却难以从临床医学入门，构成一对矛盾，这在外科尤为明显。

曾宪九教授说做学问总要追问"为什么"。虽说严重感染已被临床医师所熟悉，但理论知识是短板。在协和ICU组建初期，收治的危重患者中绝大多数是严重感染，其中MODS占60%。科室曾对1982—1987年收治的腹部外科患者并发严重感染者进行病例复习，发现有15名患者呈典型的严重感染伴有多器官功能障碍综合征（但缺乏血培养和影像学等依据），最后死亡。无论是尸体解剖还是手术探查都未能找到感染病灶。"这些患者为什么死亡？""感染源究竟在哪里？"曾宪九教授启发学生们去深入思考。

遵循曾宪九教授生前的教导，并受国外学者的启发，我想着手做一点关于严重感染临床基础研究方面的探索。

我很高兴得到我夫人潘家绮教授的全力支持，她是北京协和医院血液内科教

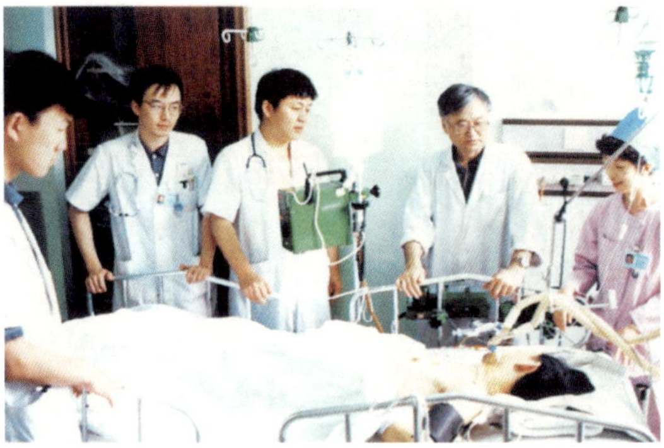

20世纪90年代，作者带领查房，床旁讨论病例（右二，作者；右三，刘大为；左一，朱铁楠；左二，侯百东）

潘家绮是血液科教授、博士生导师

授、博士生导师，基础理论的功底比我强。潘家绮教授于1982—1984年在美国进修期间，曾在芝加哥和得克萨斯医科大学血液学实验室接受了血液实验室和细胞培养的专业训练。她的加盟坚定了我对基础临床研究探索的信心和勇气。

我们向医科院评审委员会提出科研基金申请，但被否决了。如果当时能给我们一个“励志奖”，我们很可能会“发疯”。但是，评委凭什么要给我们优惠呢？

1992年初，潘家绮说服主管后勤的蒋王元副院长，批准把老楼8号楼2层阁楼顶的一间小房间作为实验室。那间阁楼小屋在绿色琉璃瓦大屋顶下，里面布满了灰尘和放满了杂物，虽然条件艰苦，却让我们喜出望外、干劲十足。博士生和技术员范连凯自己动手打扫、消毒、粉刷小屋。阁楼的斜坡屋顶，层高最高处仅可以站直

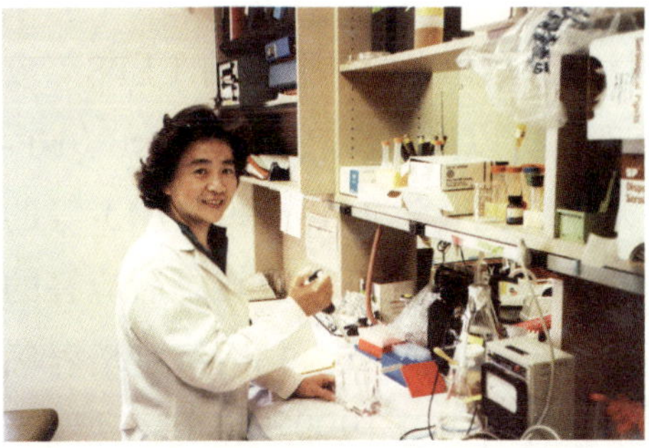

1982—1984年，潘家绮在美国进修

20世纪90年代，潘家绮的美国留学导师休斯顿得克萨斯大学血液系主任伍焜玉教授（左一）访问北京协和医院，其夫人石福津女士（右一），时任北京协和医院院长陆召麟教授（中）接见

1997年，邱海波博士论文答辩

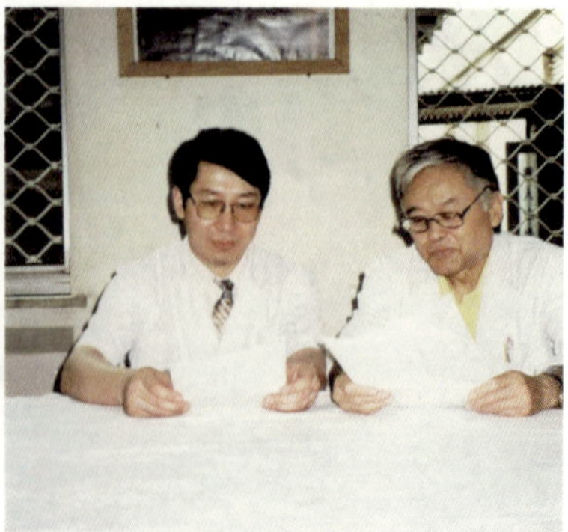
1994年，孙东旭（左）博士生答辩，作者（右）

一个人，头顶刚好顶到屋顶。最小号的无菌操作台勉强被搬进了小屋。一张桌子，一个冰箱，一个置物柜，满满当当地挤了一屋。虽不符合细胞培养室的要求，但它是我们进行科研探索的起点。我像一位没有经验的导演，对一位在读的博士研究生诠释剧本。该博士生竟然心甘情愿和我们在一起，钻进屋檐下的狭小实验室，认真地动手干起来。有一次他兴奋地打电话告诉我说："细胞长出来了！"下午他又来电话说："细胞团缩，都死了。"一切得从头做起。他观察到，在肺泡吞噬细胞的炎症反应中，炎症细胞因子与内源性抗炎症细胞因子共同参与并相互作用。实验不是十分复杂，开启伊始，却遇到一大堆困难。但这次实验却为后来的重症医学研究生教育打开了一扇门。这位博士生就是中华医学会重症医学分会现任主任委员邱海波教授。

外界信息进入细胞膜后细胞内将发生什么变化？以往的研究证明，胞质内转录因子将进入胞核而被活化，导致大量促炎症因子生成。我们在1997年的研究立题，意在从体外培养细胞获取第一手资料。结果显示，在脂多糖（LPS）攻击之前，对体外培养的库普弗细胞给予药物处理，可以遏制核转录因子-κB（NF-κB）的活化，抑制肿瘤坏死因子-α（TNF-α）、白细胞介素（IL-6和IL-10）等的mRNA表达及其分泌，降低实验动物的死亡率，但此项研究不涉及转录后应答的调节问题，由我的一名博士研究生（胸外科医师）孙东旭完成。枯否细胞培养确有难度，但他能安心地在实验里认真地做好那一段工作，于1999年完成了课题。

然而，全身感染严重程度相似的患者，接受程度相当的加强医疗，其中只有一部分患者发生多器官功能衰竭（MOF），存在个体差异，这是为什么？受Stuber关于TNF基因多态性研究的启发，我们于1998年立题"细胞因子IL-1家族

2000年，马朋林博士生答辩（站排：右一，马朋林；左一，作者）

2009年，马朋林（中）曾担任中国病理生理学会危重病医学专业委员会副主任委员

基因多态性与全身感染”，选择全身感染患者及健康志愿者各60例，就炎症因子不同等位基因对全身感染预后可能产生的影响进行探索。博士研究生马朋林是外科医师。当时，他有两种选择：一是接受我们的建议加入此研究，这意味着风险；二是检索大组病历，进行回顾性分析，肯定能交出论文。他接受了这项具有挑战性的研究，并且主动提出以IL-1家族的不同等位基因以及不同基因型为研究对象，当时国际上尚无相关文献报道。研究结果令人鼓舞。促炎症细胞因子基因IL-1A或IL-1B等位基因2与抗炎症细胞因子IL-1RN等位基因2同时出现时，病死率极高（80%）；出现等位基因1/1基因型纯合子，则病死率为0。上述研究结果提示：某些等位基因可能是MODS高位基因标志，将有助于筛选高危患者，以进行相应的预防。论文发表在 2002年美国*Critical Care Medicine*。杂志编委会专为此文发表了述评。2000年博士毕业后，马朋林应邀赴美国国立卫生研究院（NIH）做博士后研究，期满回国后，马朋林担任解放军第309医院重症医学科主任，时任中国病理生理学会危重病医学专业委员会副主任委员。

自1992年起，受欧美各家学说的激励，北京协和医院加强医疗科先后把“细胞因子在感染及器官损伤中的作用及治疗探讨”“肝脏枯否细胞在感染诱发多器官损伤中的作用”等立题进行研究。1998年，又追加“细胞因子IL-1家族基因多态性与全身感染”为课题研究项目。上述研究为在基因水平防治严重感染提供依据。上述系列研究，整个研究课题组获2002年国家科技进步二等奖。

这是一个平常的故事。“全身感染与多器官功能衰竭综合征的临床与基础研究”课题组，按“炎症介质反应”的理论假设进行设计，构思有片面性。虽然在全身感染和炎症因子基因多态性问题上，我们能站在当年国际研究潮流的前沿，但毕竟缺乏原始创新的突破。这一系列课题由研究生组成的接力赛团队完成，人

获奖研究团队成员（左起：刘大为、潘家绮、作者、马遂、杜斌）

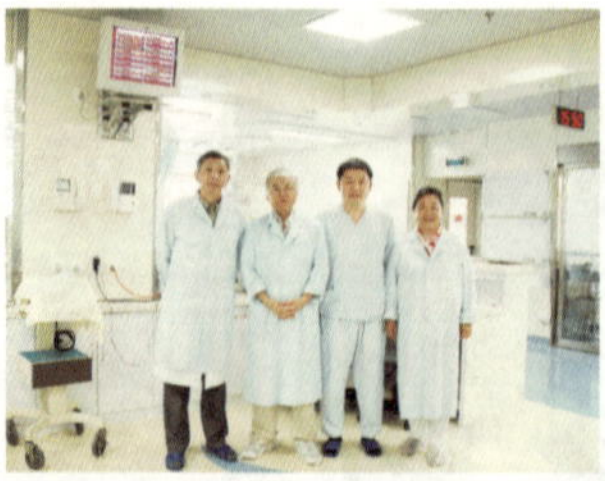

研究团队部分成员在协和内科楼重症医学科病房合影（左起：马遂、作者、刘大为、潘家绮）

荣获国家科技进步二等奖证书（由左至右：时任北京协和医院院长戚可名、作者、刘大为、杜斌、潘家绮、马朋林）

数不多，就这么几位精力充沛的年轻人，他们不埋怨、不发牢骚、不服输、不罢休。我和潘家绮从他们身上看到了未来的希望。先行者拿起接力棒，为后来者闯出前进之路，由前一段的工作引出后一段研究课题的构思。文中上述3项课题为重点举例说明，其他研究则节略，不一一赘述。

1992年至2002年，我们把“以临床基础研究模式研究严重感染”放到重点位置，旨在按照我的老师曾宪九教授的遗愿，为培养危重病医学研究生进行探索，我们迈出了第一步。北京协和医院的前辈们为后来者开创了良好的传统，建立了良好的学术环境。我们和研究生们在一起，在这样的环境中，亲身实践这种研究模式，沿着前人开拓的道路，学习并体验前人的科学思维，带给我们难以想象的收获和乐趣。

严重感染在发病机制、诊断治疗等方面仍然涉及较多的未知领域，发病率逐年增高。2012年，世界卫生组织（WHO）首次设立“世界感染日”，以引起人们的关注。为取得突破性进展，需要把基础医学研究的最新成果应用到临床研究中去，使基础科学能为患者服务。在现阶段，并不是有很多人能预见研究到底起到什么作用。然而，我们深信曾宪九教授的学术理念是有道理的。今天看来，无论是转化医学还是精准医疗都需要一批接受基础医学与临床医学双重培养、有创新思维、能执着实干的人才，他们不可能是一

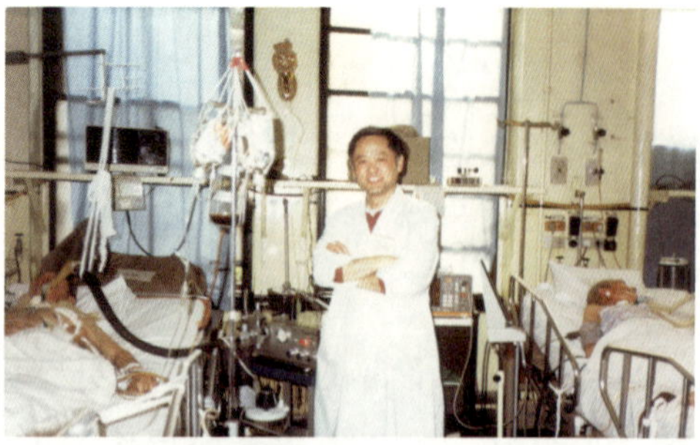

1983年装修后的ICU
（15号楼1层病房，7张床。有了墙壁氧气管道，老式罐装氧气筒成为历史）

大群人。培养人才需要时间，对有志之士而言，将直面决心和耐性的挑战。“路漫漫其修远兮，吾将上下而求索。”

吴蔚然老师永恒的微笑

——2016年9月29日初稿

——2021年4月12日完稿

吴蔚然教授（1920—2016年），中国著名医学家，杰出的外科专家，北京医院名誉院长，曾于1948—1975年在北京协和医院外科工作

我第一次遇见吴蔚然教授，是在第9届全国外科大会期间。那年，我还在上海原广慈医院（今瑞金医院）做住院医师，陪同一位来华访问的比利时泌尿科专家到北京出席大会。我是他的法文翻译。因为涉外工作关系，我和吴蔚然教授接触的机会比较多。吴教授比我年长12岁，是北京协和医院著名的外科专家。他儒雅、和蔼。在他面前，我不感到拘谨。吴教授的眼睛不大，闪烁着一种光亮，开朗而自然。当年有一句习惯用语：“外事工作无小事。”会议期间，无论出了什么令人不愉快的问题，他都能心平气和地与他人交换意见，脸上带着一丝淡淡的微笑，喻之以理，给人宽慰。

这是我见到的人世间最美的“永恒的微笑”。多年后，我在巴黎卢浮宫见到了达·芬奇的那幅闻名全球的油画《蒙娜丽莎》，我驻足良久。画里的那位蒙娜丽莎离我太远了，我的脑海里慢慢地浮现出吴蔚然老师的形象。吴老师脸上的微笑对我来说是永恒的。为什么第一次见面，第一印象就深深地刻在我的记忆里，我不知道。我把它当成一种密码——“吴蔚然密码”。

1964年，我奉调进入北京协和医院工作。不久，我去阿尔及利亚医疗支援一年。1973年，我从西藏阿里回来，吴老师已经离开协和医院去北京医院当院长了，但我总觉得他的根在协和。1985年，我的恩师曾宪九教授去世。曾教授给予我授业、解惑，给予我父辈的爱。由他倡导建立起来的ICU步履蹒跚，我曾经在曾宪九教授去世后有过短暂的失落感。早期阶段，若干传统的临床科室对ICU表示怀疑和不信任。我心里明白要谋求生存，首先要做好自身的本职工作，把ICU特殊的医疗功能发挥出来。我特别注意到吴蔚然老师经常回来看望我们。他淡淡的微笑，从容自若的眼神给我带来希望和可以信赖的支持。经过10年的努力，ICU成为医院里发展最快的临床学科。

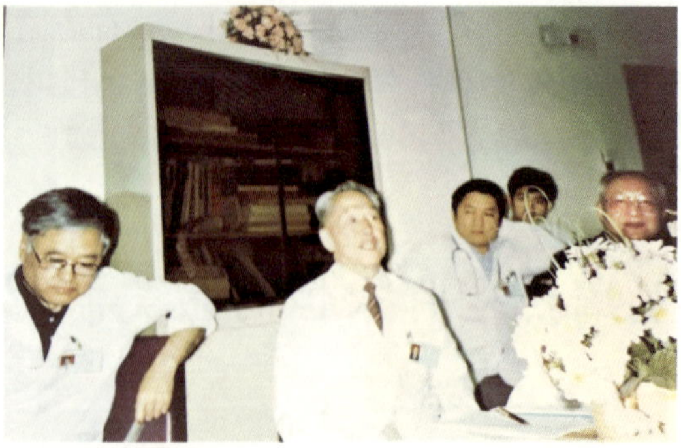

20世纪90年代，吴蔚然教授（中间）在北京协和医院ICU（左一，作者）

然而，我们正面临着挑战。现代医学的格局已经形成，危重病医学作为一门新学科，异军突起。按传统划分的各专科似乎很担心原定的学术领域和发展前景，或将受到颠覆性变革的干扰而被肢解。1995年，中华医学会第一次讨论危重病医学申请入会的问题。吴蔚然教授亲自到会，他神情淡定，首先发言，他的推荐意见条理清晰。但是，时值1995年，我们的申请很干脆地遭到否决。吴蔚然老师对我说："他们应该懂得危重病医学是Medicine"。他的眼睛依然闪着光亮，他又说："办事情总要有人去干，事情是干出来的。"吴老师说得对。学科的生命力在创新思维，在创业精神。创新，就是不要被已经知道的东西所困住，敢于闯入未知的领域，去发现新的天地。创业，要有明确的追求目标，有莫大的好奇心和冒险精神，以实现自己的梦想而后快。吴蔚然老师"永恒的微笑"无声胜有声。

有一天，ICU收治了一位患重症肌无力症并发肺部严重感染的美国老人。抗生素和延续性生命支持治疗不能遏制MODS的进展。我能为这位患者做些什么呢？我想起美国学者James曾经发表的文章。我们多次抽血，不能抓住炎症细胞因子

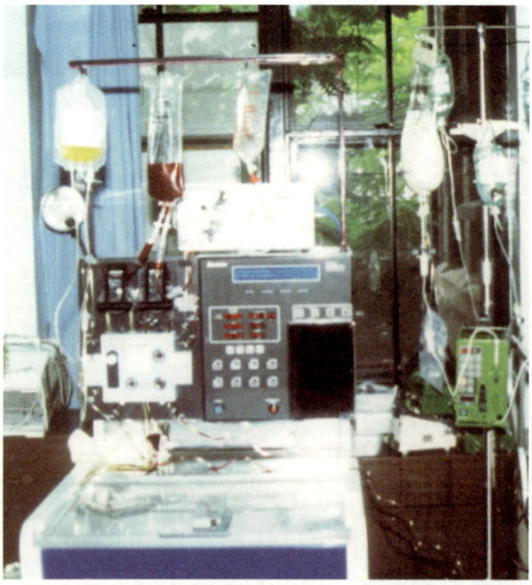

1994年加强医疗科使用的血浆交换机（由吴蔚然教授从北京医院运来）

2001年，北京协和医院80周年庆招待会（右一，潘家绮；中间，吴蔚然老师；左一，作者）

的释放高峰，我设想用持续血浆交换方法使血浓度始终维持低水平，也就是说，把患者器官功能的损害降到最低程度。我急于要找到一台血浆交换机。吴蔚然老师说北京医院有，他很快把血浆交换机从北京医院搬进北京协和医院ICU，并且常赶来病房观察。今天回过头来想，当年我的想法太简单，不切实际，血浆耗用量大，难以持久，短短几天的测试不足以取得效果。

可是，就有这么一位吴老师，把体积较大的血浆交换机，用卡车从北京医院转运到北京协和医院ICU。那时候，曾宪九教授早已过世。我深信没有其他老师能像吴蔚然老师那样关心、支持我的工作。我更懂得，为实现曾宪九教授未竟的事业与梦想，吴蔚然老师在尽最大的努力。显然，也只有吴蔚然老师能像曾教授那样，给我亲切的父辈之爱。

2016年8月8日下午，我收到吴老师的女儿吴清给我的微信："吴蔚然教授于8月8日凌晨0时40分在北京医院去世。"虽然久已知道吴老师卧床不起，总觉得消息来得突然。在北京协和医院众多的前辈中，曾宪九教授和吴蔚然教授两位老师深刻地影响着我的一生。如今两位老师都离开了人间。今后再也见不到吴蔚然老师了，追思多悲怆。古人习惯把逝者的生平写成碑文，刻在坚硬的石头上。现代人没有这个习惯。我谨写此文，以寄哀思，以志纪念。把吴蔚然老师的形象、他的眼神和微笑，深深刻在我柔软的心上。

我和邱海波：非同寻常的师生

——2017年9月10日初稿

——2021年12月10日修稿

——2022年1月1日完稿

我和邱海波第一次见面是他作为研究生入学前的面试。我的提问是炮轰式的。但见小邱认真应对老师提出的每一个问题。研究生入学前的面试不是毕业考试，应试者不大可能对各种提问对答如流。邱海波有几次一时答不来，他会说："让我想一想。"对于某个知之不多的问题，他懂得运用已经获得的知识去推理。一场面试没有太多的时间让他过多地思考，海波没有放弃他的努力。我暗下思忖："这个年轻人，有两下子。"

邱海波教授，1997年在北京协和医院ICU获得博士学位

邱海波的出现，正是我准备传承曾宪九教授的理念，迫切需要启动临床基础研究的时候。我的老师曾宪九教授强调临床医学与基础医学的紧密结合。他的教育和启迪，激发了我对医学新领域探索的欲望。他的学术思想对我有着强大的亲和力。我有责任把老师的理念传承下去。

曾宪九教授生前关于什么是导致严重感染患者死亡的原因，提出了问题，让学生们关注并思考。经过巴黎两年学习，我开始编织梦想。到了20世纪90年代初，我决心做一点关于严重感染临床基础研究方面的尝试。然而，我面临着组建方面的实际困难。

20世纪80年代，潘家绮在国际血栓与止血会议上宣读论文

无巧不成书，潘家绮教授是血液科医师，在美国得克萨斯州大学进修期间，受过血液学实验室和细胞培养的专业训练。她对严重感染引发的机体反应颇有兴趣，愿意在基础研究方面助我一臂之力。

我们向医学科学院评审委员会提出申

1997年，邱海波博士论文答辩后，病理生理学会原理事长伍贻经宣读评审意见

1997年，邱海波博士论文答辩评审小组专家（右七，伍贻经；右五，吴蔚然；右三，吴其夏；左三，潘家绮）

请科研基金，申请被否决了。不是因为选题不当，很可能评审委员怀疑我们几个人能否胜任。退却吗？没有出路，只能前进。

我们初步设想，找到某些抗炎症细胞因子来对抗由炎症细胞因子引起的过度炎症反应。邱海波观察肺泡吞噬细胞在炎症反应中，炎症细胞因子与内源性抗炎症细胞因子的共同参与和相互作用。探索的初始阶段会遇到很多意想不到的困难，甚至导致实验从头开始。邱海波展示了他沉稳、执着而又认真的钻研精神。1992年，两项研究立题，并于1997年完成。

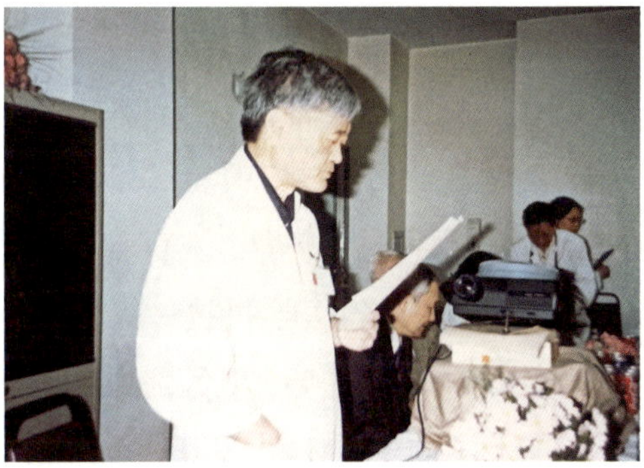

作者阅读审评意见总结

同年，北京协和医院评委会通过了邱海波的博士论文。我信心十足，满以为自己有把握挽留他和我们在北京协和医院一起工作。小邱没有同意，他很有礼貌地告诉我，他的母校是南京东南大学的教学医院中大医院，从院领导到科主任都强烈争取他回归，责成他创建中大医院的ICU，开辟新的专科病房和专用实验室，优先提供科研基金。我能为邱海波做些什么呢？我办不到。割股之痛，我一时很难控制自己的情绪。

1997年，我陪同邱海波回到中大医院，有幸会见好几位科主任，在客厅里就座，交谈很认真，他们说话算数。我见到了他的新家。他的夫人再也不必背井离乡，去适应北京的水土。我是南方人，能理解她的感情。

从他离开北京协和医院之日起，邱海波单枪匹马，面对一片未被开垦的处女地。不难想象，他将不可避免地经受困惑以及探索失败的煎熬。他曾经遭遇巨大的困难，但没有被压垮。他有理想，有毅力。工作是一项一项做出来的，不可能没有失败只有成功。经过一次又一次小小成功的积累，他开拓着自己前进的道路。他选择了兴趣，确定了自己的志向。

21世纪10年代，邱海波和他创建的南京东南大学附属中大医院ICU

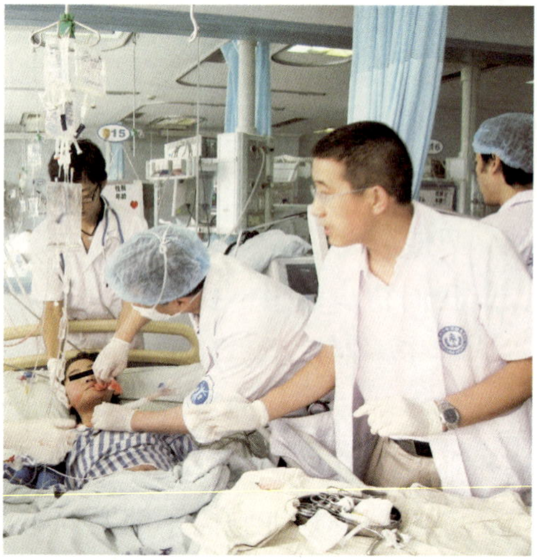

2008年汶川大地震
邱海波在华西医院ICU医治重伤员

2010年，他获中华医学科技三等奖。2012—2016年，他先后获江苏省新技术引进一等奖共3项。2017年，他获中华医学科技二等奖，教育部自然科学二等奖，江苏省医学科技一等奖。

他培养博士生导师8名，海归10余名，博士、硕士研究生200余人。培养30个省、市、自治区重症医学医生和护士数千名，为组建当地重症医学骨干的队伍打下了基础。2021年获全国道德模范荣誉称号。2017年获白求恩奖章。

2003年，中央组织部授予邱海波“全国防治非典型肺炎工作优秀共产党员”称号。2008年汶川地震和2010年青海省玉树地震，他赶赴地震中心地区参加救援工作。2010年党中央、国务院授予他“全国抗震救灾先进个人”称号。

2020年1月初，新冠肺炎疫情来势汹汹。他受国家卫生健康委指派，任中央指导组专家、国家卫生健康委专家组成员，于2020年1月19日紧急赶赴武汉。疫情暴发初期，大量患者住不进医院，呼吸机、气管插管等抢救设备供不应求。他建议争取短时间内改造医院、增加床位。ICU专业医师下沉到定点医院，危重患者可以得到及时治疗。他建议组建援鄂医疗队，举全国之力支援湖北。这些意见均被中央指导组采纳。

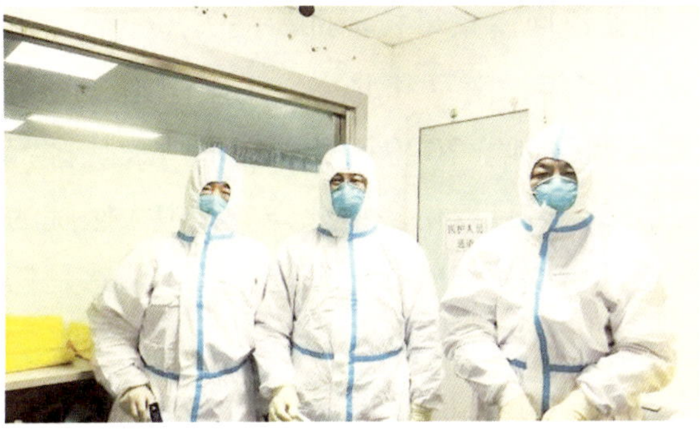

2020年邱海波（中）在湖北ICU指导救治工作

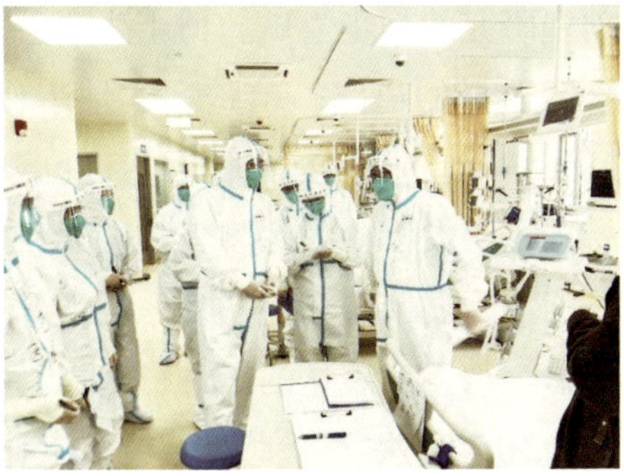

2021年邱海波（右一）在甘肃定点医院

他先后转战武汉、哈尔滨、吉林舒兰、乌鲁木齐、喀什、大连、沈阳、绥化、营口、瑞丽、南京、扬州、厦门、兰州、大连、西安等地。从2020年1月20日到2021年11月28日，抗疫历程355天。

2020年，党中央、国务院、中央军委联合授予他“全国抗击新冠肺炎疫情先进个人”称号。2021年11月5日，邱海波荣获全国道德模范荣誉称号。他本人正在甘肃指导疫情救治工作，由夫人赵健代为领奖。

江苏省抗击新冠肺炎疫情表彰大会上，邱海波讲了那么一段话：重症患者徘徊在悬崖边上，ICU医师和死神“抢人”，我们必须尊重科学，边“瞄准”边“开枪”。我是专家组成员，不仅要站在最前线，还要冲在最前面。我时刻牢记，我是一名党员，组织派我去哪里，我就去哪里；我是一名重症医师，重症患者在哪里，我就在哪里。

我很自然回想起20世纪90年代，在狭小的实验室里，他帮助我开展临床基

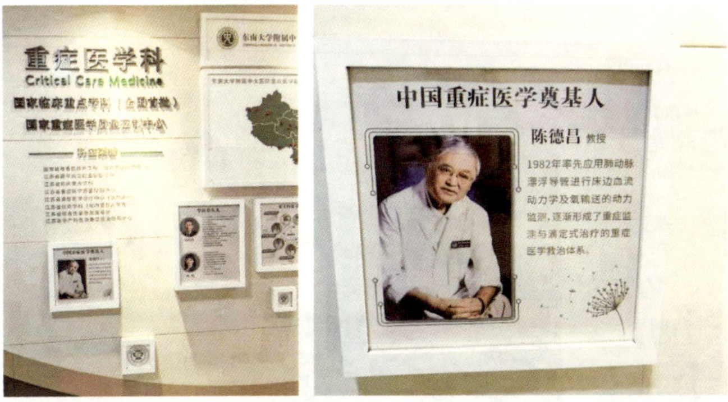

东南大学重症医学学科展窗

2020年9月，在全国抗击新冠疫情表彰大会上的邱海波教授在人民大会堂上发言

础型研究的初步尝试。博士生毕业后，他就返回南京母校。邱海波矢志不渝，走自己选择的道路，踏踏实实地工作。离别多年，南京和北京，千里迢迢。我与邱海波没有业务上的联系，再也没有机会见到他。2020年复旦版中国医院排行榜，东南大学中大医院重症医学科位列第二，并且取得多项荣誉。在中大医院的长廊上，展示着上述图片。我退休了，老了，他一如既往，惦记着我，情感是任何语言都无法表达的。

30年过去了，他做了很多工作。我没有做的，或者是我做不到的，他做到了。自强不息，勇者胜。法国哲学家萨特说：“人是靠追求超越的目的才得以存在。”这就是邱海波。大雁，飞吧，飞得更远，更远。

我和杜斌：非同寻常的师生

——2021年12月8日完稿

1994年，杜斌到ICU报到，博士学位。第一印象，聪明勤快，一个还没有长大的大孩子。优点和缺点，一望而知，没有遮掩。他声称潘家绮是他的导师，由此推算，我是他导师的配偶。我和潘家绮能有这么一位学生，是件喜事。我当丈夫的被称为夫人的配偶，也心甘情愿。其实，杜斌是按老协和的传统培养出来的，在校8年学制，毕业后进入北京协和医院，接受4年的住院医师培训。医学院毕业就获博士学位。他在校学习期间，潘家绮曾经是他的博士论文导师。

杜斌教授（照片拍摄于2006年7月，时任北京协和医院内科ICU主任）

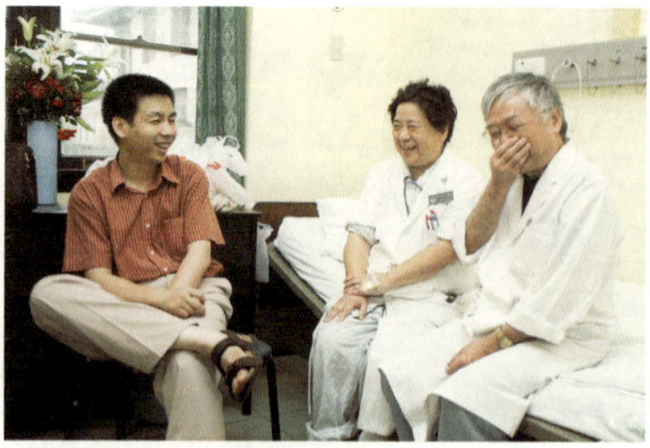

2003年7月，潘家绮手术后杜斌探望

北京协和医院创建之初，以英语为教学语言。老协和产生了张孝骞、林巧稚、李邦琦等精通双语的医学精英。我在转载的照片中，见过林巧稚教授亲笔写的英文病历。1964年，我进入北京协和医院当住院医师，患者入院需要写大病历。对我来说，是一道门槛，以前我没写过。如果要我用英文写大病历，我真的不知该怎么办才好。教学大查房，讲中文。全国院系调整之后，协和医院以中文为教学语言，我估计杜斌能把英语学好主要凭他的兴趣和毅力。

我的第一外国语是法语。杜斌英语很好，无论在写作或语言表达方面，是我的得力助手。第14届亚太地区危重病医学大会在北京召开，我是大会中方主席。因为杜斌是大会秘书长，负责与各国专家书信往来以及我在大会上的专题演讲稿（英译）等，我不至窘态毕露。

三人行，必有吾师。我对网络技术的更新换代反应迟钝。迫于客观需要，我终于感到有必要学习使用电脑进行写作。我没有学过汉语拼音，上海话的发音与汉语拼音有很多不同。开始，我念着写在纸上的手稿，杜斌在键盘上轻快敲打，居然能和我的语速同步。要复制初稿，在键盘上敲打一下，完事。好一阵惊喜。要进大观园，我请杜斌做我的老师。

时任科研处处长的单渊东教授曾经提醒我说："你的机会不多了，要抓紧。"我不曾领会他深层含蓄之意。几天后，杜斌建议我把这几年来完成的研究课题综合整理，申请科学奖。我没有及时做出反应。又迟延了几天，如梦初醒，我向科研处提出申请。确切地说，是在医院评审会召开的前两天。申请书在各级组织之间辗转，终于提到全国科技奖评审委员会。有关方面通知我，发言8分钟为限。出席评审会的有我、潘家绮和杜斌3人。2003年，北京协和医院危重病医学团队的研究课题成果获得国家科技进步二等奖。事实上，对几年来研究课题进行总结，远比获奖更重要。从此，我认定杜斌的工作能力可以信赖。

杜斌好学，工作勤奋，是一位很有发展前途的人才。到了我退休之年，刘大为医师全面负责ICU的工作，他很努力。我知道一个交响乐团只能有一位指挥。我没有为杜斌做好相应的安排，因此心感愧疚。2005年，经院领导批准，杜斌在内科大楼着手建立内科ICU，8张床位，伴随他前往的有孟彦苓和鲁梅珊两位护士。杜斌很重视临床实践，好读书，喜欢独立思考。我已退出第一线，不再过问他的业务。毫无疑义，杜斌是一位好医师，他不是"聪明的功利主义者"。

我们都是人，人都有有待提高的方面。就思维能力、认知能力、观察能力而言，杜斌智商高。然而，他不善于跟别人打交道。他失言而得罪人，自己却不知道。在医院工作多年，依然是一个长不大的大孩子。我们生活在社会群体中，要善于团结大家把工作做好更为重要。有位知心朋友对我说："杜斌不成熟，需要敲打敲打。"我将怎样帮助他呢？

衰老是渐进的过程，自己感觉似乎在短短几年里，我老了。2018年3月，三叉神经疱疹病毒发病，头痛剧烈，不能入睡。邻居王家璧主任亲自陪同家绮去北京皮肤科医院买回溴夫定（德国制），药效明显。但是，服药两个疗程后突发腹泻，低钠血症（117mEq/l），双下肢颤抖，不能站立。王主任用溴夫定治疗三叉神经疱疹已多年。发生这样的药物毒副作用者，唯独我一人。我被紧急送往内科ICU治疗。多次腹泻，不分昼夜，护士忙着为我撤换床垫，清洁屁股。护士长鲁梅珊掌管我的饮食。两位青年医师扶持我下床，帮助我在病房内缓步行走。杜斌安排多科会诊，包括安排神经内科以及胃镜、结肠镜等检查的日程。此时此刻，我感受到医师和护士的亲切，ICU的温暖。

虽说腹泻是普通的常见病，此后几年，多次反复而不止，体力消耗。杜斌考虑我已是耄耋老人，闻讯后他亲自来我家观察病情，随即安排我住院治疗。在一段时期内，我多次被内科ICU收治。经过全身支持性治疗，我挺过来了。在那些日子里，站在我身旁的是杜斌。

如果杜斌终其一生，尽管"不成熟"，能做一位"纯粹的临床医师"，不失其本性，也是件好事。2020年1月18日，杜斌接受国务院、国家卫生健康委委托，作为高级别专家组6位成员之一，与钟南山、李兰娟等一起奔赴武汉实地调查新冠疫情。2020年1月20日，新冠肺炎"人传人"现象公布。他被任命为武汉同济医院中法院区ICU临时科主任。

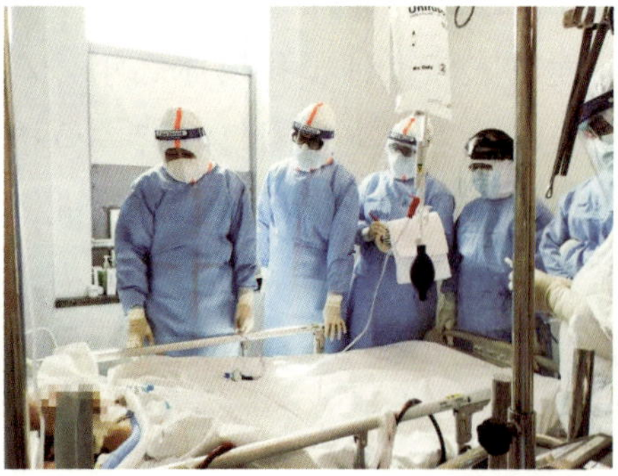

2020年2月8日杜斌（左一）和第2批医疗队员查房

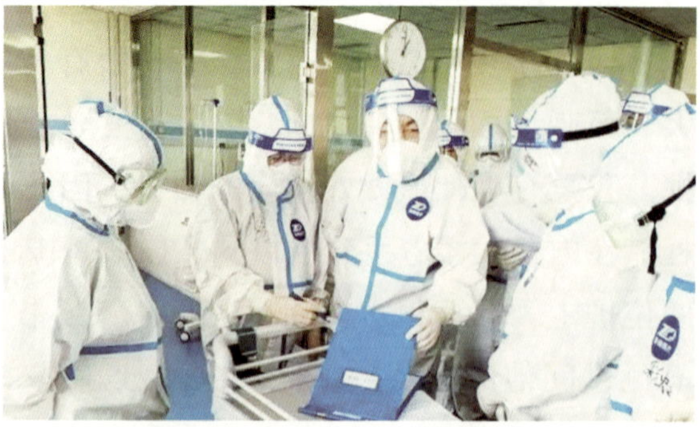

2020年8月17日杜斌（左三）在新疆定点医院查房

世界卫生组织正式命名新冠肺炎为COVID-19。最初，人们对新冠病毒不甚了解。2003年，SARS疫情爆发，致病源也是冠状病毒（SARS-CoV-1），主要损伤肺功能，危重患者需要应用呼吸机。但是新型冠状病毒（SARS-CoV-2）对人体器能的损害有着不同的特点，需要探索相应的治疗措施。有的患者应用呼吸机，血氧饱和度并没有得到改善。在病房里，在患者床边，杜斌仔细观察患者病情的变化，揣摩这样一个陌生的疾病，一“泡”就是10个小时。临床医师不脱离患者床边，这是他的习惯。杜斌认真进行巡诊示教，很快带动一时不知所措的临床医师们，振作精神，做好新冠肺炎患者的救治工作。

SARS危重患者没有一例使用ECMO。新型冠状病毒肺炎治疗中，有些危重患者需要使用ECMO。此外，新冠病毒的损害更多的涉及全身其他器官功能，以及免疫系统。临床实践中出现新的问题，正在考验每一位ICU专职医师。杜斌深知自己的责任，他说：“对于ICU医生来说，我们的诊疗方案能够影响到一个或几个患者的生死已经习以为常。但是，作为国家专家组的成员，一旦我们的意见写入国家诊疗指南，它影响的不是一个人，也不是几个人，而是很多人的生死。”

在武汉同济医院中法新城院区，杜斌和邱海波结束巡视已近下午1时，他们顾不上吃午饭，抓起两片面包，赶往另一家医院。

2020年3月16日，国务院新闻办公室举行疫情防控英文记者见面会，读了杜斌对答记者的一段英语发言。我惊讶之余，感叹他成熟了。

2020年杜斌（左一）在武汉抗疫一线

奋战在武汉抗疫一线的重症医学界8名专家（右一为杜斌，右五为邱海波）潘松刚摄

2020年4月15日，最后一支国家医疗队撤离武汉，专家组八位成员进驻七家重症定点医院，负责最后的攻坚战。他们被尊称为“重症八仙”，分别是：邱海波、杜斌、康焰、管向东、郑瑞强、童朝辉、赵蓓蕾、姜利。他们是全国重症医学的领军人物。“重症八仙”中唯一的一位女将是姜利。高强度工作引起她颈肩痛，她戴上颈托，坚持在第一线。巾帼不让须眉。

杜斌任 WFSICCM 理事

从武汉到哈尔滨，再从哈尔滨转战乌鲁木齐。从2020年1月18日奔赴武汉，到2020年8月30日结束任务返京，杜斌没有一天回过北京协和医院，没有一天回过家。他用实际行动，说到做到，“不打赢这场战‘疫’，不退！”。大浪淘沙，见真人。

我们是怎样走过来的。不忘初心，以必为之志，推动危重病医学在中国的发展。曾子在《论语·泰伯章》中写道：“士不可以不弘毅，任重而道远。仁以为己任，不亦重乎？死而后已，不亦远乎？”愿与杜斌共勉之。

恩师情深

『不要因为走得太远，忘了我们为什么出发。』

一、前辈的旗帜

我的恩师曾宪九教授

——2021年5月14日初稿

——2021年8月25日完稿

曾宪九教授（1914—1985年）（前排为20世纪50年代的曾宪九教授）

1964年，我走进北京协和医院，在人生的历程中划上一条新的起跑线。又过了好几年，我才真正见到了曾宪九教授。他是一位杰出的外科学家、外科实验医学家、外科生理学家。他有学者风度，谦逊平和。他经历的是一个大变革、大动荡的年代。受到过挫折和屈辱、有过困惑和苦恼。然而，他的信仰始终没有改变。他热爱祖国、热爱医学。他坚持创新和创业，以北京协和医院的建设和发展为生活目标，以自己终身追求科学真理的精神，感化着一代又一代的学生。我始终难忘，在“文化大革命”时期，在嘈杂的、怒吼的人群中，听到他的语言，亲切感人。曾宪九教授是我的恩师。他塑造了我的后半辈子。

曾宪九教授说：他深受两位学者的影响。一位是John Hunter（1728—1793年）。另一位是Francis Moore（1913—2001年）。Hunter是一位英国解剖学家，1761年因战争加入英国军队，做外科医师。1776年他被任命为特级外科御医（Surgeon Extraordinary to the King）。然而，他始终坚持比较解剖学和生物学的研究。例如，蛇和蜥蜴的冬眠，淋巴循环的功能和重要性。1780年，在英国皇家学会，以“子宫—胎盘循环”为题发表学术演讲。

Hunter运用解剖学知识和解剖技能，对动物的生理学和病理学进行实验性研究。他认为任何假设必须经科学实验，“引出某些原则，应用于实践”。仅有解剖学的知识基础，缺乏科学实验的精神，不足以成为好的外科医师。曾宪九教授是一位杰出的外科学家、外科实验医学家、外科生理学家。他一生走的就是Hunter说的那样一条道路。

虽然早在18世纪，Hunter的学术思想为后来者打开了大门，但国际上外科实验室的普遍建立却在20世纪才迟迟到来。担当这个时期领跑者的是Francis Moore教授。

Francis Moore（1913—2001年）是美国著名的外科学家。早在1942年，任麻省总医院总住院医师期间，他对外科患者手术后的代谢反应，进行开拓性研究。年仅34岁他就晋升为哈佛医学院外科教授，是哈佛历史上最年轻的教授。他的特点在于把生理学实验室研究和临床实践相结合。1959年出版《外科患者的代谢诊疗》（*Metabolic Care of the Surgical Patient*）是他的代表作。

曾教授读了这本书，深受鼓舞。他决心要迎头赶上。1960年中国出版该书的影印本，作为协和外科系主任，他及时安排采购，发给大外科（包括基本外科、骨科、脑外科等）全体主治医师和部分住院医师，人手一册，供大家学习。曾宪九教授急切引进Moore教授的研究成果，有他深远的谋虑。

1962年，曾宪九教授创建中国第一家外科代谢与营养实验室。建立了钾、钠、氮平衡测量技术，血浆容量和红细胞容量等测量技术，成功地应用稳定同位素重氢（重水）测量人的总体水的方法。曾宪九教授建立外科代谢与营养实验室，他的指导思想很明确，外科代谢与营养实验室是“临床基础研究”型实验室。目的在于解决临床问题，改进治疗。

曾宪九、蒋朱明、费立民等教授对外科患者代谢问题开拓性研究，获得Moore教授的高度赞赏。1981年，Moore教授应邀来华访问，会见曾宪九教授。他为蒋朱明教授去哈佛医学院Wilmore教授的研究所进修，提供了奖学金。

1981年，Moore教授应邀来华访问，曾宪九（右）与Moore（左）在北京协和医院外科合影

Moore教授曾经在朝鲜战争中参加对伤员的治疗工作。1976—1983年，他是美军的军医顾问。在多年严重创伤的伤员治疗中，他特别关注创伤后的病理生理反应。因此，危重患者的营养代谢以及创伤后的机体反应，成为他终生从事研究的两大课题。

Moore教授的创新思维影响着曾宪九教授。20世纪80年代以来，应中国严重感染（包括细菌性感染以及病毒传染病的大流行）和严重创伤（包括多次严重自然灾害如大地震等）等事件的客观需要，有力地促进了教学医院和大城市医院ICU的发展。曾教授十分重视外源性损伤因素对于人的机体应答所引发的紊乱以及各器官功能之间相互作用和影响。外科代谢与营养实验室在20世纪60年代的研究，为20世纪80年代危重病患者机体反应和器官功能支持等课题打下了基础。机体反应的调控以及器官功能支持是支撑危重病患者加强医疗的主体框架。曾宪九教授是危重病医学（Critical Care Medicine）在中国的奠基人。在中国外科学的历史上，他跨出了划时代的一步。

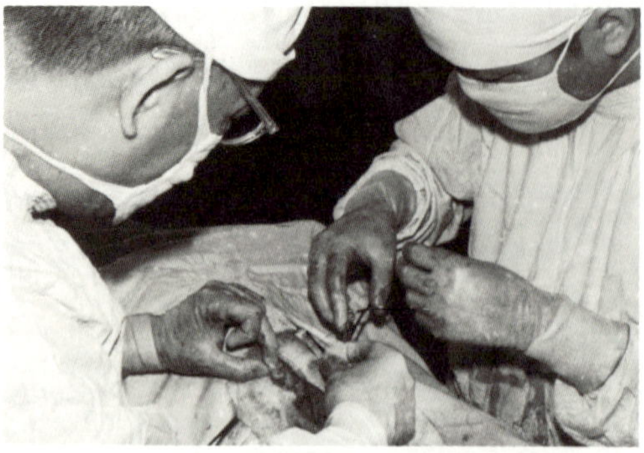

1978年，曾宪九教授（左）与作者（右）同台进行动物实验

回顾历史，曾宪九教授领导的外科代谢与营养实验室曾于1966年被迫停止工作达10年之久。1978年改革开放后，曾教授重新回到阔别多年的外科病房，重新出现在跟随他多年的弟子群体中。时常因中午做完手术顾不

上吃饭，他从老楼四层手术室下来，跨过一片广场，直上医大教学楼五层，看我做动物实验，或者穿上手术衣，戴上手套和我一起干。他深感10年的蹉跎岁月对外科发展造成的破坏性后果。他重新组合力量，扭转停滞不前的局面，开拓外科新的领域。

1964年，我奉命从上海广慈医院（现瑞金医院）进入北京协和医院。我原来就读的震旦医学院在校学制只有6年。医学预科学习生物学、化学和物理学。没有遗传学、心理学、哲学、社会学、经济学等选修课课程。第6学年，我进入瑞金医院当实习医生，2～3个月后，就奉调去哥本哈根，随从妇女代表团参加国际会议，当一名小翻译。回国后，我的在校学习阶段就此结束，被分配留在母校教学医院。从此，每年必有一次到两次，出差到北京参加涉外工作。医院无法安排我的住院医师培训计划。就在校教学和住院医师培训的整体而言，我是先天不足，后天失调。当我走进这座宫殿式建筑之时，不禁自问，我可能被北京协和医院接受吗？

1970年北京协和医学院被迫停办，北京协和医院难以维持原有的规章制度，且出现后继乏人的情况。1978年“文化大革命”结束，全国进入改革开放的新历史阶段。北京协和医院需要重建，核心问题，首先要明确各学科的发展方向，引导大家放手做好工作，从中发现和选择最合适的人选，培养新一代的骨干队伍。

由于特殊年代长期的精神压抑，我并不明白自己究竟有什么长处。然而，曾宪九教授却一直积极鼓励我。他复出后，在临床实践中循循善诱，培养我的独立学习、独立思考和独立工作能力。我感受到曾教授给我的帮助和教导，但我必须自觉地去把工作做好。

1979年，按国家计划，曾宪九教授委派我去巴黎学习危重病医学，回国后建立ICU。曾教授以他的逻辑思维和实验求证的精神，引领ICU和危重病医学沿着正确的道路前进。他是危重病医学在中国的奠基人。我终于感悟，一家好医院——北京协和医院，一位好老师——我敬爱的曾宪九教授，两者在一个新的时代，给我新的机会，改变了我的命运。我对北京协和医院、我对曾宪九教授，将永远缅怀着感恩之心和敬畏之心。

1979年，在一次例行的体格检查中，曾教授胸片显示左肺下叶块状阴影。4月11日，他接受开胸手术探查，术后病理报告证实为肺泡细胞癌，决定进行术后放射治疗。经短暂休养后，曾教授重返工作岗位。癌症不能遏制他的思维能力。

1980年，曾教授作为中国医学代表团成员，应邀赴法国访问。在法国外科学会学术会议上，他报告了当时世界上最大一组胰岛细胞瘤病例。他用精密的技术进行了准确的诊断，治愈率高，而死亡率低。他的工作受到法国外科学界高度的评价。

1981年，我学习期满回国。1982年，曾教授抓紧时机，筹建ICU。1983年12月9日，中国大陆第一家规范化的综合性ICU科室建立。创建之初，他抱病坚持每天查房。曾宪九教授指出："做学问就要问个为什么，创新思维意味着从事研究的人必须学会发现别人没有看到的问题，研究课题应该源于临床实践。"他反对"从书本到书本"。

曾教授和我们一起复习病例，发现有15名患者呈典型的严重感染伴有多器官功能衰竭综合征，最后死亡，剖腹或尸解都没有找到感染病灶。"患者为什么死亡？"曾教授向他的学生们提问，他也在问自己。

遗憾的是，曾教授在1985年春去世，享年71岁。他过早地离开了我们。时至今朝，COVID-19在全世界大流行。从疫情防治工作来看，新冠病毒对人体机体反应所造成的损害，比SARS病毒更为严重，我们对危重病患者的治疗正面临着严峻的考验。曾宪九教授的提问，仍将激励我们用自己的研究加以求证。

从1956年正式担任北京协和医院外科学系主任，直至1985年逝世，曾宪九教授在这一重要岗位上，勤奋工作了30年。他不是院士，晋升一级教授的批件在他临终前8天才到达他的手里。曾宪九教授无疑是一位好医师、一位好科学家、一位好老师。终其一生，他培养了一代又一代的学生。老师和学生形成共同体，使北京协和医院外科在祖国的大地上，根深蒂固，长成参天大树。

曾宪九教授是北京协和医院的一面旗帜。

大音希声　大象无形——怀念我的恩师曾宪九教授[①]

20世纪60年代后期，某一天，曾宪九教授问我："胃溃疡可以内科治疗，为什么还要外科大夫做手术？"我回答似乎很轻松："外科和内科治疗的适应证不

① 本文发表于2008年第21期《北京协和医院院报》，经作者修订后使用。

同。”曾教授意不在此。继续问：“当初，外科大夫为什么想用手术方法治疗胃溃疡？”答曰：“外科大夫先把溃疡局部切除。复发了，发现胃底部大量产生胃酸。把胃底部切除，还是复发。又发现幽门窦部很重要，也切了。”曾教授说：“所以，有了今天的胃大部切除手术。”“还有迷走神经的问题，”他加上一句：“认识不可能一次完成。”那年，还没有充分注意到幽门螺杆菌的作用。在上海工作期间，我喜欢读兹默曼（Zimmermann）的一本外科生理学，只读过两三个篇章，不求甚解，就记得一点点。此时尚能答上几句话来。

我不知道，曾宪九教授对我这样知识肤浅、思维不严谨的年轻人，会有什么看法。要知道，那年正在清理阶级队伍，根本不涉及晋升考核问题。我对曾教授的提问毫无准备和压力。曾教授前一时期下乡务农，连户口都迁出了北京。此时回到医院来了，不再去打扫厕所。但仍不能进病房巡诊，不能上手术台，每天看门诊。我属于清理对象。工作在急诊室，值夜班机会多。轮到需要自我批判，或者接受批判的日子，就回来看门诊。根据我的记忆，门诊有很多个半天，坐下来开会学习，或者批判。说来凑巧，门诊开会，曾宪九教授和我，紧挨着坐在一排。交谈虽然不多，却比正常岁月，接触多。

又有一天，曾宪九教授问我：“为什么在一千多年的岁月里，外科只能治疗浅表的脓肿和外伤？”“现代外科学是怎么发展起来的？”这番对话引出更多使我感兴趣的问题。我在上海和北京两家教学医院先后做了十几年住院医生，学习各种疾病的诊断和治疗。我从来没有想过，千百年前，先辈们是怎么认识这些疾病的？为什么某些权威性的荒诞的假设，需要几代医学科学家们不懈努力，甚至牺牲自己的生命，最终被证实是错误的而加以否定。为什么在各个历史时期，总会有少数先知者，以他们的创新思维和胆略，推动医学永不停滞地发展？曾教授给我时间去思考。对话不在教室内，可以是在走廊上漫步时，以随意、分次、不定期、不定点的方式继续下去。春雨润物细无声。曾宪九教授追求科学真理的理念，慢慢地渗透着我的脑袋，激发着我的兴趣和好奇心。曾教授深信“外科学的历次重大突破都是由于基础医学的进展而得到促进的。”（他主要指的是麻醉、失血、感染、休克、代谢等问题）。他不急于告诉我，他在想什么。他更多的提问，迫使我去寻找答案，或者承认自己答不上来了。

有一天散会后，在走廊上，曾宪九教授忽然对我说：“你把外科看得太悲观了。”显然是接着上次的话题。他递给我一本薄薄的单印本。题目忘了，作者是Dragsted。书很旧，纸页泛黄。我回家读了一遍，内容正是曾教授提过的问题。

作者重点讨论从局部切除胃溃疡，演进到胃底大部切除，以至同时切除幽门窦部等不同手术方式的生理学依据。作者写出思考、推理与分析的过程，探索合理的治疗。文章是问答式的。提出一个问题，写出思考、推理与分析的过程，从现象到机制。不是单纯的描述，而是探索可能的解释。

1947年，我进入原震旦大学医学院。无论上哲学课还是上医学专业课，有几位教授讲究推理和分折的逻辑性。受学生欢迎的老师总能把复杂的问题说得简单、层次分明、条理清晰。法国人称之为“拉丁精神”，也就是笛卡儿哲学以及以逻辑为基础的方法论。Dragsted不是法国人，科学家的哲学却有着共性。

那个岁月，泥菩萨过江，我没有想得那么多。过了几周的某一天，我把书还给曾宪九教授。他的话匣子打开了：“最初，外科大夫的老师是理发匠，只治皮肤表浅的毛病。后来，外科大夫给患者拔牙，锯大腿，把全身捆绑上麻醉。打开肚子，不那么简单了，要肌肉放松，更要求无菌技术。开胸，更难，会发生纵隔搏动、肺塌陷等问题。气管内插管，要想通过气管把气送进肺里去，琢磨了好长一阵子。休克是外来语的译音，什么意思？说是‘毒血症’，毒是什么？打仗了，才知道首先要补充血容量。外科大手术的适应证也扩大了。”

曾宪九教授若有所思，这段话是断断续续说出来的。出门诊，经过走廊，曾教授要回外科系办公室去。他停顿一下说：“外科发展，靠生理学和病理生理学。外科大夫不是理发匠。”我相信，这段话搬到今天医大课堂上去讲，可以讲半天。那个时候，就这么一点时间。我记住了。当然，得天独厚，我是唯一的听众。

又有一天，曾宪九教授若有所思地突然问我：“现在，外科发展的里程碑是什么？”我愣住了。几年来，我忙于写交代，批判自己，写大字报，不读书，何以奉告。曾教授似乎没有期待我的答复，轻声地说：“静脉营养。”但这句话触动了我：曾宪九教授早已靠边，够倒霉的了，竟在思考当今外科发展的里程碑是什么。

又过了一段时间，我感到清理阶级队伍的工作似乎接近了尾声。曾宪九教授和我谈话比较放松。谈到为什么当年要建立外科代谢与营养实验室。他不是寻找理由，为自己遭到批判而辩护。我发现他想得更远。中华人民共和国成立后，中国拥有这等规模、这等水平的外科代谢与营养实验室，很可能只此一家。20世纪50年代，我有机会陪同比利时医学代表团来到北京协和医院。外宾见到曾宪九教授的外科实验室，深感意外：“他们想做而没有做到。”20世纪60年代“社教运动”开始，要解决13亿人的温饱问题，研究外科代谢是奢侈的。实验室被迫叫停。到了“文化大革命”，实验室成了外科批斗的会场。但是，曾宪九教授没有停止思索：“当今外科发展的里程碑是什么?”实在令我费解。

还是在门诊，开会间隙，他多次提醒我学习基础理论的重要性。没有系统地讲解，只是吹风式的谈话。水与电解质平衡，每个患者，每天治疗中都会有问题。临床医师也可能似懂非懂。他说：“F. Moore能够把应对外科水与电解质紊乱的问题，归纳成‘十条建议’。条文简明，容易读懂，有矩可循，行之有效。这是一种学习方法，也是一种教学方法”。曾宪九教授徐徐说来，似乎不太经意。言简意赅，点中要害。

“文化大革命”风暴横扫竖扫之际，我何尝想到，在外科门诊那条长廊上（开会的地方），有幸聆听曾宪九教授的教导，何况是面对面。塞翁失马，焉知非福。生活就是这么奇妙。然而，在峥嵘岁月、狂热的喧嚣中，曾教授甘心失落，在冷静中反思，执着地筹划明天的构想。他的知识、远见、勇气和智慧，令我肃然起敬。

噩梦终于过去。党的十一届三中全会后曾宪九教授特别高兴。有次会议上，他说：“这是新中国成立以来，搞科研的黄金时期。”我们可以听到曾教授发自内心的欢呼。此时，曾教授年近古稀，有时忙起来忘了吃饭。他好像什么都忘了，忘了“文化大革命”中对他不公正的待遇，忘了诸多恩恩怨怨，只沉浸在他自己的精神世界里“上下求索”。

曾宪九教授十分重视外科临床实践与基础医学研究的结合。“没有外科基础研究，就不会有临床外科根本性的改革，而外科实验研究又是基础医学和外科临床医学的桥梁”。这是他的信念，并为此奋斗终生。改革开放，拨乱反正。受批判的学术思想，被压抑的构思、才华和潜能，从这位学科带头人的头脑中释放了出来。

1978年，曾宪九教授亲自领衔在原有基础上重新组建由多学科参加的研究组，主攻胰腺疾病的研究课题。蒋朱明继续主持外科营养代谢的研究工作。汪忠镐和管珩被派往美国进修血管外科，以开辟新的专业。盛洪森被派往德国，攻读外科感染，以筹建外科感染实验室。我被派往法国，进修危重病医学专业，回院后建立ICU。还有其他课题。基本外科发展蓝图，初见端倪。

改革开放政策的实施，曾宪九教授的真知灼见和深谋远虑，外科团队的齐心协力，终于迎来明朗的春天。不幸的是，曾教授体检发现罹患肺癌，开胸手术见

20世纪80年代，曾宪九教授访问美国哈佛大学医学院

淋巴结转移。1985年，曾宪九教授离开了我们，享年71岁。

回溯往事，不胜感慨。1964年，我转入北京协和医院基本外科以后，有幸师从曾宪九教授。这是我一生中莫大的机遇。我不是北京协和医学院的毕业生，按通俗的说法，并非嫡系弟子，何况中途插班，中下天赋。曾宪九教授并没有因此拒我于千里之外。当年我的不足显而易见，他却能发现我的优势所在，真是他独具慧眼之处。既使身遭厄运，他始终以执着的理想影响着后来之辈，鼓励我逆境中求奋进。曾宪九教授改变了我的后半辈子。我应该有感恩之心。

曾宪九教授没有留下豪言壮语可供编纂诲人语录。他留下的照片不多。“大音希声，大象无形”，这是他一生为人的最好写照。按我的理解，这就是“协和精神”。

曾宪九教授与ICU

——2009年3月26日 完稿

曾宪九教授是中国危重病医学的启蒙者和先驱者。作为曾教授的学生，我是后来之辈。根据我的认识过程和感悟水平，本文将对曾宪九教授为创建ICU和开拓危重病医学领域所做的贡献，进行一番回顾。温故知新，可获教益。

从休克和水与电解质平衡问题说起

ICU的创建基于恩师曾宪九教授（左）洞悉国际学术进展和长远规划。在老师的培养下，作者于1983年创建了综合性ICU，填补了当时危重病医学在中国大陆的空白（照片摄于20世纪80年代初）

我在上海母校实习的后期，因另有任务去国外，回来已是有关统一分配的学习阶段。1953年，我被分配到上海广慈医院当住院医师。在外科医师基本培训方面，留下一段缺陷。我发现那时实验室发出的血浆电解质报告，不再以mg/%为单位，一律改为meq/L。我不知道为什么。然而，看到几位住院医师手中有一本讲水与电解质平衡的书，我去书店也买了一本。书很薄，封面浅蓝色，文句简短，附有图表。读了才知道，从重量计算电解质改为以当量为计算单位，是概念上的进步，不是技术性改变。颇有茅塞顿开之快感。虽然，我对水与电解质平衡问题知之甚少，却引起了我的好奇。这本书的作者就是北京协和医院曾宪九教授。这是我第一次读到他的文章。

20世纪60年代初，我曾以翻译身份陪同来华访问的比利时医学代表团。据悉，那年来访的比利时代表团是人数最多的一次，包括各临床专科的教授。比利时媒体对该代表团来华曾撰文报道。到北京协和医院访问，他们参观了外科代谢与营养实验室。有两位外科教授并不掩饰他们的惊讶，对我说："这是（他们）一直想做而没有做的工作。""竟然在这里发现了一个这样的实验室。"我并不理解外宾为何如此评价，那时我还没有进入北京协和医院工作。我也不能理解为什么外科代谢与营养实验室只在北京协和医院可以见到。从工作的深度来讲，中国内也是独此一家。

1958年，作为住院医师，我曾参加上海广慈医院治疗严重烧伤的工作。严重烧伤早期休克出现"退潮"和"涨潮"的改变，非常明显。后期出现严重感染和感染性休克，发病机制和临床表现与早期迥然不同。两个阶段水与电解质紊乱各有特点。我应该感谢上海广慈医院外科主任、烧伤治疗组的负责人董方中教授。他在早晨上班前，把小组的住院医师召集起来，对眼下的临床病例进行解析，结尾总要讲一点基本问题的基本知识。每天如此，坚持了相当一段时间。董方中教授的教学方式可能属于"应用导向型"，帮助年轻医师提高临床判断和处理能力，引起我们的兴趣，不至于把休克和水与电解质平衡问题视如畏途。

虽然，我在1964年奉调到北京协和医院基本外科工作，直到“文化大革命”后曾宪九教授再次出任外科主任，我才有机会得到曾教授面对面的教导。曾宪九教授喜欢和我谈休克和水与电解质平衡问题。他能耐心倾听我的叙述，不任意打断，我因此没有顾虑。对于我提出的疑问，他会说：“认识不是一次完成的。”偶尔，他也派我去别的医院做小讲课。几天后，主任能坦率地告诉我听讲者不满意之处，显然他很注意反馈的信息，帮助学生提高认识和表达的能力。

指导教学和科研的思维模式

如果我把上海广慈的董方中教授和北京协和的曾宪九教授两人进行比较，我认为曾教授的教学方式属于“概念导向型”。他强调对某一特定问题的认识过程、某一概念的形成过程，喜欢追溯历史。概念的演变领先，技术革新后继。一般规律如此。当然，也不排除某项新技术问世，帮助我们观察到前所未见的现象，引发概念的更新。知其然，可以依靠观察。知其所以然，必须进行思索，并在实践中求证。

曾宪九教授的思维模式对我出国进修学习以及之后的科研构思产生了影响。初到巴黎，听法国老师屡次提到现代医学已经从“描述性医学”转向“解释性医学”，十分顺耳，容易接受。20世纪70年代正是应用肺动脉漂浮导管进行临床血流动力学动态监测的热潮时期，我因新奇而近乎痴迷。曾教授在给我的一封信中提醒，不要向心内科领域倾斜，因为我们是外科医师。在我回国后ICU初创阶段一度出现过这种偏向，实践使我醒悟曾教授告诫的必要性。曾宪九教授“整体性”思维模式令我折服。他把休克及水与电解质平衡问题的研究纳入外科情况下患者机体反应这个特定的整体性框架内。

1981年，我曾陪同法国访华医学代表团回国，趁机向曾宪九教授作了简单汇报。他认为技术操作要熟悉，监测仪器等可以添置，重要的是床边监测技术应用以来，产生了哪些概念的更新。目前，国际上对休克及水与电解质平衡方面所关注的是哪些问题。为什么漂浮导管和血流动力液研究由西方人提出，中国人没有提出设想。曾宪九教授的意见，调整了我第二年的进修方向。每晚去巴黎公立医院医师专设的图书馆，加快引进新概念和技术，获取第一手资料。回国后第一次行插管术；每个危重病患者床头血流动力学监测图表；第一次按血流动力学改变把休克划分为四种类型；费立民教授要测定血容量，要引进测量仪。曾宪九教授同意我的意见，动力液改变更及时，更贴近实际，更能反映组织有效灌注，当然，也有缺点。曾教授表现出巨大的热情。

休克病房VS ICU

曾宪九教授主张不搞“三衰”，不搞中西医结合，扬协和之长；注意选题选择（他院之借鉴）；建立团队与培养带头人；倡导实践“出”真知；信仰真诚的科学精神，不见风使舵，学术上的独立性，因此中国大陆第一家按国际水平创立和发展的ICU在北京协和医院产生，不是偶然的。是曾宪九教授多年探索的结果。

他认为ICU是基础医学与临床医学相结合的最合适的临床基地，但绝不是研究单器官功能的衰竭，或是它们的叠加。把机体反应和器官支持作为危重患者加强医疗的主体框架。曾宪九教授决定以胰腺外科的研究为主体，同时深入外科营养支持的研究，并创建ICU推动危重病医学的研究和发展。他提出某些严重感染的患者伴多器官功能衰竭（MODS），找不到感染灶。他们为什么死亡？20世纪90年代，跨国研究的结果显示：为遏制病情向MODS转化，机体的炎症—免疫机制是如何运作的，我们还知之甚少。这些不解之谜需要他的学生们一代一代不懈的努力，用自己的研究加以探索求证。2002年北京协和医院获得全国科技二等奖，涉及基础研究部分，机体炎症反应以及基因多态性等方面的探索，算是对ICU初期那场议论交的一份粗浅的答卷。总的来说，这项研究课题远未完成，年轻的医生好奇心、兴趣及对科学的激情、对生命的敬畏，是医学科学进步的永恒动力。对此我们应该笃信不移。探索并明确严重感染或严重创伤患者，为什么会产生这种或那样的病理生理学改变？这是曾宪九教授的梦，是21世纪大科学的梦，也是中国的梦。

走在时代学术新潮流前面的人①

在协和88周年院庆之际，我以崇敬和感恩的心情，缅怀我的恩师曾宪九教授

从医学的发展历史来看，学术要与时俱进。促进改变的重要原因有两个，一个是生理学、病理生理学和分子生物学范畴内的新发现和新概念的诞生；另一个是新的治疗，包括药物和手术方法以及新的检查和监测技术的问世，两者都能够

① 本文发表于2009年第14期《北京协和医院院报》，经作者2021年10月9日修订后使用。

推动新的学问，乃至催生新的学科。

曾宪九教授具有敏锐的前瞻性思维。他能清醒地看到，临床实践中出现的问题以及医学发展的潮流。作为一位外科学家，他倡导临床外科与实验医学相结合。他身体力行，并撰文呼吁全国建立更多的外科实验室。他大力倡导临床实践与基础医学研究相结合，以毕生精力为他的理念而奋斗。他的构思和设计，推动了北京协和医院外科学科的建设，开创了学术发展的蓬勃态势。在那个已经过去的历史时期，能够取得这方面令人瞩目的成果，曾宪九教授无疑是独领风骚的。

1961年，他发现静脉营养能使外科危重患者受益，在全国率先建立外科代谢与营养实验室。尽管当时对外贸易很困难，他利用中国原有基础，开始“初级静脉营养”。同时，争取国外优质资源，使静脉营养规范化，使治疗和研究提高到新的水平。曾教授不因为取得了成绩而“关闭”探索思维。外科代谢与营养实验室不停顿地开展对肠内要素营养的研究工作，改进临床治疗。在当时的历史条件下，要进行高水平的实验室研究和革新临床治疗的方方面面，与国际上取得几乎同步的进展，并非轻而易举。

曾教授捕捉国际上医学动态的信息，所表现的敏锐是惊人的。他发现20世纪50年代以来，重症医学在欧美国家兴起，新的概念相继问世。ICU的建设在全球范围内展开。某些生理或生化实验室技术进入临床实践，成为实时的、动态的床边监测。新概念与新技术必将推动学术的发展。他觉察到北京协和医院必须建设现代化ICU。这也是曾教授一贯倡导的临床与实验医学相结合、临床与基础医学研究相结合等学术思维的延伸。改革开放，天赐良机。没有改革开放，不可能有重症医学的引进。1982年，曾教授果断决定创建外科ICU。1983年12月9日，经医院领导批准，按国际先进模式，协和医院建立了中国大陆第一家综合性ICU。他亲自将新成立的临床专科命名为“加强医疗科”。进入21世纪，重症医学在理论假设、研究重点和医疗策略上，有着很多改革。然而，曾宪九教授的学术思想，对于今天在全国范围内从事重症医学工作的后起之辈，仍然有着重大的影响力。

曾教授经历的是一个大动荡的年代。众多的悲喜曾经交集在他的身上。在乱贴政治标签、大谈阶级烙印的岁月，他的出身和所受的教育，曾使他备受压力。外科实验室，在极“左”思潮的干扰下，惨淡经营，以至于完全停办。“文化大革命”期间，他曾经被剥夺病房巡诊和做手术的权利。他是一位做学问的人，一名知识分子。在政治风浪中，他是脆弱的。但是他的信仰却始终没有改变。他热爱祖国、热爱医学，对自己的学术理念，他矢志不渝。他带领了几代弟子，为之

改革开放后，曾宪九教授积极推进与国外的学术交流，促进和提升北京协和医院外科的科研水平，此照片拍摄于1983年，他率领北京协和医院代表团访问美国哈佛大学医学院

奋斗了几十年。党的十一届三中全会的召开，使他欢呼科学的春天到来了。改革开放让他的聪明和智慧毫无阻力地释放了出来。1985年，他过早地离开了我们。2002年，北京协和医院获得三项国家科技进步二等奖，其中有两项出自曾宪九教授的构思和指引。他的理念和事业没有因生命的终结而告终。

我是幸运的，深感我的恩师曾宪九教授的知遇之恩。即使他本人身遭厄运，但他始终以执着的理想影响着后来之辈，鼓励我在逆境中求奋进。这个阶段正好赶上改革开放给了我这个平台。当年葛秦生教授（我的师母）曾对安友仲教授（时任北大京人民医院ICU主任）说，曾大夫欣赏陈德昌的“调皮”，爱钻研问题，而且做过烧伤，对感染和液体容量治疗感兴趣、有经验，就选他去法国学习重症医学。曾宪九教授改变了我的人生。

对我的老师，我应该有感恩之心。对北京协和医院，我应该有感恩之心。

我选择了危重病医学

——2021年9月29日初稿

——2021年10月9日完稿

人有内在性兴趣。社会及教育环境可以影响兴趣的选择，从有志于学到而立之年，是选择兴趣并确立志向的关键性15年。1947年，我进入原震旦大学医学院。学医之初，我对生理学感兴趣。因此，我喜欢内科学。

然而，在医院实习，我选择了外科学。实习不满两三个月，我去了哥本哈根。回国后，我被分配留于母校，做外科住院医师。实践证明我的选择是不明智的。我不具备外科医师应有的双手操作技巧，对解剖学不感兴趣。长此以往，不可能有所作为。出乎意料，刚步入社会懵懂的选择竟给我一次非比寻常的机遇。知识的领域为我敞开了大门。

1958年，“大跃进”，炼钢厂力争超产，生产线上的炼钢工人全身严重烧伤，尚无救治成功的先例。原上海第二医学院党委决定成立全职的烧伤医疗小组，以董方中、邝安堃、戴自英等外科、内科教授为核心。小组成立之初，我是唯一的一名住院医师，与几位老师朝夕相处，接受他们直接的教导，获益匪浅。

全身严重烧伤早期，血管内的溶液以惊人的速度向组织间隙渗出，需要快速输入血浆和生理盐水。尤其在最初24～96小时，输液量之大，超乎想象。通常输液不足以弥补血浆丢失量，患者多数死于烧伤早期休克。但是，烧伤后严重感染引起感染性休克的临床表现迥然不同，临床判断和临床治疗取决于对两种不同类型休克的病理生理学的理解。

1958—1962年，收治成批的严重烧伤患者，有机会接触许多前所未知的信息。教授们针对临床实践中的问题，进行讲解和分析。严重烧伤后机体反应，引起我强烈的兴趣。从此，我注意到“外科不只是一把刀”。我选择治疗严重烧伤为我终身的事业。然而，在现实生活中，立下志向，要走好自己选择的道路必将经受磨砺。

1963年，我奉调参加军事医学代表团赴越南。任务结束回国。某天，我值夜班。支部书记通知我，接卫生部调令，要我早日赴北京报到。另有任命，今后不再做临床医师了。这是党委的决定，我理应服从。到了北京，卫生部对外联络司司长亲自告诉我，没有对我发出调令。经核查，所谓对外援助计划，早在两年前撤销。当年调令是发给医学院基础部的。一气之下，我不愿再回上海。

西汉思想家刘安写了“塞翁失马”的故事。老人有匹马走失了。他说：“此何遽不为福乎？”过了几个月，那匹走失的马带着胡人的良马回来了。“福之为祸，祸之为福，化不可及，深不可测也”。事物都有两面性，可以转化。我选择了北京协和医院。

跨进宫殿式建筑，我不知是否能被北京协和医院所接受。过了几个月，我奉命参加医疗队，赴阿尔及利亚工作一年。期满回国，“文化大革命”已经开始。曾宪九教授靠边站，下乡务农。记得1964年，我进北京协和医院之时，履历上职称是烧伤科主治医师。严重烧伤患者住院，按不成文的规定，一概归我收治。

单干，没有助手。用异体皮与自体皮混合移植，分阶段覆盖裸露的创面，耗费时日。“文化大革命”时期，出于无奈，我请骨科姚岱医师或者整形外科宋儒耀老人家临时搭档。严重烧伤患者不进入大外科手术室，被指定在地窖子门诊小手术室内。烧伤病房小小的单干户，暂时占用核医学科一片办公室。有浴盆专供患者多次浸浴冲洗。如果长期和基本外科处于若即若离的状态，严重烧伤的治疗将停滞在重复性手工操作，显然，既不合理，也无法持久。

过了一段时间，我接受审查，不上手术台，在门诊和急诊轮番上班。到了“文化大革命”后期，曾宪九教授返回北京。他不再去打扫厕所，整天看门诊。此时，我才真正地见到了曾教授。

有那么几件事加深了我对启蒙老师的认识。那时“文化大革命”急风暴雨式斗争已经难以为继，曾宪九教授和我都还没有权利进入病房工作。曾宪九教授喜欢和我讨论外科生理学和病理生理学问题。在峥嵘岁月狂热的喧嚣中，我的老师在冷静中思索着外科的发展，令我肃然起敬。

中国拥有水平相等的外科代谢与营养实验室，很可能只此一家。曾教授的指导思想很明确，外科代谢与营养实验室是“临床基础研究”型实验室。目的在于改进治疗，推进医学的发展。创建伊始，外科代谢与营养实验室就着手用火焰光度计探测患者在手术前、后水与电解质平衡紊乱问题，从而降低病死率。到了“文化大革命”时期，实验室被迫中断工作，成了外科斗私批修的会场。曾宪九教授花费20年心血所收集的有关胰腺疾病的资料也全部被烧毁。但是，曾教授没有停止思索。

1978年，党的十一届三中全会召开，邓小平同志指出：要发展生产力，搞现代化建设。“科学技术是第一生产力”。

曾宪九教授敏锐地观察到，20世纪70年代，危重病医学的发展和ICU的建设已经在全球范围内呈可观的态势。危重病医学强力地吸引着曾宪九教授的兴趣和注意力，以致在晚年不遗余力地推动ICU的建设。为什么？因为这符合曾教授一贯的学术理念：“把基础研究的最新成果应用于临床，促进临床医学的发展极为重要”。他认为ICU是实践这种理念合适的临床基地。

要建立一项新的专业，首先要选合适的人才。教授在我困惑的心中，引发新的启示，犹如早春的夜雨，“润物细无声”。然而，当初我不理解为什么曾教授就外科若干生理学和病理生理学问题，给我个体化的优惠的教学待遇。

曾教授终于下决心在北京协和医院建设现代化ICU。1979年，他推荐我去法国巴黎第五大学进修两年。临行前，他一再嘱咐我要重视学习危重病医学的系统理论，要知其然，知其所以然。同时，争取获得临床进修的合法资格。

1980年，我曾陪同法国访华医学代表团回国，乘机向曾宪九教授作了简单汇报。教授认为技术操作要熟悉，重要的是要了解某些基础理论的研究成果应用到临床之后，产生了哪些概念的更新。为什么血流动力学两大定律由Starling和Shoemaker制定，为什么序贯性多器官功能衰竭由Tilney等发现，并衍生“触发机制”的假设，而中国没有人提出设想？目前，法国人关注的是哪些问题。

1981年，我留法期满回国。曾宪九教授抓紧时机，于1982年创建外科ICU。1983年，按国际理念和先进模式，北京协和医院建立了中国大陆第一家综合性ICU。他亲自为新成立的临床学科命名为“加强医疗科”。

曾教授深受Moore的影响。故事可以追溯到1942年11月28日，在美国波士顿，一家夜总会发生大火，烧伤死亡429人。大量患者涌入麻省总医院（MGH）。一般外科医师热衷于用切痂植皮手术治疗烧伤。Moore当时是该医院的住院医师。面对收治的114名烧伤患者，他觉察到烧伤后机体反应的复杂性。因此，他在Cope的生物物理研究所，和Cope共同探索烧伤引发的病理生理学改变长达5年之久。1959年出版的《外科患者的代谢诊疗》（*Metabolic Care of the Surgical Patient*）一书是Moore的代表作，集中反映了他在1942年参加夜总会大火的救援工作以来思想的转变。

曾宪九教授深受鼓舞，把北京协和医院外科代谢与营养实验室的水与电解质平衡和营养代谢的研究，及时纳入外科患者机体反应的整体框架。他的研究工作恰好为今后危重病医学在中国的发展打下了基础。

2015年，Moore教授回忆起曾宪九教授时评价道：曾宪九教授十分重视外科临床实践与基础医学研究的结合。“没有外科基础研究，就不会有临床外科根本性的改革，而外科实验研究又是基础医学和外科临床医学的桥梁”。这是他的信念，并为此奋斗终生。改革开放，拨乱反正。受批判的学术思想，被压抑的构思、才华和潜能，从这位学科带头人的头脑中释放了出来。

曾宪九教授的人格是在特殊的历史条件下，通过医学的科学实践和社会生活的磨砺，形成和发展起来的。我在“文化大革命”以及改革开放的特殊历史背景中，在北京协和医院见到了曾教授。曾宪九教授的人格影响着我人生志向的确立。已经丢失的时光只能靠勤奋实干加以弥补。矢之不渝、永不服输。曾教授的教导激发我的想象力和追求医学奥秘的好奇心。曾宪九教授是我的启蒙老师，我的引路人。

就这样，我选择了危重病医学。

二、曾宪九教授百年诞辰纪念

曾宪九教授百年诞辰的追思感言

——2014年9月6日初稿

——2014年9月24日完稿

今天（2014年9月24日）是我的老师曾宪九教授百年诞辰纪念。曾教授一生求知求真，敬畏生命，虽然动荡岁月多磨难，但是他坚持创新和创业，为北京协和医院的建设和发展留下宝贵的遗产。

危重病医学是一门新兴的临床学科。曾宪九教授觉察到20世纪50年代以来，ICU建设在全球范围内形成可观的态势。某些生理或病理生理学的实验室技术，直接进入临床实践。新理念与新技术结合，必将推动学术的发展。幸逢改革开放政策的实施，1979年曾宪九教授委派我出国学习。1982年，创建外科ICU。1983年，按国际理念，北京协和医院建立了中国大陆第一家综合性ICU，曾宪九教授亲自为其命名为“加强医疗科”。创建伊始，就接受多个省市及部队

2014年9月24日，我在曾宪九教授诞辰100周年学术思想研讨会中追思

医院医师进修。曾宪九教授是危重病医学在中国的启蒙者，是奠基人。

为什么危重病医学能强烈地吸引曾宪九教授的注意，以致在晚年不遗余力地推动ICU的建设？因为曾教授的学术理念就是要“把基础研究的最新成果，应用于临床研究，促进临床医学的发展”。他亲身投入加强医疗的实践，寻求新的知识、新的启迪。当他发现ICU可以为外科临床基础研究提供较为理想的基地时，以坚定的毅力扶植其成长。

有两位学者对曾宪九教授学术理念的形成影响深刻。一位是18世纪英国的解剖学家John Hunter，被世人尊称为“实验医学之父”；另一位是20世纪美国哈佛医学院外科教授Francis Daniel Moore。Moore的贡献在于把外科临床基础研究推向新的制高点。曾教授深受Hunter和Moore的启发，于20世纪60年代初，建立了协和医院外科代谢实验室，在当年中国外科学界独树一帜。协和外科代谢实验室，在20世纪60年代和20世纪80年代两个阶段的研究，恰恰为危重病患者机体反应和器官功能支持等课题打下了基础。如果没有曾宪九教授一代人早年的开拓性探索，危重病医学在中国将是无根之木。

曾宪九教授拥有国际视野，思维缜密，坚持“研究课题从临床上来”，不脱离学科原有的基础和特色。在改革开放大好形势下，他决定以胰腺外科的研究为主体，同时深入外科营养支持的研究，并且创建ICU，由此形成基本外科发展的“拳头”。在不同的历史阶段，找到对学科发展有重大意义的课题，并全神贯注地把它做好，这是曾教授的治学态度和创业魄力。

大家知道，第一次分离出炎症细胞因子是在1985年。肠道内炎症介质可以向血液或者淋巴系统“移位”，不一定有菌血症或者化脓性病灶的存在，这项发现是在1987年。1992年欧美共识会议把全身感染问题的焦点，从病原体的危害转向“全身炎症反应综合征”。这几位学者发表文章之时，曾教授已在1985年病故。

然而，曾宪九教授生前提出的问题“患者为什么死亡?”始终激励着他的学生们用自己的研究加以求证。曾教授向他的学生们提问，意在激发大家产生那种出于自身思考和探索的真正的想法。所谓创新思维，意味着从事研究的人会发现别人没有看到的问题。老师不可能教某位学生拥有创新思维的能力，但是，老师可以打造一种环境，让大家喜欢在一起讨论问题，使年青一代真正地成长。

曾宪九教授离开我们已经有29个年头。回想起与恩师相处的时光，我难掩忧伤之情。老师的治学态度和创业激情，言传身教，改变了我后半辈子的命运。

师恩难忘，知遇之恩铭记在心。我们要学习曾宪九教授的精神，让危重病医学在中国的大地上茁壮成长。

现在，我们正处在大发展的时代，有责任把北京协和医院建设成世界一流的医院。协和医院生根在中国的土地上，北京协和医院的发展前景不是充当哈佛第二这样的角色。在历史上，张孝骞、曾宪九等老前辈曾经是北京协和医院的脊梁，他们的精神要传承。然而，张孝骞、曾宪九不能复制，时代变了。今天需要培养新一代科学家型的临床医师。协和的未来在创新。这是协和复兴之梦，也是中国梦。

2014年曾宪九教授百年诞辰学术思想研讨会

20世纪90年代潘家绮（左）、师母葛秦生教授（中）、作者（右）于人民大会堂合影留念

曾宪九教授：危重病医学在中国的奠基人①

曾宪九教授在中国创业

危重病医学（Critical Care Medicine）是一门新兴的临床学科。北美和欧洲是危重病医学理念的孵化地，在实践中形成的医疗、教学和研究体系亦肇始于北美和欧洲。曾宪九教授敏锐地觉察到20世纪50年代以来，随着生理或生化实验室技术进入临床实践，成为实时的、动态的床边监测，新概念与新技术结合，开阔了新的视野，重症加强病房（Intensive Care Unit，ICU）的建设在全球范围内已形成可观的态势。1979年，他委派我去法国巴黎第五大学Cochin医院学习。1983年，按国际理念和先进模式，在协和医院建立了中国大陆第一家综合性ICU，并亲自命名为“加强医疗科”。ICU创建伊始，就对外开放，接受多个省市及部队医院医师进修。随着中国各专业学科的快速发展，在大型医院，由于危重病患者数目众多，一些专科ICU亦相继建立和发展。曾宪九教授以他的逻辑思维和实验求证的精神，引领中国ICU和危重病医学沿着正确的道路前进。他是危重病医学在中国的启蒙者、奠基人。

学术理念与时俱进

曾宪九教授的理念：临床与基础。必须提到基础高度，又必须回到临床。此种反馈式循环，不是从论文到论文。为什么危重病医学能强烈地吸引曾宪九教授的兴趣和注意力，以致在晚年他不遗余力地推动ICU的建设？因为这符合他一贯的学术理念：“把基础研究的最新成果，应用于临床的研究，促进临床医学的发展，极为重要”。倡导危重病医学在中国创业，意味着他的学术理念与时俱进。他亲身投入加强医疗的实践，意在寻求新的启迪。以历史为鉴，如果没有微生物学说，没有抗菌术和无菌术，没有麻醉药物的发现以及输血研究成功，没有循环和呼吸生理学的重大进展，现代外科学不可能超脱古代外科处理体表外伤或浅在部位病变的局限性，也不可能进入腹腔、心脏、颅内等“禁区”。曾宪九教授撰文写道：“如果没有基础医学，不会有现代外科学的诞生。”当曾教授发现ICU可

① 本文发表于2014年6月26日第14期心内杂志，“医史钩沉”栏目；2014年7月25日《健康报》“医史档案”栏目，经作者修订后使用。

以为外科临床基础研究提供较为理想的基地时，他以坚定的毅力扶植其成长。

有两位学者对曾宪九教授学术理念的形成产生深刻影响。他们是英国的John Hunter（1728—1793年）被世人尊为“实验医学之父”。Hunter之所以赢得曾教授的敬仰，因为在他身上，生理学家和外科学家的双重品质浑然融合一体，才华绽放异彩。虽然Hunter早在18世纪已经为后来者打开了大门，但是，外科实验室的普遍建立，在20世纪才迟迟到来。担当这个时期领跑者重任的是哈佛医学院外科教授Francis Daniel Moore（1913—2001年）。Moore的贡献在于把外科临床基础研究推向新的制高点。曾教授深受Hunter和Moore的启发，20世纪60年代初，他建立协和医院外科代谢与营养实验室，在当年中国外科学界独树一帜。他的指导思想很明确，外科代谢与营养实验室是临床基础研究实验室。目的在于解决临床问题，改进治疗。

回溯历史，可以惊奇地发现协和医院外科代谢与营养实验室在20世纪60年代和20世纪80年代两个不同阶段的研究，恰恰为危重病患者机体反应和器官功能支持等课题打下了基础。机体反应和器官功能支持是两块基石，支撑着危重病患者加强医疗的主体框架。可以设想，如果没有曾宪九教授那一代人早年的开拓探索，危重病医学在中国或将是墙头芦苇，无根之木。

研究课题源于临床

曾宪九教授非常注意重要研究课题的选择。1970年，Tilney发现腹主动脉手术后，患者可以并发“远距离多器官功能衰竭”。Eiselman等假设有某种“激发因素”引发“序贯性、渐进性”的机体反应，类似多米诺骨牌效应。这个问题耐人寻味，20世纪70年代不可能提供答案。迟到的信息，无疑激发着曾宪九教授的好奇心和想象力。显然，休克不再是唯一的“生命最后的共同通道”。曾教授的研究思维产生相应的转变，序贯性多器官功能衰竭的理论假设，为探索研究打开了新的门户，展现危重病医学的特色和今后走向。

对此，曾宪九教授多有反复省思。我们并不认为曾教授在当初对协和医院ICU已有一套完整的设计方案。他在摸着石子过河，从实践和观察中开辟蹊径。协和医院ICU以收治严重感染患者为主，因为严重感染是经常遇到的、棘手的临床疑难问题。感染的病因学可以不同，病理生理学改变却遵循着共同的机制，容易并发多器官功能衰竭，病死率高。在当时的年代，全球范围内严重感染是主要的发病与病死原因之一，在欧美ICU中非冠心病患者的主要死亡原因也是严重感

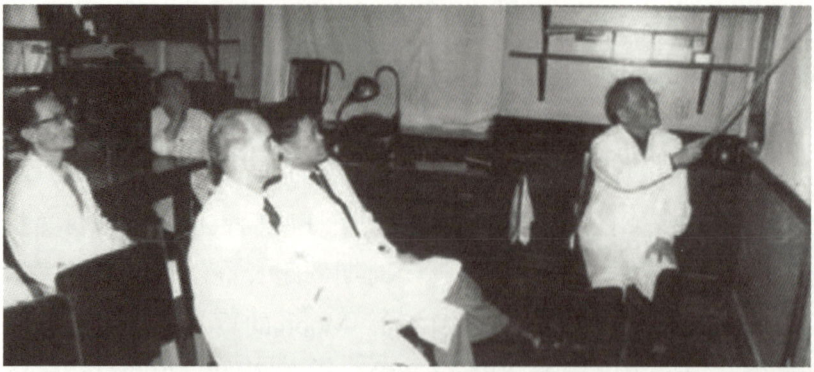

1980年，曾宪九教授向法国Leger教授介绍他的研究工作
（右一，曾宪九教授；右二，作者；右三，Leger教授；左一，原卫生部部长陈敏章）

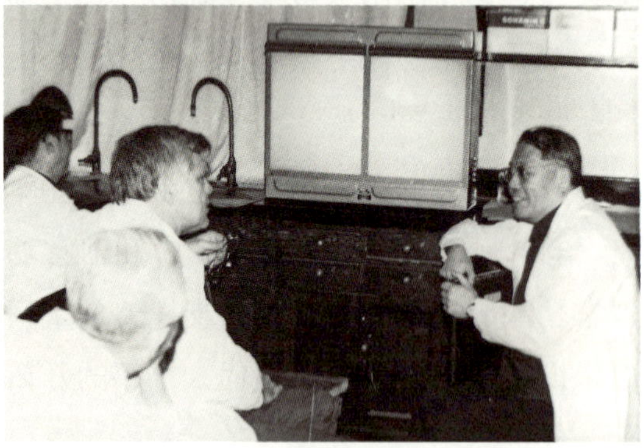

1980年，曾宪九教授（右）与来北京协和医院外科参观的国外教授交流

1980年，曾宪九教授陪同作者的留法导师Leger教授参观北京协和医院
（左至右：作者、时任卫生部部长陈敏章、Leger教授、曾宪九教授、时任放射科主任张铁梁）

染。“研究课题从临床上来”这是一条经验。曾宪九教授最后决定，继续深入胰腺外科和外科营养支持两个课题的研究，同时创建ICU，推进危重病医学的医疗和研究，把这三项列为北京协和医院基本外科发展的“组合拳”，全神贯注地把它做好，这是曾宪九教授的治学态度和创业魄力。

做学问要会提问题

曾宪九教授说：“做学问就要问个为什么？”虽说严重感染为临床医师们所熟悉，但理论知识是短板。ICU组建初期，对1982—1987年收治的腹部外科患者并发严重感染者进行病例复习，发现有15名患者呈典型的严重感染伴有多器官功能衰竭综合征，最后死亡，但缺乏血培养和影像学等依据。曾教授提出严重感染患者很可能存在“隐匿性腹腔内感染”，建议“最后剖腹探查”，如果探查阴性，将迫使我们想一想，感染源究竟在哪里？但无论是尸体解剖还是剖腹探查，结果都没有找到感染病灶。那么“患者为什么死亡?”

大家知道Aggarwall等第一次分离出炎症细胞因子是在1985年。到了1987年，Border和Marshall等学者的研究显示，肠腔内炎症介质向血液或者淋巴系统“移位”，加重全身炎症反应，并不需要有菌血症或者化脓性病灶的存在。到了1992年，欧美共识会议把“全身感染”（sepsis）定义为感染（infection）引发的全身炎症反应综合征，把全身感染问题的焦点，从病原体转向机体炎症—免疫反应是认识上的一次跃进。遗憾的是，这几位学者发表文章之时，曾教授已经在1985年病故。

然而，曾宪九教授提出的问题：“患者为什么死亡?”始终激励着他的学生们用自己的研究加以求证。曾教授向他的学生们不断提问，意在激发大家产生那种出于自身思考和探索的真正的想法。创新思维意味着从事研究的人必须会发现别人没有看到的问题。老师不可能教某位学生拥有创新思维的能力，然而，老师可以打造一种环境，让大家喜欢在一起讨论问题，使年青一代真正地成长。今天正是大力推进创新和创业的时代，我们多么需要像曾宪九教授这样的老师。

信仰科学　追求真理

曾宪九教授是中国外科专家。1914年9月2日出生于湖北武昌，1985年5月30日在北京病逝。1940年毕业于北平协和医学院，获美国纽约州立大学医学博士学位，留校任外科医师。他培养了许多优秀的外科医师。

20世纪五六十年代，时局风云变幻，曾宪九教授默默地修复着生活留下的创伤，守住科学信仰和学术理念。党的十一届三中全会之后，全国科学大会的召开，曾教授迎来一生中重大转折，他告诉大家：“这是做研究的黄金时期”。他选择了新的起跑线。但1979年，他不幸罹患肺癌，急风暴雨没有击垮曾宪九教授，癌症不能遏制他思维的活力，只有一个问题让他始终牵挂在心：如何把危重病医学这个新兴学科在中国建设好。这是一位在中国土地上成长起来的科学家，他的医学研究成就全部在中国完成。在他身处的那个动荡年代全神贯注，致力于塑造北京协和医院的今天。他坚持以信仰科学和追求真理为人生原则，他不是院士，授予一级教授称号是在他临终前8天。曾宪九教授在北京协和医院的历史上，在中国外科学的历史上，留下深深的痕迹。

话说我的后半辈子

——2020年9月7日完稿

我的老师曾宪九教授

鸡生蛋，蛋生鸡。什么样的鸡，生什么样的蛋。协和的传统代代相承。中国危重病医学诞生在北京协和医院，绝非偶然。曾宪九教授是当年学术界很有威望的外科教授，他也是少有的外科教授如此重视生理学、病理生理学以及生物化学对外科发展的影响。他多次强调如果没有麻醉药物的发现和输血研究成功，没有微生物学说以及无菌技术的应用，外科不可能进入腹腔、胸腔、颅脑等领域。现代外科将无法超脱古代外科处理体表外伤或浅在部位病变的局限性。

早在1962年，他利用土技术测定重体水，开展水与电解质平衡以及手术影响机体反应的研究，在中国首先创建外科代谢与营养实验室。他一贯坚持，必须从临床实践中去发现问题，提高到理论水平，通过临床与基础医学相结合的研究，经过临床试验，回馈临床实践，曾宪九写道："外科学的重大突破都是由于基础医学的进展而得到促进的。""没有外科基础科研，就不会有临床外科根本性的改革。"临床医生要生活在临床实践的现实中去发现问题，不能生活在书本上的名词和臆想的游戏中。

他曾认为休克可能是各种疾病濒临死亡的最后归宿，设想建立小型的"Shock Unit"（休克病房），作为基础与临床医学结合研究的临床基地。在当年历史条件下不可能实现。多次的政治运动曾干扰他实验室的研究。"文化大革命"期间，实验室停办，成为外科批斗大会的场所。曾宪九教授仍然坚持着他的理念。

1978年改革开放，他着手重建外科代谢与营养实验室。他发现20世纪50年代以来，危重病医学在欧美国家兴起，新的概念相继问世。某些生理或生化实验室技术进入临床实践。新概念与新技术必将推动学术的发展。曾宪九教授认为北京协和医院必须建设现代化ICU。

1979年，曾宪九教授委派我去法国学习危重病医学，两年后回国。1982年他果断决定，创建外科ICU。1983年12月，经医院领导批准，按国际先进的学术理念和组织模式，建立了中国大陆第一家综合性ICU。他亲自为新成立的临床专科命名"加强医疗科"，1984年年初任命我为第一届科主任。这也是曾宪九教授学术理念的延伸。危重病患者机体反应和生命支持等课题构建着危重病加强医疗的主要框架。他从1961年启动的外科临床基础研究，为今天的发展打下了基础。没有曾宪九一代人早年的开拓，危重病医学在中国将是无根之木。曾宪九教授是中国危重病医学的奠基人。

知遇之恩

有些事塑造了我的前半生，有些事造就了我的后半辈子。1947年我进入前震旦大学医学院学习，考试成绩名列前茅。1952年，我开始在医院实习，没多久，我被派往丹麦哥本哈根，随同中国妇女代表团参加国际会议，当一名翻译。1953年回国，我被分配留在母校教学医院，当上了住院医生。之后，每年总有1次或2次，奉外事局之命，临时参加涉外工作，有两次时间最长。我曾经奉命全脱产在中联部参加《毛泽东选集》第四卷的法文翻译一年之久。医院无法给我安排正规的外科住院医师培养计划。

1958年“大跃进”，我收治了一批又一批严重烧伤的炼钢工人，参加专职的医疗小组。治疗全身严重烧伤尚无成功的先例。在董方中、邝安堃、戴自英等几位教授的直接教导下，稳定地工作了三年，在一定程度上，弥补了我毕业后住院医生培训不足的缺陷，受益匪浅。因救治严重烧伤患者成功，受到卫生部嘉奖，记功一次。于是当时，我认定烧伤治疗将成为我终身的专业。

有一天，在烧伤病房值夜班。支部书记通知我，翌日起，我不必到医院上班，我不再是临床医师。卫生部另有任命。这也是医院党委的决定。事出仓促，我服从党的分配。1964年年底，我单身赴北京报到，1965年2月回上海，春节期间与潘家绮结婚、搬家，把父母搬迁至北京姐姐家住。

想不到，卫生部对外联络局局长对我说：“你怎么来了？我们没有下令调你呀。”三天后，她告诉我，两年前卫生部曾有外援计划，但早已经撤销。当年，并没有下令调动我。很自然，我不愿再回上海。卫生部同意我留在北京，人事编制属卫生部，平日在北京协和医院做住院医生。若有任务，听卫生部派遣。我欣然同意。有的事发生在我的面前，看得见。有的事发生在我的背后，看不见。

1966年，我奉命去阿尔及利亚。归国回来，1967年“文化大革命”爆发。外科主任曾宪九教授曾经下乡当农民。“文化大革命”进入清理阶级队伍的阶段，曾教授尚未恢复原职。我正在接受审查，也尚未恢复党籍。两人都不能进病房，都在门诊工作。每周规定一天下午门诊歇业，集体进行政治学习或者开批判会。出于非同寻常的机会，每次曾宪九教授和我紧挨着坐在一条长椅子上。我有幸得到了近距离向曾教授学习的待遇。

这期间，有两则趣事。趣事之一。曾宪九教授问我：“一个小小的胃溃疡，外科医师为什么要把胃大部切除?”曾教授是提问，不作答复。我曾经读过Zimmermann写的《外科生理学》书中的几篇文章。我谈了自己的看法。几天后，他借给我一本Dragsted著作的单行本，阅读后归还。他说：“如果对生理学、病理生理学知之甚少，或者不感兴趣，只能是手术匠，不是外科医师。”

趣事之二。又有一次，曾宪九教授问我：“经历漫长的一千多年，为什么外科只能治疗浅表的外伤?”“现代外科学是怎么发展起来的?”我在上海和北京两家教学医院先后做了十几年住院医生，学习各种疾病的诊断和治疗。但我从来没有想过，千百年前，先辈们是怎么认识这些疾病的?为什么某些权威性的荒诞的假设，需要几代医学科学家们不懈地努力，甚至牺牲自己的生命，最终被证实是错误的而加以否定。为什么在各个历史时期，总会有少数先知者，以他们的创新思维和胆略，推动医学永不停滞地发展?曾教授给我时间去思考。

对话不在教室内，可以在走廊上漫步，以随意的、不定期的方式持续着。春雨润物细无声。曾宪九教授追求科学真理的理念，慢慢地渗透着我的脑袋，激发着我的兴趣和好奇心。

1973年，我完成援藏任务回到北京。曾宪九教授根据我个人的长处，加以任用。1978年，迎来改革开放、大力发展科技的大好时机。1979年，曾教授委派我去法国学习危重病医学，特意嘱咐我要重视生理学或病理生理学的学习。知其然，知其所以然。两年后回国，要求我把危重病医学移植到祖国的大地上来。从此，改变了我后半辈子的命运。

创建学科之初

1982年建立外科ICU是初次尝试。曾宪九主任指派外科费立民教授，与我共同负责筹建。随着北京协和医院各学科的发展，其房间寸土寸金。我们争取到门诊一个大单间，放上两张病床。那时，北京国际贸易展览会行将结束。一家波兰医疗器材厂商留下两架床旁监测仪，不打算搬回去了。北京协和医院总务科闻讯，将其买了下来。两架所谓床旁监测仪只有呼吸、脉搏、血压三项可监测的移动指标，安置在墙壁支架上。一台心输出量测定仪。一架Bird-8型呼吸机，功能不全，多条管道外露，操作复杂。呼吸机24小时运转，室内没有氧气管道，临床医师凭体力更换笨重的氧气筒。一家雏形外科ICU终于出现在我面前。

自1958年起，曾宪九教授担任北京协和医院外科（学系）主任。1982年他与基本外科领导、教授们合影
（左一，费立民教授；左二，朱预教授；中间，曾宪九教授；第一排右三，作者；右一，钟守先教授；右二，支部书记熊世琦；后排左一，赵平教授）

我到基本外科各病区挑选了几位性格开朗、做事机灵、好学的青年护士。第一次全组会议，曾教授亲自到会。他问大家："你们是奉命派来的？还是自愿来的？"青年人异口同声地说："自愿来的。"不久，刚从麻醉科硕士毕业的马遂加入这支小小的队伍。我不再孤军奋战。

雨果有句名言："机会总是青睐有准备的人"。我获得一项国际赞助，配备了正规ICU的8套床边监测仪。医院出资进口Monnald I型呼吸机。1983年病房进行扩建和整修。1983年12月，中国大陆第一家符合国际标准的综合性ICU在北京协和医院正式成立。

第一次，有位患者有指征进行肺动脉漂浮导管插管。曾宪九教授邀请内科方圻教授和外科费立民教授，于晚上7时在放射科一起观察首例在X线透视下的肺动脉插管。马遂是我的助手。操作顺利，考试通过。我相信今日的年轻人不可能体会我当时展翅振飞的激情。

在随后的岁月里，我为537位患者插入肺动脉漂浮导管，所得的实时监测数据被标记在Starling曲线图纸上，与体温记录被并列摆放在患者床头。我们看到了前所未见的临床血流动力学动态改变，为治疗提供更深层次的客观依据。遗憾的是，因为曲线图纸不符合协和病历规格，不能入档，散失殆尽。今日肺动脉漂浮插管已被无创技术替代，但是，这一阶段的努力，对今后血流动力学在危重病医学的重要意义的认识和临床应用，打下了基础。

创建之初，大家对ICU特殊医疗功能缺乏认识，往往把濒临死亡的患者，紧急转入ICU。经ICU抢救的危重病患者，存活者返回外科病区，死亡者列入ICU

住院病历。一时间，ICU病死率竟然高达100%。经过在各种会议上多次呼吁，情况逐步得到改正。

ICU没有正规编制。出于急需，招收外院或其他省市医院的进修大夫和护士。1991年、1994年和1995年，受卫生部委托，分批举办全国危重病医学培训班。1984年，招收第一位硕士研究生，他就是刘大为。1994年，接收协和血液科博士毕业生，他就是杜斌。1994年，第一位博士研究生是邱海波，南京中南医学院中南医院ICU创建人。

遵循曾宪九教授的教诲，ICU研究课题从临床上来，从临床实践中去发现问题。组建科研团队和培养研究生，有三项课题获得立项。

自1992年起，北京协和医院加强医疗科先后把“细胞因子在感染与多器官损伤中的作用及治疗探讨，肝脏库普弗细胞在感染诱发多器官损伤中的作用”立题探讨。1988年又追加“细胞因子IL-1家族基因多态性与全身感染”为课题研究，为在基因水平探讨防治严重感染提供依据。整个研究课题组获2002年国家科技进步二等奖。

1997年，中国病理生理学会危重病医学专业委员会成立。6年之后的2003年，北京SARS暴发流行，我居住在指挥中心两个月，24小时听班。2003年，我在SARS指挥中心工作，并荣获北京市委、市政府颁发的奖状和金质奖章。

2005年，中华医学会重症医学分会在北京成立。

2012年，我荣获中华医学会终身成就奖。

2012年作者（右）、家绮（左）荣获中华医学会终身成就奖

危重病医学要发展，人才是基石

刘大为是中华医学会重症医学分会首届主任委员，他团结各地ICU医务人员，扩大了危重病医学在中国的影响。经他努力，卫生部批准学科建立。刘大为是当今危重病医学的领军人物之一。

杜斌是全国劳动模范。2020年1月，杜斌被列为国家高级别专家组专家，由钟南山院士率领，支援武汉市新冠疫情防控的一线工作，是最后撤离的医疗人员之一。

2017年，邱海波是白求恩奖章获得者。2020年，新冠病毒疫情防控的紧要关头，和杜斌在一起，被公认为“重症八仙”之一。

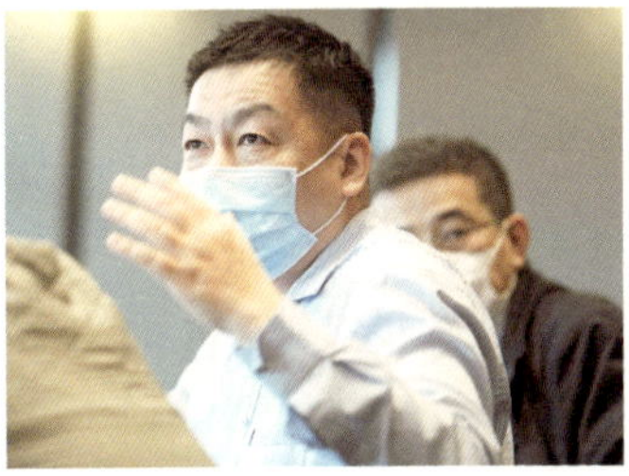

2020年，杜斌教授作为国家高级别专家组成员之一，在支援武汉新冠疫情防控会议中发言

2002年获国家科技进步二等奖的部分课题组成员合影（左一，邱海波教授；左二，刘大为教授；右二，潘家绮教授；右一，作者）

2002年获国家科技进步二等奖的课题组成员之一孙东旭教授

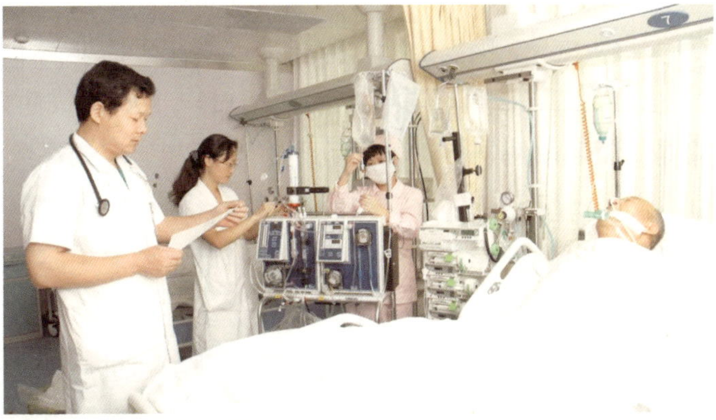

2002年获国家科技进步二等奖的课题组成员之一马朋林教授（之后曾任309医院ICU主任）

结束语

师恩难忘。曾宪九教授选用人才，“所谓大学者，非谓有大楼之谓也，有大师之谓也”，就是这个道理。

缅怀恩师曾宪九教授

——2009年8月12日完稿

在北京协和医院88周年院庆之际，我以感恩和崇敬的心情，缅怀我的恩师曾宪九教授

从医学的发展历史来看，学术要与时俱进。促进改变的重要原因有两个，一个是生理学和病理生理学范畴内的新发现和新概念的诞生；另一个是新的治疗，包括药物和手术方法以及新的检查和监测技术的问世，两者都能够推动新的学问，以至催生新的学科。

曾宪九教授具有敏锐的前瞻性思维，他能清晰地看到，临床实践中出现的问题，以及医学发展的潮流。20世纪50年代初，他发表的文章，对外科患者的水与电解质平衡以及营养支持等问题特别关注。1962年，在全国率先建立外科代谢与营养实验室。他发现静脉营养是新生的闪光点，能使外科危重病患者受益。曾宪九教授善于捕捉国际上医学动态的信息，所表现的眼力是惊人的。他行动果断，不拖拉。在实验室建立人体总体水测量技术；在钠、钾和氮平衡监测等新技术的基础上，不顾对外贸易的困难，利用中国原有的输液制品，不失时机地开始“初级静脉营养”。同时，争取一切可以争取的优惠条件，进口脂肪乳和氨基酸液等，短期内使静脉营养规范化，治疗和研究提高到新的水平。曾教授不因为自己取得了成绩而“关闭”他的探索思维。他认识到，一旦肠道恢复功能，应该尽早进行肠道内营养支持。在他的指导下，实验室不停地开展对于肠道内要素营养的研究，改进临床治疗。在当时的历史条件下，要在高水平的实验室研究和临床治疗的革新方面，与国际上取得几乎同步的进展，绝非轻易之举。

曾宪九教授最早倡导临床外科与实验外科相结合，并且身体力行。当年，全国教学医院外科中，既做动物实验，也做实验室研究者，凤毛麟角。曾教授认为这是中国外科与国际上形成差距的一个方面。他撰文呼吁全国建立更多的外科实验室。他相信科学实验是获取知识和检验理论假设的一种实践形式。他大力倡导临床与基础医学研究相结合，以毕生的精力为他的理念而奋斗。他的构思和设计，推动了北京协和医院外科的学科建设，开创了学术发展的蓬勃态势。在曾教授生活的那个历史阶段，能够取得这两个方面令人瞩目的成果，曾宪九教授真是独领风骚。

1982年，在哈佛医学院，美国科学院学部委员、肠外营养创始人之一威尔莫教授（左）与曾宪九教授（右）

曾宪九教授生在中国，父亲是牧师，信仰西方宗教。他接受西方教育与中国教育，学习西方医学。他欣赏西方医学的哲学，欣赏西方医学的学者，其中不少学者成为曾教授的朋友。曾宪九教授没有出国留学，他一直生活在中国的土地上，一生的医学事业和研究奋斗都在中国完成，是一名中国的知识分子。曾教授经历的是一个大变革、大动荡的年代。在乱贴政治标签、大谈阶级烙印的年代，曾教授的出身和所受的教育，曾使他遭受压力和窘迫，他的学术思维不可能被重视，科学探索得不到相应的扶植。外科实验室，在极“左”思潮的干扰下，惨淡经营，到“文化大革命”完全停办。“文化大革命”期间，他曾经被剥夺看病和做手术的权利。他不是政治家，他是一位做学问的人，一名知识分子。在政治风浪中，他是脆弱的。但是他的信仰没有改变。他爱国，把一生奉献给了祖国，骨灰撒在长江。他热爱医学，对自己的学术理念，矢志不渝，为之奋斗了几十年。他培养了几代弟子。即使在被批斗的间歇，仍然思索着“当今外科发展的新里程碑是什么？”党的十一届三中全会召开，他欢呼科学的春天到了。改革开放让他的聪明才智毫无阻力地释放了出来。曾宪九教授拥有长远的发展策略。1979年分派人出国进修：蒋朱明教授继续主持外科代谢实验室；汪忠镐教授和管珩教授被派往美国进修血管外科，以开辟新专业；盛洪淼教授被派往德国攻读外科感染，以筹建外科感染实验室；我被派往法国进修危重病医学专业，回国后建立ICU。自此，基本外科发展蓝图，初见端倪。不幸的是，曾宪九教授于1985年过早地离开了我们。2002年，北京协和医院获得三项国家科技进步二等奖，其中有两项出自曾教授的构思和指导。他的理念和事业没有因离开而终止。

曾宪九教授是中国肠外肠内营养的先驱，在吴英恺教授和曾宪九教授撰写的

《外科基本问题》一书中，曾宪九教授表达了对外科患者应该有静脉营养支持这一技术领域的愿景。

在1962年中国科学界有所宽松和复苏的背景下，曾宪九教授在中国首先提出建立外科代谢与营养实验室。曾教授和他的团队在中国首先研究了人体总体水的测量技术、外科患者的氮平衡监测、中心静脉插管的临床应用等新技术。在此基础上，在少数重症患者中，应用了经锁骨下静脉中心静脉插管的途径，用水解蛋白、高渗葡萄糖、部分维生素和电解质为重症患者提供静脉营养支持。由于技术上的局限性，当时的疗效还不明朗。

1962年开始建立外科代谢与营养实验室。曾宪九教授、费立民教授、蒋朱明教授和技术员们用实际行动艰苦创业，在没有先例的困难条件下，建立了当时先进的钾、钠和氮平衡的测量技术，在中国首先研究手术后患者的钾、钠和氮的代谢平衡。

曾宪九教授和他的团队在继美国和瑞典之后，在中国建立了用稳定同位素氘（重水）测量人的总体水的方法，国家科委韩光为此批准外汇去购买进口的高纯度重水，为该研究的实施创造了条件。该论文在《中华医学杂志》发表后受到广泛的重视。

同时，曾宪九教授和他的团队也研究了细胞外液、血浆容量、红细胞容量、氮平衡和锁骨下静脉插管技术等与水、电解质和营养素输入通道有关的研究，为后来的静脉营养（肠外营养）临床应用打下了扎实的基础。

2014年9月，蒋朱明教授在曾宪九教授百年诞辰纪念大会上追思发言

1971年，在曾宪九教授的领导下，北京协和医院外科蒋朱明教授、朱预教授和张思源教授在应用引进的静脉氨基酸、静脉脂肪乳、静脉维生素等基质的基础上，从文献学习Dudrick、Wilmore的报告，将比较正规的静脉营养技术用于临床。

当年，静脉营养技术用于治疗一位子宫穿孔、肠瘘合并腹膜炎的危重病患者。经手术引流及六周有氮平衡监测的静脉营养支持，肠瘘愈合，患者康复。1974年，曾宪九教授领导的北京协和医院外科已撰写了详细介绍静脉营养的文章。1979年，在曾宪九教授的指导下，北京协和医院发表了第一篇国际收录的以肠外营养和肠内要素营养为主题的论文。

此阶段，北京协和医院应用肠外肠内营养治疗了许多重症患者，取得了非常理想的效果，挽救了许多国内和外宾重症患者的生命，取得良好的社会效益。1981年，曾宪九教授和他的团队获得当时卫生部最高的嘉奖（科技进步甲等奖）。

曾宪九教授所处的时代很动荡。在外科教授中，他的学术理念是独特的，而且始终坚守。曾教授有他的个性。“文化大革命”动乱应该对他打击很大，但他的超脱使我惊讶。在他自己还“靠边站”的时候，他对我说：“跌倒了，要爬起来。”设想在那般年月，对我这等人，曾教授对我说这句话是何等不易的鼓励，也是曾教授自己内心的映射。然而，想发掘老师的内心世界是件难事。作为学生，我不能只停留于回忆曾宪九教授做了什么，更重要的是了解他是怎么思考的。

我是幸运儿，深感我的恩师曾宪九教授对我的知遇之恩。我不是北京协和医学院的毕业生，更何况是中途插班。曾教授却不懈地给予我鼓励和耐心的教导。即使他本人身遭厄运，也始终以执着的理想影响着后来之辈，激励我于逆境中求奋进。按我的理解，这就是协和精神。曾宪九教授改变了我的后半辈子，对他我始终怀有感恩之心。

三、追忆教授们

张孝骞教授和他的小本本[1]

我不是协和八年制的毕业生，也不是内科医生。在上海做住院医师多年，我早已知道北京协和医院内科有位张孝骞教授，他是位知识渊博、诲人不倦、令人尊敬的长者。1964年，我进入北京协和医院，听说张孝骞教授诊断疑难病症独有一功。在众说纷纭、大家拿不定主意的时候，他能提出独到的设想和判断，他的学生们一时无法理解，但最后结果证明张孝骞教授的诊断是正确的。这是神话吗？不是。有某种“秘密武器”吗？没有。故事需要从张孝骞教授和他的56个小本本说起。

张孝骞教授（1897—1987年），湖南长沙人，中国胃肠病学创始人、著名的内科学家，曾任北京协和医院内科学系主任，1955年被推选为中国科学院学部委员

小本本上究竟记录了什么

在六十多年的医学实践中，张孝骞教授很重视临床第一手资料，询问病史，亲自动手做临床查体，做得认真仔细。他更重视资料的收集和积累，每次门诊或查房随身必带上小本本。遇到疑难病症，就把患者姓名，病情要点，记录在小本本上，经年累月，乐此不疲。张老在小本本上记录了什么呢？

张孝骞教授好读书，读的文献也多。最新一期的医学杂志即将上架之前，

① 本文发表于2016年第1期《北京协和医院院报》，经作者修订后使用。

他会到图书馆去预约。他像海绵一样吸收新知识。有一位患者，大量腹水，病因不明。张老仔细查看患者，提出甲状腺功能低下的可能性。年轻医师们认为老主任的想法太离奇。张孝骞教授说："甲状腺功能低下造成大量腹水的情况的确罕见，然而，曾有过这样的病例文献报道。你们可以去图书馆，在第几排书架的第几层，可以找到相关资料。"最终，实验室检测结果证实那名大量腹水患者是甲状腺功能低下。记得有一位女性患者，有黄疸、低血糖、长黑胡子。张孝骞教授认真问诊查体后诊断为"胆道肿瘤"。他的学生们疑惑不解。张老解释道："胆道肿瘤是一种能分泌肽类物质的肿瘤，你们去查一查图书馆的文献，那上面有这类病例的记载。"患者的影像学检查结果证实了张老的判断，确实是胆道肿瘤。

临床诊断的第一个步骤是收集资料

张孝骞教授主张读书，但是，他最反对临床医师只顾埋头读书，不仔细观察病情的变化，不注重临床细节问题的发现和解决。他告诫学生们，不要做"看书的郎中"。他说英语中的Bedside，是指临床医生必须贴近患者的床边。"亲临实践"是他对年轻医师的要求。临床诊断可分两个步骤，首先要收集资料。"其中最重要的，我认为是病史，因为病史是患者来求医的直接原因"。"事实上，大约50%以上的病例应当能够从病史得出初步诊断"。

提及仔细询问病史，让人印象最深刻的病例是马寅初的夫人得了一种"怪病"，一感冒就发生休克。经多家医院检查，诊断不明。来到北京协和医院，张孝骞教授询问过往病史，得知她30年前临产大出血，曾在北京协和医院接受治疗。他推断临产大出血可以引发脑垂体坏死，以致甲状腺、肾上腺等激素分泌不足。感染诱发应激反应，患者就容易发生休克。他初步诊断为希思综合征。激素测定结果证实了他的推理是正确的。张教授是怎么找出诊断线索的？首先是细心询问过往病史，其次是帮助他回忆当年病情的是他随身携带的小本本上的记录。

做出临床诊断，需要收集资料，其中也包括体格检查和病程的观察。张教授经过细致查体，发现别人发现不了的体征，提出别人想不到的诊断。一位年轻患者被诊断患有"原发性高血压"，说得通俗点儿，就是原因不明的高血压。张教授查体发现患者外耳道有个小结节。经多科会诊检查，确认这是一种交感神经节细胞瘤。原发部位在颈静脉体，从颈静脉孔进入颞骨，从外耳道长出。手术切除肿瘤，血压恢复正常。另有一位患者多年来按"结核性脑膜炎"治疗，效果不好。张孝骞教授查体发现患者后颈部有个肿大的淋巴结。他怀疑病根可能就在这里。最后结果显示该患者罹患“传染性单核细胞增多症”的一种神经系统并发症，可以自然好转。停止原有的治疗，患者很快痊愈。

临床诊断的第二个步骤是分析整理资料

北京协和医院皮肤科收治了一位男性患者，曾因鼻塞、声音嘶哑、皮肤结节、皮肤浅层溃疡等，在外地某教学医院住院检查。取声带和皮肤损害处组织做活检后，病理报告确认为卡波西肉瘤。经过一段时间的激素治疗，病情加重。转来北京协和医院求治。然而，北京协和医院的医师们谁也没有见过这种病。皮肤科考虑是不典型卡波西肉瘤，耳鼻喉科认为可能是马鼻疽，病理科不能断言是卡波西肉瘤。曾邀请在京参加皮肤病学会学术会议的几位专家会诊，难题把众多专家也难住了。诊断不明，病情仍在进展。张孝骞教授闻讯，亲自赶到患者床边，经仔细检查，考虑可能是韦格纳肉芽肿。他随即到图书馆去查阅文献。经过一番思考，他向有关医师说明假设的依据。张教授坦言自己也没有此方面的经验，意见仅供参考。两个月后，患者不幸因病去世。尸检病理学检查证实张孝骞教授的诊断是正确的。这也是中国发现的第一例韦格纳肉芽肿患者。另一位患者痰中带血，下肢水肿，尿中有红细胞，初步诊断为肺—肾出血综合征。张教授同意这个诊断。回到办公室后，他静下心来沉思，对自己同意了的诊断产生了疑问。第二天，他再次查体，发现患者患的是游走性血栓静脉炎，因而造成肺、肾等多器官损害。所谓“肺—肾出血综合征”是假象。于是，他纠正了最初拟订的诊断和治疗方案。

这些小本本的记录给我们哪些启示

治学的方法论：联想力和批判性思维

诊断疑难病症是一种艰苦的思索过程。为收集资料，张孝骞教授强调治学的方法论。为做好资料的分析和整理，他推崇联想力和批判性思维。

收集资料，要非常重视第一手资料。比如，外耳道一个小结节，后颈部的肿大淋巴结等，其他内科医师也有观察到的，他们或许认为体征没有意义，轻易放过了。也有的内科医师做了体检，没有发现，张教授检查了，发现了，没有放过，而且进一步将发散式的信息进行关联分析。为什么这样一些传奇故事都集中在张孝骞教授身上呢？张老说过：“查体的细致性、全面性是没有限度的，但是在一定程度上，人们只能看到自己要求的东西。”如果临床医师头脑中没有正确的方法论指导，对于病史的特点以及听诊、触诊发现的异常体征，可以“视而不见，听而不闻”。因此，要有那种强烈的好奇心，透过查体中的意外发现，去追究发病的深层原因，目的是找到正确的诊断。“最后诊断可以与初次诊断完全相反，医学才会有进步。”张老如是说。

同样，张孝骞教授之所以能发现韦格纳肉芽肿病，也得益于他治学的方法论。他重视第一手资料，亲自问诊查体。他注意到在皮肤科和耳鼻喉科已经发现的问题以外，患者双眼凸出、剧烈咳嗽、血尿、头痛、呕吐、高热等症状，没有取得切实的解释。他把多个器官功能的异常表现，归纳到患者整体上来考虑，取得正确的诊断。此外，他把患者的异常体症与大量腹水联系起来，发现了甲状腺功能低下。把一位女性患者的黄疸和长黑胡子联系起来，发现了“胆道肿瘤”。张教授能够综合同一患者身上出现的多种不同的症状，找出其间的内在联系，展示他活跃的联想力。

张孝骞教授告诫他的学生们：“建立诊断时，切忌过于自信，思想僵化”“切忌不能接受新的想法。”那例张教授曾初步诊断为“肺—肾出血综合征”的病例，张孝骞教授怎么能够发现患者患的是游走性血栓静脉炎，终于推翻了自己拟定的初步诊断？因为他爱反复思考，多提出疑问。他说：“不要对原来的诊断恋恋不舍”，“认识不是一次完成的”，“病情在改变，我们的思想也要随之改变”，“守株待兔，永远也得不到这只兔子”。要多问几个“为什么”，不要简单地接受已经拟定的诊断，不被习以为常的东西所束缚。好奇心将促使我们去追究现象背面的本质。故而，批判性思维不可或缺。要敢于怀疑那些看来似乎成熟的老概念，敢于挑战过去，挑战专业领域内某些领军人物的权威性意见，当然也包括挑战自己。张教授是这么说的，也是这么做的。眼下学术会议报告多，讨论少，几乎没有争论，这是不正常的。好奇心和批判性思维能力是科学发现和创新的推动力。

什么才是正确的方法论

张孝骞教授曾批评有些临床医师缺乏在患者床边查体或者观察病情的兴趣，“依靠一个或几个实验室检查来做出特异性诊断”，或者“撒大网地做检查”，忽视了“从患者整体出发来考虑问题”。早在六十多年前，张教授就提出这样的告诫。眼下还可以见到有些医师，走到患者床边，没有耐心进行体格检查；过多地依赖CT、MRI等影像学扫描技术，缺乏目的性和针对性。毋庸置疑，这种现象也是不正常的。张教授治学的方法论，他所推崇的批判性思维，至今仍有着现实意义。

在一段较长的时间里，我比较注意跟踪专业领域的新进展，阅读有影响力的杂志刊登的前沿文章，以为这样做，可以让我的医学知识与时俱进，这才是治学之道。现在看来这种方法不完全正确。翻看张孝骞教授的小本本，反复体味他的治学经验，我终于豁然开朗：贴近患者床边才更重要。我们需要从临床观察中去发现新的问题。临床意外发现的一些异常体征，若轻易放过，很可能错失一次正确诊断的机会。跟踪医学进展最前沿，只能让我们知道自己的知识处在什么水平，自己的研究是否在重复别人已经完成的或者正在做的工作，不会有所发现，更不能创新。新技术固然重要，但不能替代物理检查和病史；新技术盲目应用，会带来更多误诊。

张孝骞教授离开我们已经二十多年了，他的教导是对临床医师如何修养科学素质的基本要求，体现着协和培养临床医师制度的优良传统。多年来，张孝骞教授坚持真理，不忘初心。尽管经历“文化大革命”十年动荡，但他坚信党的领导，1985年12月28日，88岁高龄的张孝骞教授加入了中国共产党。他撰写的《教学思维》等多篇文章是留给我们的宝贵文献。他生前随身携带的小本本是他留给今天协和人的宝贵财富。张孝骞教授说过：“只有实践，不去大量积累资料，研究总结提高，临床医疗工作就只能永远停留在零碎的、片段的阶段，不能从感性认识上升到理性认识，更说不上发展、提高。”复习小本本的故事，可以温故而知新。希望那些小本本能唤起大家进一步发掘的好奇心。让保存在协和医院院史馆里的56本小本本“活”起来。

悼念张安教授①

惊悉张安教授于2009年5月26日晚去世。一代宗师离开了我们，深感悲痛。虽知他卧病已久，但依然感到突然。他留有遗嘱，不搞遗体告别，把遗体捐献给协和医学院。他最后嘱咐家人，要穿白大褂上路，说这样最符合他的身份。人总是要死的。撒手人寰，就是说，一生应该做的事已经做了，再也没有什么事可以做的了。张安教授以平静之心，离开这个世界，穿上白大褂，走完最后的历程，回归大自然。

张安教授（1916~2009年），广东新会人，著名内科学家、血液病学专家，1954—1983年任北京协和医院内科血液学组组长

① 本文发表于2009年第9期《北京协和医院院报》，经作者修订后使用。

1991年春节，协和血液内科医护人员至张安教授家拜年

记得在“文化大革命”后期，张安教授被派到急诊室值班。挂急诊号的患者很多，留在急诊观察室的病号也不少，因为门诊和病房都在超负荷运行。然而，没有什么疑难重症需要他特别费神。这个阶段，我也在急诊与门诊之间轮换值班，经常与张安教授见面。手术若遇到困难，工宣队就让手术医师和护士们停手，倾听他们念《语录》。上班，开会，吃饭，人与人挤在一起。回到宿舍，筒子楼的走廊上排着挨家挨户的炉灶。邻居与邻居也是“零距离”。在嘈杂的环境中，当我跻身于摩肩接踵的人流中时，我却感到孤独。

张安教授是我的长辈，比我年长15岁，或者更多。在一切是非都颠倒的动乱中，他比我有更多的感受。然而，我见到的张安教授和我初到协和时见到的他一样，平静、不激动、不恼火、不抑郁。他说话的声腔，不高也不低。他能使对话者听清楚他在说什么。他无意惊动周围的人。语调节奏平和，不使人紧张。在剑拔弩张的对峙中，他一如既往，不紧不慢，坚韧淡定，很清楚自己根本没有能力扭转乾坤。他不惹人注目地融合在吵吵闹闹的人群中间。张教授穿着白大褂，一个一个地接待急诊患者。他相信自己是一位医师，在做着医师的工作。一位医师的形象，透过迷雾和喧闹，慢慢进入我的视野，折射出一股清冽之气。

有一次，在急诊值班室吃午饭，大家各自打开家人准备的饭盒。张安教授告诉我过去他是位足球运动员。看着他清瘦的体格，我很惊奇。他的嘴角挂上一丝微笑，几分自嘲，几分自豪。我曾经在东单菜场见过张教授的女儿，她穿着长筒套靴，系上长长的围裙，拖着菜筐，或者拉着一根水管在冲洗菜场的地面。我们都亲切地称她为“卖菜姑娘”，因为她喜欢问我们：“叔叔，要买菜吗？”等到恢复高考制度，我们的“卖菜姑娘”考上了大学，之后去了美国深造。有多少家庭子女遭受莫须有的不公正待遇，岁月蹉跎，埋没人才。张安教授怎么想，我不知道，但是他从不埋怨。

我始终认为医院应该保持明确的等级概念，就像作战部队那样。张安教授是我的老前辈，敬畏之情自然会产生一定距离感。然而，在那段不寻常的生活中，张教授的身上有着某种东西把我吸引住了，一份镇定、坚定的自信。党的十一届三中全会，拨乱反正，张教授依旧穿着白大褂，做着医师的工作，没有怨恨。他不是院士，他的头上没有光环。在诗人鲍昌的墓碑上，刻着一句话："在死亡的地方就会有复活。"这也是我对张安教授的悼念。

悼念史轶蘩院士①

史轶蘩院士（1928—2013年），江苏省深阳县人，中国工程院院士，临床内分泌专家，1983—1995年担任北京协和医院内分泌科主任

我应邀列席今年的协和医院职工代表大会，得知史轶蘩教授去世了。史大夫近五年来，因患病不能工作，之后长期住病房。我自己大病一场，住院一年，和史教授不在同一幢病房楼，我因为行走有困难，没能去看望史大夫。在我的心目中，史大夫性格开朗豁达，一点也不婆婆妈妈。脑子从来不闲着，体形并不富态。怎么会犯上老年痴呆症呢？人生七十古来稀。冯友兰老先生88岁为自己写下一副祝寿联："何止于米？相期以茶。""米"是88岁，"茶"指108岁。冯老先生95岁离开人世，他应该感到满足了。人生下来就有死亡的一天，这是永恒的规律，不能抗拒。然而，老年痴呆症彻底摧毁了史大夫的思维能力，令人痛惜不已。她离我们而去，虽说是意料之中，却深感意外，久久不能平静。

史轶蘩教授是协和教授中的佼佼者。读2013年2月20日《光明日报》有关史轶蘩院士逝世的一篇文章，写道："史轶繁是我国医学界较早致力转化医学研究的代表。由她带领内分泌科，联合神经外科、眼科、放射科等九个科室，历时14年完成的'激素分泌性垂体瘤的临床与基础研究'，获得1992年国家科技进步奖一等奖。"史轶蘩教授，师从刘士豪教授。她毕生的研究探索是继承着老师的学术理念和优良传统，一步一步走过来的。传统如果不与时俱进，没有发展，就不能称其为传统。无人用的东西，不成古董了吗？忘记历史，不知道从传统中吸取营养和借鉴经验，未来的发展可能成为一匹野马。史大夫是尊师重道的楷模，

① 本文发表于2013年第4期《北京协和医院院报》，经作者修订后使用。

对协和后来者起着垂范作用，不要低估其意义之深远。

眼下，推崇多学科协作平台，大力倡导转化医学，对各方面要求更高。史轶蘩教授以战略统筹之才，捕捉学科的发展方向，吸引九个科室实行强强联合，研究成果获1992年国家科技进步奖一等奖。这是史大夫的学术魅力。她不急于求成，真诚对待科学，沉下去实干，一项研究十四年完成，足见她的坚忍不拔，力戒浮躁。这是史大夫的人格魅力。女性在协和医院必须应对多方面的竞争和挑战。试想，产出钻石比产出燃煤更要承受难以比拟的超强压力。作为女性学科带头人，史教授必须在事业与家庭之间不断寻找平衡，在个人健康方面做出某种牺牲。她是一位女强人。当选工程院院士后，她不傲慢，不炫耀自己，面对不正之风，保持着正气和傲骨。

在协和老楼建筑群中的6号楼，史轶蘩教授有一间办公室，与我的办公室相隔几间门面。在史大夫晚年，我有更多机会和她畅谈交流，颇受教益。她喜欢思索、阅读和写作，趴在书桌上，勤奋耕耘，乐此不疲。她生活简朴，午饭时间紧张，所以午饭通常由秘书帮忙从食堂带回来，她爱吃葱油饼。她喜欢与人交谈，性格豪爽直率。对体制内诸多弊端，直言不讳却不任意播散。她深感政治运动不能解决问题，出路在深化改革。史大夫面带微笑，眼神透露着机智的光芒。她不会像阿谀奉承者那样满脸堆笑，她做不到。她善于温和地讽刺，直言，不说假话。她似乎在选择对话者。子曰：“可与言而不与之言，失人；不可与言而与之言，失言”。因此，作为“可与言而与之言”者，你会感受到她女性敏锐的一面。经历多年政治动乱，明辨而慎言，成为她的人生哲学。

史轶蘩教授走了，永远地走了。她以执着、奉献的一生，完成了历史赋予的使命，把无限的怀念留在协和人中间。

忆冯应琨教授[①]

在我的想象中，天使全身洁白无瑕，高居天堂之上。那里没有魔鬼，没有罪恶。相反，地狱里尽是魔鬼，折磨人，诱惑人们堕落、犯罪。

---

① 本文发表于2009年第2期《北京协和医院院报》，经作者修订后使用。

冯应琨教授（1908—1992年），广东广州人，著名的神经病学专家，北京协和医院神经科教授，中国临床脑电图学奠基人

北京协和医院有一位冯应琨教授。在他的生活里，一边是天堂。他为祖国和人民的利益，克尽己责，置个人安危于度外。他是统战的忠诚战士，从不张扬，不为人知。另一边是地狱，他是“右派教授”，受到人间魔鬼的打击、折磨和摧残。即便是了解他行为和任务的善良的人们，也只能三缄其口，爱莫能助。

“文化大革命”时期，冯应琨教授受到不公正的待遇。我曾多次在走廊里见到冯老奔走于大小厕所之间，肩上扛着拖把。有时还敢轻轻吹个口哨。尽管不那么入调，却显示着他的心态。我钦佩他的容忍和豁达。

虽然同在一家医院工作，我和冯应琨教授在业务上没有过交往。我知道协和医院神经内科的发展壮大，各专业组的设置和建设都出于冯老的构思和部署。他是协和医院的一代大师，我佩服他的学问和胆识。

2009年元旦，我读了《一片冰心在玉壶》这篇文章，文章十分感人。我敬仰冯应琨教授的品格和思想境界，做学问的专家和学者中，未必人人都能具备。冯老的生活，一边天堂，一边地狱，一边是统战战士，一边是“右派”，他以赤诚之心，忍辱负重。党的十一届三中全会，邓小平同志复出，还了他清白。他一辈子默默奉献，鞠躬尽瘁。

2009年新年伊始，我以此文纪念冯应琨教授，表达我对冯老的敬仰。

与裘法祖老师面对面

——2008年8月1日完稿

裘法祖教授，浙江杭州人，中国科学院院士，被誉为“中国外科之父”。

接到人民卫生出版社陈懿的电话，她声音哽咽，我获悉裘法祖老先生于2008年6月14日在武汉寓所，凌晨起身时摔倒在地，从此不起。过世得突然，闻讯者都难以置信。裘老本人过世时没有痛苦。94岁，他完成了人生在世，经过努力所能完成的工作，没有留下遗憾。

裘老和黄家驷、吴英恺、孟继懋、吴阶平、我的老师曾宪九等老一辈教授是同一代人。他们这一代人缔造了我国现代外科学。他们每一个人都有独特的传奇色彩，都有自己的传奇故事。对这一代前辈的离去，作为晚辈，我的感受是深沉的、复杂的。

我和裘老接触少，而且晚。当初，《黄家驷外科学》需要再版，我的老师曾宪九教授出了个题目，要我撰写其中一个章节。课题是新的，很有吸引力，然而，20世纪80年代初，对该问题的认知，既天真又幼稚，我面有难色。但我知道老师的意见是明确的，这对我是促进。学术更新很快，以后每次再版，我都需要整篇重写。

在裘老担任《黄家驷外科学》主编期间，我接到过他两次亲笔来信。用词简洁。通过我提出的几个问题，可以看出裘老审阅仔细，他的字也写得好。我特别喜欢他的签名，不那么张牙舞爪、任意涂鸦。有人说，女士很在乎衣着是否时尚，男士很注意写字是否得体。衣服和写字，在很大程度上体现人的个性。

某日，裘老来京开会。他打了个电话给我，不免使我感到意外。随即到他下榻的旅馆登门拜访。近距离、面对面地与裘老会见，这是第二次。他显得矮小、清瘦。不大像外科医师，倒有点儿像讲授文史哲的老师，也不像他亲笔签名留给我的那种印象。裘老操一口浓重的浙江乡音，谈吐自如，很随便。交谈没有涉及我写稿的问题，也没有指责我屡次拖延交稿，使我如释重负。

裘老是长者，显示出很喜欢和我这个晚辈见个面，交个朋友。他很想了解我对外科学的看法。裘老对解剖学情有独钟，在外科学界有“裘式刀法”之美誉。我的老师曾宪九教授对病理生理学特别爱好。在学术思想上，我更多地受曾宪九老师的影响。然而，我和裘老的交谈没有丝毫拘束。在喧闹的、浮躁的社会生活中，人与人之间平常地、平等地沟通，即便是短暂的，也是可贵的。这使我感到裘老在性格上，有着某种不同寻常之处。

时间过去很久很久以后，我才知道裘老曾经在德国拯救过受迫害的犹太人的性命。面对纳粹的强暴，他敢于行动，显示了这位“中国辛德勒”的骨气。仁者仁医，裘老身体力行，他的生平故事因而感人。

1998年4月20日，第三届重症医学大会在厦门鼓浪屿闭幕，我应裘法祖教授邀请讲课。次日晨（1998年4月21日）我飞抵武汉，在2PM学术研讨会上讲课“挑战院内感染　合理使用抗生素”，研讨会由裘老主持。

1998年4月“挑战院内感染 合理使用抗生素”学术研讨会（左，作者；右，裘法祖教授）

悼念陈绍洋教授

——2013年12月30日完稿

陈绍洋教授

陈绍洋教授（1963年生人），时任第四军医大学第一附属医院麻醉科副主任。在2013年8月4日那天，他永远地离开了我们。我接到许媛教授的电话已是圣诞节过后。我找出《光明日报》2013年12月26日刊登的《手术台上的生命守护神》那篇文章，写的正是“追记第四军医大学西京医院麻醉科教授陈绍洋”。且说白发人送白发人之事，逐年增多。特别是那几位曾经和我生活和工作密切相关的白发人，即便在他们生前也有过矛盾和争执，到了他们去世之日，最终告别之时，禁不住悲伤之情。但是，陈绍洋因患肝癌去世，年仅50岁，按当今的习惯，他还年轻。我是白发人送黑发人，心中的感受不只是悲痛而已。

陈绍洋没有在北京协和医院进修，也不是我的研究生。我们见面的机会很少，多数是在各届全国危重病医学学术会议上。他永远微笑着，喜欢和我说上几句，不善辞令，可能有点拘谨。他没有因为我退休而改变对我的亲疏态度。作为一位麻醉科大夫，他对危重病医学保持着持续的兴趣和一贯的关注。对这类细节，我颇为赞赏。他从第四军医大学护校毕业后，依靠自己的努力，完成了从手术室护士到麻醉科教授的跨越。然而，陈绍洋从来没有对我说过，我也完全不知道，他行医30多年，曾经创造出7万余例麻醉无事故的纪录，包括他负责的世界首例异位辅助性活体肝移植、全国首例心肝肾同期联合移植等重大手术的麻醉工作。临床大夫，可以因为挽救一位或两位危重患者的生命而令人感动泪下。7万余例麻醉无事故，展示着那位大夫的毅力和精神与水平。2012年5月，陈绍洋自身做了肝移植手术才两个月，透过玻璃窗，发现一位术后患者心搏骤停，他冲进ICU，投入急救。等到患者恢复心跳，陈绍洋瘫坐在地上。

病危之际，85岁高龄的老师臧益民教授来看望他。陈绍洋流下了眼泪。他说："我需要做的事太多太多了。"他应该活到70岁或者80岁，老天应该给他更多的时间，给他第二个30年，让他做更多的工作。社会需要他。但是，为什么像陈绍洋这样的好医生，要等到他们永远离开我们以后，我们才认识到他们的价值。我默默地凝视着在《光明日报》头版刊登的那张照片。陈绍洋走了，他把一个人的故事，真实一生的故事留给我们。他留给我们的是一种思考，一份自信，一个奋发图强的梦。透过那张照片，他带着永恒的微笑，注视着今天活着的我们以及后来的年轻人。今天在第一线工作的第二代，他们正在做老一代没有完成的工作，做老一代没有做过的工作，是他们把危重病医学推向新的制高点。

人虽死，意志永生。尼采曾写道："我的意志！唯有在有坟墓的地方，才有复活"，我把这句话敬献陈绍洋教授灵前。

新征程

『生活是一场艰苦的斗争，永远不能休息一下，要不然，你一寸一尺苦苦争来的，就可能在一刹那间前功尽弃。』

一、我有个梦想

北京协和医院ICU的诞生和成长

——2022年5月完稿

北京协和医院ICU是怎样诞生的？

1978年，邓小平同志在全国科学大会上说："科学技术是第一生产力。"他的声音唤醒了迷惑的一代，打开了通向世界的大门，科学从闭锁状态下解放出来。在改革开放的时代，北京协和医院ICU诞生了。

曾宪九教授深感10年的蹉跎岁月对外科发展造成的影响，他抓紧时机。1979年，他委派我出国学习，为期两年。危重病医学是新生的学科。曾教授多次嘱咐我，要"知其然、知其所以然"，要注意"外国人是怎么走过来的，现在他们在想些什么"。考虑到我中学和大学法语教育的背景，我的老师授意我去法国。那年，法国巴黎第五大学外科Leger教授正来华访问，欣然接受我去巴黎Cochin医院进修。"人无两度再少年"。我47岁，很幸运抢得了时间。我以青春的激情和好奇，拥抱两个崭新的世界，一个是危重病医学，一个是巴黎。

危重病医学的发源地是欧洲和美国，曾宪九教授要我把危重病医学引进国内。这项任务对我来说，是责任，也是礼物。曾教授给我指出一条探索科学真理的道路。我留法学习只是开始。

走进巴黎　1979年，我第一次进入Cochin医院的ICU。我缺乏内科的基本知识，不知道什么是"前负荷"，什么是"后负荷"，听不懂法国医师的日常缩略语用词。每天病房巡诊，我一头雾水。大家对我彬彬有礼，却没有老师带教我。有位好心的法国住院医师告诉我，医院附近有家Gibert Jeune书店。我在那里找

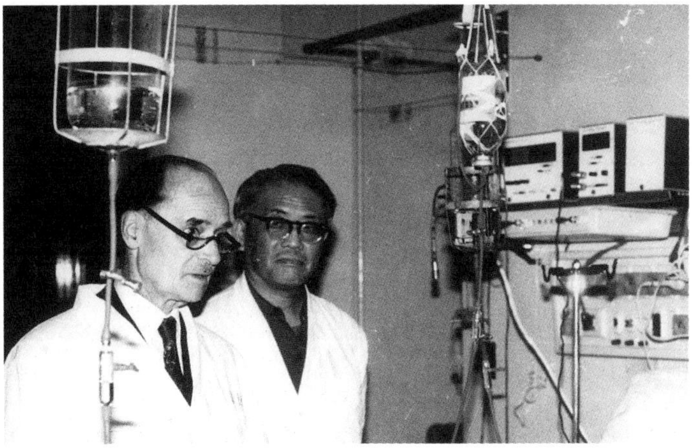

20世纪80年代，Leger教授（左）访问协和医院，与曾宪九教授（右）一起查房

到一本书，专讲血流动力学和病理生理学，我如获至宝。

有一天，一位主治医师约我到办公室，要我勾画出低钠血症的临床分型，由此推断临床治疗的原则。他提问题，不解答。老师注意到我在学习基础理论，缺乏逻辑推理能力。知其一，不知其二。他让我不要有自卑感，好好读书。学习不是"抄袭处方"。此后，我领取了巴黎医院医学图书馆的读者卡。我每天下午提早下班，直奔图书馆。图书馆内有各国著名期刊，我抓紧时间做好笔记。第一学年，写了5本阅读笔记。我心甘情愿坐一年冷板凳。

留法学习的第二年，经Leger教授推荐，法国卫生部、教育部、劳动部等行政当局批准，我获得"巴黎公立医院医师"资格证书，进入Ambroise-Pare医院，参加临床工作。带教老师是主治医师F，她带着我学习，平息了我初到巴黎时的紧张情绪。几位住院医师和护士给我很多关照，帮助我融入科室的环境。我的学习收获，在很大程度上是男性主治医师屡次突击式面试逼出来的。身处异国他乡，无论生活或者工作，人与人之间的沟通、理解和彼此尊重是非常重要的。在Ambroise-Pare医院工作，是我在巴黎学习最有收获的一年。

ICU发展的两个阶段　ICU的发展经历两个阶段，分别为Intensive Care（重症加强医疗）和Critical Care（危重症加强医疗）。1981年回国，我集中精力筹建外科ICU，由1张病床开始。血流动力学监测仪、呼吸机等配置到位。成立6人护理小组。麻醉科硕士毕业生马遂医师志愿报到。

外科ICU建立　1982年，北京协和医院外科ICU创建，开始收治单器官功能衰竭患者，建立初期做了以下三件事。第一件事，先后有两位高龄外宾患者发生急性呼吸功能衰竭，一位是北京大学90岁美国教授，一位是日本佛教协会会长。经这支小团队的共同努力，两位耄耋老人安好出院。第二件事，我和马遂医师合作，完成北京协和医院第1例肺动脉漂浮导管插管。此后，1982—1998年，曾经为537名患者留置漂浮导管，每次测定结果标记在Starling曲线图纸上。第三件事，采用Hinshaw和Cox（1972年）按血流动力学的变化规律，将休克分成4种类型：低容量型、心源型、阻塞型以及分布型，废除了按病因分型的传统方法。我们对休克的治疗方法更符合逻辑。

在曾宪九教授指导下，外科ICU，或称重症加强医疗（Intensive Care）建立，进入初期发展阶段。我的梦想始见之于现实。

时隔不久，日本佛教协会以日本国际协力事业团的名义，赠送北京协和医院8张病床的ICU整套设备。院领导决定把15号楼1层原来的内科门诊全部搬走，腾出空间放置设备。

第一家综合性ICU建立 1983年12月9日，中国大陆第一家综合性ICU或称Critical Care（危重症加强医疗），在北京协和医院建立，就此进入发展的新阶段。曾宪九教授亲自将其命名为"加强医疗科"，1984年年初，任命我为第一任科主任。

ICU收治患者的标准 新学科创建之初，有些医师把濒临死亡的患者紧急转送ICU。但是，危重患者终末期死亡率高。凡是在ICU死亡者，都纳入ICU病死率。然而，经ICU治疗病情好转后，其病案将随着患者转回原病区。这样一来，ICU患者病死率高达100%。在一次全院"临床病理讨论会"（CPC）上，我对上述弊端提出批评，不应该如此这般浪费宝贵的医疗资源。在后继的日子里，转入ICU的确实是事先经过会诊讨论，应该收治的危重患者。

法国朋友雪中送炭 我留法期间，曾结识Necker-Enfants Malades医院的Cara教授，他是麻醉科主任兼危重病医学科主任。通过他的介绍，我认识了Cazalaa医师。Cazalaa医师多次陪同我参观该院的ICU。

我回国后，Cara教授来北京协和医院访问。1983年12月综合性ICU建立，1984年Cara教授主动委派Cazalaa医师来北京，协助我工作1个月。Cazalaa医师的工作重点是帮我处理临床疑难病例。在他的倡导下，ICU开展了第一例血液透析。在ICU尚未被大家认可之际，Cara教授和Cazalaa医师帮助我摆脱孤军作战的困窘，给予我精神和专业上有力的支持。

综合性ICU建成后，我留法的名誉导师Leger教授再次来华访问。Cara教授和Cazalaa医师给我支援也是他事先规划好的。没有Leger教授的引导和帮助，我不可能取得今天的成就。

“开放型”模式VS“封闭型”模式 我面临的问题是如何做好综合性ICU的组织管理工作。按习惯性想法，所谓综合性ICU，就是把危重患者集中在一个地方，不同疾病由各专科医师负责治疗。ICU的医师可以分别来自外科和内科两大学系，故称之为“开放型”模式（open staffing model）。形式上几乎是我国各大型医院已经建立的“重病房”的衍生，没有专职的ICU医师。我认为这不是ICU。

北京协和医院综合性ICU收治患者，将以疾病的危重程度（“重症”）为标准，不论疾病的诊断如何，是外科或是内科的，概由ICU专职医师和专职护士负责。我参照1968年Peter以及1972年Weil两位学者的意见，对ICU专职医师和护士进行专业培训，这就是“封闭型”模式（closed staffing model）。实践证明“封闭型”模式能切实改善危重患者的最终预后，对危重病医学作为一门学科的发展更为有利。

“封闭型”ICU与原有临床专科的碰撞 北京协和医院原有临床专科在医教研方面所取得的成就，是经过历史检验的。协和有着良好的学术“内环境”。有人很可能担心，引进危重病医学，建立“封闭型”ICU，是否会引发矛盾和混乱，甚至影响传统学科的发展。

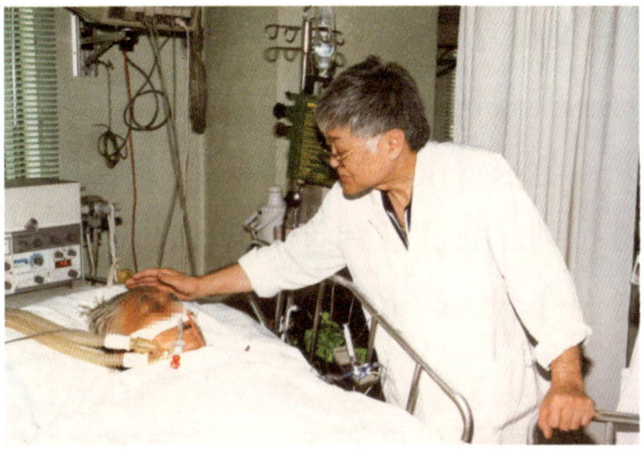

20世纪90年代作者在床旁查视患者

1985年，我决定将“封闭型”ICU付诸实施后不久，一位内科主治医师来到我的办公室，拍着桌子与我理论，我尽力克制，但绝不后退。我确信，引进危重病医学，建设ICU，有利于医学的发展和医疗水平的提高，更好地为患者服务，这是协和精神。我要立必为之志，砥砺前行，实现我的理想。

ICU的人事编制 ICU创建初期，尚没有制定人事编制。尽管外科ICU一开始只有一张病床，我坚持需要6位护士。史丹胡、李燕、宁素茹、邢秀珍、高玉华和王丽华6位外科护士志愿加盟，我喜出望外。1982年，第一次成立专职的ICU护士小组。1983年建立综合性ICU，扩增至7张病床。为弥补本院医护人员之不足，我设法分批接受北京市、外省市以及军队的进修医师和护士。进修医师可能是外科或者内科的住院医师，他们都需要专业的培训。护士的短缺是重要问题。这个阶段，本院专职的医师和护士工作都很辛苦。

组建ICU专业化团队 学科的发展需要人才。1982年，专职医师只有我和马遂两人。我需要从在读的研究生和进修医师中，选拔更多的ICU专职医师。学科创建伊始，不少年轻医师陆续进入ICU。其中有一批立志国内创业者，包括刘大为、杜斌、邱海波、李毅、侯百东、马朋林、席修明、许媛、周建新等，他们是开拓者、建设者。他们逐渐成长为当今我国危重医学的骨干、领军者。有了他们，危重病医学才得以在中国生根，茁壮成长，发展成今天的态势。1991年、1994年和1995年，北京协和医院ICU受卫生部委托，举办全国培训中心，向全国传播危重病医学的基本知识，推进ICU的发展。

走向世界：访问西班牙和日本 1993年，我第一次参加在西班牙马德里召开的第6届世界危重病医学会联盟（WFSICCM）。因为国内尚没有建立全国性学会，在会员名册上，我被列为“中国代表”。从此，我参加各届WFSICCM大会，并与世界联盟保持着联系。2009年，北京协和医院ICU杜斌医师当选为WFSICCM理事。我们从此向走向世界迈出了第一步。

1995年，我参加第23届日本救急医学会大会，受邀在大会演讲，题目是“感染休克血流动力学、氧输送及胃黏膜pH等改变”。此次访问日本，我有幸与日本几位医学界知名人士交谈。大会后，我应邀访问京都、大阪等地的教学医院，听取日本医师的介绍和讲解，他们的知识水平和医疗能力无疑已进入国际先进行列。我注意到日本的ICU医师不守旧，勇于革新。或许正因为如此，他们能够站在现代医学科学浪潮的前沿。对比之下，我国尚没有危重病医学的全国性学术组织。这就是差距，我们要迎头赶上。日本人能做到的，我们一定要做到。

第一次申请加入中华医学会 1997年1月，我写的《我国危重病医学的现状与展望》一文，由罗干同志发给时任卫生部部长陈敏章。陈部长等领导的批阅意见，传达到了中华医学会。时任中华医学会常务副会长约我面谈，问我是否想申请入会，我欣然同意成立全国性学会，以促进我国危重病医学的发展。

吴蔚然教授陪同我参加中华医学会的评审会议。他详细介绍了我国危重病医学的现状，竭力推荐该学科加入中华医学会。参与评审会议的权威专家先后发言，有的以《美国呼吸与危重病医学杂志》举例说明，认为没有必要另立分会，有的以心内科的患者只能送CCU为由，表示坚决反对。我们的申请，很快被否决。

中国病理生理学会危重病医学专业委员会成立 经复兴医院席修明医师相助，

我联系到时任中国病理生理学学会理事长的北京医学院伍贻经教授。伍贻经教授与候任理事长、北京协和医学院基础医学部薛全福教授，都非常支持引进危重病医学入会，并积极运筹。一个基础医学的学会，接纳一个临床医学的学会，实乃破格之举。1997年，中国科技协会批准正式成立危重病医学专业委员会。国家科学技术部在批复文件中，规定在国内命名为“中国病理生理学会危重病医学专业委员会”，在国际上可采用“中国危重病医学会”（CSCCM），利于交流。

1997年9月，在第二届全国危重病医学学术会议和第五届呼吸与缺氧学术会议上，中国病理生理学会危重病医学专业委员会正式宣布成立。我当选为第一届主任委员，2002年9月继任第二届主任委员。中国病理生理学会接纳危重病医学为一支分会，是在基础与临床医学之间，架起一座桥梁。

2003年SARS流行 2003年春，严重急性呼吸综合征（SARS）首先在广州地区暴发，很快蔓延到北京。4月中旬，北京处于SARS流行高峰。北京市成立SARS医疗救治指挥中心。9月，卫生局委派我为北京市防治传染性非典型肺炎专家组成员，到指挥中心工作。我多次参加疑难危重患者会诊讨论、电视电话远程会诊、死亡病例分析等工作。我和席修明医师共同提议动员ICU医师参加临床医疗，危重患者集中收治、集中管理，最终建议被接纳。我先后起草ICU收治SARS危重患者的基本标准及人员设配、SARS危重患者转运的指导原则和救护车装备标准。

SARS主要损害呼吸功能，及时应用正压呼吸机可以取得很好的治疗效果。集中北京市ICU按原建制收治SARS危重患者，能够降低病死率。中国病理生理学会危重病医学分会作为当时唯一的全国性专业学会，及时发挥组织作用，为防控疫情作出了贡献。我们赢得时间，就是赢得了生命。

国际学术交流 2000年4月，西太平洋危重病医学会（WPACCM）的秘书长Kim Swee Ng向我表达了邀请中国学会作为团体会员加入WPACCM的愿望，并在2000年12月理事会上讨论了有关问题。2002年和2003年，我应邀出席第12届和第13届WPACCM大会。经中国病理生理学会第七届常务理事会讨论，同意中国危重病医学会申请加入WPACCM。2001年9月7日报请中国科协审批，12月8日科学技术部批复同意。

2004年，WPACCM更名为“亚太危重病医学会”（APACCM）。2006年8月，第14届APACCM大会在北京召开，由该学会和中国危重病医学会联合举办。本次会议共收到国内外论文210余篇。来自25个国家和地区的代表950余人参加本次会议，十余位国际著名学者出席会议。作为中方执行主席，我在大会召开前夕举行的晚宴上，向来宾致欢迎词，并在大会上作学术演讲。中华医学会会长钟南山应邀参加本届大会。北京协和医院ICU杜斌作为大会秘书长，做了很多工作。2006年杜斌当选APACCM理事。

通过第14届APACCM大会在北京召开，我们第一次对外打开大门。从此，每届全国学术大会都会邀请国外学者参加。2007年，中国危重病医学会（属中国病理生理学会）与法国危重病医学会召开首届中法联合讨论会。以后每2年召开一次。

在我国危重病医学成长的早期历史阶段，开展国际学术交流以“请进来”的方式为主。在国内举办不同类型的学术会议，可以争取更多我国的ICU医师到会，直接听取各国学者的学术演讲，开阔我们的视野。

中国危重病医学发展的春天①

26年前（1983年），我国大陆在重症医学（Critical Care Medicine，CCM）领域处于空白的状态。学科的临床基地是ICU（Intensive Care Unit），起初中文译名为“重症监护病房”，由于翻译得不确切，很多医院领导曾以为靠购买床边监测仪器、招募护士就可以唾手建成ICU，而且当时的重症医学作为一门学科还没有为我国医学界所承认。

2002年，北京协和医院申报的“全身感染与多器官功能障碍综合征的临床与基础研究”课题获国家科技进步奖二等奖，最后的答辩会由内科学与基础医学评审组主持，授奖仪式在人民大会堂举行。即便是那时，重症医学依然没有国家的学科编号。

经过2003年SARS和2008年汶川大地震等突发性灾难事件，ICU的特殊医疗功能、专职医师和护士的专业水平以及重症医学的意义，终于赢得了社会的认可。2009年重症医学取得国家二级学科的编号。

我怀念恩师曾宪九教授。曾教授是我国基本外科奠基人之一，他特别重视外源性损伤因素对人体反应所引发的紊乱以及各器官功能之间的相互作用和影响。

---

① 本文发表于《北京协和医院院报》2009年第11期，经作者修订后使用。

他认为，对这个基本问题的探索和研究是外科取得突破性进展的关键。“如果对病理生理学知之甚少，或者不感兴趣，只能是一位手术工匠，不是外科医师。”曾教授如是说。

20世纪50年代初，曾宪九教授率先创建外科代谢与营养实验室。在历次极“左”思潮的干扰下，外科代谢与营养实验室曾被迫三次停办，等到“文化大革命”过后，才得以重建。曾主任在20世纪50年代初曾有意愿，创建一所休克病房，但受到历史条件的限制，不可能实现。无论在学术思想或医疗组织结构等方面，都很难被接受。

重症医学在中国是改革开放政策的产物。没有改革开放，不可能有重症医学的引进和发展。1979年，我受高教部委派出国进修。曾宪九教授时任北京协和医院外科学系主任，以他的真知灼见，抓住机遇，授意我去国外专题进修重症医学。焦点集中在引进现代重症医学的理念，不能局限于学习先进技术。这项授意是曾主任学术思想的延续和发展。当年他认为，当不同的重症进入危及患者生命的阶段，休克是“共同的通道”。对休克的研究和医疗改革，必然面临巨大的挑战。在临床上，需要进行更为深入的、动态的观察，取得信息，引发思考，提出实验设想，并把研究结果应用到临床中，在实践中求验证，这是他的信念。曾主任敏锐地觉察到ICU可以为此提供较为理想的条件，所以北京协和医院有必要建立现代化的ICU。这就是我的老师给我的任务。

进入21世纪后，重症医学在学术思想、研究重点和医疗策略上，有了很多改革和进展。我认为，曾宪九教授的基本信念，对于今天从事重症医学工作的后起之辈，仍然意义重大。

1981年，我进修期满归国。曾主任果断决定，以零为起点，1982年立即着手建立外科ICU。幸运的是，我得到费立民教授和马遂教授的通力合作，一件一件地添置仪器，一位一位地选取护士，一位一位地筛选合适的患者接受ICU治疗。1983年12月9日经医院领导批准，按国际先进模式建立一个独立的、综合性的ICU终于成为现实。曾宪九教授亲自将新成立的临床专科命名为“加强医疗科”，他强调医疗的加强，正像特种部队加强装备和作战力那样，而医疗涵盖着治疗和护理。1984年年初我被任命为首届科主任。重症医学从此名正言顺地在北京协和医院落户生根。

26年过去了，我和朝夕相处的伙伴们、一批又一批的学生们，遵循我的老师所指引的道路，在强势的、传统的临床专科林立的环境中，寻找生存和发展的空间。我对重症医学怀有强烈的好奇心，也深知自己所肩负的使命。

然而，我是个笨拙的拓荒者，一步一个脚印，踩出一条路，踩出一条弯弯曲曲的、崎岖不平的土路，踩出一条不堪承受卡车、火车高速行驶的泥土路。虽然这充其量只是一条土路，但是为后来者打开了一条通道。就这样，我和亲密的伙伴们从风风雨雨中走过来了。

我的恩师曾宪九教授已经作古，北京协和医院费立民教授、山东省分会主任委员王可富教授都相继离开了我们。一代后起之秀，正进入年富力强的时期，今天的重任压在他们的身上。ICU的建设以过去无可比拟的速度在全国范围内展开。按照通俗的说法，从事重症医学的专业工作正在成为年轻人向往的行业。我相信曾宪九教授在天之灵将感到欣慰。

20世纪80年代，费立民教授（右）、曾宪九教授（中）与来华访问的作者法国导师Leger教授（左）一起查房

21世纪对科学发展提出新的要求。在当今信息数字化时代，我们的头脑不能成为文献资料的跑马场，而要运用逻辑性思维能力，从多变的临床现象中，找出规律性的东西，以创新的构思，探索并理解变化的真实意义。知识要有条理性，应该接受实践的验证。

不浮躁，要具备组织多中心临床试验的能力，尊重各方合作者的合理权益，发展我们的学术思想，培养专业人才，在国际医学论坛上赢得发言权。我们的任务是在重视硬实力的同时，增强我国重症医学的软实力。“重症医学的春天”不是季节，而是心态，是意志，是想象力，是激情，是对科学的真诚，是对真理的追求。我们不是完人，我们要终身学习。在“重症医学的春天”里，愿我们中间的每个人都会说：“我有一个梦”（“I have a dream today”）。

1999年，作者在首届全军重症学术会议上发言

危重病医学临床基地ICU的起源与发展

——2013年10月2日 完稿

ICU作为危重病医学（Critical Care Medicine，CCM）的临床基地，是在实践中由不同学科的学者，以不同的临床问题为切入点，整合不同的思维，逐步琢磨打造出来的。把某些生理学以及病理生理学实验室技术引进临床，对危重病患者的生命重要器官功能变化进行床边动态的监测，目的在于提供即时的病理生理学数据，为加强医疗赢得时间。顾名思义，Intensive Care Unit（ICU）不是单纯的“监测和护理病室”。“Care”指的是Medical Care，内含“治疗和护理服务”之意，并非局限在Nursing Care（护理）。英国医院也有“ITU”（Intensive Treatment Unit）之称，意在强调“加强治疗”的主导意义。此外，护理也很重要。所以，理解为“加强医疗”更为确切。ICU是提供不分昼夜的加强医疗服务的单位，这是普通病房很难做到的。ICU的诞生为危重病医学（CCM）医教研体系的建设，提供了较为理想的条件。CCM医学教研因此得以呈现鲜明的特色。

ICU在全球的起源呈多极性。主要源头有麻醉科、外科和内科。1854—1856年，南丁格尔（Florence Nightingale）在克里米亚战争中参加护理工作，她感到很有必要把危重伤员安置在邻近护士站的地方，以便及时观察和提供快速服务。这是最初萌发的ICU概念。John Hopkins医院Walter Edward Dandy教授（1886—1946年）是美国神经外科奠基人之一，他在神经外科领域的创新和开拓是多方面的。在巅峰时期，他每年做神经外科手术1000多人次。1929年，他创建美国第一家神经外科ICU。

1952年，哥本哈根流行脊髓灰质炎。感染科主任HC Lassen面对即将死亡的患儿，他想：“我还能为他做些什么呢?”他同麻醉科主任B. Ibsen共商对策。Ibsen建议气管切开，做间歇性正压通气（IPPV）。经过一段时间的努力，病死率从87%降至25%。1955年，C. G. Engstrom成功研制出机械通气的装置，铁肺从此退出历史舞台，机械通气被列入ICU生命支持（life support）的重要组成部分。很多教学医院相继成立呼吸ICU，这股浪潮由北欧引向北美。美国胸科学会（ATS）曾与欧洲呼吸学会（ERS）联合召开一系列学术会议，促进急性呼吸窘迫综合征（ARDS）问题的共识，卓有成效。ATS把《呼吸疾病杂志》改名为《美国呼吸及危重病医学杂志》。以脊髓灰质炎并发呼吸麻痹问题为切入点，多科合作和学术创新思维等因素综合，可以爆发强大的驱动力。哥本哈根的经验堪称传统的典范，应该汲取。

美国麻醉科教授Peter Safar（1924—2003年）被誉为“心肺脑复苏之父”。他擅长紧急气管插管、复苏和机械通气等应用，把心肺复苏（CPR）推向院前急救，推向手术后生命器官功能的支持。Safar是一位勇敢的实践家，有着强烈的开拓创新的激情。

与此进展相平行，心内科以及外科手术后的危重患者增多，因为心律失常、血流动力学改变、体液异常转移、水与电解质平衡紊乱、呼吸衰竭、肾衰竭等问题，需要床边持续性监测和不分昼夜的多器官功能支持。所以，在教学医院需要构建内科ICU（MICU）和外科ICU（SICU）等模式。直到今天，世界上教学医院和三级医院基本上保持此种格局。中小型医院以内外科综合性ICU为宜。

20世纪80年代初，中国根据美欧模式，引进危重病医学，学术理念明确。我国同人们经过30多年奋发开拓，ICU发展迅速，与社会的医疗需要基本上相适应。在全球，ICU起源呈多极性。因此，在不同国家或地区、不同医院，形成ICU的多元性。这种趋势在我国亦将继续存在，不必强求一致，毋庸行政介导。经过更长时期的实践检验，适者存，适者胜出。无论是SICU，还是MICU，抑或是内外科综合性ICU等，结构模式可以不同，但目标应该都是追求患者受益和造就人才的最大化。大家知道，CCM是一个跨学科的专业，服务对象涉及各种不同病因的危重患者。专业人员理应接受大内科或者大外科的正规的临床基础培训，然后转入ICU实习。CCM学科的系统理论教学必须彰显特色的理念。从长远来看，这样的教学体系是提高学术水平和人员素质，增强CCM影响力和竞争力的决定性因素。

21世纪初，作者在危重病医学会议讨论CCM的可持续体系建设与发展问题

总体而言，ICU硬件建设成绩显著，而CCM体系的建设尚处于塑造状态，两者形成反差。这一问题对CCM可持续发展将造成障碍。要树立清晰的学术理念和行之有效的医疗、教学、科研体系，一门学科才能产生力量和行动。要勤于实践和观察，善于发现问题，把基础医学研究的新成果应用于临床，

重视科学验证。这是CCM的传统，需要传承。学科发展要与时俱进，大家努力把CCM推向新的制高点。这是我们的梦，是危重病医学的梦，是中国的梦。

提升危重病医学的软实力

——2007年10月22日完稿

危重病医学发展的历史回顾

1854年，南丁格尔在克里米亚战争中，萌发了原始的想法。1863年，她撰文主张把手术后的患者安置在靠近手术室的一间小房间里，等他们从术后反应中恢复后，再送回病房。南丁格尔所表达的基本概念，对现代ICU的建设所起的作用，可能连她本人也始料未及。

1923年Dandy在Johns Hopkins医院神经外科组建三张床位的ICU。经过第一次世界大战及第二次世界大战，发现休克的死亡原因主要是低血容量，于是加强了战地的输液治疗。朝鲜战争中，发现急性肾衰竭成为“拦路虎”。越南战争中，首次报道“创伤后湿肺综合征”，现称之为“急性呼吸窘迫综合征”（ARDS）。战伤处理的实践和总结，促进了上述医学难题的研究，影响所及不只限于外科学。

作者在全军重症医学研讨会议上发言

战后由于西欧经济衰退，ICU发展一度受阻。据报道，这一阶段麻醉24小时内死亡的患者中，47%是可以避免的。肌松剂与新型吸入麻醉剂的联合应用，要求及时处理术后患者的并发症。1947年Alton Oschner建立开胸手术后恢复室，这标志着ICU的重新崛起。

1952年脊髓灰质炎在丹麦流行期间，Blegdam医院所收治的呼吸肌麻痹患者相继死亡。传染病科主任Lassen为寻求对策，请麻醉科医生Bjan Ibsen会诊。后者决定气管插管，进行手法通气。为治疗住院的75名患者，在24小时内动员了250名医学生用手捏气囊，260名护士参加床边护理。因而消耗了250筒氧气，由27名工人更换氧气筒。病死率从87%降低到25%。这个案例有力地促进了呼吸加强医疗的发展。此外，心内科医生的加入，使床边监测系统和生命支持性治疗更趋完备。1958年美国Baltimore医院率先建立现代规范的综合性ICU。1970年美国危重病医学会宣告成立。1973年世界危重病医学会联盟（WFSICCM）成立。这一段艰难的历程经过了整整一个世纪。

我的恩师曾宪九教授在20世纪50年代初，曾设想在北京协和医院筹建“创伤病房”，与外科代谢与营养实验室相匹配。但受到历史条件的制约，未能如愿。20世纪70年代末期，改革开放政策使危重病医学从国外引进成为可能。1983年北京协和医院率先按照现代危重病医学的概念和欧美等国的模式建成综合性ICU。第一批ICU在几家教学医院相继成立。20世纪90年代初，卫生部规定ICU列入医院等级评审标准，并拨专款扶植首批14家全国骨干教学医院组建ICU，为危重病医学在我国的发展发挥了决定性作用。

2003年SARS肆虐期间，广州的同人们在防治SARS的工作中，为全国医务界树立了榜样。在北京市委和市政府的统一指挥下，北京5家教学医院的ICU集中力量，治疗SARS危重患者。ICU医护人员的献身精神和专业化服务得到社会的首肯。中国科协、中国教育部、北京市委和市政府、北京市科协等，为有功人员颁发奖章或奖状。

1997年，中国病理生理学会危重病医学专业委员会宣告成立，1999年加入亚洲太平洋危重病医学联合会（APACCM）。自2001年起，获世界危重病医学会联盟中国代表资格。2006年第14届亚洲太平洋危重病医学国际会议在北京召开。这是我国第一次以东道主身份举办的危重病医学国际会议。2005年中华医学会重症医学会和解放军重症医学会相继成立。我国危重病医学发展进入新的时期。这一段历程也是艰难地走过来的，已经25年了。

然而，没有理由因此认为我们有能力把欧美等国家100多年的发展历程，压缩到25年加以完成。我们正面临巨大的挑战。

“软实力”与学科的发展

“软实力”一词是20世纪90年代初由哈佛大学约瑟夫·奈教授创造。就国家而言，“软实力”是与政治、军事、经济等传统意义上的“硬实力”相对应的一种新概念。“软实力”概念的范畴包括意识形态、政治价值观、外交风格以及文化，尤其是媒体（电视）和通俗文化（电影、流行音乐、快餐等）的影响力。软实力与硬实力共同构成国家的综合实力。

20世纪，美国学术界为提升国家的软实力，做出了卓有成效的贡献。他们的创新思维，从原子弹的发明到电脑技术的突破和网络的兴起，从“博弈理论”到“全球化理论”，改变了美国的命运，在某种程度上，成为左右全球事件的力量。我们反对霸权主义，不过，在这个前提的背后，确实给我们留下了一系列有待思考的问题。

我想把“软实力”这个概念，引申到医学界。医学界的“软实力”意味着什么呢？欧美国家不仅拥有现代医学的深厚基础以及精英荟萃等可观的医疗资源，而且一直在巧妙地运用着医学界的“软实力”，以影响全球性医学的发展。就全局性发展战略而言，提升软实力比单纯追求硬实力，更为重要。

纵观危重病医学的发展历程，欧美国家在学术思想方面曾先后提出“微生物学说”“内毒素学说”“机体反应理论”“序贯性多器官功能衰竭综合征”概念、“炎症介质平衡失调”假设等，并倡导对“严重感染机体反应的不同模式”与“基因多态性”的关系进行探索。在医疗技术方面，建立和更新影像学诊断和床边监测系统，深化生命支持治疗。在医学方法论方面，提倡并推广循证医学，集中顶级学者，讨论若干重大难题，组织共识会议，致力于推动全球性科研协作。与此同时，出版极具影响力的医学杂志，强化医学精英的教育，建立公平透明的激励机制等。凡此种种，无一不显示出欧美等国家医学界“软实力”的作用。

应该清醒地认识到我们与国际先进水平之间的差距，不仅在于相对滞后的医疗仪器装备和病房设置等硬实力方面，更重要的是涉及医学理论的创新思维，跨学科研究和多中心临床试验的组织能力，专业人才的培训和继续教育等软实力内容。

巨大的“软实力”可以产生强大的竞争力和影响力。当今开放世界的竞争中，在危重病医学领域内，我国是一个“软实力”较弱的参与者。

医学精英的历史使命

医学是一门高风险的学科。在应用知识于临床实践、在验证知识的过程中，医学精英是冒险者。他们要敏锐地从实践中抓住方向性问题，独立思考，凝聚新的创意，探索和构建新的规范。创新所带来的结果可能对传统概念和现行的组织结构造成冲击，并影响既定的运行轨迹。创新的结果也可能是失败，甚至在一段时间内，得不到理解和支持，因此医学精英要有一股不服输的精神。精英的历史使命就是要提升学术界的“软实力”。如果学术界的“软实力”是低下的，创新思维的源泉将从哪里来呢？

在全球化的时代，科学技术进展所形成的竞争力和影响力，越来越多地突破国界的局限。当我们谈论“危重病医学在中国”这一主题的时候，我们的着眼点首先在于做好自己的工作。然而，我们的目光要紧盯世界未来的大趋势。有一个例子，由于工业革命，19世纪的英国人变得富有起来，很多人添购马车。1850年伦敦已有15万匹马。工程师们曾向维多利亚女王报告，说这样发展下去，伦敦会被马粪淹没。在这场挑战中抓住机会的人是那些在德国做汽车研制的人。后来，福特把汽车生产搬上工业生产线，使得伦敦没有被马粪淹没，福特等人就是精英。当今危重病医学正面临新世纪的挑战。毫无疑问，中国需要医学界的精英。

然而，我国医学界的现状不尽如人意。危重病医学是一门新兴的、边缘性学科。要发展，就需要对临床与基础医学理论问题进行更为深入的探索和求证。面对当今医学界不同见解之间的争议，中国从事危重病医学的研究工作者，在多数情况下，只是旁观者或追随者，很少能在国际论坛上发表本专业方面开创性成果，进而被国际学术界认可。缺乏科学的创新思维，在很大程度上影响着我国医学界的“软实力”。中国医学精英需要有勇气，为提升我国医学界的“软实力”，充当开路先锋。

软实力的生命在于科学的真诚

知识冒险的最大风险在于丧失学术的真诚。韩国黄禹锡等人的学术腐败事件被揭露，使韩国学术界蒙受耻辱和痛苦。市场经济和商业思潮的冲击，可以产生急功近利等浮躁心态。我们作为在中国从事危重病医学的工作者，应该以此为戒，自重自律。

20世纪90年代初，欧美等国家曾经斥巨资，对于抗细胞因子治疗严重感染问题，进行了28项跨国性、多中心、前瞻性对照临床试验。结果没有一例成功。欧美学者不讳言失败，认真总结教训，表现出可贵的学术真诚和良知。2002年在循证医学原则指导下进行临床试验的基础上，推出了《严重感染与感染性休克的治疗指南》，以求更广泛的验证。尽管循证医学仍有缺陷，但这样做的目的是防止弄虚作假。

创新思维的基础在于临床实践和基本理论。临床医师特别是年轻医师，应该在患者床边多花些精力和时间。如果他们花费较多的时间只是蜷缩在办公室里，岂不是与南丁格尔的基本精神背道而驰了？近年来，各种研讨会及讲习班，多偏重于临床治疗的改进措施。然而，大家要求深化基本理论和基本原理方面学习的呼声愈加强烈。知其然，需要知其所以然。脱离临床实际，缺乏基本理论知识，不可能产生创新思维。另外，正因为我们拥有丰富的病例资源，需要正确应用循证医学原则，做好临床试验。如果没有我国的数据和资料，没有我国的流行病学调查和令人信服的多中心临床试验结果，我们就不可能拥有自己的见解，不可能在国际论坛上争得发言权。迄今为止（2007年），我国危重病医学的学术论文，投寄国外杂志，被刊登得很少。主要缺陷在于作者的题目设计、数据处理、质量控制等方面，以致“结果不可靠，结论不可信”。这种局面必须加以扭转。

医学界“软实力”的提升、学术的创新，甚至一点一滴的进展，都要依靠学术的真诚、独立思考的能力、团队协作的精神和公平竞争机制的激励。我们从事危重病医学的人需要以激情和真诚对待科学。希望现有的三家全国性危重病医学的学术团体，齐心协力，共同创造一个和谐的大环境，让学术的思辨成为我们的时尚，发扬创新精神，提升我国医学界的“软实力”。中国危重病医学必须在国际上占有一席之地。

我的中国梦　有根也有魂

——2013年5月完稿

每个人都有自己的梦。在人生的不同阶段，这个梦会不断地改变。然而，万变不离其宗。

2013年4月28日，北京大学考古文博学院在给习近平总书记的一封信中写道：“个人梦北大梦，让我们的梦有根；中国梦民族梦，让我们的梦有魂。”对我来说，我个人的梦也必须有根也有魂。

2009年8月，作者出席北京协和医院庆祝建国60周年活动

我的梦是由时代的教育、党的教育、学校和家庭的教育共同塑造。1937年我5岁时，淞沪会战爆发，日军侵占闸北，我们举家搬到法租界躲避战火。在日军的炮击下，老宅的房屋全部被炸毁。在法租界石库门可看到闸北方向低空飞行的战斗机厮杀。当时虽年幼，但我已然懂得不能做亡国奴。太平洋战争爆发后，日军占领上海英法租界，我父亲失业4年，全家险些无法继续在上海生存。

抗战胜利后，国民党腐败，滥发纸币，一家人生活困难。直到新中国成立，涤荡污泥浊水，国家获得了真正的独立，换了人间气象。新中国成立15年后，出现“文化大革命”之乱，到党的十一届三中全会拨乱反正，邓小平理论开拓了中国道路社会主义建设的新时代。中国共产党修正错误，坚持真理，是勇敢的、自信的。我坚信中国共产党能够带领人民深化改革，实现中华民族伟大复兴的中国梦。在我的个人梦里，中国梦和民族梦是魂。

我15岁选择学医，恩师曾宪九是一位外科教授。他敏锐地觉察到基础医学对于外科学发展的重要性，在研究外科病理生理学、外科代谢等方面独树一帜。他的科学探索生涯跌宕起伏，而他无怨无悔。古稀之年，他做完手术就会到协和医大第6层外科动物实验室。戴上手套，帮我一起做实验。想起当年的情景，我一再为之动容。乘改革开放之春风，他提名我赴国外专修危重病医学。我最终选择了这门新兴学科，缘于老师的启蒙和循循善诱。曾宪九教授作为一位外科学家，对祖国、对科学一片赤诚，死而后已。

北京协和医院作为一家教学医院，百年来治病救人，做研究、做学问，培养具有科学家头脑的医学人才。40余年前，刘士豪教授编写了一本《生物化学与临床》，旨在唤醒临床医师注重科学研究。他建立了相应的国家实验室，就是想在临床医学与基础医学之间架起一座桥梁。曾宪九教授在20世纪50年代初建立了外科代谢与营养实验室。在第八届全国外科学术大会后，他撰文呼吁要培养“架桥工”。所以，中国转化医学中心落户北京协和医院。屡经历史风云变幻和动乱，协和的传统一脉相承，没有断裂。在我的个人梦里，协和梦是根。

热爱的北京协和医院，梦想有根也有魂

读2013年5月5日《光明日报》，获悉浙江大学医学院附属第一医院传染病科首次联合应用人工肝和体外膜肺氧合治疗H7N9危重患者，最终取得成功。他们吸取SARS的教训，严格控制激素和抗生素的应用。这不仅是生命支持的技术性进步，也让我们对病毒感染引发的暴发性呼吸功能衰竭等机体反应时在认识上跨进了一步。我们应该看到，北京协和医院虽然在今年的医院总评分中名列第一，但在研究方面，榜上排名下滑。时代变了，对协和提出了不一样的要求。不致力于发展，历史将成为供玩赏的古董；不尊重历史，发展可能成为一匹野马。

正如北大学生所说的："因为中国梦，我们感受到了一份同心奋进的深沉力量。"个人梦，协和梦，就是为了实现中国梦。

二、危重病医学在中国

对危重病医学36年的反思与前瞻①

20世纪50年代以来，某些生理或生化实验室技术，进入临床实践，成为实时的、动态的床边监测。新概念与新技术相结合，必将推动学术理论的发展。曾宪九教授敏锐地觉察到20世纪70年代在北美和欧洲，危重病医学已经成为一门新兴的临床学科。

作为外科学教授，曾宪九教授深信“没有生理学、病理生理学以及生物化学等方面的发展，现代外科将无法超脱古代外科处理体表外伤或浅在部位病变的局限性”，“外科学的重大突破都是由于基础医学的进展而得到促进的”。20世纪50年代初，曾教授创建协和医院外科代谢与营养实验室。今天回过头来看，20世纪60年代和70年代，外科实验室对机体反应和器官功能支持等课题的研究，恰恰为危重病加强医疗打下了基础。如果没有曾教授一代人早年的开拓和探索，危重病医学在中国将是无根之木。危重病医学在欧美诞生，符合曾教授一贯的理念，强烈地激发起曾宪九教授的好奇心。

幸逢1978年改革开放，1979年曾宪九教授委派我去法国学习。考虑到我对内、外科的基本问题方面的知识，有很多缺陷。曾教授特意嘱咐我主要学习生理学和病理生理学的基本问题，“要知其然，知其所以然”“要注意法国人是怎么想出来，现在他们想些什么”。当时，不只学习ICU的新技术。今天回想起来，曾教授的嘱咐寓意深远。

① 本文于2018年9月5日发表在《中华重症医学电子杂志》，经作者修订后使用。

进入ICU，多种床边监测仪，我从未见过。血流动力学是什么，前所未闻。关于ARDS的定义，呼吸机的应用以及PEEP对患者呼吸功能的影响，更多的是无知。等待某一天，将会有某位法国医师给予一定的讲解和指导。然而，这样的一天，这样的医师从来不可能出现。法国教学医院的临床教学很有特色。法国老师多次提问题，意在考核我的基本理论学习和独立思考能力，不做具体解答，只是引导。他们提问，从来不涉及治疗的新进展。第一学年，很艰苦。我首先需要在有关重症医学的基本理论知识方面，进行必需的补课。这个问题应该由我自己解决。

20世纪70年代，应用肺动脉漂浮导管可以对血流动力学的变化进行床边即时的、动态的监测。这项技术在巴黎教学院ICU被广泛应用。第二学年，我取得了法国临床医师的资格，参加了病房临床的实践。我注意到，这项创新技术可以对危重患者病情的变化取得即时的、动态的信息，对监测仪所显示的血流动力学改变的数据进行分析，可以帮助临床医师对变化着的病情做出及时的判断，对治疗做出相应的调整，并检验治疗的效应。对我来说，这是一种新的实践，引起我对危重患者机体反应的重视。这是我留法学习的一次感悟。

回国后，我向曾宪九教授汇报我留法学习的收获。曾教授觉察到ICU可以为外科的临床基础研究，提供较为理想的条件。他以坚定的毅力扶植其成长。1982年，曾教授决定创建外科ICU。1983年，他建立了综合性ICU，当时仅有7张床位。曾教授亲自将其命名为“加强医疗科”。

协和医院ICU的建立为我提供了血流动力学床边监测的条件。我在急性病危重患者的治疗中加以应用。1982—1998年，共为537名患者插入肺动脉漂浮导管。在这个阶段，焦点集中在早期发现危重患者病情的变化，支持各种器官功能，统称“生命支持治疗”，为病因学治疗赢得时间。对此，ICU为血流动力学监测提供了重要的依据。然而，危重患者为什么会产生这样或那样的病理生理学改变？

1973年，Tilney发现在主动脉瘤切除手术后可以发生多个远距离的器官功能衰竭。Eiseman等假设，在某种急性病，比如严重感染或严重创伤等情况下，有一种“触发机制”，启动不恰当的机体反应，序贯性地引发远距离的、原来健康的器官像多米诺骨牌一样一个一个地倒下。Eiseman等称之为“序贯性多器官功能衰竭综合征”。遗憾的是，他们不知道“触发机制”是什么。

1985年，Aggarwall等第一次分离出炎症细胞因子。后继的研究发现更多的促炎症细胞因子和抗炎症细胞因子。Roger Bone假设“促炎症细胞因子与抗炎症细胞因子之间的平衡紊乱”可能是严重感染和多器官功能衰竭的机制。20世纪90年代初，欧美学者组织28项跨国性、多中心、前瞻性对照临床试验，想应用炎症细胞因子拮抗剂等阻断严重感染的全身炎症反应，结果无一例成功。炎症反应不足以解释严重感染和多器官功能衰竭的“触发机制”。Bone的理论假设也不能指导临床实践。

那么，问题出在哪里呢？曾宪九教授重视临床工作。ICU组建初期，虽然抱病在身，但是他仍然坚持参加ICU病房巡诊。在ICU临床实践中，他深切感受到我们面临的问题。他提出：“感染患者为什么死亡？”遗憾的是，曾宪九教授在1985年去世。他没有时间继续危重患者加强医疗的实践，没有时间对危重病医学的理论进一步探索。曾教授未竟的事业应该由他的学生们继承下去。曾教授提出的问题——“感染患者为什么死亡？”，将是我们今后探索和研究的目标。

1992—2002年，我把严重感染临床基础研究放到重要位置上。我和几位博士研究生合作。1992年立题研究，体外观察在肺泡吞噬细胞的炎症反应中，炎症细胞因子与内源性抗炎症细胞因子共同参与和相互作用。另外，获悉已有的研究证明，胞质内转录因子将进入细胞核而被活化，导致大量促炎症因子生成。1997年立题研究，结果显示在脂多糖（LPS）攻击前，对体外培养的库普弗细胞给予药物处理，可以遏制核转录因子-κB（NF-κB）的活化，抑制TNF-α、IL-6和IL-10等的mRNA表达及分泌，降低实验动物的死亡率。1998年立题，就炎症因子不同等位基因对全身感染预后可能产生的影响进行研究。结果显示，促炎症细胞因子基因IL-1A或IL-1B等位基因2与抗炎症细胞因子IL-1RN等位基因2同时出现时，患者的病死率极高（80%）。但出现等位基因1/1基因型纯合子，患者病死率为0。研究论文发表在2002年美国*Critical Care Medicine*杂志。回过头来看，我把严重感染的临床基础研究，第一阶段焦点集中在机体的炎症反应，第二阶段焦点转向机体免疫反应。

实际上，炎症反应和免疫反应都是机体抵御病原的重要机制和手段。但是，在传统上，人为地形成了两个不同的研究领域。病理学家关注炎症反应，特别是炎症细胞活化和组织损伤。免疫学家关注淋巴细胞介导的适应性免疫反应在严重感染中的作用。两个领域间的交叉非常有限。

后来，这种状况终于得到了改变。1989年，Charles Janeway教授，提出天然免疫可以识别病原体，所以是对抗感染的第一线。他也提出天然免疫对适应性免疫的调控的原则。他的设想构成现代免疫学对天然免疫的作用以及天然免疫与适应性免疫之间的内在联系等问题的理解。

Bruce Beutler率先发现Toll样受体的家族成员之一TLR4，可以识别细菌脂多糖。此后，其他家族成员也被陆续发现。这些受体被统称为病原分子模式受体，或天然免疫受体。这些受体对危重疾病的发病机制，包括感染发展过程中出现全身性炎症和休克等问题，具有重要的意义。另外，Ralph Steinman教授发现一种特殊的天然免疫细胞，即树突状细胞。这些细胞虽然属于天然免疫系统，但是对淋巴细胞的活化能够发挥关键的作用，也就是说，在天然免疫与适应性免疫两者之间有着衔接。这种认识在过去一直被忽略。他们两位都是2011年诺贝尔奖得主。这两个方面的重大发现推动了免疫系统的研究，明确提出天然免疫系统与适应性免疫系统有着不可分割的联系。

由此可见，在感染免疫中，只有天然免疫系统和适应性免疫系统两者密切配合，才能使感染得到有效的控制。相反，任何一方发生缺陷，都将削弱对病原的抵抗能力和效力，引起更强的炎症反应，加重组织和器官功能的损伤。这就是严重感染和多器官功能衰竭的“触发机制”。严重感染研究中的关键在于探索天然免疫和适应性免疫的调控机制，因为这种调控机制直接影响着机体的炎症反应。Charles Janeway教授倡导的现代免疫学对今后严重感染和多器官功能衰竭的临床基础研究起着重要的指导作用。认真学习现代免疫学对于推出新的理论假设，促进危重病医学发展是完全必要的。我们正面临新的挑战。

致谢　感谢在文章的构思和免疫学方面，中国科学院生物物理研究所研究员侯百东和华兆琳给作者的帮助。

2005年3月18日，中国医师协会重症医学医师分会成立

新时代的危重病医学 学习与创新①

党的十九大宣告我国已进入习近平新时代中国特色社会主义的新的历史阶段。新时代有新时代的要求。很多陈旧的医学概念将被更新，很多学科之间的边界将被逐步地打破。危重病医学在中国是一门新兴的学科，经过40年来大家共同的努力，在全国范围内打造了一代学科领军人物，在某些重大问题上取得了可喜的进展，成果来之不易。然而，我们正面临新时代的挑战，正处在多学科的边界上，或有可能产生新的组合，引发更多的创新机会。我们远没有形成中国的创新特色。我们都是临床医师，需要十分重视临床工作，以敏锐的观察力，去发现临床的问题。因为开拓和创新思维，首先来自临床的实践。全国大城市教学医院都拥有大量丰富的疑难病例资源，但是仅仅有这一点并不足以成为优势。开拓和创新的前提条件是敏锐的临床观察和独立思考的能力。

我想讲两则有趣的故事，有的取得了成功，有的作为对比。第一则故事是讲Ashbaugh。1963年外科医师Burke发现21位因严重肠麻痹或急性腹膜炎住院的患者，原先他们的肺部功能基本是健康的，却发生了呼吸功能衰竭，并且成为导致这些患者死亡的重要原因。Burke称之为“高输出量呼吸衰竭”（High Output Respiratory Failure）。治疗方法是腹部减压或腹腔引流。Burke发现了问题，但没有进行更深入的思考，没有问个“为什么?”问题似乎到此为止。

然而，4年以后（1967年）Ashbaugh仔细观察了12位患者，出现明显的呼吸窘迫症状，其中10人没有肺部疾病的既往史，包括7人因严重创伤住院，1人患急性胰腺炎。他们共同的特点是弥漫性肺泡浸润，肺部顺应性降低，普通的氧气吸入治疗无效，必须应用PEEP（呼吸末正压）。尽管原发病灶不在肺部，但是可以引起肺部的损害。Ashbaugh是一位有独立思考能力的人。他在想：这是为什么？他第一次提出了ARDS（成人呼吸窘迫综合征）这个新概念。随着实践的深入，ARDS改名为“急性呼吸窘迫综合征”。这是后话。Ashbaugh的创新思维从此打开了研究呼吸功能衰竭的一扇新的大门。

第二则故事是讲Tilney。1973年Tilney观察18位患者，在行腹主动脉破裂手术后，发生远距离器官功能衰竭。特点是明显的序贯性，似乎有某种“触发扳

① 本文于2018年3月18日发表于《中华重症医学杂志》，2017年11月13日发表于《健康报》医学论坛，经作者修订后使用。

机”，引发多米诺骨牌效应，各个器官一个一个地倒下。死亡率大于90%。他不知道为什么。他把问题聚焦在“机体反应”上。Eiseman（1977年）提出“多器管功能衰竭”（MOF），这个名词沿用至今。Polk（1977年）认为MOF很可能由隐匿性腹腔感染引起，Meakins（1986年）指出“胃肠道是MOF的驱动机”。全身感染与MOF的关系引起越来越多人的注意。然而，全身感染是怎么回事？1984年Aggarwell第一次分离出炎症反应细胞因子（肿瘤坏死因子，TNF）。以后更多的炎症细胞因子和抗炎症细胞因子被发现。1992年“全身炎症反应综合征”（SIRS）这个名词被欧美共识会议接受。20世纪90年代，欧美国家试用抗炎症细胞因子，以阻断SIRS，进行大规模多中心的随机对照试验（RCT），结果无一例成功！总结失败的教训，人们把重点转向免疫功能的研究，此项工作正在加紧进行中。Tilney的临床发现以及他的思考，激发起医学家们对探索新领域的强烈兴趣。

同样的问题使我回想起20世纪80年代，我国有学者曾经提出“三衰病房”一说。“三衰”指的是心力衰竭、呼吸衰竭和肾衰竭。显然，他把“三衰”作为某种严重原发病的多种并发症，是“1+2+3”式简单的数字累加，没有发现多器官功能发生衰竭的序贯性，也不曾思考“三衰”之间或有可能具有某种内在的联系。所以，问题也就到此为止。可见不同的思维，导致不同的结果。

Ashbaugh和Tilney各自已观察了12位及18位危重患者，病例并不算多。他们的创新思维和专注的思考，开拓了一个新的探索领域。古人说：“见常人之常

2005年9月于北京举办中美危重病医学培训班
（第二排右四，作者）

2006年于广东省人民医院举办第十届全国远程医疗教育研讨会（危重病医学）（第一排右四，作者）

见，思常人之未思。”见之尔后思之。临床实践是创新思维的源泉。尽管当今ICU有很多精密的床边监测仪器和实验室检测方法，但是临床医师不能因此疏远患者。“Bedside”意味着医师要贴近患者的床边，在临床实践中去打造出一个创新发展的舞台。

危重病医学正面临新时代的挑战，我们要有危机感，孔子说“困而学之”，“学而知之”，我们应该怎样学习呢？学习不是被动地接受灌输，学习需要开动独力思考的能力，不受传统观念的束缚，把自身内在的创新潜力挖掘出来，激发出来。最根本的驱动力是追求科学真理，是对患者生命的尊重和爱护，通过我们的治疗使更多的危重患者能够生存下来。我们要走得更远，走向一流学科的前沿。

从危重病医学质量控制问题谈起

——2019年10月31日初稿

——2019年11月31日完稿

2017年全国重症医学质量控制大会在南京召开。大会主席邱海波教授邀请我在开幕式上讲几句。我因年迈体力不支，未能去南京，但就此会议主题，我在家中接受了采访。我从第一线退下来，已经20多年，早已脱离临床实际，能为大家讲些什么呢？医学质量如何定义，质量以什么标准来控制，我说不清。医学质量不像工厂产品，比如要生产用来造深海潜水艇的优质钢板，比较容易明白，首先看钢板能承受多大压力。医学上，医生护士面对的是患者，这个问题我答不上来。

2017年，全国重症医学质量控制大会现场

我想起了几个故事。在“文化大革命”过去不久，我重返病房工作。有一天下午，我的老师曾宪九教授一个人来病房，他问我，患者有什么问题吗？我不假思索地回答：有位患者不知道为什么多次腹泻，我想给患者插入胃管，持续地滴入牛奶来给予营养支持。按规矩，我应该陪同曾宪九教授去看患者，但我没有。过了好久，曾教授从一间双人病房走出来。他问我：你知道患者每天腹泻几次吗？在饭后，多长时间才腹泻？你看过患者的大便吗？曾教授语气平和，每提出一个问题，都等着我回答。然而，没有一个问题是我能回答上来的。

曾宪九教授对我说，患者吃了饭就腹泻，排泄物中可见到饭菜中的菜叶。说完，他还是耐心地等我回答。我问病史时竟然没有提这几个问题。我老老实实认错，很胆怯地说了我此刻的“临床印象”。曾宪九教授要求我亲自陪着患者去做钡餐造影，一定要站在一边观看。曾教授没有训斥我，而是给我留下思考和反省的时间。

记得张孝骞教授在一篇文章中写道：“临床诊断首先要收集资料。其中最重要的，我认为是病史，因为病史是患者来求医的直接原因。”“事实上，大约50%以上的病例应当能够从病史中得出初步诊断。”曾宪九和张孝骞两位教授的教导就是对医生质量提出了不成文的规定，浸透着每位临床医师的学习和工作。

说起张孝骞教授，大家都知道，在六十多年的医学实践中，每次门诊或查房，他随身带上小本本。遇到疑难病症，就把患者姓名、病情要点都记录在小本本上。

张孝骞教授一再强调临床医生必须贴近患者床边，从病史特点和体格检查中的意外发现，去发掘临床中存在的问题。他说：“研究课题要从临床上来，成果反馈到临床上去，而不是从文章中来，到文章中去。”“跟踪医学进展最前沿的知识，可以让我知道自己的知识处在什么水平，研究是在做别人已经做过的，或者正在做着的东西，仅此而已。”“我们能够模仿，不会有所发现，更谈不上能有所创新。”所以，他反对临床医生做“看书的郎中”。

现代ICU具备无线的床边监测仪，能够把动态变化着的数据，同步地反映在护理中心站的荧屏上，我们不能因此淡化“贴近患者床边”的自觉要求。国外文献顺手可得，我们更需要记住不做“看书的郎中”，始终对临床实践中的问题保持好奇心。张孝骞教授的教导实际上是对医学教学和医学研究质量的要求，并且具有重要的现实意义。

近日我重温林巧稚教授的生平事迹。大家喜欢称她为“万婴之母”。她终身未婚，全身心投入妇产科事业。经历多年动乱岁月，她矢志不渝，坚持做一名好医生，做一个有骨气的人。有一段故事说，在一次考试中，她要求每个学生完成10例初产妇分娩的全过程的观察，写出完整的报告。结果只有一份被评为优秀。其他都不及格。林教授对学生们说：“你们的报告没有错误，但都不完整。”学生们去翻阅那份被评为优秀的报告，发现多了这一句话：“产妇的额头有豆大的汗水。”

林巧稚教授说：“你们不要以为这句话无关紧要。只有注意到这些细节，才会懂得怎样去观察产妇。”她又说：“我强调这个细节，就是要培养你们树立一种理念，任何的诊断和治疗都是方法和过程，对患者的关爱和呵护才是唯一的。”听故事容易，要医生一辈子不忘这种理念，并付诸实践，需要持久的努力。

1979年，我去法国学习危重病医学。在一家教学医院，傍晚下班之前，我发现一位老年患者，半卧位躺着，在生气。我靠近床边问他怎么了。老人说：“医生每天来看望，量我的血压，翻阅了病程演进的记录，告诉我要按时服药。但是他说完就走了。”他瞪大眼睛对我说：“医生把我当作豚鼠！”显然，他知道我是外来的进修生，冲着我发脾气。第二天早晨上班，那张病床空了，老人昨夜去世了。“医生把我当作豚鼠！”他的话在我耳边回响着。

另有一家教学医院，我经常见到一位女医生，她默默地翻阅病历，不参加病房巡诊。多数时间，病房里没有医生和护士。有需要，患者可以按铃。那位女医生坐在患者的身边，不知道她和患者在谈些什么，像在聊天。然而，住院的患者很喜欢她，和她说起话来，没完没了。出于好奇心，我直率地问她是干什么的？“我是心理医生，我的工作是让患者把话说出来。”她淡淡地微笑着说。

回想起这两句话，“医生把我当作豚鼠”和“我的工作是让患者把话说出来”。我重温林巧稚大夫的教导：“要培养你们树立一种理念，任何的诊断和治

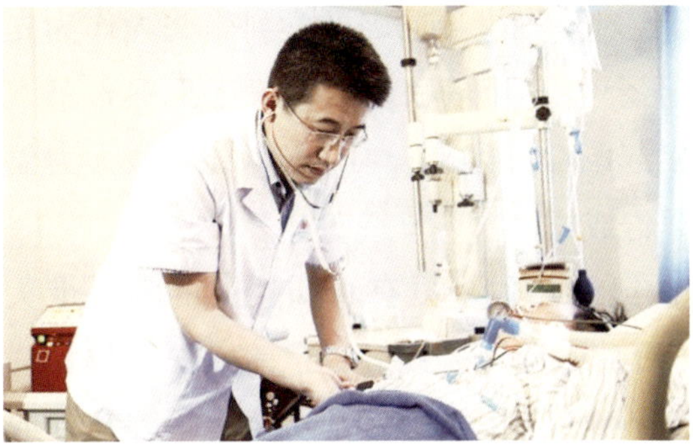

21世纪，邱海波教授在床旁为患者进行体格检查

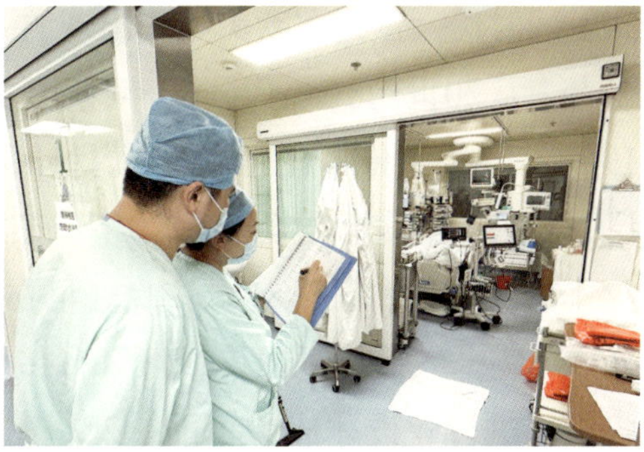

21世纪，北京协和医院ICU严格做好患者病程变化的密切观察和细致的记录

疗都是方法和过程，对患者的关爱和呵护才是唯一的。”回顾我几十年断断续续的医学生涯，尽管我对患者也做了一些好事，重温林巧稚、张孝骞和曾宪九教授的教导，我心中亦感惭愧。谢谢邱海波教授给我重新学习的机会。

我国危重病医学的现状与展望

危重病医学是20世纪60年代末新兴的一门临床学科，宗旨是为危及生命的急性重症患者提供高技术和高质量的医疗服务，临床基地是ICU。对于收治在ICU的危重病患者发生单个或多个器官或系统功能衰竭时，主张不失时机地给予延续器官功能的支持性治疗，并针对病因进行积极治疗，以最终控制原发疾病。这是继复苏后的一种更高层次的医疗服务。1983年美国国立卫生研究院经过专题讨论，达成共识，把复苏治疗与复苏后的延续性重要器官功能的支持治疗联结起来，称之为“危重病医学体系”，对现代化医院建设和医学发展提出了更新的概念。ICU诞生在医学科学和总的科学技术发展到相当

2009年10月2日，作者在北京医学会危重症医学专业学术会议上发言，畅谈危重病医学的过去、现在和未来

高度的时代，首先在欧美等国出现，并且经过一批世界闻名的学科带头人作为先驱者，从20世纪30年代到60年代历时三十余年的开拓和耕耘，终于瓜熟蒂落，1968年由少数麻醉科、外科与内科医师发起酝酿，经Max Harry Weil教授大力倡议，美国危重病医学会于1970年春正式宣告成立。

我国危重病医学起步较晚。早在20世纪50年代，虽有真知灼见的学科带头人如曾宪九教授提过倡议，但只有在改革开放政策实施以后，危重病医学作为一门学科进行建设才成为可能。20世纪80年代初，由各医学院校教学医院及省或市立医院，分批派出的麻醉科、内科或外科医师等，经国内或国外专业进修后，陆续返回原单位。其中一部分已成为ICU负责人或业务骨干。与此同时，通过众多单位的实践，已经认识到ICU建设是医院现代化的一个标志，而危重病医学的兴起是医学发展的一种必然趋势。

从重点教学医院、某些军区以上的部队医院、某些大型厂矿企业的医院来看，由于国家政策和资金支持（如卫生部曾分批对部属重点医学院校进行专项专款资助），ICU装备在质量和性能的先进性方面已拥有相当优势。然而，应该清醒地看到，我国从事ICU工作的医师和护士，在学术及专业素质方面总体上与20世纪50年代初欧美国家相比，还存在明显差距。即使在已经建立起来的ICU中，就其组织结构、医疗功能、专业培训或科研能力而言，水平参差不齐。由于三级医院评定标准要求设立ICU，某些医院似有一哄而起之势，购置进口的昂贵医疗器械而使用率低，甚至闲置不用，或为创收而收治普通患者，真正需要加强医疗的危重病患者反而不能受益，虚有其名而无其实者有之。为了扭转上述情况，需要卫生管理部门会同全国性专业学术机构分别从行政及学术方面加以正确引导，使之走出误区，迈上健康发展的道路。这是任何个人行为或者个别单位的作用所无法替代的。

任何一门学科都不能孤立地取得进展。在多种学科相互交叉、相互渗透的边缘地带，思维和研究往往最为活跃。危重病医学以危及生命的急性重症患者为服务对象，更多地注重由不同基础疾病所诱发单个或多个器官的急性功能衰竭及各器官之间的相互作用，并把各器官（或系统）功能损伤作为疾病延续发展过程中不同阶段的组成部分而不是将它们割裂开来，这也是危重病医学与传统上以某一器官（或系统）为中心的其他专业不同之处。医学毕竟要从“描述性医学”提高到“解释性医学”，用基础理论去探讨或阐明临床现象和发病机制。通过科学实验进行推理，引出理论假设，然后反馈并求证于临床实践。依靠这种周而复始的无限循环，医学才能摆脱经验主义的束缚与困扰，不断取得进步。

随着基础学科，尤其是分子生物学的迅猛发展，20世纪90年代初以来，临床医学进入了一个相当活跃的时期。欧美国家的危重病医学会及其他学会相继就急性呼吸窘迫综合征（ARDS）、全身炎症反应综合征（SIRS）、多脏器功能障碍综合征（MODS）、细菌耐药性及医院感染等问题先后召开一系列国际会议，对某些基本概念、定义、诊断标准以及治疗准则等提出新的修正意见，并正在全球范围内达成共识。遗憾的是，甚至在我国沿海城市或教学医院的中青年阶层中，对这些重要信息置若罔闻者也不乏其人。例如，对ARDS仍然沿用1988年制定的诊断标准，长此以往，将使临床资料失去可比性，并有碍于国际交流。因此，不断引进新概念、新技术并广为传授，实属重要之举。发展危重病医学，既要走中国的道路，又要与国际的进展相接轨。

推动一门学科的发展，需要两方面的条件：一是客观需要以及科学技术发展到一定高度；二是需要一批先驱者的开拓以及后继的人才辈出。然而，提高专业人员的学术素质是学科得以持续发展的关键。我国缺乏健全的“继续教育”体制，至今尚无正规的危重病医学培训课程，亦无专业医师或护士的考核制度，已经呈现“高技术装备和低能工作人员”的矛盾局面，而这种局面绝非仅存在于个别单位。目前迫切需要成立相应机构担负起国内有关专业人员的继续教育和培训任务，制定正规的教材和培训大纲，在传授专业知识和技能方面保持与大学高等教育和实习阶段的一贯性，推动继续教育体制的建立和完善。此外，还应致力开辟国际人才培训交流渠道，争取经过5年至10年或者更长一段时间，在各有关方面的共同参与及努力下，造就出一批在危重病医学领域具有世界先进水平的骨干人才。

回顾历史，试看今日和明朝：中国病理生理学会危重病医学专业委员会成立20周年纪念

——2016年9月30日 完稿

至2016年，中国病理生理学会危重病医学专业委员会已经成立20周年了。这是我国（大陆）第一个危重病医学全国性学术组织，经中国科技部批准英文命名为“Chinese Society of Critical Care Medicine”。从无到有，发展至今天，我们赢

2016年9月27日，中国危重病医学大会（CCCC 2016）在大连隆重召开

得了医学界的广泛认可。国际上，积极与欧、美、法、韩、日等的学术组织建立联系。在亚太联合会、世界联盟等国际组织中占有主席或理事的席位，在国际学术论坛上积极发出中国的声音。同时，大力推进继续教育工作。这完全依靠全体同道们的艰苦努力。危重病医学是新兴的学科，变革中的学科，有很多的不确定性，需要更深入地探索临床实践中的核心问题，发挥创新思维，争取突破性进展。这是时代的要求。

我国危重病医学奠基人曾宪九教授

我的老师曾宪九教授曾经梦想在1953年开设一间3张床位的“休克病房”。他认为，休克是患者生命的最后一站，可逆或者不可逆，决定着生死存亡。然后，曾教授注意到问题远比他想象的更为复杂。外国人创建了ICU，意味着一种新的学术理念已经诞生。世界上，医学科学正在发生深刻的变革。这一切必然与他的学术思想产生碰撞。1979年，我去法国ICU学习，曾教授特别嘱咐我要学习病理生理学。知其然，要知其所以然。古人说，匠者学技，师者闻道，大致也是这个意思吧。

为什么要建设ICU?

1854年，南丁格尔在野战医院工作，发现很多伤员从战场上撤下来，因得不到必要的救护而死亡，比死在战场上的人数更多。她把重伤员安置在最靠近护士站的地方，使他们得到更多的关心和护理。她的精神成为创建ICU的动力。1932年，Walter Edward Dandy教授在美国建立第一个3张床位的脑外科ICU，与1854年相距70年。1958年，Max Harry Weil和Peter Safar教授分别在两家医院建立跨科性ICU，与1854年相距100年。1983年，我国北京协和医院接受曾宪九教授的倡议，建成7张床位的综合性ICU。曾教授亲自将其命名为“加强医疗科”。从1979年曾教授把他多年的梦想付诸实施之时起，到2009年卫生部批准“重症医学科”为一级诊疗科目，其间相距30年。乍看起来，我国发展似乎比欧美各国要快。但是，决不能就此认为我们有过人之处。因为在欧美国家是创新，在我国是引进，而引进不是创新。今天的ICU在护士编制、专职医师的专业培训、床边监测和生命支持系统等器械装备方面，比普通病房拥有更多的优势。目标在于使临床观察更及时、更深切，治疗反应更快速、更有效。ICU成为危重病医学的临床基地。

2003年，北京暴发传染性非典型肺炎（SARS）。有一部分危重患者并发急性呼吸窘迫综合征（ARDS），甚至多器官功能障碍综合征（MODS），生命受到威胁。鉴于疫情发展，北京SARS防治指挥中心采取果断措施，指定宣武医院和中日医院集中收治危重患者，组织6家医院ICU，由科主任率领，按原编制为单位，分头进驻。临危受命，ICU第一次走出了医院“围墙”，有效地遏制了SARS肆虐的势头，降低了危重患者的病死率。ICU这个新生事物从此进入社会大众的视野。

为什么要发展危重病医学?

1967年，外科医师David G. Ashbaugh发表论文“成人呼吸窘迫综合征”。后人修正为“急性呼吸窘迫综合征”。他发现肺外疾病可以诱发肺部以及其他远距离器官功能衰竭。1973年，Tilney发现腹主动脉瘤破裂患者手术后，在原始受损害的器官以外，可以引发序贯性的、多个远距离器官功能障碍。这是为什么?1977年，Eiseman等学者推出了“多器官功能障碍综合征”一说。MODS不是2个或者3个单器官功能衰竭的数学累加。按“单器官”专科的概念，无法解释，也无从治疗。在认识论上需要一次跨越，以应对新的挑战。此时，危重病医学脱颖而出。

Eiseman等曾经假设在某种急性病，比如严重创伤或者严重感染等情况下，有一种“触发机制”，会启动不恰当的机体反应，序贯性地引发多个远距离的器官功能障碍，原来健康的器官像多米诺骨牌那样一个一个地倒下。虽然当时他们并不知道触发机制是什么。但是，他们的假设成为危重病医学的起飞点。危重病医学的宗旨在于在急性危重患者发生多个器官功能障碍之际，尽早发现，早期进行延续性生命支持，为针对病因的治疗赢得时间，创造条件，最终控制原发疾病。实际上，这一宗旨包含两个重点，一是生命支持，二是针对病因的治疗。

危重病医学的突破与徘徊

从欧美ICU发展的早期30年来看，延续性生命支持，特别是血流动力学床边监测、机械通气、血液透析、血液过滤等，取得突破性进展，逐步奠定危重病医学的基础，形成特色。1952年，哥本哈根脊髓灰质炎流行，麻醉科主任B. Ibsen介入传染病科的临床治疗。他为75名患者进行持续性机械通气，动员250名医学生参加，260名护士在床边护理，降低了病死率。“铁肺”（1864年）在服役90年后，退出历史舞台。1967年，机械通气成为支持ARDS患者呼吸功能的主要手段。20世纪80年代中期，临床实践和影像学检查发现ARDS患者急性肺损伤是“不均匀的”。如果以维持正常气体交换为目标，将造成呼吸机诱发性肺损伤。Gattinoni提出“婴儿肺”的新概念，由此产生保护性肺通气策略。

1964年R. D. Bradley用肺动脉漂浮导管，测定心输出量，但他不知道如何从漂浮导管的终末端感受左室舒张末的逆返压力。Swan取得了突破，他比Bradley更有想象力。1970年，血流动力学床边监测技术在很多国家ICU推广应用。1972年，Hinshaw和Cox以血流动力学为依据，划分不同类型的休克，改变了按病因学分型的传统方法。血流动力学监测可以引导输液治疗和血管活性药物的应用，并且能够及时观察治疗的效应。现在肺动脉漂浮导管已被无创技术所替代。然而，从右心置入导管，可以间接测知左室前负荷，这是一项创新。Bradley和Swan两人都是理科博士，对血流动力学如此感兴趣，真是耐人寻味。

危重病医学是发展的、不确定的新兴学科。要想取得革命性突破，需要一批具有怀疑精神的人去应对不确定的学科。他们对临床问题充满着好奇心，不断地自问“错了吗?”“为什么?”。他们有勇气跳出原有学科的框子，闯入其他学科的领域，不被已经知道的东西所束缚。突破需要创新，要有想象力和感悟的能力。创新思维不是靠讲习班训练出来的。

从欧美ICU发展的近期30年来看，有进步。但从严格意义来说，没有突破。出现徘徊和“钟摆式摆动”的态势，在我国现状中也有同样的反映。现代医学脱离经验性模式，处于循证医学阶段。似乎所有的治疗措施都需要经过前瞻性随机对照临床试验（Randomized Controlled Trial，RCT）加以验证。但是，循证医学显露出令人窘困的缺陷。由于严重感染、ARDS等复杂的综合征的病源异质性、机体反应多样化、临床试验入选标准不统一等，循证医学不可避免地面对着诸多不确定性因素。多数RCTs不能为现行的治疗提供可靠的依据。2001年，范登伯格（Van den Berghe）主张强化血糖控制，以降低感染性休克病死率。依据是当初的单中心RCT研究，其结果被2009年多项多中心RCTs否定。

最初RCT显示活化蛋白C（aPC）能够抑制凝血而强化纤溶，防止多器官功能衰竭（Multiple Organ Failure，MOF），降低病死率。2001年，aPC曾经被美国食品药品监督管理局批准应用于临床感染治疗。但是2004年Cochrane reviews不肯定aPC具有良好的调整能力，而是对于其增加出血的发生率提出警告。同样，重组因子Ⅶa曾经被推荐应用于严重感染，以控制出血。虽然它可以减少输血，但血栓栓塞事件病死率明显增加。美国食品药品监督管理局批准重组因子Ⅶa的唯一适应证是血友病。所谓“注册外应用”都按非法论处。

危重病医学面临新的挑战和机遇

“今天的RCTs重复着昨天的故事”。后继的RCTs（随机对照试验）否定着最初的RCTs，几乎成为一种潜规则。循证医学的不确定性，使危重病医学在发展中左右摇摆。其实，我们并不是对循证医学情有独钟，其中自有深层的主观因素。数十年来，临床医师习惯把某单个器官或者单个系统功能的标志物，拿来供RCT检验，作为评价某项治疗措施的依据。潜意识里，孜孜不倦地寻找着某种单一措施，以降低危重病的病死率，很难摆脱“魔弹”梦幻般的诱惑。一种模糊的说法，尝试把若干单个器官或单个系统的有效的治疗措施，捆绑成“集束治疗”，或许将有助于遏制MODS。基于对整体的认识，我们旨在致力于探索那个启动序贯性MODS的触发机制。但是在研究设计上，却依然不能跳出“单器官”的思路。科研思维在“高端”，实际操作在“低端”运行，两者之间存在着逻辑矛盾，所以MODS的触发机制仍然是一片盲区。

所谓“钟摆式摆动”是陷阱。即便继续做更多的RCTs，写更多的论文，也只能在死胡同里徘徊不前。出路何在。2015年1月，美国总统宣布精确医疗计划。精确医疗是利用现代科技最新手段，识别疾病在分子水平的特殊变化，从而选出合适的治疗方案。它包括，但不等于个体化治疗。多年实践中，发现疾病的关键性驱动因素与基因或基因的突变有关。“精确诊断”是要找到患者体内的靶标。“精确治疗”是用药物攻击靶点。基因检测技术正在促进传统临床诊断方法的改革，而基因医学成为精确医疗指导思想的核心，这是一项复杂而庞大的工程。不论是临床医学还是基础医学，单独依靠哪一个方面都不可能完成。所以，为了探索MODS的触发机制，我们还有一段很长的路要走。

临床医师的历史使命

作为临床医师，我们首先要做好临床工作。危重病医学的宗旨是做好生命支持，为疾病的病因治疗创造条件，最终控制原发疾病。如果以为ICU配置着床边监测仪以及生命治疗等设备，就可以疏远患者的床边，不愿意花费时间和精力去了解患者本身的特点，我们很可能错失发掘临床问题的机会。如果一位ICU专职住院医师，见到严重感染患者后，对其致病菌的细菌学检查不闻不问，对药物敏感试验不感兴趣，动辄用广谱抗微生物药物，对着球菌、杆菌、厌氧菌，三炮齐放，这样的ICU将徒有其名，形同虚设，是浪费。危重病医学植根在内、外、小儿、麻醉等传统学系的深厚基础之上。美国危重病医学会第一任主席是内科Max Harry Weil教授，第二任主席是麻醉科Peter Safar教授，第三任主席是外科William C. Shoemaker教授。这是基本事实，不容忽视。

有趣的是，回顾往事，可以看到最初描述MODS的临床表现者是外科医师，最早提出MODS触发机制的理论假设者是外科医师，对MODS发展的内在规律提出各种设想者也有多位外科医师。外科医师的作用，在历史上有独特的篇章。当年的那些先行者，内科、外科或者麻醉科的临床医师，他们不把自己的知识局限在本专业。他们的探索行为，是求知欲和好奇心向着更远、更奥秘的领域的一种延伸。1979年，曾宪九教授在文章中写道："我们的队伍中总要有那么一批志愿者，甘愿当基础科与临床外科之间的'架桥工'。"他又写道："如没有'桥梁'研究，青霉素也许仍然是微生物学实验室的一个现象，而不能拯救千百万患者的生命。"就21世纪的现状而言，如果没有"桥梁"研究，就不可能有转化医学，也不可能有精确医疗的问世。归根到底，危重病医学就是临床医学和基础医学之间的"桥梁"。在这里，我将引用纪伯伦的一句话："不要因为走得太远而忘记为什么出发。"

2016年中国危重病医学大会

危重病医学ICU护士——“提灯女郎”之光

——2022年3月28日初稿

——2022年4月28日完稿

（此篇为2022年12月中华护理学会重症专科护士培训20年纪念准备稿，此稿的视频演讲于2022年10月30日，是作者最后一次演讲）

尽管故事耳熟能详，但是话也要从历史说起。1853年克里米亚战争爆发。1854年，统计学家弗洛伦斯·南丁格尔（Florence Nightingale，1820—1910年）收到军务大臣的委托信，赶赴战地服务。

南丁格尔在分析军事档案后发现，16 000多名士兵因受伤后得不到必要的救护而死亡，远比死在战场上的人数要多。于是，白天，她坚持在医院大厅内巡视，认真观察。夜间，她提灯夜巡，挨个看护伤员。她努力的结果使战地医院死亡率降低2/3。她的关爱和服务令战士们深受感动，称她是“提灯女郎”。美国诗人朗费罗（Longfellow，1807—1882年）写诗一首，赞美南丁格尔。

南丁格尔提灯夜巡的精神对今天ICU的护士仍然具有指导意义。即便有多种高科技的床边监测仪，ICU护士也不能因此疏远患者，错失发现临床出现问题的时机。1860年，她在伦敦建立了世界上第一所正规护校“南丁格尔护士训练学校”。她重视护士道德品质教育，并且规定护士必须在专门组织的医院中，接受正规的技术训练。从此，护士工作成为“专门职业”。到1890年，经过30年的护理教育，学校培养学员1005名。南丁格尔一生中写了多部著作。由于她的努力，护理学成为一门科学。

一次霍乱大流行。南丁格尔发现医院卫生条件太差导致霍乱的快速播散。她购买了几百把刷子，动员大家把医院内部从天花板到地板洗刷一番。1859年，南丁格尔完成《医院摘要》一书，对医院管理不善、环境脏乱等问题提出批评和建议。1863年，她写道：“把患者安置在一间毗邻手术室的小房间里，直至患者恢复，或者至少从手术后的即刻影响中解脱出来。”“小房间”模式，促使手术后恢复室以及ICU相继问世。

南丁格尔是英国皇家统计学会第一名女性会员，也是美国统计学会的名誉会员。她应用统计学分析档案资料，并受到启迪。她理念的形成，有事实的依据。

近年来，血液透析、体外膜肺氧合等先进技术相继应用于临床。护理学被提升到新的高度。1976年，美国为经过考核的ICU护士颁发证书。2002年，美国南加利福尼亚大学Maureen Harvey当选美国危重病医学会（SCCM）主席，也是第一位当选该职位的护士。这种前景令世人瞩目。

1981年从法国回国，我学习了Nightingale的理念，借鉴法国的以及1970年美国危重病医学会创办者的经验，着手开创ICU新天地。赴法国学习后，我才知道，没有床边监测仪、呼吸机等新技术装备，不可能建成ICU。然而，ICU要取得成功，必然需要勤奋的、对患者有同情之心、受过特种训练的护士来完成大量工作。1958年，Peter Safar在创建第一家ICU之初，规定ICU护士必须在危重患者集中的病房接受“有组织的培训”（organizational learning）。

但是，北京协和医院尚没有制定ICU的人事编制。1982年我国改革开放，经济开始高速发展。正是在这样的历史背景下，我才有可能从外科各病区物色合适的人选。尽管当时外科ICU只有一张病床，但是我坚持需要6位护士。我找到6位志愿者，她们是史丹胡、李燕、宁素茹、邢秀珍、高玉华和王丽华。她们24岁左右，未婚，性格开朗、乐观，有进取心。具备这些条件的6位外科护士志愿加盟，我喜出望外。1982年成立了第一届专职ICU护士小组。曾宪九主任亲自到会并讲话。

所谓创建，就是从零点起步。女孩子善于持家过日子。她们把椅子、桌子、柜子、瓶瓶罐罐布置妥当，虽然简陋，却生气勃勃。1982年某天，只有一张病床开始的外科ICU开门收治危重患者。

1983年12月，北京协和医院建立综合性ICU，扩增至7张病床。收治患者的主要标准是疾病的严重程度，即现在统称的“重症”，不按原发病因而区别对待。外科、妇产

20世纪80年代，ICU的医护人员合影

1985年，作者与ICU护士们的合影
（左一，马遂；左四，作者；右二，孙红）

科和内科等危重患者，一概收治。

为弥补本院医护人员不足，我们分批接受北京市、外省市以及军队的进修医师和护士。实践证明，1张ICU病床需要3～4位护士。增加护士，可以加强对危重患者的巡视和照顾，降低病死率。然而，护士的短缺是我们面临的主要难题。进修护士需要接受ICU临床实践的培训之后，才能跟班做助手。北京协和医院第一届和第二届的ICU专职护士工作和生活都很辛苦。

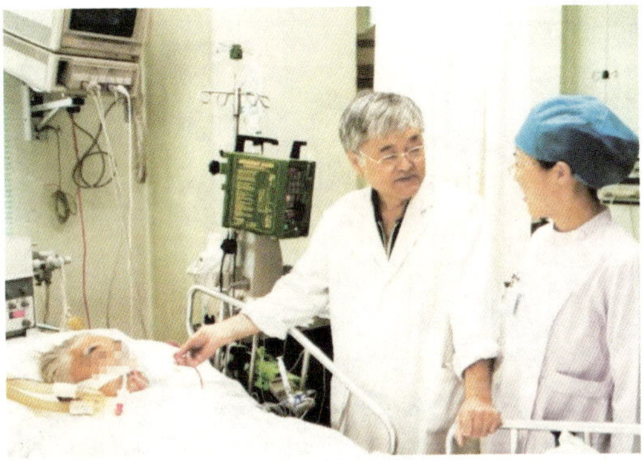

20世纪90年代，作者在病房巡查患者情况，右为护士陆相云

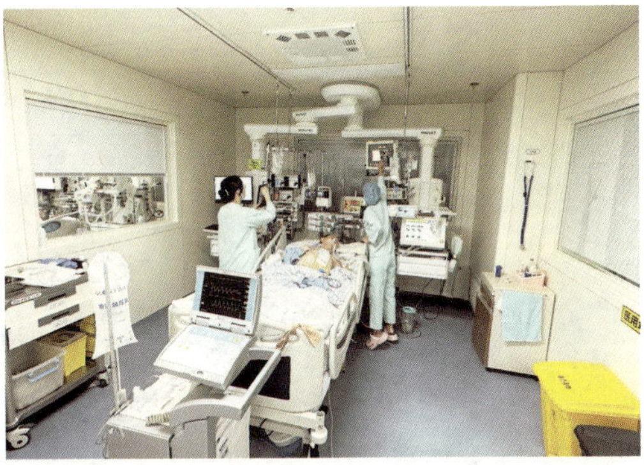

21世纪，北京协和医院现代化ICU病房

作为独立女性，护士有着女性特有的人生观、价值观。她们珍惜自己的独立，做好本职工作，受到重视。一旦结婚，她们也要求自己对家庭负责，做个好妻子、好母亲。按“社会时钟”，女孩应该在25岁或26岁结婚。因此，护士面临着双重的挑战。1982年，我物色第一届护士，也意识到女性与男性不同。我有幸请到那6位青年护士。她们是拓荒者，是建设者，她们是勇敢的人。现在，她们都离开了ICU，有几位结婚后不再当护士。时隔40年，回头看。男性医师很少因为家庭负担过重或者夫妻感情不融洽而影响工作。女性护士要养儿育女、照顾老人，需要付出更多的精力。婚后容易遭受夫妻生活不可预测性的改变而衍生焦虑，使她们不能像25～30岁时那样专注于自己的工作，甚至放弃。因此，我特别感谢护士为ICU的建设和发展所做出的贡献。不论过去还是现在，我始终惦记着她们。

实际上，我是在临床实践中逐步成长起来的。记得ICU创建的早年，曾收治一名警察，他在抓捕罪犯时摔倒，造成重度颅脑创伤，开颅术后脑室引流。在ICU期间曾发生4次心搏骤停，每次都在上午9～10点钟。ICU护士孙红发现心跳骤停与使用甲氰咪胍有关，当时给药方式是经三通管推注。她果断改为静脉滴注，患者再未

一起并肩作战的ICU医护工作者（拍摄于20世纪80—90年代）

发生心跳骤停。回忆往事，我作为一名但是ICU医师，深感愧疚。但是ICU护士站起来了，对我是激励，是鞭策。

20世纪90年代医护合影
（从左至右为刘大为，作者，孙红）

孙红于1983年进入ICU。她脸上总是挂着一丝微笑，容易贴近患者。在紧急时刻，她反应敏捷，与医师配合默契，不张扬。1994年，经考虑，我认为孙红是合适的候任护士长人选。找她谈话时，谁知她一反常态，板着脸说：“我是护士。当护士长，不干。”我晓之以理，终于说服了她。

孙红不爱坐办公室。曾经有个别护士或者医师在她的办公室靠近门口的椅子上，蜷缩着，低着头冥思着。在那里，他们似乎能得到片刻的超脱。默默中，孙红给他们一分理解，一分安抚。在危重患者集中、险情丛生的ICU，她以女性的体贴，营造出一种温和的、缓冲的氛围。作为护士长，孙红能做到这一点，比她的知识和才能更为重要。2003年她奉调离开ICU，任外科总护士长。她为北京协和医院ICU护理工作奠定了专业的基础。

2015—2016年孙红赴西藏自治区人民医院，先后在海拔4000～5000米的日喀则、山南、林芝、昌都、那曲、阿里开展基层培训等工作。2017—2021年，她每年回拉萨，开展专科护士培训。

2015—2016年孙红赴西藏，参加首批医疗人才“组团式”援藏医疗队

孙红（左）在西藏自治区人民医院

孙红参加2020年援鄂医疗队救治新冠肺炎重症患者

西藏自治区首期手术室/重症专科护士培训班合影（第二排左六，孙红；左四，孟彦苓）

无独有偶。孟彦苓1996年到ICU。2004年任北京协和医院ICU病房护士长。2005年，她协助杜斌医师筹建东院内科ICU；2015年，她协助筹建西院内科ICU二病房，担任护士长多年。2019—2020年报名参加第5批医疗人才“组团式”援藏工作，到西藏自治区人民医院，任护理部副主任。她参与组织了西藏自治区首期手术室/重症专科护士培训班，获“优秀党员”称号。

2020年，新冠病毒肺炎大流行。英国花了9天时间火速建成首家“方舱医院”——“NHS南丁格尔医院”。每个病房都按照ICU标准设计。英国媒体将之称为“世界上最大的ICU”。NHS南丁格尔医院最多可容纳4000名患者，最少需要16 000名医护人员。6147名护士、1800名毕业班护生以及一部分退休的医师和护士报名参加，750名圣约翰救护队的志愿者协助。

孟彦苓2004年任北京协和医院ICU病房护士长

孟彦苓为藏族同胞义诊

孟彦苓（右一）下乡义诊

孟彦苓（右一）参加植树节

聂荣乡卫生院宿舍

这是新冠病毒向人类发起的一场没有硝烟的世界大战。人类对新冠病毒知之甚少，缺乏有效的药物，疫苗作用有限。采取隔离、封区，乃至封城，禁止聚集等传统措施，避免病毒的快速播散。同时，国家任命专家组，并动员各省市派出医疗队紧急救援。把危重患者集中在ICU进行治疗，降低死亡率。封闭居民区，政府要承受物力、财力等方面的巨大压力。北京协和医院先后派出3批医疗队，赶赴武汉。孙红奉命率领第3批医疗队，其主要成员是ICU专业护士，以补急需。

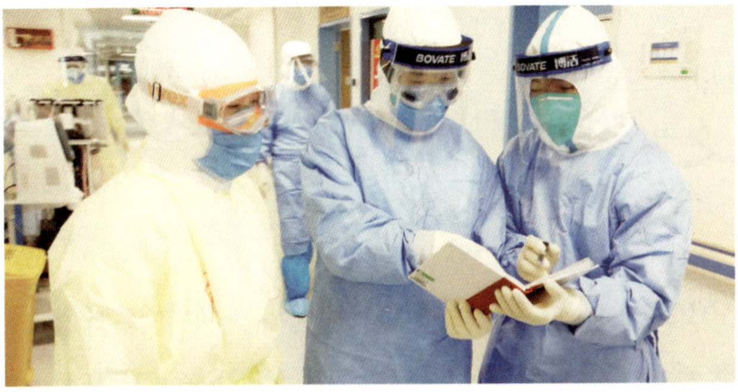

2020年，孙红（中）在武汉救治重症新冠患者

孙红率队从武汉返回北京

2021年8月，孟彦苓重返拉萨和日喀则。同年10月回北京，参加西城区疫苗接种工作。

我走的是一条弯弯曲曲的路，坎坎坷坷的道。我有幸得到第一届专职ICU护士小组6位志愿者的热情相助，她们把小小的ICU扶植起来。孙红任护士长之职，为北京协和医院ICU护理工作奠定了专业的基础。孟彦苓帮助杜斌医师建立了内科ICU。她们两位把北京协和医院ICU的种子播撒在西藏大地上。我在ICU创建之初，并没有想到它能发展到今天的态势。今天，我并不知道我们的探索最终能发现什么。然而，我坚信南丁格尔“提灯”的光亮是永恒的。

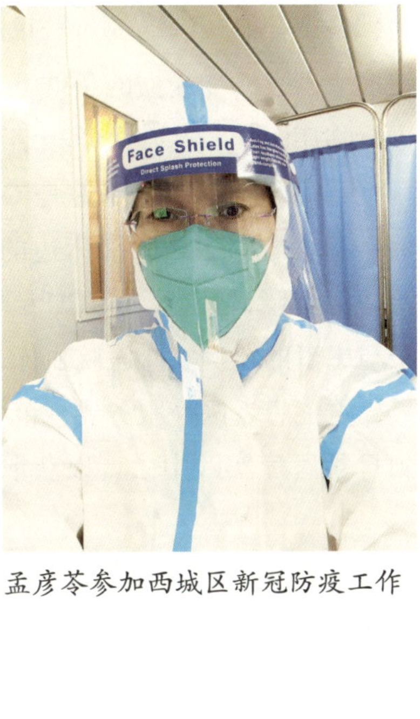

孟彦苓参加西城区新冠防疫工作

后记

2022年10月30日，作者为中华护理学会重症专科护士培训20年纪念发表讲话（生前的最后一次演讲）

愿危重病医学走好独立之路[①]

2008年7月4日，国家标准化管理委员会批准重症医学为临床二级学科，学科代码为320.58。今年年初（2009年1月19日）卫生部下发文件，在《医疗机构诊疗科目名录》中增加“重症医学科”为一级诊疗科目，代码“28”。从文件下发之日起，重症医学科就成为一门独立的临床诊疗科目。

我认为，重症医学服务的宗旨包括三个方面：①对可能发生或者已经发生的、危及患者生命的急性器官功能障碍，进行紧急复苏以及延续多个器官功能的支持治疗。②尽早重建人体内环境稳定，为病因针对性治疗创造条件或赢得时间，最终控制疾病。③对严重的致病因素的打击所引发的机体应答紊乱，特别是在多个器官功能受损的条件下，各个器官之间的相互作用和影响及其调节机制，进行临床医学与基础医学相结合的科学研究。

重症医学的临床基地是ICU。为保证医疗服务质量，ICU应具备下列基本条件：①特定的区域。②床边的、实时的监测仪器以及高科技治疗装备，并保证24小时无障碍运行。③ICU专职医师经过重症医学科的专业培训和考核，提高护士与患者的比例。④医院血库、药房、中心实验室及其他后勤提供全天候保障。

重症患者医疗服务要规范化。一旦制定或公布了诊疗手册或指南，就要落实到日常医疗实践中去，以获取切实的效益。然后在此过程中，进一步发现新问

① 本文发表于2009年《健康报》，经作者修订后使用。

题，作为更新指南的依据。另外，要加强人性化关怀，包括伦理学、心理学、医患关系以及医患家属关系等方面。医学与人文科学相结合，建设人文化ICU。在重症危及生命的关键时刻，给患者有力的医疗救援和照顾，使他们真正受益，这是重症医学专科的立足之本。

重症医学是一门新兴学科。当医学科学发展到一定水平，需要深化对各个器官、各个系统问题的研究时，临床医学出现了以不同器官（系统）为基础的各种专科。然而，医学发展到今天，多个器官相互作用、相互干扰，发生序贯性功能衰竭，其病死率明显高于单器官功能衰竭。从单个器官到多个器官，发生了新的转变，提出了新的挑战，需要我们从临床实践中去发现问题，把它提高到基础医学的水平来分析，提出假设，进行研究；然后，回到临床实践，以求验证，按照“临床—基础—临床”的模式，不断探索与求证。要善于从失败中吸取教训，这是重症医学可持续性发展的动力。从单器官向多器官的转变，从另一个侧面凸现了重症医学跨学科的特性。

2006年7月，作者在ICU医生工作站的留影

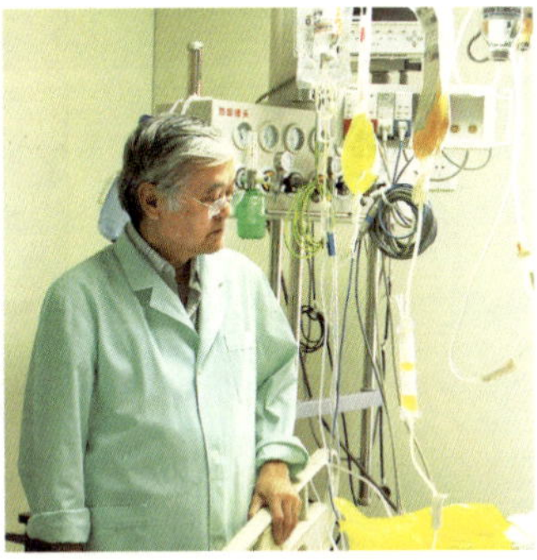

2006年7月，作者在内科楼ICU病房的留影

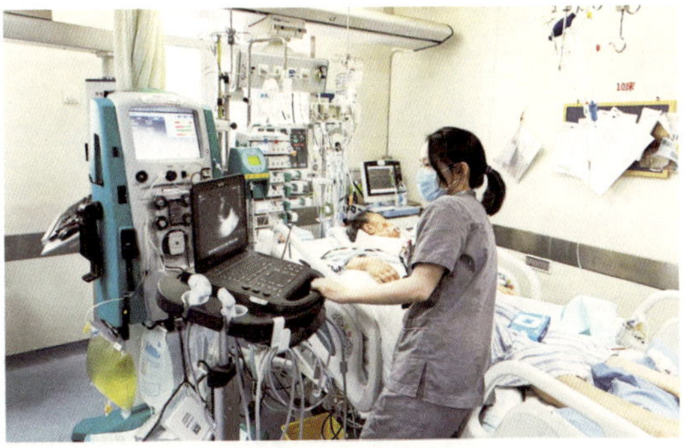

21世纪，协和ICU病房的床旁超声，评价接受血滤治疗的感染性休克患者的容量状态

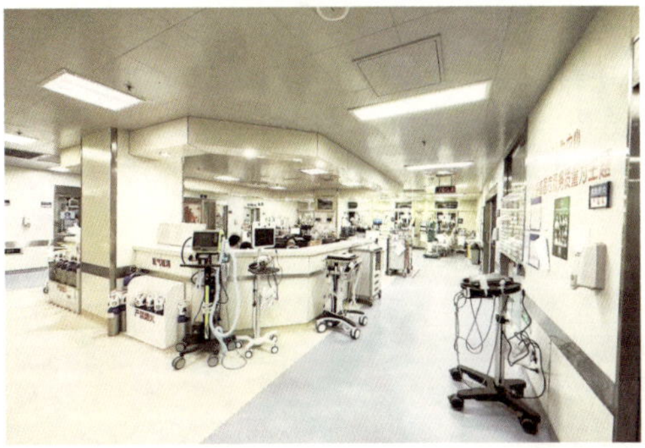

21世纪，北京协和医院现代化ICU病房全景

重症医学成为一门独立的临床专科，是全国从事重症医学专业的同道们盼望已久、经过20余年共同努力的结果，来之不易。我们将以我们的努力，证明并发展重症医学的专科特色和独立性。加强开放和兼容，在学术面前，科不分大小，人人平等。重症医学医师分会这个家要和谐。愿有志于从事重症医学专业的同道们，奉献青春年华、汗水和激情，提升学科的软实力，让重症医学在祖国医学的土地上绽放光彩。

衷心祝愿危重病医学在祖国医学的土地上绽放光彩（照片拍摄于2013年2月）

三、临床基础研究的探索

加强外科基础研究

——2008年12月1日初稿

——2012年5月9日修稿

——2017年8月29日完稿

在实现四个现代化的征途中，为了使外科学达到现代化的水平，需要努力做好的重点工作是什么？这是当前需要深思熟虑的、研究讨论的问题。

显然，重点应该是对外科学的进展具有关键性意义的工作，外科基础研究就是属于这一范畴。

基础学科学的发展对临床医学包括现代外科学的进展的重要性已有大量事实证明，毋庸赘述。每当基础科研有了突破，临床医学即能向前飞跃一步。现在临床上的许多难题也只有待于基础科研有了新进展才能解决。基础研究是我国外科是一个薄弱环节，在有些方面甚至可以说是空白，与科学技术先进的国家相比，差距很大。我们必须急起直追，迎头赶上，才能实现现代化的目标。

20世纪90年代，作者在一次危重症学术会议中做关于“加强外科基础研究”的发言

医学科研大致可划分为三种类型：一是单纯临床科研，主要是临床诊治经验的总结；二是基础科研，一般是在实验室进行的，多带有理论性质；三是介乎于二者之间的科研，即将基础医学科研成果应用于临床的研究，使临床医学得以向前发展，所以，这类科研实际上是基础医学和临床医学之间的“桥梁”。缺乏这种“桥梁”研究，青霉素也许仍然是微生物学实验室的一个现象，而不能拯救千百万患者的生命，也不能促进抗生素的研究和发展。如果没有“桥梁”研究，也难以用现代医学基础理论阐明中医的临床疗效，从而促进中西医的结合。我们所谓的外科基础科研就是属于此类。

临床基础科研具有下述几方面的特点：①研究的对象是人，而不是动物。经验证明，动物实验的科研结果不一定都适用于人，但是必须在人体上得到验证。正是因为研究的对象是人，所以必须特别慎重，不能给研究对象带来任何危害。②这类科研必须由临床工作者领导和亲自参与，这些人员除了要有丰富的临床经验，还需要有一定的基础科学和基础医学的训练。即使如此，临床医务人员也不可能全面掌握基础科学和基础医学的知识和科研方法，所以常需要基础科学和基础医学工作者的协作和指导。③进行临床基础科研必须按科研题目配备适当的实验室，这些实验室与一般临床化验室应有所分工，并常需要购置质量较高的精密仪器设备。④临床基础研究需要长期连续地进行，因而在科研内容和人员等方面必须具有一定的稳定性。

综上所述，我国在现有情况下开展外科基础科研尚存在一些困难。有些外科医师担心影响自己的临床培养，不愿参加基础研究工作。还有一些人仍“心有余悸”，对“以患者做试验”缺乏认知和经验。从当前医学院校的课程和毕业后的训练来看，基础科学和基础医学的学习是非常不够的，即使过去受过这些方面的训练，也会由于多年没有继续学习和应用而感到“落后了”，困难很多。进行科研所需要的仪器设备有些需要从国外进口，所以往往不能及时购置。根据过去的经验，一个新手术的开展，一个技术上的成就，常常能得到领导的表扬和奖励，而基础科研出成果慢，也不“惊人”，因而不易得到重视。所以，要开展外科基础科研就要努力克服以上的一些障碍，还要从思想上真正认识到外科基础科研是我国外科学现代化的重要途径。尤其希望卫生部门各级领导予以大力支持，在全国范围内建立一定的外科基础科研基地。各基地可根据自己的专长和条件选择一个或两个有关外科基础方面的问题进行研究。必须克服所有基地都研究同一课题的“单打一”“赶时髦”倾向，这样，外科基础科研就可以在全国范围内得到全面开展。

基础科研是外科学发展的基础

——2008年12月20日初稿
——2009年5月14日第一次修稿
——2012年5月9日第二次修稿
——2017年8月30日第三次修稿
——2019年11月16日完稿

2004年，作者任中华病理生理学会危重病医学专业委员时，在全国学术交流会议上做关于“基础科研是外科学发展的基础”演讲

现代外科学已达到很高水平。人体重要脏器如脑、心、肺、肝、肾等的疾病，都可以用外科手术的方法进行治疗，并已取得惊人的效果。现代外科学是怎样达到这样高的水平，今后又如何能发展到更高的水平？这些都是当前我国外科学向现代化进军，进入世界先进行列所必须认真研究的问题。

“外科”这一名词是由希腊文“手”和“工作”两词组成，就是用手治病的意思。汉语“外科”一词，顾名思义，也是指治疗外部疾病。古代的外科医生用手医治一些身体表浅部位的疾病和外伤，无论在东方或是在西方皆是如此。早在公元前1700年我国殷商时代的甲骨文中已记载有外科疾病名称。公元前1600年古埃及已有伤口处理的文字记载。但是，在此后的几千年里，外科基本上仍局限于体表伤口的处理，没有太大进展。

从西方医学的历史来看，外科学发展的第一个里程碑是在16至18世纪，与解剖学和病理学的发展相联系。当时一些著名的外科医生对解剖学的研究，使外科手术的一些必要步骤如切入途径、剥离、止血、脏器切除等建立在科学的基础上，对外科手术学本身的发展和完善具有根本性的意义。解剖学是关于正常人体结构的研究，随之而发展的必然是病体结构的研究，即病理学。病理学的发展为外科手术治疗疾病提出了明确的依据和目标。到了18世纪末，英国的外科医生约翰·亨特则将解剖学、病理学和实验外科紧密结合，从而对外科学的进一步发展产生了深远影响。

外科学发展的第二个里程碑是19世纪麻醉药物的发现、抗菌术和无菌术的发展。在19世纪40年代以前，外科手术并不是在有效麻醉下进行的。但在1842—1846年应用乙醚麻醉和氯仿麻醉相继取得成功，为手术的进展开辟了新的纪元，也使外科学与药理学发生了密切联系，进一步发展了新的麻醉药物和方法。不过当时外科手术仍不能广泛推广，主要的障碍是感染。当时伤口化脓被认为是伤口愈合过程中“正常”的、“不可避免”的现象，“脓是值得称赞的”。所以，手术后坏疽、脓毒血症、败血症多见，且死亡率很高，竟达40%～60%。在这种条件下，要对人体内重要器官（如脑、心、肺等）进行手术是不能想象的。

从19世纪40年代开始，英国的外科医生约瑟夫·李斯特利用石炭酸对伤口、器械、空气的消毒作用，获得了伤口可以不经过化脓而达到愈合的结果，以此证明伤口化脓不是“正常的”“可称赞的”，而是可以预防的。这就是外科抗菌术新纪元的开始。然而，他的工作并未得到同时期多数外科医生的赞同。幸而同时期法国的生物学家路易·巴斯德发现，发酵和腐败是由于微生物繁殖所致，并推论伤口感染化脓也可能是环境中微生物的作用引起的。这样，微生物学就为抗菌术提供了理论基础。微生物学和外科的结合，使抗菌术逐渐发展成为完善的无菌术，无菌手术切口的感染率降低至1%～2%。因此，手术本身的效果就更为明显，这也是腹部外科之所以能够在19世纪末开始发展的必不可少的条件。

外科学发展的第三个里程碑是在20世纪生理学、病理生理学、生物化学、免疫学的进展以及这些基础医学与外科学的结合。正是由于基础与临床多学科的结合，促使外科学以前所未有的速度，冲破过去的“禁区”，进入了新的领域。突出表现有以下几个方面：①外科手术的范围扩大到身体的各部位。在19—20世纪全球建立起来的新兴专业有脑外科、胸外科、心血管外科、器官移植外科等。②外科手术的安全性大为提高，效果改善。例如血型的发现，使输血成为治疗失血的一项安全有效的措施。又如对身体组成的研究，证明了体内的水、电解质和酸碱平衡对维持人体“内环境稳定”的重要性以及在疾病和损伤后所产生的紊乱。再如对手术后内分泌代谢反应进行的临床研究，使外科医生能更深入地认识手术前后人体功能的一些变化，以便采取措施及时纠正，从而提高了患者对手术的耐受性等。③外科手术从切除病灶、修复损伤发展到调节生理功能以治疗疾病的新阶段。例如溃疡病、内分泌疾病的外科治疗，甚至器官移植都属于这个范畴。

回顾现代外科的发展，可以清楚地看出，外科学是随着基础医学的发展而发展的，基础学科促进了外科学的发展，外科学的发展又反过来丰富了基础学科，因而基础科研是外科学发展的基础。如果脱离了解剖学、生理学、生物化学、微生物学、免疫学，如果没有一些卓有成效的先驱者的努力，外科要取得今天的成就是不可能的。

基础科研在我国外科工作中是一个薄弱环节。新中国成立后，为填补这方面的空白，刚刚开始的一点努力，在“文化大革命”时期，受到无情的摧残和打击，白白地丧失了十几年的时间。在前不久召开的第九届全国外科学术会议期间，有不少关于临床经验丰富、手术技术高超的报道，而有关基础理论的论文则寥寥无几，这说明我国迅速开展外科基础研究是刻不容缓的事，应该引起卫生部门领导和外科医生的重视。没有外科基础科研，就不会有临床外科根本性的改革，在这一点上，我们不能抱侥幸取胜的心理。

当前，要把外科基础研究搞上去还存在着很多困难，例如实验室建立中的人力资源配备和仪器的购置，外科医生的基础科学知识水平，外科与基础医学各学科的协作等问题，都还没有得到很好的解决，而思想认识没有跟上，可能是其根本原因。基础研究对条件要求较高，困难较多，而且出成果较慢。希望领导能积极引导，对从事基础研究的外科医师给予有效的支持。外科医生也必须重视外科基础研究工作。临床基础研究并不是基础科学的纯理论研究，而是把基础科学的新成果应用于临床，把临床发现的问题带回到基础科学的领域，用实验研究的方法进行探索。我们的队伍中总要有那么一批志愿者，甘愿当基础科学与临床外科之间的“架桥工”，使基础科学能更好地为患者服务，同时使临床外科向现代化发展。

生命凯歌中重生的严重烧伤患者

——2020年7月11日完稿

1958年“大跃进”，我成批地接诊了严重烧伤的炼钢工人。大面积深度烧伤的成功治疗，无前例可鉴。客观形势要求我们必须全力以赴。医学院党委决定紧急调动内外科资深教授，成立烧伤治疗的专职小组，以董方中、邝安堃、戴自英等为核心，老、中、青相结合。

我是青年住院医师，和朱德安大夫一起。我们面对的是那些身强力壮的炼钢工人，他们为争取超产，奋不顾身，不幸被倾泻的高温钢铁熔流烧伤。几位全身深度烧伤的工人，体无完肤，面貌全非。这般景象对我的心灵产生猛烈而痛苦的袭击。于是，从第一天起我就守护在他们床边，几个月没有离开过病房。

全身严重烧伤后早期休克，大量体液在短时间内快速渗出，需要的静脉输液量之大超乎想象，书本上的输液公式仅供参考。董方中教授曾经在美国治疗过严重烧伤。他是唯一一个具有实践经验的外科主任。

董方中教授很重视人体“内环境学说”的教学。每天清晨，他骑车买回来一大包油条，到值班室唤醒我们。理论小讲课和香喷喷的油条早餐，同时并举。我就这样开始学习水与电解质的基本知识，问题属于外科生理学范畴，我特别感兴趣。早期切痂植皮是原则。移植的是伤员自体皮。董方中教授从美国带回来的取皮机首次亮相。手术操作不难，容易学会。但是，伤员可供的自体皮，不足以覆盖创面，势必严重影响预后。

全身烧伤创面很快发生绿脓杆菌感染，初思不及。有位名叫刘四小的炼钢工人，在严重烧伤后的第4天，不幸去世。同日进院的邱财康血培养阳性。邱财康对我说，他要活下来，重返岗位去炼钢。他是司炉长，眼力很好，能根据火焰颜色辨识恰当的火候。邱财康的妻子带着年幼的儿子、女儿，万分焦虑地等在会客室，不能与丈夫见面。

关键时刻，我们请来上海第一医学院戴自英教授急会诊。他提出有效的抗生素是多黏菌素B。国内无药，即日派人乘坐飞机，去香港购买。争分夺秒，控制菌血症。同时把伤员立即搬出手术室，向传染病科大楼转移，开辟专用烧伤病房，防止绿脓杆菌感染在外科病区播散。关于全身严重感染和抗生素治疗，戴自英教授是我的启蒙老师。

左侧下肢感染很快加重，将进一步破坏深Ⅱ度烧伤创面，导致细菌大量侵入体内。史济湘主任提议急诊截肢，牺牲局部，保全生命。但众说纷纭，有人认为在这种情况下，截肢可能适得其反。董方中教授审慎考虑，主张把下肢悬挂暴露。此法果然奏效。至此，创面感染暴露疗法的概念被大家接受。

如果背侧大面积深Ⅱ度烧伤多天受压，将产生同样严重后果。按惯例，在普通病床上，帮助翻身，费时费力，患者更痛苦，还会暴露不全。朱德安大夫情急生智，去图书馆找出Curtis Artz《烧伤治疗》专著。照片所示翻身床可以让伤员定时做180度旋转翻身。他深受启发，向技工组老师傅求教，共同研究如何自己动手仿制。工人师傅们通宵达旦，用自来水管等零件，赶制成功，随即在临床应用。朱大夫和我是同龄人，他敏捷的临床思维，敢想敢干的精神，告诉了我应该怎样做好临床工作。

大家以炼钢工人生命为重，齐心协力，兼顾全身与创面感染。落实这一套组合拳。第一回合，把邱财康从死亡边缘，夺了回来。第一例全身严重烧伤患者，在一个月内仍然存活，创造了新纪录。全市各家报纸大幅报道，给社会大众看到希望。

邱财康Ⅲ度烧伤占体表面积的23%，处理恰当，可以足够的自体皮覆盖裸露的创面。然而，在日后陆续分批收治的全身烧伤患者中，有的Ⅲ度创面在50%以上，甚至高达90%。自体皮的供皮来源极其有限，是国际上尚未解决的难题。

史济湘主任试用Mowlem-Jackson首创的自体皮与异体皮间隔相嵌的方法。此举竟然激发众人异乎寻常的想象力，千方百计增加自体皮扩展的余地，力争突破大面积Ⅲ度烧伤治疗的“瓶颈”。经过艰苦探索，初次发现头皮的真皮层较厚，可以用手削刀薄层削取，新生的真皮层在几天内就可以创面愈合，如此反复6～7次。在自体皮极其短缺的条件下，头皮成为宝贵的新的供皮区，为大面积Ⅲ度烧伤治疗开辟了新的途径。

1958—1962年我在烧伤病房工作，逐步深入观察严重烧伤后复杂的机体反应，激发我对外科生理学和病理生理学产生强烈的兴趣。我自认为严重烧伤的治疗将成为我终身的事业。1960年，我奉调去北京参加《毛泽东选集》第4卷法文翻译的复核工作，一年完成任务。1962年和1963年先后两次临时奉命外调访问越南。回国后，我另有任命，去北京协和医院外科工作。从此，脱离了我心爱的烧伤专业。

时隔多年，积水潭医院烧伤科孙永华主任，给我机会去手术室观看已经成为常规的“大张异体皮与浆状小颗粒自体皮复合”，直接缝在焦痂切除后的创面上，一次性完成覆盖，解决了国际上尚未解决的难题。我很振奋，遗憾的是我没有参加探索的全过程。新生代的医师也可能难以体验，成功之路是如何走过来的。

为什么我从大面积烧伤想到急性呼吸窘迫综合征（ARDS）

——2017年7月28日完稿

回首往事　激发思考

1958年5月26日的夜里，上海第三钢铁厂装满熔化的“钢水”的挂斗突然倾斜，对着车间倒灌下来，造成两名值班工人邱财康和刘四小全身严重烧伤。邱财康的烧伤总面积占全身体表面积的89%，Ⅲ度烧伤占23%。刘四小更为严重。经手术室初期处理后，邱财康和刘四小转入我管理的病区，我当时是一名烧伤科住院医生。随后，医院又收治了一批又一批的大面积烧伤工人。这是我在“春天里的生命之歌”中所讲述的一段往事。当我从现在所从事的危重病医学专业角度，再次回想当时的情景，激发出了一些新的思考。

大面积烧伤患者的休克期　我在想什么

大火可以把人烧得面目全非。刘四小和邱财康两人头面部完全暴露，面部肿胀、变形。大面积烧伤导致全身微血管通透性增加，大量血管内液（包括电解质、胶体、水分等）向身体表面渗出，同时在体内积聚，形成第三间歇。渗出快、量大且持续时间长，导致烧伤早期低血容量性休克的高死亡率。1952年，Evens提出的休克输液公式是以烧伤面识和患者体重为基础，供临床参考。大致上，第一个24小时，每1%烧伤面积需要补充电解质液1ml、胶体液1ml，另加5%葡萄糖液2000ml。凡烧伤总面积超过50%者，仍按50%计算。试以体重60kg为例，每千克体重需补液2ml（电解质和胶体），加2000ml等渗葡萄糖液，总量高达8000ml。其中1/2需要在第一个8小时内输入。我把焦点集中在输液复苏治疗方面，尽快开通两条静脉通道，按时按量输入液体，并观察每小时尿量。然而，大面积烧伤可以把全身微血管通透性增加，血管内液“疯狂”地向外渗漏，将病情迅速推进至威胁患者生命的“极限”。

刘四小不幸在烧伤后4天病故，而邱财康度过了休克期。从实际效果的角度考虑，我们开创了全身烧伤休克期输液治疗成功的先河。遗憾的是，当时我对问题的思考和认识仅能至此为止。

旅法留学　我学到了什么

1979年我来到了巴黎，学习危重病医学。我首先听到两个崭新的名词“血流动力学”和“急性呼吸窘迫综合征”（ARDS），它们陌生而神秘。但法国的ICU不喜欢“灌输式”教育。他们会提出一些有关临床的基本理论问题，似乎刻意不谈治疗上的新进展。他们要求我更多地注意临床观察，学会提问题。凡事多问几个“为什么”。他们认为探索和思考的过程，比获取现成的答案重要得多。

我的老师曾宪九教授在临行前，一再嘱咐我“要学习新技术”，更重要的是要“知其然，知其所以然”，要知道“外国人是怎么想出来”“他们正在想什么”。但是，在巴黎初学期间我很急躁，急于想学会如何在临床上发现ARDS，急于想回国后向国外订购新型呼吸机。这恰好说明我没有切实理解曾宪九教授当时教导的深层内涵。因此，我需要经过一段较长的时间，去适应并且接受法国教学医院的教学模式。

对Ashbaugh提出的ARDS深感好奇

到了巴黎，我第一次听说ARDS。1967年，Ashbaugh第一次提出ARDS这个新概念。我不明白他是怎么想出来的？今天重新阅读他写的第一篇原文，颇多感慨。Ashbaugh是一位能专注思考的人。他仔细观察收治的12位患者，发视他们都没有肺部的既往病史。诱发ARDS的病因不外乎多发性创伤或可疑的病毒性肺炎。他如实描述了患者的临床表现，包括严重呼吸困难、呼吸快速、氧气疗法对发绀无效、肺顺应性丧失，胸部X线片显示弥散性肺泡浸润等。在尸体解剖直视下，ARDS患者的肺部外貌类似肝组织。Ashbaugh敏锐地意识到呼吸末正压（PEEP）通气的理论基础与肺顺应性丧失的理论基础相吻合。一旦肺顺应性丧失，呼气期间肺泡必将塌陷。要取得重新开放，已经塌陷的肺泡必然需要更大的吸气压力。

然而，要在ARDS病理生理学认识方面达成共识，很不容易。1974年Norman Joffe发表的文章中，列举的ARDS的同义词竟然有13个之多，例如“休克肺”“创伤后肺功能不全”“出血性肺综合征”“僵硬肺综合征”“成人透明膜病”“充血性肺不张”等。众说纷纭，概念不清。现在，ARDS已正名为“急性呼吸窘迫综合征”，排除了“成人呼吸窘迫综合征”一说。

1992年欧美共识会议把急性肺损伤（ALI）列为炎症综合征，肺微血管通透性增加是ALI的标志。据此，与输液过量或心力衰竭所引起的低氧血症和肺部浸润相区别。严重感染、误吸、急性肺炎或者多发性创伤往往伴有ALI。ARDS是ALI最严重的类型。因为发现严重ARDS成人患者呼气末期通气的肺组织，实际上相当于5～6岁健康儿童正常通气的肺组织，所以推出低潮气量和肺保护性通气策略。2012年柏林会议对ARDS的定义进行修正，以求早期发现，对发病率的估算更切合实际，有利于循证医学的开展。从1967年起，半个世纪过去了。Ashbaugh最初对ARDS的观察和思考基本上被公认为是准确的。揣摩ARDS病理生理学发展的艰难历程，足以发人深思。

大面积烧伤患者发生休克　不发生ARDS吗？

从1958年至1964年，我从事大面积烧伤治疗工作，其间曾多次赴外地出诊，参加医疗服务。这一阶段，临床实践的经验不算少。当年的烧伤医疗小组因治疗大面积烧伤治疗成功，“突破世界纪录”，受到国家嘉奖，我很有成就感，也很自豪。但是，探索和思考就到此为止、一点疑问也没有了吗？

回忆我第一次接触烧伤患者，第一个8小时需要输入液体量之大，令我震惊。全身微血管渗透性增加所产生的后果，可以致人于死地。实际上，全身微血管通透性增加与肺微血管通透性增加必然是同步的。按理论推断，这么多的严重烧伤患者，ARDS发病率可能比较高。刘四小全身烧伤，体无完肤。我没有想到要给他拍胸部X线片，也没有给他测量动脉血氧分压。当初我头脑里没有ARDS的概念，没有机械通气方面的知识，医院里也见不到呼吸机的身影。刘四小去世了，死于休克。他没有发生ARDS吗？

一张会讲故事的翻身床

翻身床帮助患者改变体位，仰卧位或者俯卧位。虽说是同样一张翻身床，却讲着两则不同的故事。第一则故事讲的是俯卧位与烧伤创面。全身烧伤创面需要完全暴露。为防止背侧深Ⅱ度烧伤经长时间受压后转化为Ⅲ度，要求患者在一定时间内趴着睡。如果听任背侧受压创面坏死范围扩大、大面积肉芽创面裸露、没有足够的自体皮可供创面覆盖，患者将因严重感染而死亡。在普通病床上，患者每次翻身，颇费人力，并且患者痛苦，背侧创面暴露不充分。怎么办？

Curtis Artz曾经用特制的翻身床（Stryker frame），完成患者体位180度的转换。国内没有现成的产品。受到Artz的启发，住院医生朱德安与医院技工师傅们讲解需要打造一张可180度转换体位的翻身床。不知熬了几个昼夜，技工组师傅们用自来水管打造出第一张翻身床。有位工人把自己夹在两片床架子中间，完成了180度翻转。

医院技工师傅打造第一张翻身床

这几张造型粗糙的翻身床帮助患者安全地翻身俯卧。一般在休克期过后，患者需要每天俯卧8～10小时。如果患者主诉不适，可以很快转回仰卧位。俯卧位暴露疗法能够控制创面最常见的绿脓杆菌感染，效果显而易见。俯卧位特别受烧伤科医生的青睐。随着故事的发展，我的看法也发生着改变。

当时，我并不认为俯卧位能够降低全身烧伤患者的死亡率，决定死亡率的主要因素是Ⅲ度烧伤创面过大，可供移植的自体皮来源非常有限。要知道不论Ⅲ度烧伤面积有多大，都必须在一定期限内，进行多次切痂植皮，完成裸露肉芽创面的覆盖，才能挽救患者的生命。要开发自体皮供皮来源，尝试最大限度地帮助自体皮自身扩张能力等，几乎成为难以逾越的障碍。在20世纪50年代和60年代初，这段探索过程充满着折磨和痛苦，对患者和医生都是如此。这般严重的烧伤患者要经受多次手术损伤，不发生ARDS，可能吗？没有机械通气的支持，ARDS如何演变，患者如何活下来，仍然是个谜。临床确实观察到了俯卧位暴露疗法能防止背部烧伤创面因受压而加重，防止最常见的绿脓杆菌感染效果显而易见。俯卧位是否也保护了患者的通气？这一问题引起了我的关注。

翻身床讲的第二则故事是俯卧位通气与ARDS。

俯卧位通气与ARDS

——2017年8月5日初稿

——2017年8月10日完稿

20多年以前，Bryan发现麻醉时患者采用俯卧位通气可以改善氧合状况。随后2～3年的时间内，Douglas等人又通过一些小样本试验，观察到严重ARDS和其他不同病因的呼吸衰竭患者，俯卧位通气可以使氧合得到明显改善。对于不同患者，俯卧位通气改善氧合的程度和时间有较大差异。这些结果已被世界范围内的多项研究证实。由于对俯卧位通气改善氧合的机制未达成共识，对俯卧位通气的安全性以及可能带来的并发症也缺乏足够的了解，因此限制了人们对俯卧位通气的进一步临床应用。

2008年，作者在病理生理学术会议中做关于“俯卧位通气与ARDS”的演讲

20世纪80年代，随着人们对ALI/ARDS病理生理学的进一步认识，以及治疗策略的不断改进，俯卧位通气作为治疗ALI/ARDS的一种辅助手段开始逐渐受到重视。特别是近年来，随着人们对ALI/ARDS肺泡病变的不均一性和呼吸机相关性肺损伤（VILI）认识的不断深入，俯卧位通气作为肺保护策略的一种手段，再次成为人们研究和讨论的热点。

正常人不同体位时的呼吸生理状况

在讨论俯卧位通气前，首先回顾一下正常人不同体位时的呼吸生理状况。直立位时，胸膜腔内压（Ppl）按重力作用方向自上而下负值逐渐减小。根据公式：跨肺压（Ptp）=肺泡压（P_A）—胸膜腔内压（Ppl），所以跨肺压自上而下逐渐减小。跨肺压决定肺泡大小，因此肺泡直径自上而下逐渐减小。下肺的肺泡由于直径较小，顺应性好，通气相对较多，加上膈肌的作用，决定了肺通气自上而下是逐渐增加的。另外由于重力的作用，肺血流自上而下逐渐增多，使通气与血流达到良好匹配。这种通气和血流按照重力作用方向分布，称为重力依赖性分布。

仰卧位时，肺脏自上而下分为非下垂区和下垂区。靠近胸骨的肺区为非下垂区（非重力依赖区，腹侧肺区），靠近椎骨的肺区为下垂区（重力依赖区，背侧肺区）。与直立位类似，由于胸膜腔内压按重力作用方向，从非下垂区到下垂区负值逐渐减小，肺泡直径自上而下逐渐减小，肺通气主要集中在下垂区。同样由于重力的作用，肺血流自上而下增多。

当由仰卧位转成俯卧位时，先前按重力作用方向分布的胸膜腔内压变得相对均一，背侧肺区的肺泡膨胀得较好，而腹侧肺区的肺泡膨胀得则要差一些，不同区域的肺泡大小差别较仰卧位要小，表现为一种相对均匀的分布。俯卧位时，不同区域肺通气较仰卧位更均匀，也有研究发现肺通气自上而下逐渐增多或减少。在麻醉和骨骼肌松弛（肌松）的条件下俯卧位，肺通气主要集中在非下垂区，即腹侧肺区。根据“重力分布”理论，俯卧位时肺血流应该从背侧肺区向腹侧肺区分布，但在动物实验中并没有观察到这一现象。肺血流分布在俯卧位时也变得较为均匀。

ALI/ARDS患者肺通气和血流分布

Gattinoni等人对ARDS患者进行肺部CT检查，发现仰卧位的肺部CT主要表现为肺下垂区的高密度影，可明显看到肺泡膨胀自上而下逐渐减少，非下垂区的肺泡较下垂区膨胀得更好。这是由于ALI/ARDS时的肺脏是正常肺脏重量的2～3倍，在其自身重量的作用下，肺脏进行性萎陷，将下垂区内的气体挤向非下垂区。利用CT对局部肺通气状况进行定量评估，发现肺通气在ALI/ARDS早期主要集中在非下垂区，应用呼吸末正压（PEEP）后可改变这种情况。随着PEEP的增加，下垂区萎陷的肺泡逐渐复张，不同区域的肺通气变得更为均匀。

ALI/ARDS仰卧位时，缺氧性肺血管收缩反应、血管闭塞和肺血管外部受压等因素会影响肺血流分布。选择性肺血管造影，提示急性呼吸衰竭时肺局部血流灌注是异常的，表现为下垂区的血流减少和血管闭塞，提示血流可能集中在非下垂区。

将ARDS患者从仰卧位变为俯卧位通气，通过CT可以观察到，肺的高密度影从背区快速移动到腹区。这种现象最可能的解释是肺内气体的重新分布。仰卧位时，下垂区的肺萎陷，俯卧位通气造成肺泡膨胀分布的逆转，背侧肺区的肺泡得到较好膨胀。由于俯卧位通气时不同部位肺泡膨胀较为均一，因此推测这种体位时的肺通气也较为均一。研究发现，ARDS动物模型或患者在俯卧位通气时，肺血流分布较为均一，背侧肺区血流较腹侧肺区多，而非人们所想象的那样按重力作用方向增加。提示有某些内源性因素在影响俯卧位通气的肺血流分布。

俯卧位通气改善氧合的主要机制

背侧肺泡的复张。在仰卧位时，胸膜腔内压按重力方向的分布，自上而下负值逐渐减小，甚至变为正值。在发生ALI/ARDS时，这个梯度更为显著。大部分下垂区胸膜腔内压正值较大，在吸气末不能产生足够的负压使气道开放，导致下垂区的肺萎陷。采用俯卧位通气治疗时，胸膜腔内压的重力分布梯度减弱，上下较为平均，跨肺压也较为均匀，同时心脏和纵隔对背侧肺区的压迫解除，这使原先萎陷的背侧肺区的肺泡得以复张。而肺血流在俯卧位通气时由于某些内源性因素的作用，如缺氧性肺血管收缩，相当多的肺血流仍滞留于背侧肺区。这样背侧肺区的通气和灌注相对较好，通气/血流灌注（V/Q）比值更加匹配，分流减少，从而改善氧合。目前认为这是俯卧位通气改善氧合最可能的机制。

其他可能的影响因素有：俯卧位通气时，气道内分泌物由于重力作用得到良好的引流；心脏、纵隔对下垂区的压迫减少等。

俯卧位通气的应用时机和禁忌证

俯卧位通气适用于氧合障碍的患者。对于其应用时机目前有两种观点：一种观点认为，无论任何原因导致的肺水肿，在合理使用PEEP的情况下，如不能将FiO_2（吸入其中的氧浓度分数）降至60%以下，均可以使用俯卧位通气；另一种观点认为，在ALI/ARDS早期，即使没有严重的氧合障碍，也可以使用俯卧位通气。如果存在血流动力学不稳定、颅内压增高、急性出血、脊柱损伤、骨科手术、近期腹部手术、妊娠、不能耐受头部朝下的姿势等情况，建议不要采用俯卧位通气。

俯卧位通气的并发症

通常情况下使用俯卧位通气是安全的，但也存在一些并发症。已报道的有：皮肤的压伤、水肿和坏死，外周神经损伤，肌肉损伤，角膜溃疡，低血压，气管插管，中央静脉插管和其他引流管的移位或压迫，尖颅，心律失常，心搏骤停，伤口裂开，视网膜损伤，骨化性肌炎（罕见），男性乳头坏死（罕见）等。

俯卧位通气的操作和护理

俯卧位通气可以通过翻身床、翻身器和人工徒手操作来实现。患者的监测包括生命体征、氧合情况、呼气末CO_2水平及其他有关原发病的必要检测。护理主要包括心理疏导，管路、引流袋和导线等附属物，眼部和受压的皮肤的护理。两种体位变换的时间间隔，取决于患者对俯卧位通气的反应和耐受程度。一般每4～6小时翻身一次比较适宜。在观察到患者PaO_2（动脉血氧分压）开始下降时，就转成俯卧位通气。如果患者在仰卧位时不能保持先前俯卧位通气时的氧合水平，那么1小时以后就需要再转成俯卧位通气。当观察到俯卧位通气不能改善氧合时，就不应再采用俯卧位通气了。

有相关文献报道，俯卧位通气可以改善大多数（2/3 ~ 3/4）ARDS患者的氧合。目前认为最可能的机制是肺内气体的重新分布，使V/Q比值改善，减少分流。通过改善氧合，可以降低FiO_2和PEEP的水平，降低呼吸机相关性肺损伤（VILI）的发生。但目前尚未发现俯卧位通气能够改善ALI/ARDS患者的预后。一般来说，对于那些血流动力学稳定、颅内压不高、近期没有大手术和创伤的患者，如果出现氧合障碍，可以采用俯卧位通气，这在大多数情况下是安全的，但也存在一定的并发症。对于俯卧位通气的应用时机，确切的机制以及是否能够作为ALI/ARDS等疾病的常规治疗手段，尚需进一步的探讨。

四、学习血流动力学的经历

从体循环走向微循环监测

——2010年1月28日完稿

对于危重病患者，初期治疗的目标是尽早纠正组织缺氧，以防止细胞功能障碍或者细胞死亡，以及器官功能发生障碍。组织氧耗（VO_2）与氧输送（DO_2）的平衡是脆弱的。不论是低氧血症，还是低心输出量，都可以破坏VO_2/DO_2平衡。严重的组织缺氧是致命性杀手，力求早期启动治疗性干预。这是经过长期的临床实践，形成的危重病医学的一项基本概念。

为保障组织细胞氧输送，循环系统和呼吸系统起着重要作用。然而，对于危重病患者心血管系统功能障碍以及治疗效应，以往传统的临床观察和检查，难以作出实时性判断。40年前，Swan和Ganz合作设计肺动脉漂浮导管。将导管插入右心，可以间接测知左心前负荷，计算出周围血管总阻力。导管的监测不仅限于压力。应用Stewart-Hamilton以冰水为指示剂的热稀释原理，可以测知流量（心输出量）。经导管采取混合静脉血，可以推算DO_2和VO_2值。1970年，Swan和Ganz发表了第一篇相关论文。

2009年12月，作者在第二届中法危重病医学研讨会上做关于“氧输送与氧耗”的演讲

从此，临床医师可以在床边监测血流动力学的动态改变，分析和解读所测得的多项数

据，早期进行评估，选择更佳的治疗方案。DO_2/VO_2平衡，进一步受到临床医师的重视。血流动力学监测很快从内科进入外科领域，成为ICU加强医疗的一种标志。我国早年从事危重病医学的临床医师中，多数曾经系统地接受血流动力学理论知识的学习和监测技术的培训。这无疑是必要的。进入21世纪以来，在严重感染和感染性休克的治疗指南中，比以往更加强调积极地输液复苏的重要性，提出更早、更紧迫的时间表。

然而，现行的复苏治疗可以使体循环血流动力学及氧输送等参数，恢复到正常值范围，却能够掩盖区域性组织缺氧。所谓代偿性血流再分布，实际上，作为权宜之计，是在全身性VO_2/DO_2失衡情况下的一种微循环分布不匀，把血流向心、脑等器官转移，使已经处于低灌注状态的组织细胞更加缺氧。代偿性机制以牺牲区域性组织灌注为代价。如果持续时间过长，微循环调节功能发生障碍，可以成为多器官功能障碍的“发动机”，其危害性与1986年提出的“胃肠道是MOF发动机”一说中所假设的不相上下。

微循环是全身血液循环中的终端网络，由直径小于100μm的微小血管构成，包括小动脉、小静脉和毛细血管等。虽然这些微血管的直径很小，但为数众多，其横断面的总面积比体循环系统的大、比中血管的横断面总面积要大得多。内皮细胞、中性粒细胞、红细胞和血小板等共同构成微循环中主要的细胞组成部分。微循环依靠多种细胞信息传递通道，维持正常灌注，以适应各区域组织氧输送与代谢需求之间的平衡。严重感染可以打击微血管的各种细胞类型，并且主要从以下三个方面影响微循环功能：①小动脉对血管舒张药物和血管收缩药物的应

2009年，第二届中法危重病医学研讨会上作者做关于“微循环与线粒体窘迫综合征”的演讲

答性降低；②获得灌注的功能性毛细血管密度降低；③被激活的中性粒细胞扣押，造成小静脉阻塞等。

微循环调节功能障碍以血流分布不匀为特征。毛细血管灌注不足、灌注正常或者过度灌注三种不同的情况并存。低灌注区域缺氧，微循环静脉氧分压低于体循环。两者之间的落差与微循环分流相关。此外，稍大的毛细血管血流接近正常，邻近的较小的微血管内血流却淤滞或者阻塞。这两者之间的氧分压落差，提示更深层次的微循环分流。临床医师更需要了解最小微血管水平的血流分布。如果区域性氧输送大幅下降，将导致线粒体呼吸窘迫。虽然应用漂浮导管技术能够监测体循环的血流动力学，但只占全身血循环的一小部分，无法测知微循环情况。

即便体循环紊乱严重程度相同，感染性休克发生微循环调节功能障碍，比其他类型的休克更为严重。单纯输液可以使体循环得到充盈，而低灌注区域毛细血管血流仍然缓慢或者停滞。针对微循环分流的策略应该是“开放微循环”（open the microcirculation），使缺氧的组织得到灌注。据报道，给感染性休克患者应用加压素，虽然能提升血压，增加尿量，却使舌下黏膜微循环完全停滞，区域性血管收缩，最终致患者死亡。内皮细胞释放的一氧化氮（NO），有血管舒张作用。但是，严重感染时，大量诱导性NO合酶（iNOS）在不同器官、不同微血管部位的表达，呈不规则的多样性，反而造成严重的病理性分流。无论是血管收缩药物，还是血管舒张药物，对不同器官、不同微循环床，都可以产生反常效应。实际情况比理论假设更为复杂。

休克治疗以维持合适的心功能、动脉血红蛋白氧饱和度和组织灌注为目标。为“开放微循环”，输液复苏需要与血管活性药物及正性肌力药物联合应用。临床医师需要在有关各种血管活性药物对不同器官、不同区域微循环功能障碍的干预效应等方面，获得更为清晰的认知。现在实用的血流动力学和氧输送等参数的监测显然不能达到上述要求。近年来，国际上由于临床医学、基础医学、生物工程学等专业人士的通力协作，在医学影像学技术改进和光学仪器研制方面取得了可喜的进步。虽然尚未列入ICU临床医疗实践，但微循环的血流动力学监测将为严重感染、感染性休克、出血性休克等治疗开辟新的前景。“血流动力学监测从体循环走向微循环的新纪元”（Weil MH）已经到来。中国危重病医学需要与时俱进。

人体“内环境”的奥秘[①]

人体的内环境

人类作为在陆地上生存的动物，实际上有两种环境：一种是外环境，例如陆地的大气层；另一种是内环境（细胞内液和细胞外液），呈液体状态，是全身组织细胞赖以生存的根本。这种奇妙的现象是物种进化所造成的。

我当住院医师期间，遇到水与电解质相关问题，知道人体有细胞外液（extracellular fluid，ECF）。但是人体为什么需要ECF，我却没有想过。1965年第一次阅读John H. Bland撰写的《水与电解质临床代谢》，令我恍然大悟。如果没有细胞外液，海洋生物向陆地的大规模迁移就不可能成功，陆地上也不可能出现人类。

生命起源于水

物种的起源

距今40亿年前，地球形成之初，是一团火热的星球。今天的地球约70%的面积被海洋覆盖，海洋最深处是菲律宾的马里亚纳海沟，距离海平面约11 000米。地球上有了水，才有生命。地球曾经历多次冰川期，陆地被大规模冰川覆盖，海洋表面被冻结。然而，海洋中很早就出现了单细胞和多细胞生物。8亿年前，地球气温上升，覆盖地球的冰川逐渐融化。6亿年前，寒武纪开始。在短短的2000多万年时间内，海洋中的生物种类“突然”增加，产生了比较高级的海生无脊椎动物，称为“寒武纪生命大爆发”。海洋为生物繁衍提供了理想的环境，在海洋中聚集着23万多种已知的生物，比陆地上的物种丰富得多。

细胞内液从哪里来

7亿年前，海水总的电解质含量接近现代海水的60%，以钾为主。原始的生物细胞，接纳古生代的海水作为细胞质，由此构成细胞内液（intracellular fluid，ICF）的物质基础。现代人的细胞内液电解质浓度，要比海水低3倍，保留着以钾为主的模式。

---

① 本文发表于《中华重症医学电子杂志》2017年5月第3卷第2期，经作者修订后使用。

寒武纪地质的变化很活跃。火山爆发，岩浆喷出。陆地表面的矿物质随着江河川流，持续不断地倾泻入海洋。海水电解后以钠为主，总的电解质含量比古生代海洋增高好几倍。经历漫长的地质学年代，海洋生物依靠体内的调节机制，在不断改变着的海水中求生存。

细胞外液从哪里来

生物从海洋向陆地的大迁移，是物种进化史的重大事件。生物移居干燥的陆地，必须要有能力获取水，并且保存水。生物在脱离海洋之际，组织细胞依然保留着古生代的海水，作为细胞内液。同时，把寒武纪的海水，带在自己体内，为全身的组织细胞提供一种“水的环境”，维持着细胞独立的生命。这一小片“海水”比现今海水的电解质含量要低4倍，保留着以钠为主的模式，由此构成细胞外液的物质基础。这番物种进化过程，持续了3亿年或者更漫长的时间。现代人类迟迟出现在欧亚大陆，估计只有125 000 ~ 60 000年的历史。

“内环境”学说

人体有细胞与体液

Rudolf Virchow（1821—1902年）创建了“微观病理学”。他认为研究疾病，需要看到细胞水平的变化，焦点在细胞。另外一个学派，以Carl von Rotinsky（1804—1878年）为代表。他研究“体液病理学”，焦点在体液。Carl von Rotinsky认为，“体液”是体内的运行系统，实质是血液的微循环。如果微循环发生紊乱，细胞将受到损害，从而导致人体患病。

“内环境”学说

法国生理学家Claude Bernard经过深入探索，全面阐述了他的观点。陆地上的动物有两种环境：一种是外环境，例如大陆气候的炎热、寒冷或者干旱等。另一种是内环境，呈液体状态。这种液体包含着营养物质及其他化学分子，浸浴着所有的组织细胞间隙（cell space），防止细胞直接暴露在陆地的干燥环境之中。细胞外液是内环境的物质基础。他把内环境的形成称为“生命的智慧”。Bernard纠正了Carl von Rotinsky的偏见。

“内环境稳定”学说

Walter Bradford Cannon认为，陆地上的生物不断受到外环境干扰，影响着内环境。因此，细胞与细胞外液之间必须不断地进行水与溶质的交换，通过有效的调节机制，把水、电解质、蛋白质、葡萄糖、pH等控制在狭小的波动范围内，从而维持内环境的稳定。唯有内环境稳定，生物才能获得生命的独立性。Cannon发展了Bernard的理念。

体液的组成与人体的内环境

人可以几星期不进食，但不可以几天不喝水。除饮水以外，人类还在体内携带着一定容量的水，即总体水（total body water，TBW）。以体重72Kg成年男性为例，总体水约为40L，占体重的60%，脂肪组织含水10%，肌肉组织含水75%。根据Netter撰写的《人体生理学》，总体水有着不同的组成部分：①细胞内液含25L，约占总体水的2/3；②细胞外液含15L，约占总体水的1/3。

细胞外液可以分为两部分：①间隙液（interstitial fluid，IF），是指细胞间隙（cell space）的液体，含12L，占细胞外液的4/5。间隙液与细胞直接接触，电解质、蛋白质及其他营养物质可以透过细胞膜彼此交换。确切地说，间隙液就是内环境（间隙液不包括脑脊液、关节滑膜液、胸膜液、腹膜液等）。②血管内液（intravascular fluid，IVF），亦分为两部分：一部分是没有血细胞的血浆，含3L，占细胞外液的1/5；另一部分是淋巴液。

血管内液有两个循环系统

血液循环

血液循环属于半封闭系统。这就是说，血液不进入细胞间隙。血液是复杂的混合体液，包含血细胞、胶体、电解质和葡萄糖等。血液向组织细胞提供营养物质，排出代谢的废物。但是，血液与细胞之间的交换不是直接的。细胞的贴身微环境是间隙液。在外环境干扰的影响下，血液的组成随之发生改变。为保持内环境稳定，血液与间隙液彼此之间必须进行交换，以取得动态平衡。交换的场所在微循环。

血液通过末端微血管的半通透膜，利用微血管血液与间隙液两者静水压之差，以及血浆与间隙液溶质渗透压之差，作为驱动力，与间隙液进行交换，相互调节。在微循环水平，间隙液得到持续的补充和更新，最后由间隙液（12L）与细胞内液（25L）进行交换。间隙液不是静止的。

血流动力学与血液流变学

血管内血液必须流动。研究血流动力的是“血流动力学”（hemodynamics）。研究血流的生物物理特性的是“血液流变学”（hemorheology），涉及血液黏稠度、红细胞变形、血小板聚集等因素，“血液流变学”同样能影响血管内的血流。

淋巴循环

淋巴循环属于开放系统。淋巴管的末端直接向间隙液开放。间隙液与血液进行交换后，尚有约10%（包括过多的水和蛋白质）直接进入淋巴管。肠道组织的淋巴液也能吸收由消化道转入的脂肪，形成富含甘油三酯的乳糜，淋巴液因而呈乳白色。与血液循环不同，淋巴循环的中心没有泵。淋巴循环主要依靠平滑肌以及骨骼肌的舒张和收缩产生蠕动，驱使淋巴液缓慢地向近端推进。淋巴液运动是单方向的，因为淋巴管有瓣膜阻止其反流。另一端，淋巴液经胸导管，进入左锁骨下静脉，流入血液循环。如果淋巴管内静水压过高，部分液体将反流入间隙液，形成水肿。

淋巴液以约100ml/h的流速，经胸导管流入左锁骨下静脉。人体在静止状态下，每天淋巴液的总流量为4～5L。运动期间，流量将增加数倍。由此推测，如果没有淋巴液的流动，在静止状态下，人体可能于24小时内死亡。淋巴液在血液与间隙液之间发挥着维持水与蛋白质平衡的重要作用。

淋巴液中还有一个重要成分，即淋巴细胞。淋巴细胞来源于造血干细胞，发育成熟后进入淋巴系统，成为淋巴液中的主要细胞。淋巴细胞包括T细胞、B细胞（获得性免疫）和自然杀伤细胞等。此外，天然免疫系统中的树突状细胞也进入淋巴液，并向淋巴结和脾脏等淋巴器官迁徙。一旦这些免疫细胞识别入侵者，将引发免疫反应，这对于清除病原体和已被病原体感染的细胞发挥着重要的作用。

内环境稳定的作用

内环境的稳态是细胞维持正常生理功能的必要条件，也是机体维持正常生命活动的必要条件，内环境稳态失调可导致疾病。内环境的维持有赖于各器官，尤其是内脏器官功能状态的稳定、机体各调节机制的正常以及血液的纽带作用。

内环境稳定的调节机制：基础情况下，各器官、系统，协调一致地正常运行。如果某种器官的功能出现障碍，就会引起稳态失调。

正反馈：结果的产物促进反应的进行，加强控制部分的活动。使生理过程不断加强，直到最终完成生理功能。例如，血糖浓度升高，胰岛素浓度也升高。

负反馈：结果对过程起抑制作用，即反应的产物抑制反应的进行，目的在于维持内环境的稳态。例如，水平衡、盐平衡、电解质平衡、血糖平衡、体温平衡等。

我的学习心得

我已经知道细胞间隙液，容量12L；细胞与血液不发生直接接触。但是多年来，我总以为血液与细胞之间的交换是直接的。实际上，血管内液的容量只有3L。血液首先与间隙液进行交换，最后由间隙液直接与细胞进行交换。显然，我思考问题不符合逻辑推理。

“血流动力学”使我痴迷。然而，我关注的焦点只是在心肌收缩性和心输出量等问题上，却忽视了静脉回流是另一个重要的方面。此外，血流的生物物理特性同样能影响血管内的血流，但是“血液流变学”淡出我的视野太久了。我自以为血管内液就是血液，人体只有一个血液循环。显然，这般认识是错误的。血管内液包含血液和淋巴液。人体有两种循环，血液循环和淋巴循环。虽然淋巴液的功能很重要，而我却知之甚少。

要记住我的老师曾宪九教授的教导，人体生理学和病理生理学是临床医学的基础。我需要继续学习，希望能获得更多的知识，更多的启示和感悟。这篇文章意在抛砖引玉，谬误之处请读者赐教。

致谢　本文作者感谢中国科学院侯百东研究员对全文进行的仔细修正。

血流动力学传奇和我的学习经历

——2012年6月16日初稿

——2016年12月22日第一次修稿

——2019年10月4日第二次修稿

——2019年10月11日完稿

写在前面

20世纪70年代去法国以前，经曾宪九教授指引，我读过Arthur Guyton的文章，对静脉压力曲线（venous pressure curve）很感兴趣。之后读过Ernest Henry Starling的文章，对Frank-Starling心功能曲线也很感兴趣。1979年，我进入巴黎第五大学教学医院ICU学习，进入眼帘的是床旁监测仪屏幕上闪烁的数字和移动着的曲线旁边落地的呼吸机。尽管当年法国ICU的医疗装备远没有今天这么复杂，但对于我来说是十分陌生的。当时，肺动脉漂浮导管正在国外临床上被广泛应用。这是一条细长的导管，顶端有个小小的气囊，可以随心所欲，充气成球形。奇妙之处在于，这种特制的心导管进入患者右心后，可以间接测知左心的前负荷，也可以测定心输出量和氧输送。我们不能低估肺动脉漂浮导管研制成功的实用价值。Frank-Starling曲线作为生理学实验室的研究方法，从此进入临床应用。我见所未见，闻所未闻，喜悦之情，恰似发现了新大陆。童稚般的好奇心，促使我对血流动力学产生了强烈的兴趣。

漂浮导管这项新技术破解了一个难题。对我来说，却产生了两种影响结果。一是我开始学会从导管监测所提供的数据，勾画出患者心功能曲线，对心功能的动态变化以及治疗效应，获取实时的信息。二是我十分注意左心前负荷对心功能和心输出量的重要作用。然而，在后续的一段时间内，我忽视了血流动力学的另一个重要方面，即周围血液循环和静脉血回流等问题，似乎把Guyton学说丢在了脑后。回想起来，我应该扪心自问，为什么会疏忽？我在巴黎所接受的关于血液循环生理学和病理生理学理论教学比较全面。心肌收缩性和静脉回流两大作用，并非陌生。写这篇文章是对我多年医学实践的反思，以求温故而知新。

从Swan-Ganz漂浮导管说起

提到肺动脉漂浮导管，很自然想到Jeremy Swan和William Ganz。Swan（1922—2005年）原籍爱尔兰，曾在伦敦大学获生理学PhD学位。最后定居美国，在Mayo Clinic担任心内科医师。Swan曾在加利福尼亚大学Cedar-Sinai医院担任心内科主任时，有缘和Ganz相会。Ganz（1919—2009年）原籍捷克斯洛伐克。他是犹太人，命运多舛。1940年，捷克斯洛伐克被纳粹德国占领，他就读的那所医学院一度停办。他被迁往德国在匈牙利的劳役营。1944年，他被投入Auschwitz集中营，竟然从死难中逃生，此后埋名隐居。1947年，回到母校Charles大学，毕业考试第一名。1966年，他和夫人从意大利出发，经维也纳，几经周折，依靠亲戚的帮助，得以移居美国。1968年，Swan和Ganz两人合作，设计漂浮导管的改进。Swan和Ganz的遭遇不同，专业也不尽相同。他们分别在心内科和心外科有所建树。终能殊途同归，以勤奋和才干，在合适的土壤上长出鲜花和果实。1970年，肺动脉漂浮导管按设计要求研制成功。

实际上，心导管的历史应该追溯到Claude Bernard（1813—1878年）的动物实验。到20世纪30年代，Werner Forssmann在荧光屏指引下，将导管从自身的前臂静脉插入心脏，由X线录相。他获得了诺贝尔生理学或医学奖。与此同时，医院行政领导因其触犯正教的教规，将他免职。第二次世界大战期间，Andre Frederic Cournand，哥伦比亚大学外科医师，将导管分别插入右心和左心。心导管技术逐步发展成为心脏疾病诊断和治疗的重要措施。最早撰文报导在患者身上试用漂浮导管的是RD. Bradley（1964年），他能够用热稀释法测定心输出量。但他无法测得“肺动脉楔压”（PAWP），最后功亏一篑。为什么这几位先行者如此执着地探索从右心导管去测知左心的前负荷呢？是痴心妄想吗？不是。我有幸在一家巴黎市立图书馆找到一篇文献。作者是解剖学家，他发现在尸体上，从左肺静脉滴注液体，引起压力的增高，可以在右肺动脉测到，反之亦然。这项发现可能被认为没有什么用处，在图书馆论文堆里默默无声地躺了100多年！通过这个传奇故事可知，有些初创的发现被认为“没有用处”，束之高阁，无人问津。有朝一日，被独具慧眼的学者发掘，给他们带来了创新的灵感。

20世纪，机会特意青睐Swan和Ganz。有一天，Swan陪同孩子们到Santa Monica海港游览，他注意到赛艇扯上大三角帆的确能快速滑行。计上心来，他不但要求漂浮导管很快进入远端肺小动脉，同时他需要导管能够感受来自肺静脉的逆反压力。他不能重蹈Bradley的覆辙。问题使他为难。他得到Edwards公司技术上的帮助，研制成功第一条符合要求的肺动脉漂浮导管，也是当年我看到的那种。导管气囊嵌住肺动脉血流后，顶端有小孔可以感受肺静脉逆反的压力，这就是Swan所指的PAWP，基本上反映左室的前负荷。1970年，他们在《新英格兰医学杂志》上发表了第一篇相关论文。肺动脉漂浮导管以Swan和Ganz命名。血流动力学床边监测技术取得突破性进展，很快被美欧诸多国家ICU应用。

Starling定律　我在巴黎医院ICU学习

经过一年的留法学习，我感到血流动力学不仅限于泛泛而指的危重患者。我想知道不同病因是否引起血流动力学不同的改变。随即我选择了法国心脏科ICU，但不是作为简单的见习医师，而是进入病房工作。看来是大胆的冒险，我很清楚自己将处于零点的起跑线上。当年法国当局不承认我在国内的行医资格。我的法国名誉导师Leger教授时任法国外科学会主席，为我写了封推荐信。我向法国卫生部、劳工部、移民局等分别提交了申请，最终拿到《法国公立医院医师资格证书》。

1980年夏天，我从Cochin医院转入Ambroise-Pare医院心脏科ICU（法语简称

“USIC”，而不是“CCU”），那里的业务不限于冠心病。心导管室并不宽敞。工作日程紧凑，每天上午安排4位患者，有右心插管也有左心插管，检查目的不同。那家ICU仍使用X线录相的老方法。操作完毕后，胶片送暗室洗印。每天下午，心内科医师们各自埋头阅读X线录相，写出分析报告。我没有独立工作的能力。学习分析比学会心导管操作要困难得多。

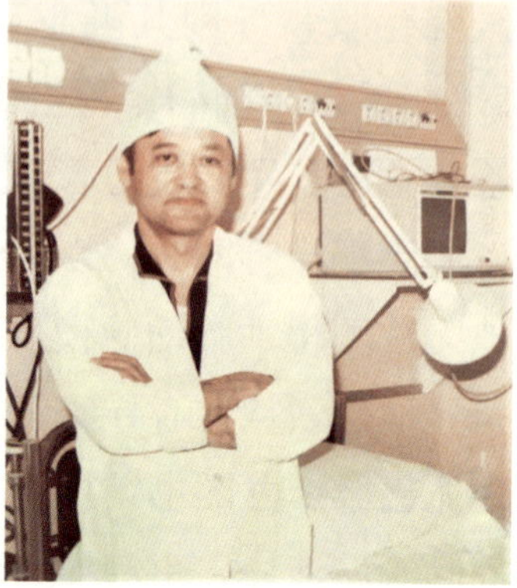

1980年，作者取得《法国公立医院医师资格证书》后，转入Ambroise-Pare医院的USIC，参加临床工作

进入病房，写病历一度使我十分苦恼。好几次，我险些赶不上末班公交车，搭不上末班地铁。每周三有一次例行的心脏病例内外科会诊。出席的首席心外科专家是一位伊朗裔法国人，他是著名学者Carpentier的弟子。不管争论或多或少，手术方案概由此人做出决断。法国医师们满嘴挂着“Ptdvg”（左室舒张末期压力），在字迹潦草的记录里，他们也是这么写着。我听不懂，也看不懂。这是法文名词的首位字母缩写，译为英文是“LVEDP”。我并不因此面有愧色。正因为不懂，才千里迢迢西游求学。法国老师欢迎学生提问题，不过，愚蠢的问题，免开尊口。对方会说：“读书吧，书上有”。此外，法国老师还不喜欢灌输式讲课。他们会突然向我提出问题，如果我一时答不上来，他会说：“读书吧，明天到办公室找我”。他们也告诫我：“不要抄处方”。我需要时间来适应这种教学模式。我必须搞清楚自己需要学习什么。

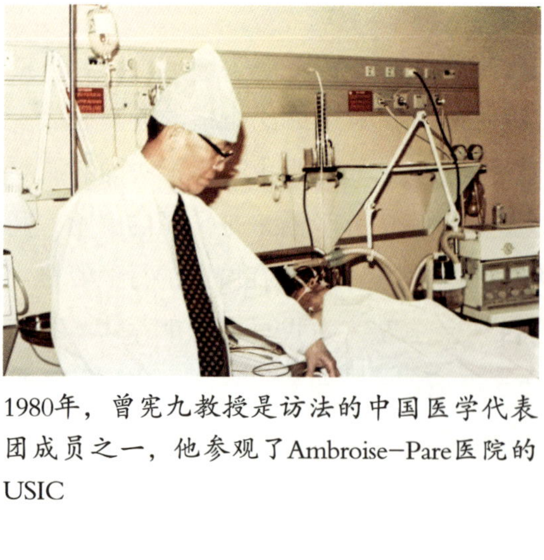

1980年，曾宪九教授是访法的中国医学代表团成员之一，他参观了Ambroise-Pare医院的USIC

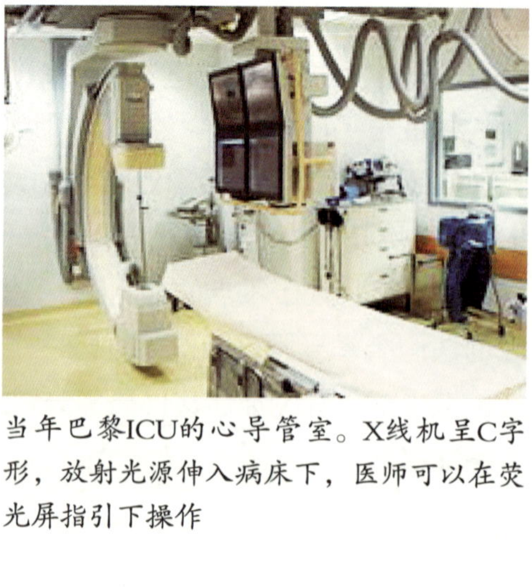

当年巴黎ICU的心导管室。X线机呈C字形，放射光源伸入病床下，医师可以在荧光屏指引下操作

学习是自己的事，不必询问他人我应该学习什么。被动式灌输，只能学点皮毛。

我始终记得曾宪九教授的多次嘱咐："主要学习生理学和病理生理学""要揣摩法国人在想什么""他们的路是怎么走过来的"。我在医院附近，找到一家Gilbert Jeune书店，选购血流动力学生理学和病理生理学方面的书籍，主要是阐述Starling关于心功能的学说。经过学习，我对血流动力学由好奇转为迷恋。

Ernest Henry Starling，英国生理学家，他花费两年的时间（1910—1912年）对麻醉后的实验狗进行观察，发现心输出量的增加，需要充盈心脏的血流量增加以及心室体积相应的增大。心室收缩的机械性力量是产生心输出量（CO）的必须的动力，前负荷、心肌收缩性、后负荷和心率被列为CO的决定性因素。Starling不知道在他之前，德国生理学家Otto Frank曾用青蛙的离体心脏实验（1895年）显示心肌收缩前，心肌受牵拉增加可以导致心肌收缩力加强。如果肌节长度为1.7～2.2μm，肌动蛋白与肌红蛋白的相互作用将处于最佳位置。但是，Frank没有把实验结果列入血液循环的整体运行来思考。Starling的实验进一步证实了Frank的发现。两人的实验结果显示心肌自身的内在特性。生理学家把两者整合，统称为Frank-Starling定律，旨在说明心脏本身控制着心输出量。这就是当年我在ICU看到的"Frank-Starling曲线"，或称"心肌收缩力曲线"。Starling定律和心功能曲线的分析，成为心脏科医师，尤其是ICU专职医师的专业培训中不可或缺的部分。

像我这种类型的外科医师，特别需要学习此方面的知识。我挑选那些平装本，示意图较多，文笔简明，价格便宜。从知识水平和购买能力来看，比较合适。

离开了北京新开路80号大院宿舍，我摆脱家务劳役：不必搬运蜂窝煤给炉子生火，不必清除炉灰，不必拉着小车排队买过冬的大白菜。虽然如此，留法期间也会分心，想家。我办理了一张读书卡，下了班，直奔"巴黎医师图书馆"。那家图书馆有规定，只准阅读，不准借出。每当我看到邻座的年轻人奋笔疾书，那专注的神情，都会对我的心理产生冲击。我必须振奋精神抓紧时间学习。以此为起点，在第一学年，我每晚去图书馆阅读有关文献，毫不夸张地说，当时真是如饥似渴。读来有味，胜似波尔多的红葡萄酒。

第二学年，我进入了Ambroise-Pare医院的USIC，有机会阅读了较多关于Guyton曲线的研究文章。美国生理学家Arthur Guyton在20世纪50年代，从另外一个角度考虑，研究周围血液循环和心输出量之间的关系。Guyton认为，全身的氧耗增加，必然促使周围血液回心流量增加，右房压力也会随之增高。换句话说，心输出量大幅增加必然需要相应的静脉回心血量的补充。静脉系统储存着2/3的血容量。因此，他强调静脉回心血量对血输出量起着重要的调节作用。这就是“Guyton定律”。“Guyton曲线”正是为了表达右房压力和心输出量之间的关系，称为“静脉回心血量曲线”。

经过两年的学习，我开始理解Starling的心肌收缩力学说和Guyton的静脉回心血量学说，共同构成血流动力学基本理论的核心。如果把Frank-Starling曲线和Guyton曲线纳入同一张示意图的框架内，研究心输出量与静脉回心血量之比（CO/VR），可以发现心输出量的最佳值恰好落在两条曲线的交叉点上，明确显示心脏在血液循环整体运行中发挥着重要的作用。把心肌收缩力或者静脉回心血量的作用相互分割开来，是失之偏颇的。

Starling曲线在北京协和医院创建ICU

1982年我回到祖国后，在寸土寸金的北京协和医院内，硬是“挤出”一块“土地”，首先开设了外科ICU。曾主任得知我将为一位患者插入肺动脉漂浮导管后（这在协和医院是第一次），约请内科方圻主任和外科费立民教授，晚饭后到放射科现场聚齐。我和马遂大夫两人搭档，X线透视下，经前臂贵要静脉插管。在几位老师的注视下，导管非常顺利地漂入远端肺动脉。

1983年，北京协和医院第一次建立“加强医疗科”，也是中国大陆第一家按国际先进学术理念和组织模式建立的综合性ICU。我们把老病房改装后，可以容纳7张ICU病床。特意腾出一个房间作为心导管室，购置了一架C-臂型X光机和荧光屏、检查床等。经过一段时间的实践，我们改进了技术，从颈内静脉插管，根据监测仪所示的波形改变，确定导管已进入远端肺小静脉，并测得PAWP。不再需要X光机和荧光屏的帮助。我幸运地从基本外科病房招募了几位机灵好学、身手敏捷的青年护士，其中有孙红、史丹胡、宁素茹等。医师只有马遂和我两人。出于人员编制的短缺，我们开放门户，接纳北京、外地以及军队的进修医师和护士，以满足ICU业务快速发展的需要。

我把从巴黎带回来的Frank-Starling曲线图，在普通的坐标纸上，加以复制。测定所得的每一个“点”都在坐标纸上标明，追踪“点”的移动方向。上、下午查病，将据此分析病情演变和药物效应，堪称一张形象化的“路线图”（Map），成为ICU颇有生趣的特色。1982—1998年共为537名患者插入肺动脉漂浮导管，进行血流动力学监测，附有数据分析，提高了我们对血流动力学的认识，充实了我对外作学术报告的内容。因为所使用的图标纸不合格，不能进入病历，导致记录流失。

我们摒弃当年教科书上所推荐的休克分型，采用了Hinshaw与Cox（1972年）按血流动力学变化的休克分型。与以往相比，在诊断和治疗方面，思路较为清晰。我在巴黎大学教学医院所接受的关于血液循环生理学和病理生理学的系统性教育，结合回国后在协和医院ICU亲身的临床实践，我相信Starling心脏功能的学说是正确的，尽管我在理解上犯有片面性。

重新认识Guyton　再学习周围血液循环和心功能生理学和病理生理学

在我这段医学生涯期间，血流动力学的学术理念经历了两个历史性的演进阶段。Swan-Ganz导管在临床上广泛应用，掀起一股热潮，大力促进了临床医师对左心前负荷对心肌功能重要性的认识。这一点应该肯定。漂浮导管之所以退出历史舞台，不是简单地因为侵入性技术所附带的风险和并发症。深层原因在于发现了新的问题，激发那些善于思辨的学者们，对血流动力学理念提出新的思考。

20世纪80年代后期，已经有学者发表文章，对Starling心功能曲线在临床上应用表达“另类意见”。回顾多年来的临床实践，静脉血液循环曾经是血流动力学中“被遗忘的一个篇章”。MR Pinsky在文章中指出，这种状况几乎持续到2010年。我国危重病医学界对此做出了反应。我的感悟是迟到的。我决心在反思中再学习。

今年我在整理废纸堆的时候，发现了一篇Peters于2001年发表的文章，题目是“周围循环对危重病的重要性”。再次阅读后引起我深思。随后，我意外地发现在2009年我对外演讲用的幻灯片中，有几张颇有意义的图片，明白无误地表达血管平均充盈压力（mean systemic filling pressure，MSFP）、非应激容量、应激容量、右心房压（right atrial pressure，RAP）以及由此推动的静脉回心血量，对心输出量影响的基本概念。上述因素在不同的心功能曲线上，可能产生的不同效应。

有的图片显示，肺血管阻力（pulmonary vascular resistance，PVR）增高，右心（right ventricle，RV）后负荷增加，右心充盈压力猛增，将逼迫左心（left ventricle，LV）到何等程度。虽然同居在一颗心脏内，但RV和LV各有不同的功能。右心衰竭和左心衰竭是有区别的。重读这些文献和图片，足使我汗颜而背脊发冷。我制作这些幻灯片已经是2009年的事了。我是怎么想的？没有问个“为什么”吗？

我国危重病医学界提出的《重症血流动力学治疗——北京共识》，推动着学术理念的发展。我为此感到振奋。同时，我们正面对着深化认识的严肃问题。Bayliss在1894年发表的文章中，已经提出“平均体循环充盈压（Pmsf）”的概念。1940年Starr在患者死亡30分钟内，取得第一手测定资料。他认为，“平均体循环充盈压（Pmsf）就是静脉回心血量（venous return，VR）的驱动压力”。1957年，Guyton注意到循环血容量、血管张力、血流动态分布等因素以及右心房充盈压（Pra）不同水平对VR的影响，描画出VR曲线。他强调，“平均体循环充盈压-右心房充盈压梯度（Pmsf - Pra梯度）”构成静脉回心血量（VR）的动力，并且与静脉回流阻力（Rv）呈反比，纠正了Starr的错误。

然而，到了2009年Mass J.J. 才能够破记录地在心外科手术后的患者身上，测得Pmsf、应激容量（Vs）和周身血液循环顺应性（Cs）等数据。遗憾的是，上述测算方法尚没有进入临床普遍应用。Guyton根据正常狗的实验所描画的VR曲线，提示Pra对VR是逆反压力。思想起来，可能引出两个问题：一是临床上常用的中心静脉压（CVP）是否能代表右心房充盈压（Pra）。二是中心静脉压（CVP）降低，使静脉回心血量（VR）增多，可以增加心输出量（CO）。这是一种理论假设，需要临床实践的验证。最佳“中心静脉压（CVP）的临界阈”并不确定。单独测定的中心静脉压（CVP）值不足以评估血液循环情况。作为愚者之一虑，我想若要更好理解静脉回心血量（VR）与心输出量（CO）的关系，离不开对Guyton和Starling两家学说的联想和推理。所以，要深入学习生理学和病理生理学。血流动力学很重要，因为它是精确医疗的一个重要组成部分。

结束语

从20世纪50年代至今，Guyton和Starling的学说始终是血流动力学学术理念的核心。为满足全身代谢需要，心肌功能和静脉回心流量之间的平衡是构成血液循环稳定性的基本条件。强调某一方面的功能，忽视另一方面的作用，将使我们偏离科学的真理。多年来，静脉血液循环曾经是血流动力学中被忽视的一个重要问题，已经引起我国危重病医学界的关切，及时发表了“《重症血流动力学治疗——北京共识》。在重新思考的基础上，又提出编纂《重症右心功能管理——专家共识》计划。这样做符合医学科学探索的精神。我本人才疏学浅，年过八十，别无所求，但求知之心不可泯灭。深感通过反思和再学习，对血液循环的生理学和病理生理学的深化认识，大有裨益。愿与大家共同学习，共同进步，不虚度有生之年。

循环保护通气：保护大血流还是肺血流？

——2019年6月11日完稿

自从Ashbaugh在1967年提出急性呼吸窘迫综合征（ARDS）的概念以来，大家总在争论一个话题：ARDS究竟是呼吸的问题还是循环的问题。有意思的是，从ARDS的曾用名中似乎可以找到答案。“休克肺”“创伤性湿肺”“灌注肺”都有循环的影子或者是存在循环的问题。

2008年1月，首届协和重症与血流动力学大会上，作者做了关于“危重症与血流动力学”的报告发言

这是因为肺不仅是一个呼吸器官，还是连接左右两个心脏的桥梁。与别的器官不一样的是，肺循环同体循环一样，也是重要的循环通路，接受100%的心输出量。在肺动脉、肺小动脉、肺毛细血管、肺静脉等各个水平，都能看到ARDS造成的损伤或带来的血流动力学改变，严重肺水肿、急性肺高压、右心损害，甚至导致低血压、组织缺氧。我们在谈到急性呼吸窘迫综合征的临床表现，说起呼吸窘迫、严重低氧的同时，不能忽视这样的改变，不能忽视损伤的肺血流。

然而肺血流是潜在的，不像体循环随时可看可及。我们或许只看到其后果为下降的心输出量（CO）、抬高的中心静脉压（CVP）或者根本什么都没有发现。还记得肺动脉漂浮导管吗？这个最经典的血流动力学监测评估技术应有其舞台，它可以讲述右心和肺血流的心声，可直接测量肺动脉压（PAP）、肺动脉楔压（PAWP），计算得到肺动脉压差、肺毛细血管净水压（PCP）、肺血管阻力、跨室间隔压和跨血管壁压等。同时，重症超声从右心到肺动脉、从肺泡微循环再到左心、从形态到功能生动地诠释着气流和血流的故事。

机械通气是治疗ARDS的重要措施，但损伤性通气可能导致肺损伤，出现“炎症瀑布”现象，进而引起远隔器官损伤，因而提出肺保护性通气策略。然而损伤性通气仅是损伤肺泡吗？其实还包括肺泡周围微血管的损伤。我们知道肺血流按功能分区可以分为三区，而损伤性通气时的高气道压可以导致微血流的中断，使得第三功能区转变为第一功能区，拉高肺血管阻力，肺动脉压和跨肺压降低。因此，在选择潮气量和呼气末正压（PEEP）时，应避免对肺血流和右心的损伤。有句话说得好，安全的平台压只有右心知道。不仅是正压通气，过度的自主呼吸同样会损伤肺血流，它可降低肺泡内压而增加跨血管壁压，造成依赖区肺水肿。适当的使用镇静镇痛和肌松药物可以调节自主呼吸的强度，避免跨血管壁压的升高。容量管理是ARDS治疗中的重要环节，过高的容量会加重右心负荷，降低跨隔压、室间隔左移而影响左心充盈，造成肺毛细血管静水压升高进而导致肺水肿。俯卧位通气仍然是治疗ARDS的上上之选，不只是改善通气，还有血流，能看到从依赖区到非依赖区液体的移动和血流的重新分布。

总之，ARDS不仅是呼吸疾病，更是循环疾病。关注大循环损害，从肺血流做起。

五、肠道与全身感染

脓毒症——错误的定义和名词①

曾宪九教授的提问

北京协和医院ICU曾对1982—1987年因严重感染并发多器官功能障碍综合征（Multiple Organ Dysfunction Syndrome，MODS）住院治疗的患者进行病例分析。结果发现有15例患者通过临床体检、血培养、胸部及腹部平片检查等多种方法，仍找不到发病的客观依据。因此，我们深感困惑，治疗上难以作出抉择。

我的老师曾宪九教授提出“最后剖腹探查”的意见，主要基于两点考虑：其一，严重感染已经并发MODS者很可能存在隐匿性腹腔内感染，值得剖腹探查，以求验证。如果探查结果为阳性，可以手术引流或者清除病灶，为患者赢得生存机会；如果探查结果为阴性，应该思考，感染源究竟在哪里？其二，他强调外科医师要充分利用外科专业的优势，在手术探查条件下，用眼睛多看，用脑子多想。

这类手术属于探索性剖腹探查术。因患者病情危重，不允许搬运，所以手术就在ICU现场进行。这15例患者最后均不幸死亡。有些患者家属接受了探索性剖腹探查术，有些死亡患者按常规进行了尸体解剖，也有些家属既不同意剖腹探查，也拒绝尸体解剖。但不论剖腹探查还是尸体解剖，结果都没有找到感染病灶。

1987—1988年，Border和Marshall分别发表文章，提出“肠源性全身感染”以及“肠道——多器官功能衰竭（Multiple Organ Failure，MOF）的启动器官”的假设，给了我们创新性启示。遗憾的是，曾宪九教授已于1985年病故。他生

① 本文发表于《中华重症医学电子杂志》2017年8月第3卷第3期，经作者修订后使用。

前提出的问题“严重感染患者为什么死亡?”，像是在向他的学生们发问，也像是在自问。

从伤口感染谈起

严重创伤发生感染或者化脓，需要外科的干预、扩创或者引流。然而，重温医学历史可以发现，获取对感染的正确认识这一过程异常艰难。Claudius Galenus（约129—216年）最先提出“无毒脓”（pus bonum et laudable）一说。法国外科医师Guy de Chauliac（约1300—1368年），在他的经典名著《大外科学》中写道：“化脓对伤口愈合有利。”因为Claudius Galenus是罗马帝国全盛时代最有影响力的医学大师，所以他的意见受到后世的推崇。更有甚者竟在伤口内置入异物，以促进化脓。这样的错误几乎延续到19世纪。

1847年，匈牙利产科医师Ignaz Phillip Semmelweis（1818—1865年）最先发现产褥热是由产科医师的双手传染给产妇的。他要求产科医师在检查每位产妇之前，或者做完尸检之后，必须用氯化水洗手，自此病区内产褥热发病率大幅下降。然而，科主任谴责Semmelweis败坏妇产科医师的声誉，于1849年3月把他解雇。

1862年，Louis Pasteur证实空气中存在着微生物。然后，Robert Koch发现伤口感染由微生物引起。1867年，Joseph Lister首次使用石碳酸预防开放性骨折伤口感染，从而避免了不必要的截肢。Halsted提倡医师洗手并戴手套。到19世纪80年代，手术器械消毒，手术医师穿手术衣、洗手、戴手套等无菌技术开始列为常规。1928年，Alexander Fleming（1881—1955年）发现青霉素，1945年开始批量生产，供临床应用。

在西方医学的历史上，历经半个多世纪的努力，以Pasteur（1822—1895年）、Koch（1843—1910年）、Lister（1827—1912年）三人为代表的先驱者，彻底否定了“化脓对伤口愈合有利”的错误臆断。他们以微生物学为突破口，开创了伤口感染处理的新世纪。但是，问题远没有到此结束。

烧伤创面脓毒症是什么

今天的烧伤外科医师摒弃了古罗马Claudius Galenus的错误假设，无疑是正确的。大面积Ⅲ度烧伤患者，必须早期切除焦痂和植皮。Ⅲ度烧伤意味着表皮层和真皮层被完全破坏，形成焦痂。细菌侵入皮下失去活力的组织，快速繁殖。烧伤后5天，每克焦痂下组织细菌数量≥10^5。烧伤后2周，每克焦痂下组织细菌数量＞10^8者达55%；烧伤后3周，高达75%。

大面积Ⅲ度烧伤后，如果延迟切痂植皮将使化脓性感染加重，烧伤组织释放出“烧伤毒素”，从而造成“烧伤创面脓毒症”（Burn wound sepsis）。烧伤外科医师顺理成章地认为“脓”和“毒”是构成sepsis的两大因素，所以推荐“脓毒症”作为“sepsis”的汉译名词。

脓毒症就是sepsis的发病机制吗？今天我们治疗的严重感染患者来自内科、外科等各个临床科室，病因学复杂。据报道，即便在ICU早期应用抗微生物药物并且清除感染灶，感染性休克患者的死亡率仍然≥50%。这就是我们面对的新问题：“sepsis就是脓毒症吗？”

Sepsis是什么

“Sepsis”一词源于古希腊文“σῆψις”，原义是指生物体的“分解”，一种“自我消化”（autodigestion），意味着死亡。与此相对应，“pepsis”一词是指“消化”，意味着健康。古希腊文原词并无“化脓”的意思。

1904年，内科学教授William Osler率先提出：“除少数情况外，患者似乎死于感染引起的机体反应，而不是感染本身”（Except on few occasions，the patient appears to die from the body response to infection，rather than from it）。相隔70年，Lewis Thomas于1972年再次重申：“机体反击致病菌有着强大的武器，由此造成的危险大于入侵者本身。”然而，致病菌引起的机体反应究竟是什么？

1973年，Tilney发现18例腹主动脉瘤破裂患者手术后引发远距离器官功能障碍，累及肾、胰腺、肺以及肠道。1977年，Eiseman等推出“MOF”一词，假设存在着某种“激发因素”，像扣动扳机一样，诱发一系列多米诺骨牌反应，使原来正常的器官序贯性发生功能衰竭。然而，Eiseman提出的“激发因素”又是什么？显然，他没有把“脓毒”作为“激发因素”。

1985年，Aggarwall和Cerami在两个不同的实验室，成功地分离出一种由单核细胞释放的糖蛋白类细胞因子，并将其命名为“肿瘤坏死因子”（tumor necrosis factor，TNF）。同年Kevin J. Tracey发现TNF-α在感染性休克中起着关键作用。此后的研究相继发现众多的促炎症细胞因子和抗炎症细胞因子，它们对全身炎症反应综合征（systemic inflammatory response syndrome，SIRS）产生决定性影响。

1991年美国胸科医师学会/危重病医学会（American College of Chest Physicians/Society of Critical Care Medicine，ACCP/SCCM）共识会议，将“sepsis”定义为“感染引起的全身反应”。会议引入了“SIRS”这一概念。因此，Roger Bone提出“sepsis是感染引起的SIRS”，这一提法的缺点是过分突出炎症反应的重要性。然而，必须强调1991年会议的贡献在于明确宣布sepsis的要害是机体反应。会议达成的共识实际上排除了“脓毒症”这一错误的概念。

2016年新修正的定义和名词

1991年ACCP/SCCM共识会议公布的有关感染等多项定义，在之后的20年没有改变。在这期间，病理生物学（pathobiology）取得了重大的进展，包括生物化学、细胞生物学、免疫学及遗传学等。但是，全球范围内严重感染与感染性休克的高发病率和高死亡率并没有得到有效遏制。

2016年第三届国际共识会议充分意识到以往历届国际会议拟订的定义存在着明显的局限性，以致人们认识上的混乱，使循证医学和流行病学研究结果缺乏可比性和可靠性。第三届国际共识会议对多年来沿用的多项定义和名词进行梳理，作出下列修正。

（1）严重感染（sepsis）：新定义为“由感染引起机体反应的调节失衡而导致的危及生命的器官功能障碍”。新定义强调这种机体反应可以破坏内环境稳定，比显而易见的感染更具有致死性威胁。对于已经发生中等程度器官功能障碍的患者，即便感染尚属可疑，其住院病死率仍将＞10%。“危及生命的器官功能障碍”意味着人体生理学和生物化学的异常改变，涉及血液循环、凝血机制、营养代谢、免疫系统等多方面的调节失衡，促使细胞功能陷入紊乱。新定义意在唤起临床医师提高辨识能力，敏锐地及早发现严重感染患者。同时，也要求有更高水平的器官功能监测和及时的治疗干预。

英文词语“severe sepsis”成为多余，被废弃。但是，就中文文字的理解而言，“严重感染”符合英文“sepsis”的新定义，用其替代“全身感染”这一旧的中文翻译名词更为确切。

SIRS的诊断指标不足以显示危及生命的潜在威胁。SIRS可以是感染性，也可以是非感染性（包括急性胰腺炎、组织损伤、出血性休克等），概念容易发生混淆。从病理生物学角度来说，SIRS的价值受到质疑。

（2）感染性休克（septic shock）：定义为持续性低血压，虽经恰当的液体复苏，仍然需要应用血管加压药物以维持平均动脉压≥65mmHg（1mmHg=0.133 kPa），血清乳酸≥2mmol/L（18mg/dl）。感染性休克的发病机制涉及更深层的血液循环、细胞功能及代谢紊乱，而不局限于“急性循环功能衰竭”，此类患者死亡的危险性大于单纯的严重感染（sepsis）者。

（3）感染（infection）：是指致病菌入侵健康组织，但没有发生机体反应调节的紊乱。以此与sepsis相区别。

结束语

定义宣示的是一种理念，是透过外在的现象揭示事物的基本实质。名词是定义的简要表达。有关严重感染和感染性休克的定义和名词需要在科学实践中经受检验，不断地修正。这是医学科学发展的常态。2016年第三届国际共识会议将多年来沿用的、概念混淆不清的诸多定义和名词删除，如败血症、菌血症、感染综合征等。本届会议对严重感染和感染性休克的新定义标志着一种进步，尽管还不完善。

回过头来看，我国多年来以“脓毒症”作为“sepsis”的汉译名词是错误的。国际共识会议提出sepsis的新定义，强调“机体反应调节失衡”和“器官功能障碍的危险性”。诊断依据并没有提及“化脓性感染病灶”。事实证明，即使清除病灶，感染性休克死亡率依然很高。因此，“脓毒症”一词与新定义相悖。一个错误的定义和名词可以使临床治疗徘徊不前，使科研探索偏离真理。

我国专业学术期刊一反2006年中华医学会重症医学分会的初心，发表了有关2016年国际治疗指南解读的文章，退而采用了“脓毒症”这一旧名词。相信通过学术讨论终能修正并提出新的中文名词，与2016年国际共识会议发布的新定义和新名词相衔接。当然，改正错误的概念绝非轻易之举。Claudius Galenus的错误影响到19世纪才被修正，便是例证。现在是21世纪，对我们来说，千百年太久，要争朝夕。

第三届国际共识会议发布新定义和新名词，势将激发临床医师学习病理生物学的热情，同时加深临床医师对疾病发病机制的理解，最终达到改进严重感染和感染性休克临床治疗思路的目的，推动科学探索沿着正确的轨道发展。本文评论意见，属一孔之见，真诚希望得到读者的指教，希望标准化委员会能听到我们的声音。

致病菌与机体反应

——2012年7月22日完稿

什么是感染？Hippocrates认为“sepsis”是“腐败”，意味着死亡的威胁。R.Koch（1876年）和L.Pasteur（1877年）首次发现炭疽杆菌，证实由该微生物导致炭疽这种感染性疾病。他们创立了“微生物学说”，认为外界入侵的致病菌是造成宿主全身感染的罪魁祸首。从Hippocrates到Pasteur和Koch，跨越了2个千年的漫长历史。到1904年，William Osler发表名言：“在较多情况下，患者似乎死于感染引起的机体反应，而不是感染本身。”人们开始注意到，致病性微生物的入侵，既可以引起“恰当的机体反应”，杀灭入侵的微生物，促成组织修复，也可能造成“不恰当的机体反应”，使远距离器官发生功能障碍或衰竭。在发病前，这些远距离器官可以正常，或处于相对稳定的生理状态。简言之，宿主对致病菌的全身性机体反应，不只是感染（infection）的后果和表现，也是全身感染（sepsis）的发病原因。这种觉醒促使我们对全身感染发病机制重新认识和治疗策略产生突破性进展。1973年，Tilney首先发现手术后危重患者可以发生远距离器官功能衰竭，且呈序贯性特点，所以，提出“序贯性系统功能衰竭”一说。由此假设存在着某种激发因素，像扣动扳机一样，诱发一系列多米诺骨牌反应，使原来正常的器官序贯地发生功能衰竭。1977年，Eiseman等推出“多器官功能衰竭”（MOF）新的理念。实际上，如果多器官功能已经衰竭，就难以逆转，病死率高。为争取早期发现，1992年欧美共识会议提出修正，将之称为“多器官功能障碍综合征”（MODS）。新的名词反映着认识的更新。人类对事物的认识总是逐步地由表及里，不可能一次完成。

1982年北京协和医院创建外科ICU，到1983年曾宪九教授亲自将其命名为“加强医疗科”，经院领导批准，建成独立编制的临床科室（7张床位）。在此后的实践中，形成共识：单器官功能障碍患者由传统各专科收治，多器官功能障碍需要持续性生命支持者由ICU收治。1987年，我们曾对1982—1987年，因严重感染并发MOF而住ICU治疗的患者，进行病例分析，发现有15名患者呈典型的严重感染伴有MOF等临床症状，但缺乏血培养和影像学等传统依据，最后死亡。有些死亡者按常规进行尸体解剖；有些患者的家属接受了探索性剖腹探查术；有些家属不同意剖腹探查，也不同意尸体解剖。不论是尸体解剖，还是剖腹探查，结果都没有找到感染病灶。这一阶段的临床实践令人印象深刻。

回顾当年，对于上述那些患者在ICU期间的治疗问题，我深感困惑，难以做出抉择。曾宪九教授曾多次参加我们的讨论，他提出了“最后剖腹探查”的建议。他是怎么想的呢？主任认为严重感染伴有远距离器官功能衰竭者，很可能存在着隐匿性腹腔内感染，值得剖腹探查，以求验证。如果探查结果为阳性，可以手术引流或者清除病灶，争取患者的生存机会。如果探查结果为阴性，应该思考，感染源究竟在哪里？然而，手术探查带有“盲目性”，是一项非常性措施。患者病情危重，不允许搬运。曾宪九教授决定请手术医师、麻醉科医师、手术器械护士到ICU查看患者。剖腹探查就在ICU现场进行。这是一场临床示教。我的老师告诉我们，要下功夫从临床疑难杂症中去发现问题，作为思索和研究的依据。这样做，要比从文献或者动物实验中去寻找启发，更切合实际。

曾宪九教授习惯在危重病患者的床边，站上一段时间，然后找我们讨论。他总是先提出问题，像是在向他的学生们发问，也像是在自问。他曾经说过：“外科医师有特殊的条件。比如，急性机械性肠梗阻，手术剖腹给你机会，用自己的眼睛直接看到肠管水肿，变色，甚至扩张，肠腔内存在大量积液。你要思考，这是为什么？你对病理学和病理生理学会更容易理解，对术中和术后的处理会更合理。”他在告诉我们，要利用各种条件，包括外科医师的“特殊条件”，多看、多想。正因为主任多次指点以及临床实践所见，Border（1987年）倡导的“肠源性全身感染”以及Marshall（1988年）提出的“丧失屏障功能的肠道可能成为MOF的启动器官”假设，自然会对我产生吸引力。肠腔内炎症介质移位可以加重全身炎症反应，并不需要有菌血症或者化脓性病灶的存在。这两位学者发表文章之日，我的老师已经永远地离开了我们。每当我想到那些已经病故的患者，我必然会想起曾宪九教授提出的问题：“他们为什么死亡?”“要把临床实践中发现的问题，提到基础理论水平去研究，然后反馈给临床，以求验证”。

临床医师见到的是患者，是一个复杂的生物体所表现出来的全身感染的临床迹象。他们提出问题，或者假设，需要基础医学进行研究加以证实，再反馈给临床，求得验证。经过这三部曲，才有可能形成一种学说、一种学派。然后，临床医师又着手新的探索，发现新的问题，开始新的循环。探索永无止境，所以，医学科学有永久的生命力。

从历史中走出来认识全身感染

——2013年10月8日完稿

2004年10月，作者在湖南省首届危重病医学学术会议中，做关于“从历史中走出来认识全身感染”的演讲

从全球来看，严重感染（severe sepsis，是指全身感染伴有器官功能衰竭）发病率逐年增高，越来越多的患者进入ICU接受加强治疗，需要我们高度关注。故事就从全身感染（sepsis）讲起。

人的正确认识不是天生就有的。“Sepsis”（全身感染）是一个古老的名词，经历2000多年漫长的探索，在名词诠释方面，至今仍有争议，对其认识过程远没有完结。古罗马人对斗兽的残酷性产生疯狂和痴迷，很多斗士因此丧命。Claudius Galen（129—216年）重视创伤对生命的危害，他说，“创口是向人体开放的窗户”。但是他认为，化脓是创口愈合“所需要的”必然过程。Galen是一位杰出的外科学家，但他犯了个大错误。正因为他的威望，他的错误曾影响西方古代医学1500多年。

全身感染在认识上有以下两次飞跃。

微生物学说

19世纪40年代初，当有效的麻醉为外科手术顺利开展铺平了道路之时，创口感染几乎成为患者无法逃脱的厄运。按传统概念，创口感染是受空气中“邪毒之气”（“miasmas”）污染。法国Louis Pasteur（1822—1895年）在实验中发现葡萄酒、啤酒、牛奶等发酸变质，是受到微生物的污染。他首先提出“微生物学说”。1862年Pasteur推出“巴斯德灭菌法”。英国Joseph Lister（1827—1912年）受到启发，他推断开放创口的化脓性感染，很可能和发酵一样，祸起于微生物。Lister注意到Friedlieb Runge（1797—1867年）制成的石炭酸，可以消除污水沟、化粪池，或者鼠疫、痢疾等疫区所散发的腐臭。于是，Lister用5%石炭酸溶液浸泡的湿敷料缠绕在患者的创口上，要求外科医师在术前术后用溶液洗手，戴手套，并用溶液喷射手术器械以及手术室。

1865年，车祸造成11岁男孩的大腿开放性骨折。Lister把一块经石炭酸溶液浸湿的敷料置入创口。4天后换药，没有感染。6周后，骨折愈合，没有发生坏疽。Lister深受鼓舞。1869年他重返Edinburgh，继续改进灭菌技术。他开展腰大肌脓肿引流术及各种感染关节引流术等，患者术后存活。他施行一例膝关节修复手术，患者没有发生感染，最后得以存活。1877年，德国Robert Koch证实Pasteur所发现的微生物的确在空气中存在。受Koch的影响，一位年轻外科医师Von Bergmann和他的助手Schimmelbusch在实验中证明，患者的皮肤、外科医师的双手以及手术器械都有炭疽杆菌的存在。因此，创口细菌感染可以预防。无菌外科的概念逐步成为学界的共识。

然而，伦敦是保守的，而且傲慢。不入虎穴焉得虎子，Lister进入伦敦King's College任临床外科学教授。他终以科学的事实、真诚和毅力，攻克这个顽固的堡垒。1881年他当选为伦敦临床学会主席。1902年，爱德华七世在加冕典礼前两天患急性阑尾炎。术后感染将是死亡的高危因素。众人犹豫不决。Lister以无菌手术成功切除了爱德华七世的阑尾，英国国王得以如期登基。此事把Lister的盛誉推向巅峰。Lister死于1912年，终年84岁。

如果没有Pasteur、Koch和Von Bergmann等实验证明，Lister的灭菌和无菌技术将不可避免地受到医学界的质疑和抵制。Pasteur在1886年成功地控制丝蚕的传染病，拯救了法国的丝绸工业。他最初并没有想到外科创口感染，因为Pasteur不是临床医师。Lister发现了创口感染对外科发展构成障碍，决心推行灭菌术和无菌术。Lister缺乏微生物学证据，因为他没有实验室研究的经验。以Pasteur、Koch、Lister三人为代表，从不同的角度，将实验室研究成果应用于外科临床。继麻醉学之后，他们为外科学打破了传统的禁区，打开了腹部外科、胸腔外科、颅脑外科、血管外科等的广阔前景。这是符合逻辑的结果。

如果没有Pasteur和Koch的实验室研究，就不可能产生“微生物学说”，也不可能有今天的“抗微生物药物治疗”。1928年，Alexander Fleming在对葡萄球菌的研究中，培养皿不慎被污染，他意外地了发现青霉素及其杀菌作用。这样的偶然寓于必然之中。于是Howard Florey在1939年着手对青霉素进行分离和净化。1940年，化学家Ernest Chain首先成功提取出了有效的稳定型青霉素，终于在1945年成为批量生产、批量上市的药物。在第二次世界大战诺曼底战役的开战之日（“D-day”），青霉素保障供应，挽救了众多伤员的生命。这项杰出的成就，由Fleming、Florey、Chain“三驾马车”完成。此外，1943年Albert Schatz分离出链霉素。1946—1947年，Goeffrey Marshall首先应用链霉素治疗肺结核，随机对照临床试验成功。1928年开创了抗生素新纪元。人们对结核病、白喉、伤寒、梅毒、淋病、肺炎、猩红热等感染性疾病获得正确的病因学理解和治疗学知识。法国生理学家Joseph Francois Magendie（1783—1855年）说过：“科学的目的是用事实代替外表，用实证取代印象。”

宿主应答学说

从Hippocrates到Pasteur和Koch，跨越了2个千年，终于能够证实，外界入侵的致病菌是造成宿主全身感染的罪魁祸首。这是认识上的一次飞跃。然而，随着抗生素治疗的进展，单纯用微生物学说不足以正确理解全身感染的发病机制。在有效地清除致病菌之后，甚至最后的探查手术或者尸体解剖都没有发现化脓性感染病灶，很多患者确实死于全身感染。简言之，没有“脓”，也可以发生严重感染。

让我们回溯到1904年，John Hopkins医院内科教授William Osler说过一句名言：“在较多情况下，患者似乎死于感染引起的宿主应答，而不是感染本身。”相隔70年以后，Lewis Thomas（1972年）再次声称：“宿主反击致病菌有着强大的武器，由此造成的危险大于入侵者。”Osler和Thomas都是内科医师。他们注意到全身感染死亡的罪魁祸首是宿主应答，而不是致病菌。问题是为什么患者会死于感染引发的宿主应答？所谓不恰当的宿主应答究竟是什么？假设需要求证。

时至1973年Tilney撰文报道，18例腹主动脉瘤破裂手术后发生多个远距离器官功能衰竭，且呈现序贯性特点。他假设宿主应答中存在着某种激发因素，像扣动扳机一样，诱发一系列多米诺骨牌反应，使原来正常的其他器官发生功能衰竭。1977年，Eiseman等提出“多器官功能衰竭”（MOF）一说，学术界称之为“70年代综合征”。他们都是外科医师，有敏锐的临床观察能力。但是，有的东西他们看不到。

1963年，麻省总医院外科医师John F. Burke报道腹膜炎早期发生急性呼吸衰竭，患者肺部可以正常。Burke比Colorado大学外科David G. Ashbaugh发表著名论文“成人呼吸窘迫综合征”（ARDS）早4年。Ashbaugh对临床表现和放射影像学进行详情描述。他对病因学并不清楚。后人将其修正为“急性呼吸窘迫综合征”。然而，Burke和Ashbaugh各自在临床上观察到肺外疾病可以诱发肺部及其他远距离器官功能衰竭。此项发现富有启发性。

1985年，Aggarwall和Cerami在两个不同的实验室，成功地分离出一种糖蛋白类细胞因子，被统一命名为“肿瘤坏死因子”（TNF）。他们都是基础医学研究者。当初他们并没有意识到TNF具有强力的促炎症作用。实验室研究项目也不是为探索全身感染的机体应答而设立的。同年Kevin J. Tracey发现TNFa在感染性休克中起关键作用。更多研究证明，全身感染引发多种炎症介质大量释放，可以产生全身炎症反应综合征（SIRS）。如果SIRS反应过度，而代偿性抗炎症反应综合征（CARS）不能与之抗衡，将造成严重感染或感染性休克等致命后果。宿主对致病菌的“机体应答”，不只是感染（infection）的后果和表现，而是全身感染（sepsis）的发病原因。“宿主应答”（host response）理论是认识上的又一次飞跃。

Roger C. Bone教授提出“全身炎症反应综合征”的假设。1992年，欧美共识会议把“全身感染”（sepsis）定义为感染（infection）引发的SIRS”。全身感染合并器官功能衰竭者为“严重感染”（severe sepsis）。早期SIRS，可以转化为“代偿性抗炎症反应综合征”（CARS）。SIRS治疗的关键在于清除入侵的致病菌，但这也会损害健康组织。CARS可以限制局部和全身性组织损伤，却增加继发感染的易感性。SIRS和CARS都有双刃剑作用。SIRS抑或CARS，一方绝对压倒另一方，都是有害的。“SIRS与CARS失衡”是要害。Roger C. Bone的贡献在于把临床问题和基础研究的成果结合起来，形成一种理论假设，推动了大规模的、多国的炎症细胞因子临床研究的热潮。

当然，我们不能只看到北美和欧洲学者进步成功的一面。20世纪90年代初，欧美学者组织28项多国、多中心、前瞻对照性临床试验，用各种抗细胞因子，以阻断全身炎症反应。结果无一例成功。教训主要在于对宿主应答认识的片面性以及过分信赖动物实验的数据而造成失误。要取得突破性进步，转化医学是一项战略，绕不过，也没有退路。北美和欧洲也面临着困境。他们的成功或失败是我们吸纳和借鉴的参照。

宿主应答包括免疫应答和炎症应答，两者不可分割。2011年Jules A. Hoffman、Bruce Beutler和Ralph M. Steinman等分别发现Toll样受体（TLRs）及树突状细胞（DCs）在人类天然免疫中发挥着关键作用。入侵致病菌及其相关分子模式（PAMPs），如LPS、脂肽类、脂磷酸质类等，可以被天然免疫的受体系统（简称PRRs）识别。PRRs包括表达在细胞表面的跨膜Toll样受体（TLRs），以及细胞浆内其他受体。PRRs与PAMPs的相互作用能迅速激活天然免疫细胞，引发快速反击。PRRs对全身免疫系统发挥着启动和协调的核心作用。

如果SIRS早期不慎采用免疫抑制药物，可以紧接着发生CARS及免疫功能抑制。如果患者住院治疗时间延长，医院获得性感染包括金黄色葡萄球菌、难辨梭状芽孢杆菌，或者致病性不强的鲍曼不动杆菌、白色念珠菌等相继出现，CMV或HSV被重新激活。如果PRRs介导的免疫应答发生失调和紊乱，势必打破防御应答的平衡。严重感染诱发性细胞凋亡是打破平衡的高危因素。文献报道，严重感染患者大量淋巴细胞以及胃肠道上皮细胞凋亡，使天然以及适应性免疫细胞发生数十亿计的细胞丢失。住ICU治疗的严重感染患者，$CD4^+$ T和$CD8^+$ T细胞大量丢失。重度免疫功能抑制患者，即便是存活的T细胞也会丧失活力，使潜伏体内的致病菌重新被激活。此时单纯应用抗微生物药物，难以控制重复感染，最后转向“免疫瘫痪”。这是严重感染患者高病死率的症结所在。要设法遏制严重感染诱发性细胞凋亡，逆转免疫功能抑制状态。新治疗的尝试，既要控制免疫应答对人体自身造成损害，又要避免抑制人体清除致病菌的能力。谨慎地维持免疫应答平衡，对于患者最终结局有决定性意义。Hoffman等学者的发现是近15年来医学研究的重要成果，正引起学术界新的研究热情。回顾历史，我们需要揣摩先辈们是怎么发现问题的，他们是怎么想的。我们更需要知道我们是从哪里来的，明天要往哪里去。

结束语

当我们回忆这200年的历史，可以发现在每个关节点上，都会有一条起跑线。总会有那么少数几个人，2～3个或者4～5人，不大可能有更多。他们有敏锐的观察力和逻辑思维能力，善于在实践中抓住某一个问题，有所发现。最初的发现者不一定意识到发现的全部意义。于是出现另外一两个人，可以在不同的实践中，不同的医学中心或实验室，从不同的视角，有同样的发现，但可以有不同的诠释。发现可以有先后，先者和后者间隔可有5年、10年、30年、60年甚至更长的时间。这种现象进入20世纪后就很少见了，因为信息传播快而便捷。对于同一项发现，可有不同诠释，发生碰撞，迸发出创新的思维，在实践中去求证。医学科学因此产生突破性进展。

除了科学家的自身天赋和勤奋，新的发现离不开社会需要和科学发展到一定程度的时代大背景。当人们的知识积累和特定学科的发展到达一定水平，又有足够多的科学家关注某个特定问题的解决，这个时候，相应的发现就会不可避免地产生。打个比方，老大打造出两只轮子；老二把两只轮子连接起来，以便稳定地转动；老三把一把座椅架在两只轮子之上，造成一辆车子。他们三人都有天赋，他们都需要特定的时机和运气。有人说故事里面的老三是天才，非也。因为社会需要，聪明人制造了轮子，然后有了带轮子的车子。第一辆车子，第一辆汽车，第一辆火车，第一艘蒸汽轮船（有很大的能转动的轮子），在今天的人们看来，很笨拙也很滑稽，但确实受到社会需要的强力驱动。是这些先辈们把历史转动了起来，危重病医学也是一样。回顾历史，我们需要揣摩先辈们是怎么想的，知道我们从哪里来，明天要往哪里去。

医学科学全球化和信息化进程，向我们展示危重病医学100多年探索的“路线图”。海纳百川，殊途同归。历代杰出学者从不同专业角度开拓、创新、传承和积累，终于确定了学科的核心理念。重视病因学治疗，着重研究机体免疫与炎症反应的病理生理学，研究各器官（系统）功能相互作用，改进多器官功能衰竭综合征的诊断和治疗，降低死亡率。只有培养和造就人才，树立清晰的学术理念和行之有效的医疗、教学、科研体系，一门学科才能产生力量和行动。这是我们的梦，CCM的梦，中国的梦。总体来看，ICU硬件建设成绩显著，而CCM医教研体系的建设尚处于塑造状态，两者反差明显。此问题对CCM可持续性发展，必将造成障碍。

我的老师曾宪九教授在《纪念建国三十周年》一文中写道：“把基础研究的最新成果，应用于临床的研究，促进临床医学的发展，极为重要。”他主要指的是休克、营养代谢、感染、出血等外科基本问题的研究，相信由此可以推动临床医学的发展。曾教授撰文指出：“第九届全国外科学术会议期间，有不少关于临床经验丰富、手术技术高超的报道，而有关基础理论的论文则廖廖无几。临床基础研究并不是基础科学的纯理论研究，而是把基础科学的新成果应用于临床，把临床发现的问题带到基础科学的领域，用实验研究的方法进行探索。”曾宪九教授以毕生的精力，为实现他的学术理念而不懈努力。然而，迅猛发展的基础医学与临床医学之间出现了隔阂。临床医师苦于基础医学理论学习以及研究设施的短缺，基础医学老师却难以从临床医学入门，两者构成一对矛盾，在外科尤为明显。对此，曾宪九教授指出：“在外科临床医学和基础医学之间需要一座桥梁。”他希望：“我们的队伍，总要有那么一批志愿者，甘当架桥工，使基础科学能为伤病员服务。”

加大力度开拓多科合作。1929年John Hopkins医院Walter Edward Dandy教授鉴于大力开拓脑外科手术领域的需要，创建美国第一家ICU。1952年，脊髓灰质炎在北欧流行期间，麻醉科与感染科合作取得创新成果，推进了呼吸ICU的发展。2013年，由北京协和医院牵头的中国神经外科重症管理协作组正式成立，整合神经外科、神经内科、重症医学科、急诊科等多科资源，建立神经重症平台，为重型颅脑创伤、严重中枢系统感染等患者提供医疗服务。此举是历史的传承，也是与时俱进的发展。实践告诉我们，治病救人的意志、探索和革新的勇气以及科学理念，是危重病医学永葆活力的密码。

学术理念：秉承曾宪九的教导，传统的传承和与时俱进的发展。从CCM历史来看，基础成果应用于临床的产物，不是古董，也不是野马。此外，要学会利用合作平台交换意见，评论和包容，不然难以取得成果。以往成功的案例都是如此。要有实效，打破思想藩篱。哥本哈根的经验是典范。哥本哈根为其他国家和地区建立多科合作的平台提供了成功范例。

重新思考严重感染问题

——2012年2月25日初稿

——2012年7月30日第一次修稿

——2015年5月5日第二次修稿

——2018年8月24日完稿

穿透历史

从Hippocrates到Pasteur、Koch、Lister，跨越了2个千年，终于认识到，外界入侵的致病菌是造成宿主全身感染的罪魁祸首。毫无疑义，及时杀灭并清除致病菌非常重要。进入20世纪，概念上发生了飞跃。宿主对致病菌的机体防御反应，不仅是感染（infection）的后果和表现，而且是全身感染（sepsis）的发病原因。这种觉醒促使对全身感染发病机制的认识和治疗策略产生突破性进展。

1904年William Osler说道："在较多情况下，患者似乎死于感染引起的机体反应，而不是感染本身。"1972年Lewis Thomas强调："机体对反击致病菌有着强大的武器，由此造成的危险大于入侵者。"1985年Kevin J. Tracey发现，肿瘤坏死因子（TNF-α）作为炎症细胞因子在感染性休克中起关键作用。“过度的促炎症反应造成全身感染”的理论假设盛行一时。1989年，Roger Bone曾用大剂量皮质激素治疗全身感染患者，试验结果没有被接受，但Bone把全身炎症反应综合征（SIRS）列为全身感染的诊断指标（又称“Bone指标”）在多项临床试验中被继续采用。1992年，欧美共识会议提出：“全身感染（sepsis）的定义是指感染（infection）引发的SIRS，”“严重感染（severe sepsis）是指全身感染伴有器官功能障碍，提示SIRS已经损害感染病灶以外的远距离器官组织。”然而，至今全身感染的定义过多地受制于SIRS理论假设。

2003年8月，作者在电视台高层科学论坛中关于“严重感染与治疗”的讨论发言

构成机体防御反应的另一重要方面是免疫功能。宿主免疫功能分为天然性与适应性两部分。Jules A. Hoffman、Bruce Beutler和Ralph M. Steinman等分别发现Toll样受体（TLRs）及树突状细胞（DCs）在人类天然免疫中发挥着关键作用。这是近15年来医学研究的重要成果。入侵致病菌及其相关分子模式（PAMPs），如脂多糖（LPS）、脂肽类、脂磷酸质类等，可以被天然免疫的受体系统（简称PRRs）识别。 PRRs包括表达在细胞表面的跨膜Toll样受体（TLRs），以及细胞质内RIG-I样受体（RLRs）、NOD样受体（NLRs）等。PRRs与PAMPs的相互作用能迅速激活天然免疫细胞，引发快速反击。适应性免疫由T和B淋巴细胞构成。每个T或B淋巴细胞都具有不同抗原的特异性受体，对抗原反应特异性高，有免疫记忆，但反应速度比较慢。因此，天然免疫系统构成了机体抗击病原感染的第一道防线。DCs等天然免疫细胞通过给T和B淋巴细胞呈递抗原和分泌细胞因子等机制，调节后者产生相应的免疫效应。Hoffman等人的发现引起学术界新的研究热情。

两次重大的临床试验

20世纪90年代初，欧美学者根据动物实验结果，组织28项跨国、多中心、前瞻对照性临床试验，应用抗内毒素抗体、TNF拮抗剂、IL-1受体可溶性抑制剂等，阻断全身炎症反应。结果事与愿违，无一例成功，学术界为之震惊。当初认为实验动物受大剂量内毒素或细菌的攻击，死于“细胞因子风暴”。用大分子复合物加以阻断，或能提高存活率。实际上，感染患者的过度炎症反应发生率比想象的要低，血液中可测到TNF-α或IL-1b的感染患者低于10%。所以，临床试验失败。这样的认识有一定理由，但并非问题的要害。

2002年欧美学者改变研究设计，以预先的临床试验为依据，按循证医学原则，组织跨国、多中心、前瞻性临床试验，内容涉及肾上腺皮质功能不全、凝血功能障碍等，提出了《严重感染和感染性休克治疗指南》，发起“拯救全球感染运动（Surviving sepsis campaign）”全球性合作，希望5年内降低病死率。然而，《严重感染和感染性休克治疗指南》中应用活化蛋白C、小剂量皮质激素和严格控制血糖等方法，疗效不肯定。10年过去了，病死率仍在18%～50%。尽管如此，学术界的热情并没有减退。

失败求教训　实践获启发

全身感染临床诊断标准不确切，致病菌培养阳性率低，抗微生物药物治疗不恰当，各医院医疗质量参差不齐等薄弱环节依然困扰着我们。虽然如此，多数患者在最初SIRS期可以存活。为什么有些患者发生顽固性低血压、急性呼吸窘迫综合征或多器官功能障碍综合征，有些患者则没有？把严重感染归咎于过度的全身炎症反应，认识上过于简单化，很可能是20世纪90年代跨国临床试验失败的关键。2002年制定《严重感染和感染性休克治疗指南》时，已经注意到严重感染在发病机制方面有很多疑团未被阐明。

近年来，有学者发现，危重病患者在住院前，免疫功能原本正常，很可能早期采用抑制炎症反应的治疗，其中一部分患者受益，另一部分患者悄悄地走向免疫功能抑制。Limaye等（2008年）报道，危重病患者经长期住院治疗，潜伏在体内的巨细胞病毒（CMV），可以被重新激活，血清反应阳性，出现全身感染。死亡者多伴有免疫功能抑制。Luyet等（2007年）报道，免疫功能正常的危重病患者，长期接受机械通气支持，潜伏体内的单纯疱疹病毒（HSV）被重新激活，出现HSV支气管肺炎。Richard S. Hotchkiss把视野转向另一个重要方面，即免疫功能抑制。

严重感染患者免疫功能抑制

患者的机体反应可以有不同模式，受年龄、营养状况、基础疾病、病原菌及其毒素的致病性、感染解剖部位、感染器官（肺或腹膜）防御反应、宿主免疫细胞的受体以及细胞因子、基因多态性等多方面影响。然而，机体反应也可以随着病情的演变而转换，并非按既定模式一成不变。有时，全身炎症反应综合征（SIRS）可以快速转向代偿性抗炎反应综合征（CARS）。严重感染的机体反应被称为“跷跷板”模式。临床实践中，需要根据不同阶段反应模式的改变，采取相应的治疗策略。

早期往往以SIRS占上风。如果感染被控制，出现轻度CARS和免疫功能低下，然后恢复到内环境稳定水平。这种反应模式较多见于年轻的患者人群。至于老年人、营养不良或者同时罹患其他疾病者，如果SIRS期不慎采用免疫抑制药物，可以产生有害效果。有时继SIRS之后，紧接着发生CARS及免疫功能抑制，并发严重感染。治疗或有可能帮助患者康复，或者病情急转直下，走向MODS。如果患者住院治疗时间延长，医院获得性感染包括金黄色葡萄球菌、难辨梭状芽孢杆菌，或者致病性不强的鲍曼不动杆菌、白色念珠菌等相继出现，CMV（巨细胞病毒）或HSV（单纯疱疹病毒）被重新激活，病死率高。此时患者可能陷入重度免疫功能抑制，以致丧失清除致病菌的能力，即所谓“免疫瘫痪”。严重感染死亡患者大多数伴有重度免疫功能抑制。

聚焦免疫反应的平衡

为使机体反应能够成功抵御致病菌的入侵，谨慎地维持免疫反应平衡，对于患者最终结局有决定性意义。模式识别受体（Pattern Recognition Receptors，PRRs）对全身免疫系统发挥着启动和协调的核心作用。如果PRRs介导的免疫反应发生失调和紊乱，势必打破防御反应的平衡。SIRS抑或CARS，一方绝对压倒另一方，都是有害的。我们需要摆脱20多年来所谓“过度炎症反应”理论假设的困惑，从理念上重新思考严重感染的发病机制。通过干预免疫反应，以调节全身炎症反应已成为当今的一个重要研究方向。

严重感染诱发性细胞凋亡是打破促炎症与抗炎症之间平衡的高危因素。文献报道，严重感染患者大量淋巴细胞以及胃肠道上皮细胞死于凋亡，使天然性以及适应性免疫细胞发生数十亿计的细胞丢失。住ICU治疗的严重感染患者，CD4 T和CD8 T细胞大量丢失。重度免疫功能抑制患者，即便是存活的T细胞也丧失活力。此时单纯应用抗微生物药物，难以防止感染一再反复。这是高病死率的症结所在。必须设法遏制严重感染诱发性细胞凋亡，逆转免疫功能抑制状态。

目前已经登记的临床试验多达750余项，包括多黏菌素B血液灌注以中和LPS，应用TLR4拮抗剂以抑制LPS诱发的炎症反应，粒细胞–巨噬细胞集落刺激因子（GM-CSF）使失去活力的单核细胞恢复功能等。然而，LPS或者TLRs、细胞因子等，都有双刃剑效应。LPS被大量释放或者LPS被完全阻断，TLRs功能缺陷或者高度活化，都是有害的。循环血液单核细胞释放促炎症细胞因子的活力减退，被认为是免疫功能抑制。但是，活化蛋白C因为可以阻断单核细胞生成细胞因子，具有直接的抗炎症作用。进行新治疗的尝试，既要控制免疫反应对人体自身造成损害，又要避免抑制人体清除致病菌的能力。研究焦点就是免疫反应的平衡。

结束语

严重感染患者最终结局取决于病原菌的致病性与宿主免疫功能之间的竞赛。早期诊断、抗生素治疗、目标指导性输液复苏以及根据营养风险评分加强营养支持等是根本性措施。遏制严重感染诱发性细胞凋亡是关键环节。为取得突破性进展，维持免疫反应平衡是巨大的挑战。

美国Border教授来访引发的思考

——2021年4月12日初稿

——2022年9月16日完稿

1981年，我从法国学习期满回国。恩师曾宪九教授抓紧时机，筹建ICU。1982年建立外科ICU。1983年中国大陆第一家综合性ICU建立。创建之初，曾宪九教授已患肺癌，但仍以抱病之身坚持每天查房。1982—1999年，北京协和医院ICU共收治危重患者3760名，其中多器官功能障碍综合征（MODS）患者800余名，由严重感染诱发者占MODS的60%。这在当时为国内最大宗的病例。

曾宪九教授教导我们，要学会从临床实践中去发现问题。他带领我们一起分析其中一部分病例，发现有15名患者呈典型的严重感染伴有多脏器功能衰竭（MOF），症状持续加重。曾教授高度怀疑腹腔内有隐匿性病灶。在征得家属同意后，对其中几位患者做了“探索性剖腹探查术”或者尸体解剖，却没有找到感染病灶。“患者为什么死亡?”曾教授向他的学生们提问，同时他也是在问自己。遗憾的是，曾教授在1985年春去世，享年71岁。他没有时间对发现的问题进一步探索。

也就是在1985—1986年12个月期间，John C. Marshall遇到了同样的难题。他观察外科ICU收治的严重感染伴有MOF的33位患者，并对其中20位患者做了尸体解剖。此外，有4位患者接受了剖腹手术，都没有找到感染灶。他提出同样的问题："感染源在哪里？"

活着的人们没有停止探索，他们选择走临床基础型研究的道路。1987年，Marshall发表了一篇题目是《MOF的微生物学》的文章。文章指出，"胃肠道是致病体的隐匿性储存库"。肠内细菌总数比人体细胞总数多10倍。在人体内环境稳定状态下，宿主与肠道微生物组之间保持着良好的共生关系。肠道细菌没有天生是坏的，或者天生是好的差异。但是当内环境稳定受到干扰或者出现应激反应等情况，肠道细菌可能向致病性表型转化。如果不知道肠道微生物组毒力的改变，就不可能理解为什么Meakins和Marshall在1986年发表"肠道：MOF的驱动器官"的假设。

肠源性感染

1987年，美国John Border教授发现钝性多发性创伤的伤员在接受ICU治疗几天后很快出现严重感染与MOF，广谱抗生素治疗不奏效。他提出"肠源性感染"一说。Border曾来华访问北京协和医院，他和ICU医师留有合影。乔晓溪医师也在其列，她于1987年12月去往美国。由此推算Border来访，可能就在1987年。根据当年的知识水平，我不可能和Border教授进行真实意义的学术讨论。然而，他的来访不禁使我回想起"恩师曾宪九教授之问"。在短短的几年时间内，经过几位学者

1987年，John Border来华访问（左一，乔晓溪；左二，刘刚；左三，作者；右三，Border；右二，马遂；右一，席修明）

的努力把感染源初步锁定在“肠道”。这条探索之路，他们是怎么走过来的？

我一直以为肠道是消化器官。这并没有错。通常所说的“肠道通透性”，具有明确的选择性滤过功能：①吸收肠道内摄入的各种有益物质。②防止肠道内有害物质进入肠道外并扩散到全身更广泛的组织。肠道上皮是第一道屏障，其将肠道内容物和微生物与全身组织隔离开来。在这方面，肠上皮细胞之间由特异性蛋白质组成“紧密结合”起着关键的作用。

但是，严重感染可以在上皮细胞之间的“紧密结合”处打开缺口，肠道内有害物质将大举深入肠黏膜层。如果第一道屏障被突破，肠黏膜层淋巴组织将担当第二道防线的重任。肠道上皮由单层细胞组成，因而显露其脆弱性。事实上，大部分感染因子就是利用肠上皮的缺陷入侵人体内部。

肠-淋巴轴心

我从医数十年，不知道肠黏膜层淋巴细胞占全身淋巴细胞的80%。我迟迟才读到“肠-淋巴轴心”的假设。我恍然明白肠道不单纯是消化器官，而是人体内最大的免疫器官之一。如果肠黏膜层的免疫力不足，肠道内多种毒性介质可以通过淋巴系统造成远距离器官损伤。因此，肠道被称为严重感染或其他危重病的“启动器官”。淋巴系统的重要性，应激反应等情况，肠道细菌可能向致病性表型转化，“感染源在哪里？”这一系列问题值得进一步探索。

李四光说：“作了茧的蚕，是不会看到茧壳以外的世界的。”回顾既往，我容易被固有的知识所困往。人体蕴藏着无穷的奥妙。随着年龄增长，我始感悟自己知之甚少。如今耄耋之年，我的求知欲、我的好奇心不减当年。不知老之已至。这是我生活的乐趣。

肠道与全身性严重感染

——2017年7月10日 完稿

书本上认知的肠道

肠道与严重感染这个不显眼的课题，经过众多学者30年的探索和研究，在认识上取得了突破性进展。我欣然提笔的瞬间，一丝灵感打开了我记忆之门。我想起了三毛。她和丈夫荷西躲在大石头后面，目睹撒哈拉的阿拉伯妇女用海水洗肠的情景。我在书架上找到三毛写的《撒哈拉的故事》，重读“沙漠观浴记”。西属撒哈拉海岸全是岩岸，只有勃哈多海湾有沙滩，裸体浴场就在那里。女人先把盛满海水的水桶提到沙滩上，倒入一个大罐子，然后把罐子下边伸出来的那条皮带管插进另一个躺在沙滩上女人的肠子里。连续灌下去4大罐，直到受洗者忍无可忍，尖叫起来才打住。女人蹒跚地爬起来，找到另一块沙地，蹲下就泻。泻了一堆，挪动几步再泻，可以泻上十几堆。一天要这样灌洗肠子3次，共灌洗七天。撒哈拉用水困难，交通不便，有些妇女只能每三年把肠子彻底灌洗一次。尽管她们每天都排便，但肠子里仍然窝藏着很多脏东西。这个故事自然使我联想到肠道与全身感染的关系问题。

我没有撒哈拉非洲国家流行病学调查资料，不知道三毛所描述的西属撒哈拉那里的妇女这般认真灌洗肠子，她们的严重感染发病率是否会比较低下？美国估计每年有229 000 ~ 360 000人死于严重感染，而ICU住院费用昂贵，疗效也不尽如人意。肠道究竟与严重感染有什么关系？

临床实践中的困惑

1982—1987年北京协和医院ICU创建之初，我们很重视严重感染伴多器官功能障碍综合征（MODS）的住院患者，治疗期间仔细寻找感染灶，应用强力有效的抗生素，并进行器官功能支持性治疗。尽管如此，仍有15名患者症状持续加重，经多次临床查体、血培养、胸部及腹部平片检查等，却不知病源何在。我的老师曾宪九教授高度怀疑腹腔内有隐匿性病灶。在征得家属同意后，对其中几位做了“探索性剖腹探查术”或者尸体解剖，结果什么也没有找到。感染源在哪里？曾宪九教授于1985年去世，他再也没有机会寻求答案。

John C. Marshall遇到同样的难题。在1985—1986年12个月期间外科ICU所收治的患者中，他对33名严重感染伴多器官功能衰竭（MOF）的患者进行仔细观察，并对其中20例死亡患者做了尸体解剖（MOF评分<9分的5例，MOF评分>9分的15例）。结果发现，MOF评分<9分的5名患者，只有1名有吻合口裂开造成腹膜炎、腹腔内脓肿没有引流。另一组MOF评分>9分的15名患者，也只有4名有坏死性支气管肺炎等。此外，有4位MOF评分>9分患者，接受了剖腹手术，却没有找到腹腔内感染灶。患者为什么死亡？他困惑不解。

Marshall没有停止探索。1987年，他发表了一篇文章，大题目是“MOF的微生物学”，副题是“近端胃肠道作为致病体的隐匿性储存库”。我很快联想起勃哈多海湾的裸体浴场，阿拉伯妇女用海水灌洗肠子的故事。1987年，John Border发现钝性多发性创伤的伤员在接受ICU治疗几天后，很快出现严重感染与MOF，广谱抗生素治疗不奏效。他提出“肠源性感染”一说。

John L. Meakins和Marshall认为肠道不只是MOF的靶器官。早在1908年免疫学家Eli Metchikoff曾经提出微生物或毒素从肠道逸出，损害全身组织，是患者过早死亡的重要原因。受他的影响，Meakins和Marshall在1986年撰文发表了“胃肠道：MOF的驱动器官”的假设。他们认为，当人体内环境遭受干扰之际，肠道上皮的绒毛通透性增加；肠道内过度繁殖的致病菌和毒素移位；致病菌和毒素通过肠系膜静脉和门静脉等“血源性”播散。首当其冲的远距离器官受害者是肝脏。

实验动物模型容易发现细菌移位，由门静脉进入血液循环。然而，临床试验并非如此。1991年，Moore FA在严重躯干创伤患者的门静脉内置入导管采样，只有2%患者的门静脉或体循环中发现细菌，没有一例查出内毒素。然而，这组患者MOF发生率为30%。更多的研究结果强力提示临床医师要有更开阔的视野来探索这个问题。

重新认识肠道

肠道有3个主要组成部分：肠道微生物组（microbiome）、单细胞层肠道上皮、肠相关淋巴组织（gut-associated lymphatic tissue，GALT）。

肠道微生物组

人体细胞总数约10万亿，肠内细菌总数约100万亿，比人体细胞总数多10倍。肠道内细菌数与人体细菌总数（包括皮肤、口腔、肺、阴道等）相比，也占多数。肠道微生物组的复杂多样性是人体其他器官无法比拟的。在人体内环境稳定状态下，宿主与肠道微生物组之间保持着良好的共生关系。肠道细菌没有天生是坏的，或者天生是好的差异。要正确认识肠道微生物组为维持人体健康发挥着关键性作用。无菌动物没有内源性细菌，一旦发生细菌性肺炎，死亡率较高。

但是肠道微生物组不可能一成不变。当内环境稳定受到干扰或者出现应激反应等情况，细菌能够感知自身所处的环境所发出的信息，既来自周围细菌密度改变，也来自宿主的机体反应，细菌可能向致病性表型转化，原有的共生关系被破坏。动物实验发现手术损伤可以激活肠道细菌的致病性毒力，损害邻近的以及远距离组织。最有代表性的是绿脓杆菌。如果把正常鼠盲肠内的绿脓杆菌，接种在正常鼠盲肠内，没有死亡。如果把经受30%肝脏切除术的鼠盲肠内绿脓杆菌，接种在其他没有手术损伤的鼠盲肠内，后者死亡率100%。

白色念珠菌同样如此。不知道肠道微生物组毒力的改变，就不可能理解为什么肠道会成为“MOF的驱动器官”。

肠道上皮

肠道上皮由单层细胞组成，是肠黏膜的一部分。肠上皮细胞之间由特异性蛋白质组成“紧密结合”（tight junction）。肠上皮表面由黏液覆盖。两者形成第一道屏障将肠道内容物和100万亿微生物与全身组织隔离开来。两者担负着两种关键性功能：①吸收肠道内摄入的食物营养、水与电解质等各种有益物质。②持续性监控肠道内微生物组的共生状态，防止肠内有害物质（如外来的抗原、毒素和致病菌）乘虚进入肠道外并扩散到全身更广泛的组织。黏液层也是防止消化酶进入肠上皮细胞，继发自体消化和溶解的主要屏障。

“肠道通透性”指的是肠道有能力调控肠道内的物质通过肠上皮细胞进入肠道外及全身组织。肠道通透性具有明确的选择性滤过功能。为此，需要有效地调控下列两条主要的途径：

（1）经细胞通透性（transcellular permeability）是溶质穿越上皮细胞的特异性转运方式。某些氨基酸、糖、短链脂肪酸、电解质以及其他分子可以顺利地进出上皮细胞。

（2）旁细胞通透性（paracellular permeability）是水和溶质通过上皮细胞的间隙，移出肠上皮层的主要途径。控制上皮细胞之间的“紧密结合”是影响旁细胞通透性的主要因素。

在健康状态下，小的颗粒（半径<0.4nm）或者较大的颗粒（半径>1.5nm）可以通过上述通透途经。如果肠上皮细胞之间出现开放性缺口，肠道内细菌及其产物、外来的抗原、未消化的食物颗粒等可以通过旁细胞通透途径，大举深入肠黏膜，冲击肠道相关性淋巴组织，由此激活炎性、免疫性、自体免疫及肿瘤形成性等反应。

在严重感染情况下，肠道内微生物组的共生关系被打破，致病菌过度繁殖。此外，肠上皮的选择性通透功能受损害，加速肠上皮凋亡，黏液层更为稀薄。虽然肠黏液层损害必然伴有绒毛的损害，却不足以使正常大鼠产生肠源性毒性淋巴液和继发性肺损伤，也不足以造成肠源性全身损害。但是，严重感染将进一步分解上皮细胞之间的“紧密结合”，打出缺口，肠道内有害物质将穿越旁细胞通透性途径，大举深入肠黏膜。如果黏液和肠上皮所形成的第一道屏障被突破，肠道相关性淋巴组织将担当第二道防线的重任。

肠相关淋巴组织（GALT）

为增加吸收食物的面积，肠黏膜产生很多绒毛（villi），由单细胞层肠上皮组成。Lieberkuhn隐窝深处的干细胞调控着肠上皮细胞的繁殖、分化和凋亡。肠上皮需要把GALT与肠道及其内容物隔离开来。所以，肠上皮面积显得单薄。同时，肠上皮又担负着如此大面积的肠通透性调控的任务，因而显露其脆弱性。事实上，大部分感染因子就是利用肠上皮的缺陷入侵人体内部的。

然而，GALT的免疫系统具有强大的作用，从多个环节加强人体的防御反应。GALT覆盖面积为260～300平方米，是（全身）黏膜相关性淋巴组织（MALT）的最大组成部分。肠道内淋巴细胞占全身淋巴细胞的80%以上，超过脾脏和骨髓内的数量。GALT包含肠上皮内淋巴细胞、固有层（lamina propria，即肠上皮下疏松结缔组织）淋巴细胞、派尔集合淋巴结和肠系膜淋巴结。其中只有最后两个与全身性淋巴循环相衔接，淋巴液经胸导管，流入血液循环。

“肠-淋巴轴心”（Gut-lymph axis）假设

30多年来，文献曾报道多项临床研究和动物实验，均证明肠道内多种蛋白和脂质因子等有害物质，是经肠系膜淋巴结及胸导管，进入左锁骨下静脉。首当其冲的远距离器官受害者是肺（ARDS）和心脏（心肌收缩力减弱）。结扎实验动物的肠系膜淋巴流通管道，阻断肠源性毒性淋巴液流入肺循环，可以减轻肺损伤。对创伤、烧伤或出血性休克的实验动物，结扎肠系膜淋巴管道可以防止创伤引发心脏收缩性减弱和心输出量下降。对烧伤或肝胆道手术后患者的临床研究显示，肠道内多种毒性介质，实际上是通过淋巴系统造成远距离器官损伤的。

提出“肠-淋巴轴心”（Gut-lymph axis）假设，目的在于表明肠道不单纯是消化器官，特别强调GALT是MALT的最大组成部分，肠道是人体内最大的免疫器官之一。肠上皮选择性通透性、GALT的免疫系统和肠道内微生物共生状态是维护肠道功能完整性的三大支柱，其为防止肠道微生物和毒性介质入侵淋巴循环和血液循环提供了有效的屏障。严重感染可促使肠道内共生性微生物向致病性表型转化、暴发致病性毒力以及肠上皮加速凋亡、肠选择性通透性失控。如果

GALT的免疫系统不足以抵御肠道内毒性物质，侵入远距离器官，肠道可以成为严重感染或其他危重病的“启动器官”，也可以使病情恶化，增加死亡的风险。

结束语

在严重感染治疗中，要设法防止肠道细菌向致病性表型转化，或者使细菌组失去毒力，重建共生状态。设法遏制肠上皮快速凋亡，修复选择性通透功能。这是两项不容忽视的策略。不恰当地应用抗生素或肠道外营养（TPN）将与上述治疗目标背道而驰，而肠内营养（EN）不失为有效的支持治疗方法之一，其对维护GALT功能大有裨益。如果MODS患者一时不能接受常规的EN而腹泻，有必要选用高蛋白质的要素饮食，经十二指肠导管24小时持续泵入，逐步上调摄入量以达到所需要的水平。

在可预见的10年内，针对肠上皮选择性通透功能的调控、肠道免疫系统运行机制以及肠道内微生物组与肠道免疫系统之间相互作用等问题，基础医学研究将大有可为。

六、循证医学大数据与危重病医学

对循证医学和大数据若干问题的思考①

经验医学与循证医学

传统医学是经验医学。临床医师根据自己的实践经验、遵循高年资医师和教科书的指导来医治患者。有经验的医师提出的医疗措施究竟哪些有效、哪些无效呢？虽说名师出高徒，青出于蓝而胜于蓝，但也有部分充其量只是继承衣钵的二流人物。经验医学不能适应新时代的人才培养和医学科学快速发展的需要。

循证医学（evidence-based medicine，EBM），又称“证据医学”。EBM一词由Gordon H. Guyatt在1991年提出。证据是EBM的基石，临床证据主要来自以下方面：一是大样本的随机对照试验（RCT）。对照、随机和双盲等法则成为EBM的基础。二是荟萃分析。1971年，Light和Smith提出荟萃分析的概念。1976年，Glass将这一概念命名为Meta-analysis。“Meta”意指较晚出现的更为综合的分析。荟萃分析不但包括数据收集，而且对结果进行流行病学探索和评价。EBM的主要目的是促进推广真正有效的治疗，摒弃无效的甚至有害的治疗措施。现行的指南就是基于EBM证据建立的，EBM标志着临床医学从经验走向理性。

在多年的实践中，EBM面临着挑战。最初RCT显示活化蛋白C（aPC）能够抑制凝血而强化纤溶，防止多器官功能衰竭（MOF），降低病死率。2001年，aPC被美国食品药品监督管理局（FDA）批准应用于严重感染治疗。但是2004年

---

① 本文2019年3月29日发表于《中华重症医学电子杂志》，经作者于2021年7月26日修订后使用。

荟萃分析不肯定aPC的疗效，并指出使出血发生率增加。同样，重组因子Ⅶa曾经被推荐应用于严重感染，以控制出血，但血栓栓塞事件病死率明显增加，美国FDA重申重组因子Ⅶa的唯一适应证是血友病。2002年，Annane指出使用氢化皮质激素可以降低感染性休克患者的病死率，研究结果曾被列入2004年美国严重感染和感染性休克的治疗指南。2006年，欧洲危重病医学年会上，多中心研究报告显示其病死率没有差异。

指南根据EBM证据来制定诊断和治疗的统一标准，EBM要求可靠的证据。从欧美重症医学科（ICU）近40年发展历史来看，不同区域或新设计的RCT很可能把前几年的RCT否定，说明前几年的RCT结果不可靠，多中心的RCT研究难以取得共识，指南没有被广泛应用。ICU危重患者的治疗是救命的，家属很难接受“设立对照、随机采样”的概念，从伦理学角度也是不被许可的。实际上，大量的日常临床治疗信息没有被收集和利用而丢失了。

2008年美国为评估ICU的医疗质量做了一次调查。综合2001—2006年发表的72组多个中心的RCT进行分析，结果发现只有10组病死率降低，7组病死率增加，55组无明显差异。这次调查只涉及严重感染和急性呼吸窘迫综合征（ARDS），由于两者病源异质性、临床试验入选标准不统一等因素，结果不一定符合ICU医疗的真实情况。然而，此次调查引起了美国医学界的关注。上述情况在我国也有同样反映，我国每年发布的严重感染和感染休克的指南基本上是欧美指南的翻版，改革的出路何在？

大数据于医学的意义

“大数据”（big data）一词在20世纪90年代由John Mashey提出，2016年Kaplan等进一步明确其定义。大数据的意义可以总结为：当今，特别是教学医院的ICU需要在一定时间范围内收集相关的所有数据。按传统数据库软件工具能力，几乎不可能办到。新时代高科技产生的大数据有能力收集大量数据，不采用抽样调查法，对多样化的信息进行分析和管理。同样的研究，有可能会得出截然不同的结果。因此，需要在更大范围内，收集对某一疾病各种疗法的临床试验以及不同研究的结果等，更为客观地综合反映出来。ICU收集大数据也包括日常大量的临床信息。在研究某一特定的专题时，同类疾病采用同样治疗方法，不同的患者可以有不同的效果，各中心相应的治疗策略也可能不一致。重大课题的研究需要多中心的共同协作，各研究中心之间的数据高速流转，不应该有“隔离墙”。

大数据的特点可概括为“6V”：Volume，大规模的数据；Variety，多样的数据类型；Velocity，高速的数据流转，实时或者近乎实时；Value，价值低密度，即数据量大但有价值的少；Veracity，真实性，即数据的质量；Variability，可变性，妨碍处理和有效地管理数据的过程。

大数据技术的意义不限于掌握庞大的数据信息，而在于系统地认知大数据。对容量巨大、来源于多渠道的复杂性数据，要有能力进行全面而细致的分解。大数据高性能分析有助于发掘真实的、有用的信息，识别信息的不同来源，提高决策的正确性。大数据收集和储存能力从1986年的petabytes（10^{15} bytes）等级提升到2007年的exabytes（10^{18} bytes）等级。所以，需要具有储存、管理、分析等功能的庞大电脑系统的支持，关键在于采用分布式架构，对海量数据进行分布式数据挖掘，把实时的大型数据分析，分配到数十、数百，甚至数千的电脑。因此，依托单台计算机进行处理是不可能的。我们要积极推进医学信息化的发展，因为需要利用大数据和高性能的分析，提高医疗和研究的质量和效益。

正如硬币有正反两面，大数据也会产生新问题。不能认为大数据收集数据规模之大，不真实的数据将无碍于事。为提高大数据的价值，恰恰要重视数据的真实性。有学者指出，“大数据对偏差没有免疫力（no immune to bias）”。做科学研究是为了培养创新人才，追求科学真理。国家对学术不端、论文造假等行为做出严格的管制，终身追究。大数据技术可以提供海量数据，但不是就此唾手可得，要从中获取新知，推动医学的创新和突破。发展大数据，不能容忍科研数据造假。

此外，大数据可以显示事物之间的相关关系，帮助临床医师知道事物正在发生，也就是说，可以“知其然”。但是大数据并不显示事物为什么发生，因而“不知其所以然”。例如，严重感染患者为什么死于序贯性多器官功能衰竭？有些严重感染，没有找到化脓病灶，患者为什么死了？临床医师要“知其所以然”，决不能因“知其然”而故步自封。从“知其然”，演进到“知其所以然”，需要逻辑推理。

我们必须在大数据技术提供大规模医学信息的基础上，对这类“为什么”的问题，从基础理论的高度，进行逻辑推理，激发更深入的研究，才能“知其所以然”。现今，临床医学与基础医学之间存在着一定的隔阂，成为医学发展的“瓶颈”之一。临床医师，尤其是外科医师，要坚信基础研究是临床工作不可分割的一部分，要充分利用大数据提供的平台，加强临床医学与基础医学之间的信息交流，沟通学术思想，只有这样危重病医学才能创新，进而取得突破性进展。

与循证医学一样，大数据是技术，不是一门学科，大数据可以帮助临床医师收集大量的医学信息，提高预测力和决策力。然而，大数据不能替代临床医师对问题的理性思考和逻辑推理。400年前，徐光启之所以与利玛窦合作并翻译《几何原本》，是因为他知道，“如果一个人缺乏逻辑，他就不会讲道理”（大意）。我们要利用大数据技术，发掘临床实践中的问题，结合病理生理学、免疫学等基础理论的研究成果，并进行逻辑推理，加深精准医学以及个体化医疗等研究。与此同时，我们应该觉察到，大数据提供了一个基础医学和临床医学之间信息交流的大平台，对于逐步解除两者之间结合的“瓶颈”将十分有利。运用大数据技术是新时代危重病医学进步和发展的需要。对生命奥秘的探索是我们贯穿始终的追求目标。谨以愚者之见，抛砖引玉，请读者指正。

2019年3月在北京召开的首届中国重症大数据与人工智能学术大会

作者在大会上发言

会后作者与协和医院副院长韩丁教授（左）握手

时任四川省人民医院ICU主任黄晓波（左）与作者（右）合影

会后作者与隆云（左一）、韩丁（站排中）、刘大为（右一）合影

马朋林（左）、作者（中）、潘家绮（右）在会议期间的合影

七、漫谈全球病毒大流行与危重病医学

关于SARS防治工作若干问题的反思

——2003年10月9日初稿
——2021年4月11日修稿
——2021年12月6日完稿

SARS是一种新出现的传染病，病原体是冠状病毒。

如何出现?

2002年12月22日，广东省河源市出现第一例SARS病例。至2003年1月1日，河源市人民医院8名医务人员相继出现SARS症状。曾护送患者转院广州的主治医师受传染后病情加重。1月16日，广东省中山市出现SARS患者。20日起，发现中山市3家医院的13名医务人员被感染。流行范围逐步扩大。河源、中山、东莞、深圳等地患者陆续向广州多家医院转送求治。2003年1月下旬，广州出现散发病例。2月2日暴发流行。至9日，SARS患者多达200余名。同年3月5日，北京出现首发病例。冠状病毒传播范围进一步扩大。我国大陆24个省、市发出疫情报告。到2003年6月26曰，患者总数达5327名（死亡348名），其中北京2521名，广东省1512名。国际上，曾有114个国家对我国过/入境公民采取了程度不一的外交措施。同样，国内也加强防范隔离。

几乎与此相平行，2003年2月一名处于潜伏期的医师从广州到香港，住宿旅店。受传染的各地旅客分赴越南、新加坡、台湾、加拿大等地。最终传染链波及全球。SARS患者总数超过8450名。当时认为SARS起源于人体。最明显的病毒传播途径是飞沫。这也是隔离防范措施能够奏效的原因。在冠状病毒肆虐初期，与患者密切接触的医师和护士最易受到病毒攻击，且患病率较高。5月初起，普遍采用特制的保护性着装，医务人员患病率陡然下降。这些事实更有力地支持了上述观点。

一般而言，患者可以传染少数健康人（第一链），受传染者再传染少数的周围健康人（第二链）。不言而喻，传播范围就此逐步扩大。令人吃惊的是竟然有个别“毒王”，可以短时间内传染一大批曾与之接触过的正常人。见诸报刊报道的河北省某县一名干部，54岁，在未经临床诊断SARS之前，2003年4月7日曾因冠心病、高血压、痛风等疾病，前往北京两家医院求治，终于获得住院机会。4月14日却自动出院。此时，北京市SARS已大规模暴发流行。4月15日由天津某医院作为冠心病患者收治。当天下午出现典型的SARS临床表现。该院层层上报，将患者转入“定点医院”。与患者密切接触的10名医师和护士被隔离，同病房患者及家属也被隔离。不料该“定点医院”竟4次发出通知：不是SARS。以至于原收治医院解除有关人员的隔离。4月18日晚，患者病情危重，转入传染病医院，20日上午去世。该患者辗转于3家医院之间，使60多名医护人员被传染，占天津市临床诊断SARS医护人员的90%以上。曾经收治他的3家医院中，3位科主任（直接接触）都被传染，其中两位科主任不治身亡（不过，应该指出：天津市5月9日报道，临床诊断SARS患者中，医护人员竟占46%，为全国最高比例。这一不幸现象不能完全归咎于“毒王”）。

在人与人之间的传播过程中，“毒王”这一特殊现象并没有引起相应的重视。“毒王”有什么特征？他身处的环境有什么特别？如何理解这种高传染率？能否设想“毒王”身上病毒超载？他们的人数究竟有多少？在SARS流行的全局中起了什么作用？此外，严酷的事实教训引起人们对飞沫传播途径保持高度警觉和重视。但是，我们多少忽略了粪—口传播途径的重要性。冠状病毒能在患者胃肠道中存留多久？SARS患者康复后是否继续携带病毒？粪便传播途径在病毒传播中曾起了什么作用？这些问题涉及对于SARS流行所应采取的预防和控制策略，而我们却知之甚少。对“毒王”这种特殊现象以及粪—口传播途径进行调查研究，可以提供有益的信息。

正因为人与人之间的传播所造成的后果，如此引世人瞩目，我们也多少忽视了问题的另一方面。近年来，病毒学家认为，与新出现的传染病有关的病毒（如HIV、猴痘病毒、西尼罗河病毒等）通常起源于动物。病毒的储存库在野生动物身上。按照推理，也不排除家禽家畜，甚至家养宠物。美国CDC等研究机构所解读的SARS冠状病毒基因与所有的已知冠状病毒不同。这一病毒很有可能一直潜伏在野生动物等尚未经研究的宿主身上。日本传染病研究所所长提出，SARS冠状病毒可能在广东省某些动物身上已经存在了很长时间。据悉，广东省只有近半数SARS患者被认为有接触史。这有可能因为诊断标准不够确切、诊断技术不尽如人意，导致临床诊断SARS患者中，并非SARS者不在少数。同时，也确实增添了人们的疑虑：是否存在着至今尚未被探明的其他储存源。所以，很有必要对病毒的动物源问题进行研究，同时，仔细剖析最初发现的病例以及没有明确接触史的病例。遗憾的是，至今也无法了解第一名SARS患者是怎样被传染的。

SARS冠状病毒究竟由人传给人，还是由动物传给人？这个问题为什么重要？

如果能证实SARS病毒来源于动物，那么，公共防疫部门将采取坚决措施，阻断动物对人的传染途径，清查其他动物源性的潜在致病体。事关SARS冠状病毒传染的控制和如何明确要害之所在。此外，对于SARS的再次出现，可起到预警作用。然而，要确定SARS是否起源于动物，并非易事。

何地出现？

广东省素以美食之乡举世闻名。美味佳肴不仅限于家禽家畜，人们尤其酷爱野味，食之已久。野生动物非法买卖，既供烹饪膳食，又供医用“保健”。据透露，广东省最早期患者（指发病在2003年2月1日以前）中，1/3以上为餐饮业、烹调业、屠宰业或饲养业等工作人员。果子狸一度被“锁定”为罪魁祸首。因结论过于仓促，已被否定。然而，在广东野生动物市场上，小贩们坐在装有野生动物的大笼子上是常见的景象。2003年8月中旬，世界卫生组织与联合国粮农组织派出专家组，会同中国卫生部委派的专家组对SARS病毒的动物源问题进行联合调查。据称，他们在哺乳动物、爬行动物和飞禽类等100多种动物身上发现了SARS冠状病毒，而不只是一种动物。这些动物中，90%是在广东省的农场或野生动物市场上被查找到的。显然，不能就此下结论认为广东人吃野生动物是引发SARS流行的主要原因。

至于香港九龙陶大花园公寓仅在12天内，暴发267名SARS患者，此事又当如何理解？在高层住宅楼群中，不可能有大批居民互相串门，可以排除人与人之间通过飞沫传染的可能。首先出现SARS患者的E座高层疫情比低层严重。几百米外的住宅楼，不管位处逆风或顺风方向，都发生疫情。认为排污系统有问题，也缺乏依据，因为仅仅一名患者体内排泄少量病毒不可能在短时期内快速传染一大批人。在香港工作的流行病学家曾撰文指出，淘大花园流行SARS可能是E座高层的屋顶鼠进入患者的住所，被排泄物、用过的卫生纸、剩饭等污染物传染。这种老鼠经常在公寓和垃圾堆里觅食，能穿墙入室，或沿着管道快跑，或把窗外的晾衣绳当作引桥纵横穿行，有能力引发多座住宅楼疫情迅速蔓延。然而，这是一种推测。

可见SARS起源问题，根据现有流行病学资料，尚难以阐明。

在全球范围内，曾有几家实验室对14株冠状病毒分离株整个基因组，进行全长序列分析。结果提示，存在两组基因谱系。由2003年2月那位广州医师到香港旅游所启动的那条传染链，属于某一病毒株的基因谱系。至于广州、香港、北京等地所分离的病毒株，则属于另一组基因谱系。如果两组不同的基因谱系皆起源于广州，则不妨设想：或者是动物宿主传染给人乃通过两种不同方式，或者在人体内病毒株变异而导致两组不同的基因谱系。

需要采样观察冠状病毒的分离株的基因排列，采用PCR技术，应该在具备合格条件的P3实验室内进行，严格操作规范，避免重蹈新加坡的覆辙。此外，对SARS冠状病毒相关性抗体的测试方法，无论就其敏感性或特异性而言，尚不能令人满意，有待改进。良好的、可信赖的实验室测试方法，不仅对于SARS的临床诊断和治疗，而且对于搞清楚传染病的起源，都是重要的。如果能从广东省最初发现的SARS患者（比如在2002年11月至2003年1月期间）采样中分离病毒株，检查其基因序列，并与全国其他地区分离的冠状病毒株进行比较，与广东省动物身上分离的冠状病毒株相比较，有可能获取令人感兴趣的发现。基于同样考虑，如果SARS再次流行（但愿不会），应该把上述调查研究列入防治预案的重要项目。主观臆断或临时抱佛脚、急于求证，容易误事。

为什么疫情很快得到控制？

2003年4月中旬，北京处于流行高峰，单日临床诊断SARS患者的最高记录为300名。与此同时，北京市街道却异常冷清，这确实是一场没有硝烟的战争。进入5月中旬，疫情走势图显示曲线稳步下降，且没有出现后续性小反复。6月上旬，没有再发现新的临床诊断病例。

隔离是最有效的科学措施

大规模的隔离（涉及整家医院、整幢楼房）。改变分散治疗为集中治疗：两家三甲医院突击改装成传染病医院，同时抢建小汤山医院。短期内提高收治率，缩短发病与住院时间的间隙，因而减少人群之间的交叉传染。严格管理流动人群，“村自为战”，切实做到城市与农村之间的防范隔离，切断传染链。政府态度坚决果断，采取依靠科学的策略，激发众志成城的民族精神。这是抗击SARS取得胜利的决定性因素。

控制流行病的关键性策略要求：及时报告首发病例；如实报道疫情；严格执行隔离；在流行初期分诊阶段加强医院交叉感染控制措施；从多方面切断传染链；向群众（包括医务人员在内）宣传自我保护知识等。在当今日益开放的时代，传染病暴发流行无国界，世界各国祸福共同承担。流行病学监控，需要国内与国际间信息交流及时。通过此次实践，必须吸取教训。

从流行病学角度来看，是否有其他因素，使北京的SARS疫情走势与其他地区有所区别？记得4月底，国内流行病学家曾预测，高峰过后，可能出现一段平台期，继之陆续出现多次小反复。实际上，北京地区疫情走势似乎与流行病学的一般演进过程也有所不同。这是为什么？对此，有几种假设：①经过很多代的传播之后，病毒本身的毒性削弱（但研究证明SARS冠状病毒并非如此，毒性稳定）。②早期传播的冠状病毒可能毒性不强，首先传染给易感人群。在传播范围扩大过程中，人群产生了一定的免疫性。此外，也有可能冠状病毒本身激发广大人群产生相应的免疫性，使SARS的发展具有自限性。③病毒疫情固有的季节性（所以盛传SARS将在今（2003年）秋明春，卷土重来）。④北京与其他地区的SARS冠状病毒属于不同的变异株。

到6月底，世界卫生组织已掌握充分理由对北京地区发出“双解”的公告。北京地区疫情控制得如此之快，似乎有点出乎常人的预料。对这个问题，尚留有悬念。值得我们注意的是，在全球范围内对14株冠状病毒分离株整个基因组全长序列的分析结果显示，存在两组基因谱系。不同基因谱系的分离株是否影响不同省、市疫情的走势？这将是一项多中心的协作研究，必须有统一的规划。

严重感染的患者，需要由具有危重病医学专业的“特种兵”，集中“火力”进行救治。

“Except on few occasions, the patient appears to die from the body’s response to infection rather than from it."（除了少数情况，患者多死于感染导致的机体反应，而不是死于感染本身）

Sir William Osler-1904年

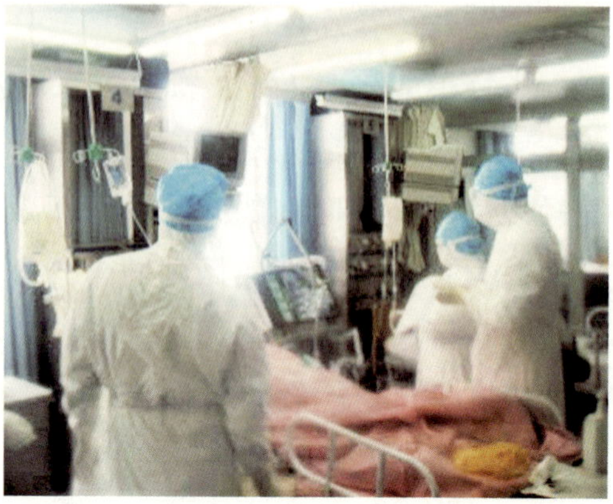

SARS危重病医学专家组成员奋战在一线

危重病医学的专业医护人员在抗击SARS疫情的一线治疗中，发挥了医学"特种兵"作用。他们快速反应，集中力量进行患者器官正常功能的维持和抢救工作，与死神争分夺秒。

此文为本人的粗浅反思，供后人参考。

警惕病毒"回马枪"：来自百年前流感全球性大流行的启示①

有位作家说过："人类需要认识到历史所带来的教训，并从中汲取智慧来应对。"医学历史学是一门重要的学科，不应该被忽视。

第一次流感全球性大流行始于1918年1月，到1920年12月结束，今年刚好是100周年。2020年发生新冠肺炎的全球性大流行。这两者有共同的特点，也有相异的区别。尽管手头可以阅读的资料有限，但是我对探索这两次病毒传染病全球性流行的历史，充满着好奇。

一场来势汹汹的流感

1918年流感全球性大流行中，全球约5亿人被感染，约占当年全球人口的三分之一。全球估计至少5千万人死亡，而美国死亡人数约为67.5万人。

1918年年初的一天，美国哈斯凯尔郡有位迈纳医生接诊了一例不同寻常的

① 本文2020年发表在北京协和医院"协和医生说"公众号、《健康报》医师频道，经作者修订后使用。

严重感冒患者，一位来自堪萨斯州的年轻农民。医生迅速报告州以及联邦卫生部门。而各级卫生部门正忙于战争医疗服务，这位乡村医生的警告自然没有任何人理会。

1917年4月美国宣布对德宣战，正式介入了第一次世界大战。美国各地开始了大规模征兵，无数堪萨斯大草原的年轻农民们进入了新建的军营受训，训练规模超过5万人，病毒就这样不为人知地潜入了美国军队。

1918年3月，百余名士兵有了感冒症状。一周后，感染的士兵数量增长了4倍。到月底，感染住院的士兵1100名，其中的20%伴有肺炎，死亡38人。这距离堪萨斯州发现首例农民病例的时间不到1个月。

1917年6月，首批14 000名美军士兵登陆法国准备参战，1918年夏天每个月送往欧洲的美国士兵达25万人，病毒在1918年春天跟随士兵跨越了浩瀚的大西洋抵达欧洲和全世界。

1918年8月，在蛰伏了5个月后，病毒随着士兵从欧洲再次回到美国。位于波士顿西北的德文斯军营很快成为重灾区，到9月中旬，感染者已经超过2000人。

这次的感染来得异常凶猛。根据德文斯军营军医的记载，患者入院2小时，高烧达40℃，剧烈咳嗽，鼻腔、胃、肠道黏膜出血，耳道出血，皮肤出血性紫斑。很多患者发生流感继发性严重肺炎，肺部水肿，大量出血。几小时后患者死亡。9月，波士顿出现了第一名平民病例，这预示着一场更加猛烈的传染风暴即将到来。

历史带给我们的教训

从1918年流感造成全球性的灾难，我们可以吸取哪些重要的教训呢？1918年的悲剧是如何发生的？有两大原因。

很大程度上，应该由联邦政府负责。1918年，美国通过了所谓的《煽动法》（Sedition Act），任何批评政府和战争的言行都属于重罪，可能导致20年监禁。9月，美国军队已经出现较大面积的疫情感染，联邦政府负责医疗的总医官却声称："没有理由拉响警报。"显然，为了适应战争的要求，故意不准发布真实的疫情。

不过，还是有一些地方的官员及时将真实情况通报给民众，例如1918年密西里州的圣路易斯市有80万居民，卫生局局长施塔克洛夫一直紧密监视周围军营的疫情发展情况。在出现病例后，能果断地禁止聚集、关闭公共场所等，早期发现患者，早期隔离，可以避免无谓的牺牲。

回过头来看，2020年新冠肺炎的大流行，从发现第一例感染患者，到采取紧急隔离措施，估计间隔约20天，或者更长一点。与2003年SARS时期相比，间隔时间大为缩短。然而，新型冠状病毒具有更强的人际传播能力。第一个1000个病例用了40多天的时间，第二个1000却用了2天的时间，第三个1000可能只有1天多一点的时间。也就是说，冠状病毒传代间隔比较短，感染患者增加速度正在加快。按1918年密西里州的圣路易斯市的经验来看，应该更及时、更有效地做好早期的疫情防控工作，坚决落实防疫的基本原则：早期发现、早期隔离。

一方面，1918年美国联邦政府犯的错误，另一方面，密西里州的圣路易斯市的经验，都值得我们思考，并引以为鉴。

1918年流感大流行之所以难防范，和当时医学水平密不可分。1892年，俄国植物学家在一项研究工作中受到启发，他们认为可能存在着一种比任何细菌要小得多的病原体。而直到1930年，德国科学家在电子显微镜下终于观察到病毒的形状。

1918年，人类还没有见过病毒。一般医生以为是一种致命的细菌造成，细菌就是微生物的全部。病毒是一个非常陌生的概念，更谈不上对病毒传播规律的认识。经过多年的研究，证实H1N1流感病毒是1918年这场传染病大流行的罪魁祸首。

在2019年12月至2020年1月期间，通过对病例样本进行病原鉴定，分离出新冠病毒毒株，并迅速研发出检测试剂盒。世界卫生组织总干事谭德塞在2020年2月11日宣布，将新型冠状病毒感染的肺炎命名为“COVID-19”。与此同时，国际病毒分类委员会声明，将新型冠状病毒命名为“SARS-CoV-2”（Severe Acute Respiratory Syndrome Coronavirus 2）。

2020年新冠肺炎感染者以老年人居多。过去总认为流感以体弱人群死亡率高，例如体弱者、2岁以下的儿童、70岁以上的老人，以及免疫功能低下者。相反，1918年流感感染患者多数是体格强壮的年轻人。流感病毒有特殊的致死性，因为它能触发细胞因子风暴，即机体免疫系统过度反应，进一步损害年轻人强有力的免疫系统。流感病毒H1N1与冠状病毒SARS-CoV-2具有不同的特性，这个问题还需要时间进行更深入的研究。

对病毒不能放松警惕

在2020年抗击新冠肺炎疫情中，我国快速动员各省市和军队的医务力量，调运大量物质资源，力争遏制来势凶猛的疫情。在响应速度和规模上，在我国历史上并无前例，不亚于一场战争。

对2020年冠状病毒传染病的防治工作，我们还没有获取全胜。还有危重患者在ICU，还有境外输入的病例。对医务人员来说依旧是一个巨大的挑战。

我们不能忘记1918年美国暴发的流感大流行。H1N1病毒曾经一度很快销声匿迹。整个夏天就再也没有新的病例报告。然而，6个月后，病毒对人类再次发起最致命的攻击。我们必须高度警惕病毒的“回马枪”。

1918年流感和2020年冠状病毒传染病是历史上两次病毒传染病造成全球大流行，可以肯定病毒与人类共存，在不同时期，它们随时可以向人类发起攻击。我们决不能低估小小病毒的威力，它依旧是对人类的一大威胁。

医海钩沉

一、医学历史故事

解剖学的历史

——2019年6月24日 完稿

基本介绍

解剖学是医学的基础学科之一。要想查清病因和进行有效的治疗，首先应了解、熟悉正常人体的结构，解剖学就是了解正常人体结构的学科。古代埃及人死后尸体被制成木乃伊，埃及人在长期制作木乃伊的过程中积累了一定的解剖学知识。但那时他们对人体十分迷信，对人体的许多结构都作了神秘的解释。受宗教的影响，这种做法使得埃及人非常厌恶人体解剖，在亚历山大里亚时期就中断了对人体解剖观察，而以动物解剖代替人体解剖。

公元2世纪古罗马时期的医学家盖伦，他把从动物的解剖知识直接应用到人体，因此出现许多错误。比如，他认为人的肝脏像狗的肝脏一样有五叶，肝是静脉的发源地，心脏的中隔上有许多看不见的小孔，血液可以自由通过，等等。盖伦的解剖著作，在很长一段时期内曾被奉为经典，中世纪的教会又严禁解剖尸体，致使人们无法纠正这些错误。

16世纪的维萨里直接观察人体，他在巴黎求学时，曾偷过绞刑架上的犯人尸体，还曾把一个死人头骨藏在大衣内带进城，放到自己床底下，甚至带领学生盗过墓。法国的宗教裁判注意到了他的“异端”行为，维萨里为此不得不去意大利继续学医，毕业后很快晋升为解剖教授。他的著作《人体的构造》于1543年出版。在这本著作中，他遵循解剖的顺序描述人体的骨骼、肌肉、血管和神经的自然形态和分布等。《人体的构造》一书的出版，意味着近代人体解剖学的诞生，它的意义如同哥白尼的《天体运行论》为天文学开创新纪元一样，是生物学发展史上的一个里程碑。

生物学包含了人体解剖学和生理学两方面的研究。解剖学是研究人体的结构，而生理学是研究人体的功能。人体结构非常复杂，所以解剖学内容包含不同的层次，从最小的细胞到最大的器官，以及器官之间的关系。大体解剖学是在整体观察和解剖过程中，用肉眼对人体器官进行研究。细胞解剖学则是借助于特殊设备如显微镜和特殊技术观察细胞及细胞内结构。

发展简史

早期

人体解剖学的发展和其他自然科学一样，是前人在漫长的历史过程中不断地探索、实践和积累知识而发展起来的。解剖学的知识可从古代的中国、印度和埃及的一些书籍中见到，这些知识也仅是当初在祭祀、狩猎、屠宰和战争负伤时偶然观察获得。当时收集有关人体结构的知识的主要动机是以研究和治疗人体疾病为目的，后来才发展为专门的学科。

中国

我国文化历史悠久，远在春秋战国时期最早的一部医学著作《黄帝内经》就有关于人体形态的记载，秦汉时代如《汉书・王莽传》记载，对死囚的尸体进行实的解剖，并进行记录。三国时期名医华佗不但擅长医术，而且对人体结构有较深的了解，能用麻醉剂施行外科手术。晋代针灸大为发展。王叔和著《脉经》和皇甫谧著《甲乙经》有许多内脏度量衡的记载。宋代王惟一铸铜人，分脏腑十三经和旁注腧穴，是人体模型的创始。宋代宋慈著《洗冤录》，对人体骨骼及胚胎等有较详细的记载，并附有检骨图。

清代王清任著有《医林改错》一书，对古医书中错误进行了订正，尤其对内脏的记载甚详。但是，由于长期封建社会制度和儒家思想的束缚，解剖学的研究未能得到较快的发展，人体解剖学在近代大大落后于欧美，1930年我国出版了较早的一本解剖图谱。

商朝晚期到西周，人殉、人祭的规模逐渐减少，尤其是周公改制后更是大大减少，春秋时期凡用人殉人祭者都受到谴责，甚至人俑都遭到非议，孔子就有“始作俑者，其无后乎”的评论。另外，暴尸现象也不为社会所容，收葬无主尸体是政府的职责。在这种情况下，大规模解剖尸体的机会大大减少了。战国以后的封建社会，解剖尸体除了仵作偶尔能做，其他人胆敢妄动必遭严惩，甚至被凌迟处死。这种情况下大规模解剖尸体几乎不可能。清朝的名医王清任所著《医林改错》里有关解剖学的见解均来源于观察被野狗噬食的荒野弃尸，野狗咬破的可以看看，但是只要自己一动手，性质就变了。西方医学史上也有类似的情况。这或许是医学的悲哀，或许是社会的进步？一句话真难说清楚！

西方

西方医学对解剖学的真确记载，是从古代希腊名医希波克拉底（Hippocrates，公元前460—前370年）开始的。他对头骨作了正确的叙述，但却把神经和肌腱混淆起来。希腊的另一位学者亚里士多德（Aristotle，公元前384—前322年）是动物学的创始人，他把神经和肌腱区别开来，指出心是血液循环的中枢，血液自心流入血管。但他把动物解剖所得的结果移用于人体。盖伦（Galenus，129—199年）是古罗马的著名医生和解剖学家，写了许多关于医学和解剖学的著作，指出血管里保存的是血液，而不是空气，发现脊神经是按区域分布的。

但他研究的材料只限于动物。在中世纪宗教统治一切的时代绝对禁止解剖人的尸体，以致解剖学上的一些错误见解达千余年之久。15世纪文艺复兴以后，科学和学术上开始了独立研究和创作的新时代，人体解剖学也有了巨大的发展。

具有科学家和艺术家之称的达芬奇（Leonardo da Vinci，1452—1519年），也曾解剖过尸体，并留下了人体解剖后的草图。这一时期最有代表性的人物是比利时的医生维萨里（A.Vesalius，1514—1564年），他是近代解剖学的创始人，于1543年出版了《人体的构造》巨著，创立并奠定了人体解剖学的基础。

17世纪哈维（W.Harvey，1578—1657年）发现了血液循环的原理。马尔丕基（M. Malpighi，1628—1694年）证明了动脉与静脉的连通，并进一步研究了动、植物的微细构造。19世纪达尔文（C. Darwin，1809—1882年）的《物种起源》和《人类的由来和性选择》，为探索人体形态结构的发展规律提供了理论基础。扎果尔斯基（1764—1846年）提出功能决定器官形态的见解。他们对解剖学的发展均做出了卓越的贡献。

现代

进入20世纪，医学的发展又促进了解剖学研究的深入，随着胸外科、肝外科等各种内脏外科手术的开展，对器官内血管和管道等的形态研究提出了新的要求；CT和超声断层图的应用，也对断面解剖学提出了新的要求；随着血管缝合手术的提高，显微外科的开展，乃有显微外科解剖学的建立。人体解剖学在不断地发展着，尤其是近数十年来，物理学、生物化学等新理论、新技术的发展，多学科综合研究地进行，更由于生物力学等边缘学科的建立与发展，解剖学等形态学的研究也有引向综合性学科的趋势，那种纯形态学研究的情况正在发生改变，一些新兴技术如示踪技术、免疫组织化学技术、细胞培养技术和原位分子杂交技术等在形态学研究中被广泛采用，使这个古老的学科焕发出青春的异彩，尤其是神经解剖学有了突飞猛进的发展。

纵观解剖学的历史，不难发现，解剖学不仅是医学科学发展的基石，也深入研究和应用人体解剖学还可以提高医疗技术水平，推动医疗科技的创新。在人工智能和精准医疗时代，更需要精确的解剖学知识。

麻醉学历史的传奇

——2013年3月5日初稿

——2016年11月16日完稿

石器时代人的颅骨上有类似现在环钻手术的痕迹，说明公元前6000年人类已经敢于做颇有难度的手术。在埃及、巴比伦、中国和印度等古代文明国家，可见外科手术的描述，零星而不系统，带有浓厚的神奇色彩。在金字塔中发现的图案显示古埃及人已经知道做截肢术，而且是在患者清醒时进行的。然而，从希波克拉底作为古代医学创始人的那个年代算起，整整2500年，无论是在西方还是在东方，外科基本上停滞在治疗浅表部位的疾病或外伤、关节脱臼或非开放性骨折等水平。截肢手术后并发感染，病死率很高。即便到19世纪初，从截肢手术有关的画面上，可以看到患者惊恐之状，犹如受酷刑暴虐。精力充沛的年轻外科医师们主张快速手术，“在不到2分钟时间内”完成手术的主要步骤。后续的血管结扎、肌肉和皮瓣覆盖肢体残端以及缝合皮肤需要20～30分钟。缺乏有效的止痛止血方法，在手术现场，外科医师手执利刃和刀锯，患者被强行捆绑，任人宰割，尖叫之声充斥手术室。虽说出于治病救人之心，但血腥和暴力的场面，一览无遗，令人触目惊心。

相比之下，西方古代内科医师更有人性，给患者应有的尊严。在人们的心目中，外科医师的声誉一度与理发师并列，被戏称为“理发师——外科医师”。然而，西方学者敢于亮出古代医学的缺点和过错，供后人借鉴，不文过饰非。中世纪古希腊和瑟特纳（Serturner）终于从鸦片中提出吗啡，引用“Morpheus”即“希腊的梦神”之名。

追溯东方古代医学的历史，约在公元前300年，据《史记·扁鹊仓公列传》和其他古书记载，战国时代名医扁鹊用“毒酒”为麻药，让患者可以昏睡3天，“剖腹探心”。公元2世纪，据《后汉书·华佗传》记载：“若疾发结于内，针药所不能及者，乃令先以酒服麻沸散，既醉无所觉，因刳破腹背，抽割积聚，若在肠胃，则断截湔洗，除去疾秽，既而缝合，傅以神膏，四五日创愈，一月之间皆平复。”麻沸散是草药复方，早已失传。李时珍在《本草纲目》中，介绍曼陀罗花的麻醉作用，“用热酒调服之，少顷昏昏欲醉，割疮炙火，宜先服此则不苦也。”此外，李时珍曾发掘多种草药，开发针灸之术。诸多记载相传至今。但是，临床实践并不能证实有效的止痛作用。严格地说，没有麻醉、没有灭菌术和无菌术，欲将“胃肠断截湔洗，既而缝合，四五日创愈”，这是不可能的。

对待古代麻醉的神奇故事，需要实事求是。众所周知，关羽在襄阳之战时右臂为毒箭所中。疼痛不能动弹。华佗为关羽刮骨去毒，而关羽神色不变，尚在与人下棋。这是《三国演义》作者罗贯中笔下一个虚拟的故事，广为流传，众人或误信以为真。实际上据考证，关羽虽有接受刮骨疗伤，但是华佗早已在几年前去世。

另外，中国古代外科医师与西方古代外科医师相比，文化气质不同，中国古代外科医师会尽力减少患者的痛苦，因而赢得社会的尊重。史书文字描述动人，很可能出于对古代先驱者们的钦佩和崇敬之意。在距今2000年的历史大背景下，从精神层面上来看，这些传奇故事，鼓励创新思维、激发开拓进取的精神，有积极意义。然而，后人因循守旧，裹足不前，没有取得突破，终成历史遗憾。

西方古代外科到文艺复兴时代，出现了一个拐点，开始走向理性的、科学的道路。一代宗师达芬奇、米开朗基罗等人，为在雕塑上正确表现人体美，从坟场上把尸体搬回家中，私下里进行认真的解剖。西方学者破除宗教和传统的迷信，排除玄虚之学的干扰，经过几代人的艰苦工作，应用正确的方法，一步一步地对人体解剖学取得了明晰的认识。这是一次划时代的本质性转变。

若没有解剖学、生理学、病理生理学、微生物学、药理学、内分泌学、休克学说等多方面的发展，也就不可能有现代外科学的今天。随着全球人口增加，越来越多的疾病和不同的死亡原因，使内科医师无法诊断或者解释清楚。外科医师责无旁贷地需要把手术向人体更广泛的区域开拓，比如腹腔、胸腔、颅脑等。他们要考虑患者的安全，同时设法消除手术疼痛所引发的恐惧。古代外科患者惨烈的尖叫声，对外科医师本身何尝不是一种精神创伤。几个关键问题困惑着古代的外科医师们：一是疼痛，二是失血，三是感染。16世纪至18世纪，外科进展加快，深刻促进着麻醉的突破性改革。

为寻找麻醉药物，除植物以外，西方学者对各种气体进行了长期的探索和尝试，有失败，有成功，也有从失败的先例中吸取教训，而后取得成功者。19世纪20年代，Henry Hill Hickman曾尝试用二氧化碳让动物吸入，几乎致窒息，失去知觉，再截其一肢。1824年Hickman将实验结果如实提交皇家学会。在报告中他主张将二氧化碳吸入法应用到外科手术。1826年，《柳叶刀》（*The Lancet*）杂志发表文章，对此作出严厉批评，斥之为“外科的欺骗”。4年后Hickman去世，年仅30岁。Hickman虽然失败了，但他揭开了气体吸入麻醉的新篇章。他的名字被列入麻醉历史的纪实中。

麻醉学的发展，不乏趣闻逸事，细细品味，覃思积悟。试说两则故事。1540年德国化学家Valerius Cordus首次合成一种挥发性液体的分子。到1730年被德国W.G.Frobenius命名为乙醚。1842年3月30日，外科医师Crawford Williamson Long（1815—1878年）首次在乙醚麻醉下，为一位青年患者无痛地切除颈部肿瘤。这次手术日被命名为“医师日”（“Doctor’s Day”）。Williamson Long过多犹豫，直到1849年才正式向乔治亚医学院提出报告。1878年，在为产妇完成乙醚全麻后，Long死于脑卒中，享年63岁。Long开创了外科手术无痛的纪元。他被誉为“现代麻醉学之父”。

另一位医师William Thomas Green Morton（1819—1868年）经过多次动物实验以及拔牙手术后，1846年10月，在波斯顿举行乙醚全麻示范，成功切除患者颈部肿瘤。当初使用的手术室在麻省总医院，至今保存完好。斯人已去，精神长存。正所谓，人去，楼不空也。Morton善于利用出版物，乙醚麻醉很快传到英格兰、苏格兰以及欧洲诸国。信息传播的唯一途径是依靠海运。澳大利亚第一次有关乙醚全麻的文字记录，已经是1847年6月的事了。

1846年在Morton乙醚全麻示范后数星期，Oliver Wendell Holmes根据希腊文“an”（无）、“aisthesis”（知觉），提出“anesthesia”一词，命名“麻醉”。回顾历史，近200年前，Cordus为求知而发现了乙醚。作为化学家，他不可能意识到这一发现对麻醉学会产生何等影响。有了这种看似无用的学术追求，科学得以生生不息。然而，这段“从实验室研究到临床应用”（Bench-to-bedside）的进程，竟然经历了近200年之久！

另一则故事是氧化亚氮（N_2O），1772年被英国化学家Joseph Priestly发现。作为化学家，他也不知道N_2O的临床应用前景。1799年汉弗莱·戴维（Humphrey Davy）通过动物实验首先提出N_2O可能有麻醉作用。另一位医师Thomas Beddoes正在寻求多种气化吸入剂，以治疗各种疾病。Davy就和Beddoes合作。18世纪末，英美等国曾把吸入氧化亚氮，或称“笑气”，因其会引起人发笑。多次笑气吸入可以使人引发虚幻欣快之感，深为社会诟病。

若干年后，一位年轻牙科医师Horace Wells在自己身上做试验，请同事在他吸入N_2O后，拔除他的臼齿，获得成功。因受到鼓舞，1844年Horace Wells在麻省总医院，众目睽睽之下，展示全麻拔牙。出乎意料，患者因疼痛而大声哼哼。Wells受到在场医师们的嘲笑。尽管随后的多次手术证明N_2O对于麻醉有效，但他无法东山再起。

机会让给了外科医师Morton。后者分析Wells失败可能因氧化亚氮吸入量不够，或者麻醉维持不得法。经过多次动物实验和临床验证，Morton就在Wells败下阵来的麻省总医院，重演N_2O麻醉示范，取得成功。Warren医师当场宣称：“先生们，这不是欺骗。”N_2O作为全身麻醉药遂被医学界接受。

Morton以他的精细、认真和果断，令人信服地展示乙醚和氧化亚氮的全身麻醉作用，促进了向欧洲、美洲和大洋洲的学术传播。在现代麻醉学历史上，把实验室研究成果转化为临床应用，使广大患者群体受益，Morton是一位令人钦佩的传奇人物。在大力倡导转化医学的今天，我们特别需要这样的人物。外国有句名言，大意是说：“能够制造一只轮子的人，是聪明人。知道在一只或者两只轮子上，放上车架子，使之运转的人，是天才。”言之有理也。

ICU历史故事之一：从铁肺到呼吸机

——2012年7月14日 完稿

从20世纪40年代末到20世纪50年代，流行性脊髓灰质炎肆虐欧洲和北美等地。患者并发呼吸麻痹，按照习惯应用“铁肺”。早在1864年，Alfred F. Jones研制第一台铁肺。尽管在欧洲地区曾一度被采用，但在美国却不受欢迎。1927年，哈佛大学Philip Drinker和L.A. Shaw对铁肺的设计做出重要改进。20世纪40年代末，改进后的铁肺第一次进入波斯顿一家儿童医院，对脊髓灰质炎并发呼吸麻痹的患儿进行通气支持。铁肺再度被推广。然而，在临床实践中发现肺通气不足，肺不张多见，呼吸道缺乏管理，患者躯体封闭在铁箱子里，护理和贴身治疗有困难，铁肺体积大而笨重，呼吸麻痹者病死率高。铁肺内维持低于大气压的“负压状态”，是对呼吸生理学的一种误解。时至1952年，哥本哈根的感染科主任H. C. Lassen请B. Ibsen共商对策。后者是麻醉科主任，他建议把气管切开，施行“正压通气”，以提供有效的氧合和二氧化碳排出。24小时内，为75名患者进行持续通气，他们动员250名医学院生用手捏气囊，260名护士参加床边护理，共消耗250筒氧气。他们提出呼吸道管理基本原则：保持呼吸道通畅、湿化、防止氧分压过高等。病死率从87%降至25%。铁肺从此退出历史舞台。

1955年，C. G. Engstrom成功研制持续性通气的机械装置，为脊髓灰质炎并发完全性麻痹患者提供持续性机械通气服务。欧洲及北美很多医学院教学医院相继成立呼吸ICU。两位丹麦麻醉医师H. H. Bendixen和Henrik Pontoppidan曾经参加哥本哈根的医疗救援工作。20世纪50年代末，他们移民波斯顿，在麻省总医院创建呼吸ICU。同是灾区的加拿大，Arthur Scott医师在Ontario，Reuben Cherniak在Manitoba，相继建立了呼吸ICU。于是形成一股新浪潮，快速推进。ICU成为跨科协作平台，多科的资深专家积极参与。他们把呼吸生理和病理生理学应用于临床，呼吸道管理和正压通气成为规范化的机械通气治疗。病死率明显下降，患者受益。Jonas Salk（1952年）和Albert Sabin（1955年）研制疫苗成功，脊髓灰质炎发病率大幅减少。2007年全球只发生1652例。大规模流行的威胁已经过去。机械通气被列入ICU生命支持（life support）的重要组成部分。ICU这段传奇故事给我们很大教益。

我最初接触呼吸机是在“文化大革命”时期。那是一台国产的机器，工艺粗糙，很难使患者呼吸与机器相匹配的呼吸机。设计者似乎不在意呼吸生理学。那样的年代，不可能出现医学的革新。改革开放后，北京协和医院第一台进口的呼吸机是Bird-8，需要高压氧持续灌入提供动力。当年医院没有建立管道化供氧，不时可见走廊上摆着长长的一列氧气罐，一人来高，消耗快。要靠人力把它抱起来，放到架子上，推入病房。在ICU创建阶段，我和马遂大夫都干过这番体力活。1979年年初，我到巴黎，发现Bird-8已经退役。回国后，等呼吸机Monnal-D到货才把Bird-8撤了下来。Monnal-D价格便宜，容易批准进口。但是不能设置PEEP（呼吸末正压呼吸）。权宜之计，从检验科借来高深的筒状玻璃罐。从呼吸机呼气口接一根管道，插入玻璃罐水中，以求得所需的PEEP水平。当Bennedt MA-1加入ICU服役之列，才舒了口气。呼吸机多少有点神秘。我会静下心来，坐在患者的床边，观察他的呼吸，笨拙地揣摩着几项参数的调整。直到患者能够比较平顺地呼吸，我的求知欲才得到小小的满足。这是我在巴黎医院里养成的习惯，法国老师不喜欢学生不假思索地提出问题。

对我来说，急性呼吸窘迫综合征（ARDS）是一项陌生的课题。在去法国进修之前，我从未涉足炎症反应问题。ARDS使我感到困惑，也带给我一种兴奋感。Ashbaugh（1967年）首次发表有关报道后不久，机械通气就被列为ARDS患者气体交换功能的支持性治疗。时隔三年，Mead根据肺弹性模型机械力学的研究指出，过度的应力与牵拉力可以对急性损伤的肺造成进一步损害。当小气道闭塞，或者肺泡充气不均匀时，需要提高压力使其开放，应力与牵拉力损害很容易发生。1999年，国际共识会议将ARDS患者接受机械通气所产生的肺损伤命名为“呼吸机相关性肺损伤”（简称VALI）。正所谓，道高一尺，魔高一丈。20世纪70年代，对ARDS患者进行机械通气的目标是“纠正血气分析值至正常范围”，错了吗？20世纪80年代中期，CT显示ARDS肺组织密度的改变是不均匀的，而20世纪70年代“均匀性改变”的论断是错误的。按CT影像估量，严重ARDS患者，呼气末期通气的肺组织在200～500g，相当于5～6岁健康儿童正常通气的肺组织。若按1000ml潮气量对健康儿童的肺进行通气，自然将产生机械力学性损害。Gattinoni提出了“婴儿肺”假设，为应用低潮气量通气提供了依据。

同时，由于在ARDS肺泡内，表面活性物质的生成和活性降低，肺泡容易塌陷。已经损伤的肺发生塌陷，将加重炎症反应。所以，需要机械通气。然而，塌陷的肺泡复张后，可再次塌陷，需要更高的压力，使其重新开放。那些不稳定肺泡将处于反复的开放与塌陷的交替状态，受剪切力损伤最为严重，其后果与原发病因造成的ARDS难解难分。因此，在肺泡复张后，需要保持一定水平的PEEP。Lachmann（1992年）提出“开放肺并维持肺开放”的设想。机械通气的目标，由维持“正常气体交换”转向防止呼吸机引发肺损伤之害。但是，“保护性肺通气策略”不足以解决机械性肺损伤的难题。2009年有相关文献报道，为治疗A型HINI病毒性肺炎导致严重成人呼吸衰竭，曾用传统呼吸支持与体外膜肺氧合（ECMO）相结合的治疗方法。对体外氧合在危重病患者生命支持中的应用，值得研究。

20世纪50年代在呼吸和机械通气方面的进展，富有戏剧性。有两点启示：一是创新精神。倡导跨学科合作，请其他专科医师共同参与，是开拓学术思想的有利条件。从不同国家、不同地区的发展来看，ICU从创建之日起，就是多源性的。在21世纪，要把ICU建设成为跨科合作的平台，孕育着更为深刻的变革。二是在生理学、病理生理学指引下，开展技术革新。我钦佩那些聪明的学者，他们不断反思并自问“为什么?”我的老师曾宪九教授说过：“要知其然，更要知其所以然。不学习病理生理学，不能取得根本性的进展。”

ICU历史故事之二：从“心肺复苏”到“延续性生命支持”——传奇人物Peter Safar教授

——2012年6月14日初稿

——2012年9月12日完稿

20世纪50年代初，呼吸衰竭意味着患者不能生存。脊髓灰质炎在北欧流行期间，哥本哈根感染科主任与麻醉科主任共同合作，治疗呼吸麻痹患者。他们摒弃传统的“铁肺”，用呼吸机进行间歇性正压通气方法，降低病死率，推动了ICU的发展。这个传奇故事一时广为传诵。然而，人的生命器官和功能相互关联。有呼吸功能，没有血液循环，行吗？心搏骤停，怎么办？必须同时重建呼吸和血液循环。对于这两者，不能有取舍。这就是Peter Safar（萨法尔）教授倡导的“心肺复苏”（CPR）。Peter Safar是“心肺脑复苏之父”。

Peter J. Safar教授（1924—2003年）是一位传奇人物。1924年，他出生在奥地利维也纳。父亲是外科医师，母亲是儿科医师。家庭教育和熏陶很自然使他选择了医学。但是他学医的道路并不平坦。在希特勒执政年代，奥地利附属于纳粹德国，他的外祖父有犹太血统，即所谓“非雅利安人群”。Safar曾经在劳动营服务，险些被充当纳粹德国军队的士兵，送上斯大林格勒战场去和苏联人打仗。他巧妙地略施计谋并利用某种关系，逃避兵役。1943年，他进入维也纳大学医学院。1948年，他获维也纳大学MD。同年去美国，到耶鲁大学学习外科学。

在某些历史时期，人们被自己头脑中的愚蠢思想所愚弄，倒是千真万确。纳粹德国标榜“雅利安人”是“高贵的民族”，实际上是指北欧的日耳曼民族。雅利安人是“纯种”。希特勒鼓吹要“建设雅利安科学”“消灭犹他科学”，需要托出种族主义鬼话作为依据。因此他把19位诺贝尔奖得主还有其他科学家们赶到国外去。历史惩罚了希特勒的愚蠢和纳粹德国的蛮横。Safar教授就是在这样的大背景下出走的。他迈出了关键性的一步。

Safar从事麻醉学的工作也遭受一番挫折。1952年，他同夫人Eva去秘鲁，在里玛的国立肿瘤研究所创建了秘鲁的第一家麻醉科。两年后返回美国，本来想在Johns Hopkins医院谋职，不料医院领导拒不同意。他只能进入它的附属医院，即马里兰的Baltimore City Hospital，在那里他下决心第二次创建了一家独立的麻醉科。1961年，Safar到匹兹堡大学任职，使这家医院的麻醉科成为美国首屈一指。有志者事竟成。

Safar的贡献在于他所创造的医学传奇。早年在耶鲁上学，他说：“没有良好的生命支持，外科不可能取得进展，在麻醉科你能够学习生命支持。”此时他只有25岁。在Baltimore，Safar的复苏理念渐趋成熟。他把CPR各个步骤：A（气道）、B（呼吸）、C（血液循环），加以细节化。所谓“C”，就是胸外按摩，压迫停搏的心脏向周身排出血液。这种19世纪后期遗留下来的复苏技术，在1958年被Johns Hopkins医院重新发现。Safar毫不犹豫采用了“C”，整合成“A-B-C第一线复苏”。但是CPR成败的关键在于保护大脑免受缺氧损害，而有效“时间窗”只有最初的5分钟。他很快意识到在急诊室、恢复室、病房等住院患者也可能心搏骤停。他认为“在手术室学到的麻醉学，同样可以应用到手术室以外的场所”，他的视野开始向手术室以外延伸。

在Safar身处的时期，美国每年约有300 000人死于心搏骤停，其中95%患者在到达医院前已经死亡。一位消防队队长告诉他，患者从发病现场，由四轮运货马车，或者灵车，运到医院，路途之上，根本没有复苏治疗。而医师在医院急诊室坐等患者到来。客观现实触动了Safar仁者之心。到宾夕法尼亚大学任职后，他以不寻常的毅力，把心肺复苏（CPR）从医院内推向公共场所（街道、会场、宴会厅、公园、工厂以及自然灾害等地区）。他制定培训课程，训练一批又一批的消防员、警察，尤其是众多的普通人。美国心脏学会（AHA）接受他的建议，迄今，每年在世界多个国家（包括中国）定期举办CPR培训班。1976年他创建第一家现代的急救服务中心，组建医务辅助人员流动急救队伍。他要求CPR在第一时间内在现场进行，持续到进入医院内，让患者有机会接受后续的治疗。国际上享有盛誉的法国院前急救系统SAMU，也是在Safar复苏理念的指引下建设起来的。他把手术后需要机械性呼吸支持以及输液复苏的患者，纳入复苏室全日制的服务范围。1966年Safar致力于发展心肺脑复苏术（CPCR）。在中度低体温条件下，延长脑复苏的有效时间方面，卓有成效。由CPCR到“延续性生命支持”（prolonged life-support），他为综合性ICU的建立奠定了基础。Safar被誉为“心肺脑复苏之父”。在他带领下的一段时期内，众多训练有素的麻醉医师参与现代ICU的建设。他是美国危重病医学会（Society of Critical Care Medicine，SCCM）创始人之一。

Safar是一位智者。他不受自身固有专业的限制，不因日夜忙碌而被困缚，以毕生的精力，开拓他的探索和实践领域。一般麻醉科医师习惯在手术室内工作，不敢涉足医院外领域。Safar为什么能做到开拓探索和实践领域？首先，他把尊重人的生命，尊重人的生存权利的理念，付诸行动，不说空话。其次，他有仁者之心，决心改变医院外心搏骤停的高病死率，改革“院前急救服务”，使更多的人群受益。

Safar教授热爱生活。他喜欢跳舞。他热爱音乐，特别是维也纳音乐家的作品。他不时组织室内音乐演奏会，夫人唱女高音，由他钢琴伴奏。他们重视人文学，人文学指的是历史、语言、文学、音乐、哲学、社会学等。他相信：医师及教授们的创新思维、情操和思想境界是培植在人文学的土壤上的。

他说：“医学是科学与艺术的混合物。”在Safar身上，我们看到这样一个人，很有抱负，很有个性，很有情趣，很有色彩。2003年，这位传奇人物离开了他热爱的人世间。

我祝愿我们今天的医师们也能很有抱负、很有个性、很有情趣、很有使命感。

ICU历史故事之三：无菌术与约瑟夫·李斯特（Joseph Lister）

——是外科学家，更是科学家[①]

古代外科手术造成的疼痛让人不堪忍受。人们对手术的残酷折磨产生了不可抗拒的恐惧感。有关麻醉的众多传说不过是一种神话，以讹传讹而已，既没有也不可能促进外科的发展。19世纪中叶，现代药物学推出有效的麻醉剂（氯仿、乙醚和笑气）。1846年，分别在伦敦和波斯顿，成功地在麻醉下为患者施行手术。从此，麻醉为外科手术的顺利展开铺平了道路。然而，随着手术次数几何级增加，术后创口感染发生率亦与之平行地提高。在之后很长的一段时期，创口感染几乎成为创伤或手术后患者无法逃脱的厄运。有些外科医师甚至认为化脓是创口愈合的必然过程。事实是创口感染危及患者的生命。外科正处在尖锐矛盾的时代，发展面临着严重挑战。

时代需要一位能够创造传奇的人物。他就是约瑟夫·李斯特（Joseph Lister，1827—1912年）。1827年，他出生在英格兰一个富裕商人的家庭。父亲特别爱好光学，喜欢动手搞科学实验。他发明了无色镜片，改进了显微镜的制造，因而受到嘉奖。母亲是一位中学教师，教子有方。我无意强调遗传基因的作用，我只是想说明家庭教育对Lister成长有重要影响。17岁他在伦敦高等学校上学，1848年进入医学院，1852年毕业，获医学硕士学位，在爱丁堡皇家医院外科实习。按传统概念，创口感染是受空气中“邪毒之气”（“miasmas”）污染。Lister注意到封闭性骨折而没有皮肤破损者几乎不感染，发生感染的都是开放创口。然而，他提出质疑，所谓“空气中邪毒之气”究竟是什么？

1860年Lister离开爱丁堡到格拉斯哥大学任外科教授。1861—1865年，爆发了美国南北战争，大批士兵死于创口感染。同时期内，他在大学医院里经治的截肢术患者，有45%~50%死于感染。一位化学教授Anderson告诉Lister，法国Pasteur（巴斯德）在实验中发现葡萄酒、啤酒、牛奶等发酸变质，是微生物的作

① 本文2012年9月16日发表于《健康报》，经作者修订后使用。

用，不是什么“空气中的邪毒气体”。这些微生物找到合适的地方，繁殖并产生发酵。请读者注意Pasteur没有发现微生物存在空气之中。1862年他首次推出“巴氏灭菌法”（pasteurization）。1886年，Pasteur成功地控制了丝蚕的传染病，拯救了法国的丝绸工业。

此事令Lister震惊。他推断开放创口的化脓性感染，很可能和发酵一样，祸起于微生物。他的触觉还伸展到其他非医学领域。他注意到工程师Crooks应用石炭酸，以消除污水沟、化粪池冒出来的恶臭。他用石炭酸浸泡的湿敷料，缠绕在患者的创口上“消除恶臭”。他用石炭酸让手术医师洗手。Lister尊重事实，不相信奇迹。

Lister是一位勇敢的实践家，毫不迟疑地把灭菌术和无菌技术引进外科领域，力求用事实来证明灭菌术的作用。1867年他在英国医学会上做了学术报告，在多家英文杂志上发表文章。Lister的灭菌术在1870年普法战争中挽救了众多士兵的生命。

尽管如此，当初Lister的成就尚不足以动摇传统学说的垄断。直到1877年德国的Robert Koch证实Pasteur所发现的微生物的确在空气中存在。Koch的科学实验以更精确的语言说明是空气中的微生物造成感染，而不是笼统地指责“邪毒气体污染”。Koch比Pasteur向前多走了一步。就这一步，确立了“微生物理论”和“微生物感染”的理念。Koch也比Lister向前多走了一步，Lister推断感染创口内有微生物存在，但是Koch证明了微生物的存在，关键就在这一步之差。科学需要拿出证据来。

受Koch的启发，一位年轻外科医师Von Bergmann和他的助手Schimmelbusch证明，患者的皮肤，外科医师的手，甚至手术器械，都可有炭疽杆菌的存在。手术器械可以用热蒸汽法灭菌。1877年Lister采用灭菌和无菌技术，全力开展腰大肌脓肿引流术及各种感染关节引流术等。患者术后存活，真是前所未有。他施行一例膝关节修复手术，患者竟然活了，史无前例。全球外科学界为之折服。但是伦敦是保守的，外科医师们不接受灭菌术的理念。不入虎穴焉得虎子，Lister进入伦敦King’s College任临床外科学教授。他的任职招致众多的异议和反对，他终以科学的事实、真诚和毅力，攻克这个顽固的堡垒。继麻醉学之后，他为外科学打破了传统设置的禁区，打开腹部外科、胸腔外科、颅脑外科、血管外科等广阔的前景。

Lister是一位好学之士。他采纳法国学者在酿酒业和养蚕方面的研究成果，同时他采纳工程师治理下水道恶臭的措施，应用于临床治疗。但是，他最初的考虑并不周密。早年应用石炭酸对患者和医师护士的皮肤刺激性太强，长期应用招致损害。他就改用其他化学制剂，用碘酒和酒精消毒患者手术区皮肤，主张手术医师用流动水洗手。这种洗手法（hand washing）沿用至今，成为世界各地医院病房，特别是手术室、ICU共同遵守的规矩。对手术器械，他采用煮沸、蒸汽或者其他化学制剂消毒液。作为享有国际盛誉的外科学家，Lister对新鲜事物抱有强烈兴趣，不故步自封。

Lister不是最杰出的外科学家，也不是最杰出的科学家。然而，他以科学的精神对待外科学，把外科学和科学两股巨大力量，拧在一起，贯彻在毕生的追求中。Lister倡导外科学新的理念，揭开了新的纪元。国际学术界赠以“外科学家——科学家”（surgeon-scientist）之尊称。写到这里，我不禁想起恩师曾宪九教授在他晚年，曾多次说过，我们需要培养“clinician-scientist”（临床医师——科学家）。智者所见何其一致？！由此更知其语重心长。

ICU历史故事之四：无畏者Semmelweis悲壮的一生

——2012年9月17日初稿

——2019年2月18日修稿

——2021年1月26日完稿

现代外科医师进入手术室必须遵循一套消毒隔离的程序。但是，古代外科医师系上一条围裙，不戴帽子，不戴口罩，不洗手，拿起手术刀就在患者身上切割，长期以来，他们认为手术后切口感染是自然现象，化脓是切口愈合的必然过程。医学在不断发展，总有一些叛逆者先后站出来说“不”。在这里，我要讲的就是这样一个故事。

在写“灭菌与Lister”那篇文章的时候，我认为Lister是一位成功的科学家。然而，在科学探索的道路中，不都是幸运者。Ignaz Phillip Semmelweis 1818年出生，是一位匈牙利医师。1844年他从奥地利维也纳大学医学院毕业，进入大学的教学医院，即维也纳第一产科医院。他继续攻读产科专业获硕士学位。1845年，他获得外科博士学位。他很早发现医师洗手可以防止产褥热的发生，但他却是一位悲剧人物。

1846年，他在奥地利维也纳总医院为一位产科教授当助手。他的发现之一是在他工作的一号产科病区，1846年4010名产妇中有459名死亡，全年病死率为11.4%。有时，月病死率达18%。同一时期，二号产科病区3754名产妇中只有105名死亡，病死率为2.8%。更有甚者，在家分娩的产妇以及婴儿，死亡人数更少。有人却猜测这是病房里“邪毒之气”（miasmas）在作祟。发现之二，按当时惯例，产科医师每天早上先做尸体解剖，然后直接进入病房，为临产前或分娩后的患者做常规检查。二号病区由助产士负责，他们不参加尸体解剖。该病区产妇病死率要低得多。Semmelweis看到那些产妇因为产褥热，一个一个地死去。他花费更多的时间去做尸体解剖，结果显示死者有着共同的病理学改变。发现之三，同年他度假后返院，一位同事在尸体解剖中被手术刀误伤自己，并发严重感染致死。他的尸体解剖结果与死于产褥热产妇的病理改变也相同。Semmelweis意识到他的同事可能受产妇“尸体毒素”侵入创口致死。他联想到他和实习医生们在完成尸体解剖后，按惯例直接进入病区为产妇做妇科检查，没有清洗双手。这样就容易把尸体腐败物质，即所谓“尸体毒素”（cadaveric poisoning），直接传给产科患者，这很可能是导致那么多产妇死于产褥热的主要原因。他做出规定，医师在检查产妇前，必须用氯化钙溶液把双手洗干净。

这项改革，效果是戏剧性的。1847年4月该病区57人死亡，病死率为18%。同年6月，实施灭菌措施后，6人死亡，病死率为2.38%，到7月，3人死亡，病死率为1.2%。

Semmelweis深受鼓舞，他公开声称产褥热由产科医师的手传染给患者。他进一步强调医师在检查每位产妇之前都必须洗手，对于有开放创口的患者要进行隔离。但是，他的同事和实习医师对灭菌没有认识，站起来反对改革。他把意见上报维也纳医学会，却招致猛烈抨击。有一个星期，病区内12位产妇中有11位去世。维也纳医学界反对Semmelweis者，借此群起而攻之。保守派的领袖人物正是他的上级Klein教授。1848年，他的一位学生在伦敦皇家内科和外科学会上，发表学术演讲，宣传老师的学术思想和取得的成就。全文刊登在*Lancet*杂志上，得到主编的赞扬。几个月后，他的另一位学生在法国杂志发表了类似的文章，很快遭到反击。英国学者James Young Simpson认为Oliver Wendell Holmes早在1843年已经提出产褥热具有传染性。Semmelweis所言毫无新意。1849年3月Semmelweis被解雇。在他离职后，他的继任者采用传统方法，一号病房产妇的病死率随即恢复到原先水平。由于无法忍受这等羞辱，1850年他离开维也纳回到布达佩斯。然而，他的故乡并不那么欢迎他。1851年，布达佩斯市St. Rokus Hospital聘请他任产科名誉资深医师。1855年，他被任命为匈牙利Pest大学产科教授。那里产科病房条件很差，他坚持推行灭菌措施，产妇病死率下降。

1861年，Semmelweis写了一本专著《产褥热的病原、症状和预防》。1862—1863年，他多次发表公开信，批评欧洲产科学界的权威人士丧失医者的良心，言辞尖刻。他愤怒指责他们是“不负责任的杀人犯”。保守派对他施加严厉的舆论压力。Semmelweis被边缘化，很快变得衰老。由于Semmelweis长期受到不公正的待遇，悲愤之极，他的精神状态由压抑转向狂暴。他一反常态地酗酒，易怒，狂躁。1865年，他的妻子和他的同事们以为他丧失了理智，把他送进精神病医院。他的暴力行为难以控制，被病房看守人员殴打。14天后他在悲愤中含冤死去，时年47岁。

Semmelweis从临床实践中发现问题，提出设想和改革方案，目的是降低产褥热患者的死亡率。他反对教条主义，不顾某些权威人士的恶意中伤，坚持真理，以致牺牲自己的生命。他去世若干年后，那些曾经反对他的产科医师们终于肯定他的经验和原则是正确的。

Semmelweis是一位伟大的医学科学家。然而，他的思想始终没有被当代产科医学界接受。他最后被关进精神病医院，在那里结束了他悲壮的一生。我不禁自问：“这是为什么？”悲剧缘何而起？Semmelweis有敏锐的直觉观察能力。他发现医师的手可以把疾病传染给患者，比Koch和Pasteur早30年。但是，他面对的是传统权威和习惯势力的抵制。要打破学术思想的禁锢，他拿不出微生物证据。有几位朋友鼓励他发表文章。他不善于写作或演讲。1861年他出版《产褥热的病原、症状和预防》一书，据说写得晦涩难懂，统计数据让人不可理解。直到1877年，Koch才有可能以他的实验证明空气中有炭疽杆菌。受Koch影响，Von Bergmann与Schimmelbusch证明，患者的皮肤、外科医师的手以及手术器械都可以有炭疽杆菌的存在。1877年以后，Lister以无菌技术施行关节手术成功，才被英国医学界接受。反之，如果没有Koch和von Bergmann等实验证明，Lister的灭菌和无菌技术不可避免地会受到英国医学界的顽固抵制。如此说来，科学的要求是否太苛刻了呢？显然不是。如果没有Pasteur和Koch的实验室研究，就不可能产生“微生物学说”，并由此引发“抗微生物药物治疗”以及后来的“免疫学”，人们就不可能对结核病、白喉、伤寒、梅毒、淋病、天花、狂犬病、鼠疫等感染性疾病获得正确的病因学理解和治疗学知识。法国生理学家Joseph Francois Magendie（1783—1855年）说过：“科学的目的是用事实代替外表，用实证取代印象。”

重温历史，有几则故事引起我的关注：

（1）1847年，Semmelweis要求每位医师在检查产科患者前，必须洗手，取得显著效果。但是，为什么有一个星期，病区内12位产妇中，竟有11位死去。当年医师们复查全部记录，发现病房内还有一位子宫癌患者，排泄很多污物。虽然他们在进入产科病房前认真洗手，但是在检查每位患者后，没有再次洗手，就直接去检查另一位患者。这就是说，他们可能把子宫癌患者排泄的污物传染了其他产妇。

Semmelweis曾经在病理学家Carl von Rokitansky指导下，对死于妇科或产科疾病的女性进行过多次尸体解剖。此时，他全神贯注于尸体与产妇之间的传染，忽略了妇科患者与产妇之间传染的可能性。

（2）早在1674年，荷兰显微镜学家、安东尼·列文虎克（Antoni van Leeuwenhoek）发明了世界上第一台光学显微镜，1675年，他首先在盛放雨水的罐子里发现单细胞的微生物。1677年首次发现人以及狗和兔子的精子。1684年他是第一个看见并描述红细胞的人。

时隔200年，1847年Semmelweis认为“尸体毒素”可能是致病原因。但是，所谓“尸体毒素”究竟是什么？他本人并不知道，1861年他在专著中提到“产褥热的原因”，只是一种假设。他似乎没有阅读历史，只字未提列文虎克在1675年的首创之举。他没有利用显微镜，对致病原作进一步的检查。他规定产科医师洗手的方案，始终停滞在经验医学的水平。

（3）众所周知，1822年，路易·巴斯德（Louis Pasteur）出生。他一生进行了多项探索性的研究，他研究发酵现象，发现了酵母菌、乳酸菌。这些小东西是从哪里来的？按古老的传说，许多生命是自然产生的。古代的传说可能有问题？他一方面思考着，另一方面着手科学实验。

他取出二种瓶子（曲颈瓶和直颈瓶），里面放着肉汁，分别用火加热，将肉汁及瓶子杀菌，结果放在曲颈瓶里煮过的肉汁，由于不再和空气中的细菌接触，肉汁经过4年，还没有腐败，然而放在直颈瓶的肉汁，很快就变坏了。科学实验可以解释细菌不是自然发生的。

1857年，他发表的“关于乳酸发酵的记录”是微生物学界公认的经典论文。1859年，以“曲颈瓶”实验为依据，“自然发生论”被巴斯德否定。因此，人们才知道伤口的腐烂和疾病的传染，都是细菌在作怪。无论是传染病，还是其他疾病都是细菌在生物体内造成的后果。消毒灭菌技术与预防的方法，从此在医学界盛行起来。

巴斯德并不是病菌的最早发现者。然而，1857年，他通过科学实验，支持病菌论。他进一步运用科学实验，证明病菌可以变成防病的疫苗。1880年后，巴斯德成功地研制出鸡霍乱疫苗、狂犬病疫苗等多种疫苗，并且发展疫苗接种以预防疾病，于是引发了细菌学和免疫法对医学实践的重大变革。这是巴斯德主要的重大贡献。

相比之下，Semmelweis没有做科学实验。他观察临床实践中一些现象，提出了假设。但是，没有找到科学的依据。他的革新方案是实验医学，没有提升到理论水平。Semmelweis没有看到外科学新纪元已经到来。缺乏科学实验精神，这就是Semmelweis的悲剧。

今天，我们可以透过医学发展所经历的磨难，思考Semmelweis悲壮的一生。Semmelweis坚信灭菌的理念是正确的，不屈不挠。他有不足之处，他看到事实，但他有他所看不到的东西。他拿不出微生物学的证据。即便如此，他决不人云亦云。他不为名不为利，奋不顾身，连自己的性命都搭上去了。这就是大无畏的精神。事实上，无论是Galen、Vesalius还是Harvey，他们都不可能是完美的。人文学教育告诉我们不要“造神”。要把人解放出来，把人的个性、思想、智慧、想象力和创造性，解放出来。1894年，Budapest大学更名为Semmelweis大学，并在校园里为Semmelweis树立一座雕像，作为一个时代的标志。

后记

新问题层出不穷，人的认识不可能一次完成，需要一个过程。评论历史人物，不能苛求于先行者。他们是怎么走过来的，他们的探索、挫折、苦恼和成就，是我们重要的借鉴。科学实验在经验自然科学研究中具有特殊重要的地位。没有科学实验，经验医学不可能上升到理论水平。科学实验推动了现代医学的发展。Semmelweis和巴斯德的故事明白无误地告诉我们这个道理。

现代的医师很多热衷于追踪医学科学的最新进展，以求“与时俱进”。他们认为历史是一堆废纸，可以扔进垃圾桶。这样与历史分割开来，是错误的。医学科学包括古代的和现代的，东方的和西方的，构成一个整体，在历史的长河中，都要经受实践的检验。变革和创新将贯穿始终，激励着医学的生命力。不学习、不研究医学历史，不知医学发展的来龙去脉，将可能出现成批的精明的追随者，不可能造就创新者。

由静脉输液的故事说开去

——谁是第一个打点滴的人[①]

每到呼吸道疾病和肠胃疾病好发的季节，各医院急诊室人满为患，甚至在走廊里也能见到一排排患者。他们都乖乖地伸出手臂，露出手背，手腕上插着针头，手臂上一根输液管，一只输液袋高高挂在输液架上——他们正在接受静脉输液，用老百姓的话说，是在“打点滴”。却很少有人知道，那盛着透明液体的输液袋会有着怎样的奇特之处。本期，北京协和医院陈德昌教授就为我们讲述一段关于输液与人生、输液与创新的动人故事。其实医院里类似的故事还有很多，只是人们鲜有关注罢了。陈教授希望“文学家、教育家以及新闻媒体用更多的爱心来关注医学界和医疗服务领域的生活和故事”，因为正是这些平素被我们忽视的故事里积淀着人类对于医学科学的艰辛探索和深沉思考。

——《健康报》编者

在现代社会，静脉输液是一项普遍被接受的医疗服务，对外科、内科重症患者都是一项行之有效的基本治疗。对于输液，荷兰有位教授Can Ince想象力丰富。他认为一个人从呱呱坠地之日起，每个人都需要母乳喂养，也需要喝牛奶，奶瓶是婴儿生活的必需品；长大了，要喝各种饮料，如茶、啤酒、碳酸饮料，瓶装的、罐装的饮料，青壮年更是爱不释手；等到垂垂老矣，肠胃道消化和吸收能力衰退，难以享受大快朵颐之乐，以及至重病缠身，生命岌岌可危，每个人就离不开静脉输液袋，静脉输液管道成了“生命线”。这位教授在做学术报告的时候，屏幕上打出了“奶瓶—饮料瓶—输液袋”的幻灯片。他没有开玩笑。

我们当然不可能简单化地把一生归纳为“奶瓶—饮料瓶—输液袋”。人的一生远比这些瓶、罐、袋，更为丰富多彩。每个人的一生，无论是大人物还是小人物，每天都在产生故事。不过让我们仔细想一想静脉输液这件事，为什么当初有人想把液体通过静脉灌到人的身体里去？这就有点像在问：为什么到处有人会想

---

① 本文于2010年11月发表于《健康报》，经作者修订后使用。

到，把那张牙舞爪的螃蟹抓来吃？世界上的确有一些异想天开的怪才，他们从认识上的探索，到萌发新的理念，再经过动物实验，最终应用在临床实践并取得确切效果，整个过程少不了一番挫折。

得来全靠下功夫。故事可以从这里说起。1831年有位英国人W. B. O’Shaughnessy发现，霍乱患者大量腹泻和呕吐，失去的水和盐分是惊人的，于是他建议通过静脉补充盐水，乍一听，这个点子有点天方夜谭，谁信？无巧不成书，1832年，苏格兰人拉塔（Thomas Latta）将其付诸行动，通过静脉给霍乱患者输入了三公升液体。此乃破天荒之举，虽然明显改善了患者症状，但输液终止后，呕吐腹泻继续，5小时后患者死亡。拉塔后来继续用静脉输液，为霍乱患者治疗，结果有2/3的患者死亡，这导致此举备受质疑。当时医学界盛行“毒血症”之说，认为输入的氯离子是毒物。这种错误的理论假设阻碍了输液治疗的改进和实施。1920年，麦卡伦及其他学者通过幽门梗阻、肠梗阻等动物模型，证实大量钠与氯化物的丢失会引起血液电解质紊乱；输入氯化钠液后，实验动物存活率提高。1936年又有学者通过静脉输入生理盐液证明治疗有效，破除了迷信。然而很多学者仍认为手术当天以及手术后两天应限制钠盐的摄入。直到1961年，经同位素测定发现，大手术后人体的有效细胞外液减少28%，这才终于打破了术后严格限制输入盐液的禁令。

在现代社会，谁也不至于对静脉输液大惊小怪，说三道四，甚至横加指责，但当年“毒血症”之说将其拒之临床门外，从1832年Latta初次尝试，到1936年获得成功，整整相隔100多年。据我的记忆，在20世纪50年代到60年代初，国内有些医院的手术室仍有这样的怪事，只供应5%葡萄糖，不供应生理盐液。开创静脉输液固然不易，之后一点一滴的改进也是举步维艰。

谁青睐别扭的输液袋

这个故事很有趣。特别是在今天，在大声呼吁发展创新思维，培养具有创新思维人才的今天，上面这段故事耐人寻味。然而临床医师们每天忙于门诊、急诊、手术，有读不完的书，上不完的课，写不完的论文，还有国内外学术交流。多数人都没有这份雅兴，把时间花费在这样的事情上。当今社会对医学科学和医疗服务提出新需要。即使把这个故事最终编在教科书里，因为既不是文学作品，也不是奇闻逸事，想来也鲜有人问津。

另外，文学家们在身体健康的时候需要思考的问题太多，可以编写的故事也不少。他们可以喝可口的碳酸饮料，品茗茶的精品，确实没有理由去“青睐”那只别扭的输液袋。当文学家的血肉之躯受到疾病攻击的时候，迟早有一天，无论愿意或不愿意，输液袋会自动地出现在他们眼前。到了那个时候，他们却使不出人之初吃奶的力气，碳酸饮料提供的高热量也已消耗殆尽，而胃肠道根本接纳不了烤鸭、涮羊肉，甚至鸡汤、米粥。到了那个时候，那只输液袋就能闪出熠熠的生命之光，文学家中间很可能曾经有人突发灵感，想写出一两篇散文、随感或感悟之类，以启示后人。可惜，热卡不够，血流灌注太少，大脑缺氧，何来文思泉涌？话也说不清了，怎么还能写出文章来？终成遗憾！而新闻媒体忙于收集社会不良现象，唤起社会良知，也无暇涉及问题的更深层面。

不妨想得更多一点

当今社会对医学科学和医疗服务提出了新的要求，需要培养创新思维的医生和护士。因此，医学界需要振奋精神，改进医学教育，倡导民主学风，鼓励公平和公开的竞争，为培育具有创新思维的人才提供土壤。同时，这也是需要整个社会的支持。十分希望文学家、教育家以及新闻媒体把视野放宽些，把眼光看远些，用更多的爱心来关注医学界和医疗服务领域的生活和故事。这方面的需要是双向的、互动的，同时意味着巨大的挑战。对静脉输液这段小小的故事，我们不妨想得更多一点。

当今战争创伤外科策略变革的浅析

——2005年3月28日初稿

——2009年7月16日完稿

据美国国防部2004年11月17日统计，美军在阿富汗和伊拉克战争中伤亡人数达10 726人，其中在战斗中死亡的士兵1004人，约占10%。以往的战争统计显示：第二次世界大战（1939—1945年）期间美军伤亡总数达963 403人，其中战斗中死亡291 557人（约占30%）。越南战争（1961—1973年）中美军伤亡总数200 727人，战斗中死亡47 424人（约占24%）。直到海湾战争（1990—1991年），虽然美军只有147人在战斗中死亡，但死伤比例没有改变。2001年至今由美国发动的阿富汗及伊拉克战争中，美军死伤比例第一次降至10%。

然而，阿富汗和伊拉克战争的残酷性和武器杀伤力却有增无减。战斗分散在城镇或交通要道，多为近距离杀伤，目标集中，虽然每次战斗历时较短、伤亡人数有限，但现场惨不忍睹，比大规模的战役更为血腥。自杀性炸弹、地雷、迫击炮弹、爆炸时飞溅出的碎弹片、铁钉、螺丝、泥土、衣服碎片等，既造成钝性损伤、爆破性震伤，也造成穿透性创伤、烧伤及难以计数的出血小伤口，损伤累及软组织、骨骼、内脏、血管等多个部位，增加了战地救援与紧急处理的困难。

另外，能够为在伊拉克的美军作战部队130 000 ~ 150 000名士兵提供前线救援的医务人员数量有限，估计只有120名外科医生（其他120名后备待命）。较确切地说，在伊拉克服役的基本外科医生不超过30 ~ 50名、骨科医生10 ~ 15名。在这种情况下，美国军方如何能降低士兵的死伤比例至10%？显然，美军对士兵防护、前线救援、创伤处理等问题，在原则上、策略上以及组织建制方面，进行了变革。

据越南战争中的统计数据显示：每10名死在战斗中的美军士兵，有9名是死在战斗现场。40%的战伤士兵立即死亡；25%的战伤士兵在受伤后5分钟内死亡，实际上没有可能被救活；15%的战伤士兵在受伤后30分钟以内死亡；在受伤后超过30分钟以上死亡者仅占20%。从受伤部位的分布情况来看，在战斗现场死亡的士兵中，25%的战伤士兵死于大范围组织破坏性躯干损伤伴大量失血；另有10%的战伤士兵死于躯干损伤伴大量失血，若手术及时，或有可能被救活；9%的战伤士兵死于肢体损伤大量失血，若处理及时，亦有可能被救活；此外，31%的战伤士兵死于严重颅脑损伤，10%的战伤士兵死于张力性气胸，1%的战伤士兵死于呼吸道阻塞；死于其他战伤者占14%。根据20世纪80—90年代文献的回顾性分析推测，约20%死于战斗现场的士兵有可能被救活。大多数在战斗现场死亡的士兵，死于大量失血。

因此，美国军方曾要求国家科学院及下属研究所研究对策。关注的焦点曾一度集中在战地的输液复苏治疗以及由大量失血所引起的器官缺血损伤与细胞反应等问题。然而，单纯依靠战地有效的输液复苏，尚不足以明显地降低在战斗中受伤士兵的死亡率。实践证明改进士兵防护装备的重要性：戴头盔，可防止士兵死于颅脑损伤（占战地死亡率的31%），穿防弹背心，可防止严重性躯干创伤（占战地死亡率的35%）及张力性气胸（占战地死亡率的10%）。若以越南战争美军伤亡统计数据为基线，粗略估计头盔和防弹背心等两项防护措施，有可能降低战地死亡率75%左右。同时，也使战斗中士兵的受伤部位较多地限于四肢，减轻对士兵生命的威胁。

然而，近距离爆破，高射能枪击具有强大的杀伤力。已经公开刊登的图片显示，受伤肢体呈“血肉模糊”状态，可伴有腹腔或其他器官损伤。借鉴越南战争的教训，尽管当年已经使用直升机转运，也只有2.6%的伤兵能够到达战地医院，其中多数在能够接受外科治疗以前，已经死去。于是，美国军方在21世纪发动阿富汗和伊拉克战争之初，即组建一批高度机动、编制精简的“随军战地外科小组”（Forward Surgical Teams，FSTs），命其紧随作战部队，尽可能靠近战斗现场。这是阿富汗和伊拉克战争在战地救援方面，与以往战争的根本区别。

每个FSTs由3名基本外科医生、1名骨科医生、2名麻醉护士、3名护士以及医学生、其他救援人员等20人组成，配备3张可折叠的轻便帐篷，可迅速在15分钟内充气打开，互相连接，提供900平方英尺的活动空间，可容纳2张手术台、4张配有呼吸机的床。他们拥有5个背包，供外科、骨科、麻醉、ICU使用，1台手提的血常规、血气分析和电解质测定仪、便携式监测仪和呼吸机、氧浓缩器（50%氧）、20单位红细胞和6张担架。他们没有血管造影及放射摄相机，诊断骨折凭骨科医生手感，并运用外固定法。他们可以在60分钟内搭建一所流动小医院，接受30名伤员进行复苏、手术和转运，但不足以维持超过6小时的手术后生命支持治疗。他们需要控制失血；冲洗创口；剖腹探查后把大块纱垫填塞；腹腔敞开；肠切除后不吻合；给予镇静剂和机械性通气支持，但不要求彻底修复。限定在2小时内，向下一站“前方医院”（Combat Support Hospital，CSH）转移。

在伊拉克现有两所CSHs。这也是一种流动医院，拥有248张床、6张手术台、放射摄相机与检验设备。伤员可以接受外科各专科的治疗，目标仍然不在于追求彻底的修复，最长的住院时间以3天为限。如果估计需要30天以上治疗者，将尽快被送回美国得克萨斯州著名的Walter Reed或Brooke Army Medical Center。这种措施带有一定强制性，以防止重伤员在前方医院滞留过久，因为在战争初期，外科医生出于善意或自信，舍不得将重伤员经紧急处理后、快速向后方转移。

战争爆发最初几个月内，受伤士兵从战斗现场到达美国本土平均需要8天，目前只需要4天，而越南战争期间则需要45天。实行损伤控制性手术（Damage Control Surgery，DCS）：以快捷、简单的操作，先及时控制伤情的进一步恶化，保留进一步处理的条件，使患者获得复苏的时间。有机会再进行完整、合理的再次分期手术。突出的实例是一名士兵在前方医院（CSH），接受髋关节离断术、对侧膝部以上截肢术、右手截除术、结肠造瘘术、腹腔敞开，在继续复苏治疗条件下，向国内陆军医院转移。从爆炸现场到伤员躺在Walter Reed医院的手术台上，相距仅36小时。在以往历次战争中，如此严重损伤绝无生还之可能。

2008年10月20日，作者在江苏省第六届重症医学会议中关于损伤控制（Damage Control）的演讲

然而，阿富汗和伊拉克战争中出现的问题，确实发人深思。当美军在战斗中死亡的士兵超过1000名之时，美国国内反战舆论哗然奋起。在这种背景下，能够救活90%战斗中受伤士兵之举措，使民众愤慨之情有所缓解，但在某种程度上，却掩盖了战争的残酷性。实际上，这些在战斗中受伤的美军士兵没有1人超过25岁，有的还不满20岁。他们终于活下来了，但因毁容、缺胳膊断腿而严重致残，今后他们将怎样生活，并融入社会中。可以设想美军将加强对作战士兵肢体防护装备的研制。然而，这无助于改变今后战争的残酷性。

更值得我们关注的是，阿富汗和伊拉克的当地平民和武装人员不可能享受上述救援和医疗待遇，他们的伤亡人数至今无据可查，尤其是众多的、无辜的妇女和儿童，她们付出的代价最大，做出的牺牲更为悲惨。这就是阿富汗和伊拉克战争的残酷性。

另外，在前方服役的美军医生短缺。很多外科医生已经第二轮服役或延期不能回国。有一名外科医生在伊拉克已完成第二轮服役，准备回国前四天，因榴弹爆炸身亡。由此可见，尽管美国拥有可观的医务技术力量，面对当今战争的需要，仍有捉襟见肘之虞，使其不能有恃无恐。

战争在继续，还会发生其他的战争。回顾历史，可以温故知新。Walter Cannon等学者总结第一次世界大战的经验，认识到战斗中士兵发生休克的主要原因是血容量减少，提出了输血的重要性。第二次世界大战期间，战地输液复苏治疗取得明显进展。朝鲜战争期间，发现战伤后急性肾衰竭对生命的威胁，因此促进了血液透析等技术的发展。越南战争期间，发现“创伤后湿肺”、急性呼吸窘迫综合征，推动了机械性通气支持的临床应用。21世纪初的阿富汗和伊拉克战争针对战争的不对称性、无固定战线等特点，在救援和治疗策略上，在组织建制上进行重大变革，取得了美军战斗中士兵死伤比例为10%的新记录。每打一次战争，总结一次经验教训，把医学科学推进一步，降低作战士兵的死亡率，这无疑值得借鉴。

与“冷战”时代相比，国际形势发生巨大变化。无论是战略上还是战术上，战争的破坏性以及远程或近距离作战武器的杀伤力，已不可同日而语。当今的战争要求改变创伤外科治疗的策略，目标在于使士兵在作战现场、在前方，能够活下来，不追求彻底的修复，创造条件尽快向国内部队医院转移。战时创伤外科与平时创伤外科，虽然基本原则一致，但治疗策略上大有区别。若欲遵循平时创伤外科处理方法，将是不可取的。战斗现场大量失血以及稍后的严重感染，势必增加死亡率。面对当今战争的特点，我国军事医学必须具有更鲜明的针对性，而各军事医学院校及研究所肩负着重大责任，要把创伤外科学研究的重点，集中在实战的要求上。在诸如输液复苏治疗、创伤处理、转运等问题的研究方面，不能与普通医学院校有关平时创伤外科学的研究等同对待。反之，战时创伤外科学的发展必将带动平时创伤外科学的发展。关注并重视阿富汗和伊拉克战争的进展，对我国战时或平时的创伤外科策略的变革，会有裨益。

白人教授和他的黑人助手①

白人教授是指Alfred Blalock（布拉洛克）。黑人助手是指Vivien Thomas（托马斯）。

布拉洛克是一位美国著名的外科学家，也是现代心脏外科的奠基人。1922年他从霍普金斯大学毕业，做住院医师。1928—1941年，布拉洛克曾在Vanderbilt大学医院从事休克生理学的研究。从此，托马斯跟随着他，在外科实验室工作，直到1964年布拉洛克退休。1941年，布拉洛克重返霍普金斯大学任外科教授和医院的外科主任。

故事便要从这里开始讲起。

① 本文发表于2012年第7期《北京协和医院院报》，经作者修订后使用。

1928—1941年布拉洛克曾在Vanderbilt大学医院从事休克生理学的研究。他排斥传统的“毒血症”错误假设，他明确提出所谓“外科休克”实际上起因于血容量的大量丢失，机体无法代偿。所以，他主张应用全血或血浆替代。这充分显示他的叛逆性格和独立思考精神。20世纪30年代中期，他的理论被欧美学术界肯定。因此，在第二次世界大战中挽救了百万士兵的生命。1964年，也就是霍普金斯医院建立75周年，临床医学大楼以布拉洛克命名，以志表彰。他是这样的一位外科学家，一方面开拓了现代心脏外科学新领域，另一方面对休克生理学做出卓越的贡献。21世纪，我们同样需要这种类型的外科学家。

然而，在布拉洛克的背后，有位得力的助手，他就是托马斯。托马斯是一名非洲移民的后裔。祖父是奴隶，家境贫困，适逢经济大萧条，不可能上大学。1929年他当过木工。1930年他谋得机会，进入Vanderbilt大学医院外科实验室，清洗动物笼子，喂养实验动物。布拉洛克发现他聪明、敏捷，指定他更多地做些技术员工作。经过多年合作，托马斯成为他在休克研究中的助手。

1941年布拉洛克返回母校任外科主任，他要求院长让托马斯跟随他到霍普金斯医院，安排在外科实验室。当年巴尔的摩市种族歧视同样使托马斯不可能获得技术员职务。一位黑人穿上实验室白色工作服在医院内走动，会招致非议。所以，他的正式身份只能是实验室的看门人，工资非常低。从此，托马斯便跟随着布拉洛克在外科实验室工作，直到1964年布拉洛克退休。

布拉洛克在母校任外科主任期间，他有机会和小儿心内科主任Helen Taussig相识。Taussig对于法洛氏四联症的治疗颇感棘手。她意识到这种先天性心脏病之所以产生发绀，可能由于肺动脉血流受阻，肺的血流灌注量相应减少，造成体循环动脉血氧饱和度降低。她提出发病机制的假设，但不知如何纠正。布拉洛克深受启发，他先要在狗的身上求证Taussig的假设是否正确，然后探索解决方案。在动物实验中，托马斯倾注全力帮助布拉洛克。托马斯承担的任务是建立法洛氏四联症的狗的模型，并探索锁骨下动脉与肺动脉吻合术的可能性，希望以此增加肺的血流灌注。经过两年的努力和200多条狗的实验，终于使吻合术成为可行。托马斯非常心灵手巧，小儿心脏手术没有现成的器械，他便发挥手工艺技巧磨制小针头，改造血管钳。根据布拉洛克既定的规则，托马斯本不能参加临床手术。在最初几次手术中，布拉洛克坚持要托马斯站他背后的木凳上，随时加以指点，因为托马斯做过几百次动物实验，而布拉洛克只参加过一次。

1944年11月29日，布拉洛克第一次为一名15个月的婴儿做了锁骨下动脉与肺动脉吻合手术，延长了婴儿的生命。接下来的两次手术，使另外两名患儿安全出院。手术终于成功之后，被命名为“Blalock-Taussig分流术”，却没有托马斯的份。1945年5月，布拉洛克发表第一篇论文。一年内，有200多名患病儿童从全国各地来到霍普金斯医院接受治疗，由此开创了现代心脏外科学的新纪元。1944年，他为一名主动脉缩窄的患儿做了纠正手术。1948年，他为心脏大血管错位设计新的手术方法，为其他先天性心脏病患儿成功地进行了手术治疗。布拉洛克不愧为具有创新思维的外科学家。在一次房间隔缺损修复的实验中，布拉洛克很欣赏托马斯缝合的切口几乎不露痕迹，他说：“这简直‘like something the Lord made’。”1989年作家Katie McCabe发表托马斯故事的第一篇文章，就以这句话为命题，2004年经好莱坞改编为同名电影上映。

托马斯在霍普金斯的35年中，尽管在动物实验、外科手术教学、实验研究等方面的工作卓有成效，但布拉洛克从来不给他分享任何荣誉，霍普金斯院内鲜有人知道托马斯在干什么。直到1976年，也就是在布拉洛克去世12年后，霍普金斯大学才授予托马斯the honorary Doctor of Laws degree，即荣誉法学博士学位。由于多种限制，不能授予医学博士学位。托马斯的画像终于悬挂在布拉洛克大楼的门厅里。

布拉洛克和托马斯共事35年。布拉洛克雇用托马斯，因为看好托马斯的聪明、敏捷、技巧和勤劳。两人之间，有专业层面的交流，但缺乏人性的沟通。布拉洛克是一位杰出的外科学家，但他在思想上却是典型的种族隔离主义者。他需要托马斯的合作，没有友谊，只有歧视。布拉洛克召唤托马斯参加家庭宴会当服务员。布拉洛克的60岁诞辰举行了盛大晚会，被邀请的500位嘉宾中没有托马斯。但是，就是这位布拉洛克发掘了托马斯这样一个人才，才没有让他埋没在洗狗笼子的勤杂工群体中。他发挥了托马斯的潜能。在科学的实践中，把他打造成为一位科学家。这是布拉洛克的两面性。

那么，托马斯为什么愿意跟随布拉洛克从Venderbilt到霍普金斯，一辈子当他的助手呢？托马斯心里也有矛盾。他喜欢布拉洛克那样的性格，有头脑，善于思考，有才华。布拉洛克在休克生理学的研究和现代心脏外科学方面所作的贡献是开拓性的，实实在在的。跟随着布拉洛克，有利于托马斯的成长。托马斯早年就一直向往上医学院，想当医生。他对医学有强烈的兴趣。直到1947年他还坚持报考医学院。可是摩根州立大学给他设置多种障碍。他估计要到50岁才有可能从医学院毕业，不得不放弃原先的志愿。

在霍普金斯种族歧视很严重，医院专门为黑人设置隔离病房，隔离食堂，隔离厕所，为黑人制定的准则带有羞辱性。人非草木。人要尊严，要公正。托马斯知道自己没有力量改变美国社会，只能适应客观世界。他有责任养家糊口，要安于隐忍。托马斯不是马丁·路德金。但是，他没有气馁。他始终保持对医学的激情和真诚，把自己的智力和精力，投入医学研究中去。托马斯是从贫困和种族歧视中走出来的一位传奇人物，成为现代心脏外科先驱者之一。我们应该纪念他。

托马斯使我想起另一则故事。一天，佛光丛林学院的院长星云法师对他的弟子说："这个世界是一半一半的世界。天一半，地一半；男一半，女一半；善一半，恶一半；清净的一半，浊秽的一半。"法师告诫他说："学习包容不完美的世界，你就会拥有一个完整的世界了。"托马斯对医学的追求，矢志不渝。在不完美的现实世界中，他接受完美的一半。他以包容的精神，接受不完美的一半。托马斯得到了圆满的结果。托马斯生前写了一部自传。1985年11月26日去世几天后，他的自传出版。

这就是我所知道的发生在美国20世纪20年代至80年代，一位白人教授和一位黑人助手的故事。

二、漫谈医学教育、人文教育及科研思维培养

西方医学的思维模式（一）

——2009年8月1日完稿

解剖学是对正常人体结构的研究。在相当长的一段历史时期里，外科基本上仅局限于体表伤口的处理，很少发展。这是因为对人体解剖的认识非常模糊。根据古代的中、外医书所载的图片，对各重要器官的形状、解剖部位以及相互关系等方面，错误百出。对所谓五脏六腑的大体审视，多出于臆测和虚构。没有人体解剖学，无从发展外科手术学，也不可能产生外科学和内科学。这个事实曾经存在很长时期，使整个医学界发展，缺了一个认知的基本起点。

医学的不同学派对人体各重要器官的功能，持有不同的理解。对此，本文暂且搁置不论。实际上，西医所指的脑、心、肝、脾、肾等和中医所指的决不是同义词。翻译不严谨，进一步导致概念上和定义上的混乱。但是，人体内毕竟存在着脑、心、肝、脾、肾等器官，形状不同，组织不同，各自占有固定的解剖部位。这里面自然有着客观的道理。

在几千年的历史中，那么多次的战争和杀戮，尤其在古代，对敌人和俘虏施行酷刑，挖出他们的心脏，砍掉他们的脑袋，被杀害者必死无疑。在几千年的生活实践中，人们屠宰了那么多的羊、狗、猪、牛和马，足以发现这些家畜和人类一样，毫无例外地都有脑、心、肝、脾、肾。损伤或者摘除某个器官，都能以不同方式使家畜绝命。这个事实虽然早已成为人们的共识，但是，没有建立准确的人体解剖学，亦就意味着人类对自身的大体结构方面的认知，有大缺陷。

文艺复兴时代，打破了对神的盲目崇拜。为了如实展现人体的美，达芬奇

在长达26年的时间里，曾经从墓地里背回30具尸体在家里解剖，对骨骼、肌肉、内脏作了750余幅绘图，直到1515年被教皇明令禁止。达芬奇的人体艺术作品，有着扎实的解剖学基础。米开朗基罗为了同样目的，曾经解剖12具尸体，创造出《大卫》雕塑和《创世纪》壁画中的亚当等不巧之作。他们都不是医师。1543年安德烈亚斯·维萨里（Andreas Vesalius）出版解剖学专著《人体的结构》，大幅纠正了1000多年前盖伦（Galen）流传下来的错误。为什么在几千年漫长的历史中，我国的行医者没有能像达芬奇，或者维萨里（Vesalius）那样认真地做一番解剖，仔细地看一看人体内部的正常结构呢？我还记得我在医学院求学时，除课堂上听课外，每个学生需要自己动手做尸体解剖。这种教学模式旨在教导学生，要学习亲眼所见地去观察，学会用解剖刀进行由表及里的剖析。

继解剖学之后，发展了组织学以及对病体结构的研究。病理学的产生是必然结果，为治疗疾病（包括外科手术治疗）提出了明确的依据和目标。没有解剖学，何来病理学。没有解剖学和病理学，何来生理学和病理生理学。没有这些基础医学，何来临床医学（包括外科学和内科学）。对人体自身的认识，不可能一次完成，一环扣着一环，循序渐进，形成知识的长链。

持批评意见者说，“西医使用的是以非生命的尸体解剖为基础的理论体系”，不可能阐明活人的生命现象和生命延续的道理。事实并非如此。实验外科问世，并与解剖学和病理学相结合，对临床医学产生了深远的影响。首先需要解剖人体，才能发现大小血管分布全身器官组织。这些血管是干什么用的？威廉·哈维（William Harvey）在实验动物身上发现了血液循环的运行。心脏起着泵血的作用。动脉血和静脉血有着不同的颜色和功能。1628年他发表专著《论动物心脏搏动和血液的解剖学功能》。在他死后4年，亦即1661年，Marcello Malpighi率先用显微镜检查青蛙的肺切片，发现了毛细血管的存在。这些细密的毛细血管网络联接着动脉与静脉。他认为富含氧的动脉血，在向细胞提供能量后，改变颜色，由静脉返回心脏。血液循环维持着全身细胞的代谢和生命的延续。

这段故事告诉我们：人的生命现象有着解剖学的基础，有着物质基础，并不虚玄，是可以一步一步地被破译的。人对生命现象的认知，既需要分析思维，也需要综合思维。西方医学走的是这样一条道路。我的导师曾宪九教授认为16世纪到18世纪，解剖学、病理学和实验外科三者紧密结合，奠定了外科学发展的第一个里程碑。从西方医学的历史来看，内科学以至其他的临床学科都遵循着同样的发展轨迹。

西方医学的思维模式（二）

——2009年8月5日初稿

——2009年8月11日完稿

人们常说，东西方医学的思维不一样。西方医学走的是分析的道路。以不同器官（或系统）为基础，分设不同的临床专科。例如大内科下分设消化科、内分泌科、心内科、血液科、呼吸科、肾病科、神经科等。大外科下分设骨科、胸外科、心脏外科、腹部外科、血管外科、肝脏外科、脑外科、泌尿外科等。科目繁多，而且越分越细。言下之意，担心西医在钻牛角尖，走死胡同。只见树木，不见森林。头痛医头，脚痛医脚。

对于这样的意见，可能有两点需要考虑：一是如果某些临床医师在诊疗实践中，囿于不全面的专业知识，忽视本专科疾病对全身的影响，忽视外界环境对人体的影响，这种现象提示这位医师在接受西医的医学教育方面有明显的缺陷。二是如果比较多的临床医师显示类似的缺陷，可能意味着我国医学院在医学教学方面出现重大弊端。

设想一位腹部外科医师，能切除胃，切除肠道，胃肠吻合做得很好，却不懂胃肠道的生理学和病理生理学，以及不恰当的胃肠道吻合对全身的干扰，他充其量只是一名手术工匠。我的导师曾宪九教授曾经以外院转入的一个典型病例，在示教中加以严厉批评。再不妨设想，一位内分泌科医师，治疗糖尿病，只会用胰岛素控制血糖，不懂得糖尿病对人体其他多个器官（系统）可能造成的损害，不懂得引导患者调整生活模式，保持良好的生活行为等，这样一位医师根本没有资格当内分泌科医师。心脏是重要的泵血器官，为全身组织提供血液灌注。心脏本身也有着内分泌组织的功能。心脏影响着全身，全身也有很多因素影响着心脏。外界环境对心脏的干扰尤其明显。这是经过几百年，一代又一代科学家的探索，从大体的现象，分析到细胞水平的改变，然后应用综合思维，形成整体的概念。谁说一位（西医）心内科医师只医心脏，不医全身，或者不懂得调节机体其他系统，去改善心脏功能，那是荒唐的。

学术界也有些人在批评西医时，说西医，抓住某一个物质，一股劲儿地分析下去。现在已经分析到分子生物学水平，还在分析下去，忽视了整体的联系。我认为这是对西医在认识上的一个误区。让我们回顾一下历史。西方医学发现人体内有不同的内分泌腺，通过血液循环，释放微量物质，也就是激素，可以影响其他远距离的效应器官的功能。继而又发现其他器官中也有内分泌组织，与前者共同形成人体的内分泌系统。进一步的探索，要研究激素的合成、贮存、释放，分析激素的作用模式以及反馈调节机制，尤其与神经系统的关系等问题。因此，不可避免地要分析各种激素的分子结构，直到分子的片段成分。同时要分析效应细胞膜的受体，细胞内信息传递以及表达等。应该说，对内分泌系统的分析研究，远没有完成，而且还要分析下去。长期的科学实践证明，运用分析思维模式进行探索研究，比较清楚地展示了内分泌系统和这些小小的激素，实际上，能够影响人体代谢、生长与发育、人体内环境稳定、应激反应，以及生殖与衰老等方方面面，并形成了一个整体的概念。

不能简单地说西方医学以分析思维模式为主，而加以谴责。在科学探索实践的不同阶段，分析思维和综合思维，可以各有侧重，可以两者兼用。但是，不要人为地把两者分割开来，更不能对立起来。古代文献早有“瘿病”的描述和用羊靥、海藻治疗的方法。由于历史条件的限制，也可能缺乏分析思维模式，当然也没有条件进行今天这样细致和深入的分析，对局部和整体的综合性认识毕竟是模糊的，容易停留在经验性治疗水平，不可能产生内分泌学说。同样，如果只有“以毒攻毒”的朴素设想，不经过循序的、深层次的分析研究，不可能产生抗体与抗原的概念，也无从形成免疫学说。没有免疫学，何从理解人体的防御应答，何从理解艾滋病的发病机制，又何从设计预防和治疗的策略呢？当然，也无法对自身免疫病有基本的认知。不以分析思维为基础，综合思维将无从形成正确的理论学说。

按近年来西方医学发展水平而言，临床医师，主要是教学医院担任教学和研究工作的临床医师们，他们的知识将不能只局限在对细胞结构和功能的一般性了解。1953年DNA分子双螺旋结构的发现，具有划时代意义。1975年以来，诸如核酸的分析与合成、基因重组、细胞融合、单克隆抗体技术等取得很大进展。在此基础上，建立了分子生物学、分子遗传学，并且打开了对人的生命认知的新前景。眼下感到棘手的问题，譬如癌症的治疗，有可能在可以预期的将来，取得突破性进展。

我相信庄子说的那句话："一尺之棰，日取其半，万世不竭。"既然生命有着物质的基础，而物质是可以分的，为什么不进行深入的分析呢？2000多年前，庄子早有这样的见解，足以显示他的智慧。庄子的哲学属于东方文化。有人说，物质是可分的，但是有极限。这也许涉及哲学问题。不过，哲学观点最终需要被物理学证实。何况在医学领域内，远没有分析到这种程度。有些药物吃了上百年，甚至上千年了，还搞不清分子结构，搞不清楚有效成分。从人类有记忆的时代，就已经知道水是生命所不可缺少的。难道可以因此认为，分析水的分子结构就没有必要？分析思维模式不是西方医学的专利，也不是西方医学所独有的。西方医学取得成功的例子，都是正确地运用了分析思维模式和综合思维模式。其中一个重要的环节是科学实验。这符合唯物辩证法的认识论。

从16世纪开始，科学实验成为自然科学的重要标志。科学实验包括自然科学实验和社会科学实验两个方面。科学实验是检验知识的一种实践形式，是验证理论假说的重要手段。通过对多种多样的科学实验，经分析所取得的精确的依据，运用综合思维，总结出规律性结论。理论假设需要求得验证。同时，科学实验可以发现新问题，打开新的未知领域，进行新的探索。理论正在日新月异，医学必将与时俱进。

现在知道，各器官（或系统）有各自特异性的组织。不同组织发挥着不同的功能，各司其职，有协同，有拮抗。实质上，由众多的分子相互作用，引发反应，彼此制约，取得动态的平衡。人体在遭受外界致病因素打击时，机体应答可以代偿，或者失代偿。严重的代谢失调需要医学的干预。这种干预的基础要求认识人体本身对多种因子的调控机制，细胞之间信息转递机制等基础问题，分析到分子生物学水平。目标为维持机体内环境。没有细微的分析，谈论机体应答的调控，必将失之笼统。没有综合思维，不可能形成机体应答全局的认识，有分析，有综合。

评估医师的行医，不以他的主观愿望而以治病效果为凭证。设想若西方医学越发展而患者的病死率越来越高；那么，无论唱的是什么高调，西方医学必将寿终正寝。但是，回顾近百年的西方医学发展，多少未知的领域被打开，多少素称痼疾的治疗被突破。当然，又会出现更多的未知领域，需要进行新的科学探索，才会有新的发现。医学科学正日新月异而显示生命力，不会也不可能停滞不前。

西方医学的思维模式（三）

——2009年8月10日完稿

西方医学把身体内部稳定性作为维持独立的生命所必需的条件。法国生理学家克劳德·伯纳德（Claude Bernard）提出“内环境”的概念。在此基础上，美国生理学家沃尔特·坎农（Walter Bradford Cannon）发展了他的“内环境稳定性”（Homeostasis）学说。他赞扬人体在外界多种干扰或损伤因素打击下，有能力维持内环境稳定性，因而称之为“人体的智慧”，并以此命名他所出版的那本专著。

维持内环境稳定性是西方医学的一个基本原则。维持内环境稳定性需要人体防御应答机制的参与，维持各器官（或系统）功能以及组织细胞代谢在机体能够承受的范围内，达到一种动态的平衡。目的在于缓解或消除外界致病因素的危害性，促进被损害组织的修复。这样的防御应答是“恰当的”，具有代偿能力。然而人体的“智慧”毕竟有限度。当外界损伤性打击的力度太强，加之患者自身的缺陷（如原有的基础疾病、基因多态性的影响等），足以使全身炎症反应、免疫功能、神经内分泌系统等，丧失平衡和代偿的能力，反应过度或者低下，甚至“瘫痪”，导致广泛组织的自身性破坏和多器官序贯性衰竭，像多米诺骨牌反应那样，一个一个地倒下。这样的防御应答是“不恰当的”，很难依靠人体自身的能力恢复平衡。此时，需要医学的干预，不能笼统地说，防御应答都是有益的。

外部或内部致病因素打击，引发人体防御应答，属于整体的概念。对于人体防御应答的产生和调控机制的研究，仍然是当今世界性的一大难题。在医疗实践中，有诸多不尽如人意之处。然而，西方医学对上述问题的探索，在实验室研究、动物实验以至循证医学为指导的临床试验方面，所花费的巨大精力，应该使我们保持头脑清醒。“局部疾病治疗”和“整体调理”是处理矛盾的两个方面。外界致病因素侵袭的力度不同、人体防御应答不同，疾病发展的阶段不同，矛盾的主次可以不同，可以转化。如果局部病灶足以诱发人体防御应答的一系列紊乱，不设法控制或者去除局部病灶，怎能“康复整体”。人体是高度精致而复杂的生物体。人体防御应答和疾病发生机制是高度精致而复杂的生命现象。不要把复杂的事物说得太简单了。对待局部和全身问题，需要唯物辩证法的认识论的观点。

科学的特征是实践性。不难想象，假如对一位严重腹膜炎患者，如果没有实施早期“目标导向性”输液复苏治疗，他很可能在尚未接受手术前，死于感染性休克。反之，如果执迷于全身性生命支持治疗，不控制感染源，不清除病灶，不把腹腔内脓性液体引流出来，患者将不可避免地死于感染性诱发多器官功能衰竭综合征。又如，一位伤员在地震中被倒塌的混凝土预制板压住他的下肢。经过若干小时后，如果在救援队员把他解救出来之前，没有在患肢的近端扎上止血带，没有设法尽早手术截肢，这位“幸存”的伤员很可能从挤压中被解脱之后的几分钟或者几十分钟内很快死亡。对待挤压综合征的伤员，要想以“整体治疗调理，求得局部病态的平衡复原”，不能奏效。

“微生物学说”的诞生，使人群不至于大批死于鼠疫、白喉、结核病、斑疹伤寒等。这是古今中外不争的事实。急性烈性传染病、严重感染，事关千百万人的生命，一味强调“整体调理”，不解决病原体的问题，从道理上不能令人信服。天花曾经是清朝的心腹之患。在皇室中，谁染天花而死，皇太极与诸贝勒们，都没敢亲临治丧。八旗军民一旦患上痘疫，即被强行驱逐远离都城。御医院中不乏“整体调理”的高手，惜乎，他们没有“免疫学”。在“整体调理”中，不懂得接种疫苗。不同的医学学派都不是完善的，很多难题需要探索研究。但是有一点，要老老实实承认失败，承认自身的缺陷。不承认失败，不可能吸取教训，故步自封。不承认自身的缺陷，一成不变，不能与时俱进。某医学派的“传人”写了一篇文章，说：“西医是治疗局部疾病，来康复整体。中医是整体治疗

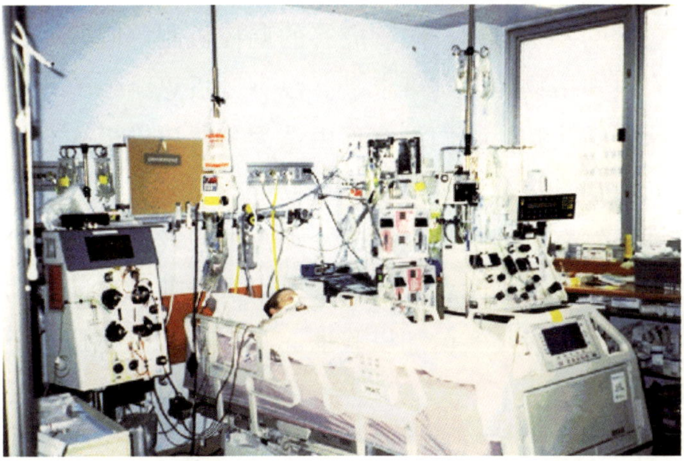

现代ICU高科技生命支持治疗（目的在于帮助患者重建“内环境稳定性”，使他从严重创伤打击下恢复过来）

调理，求得局部病态的平衡复原”，并依此来划分“中西医的理论体系”。但是，不治疗局部，何来“康复整体”？在这种情况下，“整体治疗调理，能求得局部病态的平衡复原”吗？

关于华佗的故事，传说很多。关羽右臂被毒箭射中。华佗用刀将骨头上的箭毒刮净。刮骨疗毒，也就是现在的扩创手术。曹操的“头风”屡次发作，华佗说：“要此病除根，必须将头剖开，取出风涎。”曹操认为华佗不怀好意，把他打下牢狱。华佗不用汤药为曹操调理，却主张开颅探查，祛除病灶。由此招来杀身之祸。华佗还主张“若患五脏六腑之疾，药不能效者，以麻沸汤饮之，令病者如醉死，却用尖刀剖开其腹，以药汤洗其脏腑”。至少可以说，在元末明初，罗贯中写三国小说的年代，人们对疾病的理解已经达到这般水平。人们在治疗问题上的思考能力，对今天某些拘泥于某种固定思维模式的行医者具有促进反思的价值。

然而，这些故事仅见于《三国演义》，其他史书均无记载。华佗在建安十三年（208年）被曹操杀害，而关羽攻樊城最后败走麦城，约在214—219年。一个去世好几年的人不可能给一个活着的人刮骨疗毒。近代国学大师陈寅恪认为“华佗这个人可能真有其人，但他的医学传奇是虚构的。病例原型来自印度佛教传说”。虽然如此，千百年来，华佗的故事在民间广为流传，因为这些传说含有合理的成分。时隔两千年，传说依旧是传说，中医外科没有得到像西方医学那样的发展。为什么？这个问题耐人寻味。或者，把问题提得更明确些，中医外科在发展过程中，究竟缺了几个不可或缺的环节？

唯物主义承认生命现象有着物质基础。没有物质基础，何来生物和生命？人体是高度精致而复杂的生物体。人体应答和疾病发生机制是高度精致而复杂的生命现象。对于人体防御应答的发生机制，防御应答的调控机制等问题的研究，仍然是世界性疑难课题。致知格物，要实事求是。没有分析思维，不可能对事物的本质产生客观的、深刻的认知。我们没有理由认为分析思维模式会一叶障目，妨碍对整体和全局的认知。综合思维模式需要以分析思维为基础。缺乏深入细致的分析，综合思维虽然有可能引出笼统的、动听的假设，但难以揭示客观事物的本质和内在规律。人为地把两者分割开来，不符合唯物辩证法的认识论。运用正确的思维模式，附注科学实验加以验证。不讳言，始终是一个世界性难题。

时代呼唤创新精神　好奇心与思索

——2007年9月18日初稿
——2007年9月21日完稿

好奇心和想象力是一对孪生子

我的导师曾宪九教授特别强调：做科学研究的人要有好奇心，要像小孩子一样好奇。对周围的奥秘要去观察、质疑、思索，并且发挥想象力。在北京协和医院创建ICU之初，在第一次工作会议上，曾教授第一句开场白就是问小组成员："你们是应招来的吗？你们感到好奇吗？"

爱因斯坦说："我没有特殊的天才，我只是怀有极大的好奇心。"极大的好奇心正是探索者为取得科学成果所需要的基本素质和驱动力。

文艺复兴是个伟大的时代。从崇拜神，人类终于发现了人自身的美，人性的美。达芬奇为了能对人体获得更确切的了解，曾从墓地上亲自背回30具尸体，在家里做解剖。极大的好奇心造就了一代艺术大师。

他的绘画和雕塑无不与他对解剖学的研究息息相关。

出于同样的好奇心，米开朗基罗曾解剖了12具尸体。从《哀悼基督La Pieta》那座雕像来看，圣母抱着从十字架上解脱下来的耶稣。圣母头上不再有神的光环，她是一位母亲。那座《大卫》雕塑中，没有出现恶龙的形象。然而，从大卫的左手、右手不同的姿势，以及紧张的背部肌肉，正在向观赏者表达大卫对这场殊死搏斗的感受。

通过人体语言激发感受的共鸣是文艺复兴时代作品的一大特点，因此与中世纪以表达神性为主题的艺术作品相区别。达·芬奇在《最后的晚餐》壁画中，将这一特点发挥得更为细致，更为突出。各组不同的人物，以不同的表情和姿势，表达他们不同的感受，并能强烈地感染观赏者。没有极大的求知好奇心，不对人体和人性进行认真的观察和剖析，要想在艺术上推进如此深刻的变革和创新也是不可能的。

就自然科学的创新而言，道理也是一样的

对科学的奥秘产生好奇心，就会产生兴趣，脑子里经常琢磨着，想探索个究竟，发挥想象力的空间也越来越大。所以，人可以为科学或者文学或者艺术着迷，因为发现了其中的奥妙无穷，越来越好奇，一层一层钻进去，欲罢不能。好奇心和想象力两者相辅相成。缺乏想象力，缺乏思索，也就不可能有创新。有时，好奇心是慢慢产生的。在导师的引导下，做一点研究，发现一些没有想到过的问题，触发了好奇心，想把研究继续做下去。我对于休克和水电平衡等问题，虽然有一点临床经验，然而曾宪九教授不时提问和启发，激起我更强的好奇心，更大的兴趣。在很大程度上，好奇心是可以培植的。导师的作用很重要。当然，如果对一门学科，一项专题，并无好奇之心，兴趣总是起不来，不如干脆放弃，何必活受罪？

学生为毕业文凭做学问，研究生为学位论文做实验，应该说是件好事。但是，若以名利为目标，做研究只是不得已而采用的一种手段，一旦目标达到，手段便抛弃了。严格地说，真正为探索科学奥秘，以毕生之精力、孜孜以求者毕竟是少数。这些人物以他们的创新思维和创造能力，改变着人类的命运。

既使有绝顶聪明的头脑，爱因斯坦花了10年时间思考狭义相对论，8年时间思考广义相对论，接下来的30多年里思考“统一场论”。1955年临终前还写下了一些潦草的等式。他没有停止思索。爱因斯坦思索的专注性和持续性告诉我们：为探求真理，科学没有神话。

想象力并非来自灵光一现

实际上，科学家的探索和创新，绝不像神奇故事所传说的那样。

牛顿运用了他的物理学和数学方面的知识，从大炮射弹抛物线的现象，用数学加以解析，经过不懈的思索，发现万有引力定律并被实践证实。而绝非是苹果砸中脑袋的灵光一现。从1665年到1685年，牛顿花了20年时间，经过层层深入的思考、计算、研究提出万有引力的概念，于1687年正式发表万有引力定律。

伽利略作为实验方法的奠基人，不可能爬到不知确切高度的斜塔上，在没有准确计时方式的情况下，去做落体实验。这个故事编得十分荒诞。

瓦特身处维多利亚女王统治的时代。英国在打破葡萄牙百年海上霸权之后大力开拓海外市场，市场需求增加的强大压力迫使生产方式进行变革，需要创造出新的动力以及有能力解决动力问题的人才。瓦特生逢其时。有一位独具慧眼的企业主，在瓦特穷困潦倒之际给予他资助。瓦特注意到前人搞出来的蒸汽机的原型非常笨重，不切实际。于是他产生了自己制造蒸汽机的想法。他找出旧式蒸汽机耗能大、效率低的原因，改进设计。但是从图纸中的理论变为可运转的高效蒸汽机，需解决材料、机械加工精度、研发资金匮乏、濒临破产等种种问题。从最初研究接触蒸汽技术到瓦特蒸汽机研制成功，瓦特走过了二十多年的艰辛历程。瓦特的蒸汽机为火车、轮船及工业生产提供了前所未有的强大动力。

英国在欧洲国家中第一个实施专利权法，对科学发明创造起了催化作用。与此同时，亚当·斯密的名著《国富论》问世，从根本上改变了西方世界的思维。

简言之，牛顿的万有引力学说、瓦特的蒸汽机、亚当·斯密的经济学，这三者的综合，产生了第一次工业革命，改变了人类社会发展的进程。

对比之下，在第一次工业革命时期我国正值乾隆、嘉靖、道光三位清朝皇帝统治时期，满足于宫廷积累的巨大财富，醉心营造并扩建人间仙境圆明园。清王朝不可能产生牛顿、瓦特和亚当·斯密，不可能产生工业革命。

科学家的神奇传说故事所产生的误导，使人们忽视了从事科学活动的探索者所付出的长期艰苦努力，掩盖了产生科学发现的真实历史背景条件。

自然科学与人文科学（以清华大学为例）

清华大学创建于1911年。建校初期，曹云祥校长根据胡适的提议，设立研究院的导师制。四大导师是梁启超、赵元任、王国维和陈寅恪。其中前三位是胡适推荐的。清华研究院和四大导师，开创了清华人文学科最初的辉煌。

清华大学在鼎盛时期，曾经拥有一批有影响的出色学者，除理工科系统的科学家外，还包括王力、马寅初、梁实秋、冯友兰、费孝通等人文学大师。他们都曾经为清华大学的昔日辉煌做出过贡献。

据悉当年学生可以自由跨科选修或旁听名师授课。机械系学生可选修音乐概论，旁听心理学或建筑艺术史的个别章节。文科学生可以旁听汽车维修科目。活跃的多元化文化氛围，充分显示清华大学对于开拓思维，培植学生想象力和创造力，给予高度的关注和重视。有几位出身清华大学的资深工程师，国家专利持有者，或工程项目主持人，能写小说、写话剧、写报告文学，成为“游走于逻辑推理与形象意念两种不同思维方式之间的文化人”。

清华大学1931—1948年的校长梅贻琦首先提出了“通才教育”这一核心观念。认为针对当时教育部所提倡的“只重专才，不重通才；重实科不重文理”的教育方针指出，大学应该着眼于对学生“人格”的全面培养，至少应该有知、情、志三个方面。

20世纪50年代初，院系调整“一刀切”，把文科系统整个端掉。把这所世界著名的综合大学阉割成清华"理工学院"。全盘搬用苏联教学体制，按死板的教学计划，读死板的教科书。往后历次极"左"思潮的冲击，把学生"禁锢在工科技艺的鸟笼中"，怎么能造就出具有想象力和创造力的科学家呢？值得庆幸的是这段历史性失误已被纠正，大学教学体制改革正在逐步深入。清华大学的故事可以放在一段时期的历史框架内加以考量。

传授科学技术方面的知识，可以提高人的智商（IQ）。人文科学教学对于发展情商（EQ）不可或缺。高智商、高情商者，无疑将是佼佼者。为能立足于社会，欲获取成功，高情商是必需的素质。然而，高智商、低情商者，多半属于"小时了了，大未必佳"之辈。他们孤芳自赏，不善于控制情绪，不能委曲求全，缺乏团队协作能力，不能适应环境，很难有所建树。至于著名学府毕业生，找不到工作，跳楼身亡，虽属罕见事例，不能等闲视之。

无论是物理学家、工程师或者医师，如果对历史不感兴趣，不学习心理学、伦理学，对文化或艺术置若罔闻，他们的人格将是不完善的。大学办学，目的是造就人才，不是培训"工匠"。清华大学早年研究院导师之一，林语堂先生是第一个把"幽默"这个概念引进中国来的人。幽默不是"诙谐""滑稽"的同义词，更不是"耍嘴皮子"，使人一笑了之。幽默是追求"不和谐中的和谐与和谐中的不和谐"，使人能够看到别人看不到的一面。幽默是对一个人创新思维的开放，是创造精神的直接表现。一所大学的教授具有如此灼见，令人折服。据悉美、英、法等国家，大学心理系、艺术系、文学系、医学院，都有博士生参加关于幽默与艺术表现、人格的健全、创新思维开发等专题的研究。

再说，我国文化瑰宝中，唐诗、宋词以及著名小说《西游记》《封神榜》等都是富有想象力的作品。一个没有幽默感的人，一个不爱好文学或艺术的人，怎能萌发科学创新思维呢？

清华大学重视基础理论的教学和研究，在校园内，汇聚着众多的大师级教授，创造一种涵盖自然科学与人文科学的多元文化环境，着实下功夫造就有创新思维和创新能力的人才，所以成为蜚声中外的高等学府。

清华大学的发展历史，使我更容易理解，为什么巴黎第五大学（Universite Rene Descartes）能从一所医学院重组为现在多学科性的综合大学。我国以前所谓"医科大学"，目前正在实施教育部的大学重组方案。从发展方向来看，无疑是正确的。然而，我希望在必修课外，多鼓励学生有选修或旁听其他学科的权利，切实做好学分制，促进跨学科交流。避免"鸡犬声相闻，老死不相往来"，貌合而神离。医学院一旦从综合大学剥离出来，再要回归，就不是简单的组织上的合并。《中国人文社会科学学术影响力报告2000—2004》（中国社会科学出版社出版），根据中文社会科学引文索引“CSSCI”，发文最多的大学，北京大学高居榜首。清华大学名列第十。由此可见，恢复大学原有的多元文化的生态，不是轻易之举。

我想，这是清华大学发展历史给我们的重要启示。

拿破仑和法国医学教育

——2018年11月20日 完稿

拿破仑，像所有的历史伟人一样，是一位有争议的人物。他是炮兵军官出身。1804年当上法国皇帝。Austerlitz战役（1805年）他大获全胜，野心勃勃想征服全世界。巴黎协和广场上竖立的那块高大的石碑，是拿破仑从埃及抢劫的战利品。

大陆多个国家联合起来反抗。俄国托尔斯泰在《战争与和平》中，把那位俄罗斯年迈的独眼龙元帅库图索夫大大夸奖了一番，因为他下令焚烧莫斯科，迫使拿破仑一无所获，从莫斯科仓促撤退，法国士兵在归途中冻死了好多。滑铁卢（Waterloo）一役，拿破仑被英国和普鲁士联军统帅Wellington打败。法国雨果在《悲惨世界》中写道Waterloo战役是个谜，“世界一流的战役，战胜者竟然是一位二流的军官”。拿破仑被流放到Saint-Helene小岛，1821年死在那里。尸体回归法国，通过凯旋门进入巴黎。他的棺椁被安置在Les Invalides华丽的大厅内，供人瞻仰。

据我所知，拿破仑做了两件事：一是1804年颁布的“民法”（Code Civil），延传至今，影响欧洲多个国家的立法。二是法国的医学教育，具体到建立“巴黎医院住院医师”的制度。本文所说的“巴黎医院住院医师”（Interne des Hopitaux de Paris）和现行的“巴黎公立医院住院医师”是两码事。前者是一种特殊的资格，是法国医学教学中一种双轨制度，是一种选拔精英的教育。

有的医学生在接受正规医学院医疗系教学的同时，自愿选修另一套强化的医学课程，双管齐下。我当时没有时间涉足医学教学问题。只知道双轨制教材不同，讲得更深，进度快，很大程度上取决于本人的天赋和勤奋。考试要求在限定时间内，尽可能发挥，既要求记忆力，也要求理解分析能力。法国人很讲究逻辑性。参加双轨制学习完全出于本人的自愿，没有推荐。入学时期不计较在常规教学的学历年资。

我在巴黎第五大学（Universite Rene-Descartes）教学医院，碰上一批实习大夫，有四年级的，也有五年级的。最初领头的班长是一位五年级的男生。过了一段时间，发现一位四年级的女生，已通过考试，取得了“巴黎医院住院医师”资格。大家对她表示庆贺。这位女生平时并不显眼。在公布名单的第二天，她取代五年级的男生，当上实习大夫的班长。

精英在培养过程中，需要劳其筋骨，经受艰苦的学习和高强度的临床工作。这是拿破仑倡建的“巴黎医院住院医师”制度的精髓所在。在20世纪30年代唯一获得这一特殊资格的中国留学生是上海原震旦大学医学院的邝安堃教授。邝安堃教授曾留法13年。一个人要获得真才实学，教育至关重要。但是拿破仑倡导的医学精英的双轨制教育，在社会党人Mitterland上台执政后被废除，现已成为历史。

原上海震旦大学医学院的邝安堃教授

传统病历该是创新的时候了[1]

一直以来，培养医生是从手写病历开始的，因而大家很推崇这种传统模式。然而，电子病历渐渐取代了手写病历，复制、粘贴、点击、敲键盘……越来越多的医生愿意接受这一方便快捷的模式。让我们与时俱进吧，除继承手写病历的优点外，更多的是要想办法如何让电子病历在互联网的推动下发挥出最大价值。

① 本文于2015年6月发表在《健康报》医生频道，经作者修订后使用。

手写病历更培养临床思维

协和有“三宝”，病历是其中一宝。记得1964年我调到北京协和医院工作时，第一印象就是住院医师要写大病历，入院记录必须在患者入院24小时内完成。每晚9时以前，总有几位住院医师在病房医师办公室内，各占一张桌子，在灯下奋笔疾书。把病历写好，已成为医师的一种习惯。

写入院记录，要写诊断名称、诊断依据、鉴别诊断依据、手术适应证以及术后可能出现的并发症等，以简短条文分项列出。有一次费立民教授在我写的病历中夹上一张纸片，上面写道：“你写的诊断依据恰好否定了你的诊断。”他找我面谈，告诫我要培养临床思辨和判断能力，不能抄书本了事。那个时候，每次手术前必须写上手术适应证和术后并发症，为的是教育年轻医师在选择手术方案时，要考虑可能对患者有利和有害两个方面。这是对医生思维的训练。同样，老师的医嘱不只是写在医嘱本上，重要的医嘱必需在病历中记录。学生要知道老师是怎么分析推理、做出判断的。因此，写病历必须要认真。

记得我恢复住院医师工作后，老师曾宪九教授某天下午独自走进病房。我漫不经心地说了一句“有位从外地转来的患者胃肠功能紊乱，鼻饲喂养，多次腹泻”。曾教授走近该患者床边，询问病情，检查腹部，坐着听患者主诉。我竟然没有在一旁陪着，实在荒唐。主任回到办公室问了“患者进食后多长时间腹泻”“你看过排泄物是些什么东西”等问题，我的回答却含糊其词。为什么不认真询问患者病史，不动手去检查患者呢？曾教授要求我陪同患者去进行放射科钡餐造影检查，在那里观看钡剂通过情况。这是一例术后并发胃结肠瘘的病例。事后，曾宪九教授还检查了我的病历记录。这是真正切合实际的临床教学。

曾宪九教授曾要求我翻阅20世纪40年代的几份老病历，这对我来说无疑是发现了新大陆。老协和的病历，观察仔细，描述有点像写小说。病案讨论有提问，有解析，全篇英文打字，是对临床实际问题进行逻辑推理的最好学习。“要把你发现的、所想的用文字表达出来，写在病历上，你的思路会更清晰些。”曾宪九教授如是说，“不要懒笔头。”每周在指定的某天下午，病房主治医师带领他所管辖的一伙住院医师到病案室，对本周的出院病历检阅、补充或修改，最后归档。这个作风在协和传承下来。病历不仅是患者的一本治病档案，而且是临床医疗和研究的第一手资料。

1984年，协和全院病历展览，作者的病历获得院领导表扬（由左至右：任祖渊、吴力文、作者、郎景和、时任北京协和医院院长陆召麟教授）

电子病历必然取代手写病历

时代变了，手写病历渐渐显露出两大缺点。一是无法保证资料的完整性。按理说，与患者相关的资料都应该集中到病历里。实际上，X线摄片、病理切片从来没有归入病案。CT、B超、磁共振等各种成像造影检查的胶片原件，透析治疗等大量信息，都无法进入传统病历。这些信息资料被分散保管在各专业部门，或者被丢弃。进入病历的只是简短的文字报告。二是传统病历是孤立的，资料不可能随时获取，传播总体上是封闭的。

手写病历放在那里，可以被阅读。然而，信息的传播、资料的采用，只限于某家医院内部，更确切地说，只限于某个专科的内部，传播范围狭窄。手写病历的缺点将成为影响今后发展临床教学和研究以及提升临床决策能力的制约因素。因此，我们需要在医学快速发展中不断反省，思考临床病历今后的走向。

我们生活在信息时代。“互联网”的概念正在推动着科学大变革，这在几十年前根本无法想象。作为数字技术和网络技术在医学领域的产物，电子病历应运而生。在医学信息的记录、存储和传播三个方面，电子病历的功能突破了手写病历的局限性和封闭性。电子病历取代传统手写病历是必然趋势，不可逆转。

不要因电子病历丢掉好传统

几十年来，我写过不少病历，那里记录着我思索和求知的过程。我对手写病历有着深厚的感情。协和传统病历的灵魂是重视临床实际，把临床发现的问题作为治疗方案选择的根据。尤其是研究课题设计，更有必要从临床实际问题出发，实事求是；不要拘泥于动物实验，或者实验室生物学检测的结果。这是一条重要的经验教训。今天从传统病历到电子病历的跨越发展，实质上是一种“转型”。需要厘清哪些是应该守住的优良传统，哪些是应该大力布局和开拓的新领域。

我们不希望看到，由于电子病历信息资料的完整性，临床医师不再那么喜欢使用听诊器，不再习惯用手去检查患者的腹部，或者是去检查那些容易被忽略的身体部位；医生们不再心甘情愿地花时间贴近患者床边，而是开始与患者疏远。不认真询问患者病史，不量血压，急急忙忙开出头颅CT、腹部CT等检查单，以致患者被误诊、漏诊的事情，在门诊工作中确实发生过。采用电子病历，是否容易丢掉原有的优良传统，应该予以密切关注。

挖掘电子病历背后的大数据

我们要看到，“互联网+电子病历”将为发展流行病学、医院现代化管理、远程会诊和远程继续教育等提供广阔的前景。

近年来，各项所谓多中心、大样本的前瞻性对照临床试验，可以引出很多新的治疗，被纳入颇有影响力的治疗指南。与个案报道和回顾性临床研究相比，前瞻性临床试验前进了一大步。可是，现行的临床试验存在明显的局限性，其中之一就是病历信息资源短缺。因此可以设想，利用电子病历，通过互联网，组织跨省市、跨区域、多中心的大数据前瞻性临床试验是可以实现的。前提是要建设大数据库。这将是一项巨大的投资工程。大数据的处理需要一套复杂的系统，也需要长时间的实践来检验。新的机遇来临了，我们要抓住。电子病历的功能还在发展中，尚没有统一的定义。国内医院应用电子病历目前仅仅处于初级阶段，将会带来新的问题。美国HIMSS将电子病历的发展过程分为七个阶段。Gatrner把病历划分为五代模型，到第5代电子病历已能从决策支持发展到指导临床实际。

我们要把电子病历系统化作为重点课题加以研究，使之具有21世纪中国的特色，使广大患者受益。梦总是要做的。充分开发“互联网+电子病历”的价值，这就是创新。

科学实验激发了我的求知欲

——2013年4月完稿

我十而有五选择医学，算是缘分。中学时代基本上是课堂教学，老师讲解课本为主。进了医学院，别有洞天，因为做实验占据了一定的教学时间。

生理实验室位于教学大楼的地下层，地面上露出一排窗户，采光很好，空间宽敞。长条形实验桌贴着窗户，直线延伸。背侧一排大立柜，安放显微镜、描纹仪等。学生们各就各位，身穿工作服，带上实验用简便手术器具，煞有介事。

记得第一次做动物实验，要把乌龟活活斩首。胆小的学生求助于胆大的学生。取下乌龟首级，取出心脏，灌好生理溶液。看着那颗心脏在离体状态下，仍有节奏地搏动着。我从来没有见过这种现象，当然想知道为什么。实验有指导老师巡视，但很少干预。动物实验激发了我的求知欲。在早年学习阶段，我之所以对生理学情有独钟，原因就在此。生理实验显然在培养我们的一种习惯：见到现象，要分析；有了假设，必求验证。老师不爱唠叨，给学生留下思考的空间，妙在不言中。

物理实验室在另一幢楼房。小间实验室彼此分隔，为方便使用光学仪器，还专设了暗室。每组两名学生搭档，要求记录测量数据。有一次，我站在实验室外和一位同学窃窃私语。我的指导老师是一位法国神父，他不知从哪里冒了出来。我只好对他欠身说："您好，我的教授！"语气温和，却足以令人窘迫。然后，他目送我返回那间指定的实验室。

我在化学实验室的遭遇也不轻松，工作服的前襟都被化学试剂烧出了好几个小洞。那天，我手持试管在烧灯上震荡观察，看着试管内的溶液颜色变了，像玩魔术一样。兴高采烈之际，我猛然觉得手指烧灼剧痛，原来忘了用木夹子了。我只能咬牙切齿地捏住滚烫的试管，总算将其安插到木架上，不免喜形于色。不料同样来自法国的指导老师已经站在近处死死盯住我，眼镜上沿射出冷光，一言不发。法国老师习惯用面部肌肉和眼神来表达情感，虎视眈眈，无声的指责，迫你就范。环顾实验室的四壁，却从不张贴规章制度之类的告示，或者名人语录。

三年级学生会被要求自己动手在尸体上做解剖。解剖室是平房，外围黑色篱笆与校园相隔。大间统舱，福尔马林气味催人泪下。我们用解剖刀把血管、神经、肌肉分别剖析显露，我记得腋窝是最难解剖的。每当完成作业，我们又惊奇又兴奋。理由很简单：人体解剖结构的“宝藏”经由自己的双手“开采”出来，就像考古队员小心翼翼挖掘文物那样。念书本、读绘图或者看解剖标本的制成品，都难以取得此等乐趣。在全身皮肤之下，竟然包藏着如此众多的人体奥秘，真是难以想象。

古代解剖书中有很多错误，或出于主观臆想，或缺乏实物求证。有些古代解剖书上，不乏玄虚之说的误导。古人早就看到斩首或者剜心可以致死，宫刑可以致残。但他们对肝、肾、肺等各种器官的确切解剖部位及其相互关联，在认知上混淆不清。如此这般，无从奢谈各器官的生理功能，何来病理学、生理学？无论在东方还是西方，医学科学曾经在1000多年的时间里没有取得根本性进展。这就是症结所在。西方学者敢于修正错误，不迷信教条。他们有勇气，把尸体从坟场搬回家中，进行认真的、系统的剖析，为的是让解剖学切合人体的实际。历经几代人的努力，传到我们这一代人手里，现代解剖学走过的道路何等崎岖？

人的知识链一环扣一环。人们在发现心脏和遍布周身的血管之后，才有可能发现血液循环。有了解剖学，才会产生组织学、细胞学，同时促成了生理学、免疫学、病理学。然而，万变不离其宗，无论是基础医学还是临床医学，没有科学实验，就不会取得根本性的进展。17世纪的培根倡导科学实验和方法论，他的思维模式对多种科学产生了积极影响。19世纪的巴斯德通过科学试验创立了微生物学说。当年作为医学院低年级的学生，我不可能想那么多。经过长期的医学实践，我终于感悟到历代医学教育家如此重视科学实验，其用心之良苦，目光之深远。

2006年会议期间，每次参加学术会议会使我对很多事情有新的思考

“牛顿与苹果”引发的思考

——2012年4月5日初稿

——2012年4月27日完稿

一个苹果从树上掉下来，砸在牛顿的头上。于是产生了万有引力定律，改变了人们对宇宙的认识，改变了世界发展的进程。故事很浪漫，却并非事实。苹果没有砸中牛顿。23岁的牛顿正在为重力问题冥思苦想，一个苹果掉在地上，触动了他的思绪。“为什么苹果总是垂直地落向地面？为什么苹果不会斜着落下或飞向天空？”提出问题只是探索的起点。他需要运用想象力和联想力，帮助推测地心存在着引力。然而，任何理论假说，都需要求证。牛顿有渊博的数学知识。他运用数学的语言描述并剖析自然的现象，用微积分研究动力学，以数学公式表达万有引力的定律。所以，牛顿发现了万有引力定律。他编写《自然哲学的数学原理》一书（1687年出版）为哥白尼时代以后的西方科学发展奠定了基础。

在日常生活中，我们或多或少地都会看到过苹果落到地面上。有多少人提出过问题“为什么”？我们在学校接受的教育，更多地是记住老师传授的那一套一套问题的答案，一个一个结论，一条一条定律。我们甚至不善于提出问题，或者缺乏激情和兴趣去思索假设，或者没有勇气和真诚去寻求验证。作为凡夫俗子，我们可以坐享既有的科学成就，运用已经发现的科学定律，或者复制科学研究的最新产物，但是我们不见得有能力运用科学去开拓周围世界，发掘其中的新奥秘。是太阳绕着地球转，还是地球绕着太阳转？活在当今的时代，我们当然会毫不迟疑地赞成“地球绕着太阳转”，我们会毫不迟疑地反对前一种观点。这无非也是遵循前人提出的研究数据和判断的结论，多半也是人云亦云。这样做也并非毫无道理。时不时地，有人会说，他是站在巨人的肩膀上。但是，实事求是论者，目光短浅。他是“侏儒”，即使站上巨人的肩膀，也不可能看得远，不可能引领科学的新潮流。功利主义者，急于求成，验证时投机取巧。好比让骆驼去穿过针眼。需要善于提出问题，勤于思索，严格求证，谈何容易。牛顿做到了。他是一位正确认识世界的人，他激励着后来的人们去发现更多的、新的奥秘，新的定律。我想，这就是牛顿之所以成为牛顿的原因。

2019年诺贝尔生理学或医学奖为科研带来的启示

——2019年10月28日完稿

2019年10月，举世瞩目的诺贝尔生理学或医学奖被授予威廉·凯林、彼得·拉特克利夫和格雷格·塞门扎三位科学家，以表彰他们对细胞如何感知和适应氧气供应的发现。

大家知道，动物需要新陈代谢，需要氧把食物转化成细胞所需要的能量。有了能量，动物才能活动，才能生存。在漫长的人类进化过程中，形成了一套向组织细胞充足供氧的机制。

我记得看过的一部纪录片中有这样的描述，一只老虎在捕猎过程中的全速奔跑只能维持3分钟。只见老虎狂奔超过这短短的3分钟，全身氧消耗量猛增，一下跑不动了，无奈地坐下来，大口喘气，眼看着猎物逃脱。人在剧烈运动后也一样。

历年来，我们多次从最基本的生理机制中探索，以期了解如何使血液循环能更切实有效地向缺氧组织细胞供应充足的氧。这就提出了一个问题，细胞如何感知和应对不断变化着的血氧水平。

揭示谜底的脚步从未停歇

早在1938年就有研究揭示，颈动脉体中含有大量特殊细胞，用来感知血液的氧含量，然后通过颈动脉体直接连接大脑，发出对应的信号，进而对呼吸频率进行调节，保证了组织细胞的氧供应。

此外，有一种名为促红细胞生成素（EPO）的激素，可以提升携氧的红细胞浓度。我曾在西藏阿里生活了两年，发现入藏的医疗队员的血红蛋白明显增高（≥180g/L）。一旦返回平原，他们的血红蛋白浓度逐步下降到正常范围。因为在高原缺氧环境中，需要更多的红细胞为全身组织细胞运送更多的氧。这是除呼吸功能外，人体对缺氧的一种基本的生理性适应能力。体内EPO激素含量增加，能刺激骨髓生成更多的红细胞，以运送更多的氧。然而，细胞本身怎么知道需要获得多少氧?

20世纪90年代，美国人拉特克利夫（Ratcliffe）开始探索人体是否具有某种因子，在不同供氧的条件下能调控EPO基因的表达水平。1995年，英国人塞门扎曾致力于基因学的研究，他首先发现“缺氧诱导因子”（HIF）。美国人凯林在研究希佩尔-林道综合征（VHL）时发现，VHL蛋白通过参与缺氧诱导因子（HIF）的标记而抑制它。2016年，三人的研究成果进一步显示，HIF是一组转录因子复合物，能感知细胞处于缺氧的环境，并且做出应对。三位科学家因此共同获得2019年诺贝尔生理学或医学奖。

简言之，获奖科学家发现并确认“能够调节基因活性以适应不同供氧水平的分子机制”。他们的研究成果揭示了生命中一个最基本的适应性过程的机制，令人鼓舞。

为严重感染治疗带来灵感

在ICU，有更多的机会收治不同病因的严重感染患者。严重感染是由于机体对感染发生免疫反应失控，导致危及生命的多器官功能障碍。全世界每年约有3150万名严重感染患者，其中约530万人死亡。然而，我们对严重感染和感染性休克的诊断和治疗能力却很有限。

严重感染可分为两期。急性期激活天然免疫系统，促炎症反应增强。后期，免疫功能低下，抗炎症反应占优势。在严重感染促炎症反应增强的早期，免疫细胞发生代谢改变，将促使HIF-1α介导糖酵解。

与此同时，精氨酸代谢也发生改变，促炎症反应增强，有利于清除病原体。进入免疫功能低下的后期，HIF的作用减退，厌氧性糖酵解转向脂肪酸氧化。严重感染转向抗炎症反应期，促使组织修复。显然，HIF发挥着关键性的调控作用，这点已被证实。

应该强调，在严重感染的应激反应中，天然免疫细胞首先发生新陈代谢失调，从根源上影响着严重感染急性促炎症反应早期，以及抗炎症反应后期。所以，调控HIF作用的分子机制尚有待阐明。

为了提高临床诊断水平，加强治疗决策能力，我们必须认真学习和思考。从基因学水平，对免疫细胞新陈代谢的调控机制进行探索和研究，有可能改变严重感染炎症反应的演进，改善患者预后。

研究要跳出条框之外

张孝骞教授1957年在《医学教育中要解决的几个问题》一文中，批评临床科的教学“主要靠讲解，凭背诵的教与学，不仅效果很低，而且给学生以重教条、轻实践的习惯”“学生忙于抄笔记，偏向死读书，没有消化与思考的机会”。1981年，张孝骞教授在《临床医生要讲究思想方法的修养》一文中明确指出，要“勤于实践，反复验证”。

当今，国内一些大型学术会议中常能看到这样的场景：台上演讲者在做报告，热情奔放；台下听众紧盯着屏幕显示的幻灯片，求知心切。但报告完毕，到了讨论环节，几乎没有听众站起来，对报告内容提出疑问，也几乎没有听众会直率地表达自己的不同见解。我们的研究工作也仍然停留在“追随者”的水平。我国严重感染与感染性的治疗指南也基本是欧美指南的翻版。

再回过头来看，当年张孝骞教授的教导对我们在医学教学和医学研究方面，仍有着现实的指导性意见。新时代呼吁创新。我们要跨越既有知识的条框，开拓新的探索途径，必须下功夫从临床和科研的实践中找出问题的所在，加强临床医学与基础医学的交流。从文献到文献是没有出路的。

后记：作者的几个思考问题

（1）感染后期免疫功能低下。抗感染免疫反应的特点是在产生促炎因子的同时，就开始上调炎症抑制因子（如IL-10）。因此，后期表现出免疫功能的抑制。这是一个正常现象。通常所说的“免疫功能低下”是一种现象，但概念比较笼统，不利于理解临床现象的发生机制。因此，这里用“免疫功能抑制”可能比较合适。

（2）“厌氧性糖酵解”。免疫细胞在活化后发生代谢状态改变，由静息状态转变为快速增殖和功能活跃状态。HIF-1α表达增加在免疫细胞中促进的是有氧糖酵解。这个作用对于细胞增殖和分泌细胞因子等功能非常重要。在感染被清除时，HIF-1α的作用减弱，免疫细胞增殖过程更多地转变成利用脂肪酸的氧化磷酸化，这样效率更高。

（3）新陈代谢失调。基于上述原因，免疫细胞在应对感染活化的代谢改变也是正常的生理反应。对于严重感染中的免疫细胞的代谢改变，哪些有利哪些有害，目前研究还很不清楚。因此，不宜笼统说成是“失调”，用“变化”可能更合适。

音乐与医学　管风琴和北京协和医学院

——2009年7月29日 完稿

2009年7月27日中央音乐学院的管风琴教授沈凡秀老师发表了一篇博文《音乐厅管风琴的先行者》，这篇文章引起了我的注意。在北京最早安装的七台管风琴中，六台都在教堂里，还有一台就在北京协和医学院。那七台管风琴都无法逃脱历史的厄运。然而，协和医学院的那台至今仍躺在礼堂旁侧的一间库房里面。中央音乐学院沈凡秀老师痴迷于巴赫音乐，疼爱她的管风琴，特别是放置在国家大剧院音乐厅里的那台管风琴。她以一位音乐家的热情，向我们揭示了一段尘封的历史，让我们听到了那台被遗忘了的管风琴残骸所发出的微弱的呻吟。拜读之余，顿感意外的惊奇。

中央音乐学院管风琴家沈凡秀教授

我是个地道的音乐盲，但是很喜欢听古典音乐。我用纯粹属于自己的方式，去感受那种用语言永远说不清的感受。对于我来说，能够用语言表达音乐感受的，只有贝多芬的《田园》交响曲。音乐里那淅淅沥沥的雨丝，由远处逼近，酿成倾盆大雨、雷声轰鸣，及至雨过天晴。任何想象，全凭自己挥洒。有些音乐，我从演奏伊始就不耐烦，因为听不懂。音乐属于另一种语言。有些感受确实无法用语言表达。

旅居法国期间，曾有机会分别在不同的大教堂里听到管风琴演奏的巴赫音乐。哥特式建筑结构能够产生的音响效果是独特的，即便是北京国家大剧院也不能与之媲美。绘有圣经故事的多色彩大玻璃，经过阳光的透照，沿着教堂的全长度，折射出多层次的光亮与幽暗的画面。此时，管风琴敞开宽厚的胸膛，把天籁之音从我头顶上缓缓倾泻而下。周围有形之物渐渐模糊、淡出。我的自身显得更为清晰，更为轻爽。失重的感觉使我身心飘移。其实，没有所谓宗教音乐与非宗教音乐之分。我们的心始终在这个人世间。地球是我们永恒的家。

沈凡秀老师说管风琴有两种用途，其一是在教堂里为宗教仪式演奏，其二是在音乐厅为大众演奏。协和医学院礼堂的那台管风琴无疑是为大众服务的先行者。沈老师列举了《北京管风琴小史》《新潮流婚礼》中有趣的记载。1921年9月19日这一天，北京协和医学院教授和学生们列队从绿瓦飞檐下走出，在管风琴奏出的军乐声中，鱼贯进入那座堪称建筑精品的礼堂，出席开学典礼。

1939年5月13日，林海音和夏承楹在东单三条的协和礼堂结婚。他们请了三位音乐家朋友在婚礼上伴奏，老志诚弹管风琴、关紫翔拉小提琴，雷振邦拉大提琴。老志诚是《牧童之乐》的作曲者。雷振邦为《刘三姐》《五朵金花》等电影谱曲，家喻户晓。早在日本发动太平洋战争之前，由中外人士组成的“北平艺术家协会”（Peking Fine Art）的合唱团，曾在协和礼堂进行排练，担任管风琴伴奏的是协和医院的张光璧大夫（Dr. Steven Chang）。

1924年5月8日，新月社为祝贺亚洲第一位诺贝尔文学奖（1913年度）获得者泰戈尔（Rabindranath Tagore）访华，并在协和礼堂庆祝泰戈尔64岁生日，演出英语剧《齐德拉》。林徽因饰演公主齐德拉，徐志摩饰爱神玛达那，梁思成绘制布景。胡适主持庆典，鲁迅、梅兰芳等亲临观赏。

在北京协和医学院的礼堂里，汇聚并沉淀着太多的历史。管风琴曾经在这里发出过她的声音，可惜到1947年管风琴损坏，已经不能弹奏。在一篇名为《钻进了管风琴的肚子里》的博文中，作者展示了那台管风琴的残骸。尽管音乐对医学科学的渗透，对医学教育的影响，不够深入，历时也比较短，然而，那台管风琴曾经在北京协和医学院存在，那座礼堂曾经创造的文化氛围，从一个侧面告诉我们，对于塑造一名医师的价值观和人生观、净化情操，音乐如同文学一样，起着潜移默化的作用。这也使我想起在巴黎Pitie-Salpetriere医院的古老教堂里，多次举行的古典音乐演奏会。

医学院校负有造就一代又一代医师的重任。一名医师，首先是一个人。脱离音乐和文学的熏陶，医德教育将是苍白无力。在创造北京协和医学院过去的辉煌中，人文学的教育占有不容忽视的位置。一个甲子过去了。那台管风琴的残骸，至今仍躺在协和医学院礼堂的一个被遗忘的角落里（注：现已在修复中）。那段被尘封的历史，仍然没有停止轻声的呼唤。我们今天的协和人认识到这个问题了吗？

北京协和医学院的礼堂

为每一位患者尽心尽力

一位年轻的姑娘，生活正在开始。疾病袭击了她，医学没能挽救她。姑娘匆匆地走了。她留下唯一的愿望是洗个澡，换身她最喜爱的衣服。母亲最后能够给她女儿的，就是落实女儿临终的托付。然而在现实条件下，这不可能办到，于是就留下了永久的遗憾。这是北京协和医院一位年轻医生新近记录下的一个故事，题目为《今生我欠你一份美丽》。

这个故事引起我一连串的联想。死亡，对于久经病痛折磨的人来说是一种解脱，对亲人而言则永远是悲痛。死后进入天堂的传说，也只是一种慰藉和安抚。“死亡可能是生命从一种形式向另一种形式的转化”，这不失为富有浪漫色彩的假设。说得世俗一点，谁也不希望亲人过早地转化为蝴蝶、猪或毛毛虫之类。在我们凡夫俗子的世界中，超脱如庄子者，我至今没有发现。

毋庸讳言，医学是有限度的。然而，医学的出路在于永不停止地探索。所以，医学的使命是要在明天，或在将来解决今天不能解决的难题。就像历史上那么多古代医学无法解决的难题，到今天医学就能解决了。医学的发展永无止境，对此我们应有坚定的信念。大夫和护士的职责是要设法延长患者的生命，使其发挥更大的价值。而作为一个人，大夫或护士不可能是完善的。我们都容易犯错误，因而我们需要不断地自问：“明天我们能够做得更好些吗？”

1952年，脊髓灰白质炎在哥本哈根流行。在感染科病房里，有11个小孩已经死于呼吸衰竭。科主任拉森没有被常规思维模式束缚住。面对第12个病孩，他想：“我们能够做得更好些吗？”他邀请麻醉科主任埃布森共商对策。埃布森急中生智，采用了气管内插管。那时候，呼吸机的临床应用远不如今天这么普遍。于是，他用麻醉机，通过手捏气囊进行正压呼吸支持。患者多，人手不够，他就动员医学院的学生日夜轮班，保证全病区内手捏气囊24小时不间断。当时的医院还没有建立中央供氧系统，他们又组织后勤员工全天候搬运氧气筒。患者在特定的病区内，由医生和护士全力以赴提供持续性的呼吸支持治疗，最终使得病死率由87%降至25%。此举开创了跨科合作的先例，医学界认为这还标志着ICU新纪元的开始。

说来也巧。我于2010年4月因贫血、黄疸入院，被诊断为获得性免疫性溶血。但溶血的确切原因不明，初期治疗不能奏效，器官功能障碍很快波及血液、心血管、呼吸、胃肠道等系统。我一度感到死亡临近，全身难以支撑，可供选择的医疗方案不多。医疗组的大夫无疑感到了压力，但他们没有轻言放弃。在诸多临床表现中，他们抓住了结核病暴发这一点，开始进行抗结核治疗。在家中卧病的张之南老师还亲自打来电话，提示要格外注意结核病引发溶血的可能。经上网搜索，我发现全世界报道由播散性结核引起溶血者至今只有10人。我曾在1960年年初患结核性胸膜炎，想不到小小的结核分枝杆菌在体内潜伏40余年后，竟以相当隐蔽的方式向全身免疫系统发难。抗结核治疗使溶血从根本上得到缓解，我由衷地钦佩大夫们的认真和勇气。同时，他们的努力也使自身的才智实现了更大的价值。

有一位德国大夫名叫阿尔贝特·史怀哲。1913年，他在加蓬原始森林边的奥果韦河河畔建起了史怀哲丛林医院。面对非洲大陆那么多的疾病、瘟疫和饥饿等灾难，他内心的煎熬几乎令他退却。然而，他从生活实践中得到启示，坚持为非洲那些穷人服务了50多年。他说："我们常常会因为自己所能做的是那么少而感到沮丧，然而我试着控制这种感觉，心中只想着当时医治的那位患者。我训练自己想着要医好他，然后我才能继续医治下一个。我觉得这样总比牵挂着非洲所有的患者有效。"让我们大家记住史怀哲大夫的这句话，为每一位患者尽心尽力。

办好大学师资是第一要素

——2013年10月8日完稿

清华大学：师资为大学第一要素

原清华大学校长梅贻琦先生是我国近现代教育史上的一位重要人物。

他说过，办大学应有两种目的：一是学术研究，二是造就人才。"所谓大学者，非谓有大楼之谓也，有大师之谓也。"他认为，"师资为大学第一要素"。所以，清华大学对师资队伍的遴选和聘请非常严格，对教学质量要求很高，清华的学生也很辛苦。当年清华学生有三难：进校门难、读学分难、出校门难。考试公正，没有补考。梅贻琦先生这几句名言，至今仍为教育界所推崇。

西南联大：苦难中崛起的民族脊梁

1937年抗日战争爆发，北京大学、清华大学和南开大学先迁至长沙，1938年又西迁昆明，改称国立西南联合大学，在云南整整度过了8年。这是保留火种的一代壮举，谱写了中国大学历史上的一曲悲壮之歌。

当时条件很差，学校以昆明市城外荒地124亩为校址，修建校舍、学生宿舍36栋，全是土墙茅草顶结构。教室、办公室、实验室56栋，为土墙铁皮顶结构。只有食堂、图书馆为砖木结构。条件虽艰苦，但却造就了很多人才。联大师生担任1948年中央研究院首届院士的有27人，后来为中国科学院院士的有154人、中国工程院院士12人。学生中有杨振宁、李政道两人获得诺贝尔奖，8人获得两弹一星功勋奖，4人获国家最高科学技术奖。抗战十四年期间，西南联大从军学生共834人。

关于西南联大的成功经验，有人总结为“在最艰苦的条件下，保存了完好的教育方式，有一位好校长，集中了一批优秀的师资，培养出优秀的人才”。该校坚持“师资为大学第一要素”，集中了著名教授300余人，都是各学科、各专业的顶级学者，如陈寅恪、赵元任、吴有训、梁思成、朱自清、冯友兰、沈从文、闻一多和钱锺书等。实行“校长负责制”，由梅贻琦校长主政。西南联大的历史代表着一种精神。

台湾大学：最担心每科都拿第一的学生

自古以来，考试被公认为是考核和保证教学质量的重要措施。然而，考试也会出现多方面的问题。一位台湾大学教授写道：“在台大教学18年，我最担心的学生是每一科都拿第一名的传统好学生。”考试追求好成绩有什么不对吗？教授讲了一则故事。台大一名学生从高中到大学，考试成绩漂亮，金榜题名，是“书卷奖”得主。随后进入麻省理工学院，每个科目都拿A，真是不容易的好成绩。然而，他碰到一门必修的重要课程，上了几个月后退出了。美国同学和老师觉得不可思议。第二年，他再度选这门必修课，加倍努力，却仅拿到了一个B。这是他第一次拿到一个不是A的成绩。原来，这位学生最初不敢攻读这门必修的重要课程的原因是怕拿不到A。后来果真拿到了B，他很沮丧。去面见美国指导教授，他抬不起头来。美国教授泰然地说：“从今日起，你再也不必为拿A而读书，你总算可以大胆去做更重要、更有价值的事了。”

那么，什么是更重要、更有价值的事？答曰：“去犯错和创新。借着课本教你的基础，去犯错误，尝试创新。这才是有价值的。”这是美国教授教给这位台大学生最珍贵的一课，也许是在我国一般大学里不能教给学生的。

要做科学研究。研究如同探索一个无底洞，回报比较慢，有风险，更是大挑战，但这才是真正的学习过程。站在前人的肩膀上，就是要不断寻求突破，继续为下一代积累新知，以创新造福人类。这才是追求知识的本质。

传统好学生“怕输”，背后更深的原因是怕没面子，形成保守的心态。欧洲学生，敢说出口，能发现真正有兴趣的问题，台湾去的学生怕被别人笑。我们的升学制度、游戏规则就是“谁会考试，谁就是赢家”。应试教学把课堂和业余时间课程排得满满的，不需要学生提问题，压制了创新思维。据报道，有的中学采取极端的做法，用工业生产的管理方式，把学生放在“生产线”上加工训练。允许这样的学校存在，并且推上“封神之路”，说明教育界有些人认知混乱。创新思维和学术激情都需要培养。

北京协和医院：传授着一种精神

研究学术，造就人才，是协和持续发展的决定性因素。建校伊始，协和通过引进美国的医学教育模式，组建高水平的教师队伍，培养医学精英，使协和成为那个时代的标志。张孝骞、林巧稚、曾宪九、刘士豪、张庆松和冯应琨等一代学术精英和科主任成为中流砥柱，对全国医学界产生了深远影响。

协和同样倡导“师资为第一要素”。“协和三宝”之一的教授，特别是科主任，是国内学科领跑人。党委和院领导就是要从领导层面把协和师资队伍打造好，带领好。

我就是在协和上了最珍贵的一堂课。1964年，我从上海奉调进入协和，时任外科主任曾宪九教授是我的导师。曾主任十分重视临床实践。他告诫我们，“临床”（bedside）指的是患者的床边，虽然添置了多种床边监测设备，有了现代影像学检查和多种实验室检验，但不能替代医师对患者的直接观察，同时要充分利用外科手术探查的有利条件。对疑难患者，他总是很耐心地在床边询问病史和做体检，这是一种切合实际的临床思维的示教。

曾宪九主任具有敏锐的前瞻性思维，清楚地认识到基础医学对外科学发展的作用。作为一位外科学家，他大力倡导外科临床与基础医学研究相结合，独树一帜地创建外科代谢实验室，并撰文呼吁更多的医学院校建立外科实验室。曾宪九主任从临床上发现问题，提到基础医学理论水平去探索，把基础医学研

1981年，时任北京协和医院外科主任曾宪九教授访问美国哈佛大学医学院

2008年10月会议发言 大家一起共同进步

究的最新成果应用到临床中，以推动外科学根本性的发展。他用毕生的精力，为他的学术信念勤奋工作。他是勇敢的实践者，小心的求证者。在那个历史时期，能够取得如此令人瞩目的成就，曾宪九主任无疑是独领风骚者。他的构思和设计，推动了协和医院外科的学科建设，形成了传统和凝聚力。

启蒙教育是启发、交流，不是灌输。曾宪九主任经常以启蒙教育的方式向学生提问题，启发他们对疑难问题进行思考，他不会首先拿出问题的答案，而是允许学生发表错误的意见。曾主任不固执己见，他的脑筋灵活。他这样做是对的，因为科学研究很复杂，没有人能一目了然，永远正确。

对待科学研究和做学问，曾主任是一位诚实的人，这就是为人师表。老师教给学生的知识总是有限的，而教会学生提问题，去发现自己真正感兴趣的问题，教会学生懂得如何做学问，寻求科学真理，这才是造就人才。我之所以选择危重症医学，就是受到曾主任学术理念的影响，是曾主任启蒙教育的结果。

回头看自己走过的路，从小学到大学，家长也好，老师也好，总是教我要读好书，考个好成绩，上个好学校，毕业后找个好工作。那个阶段，几乎没有人告诉我，如果在现实的人生中，遇到种种挫折或者磨难，我怎么办？

1966年，“文化大革命”开始了，曾主任“靠边站”，不能进病房和手术室。有一天，他突然问我：“现在外科里程碑的进展是什么？”我大吃一惊。尽管受到不公正待遇，但他不埋怨，不气馁，仍坚守着他的学术信念。曾主任是在中国的土地上成长起来的，他的全部研究成果都是在国内完成的。他爱国，也爱协和。曾主任不止一次对我说过：“跌倒了，要爬起来。”我还年轻，应该振作起来，发挥自己的潜能。他的话我听进去了。协和传授着一种精神，让我在迷惘的日子里，多了一份力量，使我自信能够为国家做些有益的工作。这是我的导师曾宪九教授留给我的最珍贵的一份遗产。师恩永难忘！

今天，我们需要理性地对待协和医院近百年来的历史和传统。协和的教授，特别是科主任，肩负着传承协和历史的使命，对传承“研究学术”和“造就人才”的传统以及对协和未来的开拓和创新负有责任。种子要是撒在水里就流失了。协和是我们的根据地，我们的根在协和，把协和建设好，是我们的责任。我将学习好十八届三中全会精神，和大家一起进步。

启蒙老师和启蒙教育①

很长一段时期，我认为一个学龄前儿童，要改变自己的懵懂无知状态，需要老师教我学习以前不知道的东西，阳光、颜色、形状、花朵、唱歌、画画都能引起我的兴趣，还有集体游戏、学习礼貌、简单计数等。幼儿园老师帮我睁开眼睛，观察周围事物，产生好奇心，学会发现问题——这是什么？这是为什么？老师帮我从家庭生活过度到集体生活，教我知道集体生活中必须遵守的规则。所以，幼儿园老师是我在人生起跑线上的启蒙老师。上了大学，生物学的老师教我细胞以及人体基本结构和功能等，这些都是以前我不知道的东西。我因此认为，生物学老师是我的医学启蒙老师。

有那么几件事加深了我对启蒙老师的认识。那时“文化大革命”疾风暴雨式的斗争已经让医疗工作难以为继，曾宪九教授和我都没有权利进入病房工作。一天，曾宪九教授问我：“一个小小的胃溃疡，外科大夫为什么要做胃大部切除术？”由此，引起师生俩之间的一番对话。又有一天，曾宪九教授问我：“为什么在一千多年的岁月里，外科只能治疗浅表的脓肿和外伤？”“现代外科学是怎么发展起来的？”这番对话引出更多使我感兴趣的问题。对话不在教室内，是以随意、分次、不定期、不定点的方式继续下去。曾宪九教授深信“外科学的历次重大突破都是由于基础医学的进展而得到促进”“没有外科基础科研究，就不会有临床外科根本性的改革。”（他主要指的是麻醉、失血、感染、休克、代谢等

---

① 本文发表于《中华危重病医学杂志》2013年第6期，2016年1月21日经作者修订后使用。

问题）。他不急于告诉我，他在想什么。他更多地是通过提问，迫使我去寻找答案，或者我承认自己答不上来了。

在教学医院做了十几年住院医师，我学习各种疾病以及相关的诊断和治疗，以为这就是学本领、做学问。千百年前，人们是怎么发现并且逐步认识这些疾病、探索各种治疗的？教科书上有些简短的、叙事式记载，不足以引起我的注意。毕竟这些故事已成为历史。我们的前人为什么会产生各种奇怪的，甚至荒诞的设想或者假设？为什么从古代外科发展为现代外科学，需要经历一千多年那么漫长的过程？为什么在某个时期，会有一批先知先觉者，以他们的创新思维，推动学科的突破性进展？历史成为不中用的古董了吗？对今天外科学的发展，我们能从历史中获取什么教益呢？坦率地说，在进入北京协和医院，能够有机会与曾宪九教授面对面多次对话之前，我对这些问题没有认真地思索过。每天都忙着解决眼前的医疗问题，每天都想接受新知识的灌输，就是不能静下心来多问一个“为什么”。

曾宪九教授不会马上发表意见。他经常从一个特殊的角度，提出问题，给学生思索的时间，引发学生表达自己的见解。作为学生，我总是根据自己既定的视野，已经拥有的初步认识，考虑这些问题。有时，他提出的问题，并不能短时间内在现实层面得到解决。他不讳言自己的无知，他带着学生一起思索：“这是为什么？”“为什么不是这样？”启蒙是师生两人之间的对话，需要磨合，不是强制性的。否则，不称其为启蒙。我不紧张，不感到有压力，却产生了一种前所未有的体验：“有趣”。我之所以决定选择危重病医学作为我从事的新专业，完全缘于曾宪九教授的启蒙教育。说到底，启蒙教育培植了学生对客观事物产生兴趣和好奇心，启发创新思维。知其然，知其所以然。教会学生知道以前不知道的东西，不等于传授全部内容。“知

对科学的探索，曾宪九教授经常思考十万个“为什么”
（1981年，访问美国哈佛大学医学院期间）

道”不等于拥有做学问的能力。

我从1991年起，曾以北京协和医院名义和外科学杂志联合举办多届全国危重病医学学术会议。1996年后以中国生理学会名义举办过多届全国会议。静下来反思，作为会议组织者或报告人，我多半热衷于让各地同道们“知道”最近的进展和研究成果，缺乏让与会者们去思索、提出问题的意识。研讨会较少争论，本质上是一种灌输式继续教育。大家的头脑可能成为信息的跑马场，或有埋怨，却情不自禁地涌入陷阱，正像《围城》外的人要挤进去，《围城》里的人出不来一样。今天的我们，或多或少，依然比较习惯背书和牢记知识点。且看2012年我国干细胞论文数量占世界第三位，但缺乏创新。

曾宪九教授生前多次说过，教育的目的是培养具有科学家头脑的临床医师。钱学森老先生晚年多次发问：“为什么我们的学校总是培养不出大师级的人才?”这个问题确实令人困惑。原央视主持人张泉灵讲过一则故事：中日学校如何考“甲午海战”。中国的考题是甲午海战的历史意义是什么？老师总结5点，学生背熟，少答1点就扣分。日本学校怎么考学生的呢？了解甲午海战的历史之后，你认为日中之间还会有战争吗？谁会赢？你为什么这样判断？故事展示着两种不同的培养方式。国家进步之魂是教育。有好的老师，才有好的启蒙教育。在人生的不同层次的起跑线上，我们需要启蒙老师。

以质求远　“宝贝”不能丢①

我写此文的原始冲动，是有感于一位外国人创办的教学医院，在不到30年的时间里培养出一批精英，帮助老协和生存并发展到今天这样的规模和水平，也影响着中国医学的发展近百年。为什么？这样一个历史经验不是中国其他教学医院所共有的，值得深思。如果不认真研究，或者仅以流行的公式化点评一二，美好的东西只能昙花一现。

对于所有教学医院而言，教授是最大的“宝贝”。教学医院肩负着特殊使命，因此，不管外部环境发生着怎样的变化，在这里培养医学精英的宗旨不能变。

① 本文于2010年7月发表于《健康报》，经作者修订后使用。

教授是镇院之宝

教授是老协和的“三宝”之一。培养这些“宝贝”，老协和大概用了30年（因日军侵占停办5年），培养模式的独特之处可归纳为以下三个方面：

一是创办者意在把现代医学作为一种科学理念、一种学术体系移植到中国来，故参照了美国约翰·霍普金斯医院的模式，着手筹建了北京协和医院。创办伊始即把目标设定得很高，并在实践中形成一整套独具特色、行之有效的制度和方法。

二是认定教授是医院的重要智力资源。老协和有志成为人才辈出的一流教学医院，所以十分重视教授的质量。所聘教授，无论是美国人、英国人、加拿大人还是中国人，遴选过程一律从严。同时，老协和还有充足的财政资金做后盾。

三是实行八年制医学教育。到1921年，医学院共聘请151名高级教学人员。当初的设计规模是每年招生25名学生，最多不超过50名，师生比例为3∶1。医学院的学生入学后有严格的淘汰制度。教授对学生言传身教，这不仅体现在科学方面，还体现在人文方面。

老协和的教授们在时间上跨越了军阀混战、抗日战争、解放战争、院系调整以及“文化大革命”，而且每个阶段交替较快，这使他们不断经受磨砺和考验。最终，他们没有打乱自己的阵脚，守住了学术信念，跟上时代的节奏，始终保持着追求真理的精神。“疾风知劲草”，教授们不是树是强劲的草；疾风逝去，草挺住了。老一辈资深教授张孝骞、曾宪九、林巧稚、冯应琨、朱贵卿等，守住协和的传统，维护着学术的独立和追求真理的精神。当拨乱反正之光照耀大地的时候，他们挣脱教条的桎梏，在学术上发出自己的声音。回顾他们走过来的路，我们看见一种坚持，一种毅力，一种担当，一种勇敢。

不在于多而在于精

改革开放后，各大公立医院迎来迅速发展的机会，特别是各学科的业务骨干分批走出国门，学习深造。协和医院的老中青三代人齐心协力，开拓医学新的领域，做着前辈没有做过的事业。很明显，教授始终是医院一宝。

现在，各地来院求医的患者不断增多，疾病谱发生了巨大变化，医院建筑面积一再扩大，住院床位总数不断增加，医护人员超负荷工作。该继续扩大规模和编制吗？我想，这样做可能不妥。目前应稳定规模，在治病、择师和育人上仍然要坚持高标准、高水平。这将是协和乃至教学医院发展的重点。

哈佛大学原校长科南特说过：“大学的荣誉，不在于它的校舍和人数，而在于它一代又一代人的质量。”约翰·霍普金斯医院于1889年建院，曾拥有内科学教授William Osler、外科学教授William Stewart Halsted、病理学教授William Henry Wellch以及妇产科学教授Howard Alwood Kelly。他们被誉为医学“四大巨头”。Osler倡导临床大查房，Kelly把妇产科创建为独立的临床学科。他们为医院的发展打下坚实基础，令医院人才辈出，群英荟萃。

教授是培养人才的核心力量，教育不会因学生在医学院毕业而宣告结束。教授的言传身教、潜移默化影响着学生一生的思想和行为。高校教学有“鱼游论”一说，即教授是大鱼，学生是小鱼，大鱼带着小鱼游。一条大鱼带领5条小鱼，与带50条小鱼相比，效果不可能一样。

培养创新人才是关键

造就医学精英不等于要求每一位教授、每一位医生都在同一个水平上；追求高质量和雄厚的学术基础，不等于说医院各学科都处在一流水平。对于“木桶原理”，大家耳熟能详。它是指一只木桶盛水的多少，并不取决于桶壁上最高的那块木板，而是取决于桶壁上最短的那块。在培养人才的过程中，是扬长板还是补短板？例如，全国医院排行榜中协和位居榜首，但在国家最高科技奖3位来自医

协和的教授们

学界的得主中却没有协和人。也许协和拥有的人才平均值高而分差值小，但我们必须清楚，培养具有创业和创新能力的人才最重要，所以理想的状况是让短板变长、长板更长。

回溯历史，老协和尊重科学，敬畏生命，重视教授的作用，追求高质量、高水平的医疗服务，这一方向应始终坚持。高水平的教学医院发展战略绝不是“以量取胜”，而应该“以质求远”，培养医学精英的宗旨不能丢。今后的发展，国内高水平教学医院既不能等同于美国的教学医院，也不能像国内一般教学医院，应办出自己的特色。

20世纪90年代，作者与协和医院感染内科李邦琦教授（左）、神经科谭铭勋教授（中）、神经科汤晓芙教授（右）合影

20世纪90年代，作者（左）、家绮（右）与协和医学院原院长顾方舟教授（中）合影

三、回顾历史　迈向协和新百年

话说北京协和医院西门的一对旗杆

——写在协和百年诞辰的前面

——2020年7月初稿

——2020年8月第一次修改

——2020年10月完稿

重温历史　思考发展

在重温协和百年历史之前，我一直以为“协和百年”就是指从1921年到2021年，即从洛克菲勒开始的发展史。但翻阅史料之后，我发现这种认识很可能不确切。北京协和医学院及北京协和医院有更为悠久的渊源。

北京协和医院100周年诞辰（1921—2021年）

北京协和医院老楼建筑群

早在19世纪60年代，伦敦教会传教士德贞（John Dudgeon）在北京东城米市大街购买了一块土地，这是北京协和医院落户东单一带最早的一块地产。1864年，成立“北京施医院”。医院门口有一对旗杆，故又称为“双旗杆医院”。这家医院不大。然而，在晚清政府尚没有废除科举制度，开始接纳西学东渐之时，把西方科学医学引进中国，德贞是开拓者。1900年，北京施医院在义和团运动中被完全摧毁，但双旗杆仍然矗立在原处。我经常看见现在北京协和医院西门矗立着的一对旗杆，却怎么也不曾想到，这“双旗杆”是协和传统延续的一个标志。有着“双旗杆”，就有协和，一个不停顿发展中的协和。

北京协和医院帅府园西门的双旗杆

1901年伦敦教会委派苏格兰传教士科龄（Thomas Cochrane）来北京重建双旗杆医院。然而，科龄有一个更为宏大的计划。为此，1902年科龄建议联合中国所有的教会，成立“协和”委员会（a Committee of Union），中文译名选用“协和”，比“联合”更为雅致。1903—1904年，伦敦教会联合了其他5家教会，合资建立了“协和医学堂”（Union Medical College）。这是第一次以“协和”命名的医学堂，也是唯一在清政府正式立案的教会学校。1906年协和医学礼堂举办开幕典礼，各国公使和清政府重臣出席了典礼。现在的协和医学院取名为“Pekin Union Medical College”（PUMC），与此段历史有着不可分割的渊源。

协和医学堂学制为5年，办了4期，共有120名医学生毕业。多数毕业生后来服务于各教会医院，为改善当时缺医少药的社会状况起到一定作用。协和医学堂也培养了一批著名的医学家，如马文昭、杨崇瑞、谢恩增等。

1910年11月初，满洲里突然暴发鼠疫，没有几天，整个东三省很快沦陷。伍连德曾留学剑桥大学，获医学博士学位，1907年回国。鼠疫暴发后，他被派往东北。他发现鼠疫可以人传人，于是用100多节车厢隔离被传染者。他建议因鼠疫而死亡的尸体应该火葬，遭到了前所未有的反对。但他得到摄政王载沣有力的支持。终于在伍连德的指挥下，尸体被火化。在抗生素发明以前，隔离与火化是切断鼠疫传染源最有效的方法。1910年抗击东北鼠疫，协和医学堂附属医院被指定为北京的鼠疫防治中心。部分医生曾跟随伍连德医生去东北各地抗疫。几个月后，这场鼠疫，正式被消灭。

1911年发生辛亥革命，清王朝被推翻。每年来自清政府拨给协和医学堂上万两白银的经费支持就此中断，协和医学堂就此完成了它的历史使命。

从1864—1900年创办北京施医院，又称“双旗杆医院”，到1906—1911年建立协和医学堂，这段长达47年的历史，鲜为人知。有了协和医学堂，才有北京协和医学院及北京协和医院。现在仍矗立在北京协和医院西门的“双旗杆”就是协和历史传承的一个标志。

当时中国有4亿人口，深受流行病、地方病等病患之苦。协和医学堂虽然在中国取得了出色的成就，但与当时国际先进水平相比，仍有巨大的差距。中国在医学教育方面迫切需要建立一所综合性大学，但阻力有两方面：一是清政府不允许建立完全独立的私立大学；二是传教团队反对建立无信仰的世俗大学。如果在中国尚不适宜办大学，能不能通过医学方面的尝试，做到大学没有做到的事情？在中国建立一所世界一流医学院的想法由此萌生。

美国人约翰·戴维森·洛克菲勒（John Davison Rockefeller）一生办了两件大事：一是石油工业；二是慈善事业。他带领儿孙进行的最成功的海外慈善事业，就是在20世纪初的中国，建立北京协和医学院及北京协和医院，播下了一颗现代科学医学教育的种子。

调查研究是洛克菲勒每次做重要决定之前必要的步骤。1914年，洛克菲勒派出首批中国医学考察团，先后考察了北京、上海、天津等15个城市，17所医学院、88家医院。同年10月向基金会提出一份报告，指出教会医学院的落后。考察团意见，应该在北京建立一所高水平的医学院，培养高级人才，将来发挥更大的影响和作用。基金会同意考察团的意见。

1915年，科龄同意将协和医学堂全部产权出售给洛克菲勒基金会。为扩建学校和医院，洛克菲勒基金会买下了原豫王府，并将校名改为“北京协和医学院”。同年，基金会派出第二批中国医学考察团，团员中有约翰·霍普金斯医学院院长威廉·亨利·韦尔奇（William Henry Welch）等，考察的目的是为打造世界一流的北京协和医学院及北京协和医院，制定合理可行的实施方案。

1917年在北京协和医学院的奠基仪式上，首任校长Franklin C. McLean（麦克林）声明了办学的目标：“建设一所致力于医学教育、研究以及医疗的服务机构：在每一个方面，都按照西方同类最好机构中已有的高标准来执行，能够与美国或欧洲最好的医学院相媲美。”洛克菲勒基金会推出的“科学化医学”办学理念也符合北洋政府的想法。也就是说，按照约翰·霍普金斯的高标准来创建协和院校。学制长为八年、重视基础医学理论、英语为教学语言、学员少而精、严进严出，均是具体的实施方案。

1921年9月，北京协和医院举行盛大的开幕典礼。小洛克菲勒参加开幕典礼，并宣读了父亲的贺电：“我希望，有朝一日，能把协和交给中国，职务由中国人担任。”当小洛克菲勒和欧美各大学观礼教授们一起，穿行于“中国宫殿式”建筑群之间，他深感一所承载了太平洋两岸科学梦想的医学学校和医院的诞生，把他父亲和他自己推上了中国百年西医东渐的时代风云的舞台。

洛克菲勒基金会吸引了一批美国、英国、加拿大等国的一流学者来协和工作。临床各学科的第一任主任引入世界最新理论、最新技术，使协和在创建之初即步入世界医学之林的前列。罗伯森（Osward H. Robertson）曾主持建立了世界历史上第一座血库。1919—1927年，他在协和内科任职期间，主要从事血液等方面的研究。首任外科主任泰勒（Adrian S. Taylor）把丝线缝合介绍到协和医院手术室，他建立了实验外科研究室，在他任期内建立了正规的住院医师制度。妇产科首任主任马士敦（John Preston Maxwell），在协和开展中国北方妊娠妇女骨软化症调查研究，开创了协和骨代谢研究的先河。

首任主任们于20年间培养了一批中国的医学精英，在近百年中国医学发展中，有着深远的影响。到了20世纪30年代，从协和毕业或来协和工作的中国优秀人才，如内科的张孝骞、刘士豪、李宗恩，外科的黄家驷、曾宪九、吴英恺，儿科的诸福棠，妇产科的林巧稚等，逐渐成为协和骨干力量。基于他们的努力，既便外国教员已完全离去，协和仍然保持着一流的医疗水平。1917年至1942年，是协和第一个黄金时代。这段时期，北京协和医学院及北京协和医院，位居世界一流。

北京协和医学院及北京协和医院曾经两次停办。第一次是1941年爆发珍珠港战争后。1942年1月，日军命令协和医学院停止一切教学工作，强令清退所有住院患者，所有教职工和学生必须离校。学校、医院及宿舍完全被侵华日军占领。

协和建立20年间培养出的第一批精英，他们分别聚集在北京和天津等地，组建中和、天和等多家医院，有的加入抗日救亡的队伍。张孝骞教授不愿在沦陷区工作，于1937年回到长沙湘雅医学院，任代理院长。日军侵入湖南，张孝骞等辗转贵阳等地，最终到达重庆。在残酷的战争时期，张孝骞等教授为国家保存和培养医疗卫生人才竭尽全力。1946年抗战胜利。1947年协和医学院复校，1948年协和医院正式复院。同年秋，张孝骞从湘雅重返协和。林巧稚、娄克斯、诸福棠、许英魁、李洪迥等也陆续归来，担任科室重建及主任工作。“协和”这座医学殿堂虽经历了炮火洗礼，但依然屹立。

1951年，中央人民政府接管协和，医学院改名为“中国协和医学院”，医院改名为“北京协和医院”。20世纪50年代初，以苏联实用型高等教育模式进行了学制改革和院校调整。1953年，协和医学院设定为一家为全军培养高级师资的进修学院，停止招收医学生，协和的性质有了改变。大批协和学科带头人被调离，前往全国各地创办新的医疗机构。

张孝骞经反复思考，认为医学是一门复杂的学科，短时期内无法培养出合格的临床医生。毕业后继续教育是巩固在校教育的必要步骤。医学教育的在校阶段和毕业后阶段是相辅相成的，不可偏废。“过去由于事业上的需要，许多医学生刚毕业就被派到重要岗位上去独立工作，跳过了毕业后训练这一阶段，这是很不妥善的。”张孝骞上书中央谏言“从速开办几处年限较长，学生较少，基础课程较好，教育质量较高的医学教育中心。这样做是符合国家的长远利益”。他建议“在协和恢复这一类的医学教育”。他的建议得到了周恩来、彭真和陆定一领导同志的支持。

1959年中国医学科学院受命筹建八年制医学院。同年9月，按照老协和医学院的办学理念以及陆定一同志强调“基础理论知识只许提高，不许降低，只许广，不许窄”的指示精神，“中国医科大学”正式成立，中国医学科学院院长黄家驷被任命为校长。

早年间北京协和医学院大门

现在的北京协和医学院大门

1964年，协和第二次停办。医学院学生全部下乡，接受贫下中农再教育。1978年，党的十一届三中全会实行改革开放的历史性决策。协和医学院复校，浴火重生。卫生部选择北京协和医院作为改革的第一块试验田。改革的目标是争取把协和办成具有中国特色的医疗、教学、科研的三结合基地，办成全国疑难重症诊治的指导中心。

协和百年经历两次劫难。第一次是1942年，完全被侵华日军占领，协和医学院停办。第二次是“文化大革命”期间，协和医学院再次停办，历时14年之久。就世界各国医学院历史而论，真可谓史无前例。1978年，改革开放，协和医学院复校，发展到今天，传承着协和的传统，显示着协和精神强大的生命力。

畅想协和新的百年

协和的创建是艰辛而曲折的。协和曾经在全国占有医学巅峰的地位。张孝骞、林巧稚、曾宪九等老前辈是协和的脊梁，他们的精神要传承。然而，张孝骞、林巧稚、曾宪九等无法被复制。形式上的复制和模仿，都是行不通的。为什么会这样？因为时代变了，形势变了。今天我们正处于大发展时代，协和人需要清醒地认识新时代的任务，有责任把协和建设成世界一流的医院。协和是有特色的。一流的协和人需要发扬协和精神，永争第一。

改革开放深刻地改变着中国的发展，国内医学突飞猛进。协和有了更多的竞争伙伴，面临国内和国际上强有力的挑战。协和人有责任把协和建设成为世界一流的医院。医院重申“专家治院”传统，大力建设“六大体系”（包括人才培养体系、科技创新体系等）势必提上当今重要议事日程。

一门学科、一家医院要发展，人才是基础，要后继有人。科主任身负学科带头人的重要使命，科室强了，医院就强。从协和后起之秀中，选拔学科的领军人物。如果选派个人单独访问国外某家一流学院，访问时间短暂，看到的只是别人已经取得的成就，收获有限。需要分批选派中青年骨干去国外一流医院进修两年，与国外医师一起参加临床工作。不但学习先进的技术，更需要学习先进的科学思维能力。他们今天在思考些什么问题，是如何思考的。坚持老协和的医学教育传统，同时加强国外进修和训练，是培养人才的两条腿。

在建院百年之际，协和发起的宣言依然是“重回建院之初的学术巅峰地位”。我们有必要重温协和百年历史，从中获取新的启迪，探索今后发展的道路。为献礼协和百年编纂的《中国现代医院史话——北京协和医院》一书，总结

2020年7月，仔细阅读《中国现代医院史话——北京协和医院》书稿，重温协和发展史

心系协和百年诞辰

了协和100多年来办院的经验和教训，是一份很好的教材。希望有更多的协和人能够阅读到。

2021年9月16日，我与家绮年老在家，盛装携手共庆北京协和医院建院100周年。祝愿协和新百年越来越强，勇攀世界医学高峰。

我在协和的学习生涯

——2017年8月初稿

——2017年9月第一次修稿

——2018年10月第二次修稿

——2019年11月第三次修稿

——2021年7月完稿

我做梦也不曾想到1964年一个非同寻常的机遇，我未经应试录取，奉调进入北京协和医院。绿瓦大屋顶的著名学府令我敬而生畏。人生地不熟，我担心自己能否被协和人接受。这种担心不无理由。虽然在医学院上学时期，我考试成绩名列前茅，但是在医院实习没多久，便因外事工作被派往哥本哈根。1953年回国，我的在校学习就此结束，被分配留上海母校教学医院。我当上了住院大夫之后，每年总有一两次奉命赴北京外事单位做临时工作。其中有两次时间最长，每次一年。直到1958年，我才有机会收治一批又一批的严重烧伤患者。在董方中、邝安堃、戴自英等几位教授的直接教导下，稳定地从事临床工作三年，弥补了我在外科专业方面的一些缺陷。显然，与协和医院的要求，差距还很大。

当时，北京协和医院外科主任是曾宪九教授。我是在外科病房大巡诊时见到他的。我的第一印象是，曾主任外表和举止平淡无奇，但总感到与众不同。

协和有它的“规矩”，但是“规矩”并不是在办公室和会议室张贴规章制度和注意事项之类的告示，而是存在于日常生活、学习和工作中。我很清楚，自我进入北京协和医院的那天起，便站在了一条新的起跑线上。

协和住院医师宿舍并不宽敞，4人一间。在每间房间，每张书桌上都有一堆专业书籍，似乎在告诫我，协和住院大夫要有阅读的习惯。每天夜里9点钟以前，每个病房办公室内，总有几位住院医师在灯下伏案书写病程记录，新患者的入院记录必须在24小时内完成。其中要写入院诊断和诊断依据、写明鉴别诊断及依据、手术适应证、手术方案的选择和手术后并发症等。我是新来者，一开始不知道怎么写，只能先找本教课书阅读，再去翻阅别的医师书写的病历，以资借鉴。费立民大夫曾多次婉言批评并修改我在病历书写中的错误；吴蔚然大夫在我写的第一张出院证明书中，用红笔一字不漏地全篇删改。我很快意识到，每天书写病历是对我观察能力和逻辑思维的例行考试。

在固定的每周某日下午，病房主治医师都会带领他麾下的住院医师，到病案室长桌前坐下来，审阅本周内每份出院病历，提问、讨论，甚至修正出院诊断，几乎雷打不动。病案室把各病房每周出院病历事先整理出来，分别摆放在长桌上。协和的规矩就像无形的第三只手抓住了我，教我做好临床观察、病史询问和体格检查。

不久，我奉命去阿尔及利亚。归国回来，已是“文化大革命”暴风骤雨。“文化大革命”期间，曾宪九教授遭受过批斗、抄家、业务“靠边站”、打扫病房及厕所、下乡当农民。1972年我去西藏阿里。我在曾主任教导下的学习和工作时间真可谓“苦短”。“文化大革命”期间，曾主任尚未恢复原职，我正在接受审查，两人都不能进病房，不能上手术台，都在门诊工作。当时有规定每周某日下午，门诊歇业，进行集体政治学习或批判。每次曾主任和我都是紧挨着坐在一条长椅子上。因这般非同寻常的机会，我有幸得到近距离接触曾宪九主任，而且拥有面对面向曾主任学习、讨教的机会。

其间有两段故事，令我印象深刻。一天，曾主任问我：“一个小小的胃溃疡，外科大夫为什么要把胃大部切除?”由此，引起师生两人之间一番对话。我暗自庆幸曾经读过Zimmermann写的《外科生理学》中的几篇文章可以应答几句。隔了几天，曾主任又陆续地讲了他关于这个问题的看法。读他的文章是后来的事。他在文章中写道：“如果没有麻醉药物的发现和输血研究的成功，没有微生物学说以及无菌技术的应用，没有生理学、病理生理学以及生物化学等方面的发展，现代外科将无法超脱古代外科处理体表外伤或浅在部位病变的局限性。”曾主任又写道：“外科学的重大突破都是由于基础医学的进展而得到促进的。”他强调：“没有外科基础科研，就不会有临床外科带根本性的改革，在这一点上，我们不能抱有侥幸取胜的心理。”同时，他撰文呼吁全国建立更多的外科实验室。他指出：“如果对病理生理学知之甚少，或者不感兴趣，只能是一位手术匠，不是外科医师。”

在协和日子久了，我获悉曾宪九主任早在1961年就下决心用重水测定人体总体水，并取得成功。不仅在国际上凤毛麟角，在国内也史无前例。由此，开启了他对“体液病理学”的研究。尽管掣肘颇多，但是最终建立了外科代谢与营养实验室，在外科医学界独树一帜。曾主任悉心培养一位外科住院医师，成为自己长期合作的得力助手。这位得意门生，就是蒋朱明教授。一般来说，外科医生不喜欢参加临床基础研究工作，怕影响自己的临床培养和手术机会，毕业后对基础医学的学习和训练也很不够，也不愿意为此分散精力。莘莘学子中，蒋朱明大夫是外科的特立独行者。

邓小平复出后，拨乱返正。我们迎来了一个崭新的世纪。曾宪九主任兴奋地说：“现在是最好的时机。”“文化大革命”期间，外科代谢与营养实验室被摧毁，荡然无存。他很快重整旗鼓，着手重建外科代谢与营养实验室。危重病医学在中国是改革开放政策的产物。他发现20世纪50年代以来，重症医学在欧美国家兴起，新的概念相继问世。某些生理或生化实验室技术，进入临床实践。新概念与新技术必将推动学术的发展。他敏锐地觉察到协和医院必须建设现代化ICU。

恩师曾宪九教授

我感谢曾主任的知遇之恩。1979年他委派我去法国学习危重病医学，为期两年。从此，改变了我的后半生。1982年曾主任果断决定，创建外科ICU。1983年12月经医院领导批准，按国际先进的学术理念和组织模式，建立了中国大陆第一家综合性ICU。他亲自为新成立的临床专科命名——“加强医疗科”。这也是曾主任学术理念的延伸。危重患者机体反应和生命支持等课题构建着加强医疗的主要框架。他在1961年启动的外科临床基础研究，为今天的发展打下了基础。没有曾主任一代人早年的开拓，危重病医学在中国将是无根之木。曾宪九教授是我国危重病医学的奠基人。

曾主任坚持“研究课题从临床上来”，要有特色。他决定以胰腺外科的研究为主体，深入外科营养支持的研究，同时创建ICU，由此形成基本外科发展的“拳头”和战略布局。在不同的历史阶段，敏锐地抓住有重大意义的课题，全神贯注地把它做好。这是曾主任的治学态度和创业魄力。

有一天，主任问我：“为什么在一千多年的岁月里，外科只能治疗浅表的外伤?”，“现代外科学是怎么发展起来的?”一番提问引出更多我感兴趣的问题。虽然我在两家教学医院先后做了十几年住院大夫，学习了各种疾病的诊断和治疗，我以为这就是学本领、做学问，却从来没有想过，几百年、几千年前，先辈们是怎么认识这些疾病的？为什么会产生各种奇怪的，甚至荒诞的假设？为什么在某个时期，总会有一批先知者，以他们的创新思维和胆略，推动科学的发展？主任不急于发表意见。更多的提问，启发我去寻找答案，或者我承认自己答不上来了。我和主任的对话不在教室内，有时在走廊上，以随意、不定期的方式持续着。我不紧张，而且乐于接受。春雨润土细无声。曾主任并无惊人之语，他的信念，慢慢地渗透着，进入我的脑袋，激发我的兴趣和好奇心。

纵观历史，无论东方还是西方，在古代医学漫长的发展过程中，我们的先辈们都犯过这样或那样的错误。如果后来者不思革新，因循守旧，故步自封，必将造成历史的遗憾。在不同时代，一批又一批的先知先行者敢于在探索和科学实践中，彻底否定重大的历史错误，推动医学发展到今天的地步，甚至有人为此牺牲了生命。创新是勇敢者的事业。

曾主任重视外科发展的历史，不是把它当作仅供观赏的古董，而是要对历史上的错误做出反思，吸取教训，是要激发我们每个人内在的创造力，敢于探索和创新。根据我的理解，这就是协和精神。在协和近半个世纪的学习和工作中，曾主任以身作则，教我懂得应该凭借自身的人格和努力去赢得一席之地。1985年曾主任去世，过早地离开了我们。终其一生，尽管多次身处逆境，但是他始终坚持科学真理的信念。我对他的怀念再也不曾放下。他的教诲，珍藏于心。

在党的十八大精神指引下，协和已经取得很大的进展，令人振奋。然而，医学永远在变化。没有变化，就没有发展。但是发展有很大的不确定性。2012年北京大学教授饶毅预言，从自然科学来讲，中国人首先可能获诺贝尔奖的是物理学奖，化学奖排第二位，生理学或医学奖排在第三位。没承想，2015年诺贝尔生理学或医学奖居然占了第一位，由我国本土科学家屠呦呦获得。我们知道，青蒿不是青蒿素。青蒿转化为青蒿素，需要一个屠呦呦，但屠呦呦不是中国科学院院士，也不是工程院院士。这就是发展的不确定性。今天的协和正面临着21世纪的考验。

21世纪新的100年，协和要打造新一代科学技术发明创造的人才，要在世界医学发展的潮流中起引领作用。饶毅说："高度的创造性可能只是少数人能做好，而认真和执着是大多数人通过努力就可以做到的。"我相信，两者的合力可以产生巨大的推动力。协和精神正在不断地唤起协和人敢于超越自己才能的欲望。协和人有远大的抱负。喜迎党的十九大的召开之际，我对协和的未来，心生希望，坚信不移。

热爱这每一片琉璃绿瓦

21世纪协和肩负着怎样的使命

——2021年10月18日完稿

1921年，正值西学东渐的时代，洛克菲勒投资巨款，在中国创建北京协和医院，以美国约翰·霍普金斯医院为模式，以英语为教学语言，邀请美国、英国等教授，保证高质量教学，采取小班制，以培养中国医学精英为目标。北京协和医院并不是一家单纯治病的医院。北京协和医院在中国推进了科学医学的启蒙运动，激发了中国科学医学的革命。随着时间的转移，我们需要从清晰的视角来理

2021年9月19日，作者耄耋之年心系协和百年院庆

解协和的历史和文化，理解协和的特色。

中华人民共和国成立以后，外籍教授陆续撤离。这是新协和的开始。以张孝骞、林巧稚、刘士豪、谢少文、吴英恺、曾宪九、邓家栋、方圻等为代表的诸多专家教授成为新协和的脊梁骨。一项宏大的事业不可避免地要经受时代的变迁和社会动荡的考验，重要的是构建新协和的核心人物具有内在的反思力量。张孝骞反复思索协和医学教育问题，两次上书中央。协和是一块宝地，有着“巨人的头脑”。但是，协和能一直保持这一地位吗？是满怀乐观，还是令人焦虑？

今天我们进入21世纪，协和将走向何方？正是在这样一个关键时刻，我们有必要重温前辈的哲学和学术理念，探索协和精神的内涵，思考左右协和未来走向的因素。我们今天的协和人有责任回答一个严肃的问题：“在21世纪，协和肩负着怎样的使命？”

迈向协和新百年

医生变老，变成患者的时候

『路虽走得摇摇晃晃，但站起来，抖抖身上的尘土，依旧态度坚定。』

——郎平

清明节扫墓，2009年

——2009年4月16日完稿

父亲陈兆瑛与母亲武仁瑛之墓

2009年4月4日我从长沙返京。为避开人流车流的高峰，今年扫墓推迟到4月12日。

2008年我没有到陵园来扫墓。我没有勇气站到爸爸妈妈的墓碑前。无论是生离，还是死别，都是痛苦的。我尝过生离的苦果，把它慢慢地咽下，却无法表达。从心灵深处推开一扇窗，想窥见一线曙光，一点希望。让时间医治创伤。我承认我的脆弱。虽然我多么期待“文化大革命”劫难早日结束，我不曾意料改革开放到来如此神速。我感到复苏的兴奋和冲动，竟然赢得了三十多年的时间，赢得了我的重生。为开拓新的专业，赢得了机会。就医学发展而言，我所做的工作不过是沧海一粟。然而，我并不认为我的所作所为可有可无。

进入2008年，夫人家绮觉察我体重持续下降、腹泻、贫血。住院结肠内窥镜检查无异常发现，超声波检查怀疑胰腺癌。我本人是外科医师，对我隐瞒病情及预后都是不可能的，何况我有过两次急性胰腺炎住院治疗的病史。2008年4月我出院，想在家中再过上几天，考虑自己身后之事。在职期间，忙于工作是应该的。我对于家里的亲人、家里的事，太疏忽了。对此，我有遗憾，但不后悔。

清明时节，没有纷纷细雨，有含着泪水的记忆。

孕育我的爸爸妈妈，骨灰在墓碑下。

有悲伤，有追思，再也不能沟通。

我清楚记得爸爸妈妈的面容、说话的声音，就像在我眼前，在我耳边。

我清楚记得妈妈为我唱安眠曲，每句词，妈妈唱的调，就像我睡在妈妈的怀里。

要想再过一下当年的那种生活，不可能了，永远不可能了。

我静静地掩埋今日的苦恼，不愿意再使他们为我苦恼。
可怜父母的心。可怜今日儿子的心。
父母已乘仙鹤去，此地空余墓碑陵。

2008年5月1日
住院检查后回家，等待再次住院
（我写的不是诗）

人总是要死的。我们从大气、从水、从土壤中来，我们将最终回到那里去，就像我们从来没有在地球上生存过似的。这很自然。但当已经获悉将在一定期限内死去，却需要在这段既定时期内继续活着，而且面对自己的亲人。这比生离更加痛苦，折磨人的痛苦。这种痛苦是无法表达的。于形于色，都无法表达。

面对可能降临的厄运，
5月1日夜不能寐，想着夫人家绮和两个女儿，
我多么想能继续陪伴她们，
搀着她们的手，走得好一点，走得远一点。
有那么多人，需要我的帮助，需要我的呵护。
我欲哭无泪，欲言无语，
语言堵在我的喉头，泪水堵在我的心头。
我还能走多远？

2008年5月3日
（我写的不是诗）

5月14日晨，我离开家去医院接受检查。夫人家绮在我身后把房门关上，声响似乎特别沉重。“壮士一去兮不复还”。难道不是吗？钟守先教授和金征宇主任亲自参加了增强CT检查的全过程。事后还陪同我和家绮一起在显示屏前，按图像解释超声检查怀疑的理由和部位。“胰腺癌诊断可以排除！”这是来自天堂的声音。我没有想过能挺直身子走出检查室。当希望值降到几乎不能再低的时候，天赐的意外，使我欣喜欲狂。可以回家了。夫人把门打开，眼前闪过一片光亮。这是我的家，温馨的家。

增强CT检查结果排除了胰腺癌。
我从检查床上下来，我从检查室中走出来。
穿过我熟悉的楼层和通道，
和匆匆忙忙的人群，擦肩而过。
我从新楼里走出来，
见到了熟悉的阳光，
虽然并不灿烂，却给了我温暖。
我拉住家绮的手，
一种神奇的感受，重返人间，
心里充满着爱、感恩和希望。
我想见到大妹妹，见到毛头，
告诉她们：我回来了！我真的回来了！
记得巴斯卡尔说过：
“人是脆弱的，像根芦苇。”
此时此刻，我更喜欢王蒙的话：
“所有的日子，所有的日子都来吧！”
我站在父母的遗像前，默默地祷念着。

2008年5月14日
（我写的不是诗）

2008年真是多灾多难的一年。汶川地震夺走了多少生命，多少美丽的、年轻的生命，打碎了多少人的梦，多少年轻人的美丽的梦。“黄泉路上无老少”。我已过古稀之年，即使死了，也不能算夭逝或英年早逝之辈。然而，只要苍天允许，我还想活下去。好不容易熬到今天。我出生后才几天，上海发生“一·二八”淞沪会战，日本军队侵占上海。我家居住的大宅院在“八·一三”事变中被炮弹击中炸毁。20世纪30年代是民族存亡之际，要抗战，不要做亡国奴。时间上相隔不过70多年，历史的跨度却很大。今天的中国变了个样。我是幸运的，能看到苦难、奋战、胜利和崛起。有多少人中途离开了我们。他们看不到今天的阳光明媚。2008年的地震以及2009年北川羌族自治县年轻的农办主任和宣传部副部长相继因公殉职，对我的思想产生震撼。我切身感受到自己的渺小和脆弱，生命转瞬即逝，再也不该随意地消磨时光。

2009年的今天，我来到陵园扫墓，缅怀先人。我深深地怀着感恩之情。对着苍天，对着养育我的父母，对着塑造我这一辈子人生的老师们，对着我赖以生存的协和医院和社会，对着我的祖国，我应该感恩。在浩瀚的宇宙星海中，那蔚蓝色的地球是最可爱的。人活着总要做一点事情，即便是做一点点自己乐意的、有意义的事情。

我、家绮在女儿女婿陪伴下至陵园扫墓

阴天，飘过几丝雨，入地细无声。树绿了，桃花红了。“满街杨柳绿丝烟，画出清明二月天。”对于将来，不需要想得太多。我更重视现在。古人说：“不贵尺之璧，而重寸之阴”。时间之所以珍贵，因为生命是美丽的。

灵魂医者札记　告别302病房

——一段医者口述的病榻故事

——2014年10月2日完稿

家绮安排我今天（2011年春）出院。早晨，小女儿陈铭（毛头）和女婿刘淳赶到病房，先带几个放衣物的纸箱和拉杆箱回家。孙红、郭瑾和几位ICU护士陪同我和家绮出西门叫了另一辆出租车，把其他杂物包裹塞进后车厢。还专门派了一位年轻人随车护送，为了到家后帮我们搬运杂物、包裹。想不到住院一年，竟在老五楼302病房堆积了那么多东

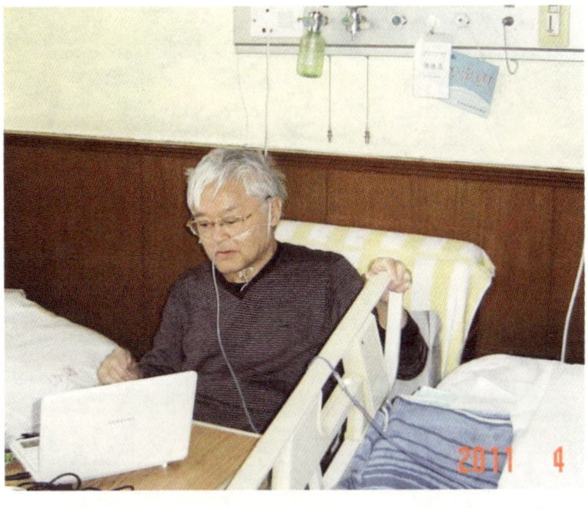

2010年至2011年住院期间，用这台小笔记本电脑在病房坚持写作

西，包括书报、杂志、文稿和笔记本电脑。这台笔记本电脑体积小，操作简单，帮助我在住院后期写出两篇文章，发表在院刊、专业杂志和《健康报》上。我很高兴，自信已经恢复阅读和写作能力。

一小队人马，浩浩荡荡，恰似蚂蚁搬家。估计我的腿部肌肉和心脏尚无力承受较长距离的行走，护士推来一辆轮椅。装束妥当，已是午后时光，病房静悄悄的。

我回到窗前，沉默片刻。院子里，两株玉兰都长高了，周围绿叶更浓。春天景色，尽收眼帘，喜上心头。我终于能站起来，拉着家绮的手，跨出病房。这一小步恰是生死关头的一大步。协和医院和老5楼病房大夫与护士们救了我的命。协和的综合实力，今番亲身领教。特别在节骨眼上，当大夫的，判断正确，当机立断，真有扭转乾坤之力，但大夫也冒风险。在我行将离开病房的时刻，我想起感染内科的盛瑞媛大夫和王爱霞大夫，想起那段戏剧性的过程。王爱霞大夫和我同龄，她敢拍板。我脾气不好，住院日久，难免唠叨。一张折叠床，家绮耐心、细致周到地陪伴着我，整整一年了。

2011年，窗前玉兰开了

回想起2010年4月27日，家绮很着急，杜斌催我入院，语气强硬。黄疸、贫血、消瘦，自知情况不妙。入院检查后，证实严重贫血，粒细胞缺乏，血小板正常。当天下午在病房门上张贴两张小块金属牌，写明“隔离”和“谢绝探视”字样。我感到愕然。从入院那天起，上午、下午甚至有的晚上，流水作业式的连续检查。在病房里，每隔一段日子要做骨髓穿刺，先后做了三次。躺在转运的病床上，一个过道一个过道地转悠着，仰面但见一段一段天花板飘移着滑向后方。虽然在医院工作多年，不知道各个专科有着如此名目繁多的检查室。CT检查室就有好几间，有的安装在地下层，迷宫似的，神秘兮兮。开门进去，检查床如庞然大物般占据着中心位置。工作人员嘱咐完毕，退出，关上门，室内只剩我孤家寡人。检查床在自行移动，一支小小话筒发出温和的指令。就这一点，大夫和我保持着单向联系。要想和夫人说几句活，也办不到。视野局限在我的正前方，还有天花板。科幻电影的导演们拍摄外星人飞行舱的镜头大概就是在这里取得的灵感，很好玩。检查完毕，门打开，我被搀扶下床。工作人员的脸是平和的，保持着有礼貌的距离，我无法窥测他们在想什么。夫人是本院大夫，她留在操作室荧屏前注视检查的全过程，听着大夫谨慎的说白。夫人的脸也是平和的，我无法窥测她在想什么。她向大夫致谢道别，语气亦平和。CT拍片正式成图，写出书面报告，要等好几天。

我继续我的漫游。胃镜和结肠镜被安排在同一天，一前一后。那是另一番光景，空气比较活跃。内镜检查一律应用静脉麻醉。一打药就睡，一停药就醒，毫无痛苦的记忆，消除了患者对内镜的恐惧。麻醉科和消化科的两位“长老”已经到场。我历次内镜检查都由麻醉科叶铁虎大夫管理麻醉。此次胃镜检查由消化科老主任陆星华大夫亲自操作。我正和大家开玩笑：“你们不要没打麻药，就给我插管。”话没说到一半，魂已不能自主。一个月后的某一天，再次回CT室复查，发现右侧胸腔大量积液，前所未有，播散很快。根据拍片，定位，在病房穿刺胸腔，送样本检验。几天后重返CT室，分别在胸腔的一个大腔和两个小腔内留置导管引流，煞是花工夫。在决定胃肠营养支持治疗后，又去CT室。要把导管置入空肠，不容易。自我感觉，检查床上一小时，世上已千年。放射科主任面带微笑，一边注视着荧屏所示图像的变化，指导着年轻大夫插管，一边对我尽说鼓励的话，让我和术者配合好。

回想1959年在上海原广慈医院依靠X线胸片，胸腔积液定位不准，穿刺针头粗，很痛。忙了半天，没有抽出积液。那年支气管镜检查，用的是金属制、直筒式硬管。静脉麻醉也是浅麻醉，不如今天平稳，当时由该院麻醉科主任亲自操作。据说插管检查过程中，我拼命挣扎，一时大家不能确认我是否被麻翻。事后咽喉痛了好些时日。那时，麻醉科主任李杏芳大夫，送我一盆兔子花，放在外走廊一张小圆桌上，对着我病房敞开的门。粉红色的花朵，在阳光下绽放，背景是绿色大草地。如此美景，以至于我将检查带来的痛苦都淡忘了。领导要送我去疗养院，我拒绝道："你们不要把我当豚鼠关起来。"年轻的时候，说话不经大脑。那年大炼钢铁狂热过后，紧接着三年经济困难，全国物资供应匮乏。我病后膳食按小灶规格，保证适量肉食，经医院党委特批，还专门向我所在科室召开全体会议宣布。大家路过，看我在吃饭，对着我俏皮地微笑，或者退避三舍。虽然现在的社会发生了巨大的变革，但我依然想念当年的年轻伙伴和老师们。

今天我罹患重病，短短一周内，轮番接受多种检查，效率高、干净利索。给我的服务是优惠级的。周围是另一代年轻人和老师。医疗仪器果然能发图像、出数据，我需要人们的关心。50年来，改变很大。让做大夫的人去生病，可以像患者一样，观察医院中的现实生活。平时身在庐山中，对好多事习以为常，视而不见。纵览今昔，不同视角，很有意思。

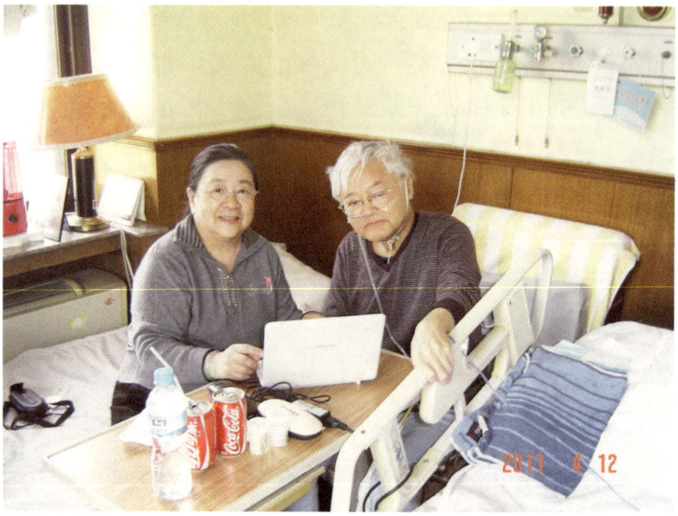

2010—2011年，家绮睡行军床陪护我一年多，我与家绮病房内写作

负责治疗的武永吉教授告诉我入院诊断是"获得性自身免疫性溶血性贫血"。恶性肿瘤可以排除。亦喜亦忧。谁都知道，一旦与"免疫功能障碍"挂上钩，问题便显得棘手。武永吉教授感到有压力。然而，每当治疗组内对溶血的诊断或者治疗出现意见分歧的时刻，武大夫总能冷静应对，寻找比较合理的方案，具有资深大夫的积极性。

武永吉教授颇有绅士风度，也很幽默。有一次，他对我说："你生的病并非不治之症，但是难治之症。"大夫说大实话，可以赢得患者的信任，也可以唤起

武永吉教授

患者的自信。“难治”不是“不治”，给我希望。

第一个月，免疫抑制剂治疗不奏效。每周输入洗涤红细胞不少于3次，每次输入400ml，血红蛋白勉强维持70g/L，最低降至40g/L。浑身乏力，不能依靠自身用力，仰卧起坐。血液内科全体出动，参加查房。我被婉言告知，一个人的身体能够接受红细胞的输入总量是有限度的。此时我已输入6000多毫升，溶血并没有放慢进度。溶血原因不明。胃肠功能支撑不住，我为腹泻而苦恼。感染内科、心内科、呼吸内科、消化内科、放射科、营养科等专科先后加入会诊讨论。我一度感到死亡临近，全身支撑不了。可供选择的医疗方案不多。医疗组的大夫们也感到困惑，但是他们没有轻言放弃。在诸多临床表现中，他们敏锐地抓住了结核病暴发这一点，当机立断，开始抗结核治疗。与此同时，在家中卧病的张之南老师亲自打来电话，提醒我要格外注意结核病引发急性溶血的可能。经上网搜索，发现全世界报道由播散性结核引起溶血者至今只有10例。我曾在1959年年初罹患结核性胸膜炎，想不到小小结核分枝杆菌潜伏40余年后，竟然以相当隐蔽的方式向全身免疫系统发难。抗结核治疗使溶血从根本上缓解。戏剧性的转折！我钦佩大夫们的认真和勇气。

这是我有生以来，第一次如此接近死亡。浑身上下，各个器官、各个部位的组织、细胞都在呻吟，不堪生命的重负。与死亡近距离接触，我产生恐惧感了吗？理论上不至于。生与死，一个人无法自己做主。当然，没有达到期限，我不想提前离去。人世间的笑声，真实。天堂里的笑声，虚幻。

我没有意愿做最后的忏悔。我有缺点但我没有罪孽。我不想宽恕那些伤害过我的人。我没有怨恨，因为我没有仇敌。我的一生可以说得上遍布荆棘。然而，劫难临头，并非我的过错。我没有被击倒，不是因为我生性坚强。忍耐和韧性是逼迫出来的。我的一生也有平步青云的好时光。对于那些在不同时期，引导、告诫、教育我的老师们和亲朋好友们，我对他们怀有感恩之心。命运对我是公正的。

我和家绮相遇，没有丝毫预感，一见钟情。我们的婚姻是闪电式的，持久又富有传奇色彩。我们俩第一次相见是在1963年“三八”妇女节，在内科办公室内，女同志集体看电影去了。日期和地点由热心的人们巧妙策划。有一些好心肠的人向家绮直言进谏：“当心，不要把鲜花插在牛粪上。”那个时候，家绮和我根本没有想到，1964年还未来得及结婚，我会突然奉调去北京。换了居住城市，换了工作单位，换了生活方式，换了专业，我不知道对于我而言，这将意味着什么。其间，还加入了一段插曲，我和岳父大人发生了争执。我上演了《亮剑》男主角李云龙的戏码。尽管具体细节不同，但是剧烈程度一个样。结局由医学院党委书记说话，我登门向岳父大人请罪，岳父大人允许我们俩结婚。达成协议后，我先去协和报到，趁春节之便，返回上海结婚，再赶回北京。蜜月后来才补上。真够来劲。接着“文化大革命”，十年两地分居，十年两地书。两个“另一半”就此铸成一个整体。及至2010年，我近耄耋之年，大病袭来如山倒。家绮日夜陪伴着我。护士长搬来一张折叠床，恰好嵌入病床旁沙发一侧狭窄的空间，可供家绮睡觉。我可以听到她从心底里，默默无声地对我说：“我愿意。”治疗早期，也许因为病情加重，也许是药物的不良反应，我会做噩梦。梦里一片漆黑，一丝光亮都没有，只有我一人，不知在哪里，看不见，摸不着。走着走着，害怕，第一次感到钻心刺骨的害怕。喘气困难，拼命想把肺内全部气体都呼出去。我能清楚地听到自己在呐喊：潘——家——绮！一个字一个字的。我曾经告诉家绮，恐怕这次我挺不过去。家绮说：“你一定要有信心。我要拉着你的手，一道回家去。”从1963年“三八”妇女节上海到2011年北京，好大的时空跨度。302病房成了我们两个人的世界。我的好友纪宝华大夫，每次查房，总要郑重其事地声称：“没有你的夫人，你活不了。”他没有夸张，也没有开玩笑。

2011年1月2日，302病房里
我与“毛头”陈铭

黄疸，无痛，加上过去的病史，我曾暗自怀疑自己患了胰腺癌。住院前的一个周末，我让小女儿毛头坐到我床边，对她说："如果诊断确实是胰腺癌，治疗要简化，让我按自然规律走完最后的路程。"毛头抹了抹眼角，紧紧地挨在我身边，良久良久。彼时我需要她的镇定，不需要哭泣。她知道我是不忍心当面对家绮说这些话。她变得懂事。毛头诞生，与大女儿陈颖相隔十年，当时因唐山大地震，全家住在新开路宿舍大院的地震棚里。产科打来电话，通知我，家绮坚持不住，要我赶紧去医院，还在电话里特别关照："你是外科大夫，不要启发她。"说来也巧，林巧稚大夫正独自在各病房巡视，没有通知大家。轮到检查家绮时，她发现有剖腹产指征。林巧稚大夫埋怨我，家绮生孩子没有告诉她。手术室刚开始从地震棚往回搬，一切还没有就绪。老太太脾气急："告诉护士长，剖腹产是急诊。"这就是我们的林巧稚大夫，我们大家的"奶奶"。陈铭从宫腔内被提出来，浑身一层黑毛，大家因此叫她"毛头"。这个小家伙特别爱哭，声音响亮，很有气概，不达目的不罢休。谁知那位"哭大王"胃口大，饿了，喂上牛奶才会平息。她是宿舍楼道里最年幼的。她喜欢拉住奶奶的衣角，像小鸭子那样跟着在过道里来回走动。家里没电视，她就自己抱着小凳子去敲邻居家的门，甜甜地叫一声"叔叔、阿姨"，主人就把小不点放进去让她坐着看电视。毛头的童年比大妹妹幸福。然而，每当我凝视着她身影的时候，总有薄薄的一层面纱挡住我的视野，同时蒙上了薄薄的一层忧伤。我比她年长四十多岁，一段无法缩短的年龄差距。

住院初期，前途未卜。患病的日日夜夜，家绮和毛头支撑着我。出医院西门，轻舟已过万重山。我从轮椅上站起来，走向出租车，拉开车门。我想证明我的活力犹在。即便是大病初愈，我也要把昔日的活力找回来。昨天已经远去，明天充满着诱惑。啊，生命，我的太阳！

但愿做个"80后"

——2013年8月25日初稿

——2013年9月1日完稿

在20岁的年纪，总觉得世界很奇妙，我有好多好多的事可做，有很长很长的路要走。全身的细胞每天都在成长，心脏搏动喷射出强劲的活力，浪漫和激情滋养着脑细胞，梦想插上了翅膀。虽然也有大孩子的烦恼，但是，在我面前海阔天空，太阳光芒万丈，生命展示无穷的魅力。每天我都对自己说，快快长大吧！2013年，我81岁。六十年岁月流逝，何其快也！感觉自己仿佛涉世不久，初有醒悟，衰老便已来敲门。一种难以承受的无可奈何。

大地广袤，宇宙无垠，任人驰骋。我发现自己可走的路尽头可望。时间长河上下亿万年，精确无误地流逝着。我可以占有的时间正在分分秒秒地消减。青春的年代似乎并不遥远，一去皆不复返。往事如烟云，破碎的记忆在晚霞中穿插飘移，有辛酸、有忧伤、有快乐、有幸福，时隐时现，抓不住却也挥之不去。逝者如斯夫。

2011年出院以后，我先后滑倒三次，跌坐在地，腰或膝关节扭伤有之，臀部血肿有之，就是没有骨折，足以自我欣慰。我拒绝使用拐棍，不坐轮椅。今年最佳的步行记录是从家门口走出小区到马路对面。然后，找个地方坐下，比如路旁花坛的石栏上，晒一会儿太阳，看到四环路上车水马龙，想着我曾经也是社会上忙碌的一员，也奋斗过。我不认为曾经虚度年华。拉着夫人家绮的手，或者牵着她皮包斜挎在肩上的那根皮带，我步履蹒跚地走回家，像幼儿园小孩由老师牵引着。从沿街商店大玻璃上映出来的身影如视频拍摄那样真实："这难道就是我吗？"

年轻人和我渐行渐远，符合自然规律。但有几位老年朋友，与我有着共同的时代烙印，共同的命运，经历过共同的苦难，怀有共同的希望和快乐。所以，有共同语言。耄耋之年，走到一起来了。这几位老朋友都爱好阅读，不是为谋生

2018年春节，我的老朋友们，咱们坐在一起听自己讲那些过去的事情吧
（前排左起：籍孝诚、纪宝华、作者；后排左起：臧美孚、董怡、金乔、王爱霞、潘家绮）

计，是求知。王女士每到澳大利亚度假，总要带上几本大学时代爱读的世界名著。籍老是长者，90岁了，读那本托克维尔的《旧制度与大革命》时，还在揣摩，说难懂也要读完。推荐我选读哪种报刊、哪本书者是纪兄也。如果说上帝把我过去习惯出入的门关闭上，那么这几位老年朋友便帮我打开了新世界的窗户。我不敢妄言长了多少智慧，总算少了点浮躁，去掉了那点傲慢，终于能安下心来，多些思考，多看些好书，多写写文章。

司马迁在遭受宫刑奇耻大辱后，完成了巨著——《史记》。韩国总统朴槿惠写了一本自传——《绝望锻炼了我》。朴槿惠的父母先后遇刺身亡。母亲意外丧命之日，朴槿惠正在法国上学，承受着痛苦和磨难的她，不放弃梦想，她读了《明心宝鉴》《东周列国志》《贞观政要》《中国哲学简史》等，并把好的句子抄录在笔记本上。朴槿惠的世界是宽阔的。

但愿我能做个“80后”，我的意思是“今年我81岁才算1岁”。小孩生下来，眼也睁不开，懵懵懂懂。不知从哪天起，始知喜怒哀乐，能认父母，牙牙学语，四肢爬行，试着直立起来去拥抱亲人。我愿在现有的基础上，像初生的孩子那样好奇、那样好学、那样真诚，学得那么快，爱得那么快乐。愿苍天恩赐，让我再活上1年、5年、10年。我想多读些我喜爱的书，找出一两个问题好好学习。有所感悟，就写下来。愿我的头脑能保持清醒，表达能力保持畅通。愿我那几位知心的老朋友可以长寿，交流叙谈，走得更远。两个女儿都已长大成人，有了自己的生活。她们经常来看望我，始终在我身边。我仍把她们当作没长大的孩子，关注着她们。我将拉着家绮的手共享我们共同的命运，继续走我们俩共同的生命之路。我们俩将更懂得人间的爱，更懂得珍惜生命，珍惜每一天。“天行健，君子以自强不息。”“敬天积善，古道热肠。”这是我的祝愿，我的梦。我不会放弃梦想。

耄耋之年的憧憬与索求

——2014年9月14日初稿

——2014年9月16日完稿

2013年我过得很愉快。12月24日在《平安夜，2013》一文中写道：“我心里充满着阳光。”那时何曾想到2014年“三八”妇女节我会发生心房颤动（简称

“房颤”）。第一次，感觉像有什么东西在胸口不规则地一顶一顶，不舒服。大约5个小时后自行转复，我没太在意，还写了《快乐的“三八”节》一文。4月13日发生了第二次房颤，持续时间较长。家绮陪我打车去医院住心脏加强病房（CCU）。发现血钾低，还进行了其他检查。值班大夫忙乎了半天。房颤发作15小时后，自行转复了，我很高兴，急着出院回家。正是由于侥幸心理，造成了失误。房颤必将复发。房颤若持续时间过久将无法自行转复，变为永久性房颤。永久性房颤会使左心房容易生成凝血块，有朝一日血栓一旦从心房进入血液循环，就有可能会造成脑血栓或者其他并发症。我们常见到这样一些老年人，突然出现语言障碍，手脚活动受影响，清醒但失去表达能力，或者丧失一部分记忆。我很不愿意在我身上出现这种怪模样，不仅给亲人制造麻烦，自己也痛苦。住CCU期间，本应趁房颤自行转复的好机会，进行后续性治疗，我却归心似箭，出院了。做大夫的，自己生了病，也犯糊涂。

将近中秋节，夜里，第三次房颤发作，没有症状。家绮发现的，她把我从睡梦中唤醒，增加现用药的剂量。8月12日清晨，房颤已经持续48小时。打车去医院，二进宫住CCU。家绮非常着急，生怕犯病时间太长失去药物转复的时机。若要看到我被电击除颤，“她忍受不了”，她对主管大夫这么说。接着要经食管做心脏超声检查。一根食管镜从口腔插入，怪难受的。ICU大夫用静脉浅麻醉。检查结果显示左心房没有凝血块。心内科大夫同意药物转复。药物由注射泵从两侧前臂静脉进入。等待药物起效，总让人心烦，特别是家绮。直到药物转复成功。大家笑颜遂开，我说的大家指的是家绮、心内科大夫和患者我。

护士撤去注射泵和输液管，保留置入的针头。我本人是大夫，做了患者，不那么驯服听话。护士说，针头要留置静脉内。我纳闷：难道还有戏要演？没有想到真的出了更大的麻烦。由于各种各样的原因，入夜渐觉气喘。值班大夫用听诊器检查肺部，做了心电图，抽血送去检验，并嘱咐我要安静。到了清晨，血压很快上升，急性肺水肿。肺里像被水淹了，我喘不上气来，顿时感觉似乎跌落至水中，在水和空气交界的水面上急促浮沉。我渴求空气，深怕失去这个充满着空气的世界。如果失去这个充满空气的世界，我将失去一切。这种恐惧感是凝重的、黑色的、冰冷的。在危急关头我才知道CCU的大夫和护士们真的救了我的命。不禁想起那位年轻的护士，她坚持把静脉针留置在静脉内，为急救时赢得了宝贵的时间。几位资深教授，他们是我的大夫，更是我的朋友。之后因为药物引起腹泻，住院期间我瘦了3公斤，颇感乏力。情绪不好，爱发脾气，不免伤及了照顾我的人。

家绮又焦虑又劳累，很辛苦。体力远不如四年前陪我住老5楼病房的那段日子。今年是我们结婚五十周年。当初新婚宴尔，奉调赴京，此去一别，天各一方，两地相隔，十年分居。适逢世事动乱，命途多舛。然而，相比较而言算不上是灾难。到了改革开放以后，我们俩的生活道路出现可喜的转折。从此家庭团聚，生活在同一屋檐下。俗话说得好，“千年修得共枕眠。”老夫老妻相濡以沫，是一种独特的精神世界，更深沉，更醇厚。没有亲身经历，殊难体会其中甘苦。如今在CCU，我容易莫名其妙地生气。有次我对家绮说：“我不要你再来。”这句话肯定刺伤了她的心。事后她对前来看望我的小女儿说：“你爸爸怎么像变了个人。”做女儿的以好言相劝。其实我知道说了不应该说的话。第二天早晨，家绮按时进入病房，我才舒了口气。我懂她的忧郁和苦恼，自觉心头翻滚着、烧灼着、争扎着。有几天我很烦躁，家绮对我说：“要有信心。”“我们一起回家去。”她拉住我的手，语气平静，催人泪下而泪不下，直往心里流。中秋的月亮还没有出现。记得苏轼在《水调头歌》中写道：“人有悲欢离合，月有阴晴圆缺，此事古难全。”把事情看透些，人间别离难以避免。他又写道：“但愿人长久，千里共婵娟。”第一句是要“突破时间的局限”，第二句则是要“打开空间的阻隔”。寓意深长。但愿亲人长久健在，即使千里阻隔，嫦娥也会把彼此的心联系在一起。

这次心力衰竭发作是警告。我的心肌功能已经到了边缘状态，进入终末阶段。生命中有的事情不能抗拒，个人无能为力。我越来越清醒地感受到，有生之年的时间界定越来越模糊，几年、几个月、几天、几个小时……我不愿意就此消沉，该怎么办？就在这时，有一个人特别引起我的注意。她叫艾丽丝·门罗，是一名家庭主妇。人到中年的她开始写作，每天都写。家里4个孩子，她忙完孩子的事就去写作，她并不认为自己写得多好，但她每天对自己的写作有个定量。她说：“这和年龄增长有关，人们开始强迫自己做某些事情。配合写作的是每天步

2022年10月15日，写作是我的快乐（小女儿抓拍）

行5公里。如果我知道有哪天我没有办法走那么多，我必须在其他时间把它补回来。”她又说在《读者》里看到一句话：“如果你遵守所有好的规矩和习惯，就没有什么可以打败你。”我敬佩艾丽丝·门罗，主要是她有一种不同寻常的气质，养成一种好规矩和好习惯，以良好的生活方式对抗生活中的无能为力。艾丽丝·门罗女士就是2014年诺贝尔文学奖得主。

8月25日家绮陪着我回家。第一次我坐上家绮给我买的崭新轮椅，在今后户外步行中能有所帮助。家，是我的避风港，是我温馨的窝。重新返回我们两个人的世界。窗前皓月当空，又圆又明亮。过了好几天，我从抑郁中慢慢走出来，寻求勇气和平静。人到耄耋之年，我真的需要改变生活方式，强迫自己坚持做那些自己喜欢做的事，来对抗个人心理上的无能为力。“没有什么可以打败我。”我将获得自由和乐趣。

医生，你真的理解患者吗

——2017年2月26日完稿

医生老了，心静下来，免不了要回想起很多往事。有些事让我感到欣慰，多多少少给患者提供了帮助；也有些事让我感到内疚，心里有挥之不去的阴影。曾子曰：“吾日三省吾身。”一个人需要不断反思，即便老了，正走在人生最后的路上，也需要反思。

能否把每个患者都当作第一例

刚当医生时，我看到患者首先想他得的是什么病，寻找诊断依据并鉴别诊断。我怕漏诊，尤其不能做出错误的判断。如果患者需要手术，就要考虑手术适应证和禁忌证，手术后可能会出现的并发症等。尽管阅历不多，但我自觉比患者和家属要懂得多。遇到疑难问题，可以通过专科医生的集体讨论解决，有上级医生把关。正因如此，我总是怀着这份责任心和自信，与患者及家属谈话，振振有词，让他们接受我的意见。

现在回想起来，我发现自己心中想的是疾病。要知道，自己面对的是患病的患者和家属。患者是人，有独立的人格、独特的人生阅历和心理状态。家属也

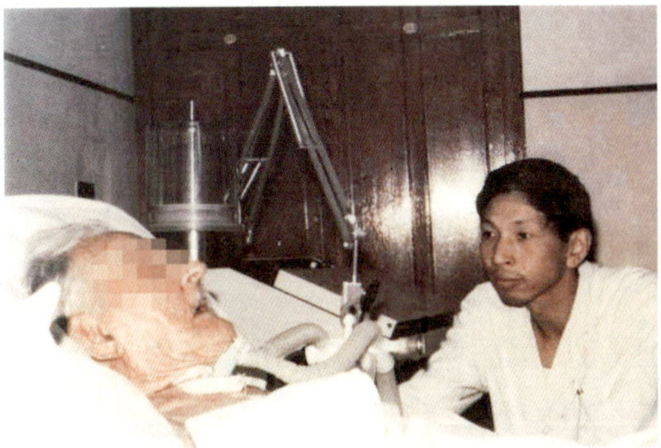

1982年，马遂在床旁观察患者情况

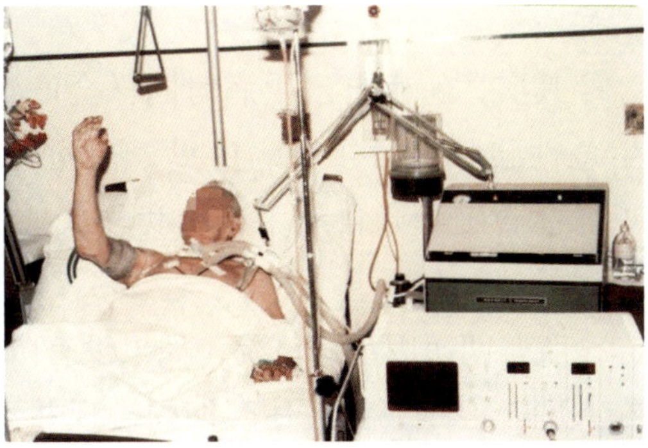

1982年，守护恢复中的90岁高龄ICU患者（这是外科ICU成立后首例抢救成功的高龄患者）

一样。

《新英格兰医学杂志》登过一篇文章，题目是《外科200年》。文章第一句写道："外科是一种定义为经过授权而对身体进行有创操作来治疗疾病的专业。"医生治病是在帮助患者，然而，外科是一种有创性治疗，存在一定风险。患者和家属要承受这种风险，必然有各种各样的疑虑。因此，患者和家属应该知情，知情后才能授权。外科医生在做手术前，必须和患者或者家属沟通好，取得共识，然后请家属签字同意。这决不能单纯地理解为医生怕承担责任。

对于医生来说，对疾病的认识也不可能一次完成，需要终其一生学习和认识。不少医生对张孝骞教授在诊断疑难病例时总能有意想不到的判断感到神奇，而张教授曾表示，"你每次看到一位患者，都要当作第一例。"老了以后，我才深刻理解了这句话的价值和分量。

疾病是复杂的，人心也是复杂的，每一位患者对疾病的心理反应是不一样的，难以预料。每一位患者，每一位家属，正如张孝骞教授所说，都是我们的"第一例"。医生千万不要自以为见多识广，不要"想当然"。孔子说："好仁不好学，其蔽也愚。"医生虽然治病救人，但不一定就能做好这件事。

如何面对患者的极端表现

在疾病危及患者生命的时刻，医生和家属之间容易发生不愉快的事情。设身处地想一想：家中一位活生生的亲人，多年朝夕相处，忽然间要永远离去，家属的心灵深处所遭受的打击无法用语言表达。家属因绝望而悲痛，可能会出现精神崩溃。医生即便有深切的同情或怜悯之心，也不可能分担这种钻心的痛。

其实，医生自己生病时同样会产生反常的情绪和荒唐的想法。我第一次发生急性胰腺炎时住在病房里，夜间我把胃管拔了扔在地上。第二天，病情加重。主管医师亲自动手，给我再次插上胃管，严厉地对我说："你对患者是怎么说的？"

我曾两次因重病住院，如果没有协和医院几位医师的精心治疗，可能早已不在人间。但是，我在住院期间表现并不好。2014年，我住在CCU已经度过危险期，有位年轻护士温和地告诉我，可以下地行走，走几步也好，她将搀扶着我。我却突然失控，气势汹汹地冲着她喊："你懂得什么是心力衰竭？你犯过心力衰竭吗？"那位年轻姑娘没有争辩，默默走出病房。

每位医生都有恻隐之心，有敬畏之心，有是非之心，然而，当医生病了的时候，也会显得"修养不够"。显然，不断接受老师的教诲、传统文化的熏陶是特别有必要的。

严格地说，一位好医生应该是好的心理疏导者，帮助患者在手术前和手术后保持健康的心理状态。

该以什么样的眼光审视医学

我在法国巴黎留学时，遇到两件事让我印象特别深刻。在巴黎一家教学医院，有一天我看到一位老年患者半卧位躺在床上，正憋着一肚子气。我上前询问他哪里不舒服，他瞪着眼睛说："他们每天给我量血压，做检查，让我服药，写下记录，做完了就走人。他们把我当豚鼠！"老人认为，医生不尊重他的人格，不把他当作人。第二天我回到病房，看到那张床空了，老人昨夜去世了。

在另一家教学医院，我发现病房里总有一位女医生，和蔼可亲，喜欢和患者聊天。看上去患者也喜欢她，一见到她话就多了。女医生不定期地参加查房巡诊，但似乎不参与治疗。有时我看到她静静地翻阅着病历，好奇心使我鼓起勇气，问她是干什么

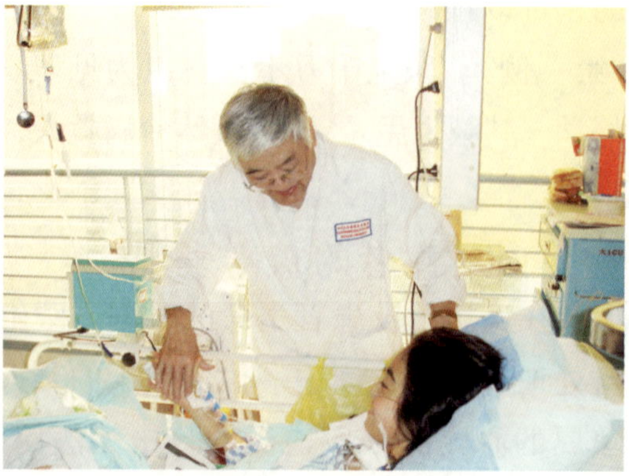

汶川地震后，作者在华西ICU看望小病号

的。她告诉我，她是心理医生，倾听是她的工作，即让患者自愿把心里话说出来。当时是20世纪70年代末，北京协和医院还没有建立心理学专科。可是，让我感到困惑的是，在同一个国家，同样是法国的教学医院，患者竟然受到完全不同的遭遇。如今，心理医生进病房在中国的大部分医院也仍然没有实现。

医生变老了的时候，需要反思
（拍摄于2021年12月5日写作时）

做任何事情都要学会换位思考。作为一位留法学习的中国医生，我要学会用法国人的眼光去看法国的医学；同时，我也要学会用法国人的眼光来看中国的医学。今天，我要用国人的眼光重新审视中国的医学。

人生旅途

『读万卷书，行万里路。』

一、我到过的那些国家——漫游拾遗

法国

——2015年3月26日完稿

我到过法国好几个城市，如南特、鲁昂、里昂、奥尔莱昂等。曾应法国医师邀请，从北到南沿大西洋海岸线，经过比亚里茨，到达比利牛斯山下一个与西班牙边境接壤的山区小镇上，小住一周。这个法国南部小镇，生活平静而悠闲，当地人不像巴黎人那样匆忙。起伏的山脉与嫩绿的草地相映成辉，视野开阔。其间有一座小教堂，神父胖胖的，很亲切。他高兴地向我展示最近安装的敲钟电钮，表示终于不用费劲地拉动绳索去敲响大钟了。街道不宽，有斜坡，漫步走来，可以从不同视角观看小镇景色。沿街房屋建筑风格朴素而明朗。高度稍有参差，排列整齐，不堆放杂物，每家窗口都摆放着鲜花，令人赏心悦目。我与一位相遇不相识的小男孩在广场上打手球，不禁使我想起中学时代在学校操场上的手球比赛。谁会想到中学毕业多年后的某一天，竟然能在手球的故乡巴斯克，观看一场职业球赛。一位陌生的年轻女教师，在我路过她家门口时，与我聊天。她请我到她家做客，在客厅里品尝她自己酿制的果子酒。这里才是真正的法国。

比利牛斯山和小镇

我旅居巴黎2年，第一次亲眼看到西方世界；第一次在

卢浮宫广场的玻璃金字塔

法国本土接触法国人，接触法国的文化；第一次进入巴黎医学学术界的圈子。巴黎是时尚之都，美食之都，鲜花之都。节假日特别多，而且节假日神圣不可侵犯。从表面上看，法国人有点像“欧洲的中国人”，比如，重视人际交往。对于新生事物，他们最初往往难以接受。起初，巴黎人认为埃菲尔铁塔不过是一大堆钢铁。巴黎最高的建筑只有一座，就是Montparnasse（蒙帕纳斯）大楼。法国人说，“站在Montparnasse大楼楼顶看巴黎，很美”。这是道地的挖苦和讽刺。意思是说：巴黎很美，唯独这座大楼很丑，站在楼顶看不见大楼。20世纪80年代初，贝聿铭提出改造卢浮宫的设计方案，引起舆论哗然。贝聿铭很聪明，他在古建筑群中建造了一个透亮的金字塔，美观实用。从这里进去，四通八达，省略很多入口处。若干年后，法国人都接受了这座玻璃金字塔，并且引以为傲。

法国人虽然浪漫，但他们工作十分认真，比我们讲求效率。教学医院有竞争，有淘汰，不讲谦让，不容忍滥竽充数。虽然工作节奏快，但是法国人绝不是

圣心大教堂

圣梅里教堂

美国人。不要忘了，法国的著名人物有戴高乐、雨果、伏尔泰、巴斯德、拿破仑、罗丹，还有莫奈。那年大仲马还没有在先贤祠就位。路易十四和拿破仑在巴黎留下了他们的历史痕迹。巴黎有很多博物馆和图书馆，遗憾的是我没有去罗丹博物馆。我爱逛书店。每周三下午去法国外科学会听完演讲，出Odeon地铁口，穿过马路，沿林荫小道，拾级而上，有家小小书店，满屋子堆放着书，顾客稀少，老板活得滋润。我在店内寻觅到一本李约瑟写中国科学史的简写本，如获至宝。巴黎有很多宫殿和古城堡，以及不同园艺风格的公园，如枫丹白露，一半法国式，还一半英国式。还有很多街头咖啡座，喝上一杯咖啡，望着街上穿梭来往的人群，无所思亦无所欲。歌剧院金碧辉煌，无疑是法国文化的鲜明标志。乘游艇夜游赛纳河，在灯光投射下，两岸建筑无声地叙述着它们的历史。我非鱼，能知鱼之乐，不亦乐乎。法语是我的第一外国语。在法国，我学会编织梦想，而巴黎是我梦想起飞的地方。

作者与凡尔赛宫花园的雕像

塞纳河的两岸

塞纳河蜿蜒贯穿整个巴黎市区，为这座美丽的城市增添了色彩、风光和故事。塞纳河的上游自Bois de Vincennes进入巴黎，下游在Bois de Boulogne那端逐渐远去。纯属巧合，我最早涉足的巴黎森林公园便是Bois de Vincennes，我最后阶段所在的A-P医院就在Bois de Boulogne森林公园附近。我不禁自鸣得意，塞纳河见证了我在巴黎的存在。塞纳河，在它流经巴黎的那一段岁月里，曾经看到了我的惶惑、迷惘、好奇、喜悦、激情和梦想。

塞纳河将巴黎分为左岸与右岸。我比较熟悉左岸，并非因为埃菲尔铁塔，而是因为我居住的大学城、我工作过的C 医院，以及几位法国好友工作的N-E.M医院、P-S医院等都在左岸。相当于我国解放军总医院的巴黎V-de-G 医院也在 C医院附近。左岸是我在巴黎的“家”。

塞纳河的右岸，主要有卢浮宫、大凯旋门和小凯旋门坐落在两端，中间直通香榭丽舍大道，还有每年法国国庆阅兵的协和广场。这里是各国旅游者必到的观光景区。巴黎市政府也在右岸。右岸最吸引我的当数蓬皮杜国家艺术和文化中心，虽然它貌似一座没有竣工的化学工厂。还有那先贤祠，雨果最后安寝于此。《悲惨世界》是我最早阅读且读得最多的一部的小说，它告诉我，人间的悲剧是共同的。

貌似工厂的蓬皮杜艺术中心

先贤祠，法国历史名人的安葬圣地，拱梁上刻有“伟人们，祖国感谢你们”

塞纳河的左岸与右岸赋予我不同的感受、启示和知识

右岸更多地显示法国历史的深厚沉积和文化、艺术的绚丽灿烂。我的家庭秉承着中国传统的意识和习俗。虽然，我很早就上法国学校念书，但作为一个七龄童孩，对法国这样一个国家、一种文化、一部人类历史的组成等问题，根本够不上起码的认知水平。固然从中学到大学，也只在书本上读到法国，在中国接触一些法国人。然而，人的认识、经历，总是慢慢积累的、渐进的。我终于有机会来到法国，来到巴黎。陌生、羞涩、迷惑，然后逐渐进入法国的社会和巴黎的生活。生活是真正的学习，真实的生活才有收获。

左岸灌输给我的是法国代代相传的学术传统、大师级传奇人物的个性和魅力、大学的独特氛围，以及巴黎公立医院引人入胜的历史，平日里与我朝夕相处的都是朝气蓬勃的年轻人，有专业人士也有社会人士。人与人、人与家庭、人与社会在书本、工作和生活中的喜怒哀乐，相互交织。巴黎公立医院向我展示的，不只是专业的生活，也有社会性的一面。因为专业工作都是由专业人士来运作、来完成的。我很荣幸能够接触到各科教授和各级临床医师，也很荣幸接触到专业

塞纳河边

圈子以外的朋友。与人接触才能深入了解法国，了解巴黎。

塞纳河将巴黎分成左、右两岸，正像人的大脑有右半脑和左半脑之分一样，掌管逻辑、语言表达等不同功能。塞纳河慷慨地将巴黎的左岸和右岸贡献给我，贡献给了我的大脑左半和右半。

在流经巴黎市区的那段塞纳河，中心坐落着大小两个岛，以L' Ile de la Cite最引人注目。Cite顾名思义，是“城市”，是一座城市岛。早在公元前，就有高卢人群居在此。当时塞纳河周围多为沼泽地。巴黎最早命名可能是在公元4世纪。

从历史学角度来看，我把塞纳河的中心岛屿，划在右岸

右岸沉淀着最多的法国历史。巴黎圣母院（1164—1345年建成），可以说是法国教堂建筑艺术的顶峰。历代王朝的兴衰，乃至法国大革命、拿破仑的加冕、戴高乐的追悼弥撒等，诸多重大事件都在巴黎圣母院留下痕迹。雨果笔下“钟楼怪人”的悲剧，在我的记忆中难以磨灭。巴黎圣母院对于我来说，不只是一座教堂建筑，它就是法国。

在St-Louis岛向上游的那一端，矗立着一座自由女神雕像。法国雕塑家把他的原作留在塞纳河上。世人熟知的纽约自由女神像就是他赠送给美国人的礼物，一座放大了的复制品。法国人对美国人具有一种特殊的感情。自由女神像便是见证。还有法国将军Lafayette率领军队，支援美国的独立战争。

法国人崇尚理想。在医学科学方面，法国人有独到的理念。巴斯德是他们的骄傲。

在政治领域内，在冷战的年代，戴高乐敢于对美国说“不”，他是第一个在外交上承认中国的西方国家元首。今日的希拉克是个悲剧人物，他不善于抓住改革的时机，内政不得人心，但对伊拉克战争，他同样敢于对美国说“不”，呼吁欧盟对华解禁。对于身为欧盟官员的一位法国人在会议上用英语发言，竟使希拉克愤然离席，拂袖而去。

希拉克喜欢中国的川菜，欣赏中国的青铜器和陶瓷，据说近乎专业水平。在

一次非正式访问期间，法国使馆举行的招待酒会上，希拉克彬彬有礼地走到每位来宾面前，微笑着，欠身，致意。轮到我和他握手时，我说："希拉克先生，你发福了。"他故作惊讶状。在哄笑声中，陪同的使馆官员介绍我是一名医生。希拉克并不需要别人替他解围，从容地说了几句令我高兴的话，他没有显得难堪，我也没有感觉受到刻意的恭维。希拉克是法国人，他显然不是英国人，也不是美国人。戴高乐和希拉克是一部典型的法国历史。

巴黎街头咖啡座与生活节奏

20世纪50年代至60年代，受外国封锁的影响，我国与很大一部分外部世界相隔绝。除政治运动外，国内生活节奏慢，工作速度慢。大小会议多，坐着听大报告，短则几小时，长则一整天。讲话者有的语速也很慢，一段发言总会有一两句重复，加上无数个"hein"和"嘛"，上百个甚至上千个人静静地坐着听，时间就这么过去了。

改革开放后，终于感到时间紧迫。初到巴黎，总有这件事或那件事追赶着你。周围一切都在快速运转。会议比较短，发言快，走廊上人们总是步履匆匆，脚下生风，没有慢条斯理的。起初我颇不适应，却非常羡慕。快，意味着朝气、活力、创造、开拓、进展。快节奏、高效率、高速度是现代化社会所必需的，不可或缺。

巴黎的生活是紧张的，街头却有那么多的咖啡座。人们愿意走出酒吧或餐厅，坐在街头，慢悠悠地喝咖啡，既不脱离社会人群，又与人群保持着距离，在急促的节奏中，放慢自己稍事停歇，享受一段慢悠悠的生活。可以悠闲，可以沉思，可以超脱。这是巴黎街头咖啡座给我的启示。

午餐时间短促。在国内，我有午睡的习惯，但在巴黎教学医院工作，不可能午睡。每当午后会有病例讨论，或内外科会诊，或科内学术报告，我总做笔记，但是睡魔不饶我，晚上回宿舍整理笔记时，才发现瞌睡中留下的笔迹，竟似阿拉伯文，无法辨认。从那时起，我必在午餐后喝上一杯浓咖啡。

街边热闹的咖啡座

晚上不甘心直接回宿舍，便带着工作中的问题，强迫自己上一家专为公立医院住院大夫开设的图书馆。那里的书籍不准外借，所以一定能找到所需要的文献资料。在长长的书桌上，占上一个座位，看到周围年轻的住院大夫们，一个一个地埋头阅读、奋笔疾书。那种认真的气氛具有极大的感染力，仿佛催促着我，要学习，要快，更快。

终于有一天，我坐在巴黎街头的咖啡座上，慢慢地品尝着一杯咖啡。脑子开始一片混乱，白天的工作，病区的景象，监测仪、呼吸机、大夫和护士快速地移动着，像走马灯那样旋转着。生活节奏在喝咖啡时突然减速，思维慢下来、慢下来，更慢。宛如河流中的泥沙，在慢速中沉淀。对于河流来说，这是一种解脱。我可以思索，也可以什么也不想。我不需要注意任何问题，也不需要做出任何应答。我注视着周围，注视着街上匆匆疾走的人流。他们从哪里来，又到哪里去，无穷尽，无尽时。劳累和焦虑悄然退去，我感到一种飘逸和舒张。

啊，难忘的巴黎街头咖啡座！

街头咖啡座是巴黎的一景。它是酒吧或餐厅的一种延伸，在人行道上摆出一排排咖啡座，不一定整齐，有几分散落，不拘形式的一种形式。有时客满座，有时只有两三人，但总有人来人往，坐下来，喝上一杯咖啡，短时间或者很长时间，谈话、聊天、沉默，或漫无目的地凝视着周围。与街上匆匆过往的人群形成鲜明的反差、不对称。这是我初到巴黎时所不能理解的。

巴黎生活是紧张的。早晨路灯还亮着，我已经赶去乘地铁。一进地铁站，便见汹涌如潮的上班族都有秩序地快步疾走中，人多而不拥挤。进入某段通道，急促的脚步声，尤其女士的高跟鞋敲击地面之声，恰似万马奔腾，声声入耳，催促着我要走快，更快。换线换站时要注意指示灯牌，不能搞错方向，因为时间不允许走错。然后上车，按站下车，丝毫不敢懈怠。一路追逐着“快，更快”。有几次在人群中发现同科室的女医师，她匆忙中与我打个招呼，说声对不起，怕迟到，拔腿就跑，而且穿着高跟鞋。这使我最初注意到巴黎的街道，路面铺着石子。在石子路上，穿着高跟鞋奔跑，竟然不会摔跤，不禁肃然起敬。我相信即使喜欢背着手迈四方步子的老北京，到了巴黎，都会改掉慢慢溜达的老习惯。

上班，快节奏是一种氛围。上午查房按级别进行，先由主治医师查房。轮到主任查房将近十一点了。“查房”顾名思义是要检查患者情况，实际上，是检查医师熟悉病例的情况，特别是住院医师。查房也是考试，面对面的考试。我确实有几次，不知该如何应答，更糟糕的是回答愚蠢十足，顿觉手足无措。好容易熬出这一关，慢慢找到感觉跟上来了。

出国进修，首先需要锻炼的是适应能力（adaptability）和融入能力（integration）。尽管异国见同乡，倍感亲切，但不能总是与中国留学生扎堆。出国进修不只是学习科学技术，更需要提升国际交流能力。对法国的社会、艺术、文化、饮食、生活习俗等不感兴趣，回避与法国人接触或交流，仍然把自己关闭在孤独的环境里，这种情况在留学生中，不同程度地存在。

回顾进修的岁月，真是一天一天地熬过来的。说实话，进修确实有实实在在的收获。学习是逼出来的，要在较短时间内学到一点知识，需要逼，需要挤压，我甘心接受这种挤压。正因为我不懂，才出国学习的嘛。脸皮厚一些，才能安下心来学。国内有些名校的尖子，把自己估价过高，初到国外，落差很大，语言又跟不上，承受不了，患上了抑郁症。至少在这些方面，我比他们强。

国外进修生活使我深有感受。回国后正值百废待兴之际，我同样感到每天总有这件事或那件事驱赶着我，去谋生存，去求发展。二十余年过去了，不能说我为此付出多少代价，毕竟我颇有收获。及至年逾古稀，完全退休以后，生活节奏才再次慢下来，再慢下来。

回归正常的家庭生活，开始调整自己的心态。匆忙的生活缺乏沉思和反省；匆忙的生活忽略了对家里人的关爱，忽略了对平凡事物的注意，这些平凡事物同样蕴藏着美和善。该快的时候应该快，但没有必要永远如此匆忙。

巴黎的森林公园：枫丹白露（Fontainebleau）

Fontainebleau！这就是20世纪20年代至30年代我国文人笔下时常流淌出来的一个名词：枫丹白露。译名很美。给我的印象是森林或森林公园。到了巴黎，才知道这里还有着一座宫殿。

枫丹白露不是城堡，没有防御工事，没有护城深沟，没有吊桥，没有粗糙的石墙，没有险峰绝崖，不会拒人于千里之外。它是帝王的豪华宫殿，白璧无瑕，靓丽可爱，尽显女性的妩媚。里面有树，不成森林，面积不大，烘托出白云蓝天。它从来不是皇家狩猎场，没有王者的霸气。

枫丹白露是一个公园，迷人的春色，温柔而又浪漫。一大片草地，一边是典型的英式园艺，绿茵如毡，柔软地、细致地接受着阳光和雨露，活像温情脉脉的少女，害羞、内涵，静默不言，从不回眸，接受着人们的赞赏和青睐。另一边是典型的法式园艺，就像在凡尔赛宫所见的那样，几何图形、对称、整齐，堂堂骑

枫丹白露宫广场

迷人的绿色枫丹白露公园（实地拍摄）

20世纪80年代初，第一次来到枫丹白露宫

士仪表，不失绅士的风流倜傥、潇洒酷帅。两边景色，互相辉映。枫丹白露，经历漫长的岁月，魅力娇人，焕然如当年。

枫丹白露是法国的。

并非巴黎的森林公园：巴比松（Barbizon）

在枫丹白露附近，有一个小小的村子，名叫Barbizon。农村的道路是铺着石子的路，周边矮矮的土围墙，白色，不讲究，却很明朗。走进一座小屋，几间房间，目测最大的房间不过8平方米。四壁白色粉刷、粗糙，留有少许油画的斑斑色彩。没有内装饰，没有家具。据说，这里住过印象派画家，那几间不起眼的房间是他们的工作室，周围田野、农舍、小径、树下、花丛边都有他们的足迹。

你能相信吗？这里是法国印象派的诞生地。枫丹白露近在咫尺，却风格迥

淳朴美丽的Barbizon是印象派的诞生地（实地拍摄）

据说，这些矮房曾经是印象派画家的工作室（实拍）

异。枫丹白露是一种古典的、正统的、贵族的氛围。莫奈不可能在枫丹白露创造出《日出·印象》。Barbizon则朴实、独立、毫无拘束感，自由的光照，泥土的气息。漫步野外，阳光的普照是闪动的，不是凝固的。视觉的冲击、刹那的灵感。Barbizon造就了印象派。

Barbizon街边墙壁可见镶嵌画

我今日所到之处，就是令我沉迷的Barbizon，朴实、独立，自由的光照、泥土的气息。周围田野、农舍、小径、树下、花丛边，这里曾经留下印象派画家们的足迹。然而，印象派画家们也有很多时间生活在海边。海，带给了他们流动光线的灵感。

印象派的画是静止的，画面上的人和景色却是动态的。说起印象派油画，必然会想到克劳德·莫奈（Claude Monet），他改变了传统的画法。画家并不追求把景物的外形如实地、清晰地呈现在我们面前。他能敏捷地在这个浮沉的世界里，捕捉稍纵即逝的光影，把观赏者引入梦幻般的光的世界，我从来没有体验过的“光的世界”。

命运似乎在捉弄莫奈。他的作品屡遭巴黎官方沙龙的抨击。莫奈的家庭反对莫奈和卡米耶的爱情。经济来源被切断，一位天才竟然落到举债度日的困境。卡米耶无怨无悔，支持着被命运无情打击的莫奈。“撑阳伞的女子”是婚后两人在特鲁维尔海滨度蜜月时画的。

1872年莫奈创作《日出·印象》。朝阳在早晨升起，阳光不足以驱散周围的雾霾，在流动着的海面上留下一片淡红色模糊的反光。给我瞬间的感觉，留下朦胧的印象。莫奈画出了《印象》（impression）这幅名画。

直到1874年，有些评论家嘲讽莫奈这幅画笔触凌乱，只画出印象。他们说对了："impression!"从此，世界上有了"印象派主义"。

说实话，我更喜欢皮埃尔·奥古斯特·雷诺阿（Pierre-Auguste Renoir）的画作。他的特色是把传统画法和印象主义相结合，以鲜丽透明的色彩表现阳光与空气的颤动和明朗的气氛。画中的景物是静止的，阳光的投照似乎在闪动，画面上的人和景色给人的视觉感受是动态的。

我也十分喜欢1881年雷诺阿的作品《游艇上的午餐》。画中描绘的那些欢聚在一起的人们，他们围着桌子，或坐，或站立，略显放荡不羁。桌面杯盘散乱。有的在交谈，有的在聆听，有的凝视周围。着装悠闲，不见衣冠楚楚者，有的男士裸露着胳膊，那胳膊的皮肤折射出隐约闪动的光线。太阳透过彩色顶棚，稀疏洒落，敏捷地变幻着。皮肤散发着温热的气息。印象派笔下的光和色彩是神奇的。在Barbizon一家小商店，我买下了这幅Renoir油画的复制品。虽说是复制品，也是一位热爱Renoir的画家一笔一画临摹而成。我带回国，挂在我家客厅的墙上。就这样，我把印象派画家眼中看到的世界，永久地保留在我的视野里。

雷诺阿1881年的作品《游艇上的午餐》（作者从法国买回的复制画纪念品）

"采菊东篱下，悠然见南山。"陶渊明虽不是画家，但他是道地的印象派文学家。梵高奇异的黄色！陶渊明看见的南山，绝非南山的真面目。没有黄色的折射，就没有陶渊明视觉中的南山。南山本身没有色彩、没有灵感。陶渊明写出这一名句的瞬间，得到和印象派同样的灵感、同样的视觉上的冲击。实属心有灵犀一点通。

我想，站在北京的胡同里，陶渊明的创作可能会失去他的色彩。北京的胡同是灰色的，墙是灰色的，砖瓦也是灰色的。过去的胡同是封闭的，见不到窗户。北京的胡同风格也不是Barbizon。

Barbizon造就了印象派。印象派赋予光新的活力。光照的闪动，赋予景物新的生命。印象派画家走出户外，在阳光下，感受，创作。

Barbizon的礼拜堂，曾经是卢梭故居的谷仓

巴黎的森林公园：布洛涅（Le Bois de Boulogne）

第二学年（1980—1981年），我虽然是这块新大陆的外来者，但对我而言巴黎已不像当初那么陌生，巴黎以她的魅力征服着每个人。Boulogne森林公园位于塞纳河右岸，在巴黎市的西边。与位于市区东边的Vincennes森林公园遥相对应。Boulogne森林公园令人流连忘返，我两次去都在阳光明媚、春暖花开的时节。这里有湖、有瀑布、有草地、有花园，有供散步的小径，蜿蜒曲折。这中间分散地坐落着几家咖啡店和餐厅。这里不似亚马孙，也不像我所见过的越南、老挝那些山地森林，那么令人望而生畏。据说法国大革命几乎把这座皇家园林给毁了。19世纪初，英国和俄国的军队进驻，把所有的大橡树全都砍掉。拿破仑三世斥巨资，由巴黎城市建设规划的设计大师Haussmann，按伦敦海德公园的模式，于1852年改建成公园，向公众开放。

公园内的房子（作者拍摄）

作为改革开放后首批出国的公费进修生，我没有足够的财力入园观赏。两次去Le Bois de Boulogne公园，分别由两位教授夫妇邀请和陪同，我喜出望外。故事通常由教授夫人讲给我听，教授则善于把树林中众多树种名称及特征介绍得头头是道。可惜我对植物学一无所知，只能认真倾听。教授夫人更精通花卉园艺。

Cara教授夫人（右）陪同作者（左）游览Boulogne公园

公园内有一座“绿屋”，有一大片郁金香，还有其他花卉，那么多的品种、那么多的色彩，仿佛让人们再次回到伊甸园。尽管伊甸园再也回不去了，Le Bois de Boulogne公园恰是人们的合适去处。

在露天的咖啡座就座，可以聊天，可以思考，或者什么都不说、什么都不想，阳光沐浴，清风徐来，子曰：不亦乐乎。园中Pre-catelan（前卡特兰）餐厅内环境幽雅，美食是文化，精致的餐具是艺术。与两三好友共同进餐是交流，是享受。巴黎人不节食，却很挑剔，客气的说法，很讲究。在这里，几乎见不到大腹便便的人士。巴黎的饮食造就法国人的挺拔，透着几分英俊、幽默，与牛排、酒以及奶酪共生。

巴黎的森林公园：文森森林（Bois de Vincennes）

我初到巴黎是1979年，正是改革开放后第一批出国的公费进修生。走出国门，进入一个未知的外部世界，满怀好奇。第一学期，迫于专业压力，加上囊中羞涩，除在我居住的大学城和进修的学校之间来回奔走外，不敢涉足其他活动。第二学期，已能适应国外的独立生活和工作环境，也结识了一些专业圈子以外的朋友。慢慢地打开眼界。

巴黎有好几个森林公园。第一次所到的是Bois de Vincennes森林公园，应几位巴黎青年朋友邀请去观看话剧。到达时，天色已晚。直奔剧场，在公园内僻静角落。森林公园什么模样，一点没有印象。话剧免费入场，不用买票。剧场原来是一座遗弃的仓库，冬天没有暖气，特别冷。舞台非常简陋，有几盏不同角度的照明灯，有一幅黑色帷幕。没有背景音乐，也没有扩音器。都是青年演员，业余的。台词、面部表情、肢体语言都是古典式的，带着明显的夸张。舞台并不大，场地狭小，随意摆着三十来把折叠椅子，没有后台。中场休息时，演员就走下舞台，在旁侧的长桌上喝杯热咖啡。剧终，谢幕，鼓掌，演员和观众都很认真。

大学时代，我曾观看上海兰心剧院法国话剧团来华公演，与这次不能相比拟了。然而，话剧演出结束后，我却有机会和“演员”们闲聊，有幸和其中几位同路者一起搭乘地铁。他们的生活和工作条件一样艰苦，男女演员演出时都穿得很单薄。一两杯热咖啡肯定不能使他们冻着的身体暖和过来。他们演得很用心，全神贯注，使出浑身解数。如今，话剧的主题和内容，我已毫无记忆。但是他们对于专业的执着，乐此不疲的精神，不计报酬，令我感动，也使我疑惑不解。这批理想主义者，或者是空想主义者，对自己蛮有信心。他们带着顽皮的微笑，离不开法国人特有的浪漫和幽默。

据说Bois de Vincennes森林公园占地面积和Le Bois de Boulogne森林公园一样大，有过同样辉煌的历史，也曾经是皇家园林之一。我竟然到此而未能一游，不知她的真面目。在夜雾朦胧中，我和这群快乐的巴黎人走在灯光昏暗的路上。我想：“这就是巴黎”。

比利牛斯山脉的小镇：山镇的美

——2011年10月初稿

——2011年11月第一次修稿

——2018年12月第二次修稿

——2019年11月完稿

小镇的过河小桥

1981年4月，我在巴黎两年的进修期即将结束。教授F利用暑假之便，招待我去南方小憩。此行目的地是比利牛斯山脉西南部地区的一个小镇St Jean Pierre de Port，离法国与西班牙的国境线不远。据介绍，山区交通还算便利。这个季节，气候宜人，非常适合游玩。于是，他们夫妇俩各开一辆车，后座和后备箱都堆满了在巴黎购买的家电和生活用品、不同颜色的油漆桶和室内装修材料等杂物。沿大西洋海岸线，直下南方，一路上日丽风和，十分惬意。

我们到达的那段比利牛斯山脉，海拔不太高。这里是欧洲。山是欧洲的，小镇是欧式的。地理标志一目了然。行人步态从容，不急不忙，不像巴黎人来去匆匆。过河的桥不长，宽度有限，驾车尚须悠着点。面前有一片广场，小商铺鳞次栉比，但不喧嚣。河边也摆着小摊，不杂乱。教授和夫人下车去采购食物，我帮他们抱回来面包，几只大纸袋的水果、生菜和熟食。教授买了几瓶酒、饮料、几盒卷烟纸和烟草。顾客喜欢讨价还价、开玩笑，大概彼此都是熟面孔。男人们四五人扎堆，站着聊天，慢条斯理的。看来当地人对时间毫不吝啬。

离开广场，转上乡间土路，没有感觉到明显的颠簸。汽车过后，尾随着一条尘土飞扬的黄龙。尤其从拐弯处往后看，阳光下，背衬着蓝天白云，又是另一番景色，开阔，明朗，令人心境舒坦。教授的乡间别墅很大，占地面积更大。如果按北京眼下市价估算，他无疑是个富豪，然而在巴黎他无法享受这等优惠。房屋的正面三角形框架、大烟囱、坡形屋顶，很是气派。可惜年久失修，无人居住，看上去像一座废弃的庄园，但建筑结构却完好无损。我恍然明白为什么拖车运来那么多的装修材料。教授够精明的。装修工程将分阶段进行。房屋周围大片土地已经平整出来。园子里停放着推土机和压土机。从入口处到屋门前将开出一条道，铺上碎石。他说喜欢听汽车轮胎与碎石路面摩擦的声音，在门前戛然刹车，他觉得这声音好听。人各有癖，怪癖！

小镇入口处

我住在气楼上

我的卧室被安排在正面的气楼上，目测面积不小于50平方米。房屋的栋梁都是整块大木头，本色，不上漆，视觉上产生结实和稳固之感，保留欧洲乡村建筑原始的风格。斜坡大屋顶，气楼层高受限。正面有大窗户，推开木制百叶窗，阳光倾泻进来，屋内有明有暗，显得含蓄而温馨。木头地板，在上面踱步，脚和地板有亲和力，步子重了会发出声响。如果踩在磁砖上，脚和地面接触冷冰冰的，没有感情。放着一张木制单人床，设计简洁，做工道地，不粗糙。两边栏板比较高，与床的底板合起来，像只没有盖的盒子。当初没有床垫子，用稻草填充。中国人说，睡在床上；法国人说，睡在床“里面”。室内没有其他家具。

为解燃眉之急，几根水管和电线已经拉了进来，灯泡和灯罩很原始。两只灶具临时凑合着用。地上放着两桶煤气罐。本地区是否供应管道化煤气，不需要我操心。这幢房子修葺后，生活将会更加美好。在场的每个人都这样想着，包括做客的我。“烛灯”晚餐，气氛喜庆。大家边品酒，边聊天，“你、我”昵称，意趣相投，自然而然热乎起来。红酒、奶酪和小块面包，号称“美食三位一体”。喝葡萄酒或者香槟，敞开心怀，海阔天空，不谈医学。人际交流需要酒和语言。有一种说法：“一开口，我就能了解你。”

当地盛产美味的奶酪

说起喝酒和聊天，原本是法国人的两大爱好，与生俱来，由老祖宗从基因里传给他们的。“copain”一词，由“co”与“pain”合成。顾名思义，同享一块面包。我琢磨过好长时间，这个名词翻译成“伙伴”或者“伙计”，不够味儿，改为“哥儿们”也许能把情意烘托出来。不要轻易谢绝法国朋友的好意邀请。拒之门外，意味着刻意与对方保持距离，太不够朋友了。中国人通常会比较拘谨，可能与100多年来长时期被封锁，几乎与世隔绝有关。现在我们要开放，要走出来。

回到气楼上，女主人已经把床单和被褥铺垫妥当。床边放着一把有扶手的椅子，与床同样木料，同样做工，很匹配。关上房门，时光似乎回转到小说中所描写的19世纪那样的年代。平日里免不了要在窘迫和焦虑中挣扎，今日得休闲。闭上我的眼睛，睡在那张老式木床“里面”，醒着做我的梦。我把神经质的巴黎抛到脑后，抛到大西洋里去了，远远的。

巴斯克山区风光

——2011年10月14日初稿

——2011年10月30日完稿

清晨醒来，推窗眺望，一片迷雾笼罩，青草和泥土的芬芳扑鼻而来。农舍分布稀疏。远处几头奶牛，哞哞声低沉而浑厚。看着太阳升起，雾慢慢散开，像薄薄的纱幔，就在我眼前，一层一层飘逸而去，摸不着，也抓不住。山峦层叠，在晨曦中隐约浮现。原以为只有太阳投射的光线才能照亮黑暗的角落，其实阳光透过晨雾的弥散足以驱除心灵深处的阴霾。

下楼去，见教授夫妇俩全副武装，蓝色工装裤，格子花衬衫，袖子卷得高高的。教授夫人外穿一件夹克衫。男的戴上贝雷帽，女的扎上头巾。粗看一眼，不容易认出来。装修工和园艺工人还没有到。夫妇俩很坦率，不好意思拉我干活，估计我笨手笨脚，反而碍事。我不擅长此道，且不善解人意，恭敬不如从命是上策。喝咖啡，加一杯红葡萄酒。我喜欢奶酪，包括带蓝色斑点的山羊奶酪，这使我的法国朋友们感到惊奇。谢过主人，乖乖出门遛弯去也。

巴斯克地区比利牛斯山下的小镇，坐落在起伏的山坡上。

微风吹拂，阳光和雨露轻轻地渗透着土地，滋润着我的身心。山区平静而不寂寞。小镇坐落在起伏的山坡上，联体房屋错落有致。街道虽狭，但轿车勉强可以通过。有一座小教堂朴实无华，默默地守护着教区的和谐与安定。推门而入，内部装饰显得简单，很干净，不失庄重和肃穆，毕竟是上帝的家。神父迎着我走过来，中世纪款式的黑色长袍，胸前挂着十字架，天主教的神父像同一个模子里走出来的似的。手胖乎乎的，很温暖。面部和肚子堆积着脂肪。他说话慢，鼻音重，语气和善。就他一人管理着教堂。欧洲教堂的钟楼里悬挂的钟靠一根粗绳拉动，钟在支架上大幅摆动，钟随着节奏敲打着内壁。钟声清脆、飞扬、欢快，吹散人间的抑郁和冷漠，令人心旷神怡。这里听不到中国寒山寺的夜半钟声。在同一个星球上，钟声所塑造的奇妙意境，可以向人们显示不同的世界。在我来访的一年前，教堂里安上了一套电驱动装置。神父得意地把我带到嵌在墙上的一只木盒前，里面有手动开关，按时、按需启动。平时木盒锁上，钥匙由他本人掌管。这显然能减少老人的体力消耗。不过，他也失去了拉动大钟绳索的乐趣。

欧洲式农村建筑

——2011年11月8日 完稿

小镇坐落在起伏的山坡上。街道虽狭，但轿车勉强可以通过。我有意避开比较热闹的地段，选择几乎不见行人的街道，感受漫步的自由和舒畅。两旁的房屋，依势联体并列，错落有致。坡形大屋顶，铺上扁平瓦片。大块木料或直立为柱，或交错呈米字形，支撑着砖墙。瓦片和外露的木头漆成红色，墙面一律刷白色。窗外红花或辣椒整齐排列，窗内白色纱帘虚掩。红白分明，明亮醒目。这就是书本上所描写的欧洲式农村建筑风格：“Colombage。”环境干净。

小镇红白色的建筑风格

我顺势上坡行走，到达新的高度，驻足回顾，来时沿途风景尽在脚下。多年来生活颠沛流离，往事烟云正在慢悠悠地消退，整个身心轻松而飘逸，愉悦之情慢悠悠地上升。这里不像巴黎那样时尚和浪漫，这里没有北京那种古典和凝重。小镇纯朴之美到处存在。

行走在小巷中

窗口挂着壮硕的红辣椒

走出小镇，视野忽然开阔。蓝天被洗涤干净。遍地浓密的青草，踩在上面比走在地毯上更为舒适。选个好地方躺下来，让全身的肌肉和关节放松，再放松。我浸浴在午后暖洋洋的阳光中，呼吸着清爽的空气。把心静下来，我可以听到万籁之声。遍地的青草向太阳诉说着她们的兴奋，即便是每微米那一丁点儿的生长。树枝爆出嫩叶，忙着向左邻右舍炫耀她家族的繁荣。小溪接受源源不断的充盈，得意地舒展她的肢体。泥土贪婪地吮吸着雨露的渗透和河流的灌注。植物和动物一样，有着复杂的语言，传播着生命的声息。整天忙碌的人们却听不见，也听不懂。

从远处望去，比利牛斯山脉绵延数百公里，西南地区不见异峰突起，但见她姿态柔和、几分腼腆、几分女性的魅力。据希腊神话传说，地中海有一位公主，名叫比利牛斯，被外来的勇士抢走了。她怀孕后生下一只怪物，害怕触怒父王，便逃进森林躲起来，不幸被野兽咬死。勇士深感内疚，恳求山神允许公主在此长眠，山脉因而得名。故事由教授夫人口述，我相信她见多识广。教授夫人关注的焦点是公主被勇士劫持，抑或同他私奔。教授夫人爱好悲剧，我无意介入探讨。对于神话，不必苛求考证。古今中外，美女与英雄，多有悲欢离合。然而，比利牛斯山脉赐给我们慷慨和宽容。“把酒问青天，不知天上宫阙，今夕是何年。”殊不知幸福就在人间。

比利牛斯山脉的小朋友埃利克

——2011年11月9日完稿

“我是埃利克，11岁。”一个男孩面对着我，宣告他的存在。他有两大特点：一是不把我当作老外，或者外地人看待；二是不认为我是大人，也就是说，他不以为自己是小孩。尽管埃利克带有西南部的乡土音，我是道地的中国人，但是他都表现出惊人的沟通能力，他的热情有很强的感染性。作为11岁的男孩，他长得不算高，但和我一起，却能自信地保持平起平坐的气概，仍不失童真之心。我对他没有忌讳。虽然他掌握的知识不多，但善于用孩子的语言，讲自然界和小镇的故事，把好奇和兴趣传染给我。他不经心地提出一些问题，不要求有问必答。埃利克总能留出一段间隙，给我思考或者安静，不像职业导游那样喋喋不休。他似乎在有意识地引导我，按一定的路线踏青，让我时不时有惊奇的发现。在我的眼里，他是个“小大人”，直率、可靠。我们很快成了朋友。

埃利克带我走出小镇，到达我一个人不敢涉足的比较远的地方。他熟悉山头蜿蜒曲折的羊肠小道和走向。看他跳跳蹦蹦，我也高兴。他向我指出草地上最常见的两种小花，一种是黄色的，另一种是白色的，花瓣边缘有血红色的波浪。草地在我面前顿时变了一幅景色。埃利克即兴朗诵以小花命题的一首诗，童声自然，亲切入耳，可惜我没有记下诗的全文。

我们不期遇上一位牧羊人，放牧归来。他叫达尼埃尔，二十来岁的青年，满脸卷曲的胡子，两眼炯炯发光，总是微笑着。埃利克认识他。牧羊人要看管一百多只羊，放牧和挤奶全由他一个人干。按习惯，牧羊犬是牧羊人亲密的搭档。羊容易犯自由主义，所以需要牧羊犬管教不遵守纪律的羊群回归既定的轨迹行进，并将那些走在后面的、喜欢我行我素、脱离队伍、走到斜路上去吃草的调皮鬼追回来。达尼埃尔说，他能叫出每头羊的名字，羊能听从他的召

小镇有大片草地的地方总可见到羊群

唤。他能认出哪只羊没有挤奶，从不遗漏。经他这么一说，我竟然没有注意是否有条忠于职守的牧羊犬跟随在他左右。

等到羊群跌跌撞撞地挤进羊圈后，达尼埃尔喜形于色。我在羊圈旁给他们照了几张照片。当时有一个小女孩在场，大约五岁的模样，才有我家小女儿那么大，说话有点上气不接下气。那小女孩回家告诉她妈妈说："埃利克的爸爸（她以为我是小男孩的父亲）给大家照相，给我、给达尼埃尔叔叔、给羊照了相。"这是镇上的小学女教师有一天到教授家来吃晚饭时讲的，附带扮演小女孩的面部表情，逗得在座的人大笑起来。教授夫人最为敏感，甚至笑出了眼泪。

小镇的小学女教师

——2011年11月17日完稿

小学女教师居住在一栋独门独户的房子里，屋后有一片园地，由低矮的木栏围着，地处小镇边缘，很安静。某星期的某天下午，大门半掩。女教师倚着门框，看着我沿上坡的街道慢慢走近。站在门外，我们交谈片刻，便进入客厅。在欧洲，壁炉是客厅的灵魂。壁炉上方挂着风景画。壁炉两旁有两张单人沙发，周围放着几把椅子。阳光透过窗纱倾泻进来，温而不火，不耀眼。

在靠里边的沙发上，坐着一位中年妇女。女教师把我介绍给她的妈妈。母女俩年龄相差估计有二十多岁。与我国中年妇女相比，欧洲女性显得老气，脸上多出皱纹，容易发胖。南方人好客，性格比较爽朗活泼。不过，教师的妈妈说话乡音很重，听起来有趣，但不好懂。女教师讲的是巴黎音腔，有可能她曾在巴黎上学，或者曾在那里长大。初次见面，无意中发现女教师的那双眼睛是棕红色的，在棕色背景上闪着一片红光，红得出奇。这样的眼睛，在巴黎的女孩子中没有见过。她身姿轻盈、愉快，神态悠闲，在平静的山区小镇生活里，散发出含蓄的魅力。

巴斯克人有着自己的语言和文字（Euskera），并非由拉丁语系所衍生。比如说，放在形容词前面的"前缀"和词尾的"后缀"和法语不同。女教师告诉我，巴斯克人举杯请客人饮酒，常说"请、请"。这跟汉语像极了。两个音节紧接着，重音放在第一个音节上，和法语习惯的发音恰好相反。巴斯克人也用水浴（bain-marie）来温酒。谈话间，女教师的妈妈捧出一大罐果子酒。这酒罐子我好熟悉，大口玻璃罐，由玻璃塞紧紧封口。我见过我外婆就用这类罐子泡各种果子酒。女教师取来酒杯，为每人斟上一杯。我并非美食家，没有资格谈论品酒，但觉其味甘美。啧啧作声，即兴说了句“请，请”。主人高兴极了。

想不到这段话题，在当天教授家进晚餐的时候，引起了有趣的讨论。此番度假小镇Saint Jean Pied de Port属于比利牛斯山脉西南部的巴斯克地区（Pays Basque）。小镇不如靠近大西洋海岸的Biarritz和Bayonne等地（来时路过）那么繁荣。巴斯克分为两部分，山脉的北坡归法国，山脉的南坡属西班牙。整个比利牛斯山脉在法国和西班牙之间清楚地划上分界线，也就是说，把欧洲大陆和西班牙半岛划上一条分界线。巴斯克人聚居在山脉南北两坡及其延伸地区，一部分在法国，大部分在西班牙。从整个法国地图来看，巴斯克的法国部分占地面积比较小。

巴斯克民族历史悠久，他们称得上是欧洲古老的居民。直到古罗马军队侵占西班牙时，他们被迫退入现在这块横跨山脉的地区。巴斯克人的种族从哪里来，原始的老祖宗是些什么人，问题很复杂，教授夫妇也说不清楚。对我来说，在巴黎也好，在巴斯克也好，和当地的人们都合得来。我想得简单。每个国家都由多个民族组成，即便像新加坡那样的“城市—国家”，也不例外。历史渊源是客观事实，文化遗产和地缘关系等，可以伴随时代的发展而改变。我们可以想得宽阔些。黑泽明说得好，“人能把卫星送进宇宙，可是在精神上却不会向上看，而是像野狗一样，只注意脚下”。行万里路，如读万卷书。比利牛斯山之行，同样有新的发现。不是吗?

手球和回力球

——2011年11月21日完稿

我和埃利克站在一块平整好的场地上，面对一堵高大的砖墙，名曰：fronton。这是户外的手球（pelote）场。手球的游戏规则非常简单，双方球员共同面对着墙，在规定的距离外，用手掌把球击到墙的规定高度以上，规定宽度以内；对方球员接球，按同样规矩，用手掌打出去；球员一

巴斯克手球的球墙

律穿白色衣裤，系绿色和红色腰带，或者以红色和白色球衣，互相区别。埃利克早有准备，他从裤袋里摸出一只手球说球里面有一团毛线，外层用皮革包裹，由手工缝制而成。手球是他的宝贝。按传统方法缝制的手球，弹性较差，需要用力击打，跑动也要灵活。

太熟悉了！在上海原中法学校也有这么一个户外手球场。墙是大块黑漆厚木板组成，背面由几根粗大的木柱子支撑。手球是当年小学生用的小皮球。2009年我陪夫人家绮重返母校，高而宽的木板墙已被完全拆除。再也听不到赛球时的欢叫，再也见不到球场跑动的同学们，一晃眼四十年过去了。如今，我在千里之外和埃利克一起玩巴斯克手球，想不到吧？看我的小朋友玩得那样投入，真羡慕。手掌击球，不戴手套，很痛。然而，我也很高兴，在埃利克身上找回了我已消逝的童年，哪怕是短暂的片段。

传统巴斯克手球的球与球拍

手球运动起源于古希腊。巴斯克人作了两项改进：第一，原始的打法，由双方球员面对面的击球，就像现在打网球或排球那样。巴斯克人让双方球员都站在一边，向墙上击球。所以，手球也被称为“墙球”（balle au mur）。第二，不一定用裸着的手掌打球，可以戴上皮手套，或者皮手套带上一只弯形的藤条编制的球拍（或长或短）击球，统称为“回力球”（chistera）。巴斯克地区（法国和西班牙）几乎每个小镇都有手球场或回力球场，总会有人在那里打球自娱。两个人就可以玩一场手球。教授F曾特地邀请我观看了一场室内的手球赛，按传统的方法，用手掌击球。赛球馆不算大，没有多余的装饰。我喜欢这份

现代巴斯克手球的手掌击球法

简朴和热烘烘的人气。手球或者回力球，形成了巴斯克人的一种传统，已经延续好几百年。有一句谚语：“一个巴斯克人，一顶贝雷帽。二个巴斯克人，玩一场手球。三个巴斯克人，组成一个合唱队。”

比利牛斯山脉小镇的罐闷羔羊肉和《西游记》

——2011年11月25日 完稿

一个星期过得很快。教授夫妇整天在忙什么呢？屋前的车道已经铺上碎石。屋后由卡车运来三堆泥土。屋内装修进展不大，显得杂乱。一部分墙潮湿渗水，墙基需要改造，更换砖和泥土，改装排水系统，这方面的工程由专业工人操作。夫妇俩自己动手平整厨房和浴室的几面墙，技术不高明，估计将全部返工。他们玩得高兴，毫无自责之意。教授不乏惊人之举，他决定保留饭厅里原有的长桌和长凳，厚重的木板，土色土香，原汁原味。他巧妙地捕捉视角，在客厅的一面墙上，打开一个大窟窿。工人安装上一扇窗户。一眼望去，风景如画。教授的收获是忘了自己是教授。

教授夫人暗地里下功夫，把羔羊肉、辅食和细心搭配的调料分批装进高高的陶土罐内，用文火慢慢炖煮8小时，等到恰当火候，掀开罐盖，一股热气腾起，香飘万里。这顿美餐听凭胃肠道尽情享受，世上文章无论如何也表达不好。罐闷羔羊肉、葡萄酒，伴随着唾液，胃肠分泌液，浩浩荡荡，顺流而下。这是生物学中一种最奇妙的生化效应，沁人心脾。20世纪90年代，我犯过两次急性胰腺炎，如今耄耋之年，胰腺功能差得可怜，没有福分享用罐闷羔羊肉了。回想起30年前那个罐闷羔羊肉呀，才知亚当要挡住夏娃那只苹果的诱惑多么困难。

我的杰出贡献是应教授夫妻要求，提起装修用的毛笔，蘸上红漆，在浴室的墙上，挥写四个大字“潔身自好”，标准汉文繁体字。我自以为是地作了一番文字解析。教授夫妻表示了自以为是的理解。尽管浴室墙面重新平整后，将贴上瓷砖，四个红色繁体大字将如同甲骨文那样被埋藏在墙壁的深处，面对法国朋友们的好奇和赞赏，我满脸春风，扬扬得意。

教授夫人精心烹煮的罐焖羔羊肉，其鲜美难以用语言形容

“罐闷羔羊肉——晚餐”堪称家庭盛宴。小学女教师和她的男朋友都来了。她的男朋友很

壮，三十来岁，性格开朗。我很喜欢他的男中音。就座的诸君中，我是唯一来自东方的客人。中国的文化和传统习俗，对法国人来说，竟如此陌生，如此神秘。在我旅居巴黎的两年时间，不断有法国朋友提出疑问，为什么我的皮肤没有他们想象的那样黄。这个问题在那天的晚宴席间，还是由小学教师凭着女性的细心，婉转地提了出来。她的男朋友直率地说我像阿拉伯人，因为我有大眼睛和满脸胡子。身在客乡，我比较注意仪表，每天修刮胡子，从不懈怠。无奈这玩意儿春风吹又生，按捺不住。

出于偶然的灵感，我给大家讲《西游记》。关于大闹天宫和三打白骨精，情节太复杂，我这点法语水平不够用。我选了三则故事。一是孙悟空被太上老君关在高温炉里，要烧死他。孙悟空找到炉壁上一条缝隙，赖以吸入清凉空气，苟全性命。等太上老君揭开炉盖，冷不防，他窜出来溜了。二是说孙悟空要过火焰山，须借铁扇公主那把扇子去灭火。遭到拒绝后，他变成小飞虫，闯入铁扇公主的肚子里，在里面拳打脚踢，强行索取。铁扇公主疼痛难忍，只好答应了。孙悟空从她嘴巴里跳将出来，夺过扇子就跑。他对着火焰山大扇铁扇，谁知扇子竟然是假的，引来大火，差点把他烧死。三是讲嘴馋的猪八戒偷吃人参果，囫囵吞下，竟不知什么味道。

《西游记》寓意深刻，人物形象生动。听者如痴如迷。女教师笑得受不了，紧捂着肚子哼哼。男朋友逗她："你把门钥匙交出来吧！"一句话，逗得教授夫人突然"井喷"。每位在座的人都有自己心目中的孙悟空和猪八戒。中国人和法国人都有人性。凡有人性，就有感染力。其实，《西游记》作者吴承恩的寓意，我不一定说得全。相信听众自能仁者见仁，智者见智。

走在回家的路上

——2011年11月28日 完稿

我的度假生活行将结束。教授将送我回巴黎，他在那里稍事采购，然后折返。教授夫人暂时一人家中留守。终于到了相互告别的时刻。小学女教师送给我一只法国娃娃，头戴蓝色头巾、身穿连衣裙、棕色卷发，黑色眼球能转动，头、手和腿都能转动。回到家里，我把洋娃娃送给了小女儿。

小学女教师的男朋友说，小镇是休闲的好地方。种植业、畜牧业搞得好。因为没有工业，所以没有环境污染。此地民风淳朴，商业不发达，没有金融业。老

美丽的小镇和热情的朋友们已永久珍藏在我心中

年人宜居，年轻人不能久留。他打算到外地去，也许是马赛。“谁知道?”他说话时，眼睛没有看着女教师，“人跟着面包走”（L’homme suit le pain）。他在发表宣言。法国山区青年也在走向城市。20年后我国发生同样的社会现象，年轻人流入城市，规模更大，涉及面更广。我的小朋友埃利克没有来。该轮到我向大家说再见了。车转上我们来时的那条道，耳边响起小学女教师的那句话：“我们会想你。”她会继续留在小镇上吗?母女俩相依为命，还有家里那些事儿。每个人都在寻求幸福和面包。希望他们好运，并且快活。

很快回到巴黎，另一个世界。生活快节奏，务实，竞争。地铁是最便捷的交

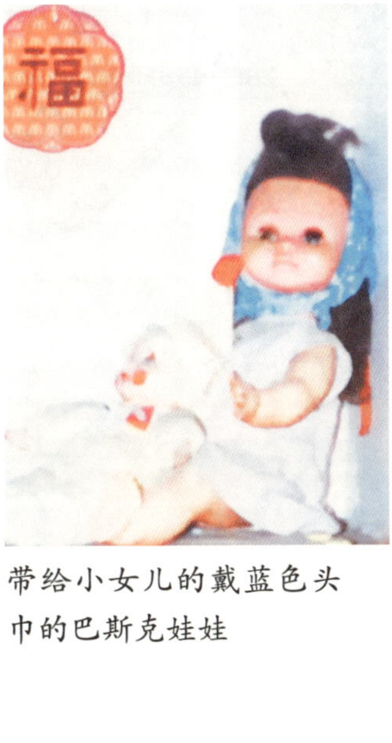

带给小女儿的戴蓝色头巾的巴斯克娃娃

回巴黎的地铁

通工具，换站换车，标记明白醒目。每天要花一定时间在地下道转悠。上班高峰，从中继站，转乘另一条地铁，有时需要通过狭长而弯曲的通道，耳边尽响着急促的脚步声，尤其是女人鞋跟的敲击声。她们居然能够踩着又高又细的鞋跟奔跑，两臂随着垂肩的长发左右摆动，颇有观赏性。进入医院，想起当天的日程，着了魔似的。巴黎世称时尚之都，浪漫的城市。旅居两年，怎么会腾不出时间仔细瞻仰巴黎的风采呢？说实话，我并不埋怨。

这辈子，被“文化大革命”折磨了十年，走到穷途末路。狂风肆虐，把门关上了。在西藏阿里高原，我骑在马背上思索着，自认为悟出一个道理来：总有一天，我会找到出口，绝处逢生。人不能没有信心。我的老师曾宪九教授身处困境，语重心长地鼓励我，让我站起来，要坚持走下去。时来运转，改革开放的强劲之风，把通向新生之路的门吹开了。我有幸重操医师行业。按照曾宪九教授发展外科学科的总体设想，来到巴黎。我应该感谢我的留法导师Leger教授，当年他时任法国外科学会会长，他不仅为我铺垫好进入巴黎医学界的路，此次去比利牛斯山区度假，也是他的安排。

比利牛斯山是美丽的，小镇是美丽的。人们有足够的时间闲侃，打手球或者回力球，唱自己喜欢的歌。在那里，我度过了一段平静的、自由自在的时光，体验了一段面向心灵的生活方式。相信我会变得更有韧性，更为宽阔。可是，那里不是我的祖国。我的事业在北京。不久我就要回国。改革开放的号角已经吹响。为改变人们习以为常的思维方式（包括我自己在内），探索创新的道路，估计需要付出代价。北京协和医院于1921年创建，在短短30年中，创造过辉煌。这份历史遗产，几经冲击，几经敲打，仍然保持着价值。不能说研究历史与北京协和医院今后的发展无关。今天要在协和医院开创一项新的专业，所面临的挑战，会是一场紧张激烈的考试。“进京赶考”从来不轻松。然而，我会很高兴，因为我在做我愿意做的事，做我很感兴趣的事。

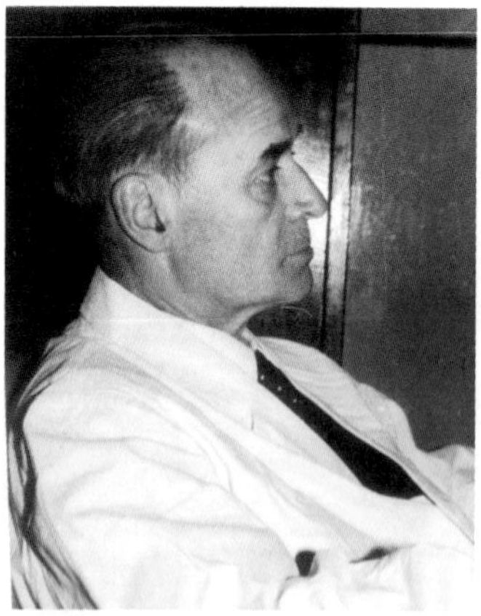
怀念我的留法导师Leger教授

意大利与西班牙

——2015年3月28日完稿

意大利和西班牙是艺术文化气息浓厚的地方。西班牙人和意大利人的语言本身就是音乐。意大利歌剧的歌词不应该译成汉语来演唱。罗马的雕塑很美，无处不在。整个城市是一座博物馆。坐在梵蒂冈西斯延教堂的长椅上，仰视米开朗琪罗创作的穹顶壁画《创世纪》。灵魂能够从肉体的束缚中解脱出来，人的理性正在被唤醒。艺术可以表达文字所不能表达的东西。在罗马，像生活在电影里面，我指的是意大利电影里的生活。这就是为什么意大利享有欧洲文明摇篮之声誉。作为旅游者，我很难相信在这座艺术之都，会存在盘根错节的黑社会组织。

在西班牙，激情奔放的弗拉明戈舞，令人振奋的节奏，心跟着翻腾起来。第一印象，西班牙人喜欢睡午觉。在巴塞罗那，下午四点以前，城市还没有苏醒。快乐的生活在夜里。西班牙为全世界贡献出作家塞万提斯、歌唱家多明戈、画家毕加索。很遗憾，我看不懂毕加索的作品。16世纪西班牙曾经是称霸海洋的强国，比英帝国的崛起更早。然而，历史的转变不可预测，自有它的规则。大西洋中有一座小岛，一座火山，不知哪年喷发过。因此，在此开辟旅游景点和机场。我曾沿着岩浆喷射后流淌出来的山路，一步一步往上爬，不敢爬得过高，距离火山口还有很远一段距离。可以想象火山喷发时的威力和壮观。这是我第一次近距离接近火山。我买了一幅石版画，带回来，挂在客厅里。

我带回的西班牙火山石版画

1993年在巴塞罗那，我第一次参加世界重症和危急重病医学会联盟大会，结识了几位著名人士，并当选为中国代表。学术会议的内容似乎没有在我记忆里留下太多痕迹。我姑且把这次交流，纳入人文医学范畴。

阿尔及利亚

——2015年3月29日 完稿

北非阿尔及利亚。我发现了一个神秘而复杂的世界。1830年，法国入侵阿尔及利亚，对这个国家开始殖民统治。直到1954年阿尔及利亚打响了民族独立战争，最终宣告了法国殖民统治的终结。阿尔及利亚经过多年的抗战，取得独立。我可以从官员和知识分子阶层中看到法国人的影子，无形却到处存在。土生土长的阿拉伯人是道地的穆斯林。阿尔及利亚首都阿尔及尔分布两类人群的聚居区，两者迥然不同。欧化的城市和阿拉伯人的土居，两者共存。我进入里面，感受到一个城市，两种生活。然而，这两类人群，在骨子里对真主绝对的信仰是高度一致的。他们宗教信仰虔诚，远比政治信仰重要得多。阿尔及利亚人一夫多妻，官员和知识分子也不例外。我们街对面楼房里的女主人，会打开窗户给我们看她年轻时的照片。年轻时的女子的确漂亮、迷人。真主想得周到。为了男子的心神安宁，教她们披上头巾，戴上面巾，只露出两只眼睛。即便如此，她们的眼光像闪电，可以电人。不过，青春不长驻。她们30岁以后，多会发胖。

真主穆罕默德一手拿《古兰经》，一手拿剑。这是我发现的阿拉伯世界。近年中东几个阿拉伯国家的暴乱，很可能是种族利益、宗教派别争斗，加上恐怖组织暴力夺权等多种矛盾激化的结果。阿拉伯人有自己的文化，有根深蒂固的宗教。外来的漂亮的理论，激进的理想主义，不切实际。西方人硬是想按照西方人的理念，短时期内改造阿拉伯世界，简直是天大的谬误。一年的旅居生活，我看到了前所未见、前所未闻的阿尔及利亚。尽管时间不长，有很大的局限性，但我认为收获到一点点感悟。

越南与老挝

——2015年3月29日 完稿

我头两次到越南，是在20世纪60年代初。那个年代，越南和我们是“同志加兄弟”。我和他们相处很惬意，无论是办事还是聊天，都有点把他们当作广西人。河内有主席府，是原来法国的总督府，里面有小湖。越南主席胡志明就住在湖边的一座小小的竹楼上，朴实无华。有一天，越南主席胡志明在小竹楼上接见了我们代表团成员，并共进早餐。我是代表团成员中最年轻的一位，他递给我一根香蕉，简短地用法语和我交谈了几句，我受宠若惊。作为国家领导人，他老人家很和蔼，稍带几分矜持，低调，保持着尊严。这是越南人的特点。

河内有个西湖，湖中有个还剑亭，传说当年“北方帝国”入侵，勇士出征前，湖中老乌龟献上一把剑，以壮其行，勇士得胜归国后，把剑还给老乌龟，并建立此亭，以志纪念。湖边有座庙，供奉着关公、孔子和老子的神位。寺庙的主持给我们看了一块越南最早的木刻活字印刷版，整篇是汉文字。越南还有好几座关帝庙。在越南国家博物馆里，存放着几根粗大的木桩，据陪同人员的介绍，这几根木桩原是打在河道的入口处，以阻止“北方帝国”舰队的入侵。在南下途中，大河的北岸竖立着一堵大墙，大幅壁画描绘着越南军队正与“北方帝国”展开大战，从对岸观望也清晰可见。越南的陪同告诉我，所谓北方帝国指的是古代中国。历史留下烙印，没有被消除。在中越边境，过去有“镇南关”，后来改为“睦南关”，1965年命名为“友谊关”。

在奠边府越南击溃法国占领军的“古”战场，参观了我国陈赓大将军的前线指挥所。我观看越南纪录片《拉炮歌》，也读过一本越南出版社出版、法文编写总结的奠边府战役经验的小册子。恰如我阅读毛主席有关战略战术的论著，小册子从思想到用词，堪称一脉相承。

我们一行到达纬度十七度分界线。一个国家南北分裂，隔河相望，不是滋味。我年轻时调皮，在海滩一隅，背着众人，撒了一泡尿，此举纯属效仿我们的美猴王孙悟空。我自愿坐在车队的第一辆吉普的副驾驶座上。无论怎等新鲜事物，以先睹为快。这是我第一次投入茂密丛林的怀抱。我假设人类的祖先曾经生活在丛林里，以后向平原转移。我们的老祖宗不大可能是大森林中深部的动物。森林给人的感觉是可怕的，没有路，潮冷阴沉，有的地方暗淡无光。我进入的是丛林，树又粗又高，树叶密密层层，在阳光照射下被分割成数不清的光束，若明若暗。粗壮的古藤，不知从哪块地面钻了出来，爬到大树的顶层，又垂直地返回地面，人顺着藤爬上去，可以爬得很高很高。密林中，开出一小块平地，搭建几座高脚竹楼，很凉爽。可见竹楼脚下移动的人影。午间稍事休息，我和大家一样，平躺着，四肢舒展。来了灵感，给大家讲《基督山恩仇记》，故事讲的是一位年轻的船长，高高兴兴地返航，却遭人诬陷，被宪兵逮捕。听众颇为激动，不愿入睡。我也大有成就感。一条条小道形成网络，奥秘莫测，是名副其实的“小道”。旅程特有生趣。从越南的北方进入老挝，我没有到城里去。老挝某些地区，丛林不那么茂密，树长得不那样高，时不时有美军战机在上空盘旋。总的来说，此地平静无战事。

1999年参加越南总理范文同医疗小组重返越南，此时越南国家已经统一，西贡已经解放。老一辈越南人喜欢称西贡为“小巴黎”。南越伪总统府，保存完好，供旅游参观。第一辆冲进伪总统府的北越坦克，就停放在大门一侧。大楼平台，曾停放一架直升飞机，方位标志明显，以备逃生不时之需。飞行员竟然是潜伏的“越共”战士。类似情节屡见不鲜，故事因而丰富多彩。此行直达南端的头顿港，当年美军从这里撤出越南领土，海滩上留下成片成片的浴场，开放式，供美国兵淋浴使用。分布面积广，足以推测撤军的规模。

海滩上一排卖工艺品的小摊位。其中有一尊哈哈菩萨雕像，木质好，雕刻传神；菩萨大腹便便，腿短，站不起来；肥头大耳，笑容可掬。算是我第一次看到手捧元宝的哈哈菩萨，而且出现在战后的越南。战后他们需要投资发展经济。菩萨爱财，情理之中。如今在越南，看到手捧大元宝者，直教人情有独钟。岁月飞逝，40年过去了，昔日风光不再。我依然怀念着20世纪60年代那些和我在丛林里共同生活的越南朋友们。眺望远方，海面开阔，风平浪静。若有人问我：“你到过越南吗？”我的回答将毫不含糊：“我到过。”

20世纪60年代，我在越南

越南海边，当年美军从这里撤出越南领土

加拿大

——2015年4月4日完稿

加拿大地广人稀，教育、科技、经济都很发达。加拿大人神态悠闲，从容不迫，生活质量高。我比较幸运，每次去加拿大正是气候宜人的季节，没有领略过北欧寒冷的滋味。加拿大是讲英语的国家。首都渥太华有人也讲法语，带有浓厚的魁北克口音。城市的情调是英式的，英式的草地、英式建筑风格的国会大厦。渥太华没有北京那么喧闹、拥堵和嘈杂。渥太华医院安静，规范有序，不存在像北京教学医院那种超负荷的工作压力。相比之下，我们每天在赶着，跑着，跑得很累。为什么我们要如此这般地赶着、跑着？我们能跑得更有效吗？到了加拿大，我的脑海里忽然产生了这个问题，但没有继续想下去。

1990年6月8日，我到渥太华朋友居住的小区拜访夫妇二人。小区内几乎见不到人影，顿感耳目清凉。独门独户的平房，地面上没有层楼，有地下室。居住面积宽敞。各家住户之间总有大片草地相隔。我朋友家，室内装饰色调轻快，线条简明，没有欧洲古典式的凝重；夫妇二人各有一间书房；客厅落地玻璃窗；院子里有游泳池，蓝色的水，很清澈；主人没有忘了在室外放上一架烤肉机；厨房像实验室，有餐桌，打扫得很干净。朋友的夫人热情好客，持家有方。中国人和加拿大人都爱美食，记得以前，中国人按老习惯，喜欢在厨房的阴暗处供奉灶君。灶君分享着人间美食，不计较油渍和缭乱的烟雾。现在，灶君搬迁了，内部环境终于有所改善。厨房也是人文。

尼亚加拉大瀑布位于加拿大安大略省和美国纽约州的交界处，气势澎湃。这是我第一次观赏世界大瀑布。一条大河横穿渥太华，河叫什么名字并不重要，最快活的是我乘坐朋友的游艇去兜风。我煞有介事地站着把握游艇方向盘，操舵自若，迎风而上，扬扬得意。我的基本功是在颐和园昆明湖上双桨划船练出来的。游艇有封闭的居住舱，满满的家庭生活气氛，内置有卧铺、长沙发、小厨房，还有厕所，设计精巧。我在舱内小桌板上，写了一首不合规格的中文小诗，赠予游艇主人留念。妙在主人不懂中文。然后，我在游艇里甜甜地睡了一夜。有一天，我和朋友夫妇二人一同去歌剧院观看《悲惨世界》。进场之前，在候客大厅聊天，朋友夫人冷不防地问我，《悲惨世界》中有一段，在巴黎巷战时，爬出路障去捡子弹的男孩叫什么名字。她说自己一时想不起来了。我够机灵，法语对答干

加拿大境内的尼亚加拉瀑布

观看尼亚加拉瀑布

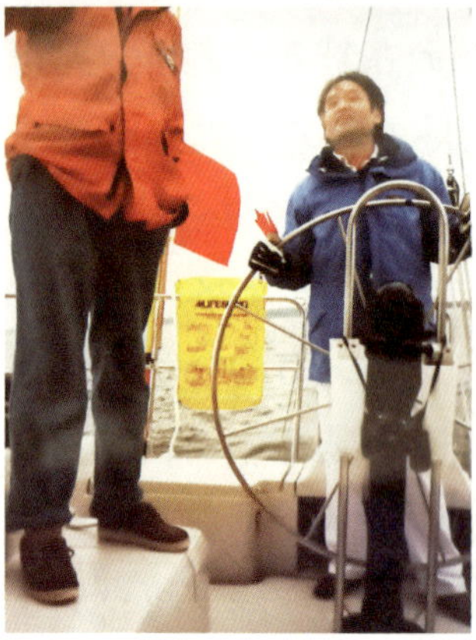

煞有介事地把握游艇方向盘

为朋友留下一首中文小诗

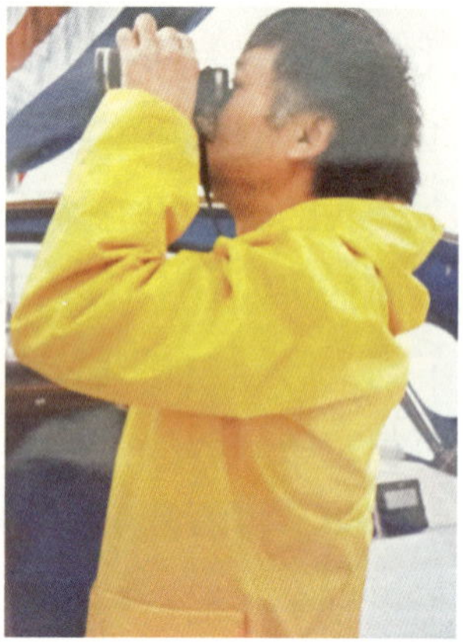

海上瞭望

脆，颇感自豪。世界上狡猾的女人比较多。毋庸讳言，她们比男人热情。

> "There is silence around me
> The reiver is slowly flowing
> The boat slightly rocketing"

在创业起跑阶段，日子不好过。我那位加拿大朋友在专业方面帮了我很多忙，知我者、助我者，斯人也。几年后，他的夫人患阿尔茨海默病，再也不认识自己的丈夫了。后来她走了，永远离开了她温馨的家。我的那位朋友难以面对不堪承受的打击，去了沙特阿拉伯。此后，我再也没有他的音信。

在渥太华，我没有见到开放着的郁金香，却见证了一场人间的生离死别。在我心里，他们夫妇俩就是加拿大。

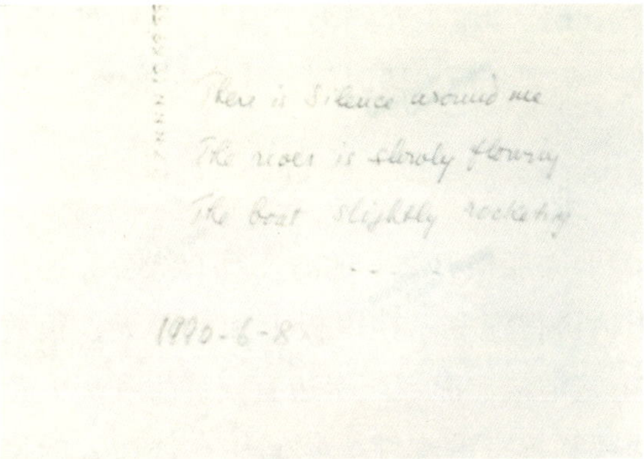

照片背面的留念

一份怀念

莫斯科、柏林与哥本哈根

——2015年3月28日初稿

——2015年4月24日完稿

莫斯科

从满洲里出发，跨越西伯利亚的铁路，又长又直，五天五夜，好像再也走不出来了似的。我们的邻居原来是那么一个庞然大国。莫斯科和克里姆林宫，经受过历代战火的考验，没有被摧毁。俄罗斯的著名人物有托尔斯泰、契诃夫、普希金、柴可夫斯基，还有彼得大帝，苏联时代的列宁和刚逝世不久的斯大林。不过，我怎么也不能想象，在苏联成立不到70年的时间内，这个“庞然大物”会发生翻天覆地的变化，解体了，崩溃了。

柏林

1953年，冷战。柏林，一座正在清除废墟的城市，还没有走出“二战”的阴影。在火车站给货物打包的大多数为中年妇女，男性劳动力短缺；车轨上有来往西柏林、东柏林两个方向的火车；车站内的高音喇叭断断续续地喊着，提醒旅客不要搭错了车。在柏林，东德和西德并存，都坐落在东德领土上。第一次感受到冷战，的确很冷。那时还没有柏林墙。1961年才开始修建这条冷战标志性工程——柏林墙竖起来了，于1996年倒塌了。1990年德国重新统一，距离1953年我在东柏林逗留的日子，不过37年。政治风云，“城头变幻大王旗”。认识外部世界，首先要多看。看就是了解。好多问题，需要相隔一段时间，才想起来。

哥本哈根

港口城市，风景秀丽。从柏林出发，要乘船横渡波罗的海。算有缘分，船长是丹麦人，曾在天津港工作多年，中国话讲得流利。在甲板上和他聊天，很放松。宽容的波罗的海，静静的。吸入的空气清洁、凉爽。岸边有安徒生和美人鱼的雕像。童话的世界，容易唤醒人的理智和善良的本性。我们住在普通人的家里，三个年轻人在一间房间，睡的折叠床。相比东柏林的大饭店，增添了许多温馨。很难说，这里是世外桃源。哥本哈根给我的印象，是一座宜居的城市。当然，我从来不愿意当移民。

美人鱼雕像

丹麦特色建筑

日本

——2015年4月26日初稿

——2022年7月19日修稿

——2022年8月5日完稿

访问日本有感追记

日本这个民族具有一定的两面性，矛盾的两面性。日本人效忠天皇，军刀既砍人家的头，也切自己的腹。科技与军事在亚洲都有强劲的发展。日本人的鞠躬礼也成为国家的标志。礼貌与军刀永远长存。

1995年，在日本发现建筑和文字均有中国文明的印迹

1995年，我出席日本学术大会，从盛冈，经大阪、京都、东京到长崎等地。机会难得，一口气跑完日本全境。我发现日本的古建筑、碑铭以及现行的日本文字，无一不显示着中国文明的印迹。在引进汉文字之前，日本没有文字。但是，日本文明与中国文明始终是不同的文明。

我和几位日本的医学界知识分子会晤。他们不守旧，但是温和、彬彬有礼。当我想起1937年淞沪战役中我家的老宅被日本炮弹击中，夷为平地；第二次世界大战期间，日本军队占领并关停北京协和医学院及医院，我很难相信他们都是日本人。

纵览历史，19世纪日本曾经遭受中国同样的命运。

1867年，日本明治天皇继位。1871年，明治政府派出大型高级别使节团出访欧美，实地考察。在亚洲国家中，日本最早发动工业革命，大力引进西方先进的科学技术，招聘西方科学家，派遣留学生赴欧美等国家学习，培养高级科技人才。1882年设立日本银行。1872年日本自横滨至东京修建了第一条铁路。明治天皇出席了通车典礼。

在教育上，日本发展近代义务教育，提升国民素质。在短短几年间，日本兴建了8所公立大学，245所中学，53 760所小学。值得注意的是，1949年，汤川秀树是第一个获得诺贝尔物理学奖的日本人。1987年至2018年，有5位日本人获得诺贝尔生理学或医学奖。从1949年至2021年，总共有 27位日本人获得了诺贝尔奖。除欧美诸国外，日本是获奖人数最多的国家。日本7所著名大学中，东京大学（1877年）、京都大学（1897年）和名古屋大学（1871年）诞生了日本乃至亚洲最多的诺贝尔奖获得者。这些精英人物构成了日本科学的基础。

“樱花道与武士道”这两重性构成日本文明的基础。现在世界向文明多极化发展，包括中华文明、日本文明、印度文明、罗马文明、希腊文明、拉丁文明、盎格鲁-撒克逊文明、斯拉夫文明、伊斯兰文明等。世界格局演变的决定因素不在于核武器，而在于文明。程思远先生认为：不同的思想与不同的文明可以相互交流，不应该只引起冲突。他说得有道理。但是，多种文明的冲突（clash of civilizations）是现实存在的，推行某种“文明霸权”的危险性也是现实存在的。

从1979年留学到1995年访问日本，经过之后30年的实践和思考，我感到今天谈论医学科学的发展，强调“科学为第一生产力”的同时，离不开的主题是文明。医学科学的发展必须是建立在“文明”的基础之上的。

阿根廷

——伊瓜苏大瀑布：大江流日夜，逝者如斯夫

——2012年9月10日 完稿

2005年，站在阿根廷与巴西的边境线上，观看世界上最宽的瀑布——伊瓜苏大瀑布。伊瓜苏大瀑布是火山喷发后形成的瀑布，四分之三在阿根廷，只有四分之一在巴西境内。

渺小的我不知大江之水从何而来，眼前看到的不像从天上来。漫山遍野的大水，来不及形成波涛，前面的水迫不及待，慌慌张张，夺路奔突。后面的水急躁万分，抱怨前进中的阻力，拼命往前涌呀、拱呀、冲呀。望而生畏的峭壁，亮出万丈的落差，赐给大瀑布那种无与伦比的动力。水从峭壁的顶层直泻而下，大股小股，数不清的水流，数不清的水滴，相互摩擦、碰撞、抨击、争抢，呐喊着、咆哮着、怒吼着，惊天动地，震撼人心。

伊瓜苏大瀑布，万丈落差

观看伊瓜苏大瀑布的壮观

杜斌、席修明和作者乘坐小船，近距离接触伊瓜苏大瀑布

我们的小船以及渺小的我们

面对着峭壁，能感受到那股骇人的冲击力、威慑力。漫山的大水向何处去？冲在前面者引领主流，创造历史，扫荡着、吞没着面前的苍茫大地。听不到被摧毁者的呻吟和哀号。世界不断地被改造着。面对着伊瓜苏大瀑布，能看到历史的辉煌、悲壮和残酷。不堪挤压的水流、水滴，寻找空隙，跳将出来，追求超脱和舒展，雾化了，飘逸了。那弥散的水雾，更神秘，更引人入胜。身处漫天水雾之中，能读到迷人的诗章，令人心醉，令人心碎。大水入大江，大江流日夜。俱往矣，逝者如斯夫。

二、魂牵梦萦的故乡——老上海

少小离家老大回之一：一江春水向东流

——2008年12月16日初稿

——2008年12月23日完稿

出于偶然的机会，2008年12月可以回上海小住几天。12月5日我带着从网上下载的《上海游览指南》，跟随着夫人家绮急匆匆登上班机飞回我魂牵梦绕的故里——上海。与以往不同，此次故地重游没有任何工作业务方面的事情，思绪很容易集中到一个焦点。

在飞往上海的班机上，我似睡似醒。上海弄堂的昔日景象，特别是宁海西路的石库门弄堂、住在过街楼下面的小鞋匠、附近的小理发店、望亭路上的老虎灶、熙熙攘攘的八仙桥小菜场，总像飘浮着的画面，在失重的状态下无规律地在我脑海里游荡着。这些画面不是艺术珍品，却是我近30年实实在在的生活。飞机徐徐下降。天空呈现淡淡的蓝色，没有浮云，没有迷雾。舷窗虽小，但我可以看得很远。机上3小时，世上60年。

昨天突然大幅降温，上海人有些受不了，对老天爷颇有微词。我和家绮在北京生活了40多年，对寒冷气候很能适应。何况班机准点到达，难能可贵，我和家绮心情大好。

此行目的明确，拜访多年阔别的亲戚。经过这么一段异乎寻常的蹉跎岁月，与老友重逢、与从未谋面的新生代人相聚，即使时间再仓促也算得上是人生中一件值得细细品味的事情。我为自己留出一天的时间，去看看老上海。那是我出生和成长的地方。看看在那雄心勃勃的城市扩建和改造过程中，上海变成了什么模样。面对着2008年12月的上海，我的头脑里正忙碌搜索着往事的痕迹。

浦东，改革开放30年的东方明珠

站在黄浦江之上，进入我视野的浦东是陌生的，因为那里没有我生活的经历。浦东的建设气势非凡，像是纽约或者欧美国家的某一座大城市。矗立的摩天大楼，似乎比巴黎还多。夜景灯火辉煌，像一串灿烂的明珠洒落在黄浦江的东岸。从建筑物的风格来看，浦东与浦西的老上海外滩大不一样，像是隔岸的“异生物”。从产生和发展的历史来看，浦东更像是传说中的“飞来峰”。浦东是在新中国成立后第二次革命中按照邓小平的总设计构思建造，诞生在原来一片荒芜的土地上。浦东是改革开放30年成功的标志，吸引着全世界的注意力。

浦西是老上海的外滩，很容易让我进入历史的回忆。浦西曾经也是一片荒芜的土地，一个无名的渔村。老上海的外滩从建立的那一天起，就承受着屈辱的历史。西方列强以炮舰政策、兵临城下之势；以不平等条约强行开辟对外通商的口岸，允许外国人开办工厂；海关大权由外国人掌握。

从1845年开始，上海曾先后被法、英、美等国家割据为租界，设立独立的“公董局”、巡捕房监狱，并且驻军。1932年“一·二八”事变，十九路军奋起抵抗。1937年淞沪战争，日本军队侵入苏州河以北的闸北、虹口。800壮士孤军死守四行仓库。太平洋战争期间，上海被日本占领，直至抗战胜利。

这100多年的历史压缩并且沉淀在老上海外滩和浦西的土地上。侵略与反抗、沦亡与救国、耻辱与醒悟、压迫与解放，老上海经历过苦难的历程。东方与西方，孱弱的旧中国与虎视眈眈的西方列强，两大板块的剧烈碰撞，在文化上、思想上激发出炽热的火星，燃起熊熊烈火，锻造出一片新的天地，一个崭新的人民共和国。从这样一种审视的角度来看，如果没有浦西，也不会有30年如此发展迅速的浦东。

然而，降临人间的时机由不得我自主选择。我出生后十多天，爆发“一·二八”第一次淞沪战争。襁褓之中，由妈妈抱着，第一次进入法租界躲避战火。实际上，租界也是外国人统治的地方。婴儿难以忍受战争的折磨，对民族存亡

上海解放纪念碑

之危，也全然无知。童年生活在虹口下海庙附近的一座大院里，好景不长。“八·一三”事变（第二次淞沪战争），炮弹击中那座虹口的老宅。我们家搬迁到宁海西路，在石库门里居住了约30年。战乱年间爸爸一度失业，我家几乎难以维持生计。

我们这一家是个脆弱的小户人家，随着风雨飘零，在无奈和惶恐中苦苦挣扎。不知是勇敢，还是天真，或者两者兼有，我始终怀揣梦想和期望坚持了下来。国难加上家难是我青少年时期在老上海的生活经历，不可能从记忆中抹去。1949年，上海解放。社会上、校园内、石库门弄堂里都发生了巨大的变化。大家期待着产生一个新的社会，产生一代新的人。

60年，一个甲子之后我返回上海，一切都变了。上海似曾相识，又似不相识。上海外滩，老建筑群体一字排开。沙逊大厦、汇丰银行大楼，堪称建筑艺术的精品。这些建筑物是历史的见证。建筑本身是无辜的，曾经盘踞在那里的邪恶精灵已被驱散。他们不应该再回来，也不能让他们再回来。春回大地，以史为鉴，重新奋发，探索在21世纪复兴和强国之路。对面的浦东展示着希望。

逝者如斯夫。黄浦江之水滚滚向前，不会停留，更不会倒退。

少小离家老大回之二：换了人间

——2008年12月18日完稿

我开始了浦西的寻根之旅，这里承载了我青少年时期的所有记忆。1939年，我7岁时进中法学堂（现名“上海市光明中学”）上学，到1947年毕业转入原震旦大学医学院。我兴奋又好奇地踏入现在的光明中学大门，老教学楼的红砖墙面修缮一新，红白相间，线条分明，保留了原有的建筑风格。在“归去来兮”之际，很是幸运我还能够找到梦寐中思念的标记。光明中学新建的高层教学楼贴邻老楼。相形之下，原中法学堂的老楼显得局促。马路对面，曾有一座专演京剧的黄金大戏院，当年锣鼓喧天，现在却荡然无存。马路中央，最初有一条小河。我上学时已被填没，这块地面高出路面，形成一个长方形的小广场。小广场长年有些街头卖艺人玩杂耍，因为从来没有近距离观看，不知其中奥妙，所以格外好奇。

光明中学红楼虽然翻修，但脑海里的记忆是抹不掉的

然而，这些插曲已经成为历史。在这座学校里，留下了我童年时期、少年时期太多太多的往事和回忆。我看到学校原来的大门换上了大块玻璃，门框依旧。刹那间，浓缩的十年光阴迅雷般地掠过我的眼帘。幼稚的淘气，无邪的恶作剧、上课时做小动作、忍辱负重的学习、按捺不住对尊敬的老师的捉弄、课间休息在操场上演全套闹剧；学习的好奇，发现了新天地，天真的幻想，不切实际的浮想联翩，自我陶醉的胡思乱想，恼人的考试，偶然获得好评而自鸣得意……千百张画面闪电般地涌现在脑海，又顿时消失。

课堂像诱惑人的牢笼。按照钱锺书在《围城》中的说法：进去了想出来，出来了想进去。如今进不去了，就十分舍不得。我想起送我上学的爸爸和妈妈，当年教过我的中国老师们和法国修士们。想起他们各自的容貌、特异的语调语声、固有的步态。他们都已经离开人世，无踪无影。所有这些思念如多米诺骨牌效应，在千分之一秒的瞬间击中了我。在这千分之一秒的瞬间，我重温了八年的校园梦。光明中学扩建的新教学大楼，其规模出乎我的想象。

中学教育为塑造新一代人的人生打下了基础。没有好的中学教育，不大可能有好的大学教育。记得一位诺贝尔奖得主今年（2008年）访华，在回答中国大学生的提问时说过：荷兰是个小国，但诞生了好多位诺贝尔奖得主，原因之一是荷兰有很多师资教育良好的中学。

走出光明中学大门，看着马路两侧以及延伸部分。新的建筑群排列整齐，洋洋大观，仿佛从地下蹦出来似的。稍远处，与青年会的深红色大楼相隔一段距离，可见老上海的"大世界"，正被脚手架和绿色护网团团裹住。据说"大世界"要"改嫁"了，要变为迪士尼乐园式的娱乐场所。后代子孙喜欢按自己的面貌重新塑造祖宗的形象，无可非议。

我还能记得"八·一三"中日淞沪之战，在上海"大世界"门前十字路口广场上，曾经掉下一颗炸弹，造成市民伤亡。爸爸给我讲过一则故事：他有位同行业朋友驾车驶过上海"大世界"门前，弹壳爆炸后，溅飞的厚层碎片正巧落在他的车顶上，幸好车顶没有被击穿。那段弹壳呈"J"字形。后来，这位朋友把弹壳配上座托摆在他家客厅的壁炉架上作为历史纪念。看今日，路面宽阔而平坦，车水马龙且井然有序地像是在传送带上转动着一般。市容焕然一新，已经换了人间。

现在（2008年）的上海"大世界"翻修中

少小离家老大回之三：蝴蝶梦

——2008年12月6日初稿

——2008年12月18日完稿

二弟家（二弟潘家复和侄子潘宁）陪着我驾车故地重游。天气晴朗，我内心也是暖融融的。我们一路背对外滩顺着金陵东路西下，沿着八仙桥青年会大楼垂直方向行驶。

八仙桥青年会大楼

在十字路口迎面可见一座二层楼的混凝土结构。没有窗户，完全敞开式通风。二层顶部门楣上赫然凸出一排黑色印刷体法文：“MARCHE MEUNIOT。” 这就是以前的“八仙桥小菜场”，也是我放学回家的必经去处。菜场底层的门楣上另有一排法文：“POISSON”，表明是鱼市的入口。闲逛中遇到两位长袍配西装裤打扮的青年，走在街上高声议论：“法国人卖鱼竟然写‘毒药’，怪伐啦。”其实法语与英语差别很大，不属于同一种语系，一个字母的差别，词义却差之千里。

原先八仙桥小菜场在现在的上海音乐厅背面左侧位置。我的老家在右侧延伸方向的宁海西路上。这一段区域老式居民住宅已全部被拆除。

小菜场完成了历史使命，今日自当销声匿迹。现代化的市区应该有崭新的面貌。原先周围低矮的砖木小楼房像是成片成片地被风吹走了似的，全部去无踪。此后，我只得晕头转向地按路人指引的方向，沿嵩山路拐向淮海中路。

在嵩山路上与“老相识”不期而遇，它是原法租界的消防处。现在是嵩山消防救援站的驻地。红色大门敞开着。

红色楼房一路延伸开去，直到淮海中路的另一端。这一片是过去原法租界的“公董局”、“巡捕房”和“法国牢间（监狱）”所在地，是法国政府在中国土地上实施统治管辖和行政权力的中心区域。如今一眼望去，临街门面店铺林立。街景很是繁华，一扫过去的晦气。仍可见隐藏在商店背后的红砖建筑物，它们是那段国耻历史的见证。

我站在消防站的大门前，尽力从记忆库中寻找昔日街道的痕迹。对面直穿过淮海中路，那里过去有个“老虎灶”（卖开水的地方），铺面很大的。店堂里摆有几张破旧的桌子和长条木凳。堂内没有照明，墙面年久失修，烟熏得墙面像涂上了一层黑漆。店门大开，临街有座大灶头，连膛灶有多个灶口，能同时烧开一排大茶壶，不间断供应开水。附近居民经常提着暖水壶，前来打水。顾客基本是人力车夫，他们多数喜欢坐在靠近大门敞开处的长条木凳上，还有的坐在各自停靠着的人力车上。他们把裤腿挽得高高的，用一条脏兮兮的毛巾擦着汗。茶水费很便宜。在出卖苦力以后，他们捧着大碗一口一口地喝着热茶，得到短暂的喘息。

“老虎灶”是人力车夫们的“俱乐部”。拉人力车是老上海街头的一景，也是古老传统抬轿子的衍生物。车夫们就是老上海的“骆驼祥子”。我坐过黄包车，很佩服这些车夫的体力，特别是年轻车夫。虽然负重长途奔跑，但其奔跑步态很轻快，通过拉杆传递给乘客一种轻松的跃动。然而，在读到老舍先生写的《骆驼祥子》以前，我从没有认真地正视过那些在社会底层挣扎着的生活群体；也没有认真地去思考过：我为什么能坐在车上，而车夫们却要别无选择地拼命奔跑，直到跑不动为止。从“老虎灶”想到“骆驼祥子”，想到自己也走过曲折的人生之路，感慨万千。虽然现在“老虎灶”没有了，“黄包车”消失了，但我不会怀有任何遗憾。

来到嵩山路

嵩山消防救援站的红色大门前

转悠至望亭路

凝望眼前的一切

老家的石库门里弄在宁海西路上，我边走边寻觅着“宁海西路”，但迷失在如今繁华摩登的大街上。目前与一段卵圆石子路垂直的是望亭路。二弟家陪着我左右转悠着。忽然发现一块路牌，清清楚楚地写着“望亭路”三个字。

这条路缺了头，掐了尾，只剩下短短的一节，周围全变了。往前走，有街心公园，很深，占地面积不小，挡住了去路。侄子说：“宁海西路就在这里面。”

我默默地想着：就在前方公园里有一块土地，曾经是我居住的地方，从1937年至1964年。家住石库门的那段生活，我把几段往事回忆写在了《我的爸爸妈妈》《中小学时代》中。旧日岁月就被封存在前面郁郁葱葱的植被下。年近耄耋，我能够站在这里静心地看着眼前的这一切，不免涌生“别是一番滋味在心头”。昔日的穷困、羞辱和煎熬，已经成为过去，永远地过去了。因绿地的阻隔，我们转身走回到消防站的红楼。

闭上眼，自我感觉仍是十五六岁的青少年。睁开眼，我怎么变成76岁的小老头了呢。而视茫茫，而发苍苍，而齿牙动摇。究竟是我变成了蝴蝶，还是蝴蝶变成了我？庄子在做蝴蝶梦的时候，我相信庄子是清醒的。梦醒的时候，他更为清醒。

栩栩然我也

时代变了，上海变了，我也在改变。闭上眼，当我寻找昔日梦的时候，回忆中见到蘧蘧然我也。睁开眼，回到现实世界中，自喻适志与，栩栩然我也。我相信自己领悟庄子蝴蝶梦的时候也是清醒的，比以往更清醒。他告诉我：这就是“物化”。

少小离家老大回之四：在石库门屋檐下

——2008年12月31日初稿

——2009年1月1日完稿

已经听说宁海西路大部分建为绿地不复存在了，这一带民宅也已全部被拆除。我抱着希望，或许能见到一点勾起我记忆的痕迹。然而，我很难找到老建筑的标志。取而代之的是，现代大城市的高层建筑楼群和拓宽了的马路。市容崭新、明朗，也很陌生。赏心悦目的街心公园似乎挡住了我怀旧的思路。短暂的眩晕和失衡的感觉，不能自禁。记忆和现实之间的时空穿梭发生了太大的落差，一时难以跨越。在我和爸爸、妈妈、姐姐一起度过的老上海生活里，贫困的窘迫、绝处逢生的欢乐，始终相互纠缠着。那是一段漫长的岁月，历历在目。此时此地，却统统消失殆尽。眼前戏剧性的改变，恍如隔世。

有人说：一生中欢乐总是多于苦难。所以，人总希望在这个多灾多难却又生机勃勃、充满希望的世界上活得越久越好。在我的记忆中，宁海西路石库门弄堂里的生活欢乐并不多，而那些歧视和羞辱对我的心灵造成的创伤更为深刻。青少年的心是脆弱的，伤害所刻下的痕迹在人的成长期不容易被抹掉，愈合后的伤疤将是永恒的。对此，我不可能对石库门那段生活有所迷恋。此番归来我没有凭吊之意，亦无思古之雅兴。回忆往事，可以增强欣慰和自信。这是我所期待的。

曾记得那多少年多少次推开窗户，映入我眼帘的总是被周边屋檐所牢牢框住的一小块豆腐干块般大小的天空。仰望这一小片天空，我欣赏天上自由流畅飘浮着的云朵，其变幻无常的形状和奇异的色彩久久地吸引着我。我生活的空间也被压缩在狭窄弄堂的一条线里，被两侧毗邻的石库门楼房紧紧地箍住。每逢阴霾和湿冷的黄梅天，洒下连绵不绝的雨丝。房屋瓦片上的雨滴顺着铅皮排水管泄流。持续而不间断的稀里哗啦作响，伴随无法摆脱的烦恼，使我难以忍受。对于居住在上海弄堂里的某些人群，大自然赏赐给他们的土地和天空是吝啬的。对于我来说，石库门屋檐下的生活是压抑的。我总是渴望有一天能够走出上海石库门的弄堂。

弄堂能显露的天空永远狭窄，我喜欢站在窗前小阳台上，更喜欢脚踩着广袤的大地。

我家以前居住的石库门两侧为厢房，天井较小，但围墙很高。石库门由弄堂串联形成建筑群的整体。设计师的意图可能在于将石库门与喧闹的街道隔开，造就一个多少有点幽闭的内环境。幽闭也是一种生活，但如果过于封闭，缺少对外往来的沟通，也就没有了对外界的理解、没有了思维的产生。我当时正处在青少年时期，幽闭的环境氛围将是一种窒息。所以，石库门必须弄堂与支弄堂相通、设立多个出入口以保持与外部世界四通八达的沟通。在外面的喧嚣与内部的幽闭之间，石库门弄堂的设计起着有节制的协调作用。现如今石库门里的正房、厢房、亭子间住进了散户人家，传统的大家庭已经解体。弄堂内生趣盎然。人们需要更多的空气和阳光，才不会感到孤独或寂寞。这个道理说起来简单，醒悟却需要时间。

我家居住在弄堂出口处上方，加建一层过街楼。下面有两扇大铁门，通向外面街道。大门右侧有狭长的一间黑漆木棚，内设二层，顶着过街楼的底座。当时木棚里面住着小鞋匠夫妻二人。木棚大致不妨碍交通，但有碍观瞻。按现在规矩，应当以违章建筑论处。但时值20世纪30年代战乱时的上海，寸土寸金，尽可能留给人们生存的空间，这间木棚的存在也就很合乎情理。

不论寒冷还是酷暑，小鞋匠终年在弄堂大门前的人行便道上占用一小块地方摆上简单工具，坐在小马扎上为人修鞋。两只手不停地操作着。来者不拒，索价低廉。不能说门庭若市，但总有顾客光顾。回头客多为附近几条街的邻居。在当时的生活水平，普通人很少买新鞋子，坏了就修补修补。修鞋的需求是刚性的。小鞋匠的手艺不能算是全球第一。但在这条街上，他无疑是最好的鞋匠。小小的摊位，周围的地上总排列着一大堆旧皮鞋。

炎热天气，小鞋匠喜欢赤膊上阵。他在鞋跟上打钉、切割皮块、抽拉缝线，动作有力、序贯而舒畅。可以清楚地看到他的双臂、前胸、腹壁各组肌肉相对应的隆起，显示蕴藏着的干劲。我所见过的传统塑像中似乎没有能如此生动地展现人体的健美。即便是威武的关老爷，一旦以财政部长的身份坐进壁龛里受人供奉，他也丢失了全身肌肉，变得肥头胖脑、大腹便便。每当放学回来，转过拐角看到弄堂口坐着小鞋匠，我会松口气："到家了。"

这条街是石子路面，来往行人较少，离喧闹的马路尚有百步之遥。夏秋季节，临街几家石库门不时闪出几位保姆。她们搬出大木盆和搓衣板在门前打肥皂洗衣服，最后搬到屋内小天井水池里去清洗。工序比较复杂。她们在幽闭的石库门里需要有合适的对话者。唯一可以走出幽闭环境的机会，就是走到石库门外面的世界上来。别小看这一门之隔，人登上月球也就走几步路。

有的保姆干脆坐在小板凳上一边手中忙着针线活，一边闲扯拉家常，描述细节不厌其烦。例如："某天有位老太太坐着人力车来走访亲戚。刚下车，耳环、发簪和胸针刹那间被抢走了""某天午后时刻，一位少夫人陪儿子上学，手表被切割。抢劫者手法娴熟"，等等。即使有所点评，亦属消息来源不可靠的传闻，无人需要对此负责。谈笑没有顾忌。在幽闭的石库门里日复一日，月复一月，重复的家务劳作可使保姆们患上抑郁症。她们需要跟别人聊天，希望别人能听着她们说话，而且是以平等的身份。她们也需要发笑、笑得开心，哪怕谈话内容并不一定引人发笑。小鞋匠也会进入这个聊闲天群体，他很有幽默感，加上他漂亮的肌肉。在这样的聊天场合，他地位居中，不时打岔串场，很有点像节目主持人的角色。里弄过街楼下天地很小，保姆和小鞋匠这组人物的出现平添了不少生气。过街楼下以及其前沿地区，虽然不显眼，却是一所实实在在的媒体中心。通向门外的世界光怪离奇。

步高里Cite Bourgogne，于1930年建立

及至太阳慢慢西斜，石子路上的人影拉得越来越长。保姆们三三两两进屋去准备晚餐。小鞋匠收了摊子，拔出那根挂着旱烟袋的烟杆，慢条斯理地抽上几口休息。翌日，当阳光重新照进弄堂的过街楼下、重新洒在前沿地区和石子路上，那些经过舆论升华或者炒作后的信息，再次在我们这组可爱的人群中传播、发酵、浮现。

记得一次学校作文课上，老师临时命题，学生即席挥毫，下课前要交卷。我最怕命题作文。百般无奈地磨着墨，竟然招来一丝灵感。我想到了弄堂过街楼下的那块小天地。生活画面出奇地平淡，每天按时出现，有序地进行，N次地重复，似乎没有尽头。欣然命笔，一阵涂鸦，无聊厌烦之意跃然纸上。按惯例在结束语要发一通议论。我的结尾大意是："暗自思忖：一个人每天讲那么多话，大多是废话。有几句话是正经的？话要说回来，如果一个人每天句句说正经话，那人非疯了不可。"

作文经老师批改后，由班长发还给同学。我急忙打开，居然得了个满分。不过，红笔评语四个字："文不对题"。何妨？管他！下课时，老师把我留下。从眼镜的镜框上方向下俯瞰着，冷不防地问道："作文是你父亲授意的吧！"怎么可能呢？作文是在课堂上写的。我生气老师太小看我。或许老师小时候的作文都是由他父亲授意的吧，那我比她强。我这么想着，第一次感到阿Q精神胜利法，真管用。

据说女人一天必需的发音数量高于男人几倍。她们一呼一吸都在发音，都在说话。记得有一次赴美，机舱中邻座的美国人对我说与我同行的一位女教授是“Non-stop flying, non-stop talking”（“一路飞行，一路不停说”）。可见这种现象普遍存在。石库门过街楼下有着平常人自己的生活。

弄堂里停放着私家汽车，提醒着我这里不是1930年的步高里

树荫下的石库门弄堂，半抱树枝半遮面，一眼望去，若隐若现

1930年，那时我还没有出生。步高里经历了岁月的洗礼，见多识广，比我更懂人情冷暖。步高里保持着老上海固有的生活气息。

少小离家老大回之五：上海弄堂的浮光掠影

——2008年10月28日初稿

——2008年12月31日第一次修稿

——2009年1月1日第二次修稿

——2009年1月6日完稿

终于回到上海了，城市变化之大令我新奇又眩晕。追忆过去的生活，一定要回到弄堂里逛逛，毕竟无弄堂不上海。“弄堂”是上海人对“里弄”“巷子”或“胡同”的称呼。

上海的弄堂形式多样，有欧式的花园洋房弄堂，有中西合璧的石库门弄堂，还有像“七十二家房客”群居的大杂院弄堂。上海的弄堂有宽的有窄的、有短的

典型的支弄堂景象（石库门）

涌泉坊的过街楼

石库门的过街楼

也有长的，还有延伸出几条支弄堂把不同风格的建筑串联起来，形成多彩的建筑群脉络漫布在城市的各个角落。

支弄堂形似城市的毛细血管，其上方露出来的天空不足豆腐块般大小，更像是豆腐丝般的缝隙。

弄堂里的建筑有两大特色：亭子间和过街楼。亭子间设在楼层之间，往往在厨房上面和楼梯转折处。过街楼处在弄口的上部空间。有些怪异的过街楼仿佛被悬在空中。

弄堂里的住户们来自不同的社会阶层，他们的职业、教育、兴趣和生活习惯往往有很大差异。每个家庭有着各自的七情六欲，有着各自的喜怒哀乐。这一切

公寓式弄堂——晾晒衣物

站在树荫下的弄堂里，我仿佛听到了什么、看见了什么

都能够透过楼房和弄堂的外观、透过室内布置和修饰展现无遗，呈现不同风格的里弄建筑。走在花园洋房弄堂里，令我回忆起儿时去二舅家的小别墅的情景。每每从二舅家看完外婆回到自己石库门的家，感觉简直是天壤之别。

头顶上方的电线与粗细不等的晾衣杆交织成杂乱的“蜘蛛网”，晾衣杆上悬挂着晾晒的衣物，这番景象是老上海市井生活的标志之一。人们忙碌地把全家的生活慷慨地在阳光下晾晒，它们静静地诉说着温馨的故事。一幢建筑本身不是生物体，但居住在里面的人赋予了它灵魂。住户走了，将带走房屋的灵魂，徒留一个躯壳。

我在霞飞坊（1924年建，现名“淮海坊”）、辣斐坊（1927年建，现名“复兴坊”）、涌泉坊（1936年建）的弄堂里故地重游，缓慢踱步以细细寻找昔日岁月的痕迹。我能够依稀地回忆起几位亲戚家住过的楼房、他们的家门口、门铃的位置。我似乎还能重新听到他们说话的腔调，见到他们穿梭的身影。我清醒地知道自己并没有出现幻觉，也没有幻听。那树荫下的弄堂，阳光照射在窗户和阳台上。屋前的小花园景色依旧。故人已离去，人去而楼不空。昔日风光已不再，展现在眼前的是崭新的景象。

武康路

本想寻找武康路里唐绍仪的故居，不料时不时犯些小错误，找错了门，却有了意外的发现和惊喜。

武康路建筑

武康路113号巴金故居

武康路115号密丹公寓（建于1931年。20世纪60年代，表演艺术家孙道临曾居于此）

淮海坊

眼前的淮海坊，怎么看也不像昔日的霞飞坊。难以想象这个街坊里住过杨杏佛、竺可桢、叶圣陶、徐悲鸿，总怀疑自己莫非走错了地方。

霞飞坊（今淮海坊），我完全不认得了

辣斐坊

辣斐坊已经“改嫁”，据说与“新婆家”的日子过得很滋润。

辣斐坊（今复兴坊）

涌泉坊

好不容易找到她。风韵犹存，只是徐娘已老。站在大门前看着川流不息的车辆和来往的人群，茫茫然。离开闹市转身进入大门，那是另一个世界、另一番景象。

近黄昏，涌泉坊弄堂里夕阳西下

在涌泉坊大门前

范园弄堂

范园（1916年建）作为那个时期模范的花园洋房而得名。

苦于找不到标志，只能乘车从华山路64号起直奔华山路1220号。弄堂口已非原来面目。迎面对着6号和8号两幢楼房的分界处。6号楼体积宽大，高三层，有很长的外走廊。一整排的白色圆柱子，支撑着一排相对应的白色拱顶。由红色砖墙衬托。红白两色交相辉映。远远望去，给人以明快、豪放的感觉。里面大兴土木，正在扩建，估计要“转型”改为旅馆。寸土寸金之地，楼前的草地全被开发出来，寸草不留。盖上一座新楼房，方方正正，由玻璃走廊与老楼相连接。外观未感受到有何特色。与老楼不协调，很是煞风景。门卫不准外人入内，我等只能扬长而去。

8号楼显得冷静败落。仿古典风格。三层楼，楼房正面有两大石柱支撑。每层窗户宽大。大门敞开。木制楼梯、木地板、木制墙板，木门厚实，用料和设计比较讲究。拾级而上，每层过道相当宽，堆放着陈旧的柜子、箱子和其他杂物，看上去尘封多年，不再使用也不清理。过道勉强容得一人通过。视线所及之处，一片脏乱、昏暗和拥堵。现在每一间房间住着一户人家，打扫公用场所的卫生工作想必亦无人过问。

8号楼是当年老上海住宅建筑的精品和代表作。独门独户，独幢独院。据悉当初的业主是原中国银行董事长。也许财团的家族外迁或移居国外，楼房无后人掌管。我们来到三楼，有一家住户的房门虚掩。我们探身入内，里走廊已改为厨房。两位老大姐正在灶台操作，其中年长者略知历史，却一脸无奈。她摆手向身后一指说：“什么范园！你看，现在这个样子还能住人吗?”

从8号楼出来，我老想着那位大姐的话。这样规模的老房子该如何维护呢?在20世纪50年代，有房分着住不失为权宜之计。经过几十年的风风雨，多户人家杂居但疏于管理，不加维修。回头看，范园8号楼和我家住过的马棚肯定不一样，拆除未免很可惜。之所以不一样，并不是因为范园8号楼住过原中国银行董事长而我乃一介草民，而是那幢楼房代表着一个时代的建筑风格，沉淀着一段老上海的历史和文化。

8号楼的设计和建造展示着当初的业主对艺术的追求。这个家族在这幢楼房里面的生活必然有自己的故事，像其他家庭一样，不为外人所知。随岁月远去，陈年往事给古老的建筑蒙上了一层难以窥探的面纱，若隐若现。论建筑，我是外行。但从医生的感受去看，这幢楼的外形像多病的老人，实体尚无破损，骨子里蕴藏着那股潜在的活力，于细无声之处透出几分悠远的神秘感。

当我踏进这幢楼的时候，很快产生一种直觉：这就是老上海。如果能够清除堆积的杂物，拆除顶部的违章建筑，房屋加以修缮，室内装饰和家具并不一定需要恢复至20世纪30年代的原貌，旧楼就可以新用。无论在历史、城市文化，还是建筑风格等方面，范园8号楼都是新上海的财富。但是，这里并非文物保护单位。眼下若要腾出空房，现有住户的搬迁手续、整修和重新设计的费用，会引发不少现实问题。眼前这幢老楼命运未卜，留在我心头的将是难以忘却的牵挂。

上海新天地弄堂

上海新天地是由石库门的一部分老居民区改建而成的。改建后，既保留了20世纪初老上海的片段韵味，也融合了现代年轻人喜欢的时尚元素和色彩。十分耐人寻味。

在新天地里，新天地壹号会所（建于1925年）是一座弄堂公馆风格的老式建筑。其以前的主人是一位徽州商人。翻修后该住宅被完整地保留了下来，也是整个新天地里保留得最完整的老建筑。据说新中国成立后，这幢洋房内曾住有几十户人家，可想而知，重建及搬迁工作的背后有不少人付出了艰辛的努力。

老上海的流年碎影

在侄子潘宁的陪伴下，我还喜出望外地看到了一些熟悉的建筑身影（图片均拍摄于2008年12月6日）。

2008年12月之行勾起了我对老上海的很多回忆，感受奇特而又矛盾。虽然我如今在北京的生活环境比当年上海宁海西路好很多，但我对老上海依然怀着深深的眷恋。老上海是我诞生和成长的地方，是我生活和生命的一部分。老上海也是我们国家横跨19世纪和20世纪、从鸦片战争到上海解放的一段重要历史时期。上海弄堂里隐藏着丰富的历史遗迹。我有幸在耄耋之年再次看到它们，也有幸成为老上海发展变化的见证人之一。

社会经济在发展，城市必须改造翻新。陈旧的建筑和城市布局不该阻碍社会发展的脚步。我相信曾经住在老石库门的居民们，在没有卫生间而需要自己倒马桶、洗刷马桶的条件下，不会认为那里会是一处多么宜居或时尚的地方。如何改建是关键性问题，改建后的城市不能都是一张面孔，特别是上海。上海有自己的历史、有

位于淮海中路的上海市教育学会

如今的上海科学会堂

锦江饭店，一些20世纪50年代的往事浮现在眼前

兰心大剧院

侄子潘宁在“红房子”请我和家绮吃牛排（左一，作者；中间，家绮；右一，侄子潘宁）

上海，我的故乡！

多元的文化特征，需要保留而不应该被抹掉。不然，上海就不再称其为上海了。

老上海的魅力已经成为史话。在改革开放更深入的今天，新的上海正以老上海为基石在黄浦江两岸崛起。

忆海拾零（一）：从静安寺到外婆家

——2006年11月18日初稿

——2020年9月2日完稿

到上海出差。车到十字路口，前面是静安寺，古建筑翻新如旧。它的背后隐藏着又沉又厚的历史，难以忘怀。它的对面是百乐门。徐娘半老，20世纪30年代的风韵犹存。久违了，多少年没回来。已是夜晚时分，炫目的照明、交错映辉、毗邻的商店、连绵似无尽头、车水马龙，穿梭往来、典型的现代大都市的繁荣。

忽然，我感觉少了些什么，回首寻找旧时的标志。在路中央原来有口深井。曾几何时，我和爸爸妈妈来到井边，有石栏围着。爸爸说这口井叫“bubbling well”，井因水中冒泡而得名。井口，在石栏底部的水平盖上了铁栅栏。那时井水不再冒泡，不无遗憾。现在，环顾四周，井没有了。车流在繁忙的十字路口穿梭，好像这里从来就没有井。这口井似乎根本不应该存在，尤其是现在。然而，这口井确实存在过。

时光隧道在现实世界中还没有成为某种可以看得见、摸得着的物体，但时光隧道是存在的。我很想停下来，去触摸那井边的石栏，俯视张开着的井口和静默无言的水面。不过，我没有让车停下。眼前的光亮、色彩，跳跃着、闪烁着、变幻着。车很快驶向更热闹的市区。我却坠入往事的回忆中，坠入那看不见、摸不着的时光隧道。

儿时沿着一条不太整洁的马路，我跟着爸爸妈妈去外婆家。因为长得矮小，妈妈总拉着我的手。这段路有多长，记不清了。其中有一段叫“极司菲尔路”（Jessfield Road），因为路名很怪，反而记住了。外婆家的住处有点像现在的“小区”。入口处没有大门，道宽，比周边的马路显得干净。私家车出入，按当时标准，也算很可以了。车道的左侧是一长排独门独栋独院的住宅。每家屋前有个小花园，周围是高高的竹篱笆。房子不大，两层楼。坡形屋顶，所以有个假三层，或称气楼。虽说房屋不大，却惹人喜爱。

小区内有几颗大树，特别几株垂柳迎风飘拂，随意摇摆，蓬松而不受拘束，朴素而引人瞩目。我最喜欢听蝉鸣，“耶斯嗒、耶斯嗒、耶斯嗒”，很有节奏，像合唱团里一个领唱之后，一片声起。伴随这种节奏，暑热盛夏，顿感呼吸畅

静安寺

通，清新之气沁人心脾。我相信音乐是人性的一部分。在一定程度上，音乐可以消除兽性。我没有机会接受正规的音乐教育，却十分爱听音乐。不知谁家的女孩，也可能是我的表姐们，正在练习弹奏钢琴。琴声飘逸，那么明朗，那么舒张。弹奏不一定熟练，但是同样不可抵抗。琴声与蝉鸣，此起彼伏，引人入胜。

屋顶下的气楼也有两间房间，窗户比二层的矮一截，室内光照效果一点儿也不差。与现在普通公寓的楼层相比，气楼的层高稍矮，面积却相当宽敞。也许当时年幼矮小，什么东西对我来说都显得高大，桌子也难以高攀。从二层到气楼的楼梯又长又陡，但我很喜欢上去。房间内有陈旧的家具，布置并不凌乱，但没有人住，偶有裁缝师傅在大桌子上赶做冬天或夏天的衣服。桌上摆着一架铜钟，已经坏了，不能报时。造型很美，很沉，我抱不动它。

推开窗子，几家毗邻的家宅尽收眼底。在我外婆家的正前方，隔着那条汽车道，有一家深院大宅，围墙大门禁闭，带着几分神秘。唯独从气楼制高点瞭望，方能窥其全貌。那家住宅不高，却很大。我不知道什么叫建筑风格，只觉得它与邻居很不一样，很有气魄。屋前有大片草地、平坦整齐，维护得很好。大院如此安静，只有这片草地能够证明那里住着人家。

那个年代，我和爸爸妈妈居住在法租界石库门楼房。成片房屋串联里弄，每家生存的空间狭窄拥挤，人来人往，低头不见抬头见。小贩挑担走街串巷，叫卖吆喝。可惜在石库门楼群里常年见不到绿色，更无蝉声和钢琴声可闻。虽然都在一座城市里，人和人的生活可并不是一个天地。

外婆家的房屋确实惹人喜爱，因为我外婆住在那里。外婆真心疼爱我，一进入这房子，她总喜欢把我始终纳入她的视野之内。这当然不容易，小孩子爱到处走动，不受约束。外婆送给我两件小玩意儿，一件是红黑两色的橡皮小狗，活像她家的爱犬鲍比；另一件是木雕小摆设，耍杂技的双臂支撑看倒竖的身子，下面驮着它的是一匹怪兽，雕刻粗糙，生趣盎然。往后的岁月，屡经变迁。这两件小玩意儿终能保藏至今，见物如见人。

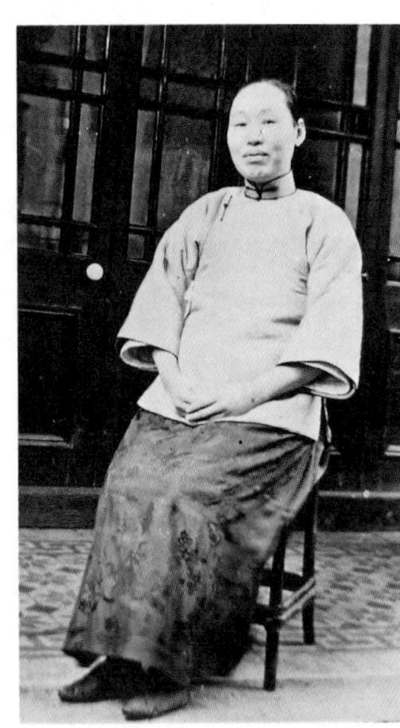

我的外婆——李葵

战争年代，我家一度经济困难。看得出外婆

对我们一家人的未来忧心忡忡。她和我妈妈母女俩在一起可以谈心很长很长时间。两人轻声细语、缓慢地倾诉，像细小溪水流入干枯的土地，永远不会休止。我听不懂她们在说些什么，因为智力还没有发展到这种水平。我只是模糊地知道家里有了麻烦。此外，外婆担心我体弱多病，担心我的成长。老人知道人生在世要经受多少的挫折和磨难，但她不知道还能给我多少爱，能给我多久的保护，她的眼神诉说着无奈。生活不总是玫瑰色。

午饭后，外婆有时拍着我入睡。外婆轻轻的拍打让我感到安全、平静、温暖。老人的爱抚是滋润的、弥散的、渗透的。在孩子的梦乡里，世界没有烦恼。我不忍心重返时光的隧道。

忆海拾零（二）：我的石库门情结

——2008年12月5日完稿

我国经济发展很快，社会已经发生了巨大的变化，城市也在大规模地改建。老北京的四合院和胡同正在整片整片地被拆毁，伴着推土机的轰鸣声从我们的眼皮底下消失。四合院和胡同是北京特有的民居建筑。那灰色的墙、灰色的砖瓦、灰色的地，可以说是老北京城的底色。几百年来，祖祖辈辈在这里生息、成长。北京人对四合院和胡同有着根深蒂固的情结。即便是外省来京的移民，定居一段岁月之后，也会产生深深的眷恋。正因为这里承载着浓厚的京城历史文化，展现着无与伦比的古韵沧桑，所以四合院和胡同始终焕发着独特的魅力。20世纪50年代初来到北京，给我的第一印象是四合院和胡同是民族的，地地道道民族的，有着浓厚的地域特色。北京的四合院和胡同与上海的石库门弄堂太不一样。

像所有的上海人一样，我对石库门和弄堂怀有根深蒂固的情结。1937年，我走进法租界石库门的那一天还是学龄前儿童。国家正在生死存亡的危急关头。1964年，我们从石库门举家搬到北京之时，我已步入而立之年。石库门的生活占据了我一生中27年的时光。风风雨雨，几多欢乐几多愁。虽然定居北京已经36年，我对上海石库门和弄堂仍然有着深深的眷恋。那里有过我的生活。在那里，我受过上海城市文化的熏陶。

石库门和弄堂是上海民居建筑的标志。采用江南民宅的传统布局，保留了天井、客堂、厢房、灶披间、晒台等民居形式，参照西方住宅的联排模式，大门选用石料为门框，山花、拱券等门楣装饰，尽显西方建筑风格的影响。这就是上海的石库门，说它是中西合璧的“混血儿”并不过分。从19世纪中叶以来，邻近几个省的移民分批进入上海，或为谋生，或为避难。到了鸦片战争时期，江浙、广东、山西等地，商品经济已经相当发达，商人们大举介入，形成上海本地和外省、商业和文化的多元性渊源和汇聚。因此，石库门建筑必然保留传统民宅的基本格局。另外，西方列强纷纷抢占地盘，设立外国租界，上海石库门的建筑风格不可避免地带有西方的色彩。但是，其也没有全盘抄袭西方建筑形式，而是讲究实用和实效。

自19世纪中叶以来，在西方的冲击下，上海正处在从封建社会向现代都市的转型过程中。急剧的时代变迁和经济转型，不仅影响着社会的总体结构，也渗透到人们的日常生活和居住空间。上海引进西方城市房地产高效的开发方式，同时创造一种中西融合的、实用的、理性的建筑性格，以顺应上海市民阶层的要求。尽管中西方文化有着不同的起源、不同的思想哲学、不同的艺术、不同的民俗情趣、不同的生活方式，却能够在上海这座城市得到巧妙的融合。石库门建筑群体现了上海“混血文化”的特征，也体现了当年上海城市的精神。

如果把视野放宽一点，跳出单纯的建筑学领域来看问题，上海城市的精神包含着兼容、创新、开拓、进取、时尚、冒险和功利性等更深层的寓意。人们习惯地称为“海派”，虽然有褒有贬，但是“海派”精神只能起源于上海，因为上海有着独特的历史。西方资本主义介入之深，与全国其他城市相比，堪称独一无二。上海曾经为此付出痛苦的代价。然而，今日上海对国际金融理念和游戏规则的理解，可能也是其他城市所难以比拟的。西方资本主义影响之广，涉及政治、文化生活等多个方面，并且与传统的特别是江南本土文化相融合。在外来势力高压下激发的社会和经济转型过程中，逐步形成上海的近代城市文化。

东西方文化的碰撞不是在和平的环境中发生的，而是在西方列强用炮舰轰开我国的大门，用军队侵占大江南北，用暴力扩展自己势力范围等残酷的条件下进行的。法国人带来了伏尔泰、罗素等法国大革命的启蒙思想，英国人带来了引发工业革命的亚当·斯密的《国富论》，美国人带来了他们的《独立宣言》，日本人炫耀明治维新。但是，八国联军首先火烧圆明园，日本陆军侵占东三省，接着以海军进犯上海。西方拥有优秀的文化，西方人却以野蛮人的野蛮行为，使中国

有特色的石库门建筑

人蒙受耻辱。

在中西合璧为特征的石库门民宅里面，居住着上海人。他们中有多少代人曾经忍受外国资本的腐蚀、诱惑和压榨，经历长时期的惶惑和动乱。石库门的高墙、黑漆大门和相对幽闭的弄堂，可以抵挡闹市的喧嚣，却无法隔绝城市大环境躁动的氛围。这里有南京路十里洋场的繁华，有英国商人沙逊建立的帝国。海关长期由外国掌管，政府无能和官场腐败，封建宗法社会分崩离析。小市民劣根性日益败露。然而，这里是中国共产党的诞生地、早年中国共青团的诞生地、工人运动和左翼文化运动的策源地之一，有过十九路军奋起抗战，800壮士死守“四行仓库”的悲壮故事。

鲁迅曾经居住在单开间的石库门里，创作出重要的作品；田汉、聂耳在石库门亭子间里完成了《义勇军进行曲》的创作。20世纪30年代电影制片中可以看到石库门生活的影子。这里有外国教会创办的圣约翰大学、震旦大学和同济大学。学生多数居住在石库门里。他们毕业后大部分留在国内，成为新中国成立以来各院校、各专业的技术骨干和重要师资力量。上海人敏锐地领悟到东西方文化的差别，率先引进西方的商业制度、经济学理念、金融的运作规则和先进的科学技术。与此同时，积极吸纳西方的哲学、文学以及音

中国共产党第一次代表大会会址

乐、舞蹈、绘画、雕塑、电影等艺术，发展了我国的现代文化。在这一点上，上海人比香港人更胜一筹。这也是上海城市文化与香港的不同之处。

2008年12月回到上海，夜间重游步高里

我们国家正在崛起，上海在发出新的光彩。上海是一座不可思议的城市。从历史、文化、人文的角度来看，上海的石库门和里弄不是北京的四合院和胡同。两者都有过各自的贡献和辉煌。在城市的扩展中，上海石库门同样在成片成片地被拆毁，从我们的眼皮底下消失。我对石库门将永远怀着深深的眷恋。在某种意义上，石库门是上海城市精神的一种特征，是上海城市文化的重要标志。石库门和弄堂在我的记忆中不会磨灭，因为那里有过我的生活。

（注：2008年5月12日中午，写下最初三段，因汶川地震波及北京而辍笔。2008年12月完稿）

忆海拾零（三）：石库门里的作坊——红帮裁缝

——2008年6月1日完稿

妈妈是我家精干的总理大臣。她出手快，赶在“八·一三”抗战爆发前一段日子里，租下了法租界一座闲置着的石库门。要知道当年信息不像如今这么畅通，我家的姨婆（祖母的亲妹妹）一直蒙在鼓里。姨婆是一位老板，开着一家裁缝店。姨丈已经去世，由她兄弟做大掌柜。到了兵荒马乱之时，方才想到搬家，自然租不到房子。合乎常理的结果，姨婆、舅公和他的儿子媳妇们，都搬进这同一座石库门。

这条弄堂不大，呈“T”字形，串联着八座石库门楼房。我们正挨着那个“T”字长臂的盲端。对门是一家做棉纺生意的老板，道地的本地人，猴瘦，很和气，很少说话，城府颇深。左面的邻居不知何许人也，看上去像殷实之户，男女穿着显得时尚欧化，房子油漆光亮，天井上方还盖上玻璃大棚，两扇黑漆大门按规矩关上，叩门以铜环的金属碰击声为号。斜对面那座石库门年久失修，主人是外省人，做假古董买卖，估计是复制品，不像搞赝品交易的。那家老先生终年不露面，家里有个哑巴儿子，常受到家人的呵斥，夹杂着哑巴含混不清的喉音，成了那条弄堂盲端、幽闭环境中仅有的那么一点点不和谐音。

战争突如其来，上海开了锅。我们这群人蜂拥而来，三家人家挤在一座石库门里，顿生拥挤、嘈杂之感。加上有些临时投宿的堂兄表叔，人来人往，打破了这条弄堂原本的安宁和左邻右舍之间的平衡。最为出格的莫过于那条夹带着跟进来的尾巴——姨婆那个裁缝作坊，竟然要在石库门里开张。小时候经常听到长辈们议论“宁波裁缝”。在我祖母和姨婆的口头语中更多地称他们为“红帮裁缝”。

据说，红帮裁缝师傅们主要来自宁波鄞县、奉化一带，讲究制作工艺。西装裁剪适合身材，采用西方立体设计，按人体部位进行裁剪。与采用传统服装制作工艺的裁缝师傅相区别。主要顾客是外国人，当时老百姓称他们是“红毛人”，因此宁波裁缝群体被戴上“红帮裁缝”的桂冠，而且成为同行业中的佼佼者。宁波服装业做出了名牌产品，闯进世界市场。例如，今天我们看到很多的“雅戈尔”大幅广告。“雅戈尔”之所以能脱颖而出，无疑植根于一百年来大大小小红帮裁缝作坊所提供庞大的行业的基础。然而，裁缝作坊对于一个6岁的小孩，毫无吸引力。

裁缝作坊就设置在客堂里。客堂几扇落地长窗终日敞开，里面放上又长又宽的工作台面，两边坐着裁缝师傅。只留下一条过道通向客堂门后的楼梯。因为这排石库门的背侧是贫民区，所以后门终年上锁，灶披间窗户也安上铁栅栏。我家是弄堂里唯一的人口大户，大门又是唯一的进出口，所以敞开无防。没有影壁，没有客堂，没有屏风或隔板，手工业作坊打进民宅，完全打破了传统建筑格局的私密性。

我厌恶打仗，战火毁掉了虹口的大宅院，再也回不去了。然而，当时我更厌恶那个作坊。我没有好心情去欣赏师傅们的技艺，总觉得作坊的存在更加挤压了生活的空间。稍不加注意，作坊的边疆正在悄悄向弄堂延伸。呢料在裁剪和缝制过程中，需要多次烫熨平贴。熨斗用的是炭火。这就忙坏了几个徒弟，他们在弄堂里架起炉灶，一旁放上一只木头大风箱。烟火起处，纷纷扬扬。拉动风箱时的节拍声，足以在区区方圆之内搅得大家心烦意乱。

我无法想象那些阔绰的邻居们如何对我们这群异类进行认知。按照那几位少奶奶、先生、老爷们的职业、身份和生活习惯，他们不可能忍受那种弼马温式的大闹天宫。他们可以上告租界的工部局，太容易找出若干违反条例，让我们被撵走，或者罚款小作坊令其停业。但是，他们没有这么做，尽管面有不悦之色。外敌入侵，国难当头，大家表现出异乎寻常的宽容和同情。上海这座城市在改变，社会在改变，石库门也在改变。

作坊的灵魂无疑是裁缝师傅。从年龄、着装、体形来看，他们有着惊人的共性。清瘦、苍老、整天弓着背操作，眼镜架在鼻尖上，把灯罩拉到齐眉的水平，用色线一条一条地弹着，熨斗一遍一遍地烫熨着，一刀一刀地剪着，一针一针地缝着。神情凝重，从不逗乐取笑。他们唯一沟通的对象就是手中干着的活儿。作坊里弥漫着淡淡的雾气。每位师傅占有一盏可以上下拉动的灯，灯罩下投射出的光线比较昏黄。几位上了年纪的怪人，全神贯注，目不斜视。每人挪动的范围，半径不会超过一米。据说红帮裁缝有严格的工艺程序和操作规矩。

师傅们有种怪癖，喜欢用嘴向面料喷水，从来不用喷水壶。把一块块面料按人体的不同部位裁剪成各种几何形，规则的或者不规则的。经过他们的双手，把生命灌注进去，一件件衣服便诞生了。师傅自己是第一鉴赏者，仔细端详着，似乎不大在乎他人的评论，从来不喜形于色。衣服不只是做好了给人穿的，也是裁缝师傅生命的作品，是他们自身生命的繁殖和延续。除此之外，师傅们别无他求。随着工龄的延长，他们越来越清瘦，越来越苍老。

在这个作坊里，我发现有一位先生，他生活的世界与别人完全不同。严格地说，他不进入作坊，最多在客堂的通道上慢腾腾地踱着古典式的方步，若有所思，或者在天井里高谈阔论。每日午餐由一家餐馆包送上门。天井里临时架起大圆桌面，众人围坐，狼吞虎咽。此时也是这位先生能够显示他的存在的一种绝妙机会。他出现在石库门的方式亦与众不同，从一辆人力车上下来，大步跨入。这条弄堂相当狭窄，人力车怎么退出去的，我也没搞明白。此人就是姨婆裁缝店的跑街先生，按现在的说法，不妨称为营销员。从他授权的权限来看，也许够得上经纪人资格。先生长得肥头胖脑，是弥勒佛的标准仿真品。根本区别在于先生六根未净，爱财。他一身长袍披挂，即使酷暑炎热，那件纺绸长袍背面汗渍斑斑，他也从不脱下。

先生应该穿长袍，可能是20世纪30年代上海白领与蓝领在着装方面不成文的分界线。他肥胖，又忙于商务斡旋，终日挥动一把折扇，以示其足智多谋；扇面有山水字墨以示儒雅。上海港经常有外国商船和外国军舰停靠，这是先生的用武之地。他善于抓住商机，包揽一批批制装的生意。对象是那些商船的船长、大副、二副、军舰的军官，为他们量身裁衣，定做制服。限期较紧，利润不菲，忙坏了裁缝师傅，乐坏了老板。先生与洋人打交道，洋文一字不识，洋话一窍不通，却穿梭往来，运营自若。一头奔波于黄浦江各码头，一头扎根在石库门的宁帮裁缝作坊。先生在上海这样一座城市里，凭着他满腹的韬略和肥肉稍展宏图，不能不令人折服。有一天他自感羽翼丰满，向东家提出更高回报的要求，以致大闹客堂后拂袖而去，另立门户。这个新门户设在另一条弄堂里的另一座石库门。同样模式的裁缝作坊挤进民居住宅。

在租界的石库门里，我们可以发现同样的DNA。

忆海拾零（四）：20世纪40年代老上海理发店

——2008年3月17日初稿

——2008年12月5日完稿

步高里门口（2008年12月拍摄）

记得儿时出弄堂口右拐，紧挨着石库门楼房群，有一家“小小理发店”。这家理发店是砖木结构的，显得陈旧。楼上是住家，楼下开店营业。门外那只转动着的红、蓝、白三色圆筒，就是它唯一的标志。门亦苍老。推门而入，门和地板嘎吱作响。理发店呈长方形，狭窄而不宽敞。左侧墙壁上嵌着由多面小镜子拼凑而成的大镜子。日光主要从理发店的门面部透入。右侧墙上钉着一排衣钩，给顾客挂衣帽。大镜子前，一字排开，放着六把老式理发椅，金属材料，宽大而笨重。看上去相当专业。师傅踩着脚踏板，椅子能自由升降。颈后靠垫可调整到合适水平。靠背部分能够放倒，既便于理发师剃须操作，也可以让顾客更加放松、舒适。估计那批理发椅都已超龄服役，却备受青睐。当年这六把理发椅是“镇店之宝”。

长方形理发店的尽头，墙的大半部分依然嵌上大镜子，剩余部分开有一扇门。靠近门的地方，摆了两个洗头用的水盆。每当有顾客洗头时，极易引发“交通堵塞”，好在主客双方都已习惯，毫无怨言。那扇门的深处，光线不足，看不清楚。经常冒出蒸汽，约莫是烧水的火房。伴着吆喝声，不时从门里飞出一块烫手的白毛巾。无论距离远近，总能准确地投到理发师傅的手中，从不失手。这一飞扔是学徒们必修的基本功，免除了在室内穿插走动的干扰，与今日篮球比赛投三分球，有异曲同工之妙。

老板本人也是理发师。顾客多了，他就亲自动手，他对顾客、对理发师傅从不发脾气，一派敦厚的长者风度。理发师傅与老板都是多年的老搭档，他们敬业、态度随和。顾客多是回头客，清一色男性。爸爸也是这家“小小理发店”的常客。自1937年我家搬到法租界，爸爸在这里整整理了26年发，理的是道地的平顶板寸头。“小小理发店”收费低。店面虽小，斯是陋室，但大家相处融洽，何陋之有。

妈妈喜欢带我去一家名叫“白宫”的理发店理发。那里收费高，还要横穿爱多亚路。爱多亚路原名“洋泾浜”，曾经是一条河道，小船可以通行。后来河道被填平，改成宽阔的马路，成为法租界和英租界的分界线，也是洋人或富商从西郊别墅到外滩办公大楼的必经之道。上班时，车流自西向东；下班时，车流逆向返回。我紧拉着妈妈的手，左顾右盼，亦步亦趋。

“白宫”理发店是一幢高楼的临街铺面，大玻璃，很有气派。理发师和服务员身着剪裁合体的白色工作服，笑容可掬，讲究礼貌。一走进门，宛如进入口腔科诊所。座上客以女性占多数。小姐和夫人们衣着时髦的旗袍，享受的服务项目也比较多，花费的时间也比较长。按年龄而论，女性对我没有吸引力。理发店的柔和、温馨的氛围使我有所感受。理发完毕，顾镜自盼，改头换面之快感油然而生。所以，我也喜欢去。

时运不济，爸爸失业了，为节省开支，我这个小不点儿的小学生在爸爸的陪同下开始跨进“小小理发店”的门槛，而不再去“白宫”理发店了。妈妈担心店里卫生条件不好，动员爸爸带上酒精为我消毒那里的理发工具。爸爸说那样做会伤了师傅的自尊心，不好。平时爸爸对妈妈唯唯诺诺，在这等问题上竟毅然发表不同意见，可见“小小理发店”在爸爸心目中的地位非同小可。因此，我表现得很听话，不至于被视为异类。

“小小理发店”的师傅和“白宫”理发师风格不同。师傅在我肩上轻轻一压，或者在头顶部稍加抚摸，略加旋转，我就心领神会，爬上空着的那把又高又大的理发椅。日子久了，倒觉得他们颇有人情味。他们一面理发，一面聊天，尽说些人间的俗事俗语。虽然语不惊四座，却颇多妙语连珠，会产生同室连锁反应，气氛热烈。爸爸乃一介书生，他从来不参与谈论或哄笑，是绝无仅有的“例外”。

“小小理发店”的室内照明设备很简单，与每个理发椅相对应，从天花板垂下一根电线连接一只白色灯罩，中间有个滑轮附有一椭圆形重物，以控制平衡。每当理发、修面、剃胡子等工序完毕之后，师傅拉下灯罩，手持小圆筒，从中取出挖耳朵的用具，在顾客的耳道里仔细掏挖。此时他全神贯注，不再说笑，俨然一位耳鼻喉科大夫。

接着，师傅用不同力度提拉顾客的肩、肘、腕以至各个手指关节，以嘎嘎作响为快。然后，只见他松松地握着两拳头，在顾客的颈、背等部位，按一定顺序轻轻敲打，时快时慢，快慢交替，其间夹杂着短暂的拍击声，如同乐队中的敲击乐手，节奏感明显，煞是好听。爸爸没有烟酒嗜好，理发可算作他的享受，不可或缺。

“白宫”理发店不设此项服务，那里的理发师讲究发型设计、烫发、美容，为时尚女士修剪指甲和染色。他们低语细声，彬彬有礼。两种不同的“商业文化”，提供不同的服务，各自锁定不同的服务对象。两家理发店在爱多亚路两侧贴邻处，同时并存，都显得很有生气。这是老上海年代的经济产物，也是老上海生活中的一大特色。

战后我家经济情况有所好转。我进入大学后，大学环境与中学不同。我脱下长袍，换上西装，对发型开始有了一定要求，也就不再光顾“小小理发店”。自叹不如我爸爸那样忠贞不渝、坚定不移。之后，我曾在不同风格的理发店之间游走，最终落脚在大学内部的理发店，它就在教学大楼的后面，比较僻静的去处。店内的规模更小，只有两把理发椅，可以说与我家附近的“小小理发店”一脉相承。毕竟在大学校园之内，“商业文化”免不了染上几分书卷气。况且在医学院的校园之内，理发店也比较注意卫生。窗外有小树林，绿色丛中，别有一番韵致景色。女生和黄发碧眼儿们不屑光顾。

21世纪，北京发屋、发廊装修时尚，古典的理发椅已经悄然退出。室内背景音乐令人心旷神怡；落地大玻璃，连地板都透明闪光。但我再也无法找回儿时去那家“小小理发店”的感觉，老上海“小小理发店”依然是我梦幻中闪烁的亮点。

2008年12月回到石库门，“小小理发店”已不在。

忆海拾零（五）：“老虎灶”离我们远去的一种生活方式

——2008年12月19日完稿

众所周知，老虎灶者，熟水店也。稍具规模的老虎灶又是一个兼营茶馆、盆浴的熟水店。实际上很早以前江南的许多小镇就有这种店，但不叫老虎灶而叫七星灶。在根据沪剧《芦荡火种》改编的京剧《沙家浜》中，阿庆嫂有段唱词，“垒起七星灶，铜壶煮三江”，这里的“七星灶”就是指老虎灶。关于灶称七星有一说法是旧日茶馆中贴有“煮三江水，接四方客”之类的联句，七星即合三江四方之谓。

有报道称老虎灶在17世纪50年代“小刀会”时期就有了。当时市民们因战火不便在家中烧开水，于是喝水、洗澡就成了困难，巷口街头的老虎灶便应运而生。1906年出版的《沪江商业市景词·老虎灶》中讲：“巷口街头炉遍设，卖茶卖水闹声盈。”“炉火炎炎暮复朝，锅储百沸待分销；一钱一勺烹茶水，免得人家灶下烧。”形象地勾勒出一幅老虎灶卖水的市景图。在旧上海老虎灶成了一种行当，是三百六十行中的一行，从业者还成立过行业组织，即上海市熟水商业同业公会。

老虎灶之得名释法不一，比较可信的有二种。一说认为，老虎灶的烟囱通过屋顶开在屋顶之上。英文屋顶写作Roof，发音近似上海话的“老虎”，于是这种烟囱开在屋顶上的灶就被叫作“老虎灶”；另一说法见于1906年出版的《沪江商业市景词》中云：“灶开双眼兽形成，为此争传‘老虎’名。”原来早期的老虎灶是一个连膛灶，灶口设二锅，可以使锅水轮流煮沸以便及时供应开水。在灶膛通烟囱的位置再设一大锅，既可以储水也可以利用余热加温。这样，前两锅形似虎眼，后一大锅颇似虎额，而高竖的烟囱又如虎尾，于是被叫作“老虎灶”。

在上海还无热水瓶时，老虎灶可以及时为市民提供开水。后来虽有了热水瓶，多数家庭以烧煤球炉煮物，但因老虎灶消费低廉，确实便民，卖的开水常常供不应求。今天，上海已完成燃料气化革命，用开水问题早已解决，老虎灶退出历史舞台是势所必然。目前，上海留下的老虎灶已经不多了。炉灶经过几次改造，它的基本原貌和功能依在，甚至在某些功能上还有所延伸。尽管老虎灶现在已经很破旧了，不过，对于经历过艰辛生活的上海人来讲，重话老虎灶还是蛮有味道的。

忆海拾零（六）：上海淡井庙的阳春面

——2014年2月16日完稿

在上海，与瑞金医院相隔一条马路的一个拐弯不远处，有座淡井庙。20世纪50年代，香火冷清，不见和尚显身，但见庙门洞开。庙里的伙食房师傅精力有余，在门洞内一侧摆上两张方桌、几条板凳，随时供应汤面、包子之类的方便快餐。庙门宽阔深厚，如此摆布并不影响内外交通。它不需要像今日麦当劳那么张扬，就能招来过往散客坐下来稀里哗啦喝上一碗汤面，或者蔫不声响咬着包子吃。出场的师傅是多面手，袖子卷得高高的，腰间系有白色围裙，干活利索。碗、筷、桌面收拾得很干净，不同于一般街道小摊。临街是一条植树路，当年没有汽车，不排废气，不喧闹。周边地理条件算得上好风好水。因为价廉物美，与医院又近水楼台，淡井庙小吃摊成为我们那一代住院医师的“御膳”。

淡井庙的阳春面是一种清汤面。师傅在碗底放上几颗盐粒，一小撮猪油，一点点酱油，不加其他配料。待水沸腾时，抓起适量面条投入沸腾的水中。稍待片刻，用漏勺捞起，长筷子一夹，平整铺放碗中，不多不少，恰到好处。面汤浅粽色，清澈而不混浊。面条表层撒上少许葱花。舌尖上的美食，鼻尖上的清香，视觉上的淡雅，令人向往。嗟夫，淡井庙的阳春面独此一家别无分店，当年没有连锁店。2010年我患了一场大病，累及胃肠功能，稍进食便引发顽固性腹泻，实在恼人。不得已，用要素饮食经十二指肠管持续泵入。约莫一年时间，不能享用人间烟火美食，嘴里淡而无味，只能耐心期盼。思念中的淡井庙阳春面催促着胃肠道从昏睡中苏醒过来。凡是即将丧失的东西，方知其珍贵无比。在医师们和我夫人的精心调理下，濒临功能衰竭的胃肠道终于缓慢恢复。那久违的清汤面回来了。美食世界中，上海淡井庙的阳春面自有一份贡献。对于我来说，北京的阳春面只是上海淡井庙阳春面的救急版。但是我应该知足，十分知足。

春节赋闲，阅读新浪网里的一篇文章。画面显示的汤面，叹为观止，令我回想起了淡井庙。那筷子夹住长长的面条，把埋藏在记忆深处的往事，一丝丝、一缕缕勾牵出来，引我陷入遐想。

忆海拾零（七）：吃粽子的故事

——2007年6月23日 完稿

端午节很自然地想到吃粽子和赛龙舟。粽子不能充当主食，也不是家庭餐桌上的常客。粽子制作虽然讲究，但用料并不复杂，包括粽子叶、江米，可添加红枣、豆沙或者火腿肉等，不需要山珍海味。可以去店铺买，也可以自家做。奶奶说粽子耐饥，告诫儿孙辈不要贪食。当妈妈端上热气腾腾的粽子，揭开粽子叶，一股醇香蕴含着家庭的温馨，迎面扑来。此时此刻，我什么都没有想，单纯的内心感受着不寻常的奢侈。

关于粽子的故事，民间传说不一。小时候常听大人们讲解，最初印象不深。后来在爸爸收藏的书本中，看到一幅屈原的画像，身材瘦削、仰天长叹状，廖廖几笔，怨愤的神态，跃然纸上。然而，在传统的中国画中，人物昂首挺立，以示不屈的气概，很少如罗丹的雕塑“思索者”那样低头沉思；对眼神亦着墨不多，忧郁之情难以表达。我没有读过《离骚》原文，全凭爸爸的叙述，才知道屈原是个悲剧人物。从此，粽子有了沉重的历史，屈原的形象在我心里挥之不去。

虽说吃粽子也有家人团聚之意，但总觉得和中秋节吃月饼或春节包饺子不一样。至于赛龙舟，喊声震天的喧闹场面，与屈原投江的悲壮之举，似乎不可同日而语。

粽子价廉物美，走入寻常百姓家，美誉经久不衰。粽子不需要星级饭店赐予市值千元的身价。在炫耀的灯光下，在精制的礼品提包里，把几只孤单的粽子塞在美酒、烟盒和水果的夹缝中，纯属公开的嘲弄。豪华的包装意在沛公，无非想为铜臭和权钱交易遮羞。身处盛世，但不太平。

恰巧接老同学来电相告，昔日同窗中不乏胸有才略、业务上佼佼者，校门一别，各奔前程，天各一方。有的怀才不遇，终身抑郁；有的因不实之辞，蒙受屈辱。而能人尽其才者，竟是少数幸运儿。当我的夫人家绮捧上热气腾腾的粽子，揭开粽子叶的时候，我想世界是变化的，但世界不是平的。

品味粽子

这就是今年端午节关于粽子的故事。

三、共醉大好山河间

春天里的苏州

——2008年10月31日完稿

四十四年前的一天夜里，我正在广慈医院值班，突然接到正式通知，奉调去卫生部工作，而且脱离临床工作。当时的院党委已做出决定，不附加说明，没有事先铺垫吹风，调令只涉及我一个人。让我抛弃所痴迷的烧伤专业，意味着在学术上或将不能修成正果。告别工作11年的广慈医院，我只得悄然离去。那个时代，服从组织分配是不容争辩的共识。那个岁月，多事，风云多变。我急匆匆赶到北京报到，卫生部援外计划已经于两年前被戛然叫停，于是我转入北京协和医院基本外科。生活就这么简单。

对适应新的环境，我抱有天真的自信。手续办理妥当，急匆匆再赶回上海与家绮结婚。那个时期，一切从简，不张罗。来宾只有男女双方亲家，不备烟酒。没有吆喝，很安静。没有铺张，很温馨，很罗曼蒂克。由于婚假有限，我和家绮急匆匆赶到苏州，拜见家绮的祖父、祖母。读潘氏家谱，得知其老祖宗是鲜卑族。战争引起大规模移民，其中一支南下，经徽州，定居苏州，俗称“徽潘”（或“贵潘”）。后辈子孙中，出了几位文人雅士。家绮祖上潘世恩，状元及第，继任四库全书总裁；祖父潘慎明曾经是东吴大学教务长。1942年，太平洋战争开始，日军攻占上海租界。祖父潘慎明组织东吴大学师生分批撤离上海，经江西、福建到达广东曲江复课，后又辗转到重庆。抗战胜利后，东吴大学于1946年搬迁回苏州。1959年，71岁的祖父在新中国成立10周年时加入中国共产党。1971年5月祖父辞世，享年83岁。老人家教育子女要学好科学，要有一技之长，做一个对社会有用的人，要热爱祖国，热爱共产党。他六个子女中，五个是共产

苏州的小桥流水

党员。他在新中国成立后当过一任苏州市副市长，是共产党的干部。与祖父见面，自然免除三跪九叩首等繁文缛节。所以，我们显得很轻松。

那时喜逢春节，又值新婚宴尔，到苏州度蜜月，从心里觉得甜甜蜜蜜的。我在习惯上及感情上，把春节当作春天。春天里的苏州，不怕春寒料峭，独把春来报。祖父、祖母住在江苏师范大学（原东吴大学）的宿舍里。宿舍楼为老式砖木结构，层高、房宽，木地板、木窗户、一部分木板墙壁，年久失修，风韵犹存。阳光倾洒，灌满偌大的房间。室内摆设十分简单。祖传房地产、藏书、名画、文房珍品等物，概由祖父捐赠国家。祖父清瘦，比我高，腰板硬朗，神情平和，学儒气质。见到我们晚辈，禁不住心头的喜悦。按惯例，拜年问好。老人还礼说："高兴，真高兴。上海代表团来了"。未闻丝竹乱耳，但见喜气洋洋。

春光催醒大地，暖流涌动。全身组织细胞似乎都在膨胀，体液扩张，急待井喷之势。春天的感觉是充实的，蕴藏着活力，含苞欲放。自负，甚于自信。初生之犊不怕虎，因为不曾与老虎较量过。踌躇满志，对未来充满美好的憧憬。

新婚伴侣，坐着三轮车，去虎丘、去剑池、去狮子林，在祖先们站过的地方，拍照留念。潘家老宅只留下大门、轿厅和花厅，假山石散落一旁，黑色砖瓦、白色高墙依旧。后面几幢建筑已经改为缝纫机厂和自行车厂。青年时代，不同情怀，不会发出思古之幽情。我们放声笑着，没有理由，就是因为好笑，想笑。相信我们两个一半，合在一起，能够改变生活，开创新天地。苏州属于我们两个人。在小巷的青石板路上，转悠着。映入眼帘的，尽是小桥、流水、人家。江南景色，静悄悄。

东吴大学校舍

春天里的苏州是玫瑰色的。

苏州的秋天（一）：阳澄湖大闸蟹

——2008年11月1日完稿

从南京出发，取道高速公路，直达苏州。此行东道主是中南大学阳、王两位主任。巾帼不让须眉，非等闲之辈。全程细心策划，妥善安排。司机是有经验的老师傅。时速130，畅行无阻，给人一种欣快的感觉。过了收费站，进入苏州地界，李主任正等着我们，他驾私家车，前头引导。我和夫人家绮只能说些结结巴巴的客气话。年龄不饶人，今非昔比，无可奈何，恭敬不如从命。

车到阳澄湖边，一排新建的餐厅、酒楼，虽说仿古，怎么看也找不回姑苏老城的气息。登楼入室，凭窗眺望。哇！湖大如海，漫无边际。

肉质肥美的阳澄湖大闸蟹

湖水与大闸蟹，浑然一色。入座就餐，论资排辈，必有谦让。李主任是美食家，亲自下楼，直奔湖边，选购去了。席间有位导游女士，猛一看，鼻梁挺直，有点像印度人。大眼睛、大嘴巴，两者都能说话，像苏州人。舌尖与嘴唇相互动作，所迸发的语音和声腔，是土生土长的苏州人，确定无疑。

说话间，但见大闸蟹登场。李主任不愧是行家，选上来的大闸蟹都是个大体肥，青背、白肚、金爪、黄毛，片刻皆为盘中餐。这个季节，蟹肉丰满。

苏州人食蟹有术，按不同解剖部位，仔细剥离，顺势剔出。运用舌尖和嘴唇，轻轻吮吸。美汁美味，大快朵颐。我冷眼旁观，恍然悟出一个道理：苏州话发音之所以有独特之处，正得益于食蟹时巧妙运用嘴唇与舌尖之功力。洋人终究是老外，不得其要，满口乱嚼，尚需接受再教育。

今日里，我有点不走运，说来话长。退休以后，开始发现齿牙动摇，所剩无几。长期依赖一些烂牙根，与牙床直接顶撞，胡乱咀嚼。20世纪60年代初，三年经济困难。我有牙，但供应匮乏。现在生活好了，却没有合格的牙可供使用。最近，拔牙、修牙、镶牙，折腾了一阵子，装上全副崭新的假牙，择吉开张。

初到南京又至苏州，见到久违了的大闸蟹，尽情享用。美食心切，磨合期太短，假牙竟把口腔与嘴唇黏膜咬伤四处，形成溃疡，痛楚难言，只能喝白粥。眼看着同桌就餐者，个个眉飞色舞。我吃不到葡萄，也没有理由说人家吃的葡萄是酸的。早知口腔溃疡，何必来苏州。章太炎的夫人曾有诗为证："不是阳澄湖蟹味好，此生何必住苏州？"嗟夫，书读得太少，悔之晚矣。

2021年9月19日，品尝大闸蟹

每逢中秋佳节朋友们就会送大闸蟹给我和家绮解馋，由女婿做好配上黄酒在家中享用，美哉！

苏州的秋天（二）：拙政园

——2008年11月3日完稿

在横跨30岁到60岁这30年时光里，面对人世间的压力和冲击，思拚搏以谋"而立"，迎挑战以求奋起。心戚戚，行匆匆，难以知天命。站在巴黎凡尔赛宫的玻璃长廊前，园林景色，尽收眼底。严整、对称、明快、清爽，一副皇家气派。一面平湖，天光一色。顿觉意气奋发、风华正茂。枫丹白露，草坪舒坦如织，宫殿一侧是法国式草坪，修剪精细；另一侧是英国式草坪，意韵自然，不对称中显对称。森林烘托蓝天白云，漫步其间，襟怀开阔。如果有人对我说："江南园林甲天下，苏州园林甲江南"，我会耐心地听着，却难以苟同。能说"甲天下"吗？

学生时代，空闲下来，多次翻阅爸爸昔日的摄影作品。爸爸镜头捕捉到的亭台轩榭，假山与花木，景致与层次，宛如一幅又一幅诗画，美不胜收。但是，20世纪50年代，初游拙政园，有感空间局促，人工堆叠，刻意雕琢，像在"螺丝壳里做道场"，倍感压抑。言之苛刻，该当责以认识之浅薄。然而，这是我当初的真实感受。

镂空的窗花设计

拙政园亭院

拙政园的设计者们，自出心裁，用心良苦。池沼沿岸，高低屈曲，这里摆上几块石头，那里种上些花草。轩榭隐于树影之下，假山立于流水之旁，取法自然，意欲巧夺天工之美。花墙与长廊，蜿蜒相伴。院内景物，逐层展露，步移景换。门窗图案，雕缕精巧。必须俯身拾得，不宜走马观花。嶙峋怪石，茕茕孑立，作玩世不恭之状。虽说人工不敌天成，但细细品味，意境无穷。惜乎，从青年至中年，医务繁重，案牍劳神。美，到处存在，却无暇顾及。

今日（2008年10月20日），偕夫人家绮重返旧地。风物依然，岁月消逝，浮生如云。苏州的春天里，不曾想象急暴风雨之骤至。半个世纪过去了，转辗东南西北，荣辱有加。经受饥寒交迫之煎熬，高原生存之艰辛。父母一代的长辈，已经作古。情侣佳人，也年逾古稀。虽不能说洗尽铅华，暮年情怀，也大不一样了。闲庭信步，默默思念。大地回春，喜悦胜于悲伤，成就多于挫折，机遇大于挑战。有失落，有收获。夏天的繁华、浓艳、饱满，正在悄悄退去。秋天显得成熟、多彩、迷人，树叶开始飘零。不知不觉中，已是我第七十六次走进秋天。然而，真正感受这番秋意的，只不过是最近几年。

我与家绮回忆过往

据介绍，拙政园曾经是明代监察御史王献臣归隐之处，取“拙者之为政”，聊以自嘲，竟因此闻名。凡欲进取征服，外部

我与家绮走在蜿蜒的桥廊里

苏州的秋天令人流连忘返

世界以门槛为起点，尽探索与开拓之能事。等到拙政者归来，找个僻静隐身去处，世界以门槛为起点，向内延伸。在豆腐干块似的空间内，把昔日的荣耀，寓意在小小园林之中。把暮年的构想、余生的重托，交给不断走来的日子。

苏州的秋天，成熟、多彩、迷人。

鸟的天堂和天堂的鸟[1]

广州新会有“小鸟天堂”。1933年巴金到过这里，写了一篇散文《鸟的天堂》。景观由此得名。

2008年，巴金那篇《鸟的天堂》的石书前，我和家绮的合影

与我及夫人家绮同游的是两位都已经做了妈妈的“70后”，其中有一位跟随父母从长春移居江门。她们都记得小学课本中念过巴金的那篇文章，自称迷上了“小鸟天堂”。有机会来新会，必然到此散步。或是巴金

① 本文发表于《北京协和医院院报》2008年15期，经作者修订后使用。

散文的魅力，或是天堂里的小鸟吸引着她们，或两者兼而有之。

古榕树

我和家绮首先被指引来到一个花坛前，那里有本石书，在敞开的扉页上，清楚地镌刻着巴金那篇《鸟的天堂》散文节选。在我们身旁那位女士，情不自禁地开始朗诵。一字一眼，很有节奏感。我静心地听着，似乎听到鸟的扑翅声，似乎看到小鸟一只一只起飞，然后，一群一群地盘旋、远去。很久没有听到这种即兴的、自发的朗诵了，那么平静、那么抒情、那么自然。尽管暑气逼人，但是我感到呼吸更为舒畅。

我和家绮从来没见过树枝能下垂入土，树干生树枝，树枝再生树干，依次蔓延开来，一棵古榕树覆盖面积竟然超过一公顷。小岛独木成林，郁郁葱葱，漂浮水面。这种自然景观，根本无法想象。沿着河边小道，慢走缓行，近距离观察一棵棵散在河边的榕树，才能看得一清二楚。

瞭望对岸覆盖整个小岛的榕树之王，叹为观止。古榕树所展现的生命力，强大而持久。百鸟栖身其间，白鹭晨出晚归，灰鹭暮出晨返，鸟与榕树相依为命，生生不息，延续300余年。此刻正值烈日当空，未见鸟儿飞翔，未闻鸟鸣喳喳。环岛小河，荡漾着几只小船。尚有勇敢的游客，手持遮阳伞，左顾右盼，稀疏的

2008年，我和家绮在广州公园周恩来像前合影

语音，洒落在流水之上。庆幸古榕树，历经世间沧桑，未遭摧残，把世界修理得多美好。

记得上海原圣约翰大学的校园里，也有棵大榕树。当年学生们喜欢在树冠投影下席地而坐，促膝谈心，或躺下来，做自己的梦，旁若无人。莘莘学子也像千百只小鸟，有的飞来了，有的飞走了。就单棵树来讲，校园内的那棵榕树堪称树冠之王。但是，与“小鸟天堂”里的古榕树的树冠根本无法比拟。校园是学生们的天堂，学生也是栖息在这棵榕树上的小鸟。眼看着一只一只飞进来，又一只一只飞走了，生趣盎然。

时光流逝，校园里的那棵榕树，经过“文化大革命”的洗礼，厄运难逃。若干年后，飞出去的鸟，又飞了回来，而校园里的老榕树已经枯死。如今，斯人已乘白鹭去，此地空留榕树干。

新会公园入口处，由巴金于1984年6月的亲笔题名的四个大字“小鸟天堂”，闪闪发光。

“小鸟天堂”依然存在。我相信，人间毕竟有天堂。

亚龙湾温泉里的小鱼

——2009年2月7日完稿

我们的地球，作为太空中一颗小小的星球，围绕着太阳，不知疲倦地旋转着。如果以地球的自转或者公转的速度，甚至以地球卫星的飞行速度为准，进行测算，北京与海南岛三亚之间的距离完全可以被忽略。然而，就在这完全可以被忽略的地理距离上，在急匆匆的春节假日期间，北京与三亚的自然环境对于居住在地球上的人们来说，竟然有着那么大的差异。套用中央电视台《正大综艺》的一句老话：“不看不知道，世界真奇妙。”

从首都机场起飞，气温为8度，春寒料峭，还需加穿外套。到达三亚凤凰机场，气温为28℃，空气湿润，阳光明媚，清风徐徐，眼前一片青绿，郁郁葱葱。但觉全身披挂厚重，难以承受。赴旅馆途中，急忙在车内轻装瘦身。夫人家绮说在北京，她为“弹响指”而苦恼，此刻手指顿感缓解。据悉，赵本山一直咳嗽，到了三亚，不治而愈。果有此等奇效，足见居住在地球上的人们的稚嫩和脆弱。

既然到了亚龙湾，就应该去温泉泡浴，尽情享受南国风光，太阳、蓝天、白云，周围由热带植物簇拥着，露天温泉泡浴自然比室内人造小环境中引入的温泉池要惬意得多。温泉中含有多种稀有元素，名词之古怪，学问之深奥，非吾等浅薄之辈敢于问津。然而，世界的确奇妙。温泉泉眼附近水温60℃或70℃，或者更高，附近水域其他鱼类都逃之夭夭，而供游人泡浴的池水平均温度也在43℃左右，居然有一种活泼可爱的热带小鱼在此优哉游哉。

亚龙湾海滩

吾非鱼，确信吾能知此鱼之乐。条件是我必须泡在温泉池内，摒弃捕鱼食鱼之邪念；心平气和，不岌岌于"时间就是金钱"之可危；全身松懈，无附急功近利之浮躁。秉承以上三戒，我对于亚龙湾温泉小鱼，终于能施展特殊的魅力。几分钟之内，小鱼纷纷向我靠拢。我之所以能泰然处之，是因为小鱼长不过2cm，游动姿态，活像蝌蚪，对我堂堂七尺之躯的实体，不构成任何威胁。我自当恪守三戒，沉着应对。

似乎截获某种明确的信息，小鱼成群结队赶来，反应神速。访问目标，主要集中在我的10个足趾上，很快扩展到整个脚底。它们头部叮住我两只脚的皮肤，尾巴向外摆动。黑压压的一片，后来者拼命往里挤，颇有当年交易所牛市抢购股票者的架势，也不逊于眼下大城市人才招聘会上万头攒动之强劲。如此壮观，招来同池泡浴者几分好奇和质疑。环顾周围，某些细皮白肉的绅士、淑女们身上只能吸引零零星星的小鱼，不成气势。一个人能有如此吸引力，即便是对小不点儿的小鱼，也值得自豪。

我的脚趾对小鱼的吸引力

正当我自鸣得意之时，一种被啃咬之感油然而生。近百条小鱼正在啃我的脚皮，啃得很有艺术，不慌不忙，温文尔雅。轻微的刺痛，我如闪电，更多痒酥酥的快感，很像菜肴中麻、辣、酸多味混合，有强有弱，点面分散，层层加码，波及全身，直通灵犀，痒酥酥加上刺痛，到达我能忍受的临界点，按捺不住，两只脚自然弹出水面。鱼群一哄而散，并伺机返回，把我慢慢缠住，多次反复，欲罢不能。小鱼啃得很有感情，不伤我筋骨，不损我血脉，只啃食我的皮屑和寄生杂菌，全神贯注，勤勤恳恳。名副其实“亲亲啃啃”。荣获“亲亲鱼”之美名，实乃众望所归。

回到北京好多天了。窗外雾蒙蒙的，110多天不下雨。我的足下，时不时发出那种痒酥酥的感觉。我想念三亚的阳光、蓝天、白云、青山，还有亚龙湾的温泉，以及温泉里小小的“亲亲鱼”。我想念那些在亚龙湾和我们一起生活的朋友们。

让温泉里的小鱼清除每天洒落在我心头的烦恼，就像啃食我的皮屑和寄生杂菌一样。世界真奇妙，因为温泉里有着小小的“亲亲鱼”。

岳阳楼一游

——2009年4月28日完稿

洞庭湖畔屹立着一座城墙，这就是岳阳城的西城墙。拾级而上，见拱门洞开，上大书“岳阳门”三字。根据《名义考》记载：“古者为楼以望敌阵，兵列于其间。下为门，上为楼，或曰谯门，或曰谯楼也。”我们见到的“岳阳门”很可能是谯门，门上的岳阳楼很可能是谯楼。岳阳地当要冲，三国东吴鲁肃，驻守巴丘，起谯楼，以备盗贼，以望水域敌船。这是可以理解的。清《巴陵县志》说岳阳楼是鲁肃修建的阅兵楼，似乎不大可信。

2009年4月3日，我与夫人家绮共赏岳阳楼

今年（2009年）4月初，我和夫人家绮登楼观览，雨雾迷蒙，高处眺望，正如宋朝李祁在一首词里所写的那样：“雾雨沉云梦，烟波渺洞庭。”

是日，春和而景不明，看不到“上下天光，一碧万顷”的好风光。然而，登斯楼也，心旷神怡，荣辱皆忘，才食洞庭回头鱼，其喜洋洋者矣！

湖畔的城墙

根据文献记载，岳阳楼为东汉末年始建，西晋南北朝时称为“巴陵城楼”。历经唐、宋、元、明、清的多次修复和重建。我和家绮游赏到不同朝代岳阳楼的不同风格。

清光绪六年（1880年），岳阳楼重建，三层、四柱、纯木、飞檐。楼顶呈将军头盔状，为我国古建筑中所少见。飞檐上的饰物，最上层是祥云，中间一层是龙，底层是凤。这是历代老祖宗定下的规矩。旁边有一座辅亭，飞檐上饰物的顺序不同，凤在上，龙在下。据说是遵循慈禧太后懿旨构建的，太后造了老祖宗的反。

岳阳楼几经兴废，第一次重大的扩修工程应该归功于唐朝的张说，此人历时唐代四朝。武后时代，因忤逆权贵，流配钦州（今广西）；玄宗时期，召为中书令，又不知得罪了何等人物，罢为相州（今河北）刺史，后被贬守岳州。张说几

岳阳门前我与家绮合影

食洞庭鱼，喜洋洋

经折腾，借扩修岳阳楼，以寄情消愁。因楼在天岳山之南，定名为岳阳楼。之后，李白、杜甫、白居易、李商隐、刘禹锡、孟浩然等文人才士，相继登楼赋诗，凭栏抒怀，岳阳楼名声就大了。

继张说之后，经第二次扩修，岳阳楼为之改观。宋朝的滕宗谅功不可没。此人与范仲淹同为进士，因其豪迈自负，罕受人言，且崇尚改革，故屡遭谪徙。先降知岳州，后谪守巴陵。愤郁满怀，只能寄情于土木之中。他"迁建文庙，维修南湖紫荆堤，并筑偃虹堤"，以防止洪水冲击岳阳城，做了不少好事。等到岳阳楼翻修工程完成之日，他不贪功图赏，说了一句话："待痛饮一场，凭栏大恸十数声而已。"（明《岳州府志》）后犹觉不足，便请来名家作《洞庭晚秋图》，连

明代时期的岳阳楼

清代时期的岳阳楼

唐代时期的岳阳楼

宋代时期的岳阳楼

同亲笔信《求记书》，一并寄给好朋友范仲淹，要求他写一篇纪事文章。

物以类聚，人以群分。范仲淹素有敢言之名。30岁当上小小的秘阁校理，就上书谏至皇帝宋仁宗为章献太后朝拜上寿；第二年直接上书垂帘听政的章献太后，胆敢请太后还政退位。范仲淹因此被贬离京，三年后才回来。他矢志不渝，又向宋仁宗进《百官图》，指斥宰相吕夷简结党营私，任用谗佞，此举如同捅了“马蜂窝”，又遭贬黜。七年以后，范仲淹提出“十事疏”，主张改革仕官制度，重视农桑，整顿武备，推行法制，减轻徭役，史称“庆历新政”。他推行改革，为既得利益集团所不容，被迫离开朝廷。然而，他所倡导的革新运动，成为后来王安石变法的前奏。我们最终看到这样一段故事：滕宗谅因谪守巴陵而修建岳阳楼，范仲淹因秉公直言屡遭贬放而写《岳阳楼记》。势出必然，并非偶合。

其实，范仲淹不是岳阳人。写《岳阳楼记》时，他正在邓州。之后，又被贬至陕西，赴颍州途中病死，从来没有到过岳阳。他描写洞庭湖“衔远山，吞长江，浩浩汤汤，横无际涯，朝晖夕阴，气象万千”，全凭丰富的想象力。所以，只能点到为止。“此则岳阳楼之大观也，前人之述备矣。”就此一笔带过。“然则北通巫峡，南极潇湘，迁客骚人，多会于此，览物之情，得无异乎？”所谓迁客，是指被降职贬放的官员。屈原曾作《离骚》，后世遂称诗人为骚人。这几句才是全文承上启下的拐点。有览物而悲者，有览物而喜者，情随景生。把忧伤与悲恸、欣慰与喜悦等不同意境，写得淋漓尽致。终末一段引出全文的高潮，他以“古仁人之心”为铺垫，提出“不以物喜，不以己悲”，气度豁达。最后，归

“朝晖夕阴，气象万千”

“南极潇湘千里月，北通巫山万重山”

《岳阳楼记》碑

难忘的洞庭岳阳楼一游

纳成两句话“先天下之忧而忧，后天下之乐而乐”，以明心志。范仲淹是这么写的，也是这么做的。他宦海沉浮几十年，屡遭贬黜，命途多舛，贫苦一生。他用自己的俸禄，买“义田”千亩，救济贫困者，死时“身无以为殓，子无以为丧”。

滕宗谅当初认为“山水非有楼观登览者不为显，楼观非有文字称记者不为久，文字非出于雄才巨卿者不为著”，所以，请范仲淹写《岳阳楼记》。范仲淹也有意以此文勉励好友滕宗谅。从远大之处来考虑，范仲淹欲以此理念告诫后人。有了范仲淹，才有了《岳阳楼记》，才有了今人心目中的岳阳楼。岳阳楼不只是一座建筑物，而是我们中华民族的思想史上的一块碑。

范仲淹倡导的“先忧后乐”思想和仁人志士节操，是中华文明史上闪灼异彩的精神财富；朱熹称他为“有史以来天地间第一流人物”！

透过这阴雨绵绵，眼望薄雾中的岳阳楼，回顾范仲淹的一生，体会历史的悲壮。心中波澜起伏，畅想连绵。

2008年银川之行——西夏王陵

——2009年9月3日初稿

——2014年4月21日完稿

躺下平卧休息，顷刻间，眼前冒出2008年银川之行的一幅又一幅的有趣景象，像放动画片似的喷涌着，满脑袋都是，一发不可收拾。我想很可能我大脑内部血流灌注发生了转移，让某个记忆区域给兴奋起来了。否则，太不可思议。有一点可以肯定，缺血的脑袋不可能产生灵感。

2008年，宁夏医科大学总医院ICU主任曹相原（曾于1993年至1994年在北京协和医院ICU进修）

2008年是宁夏回族自治区成立50周年，也是宁夏医科大学50周年校庆。9月，我和夫人家绮应教学医院ICU主任曹相原女士之邀去银川访问。曹主任曾于1993年至1994年在北京协和医院ICU进修。从北京到银川两小时航程，顿感宁夏没有我想象的那么遥远。自治区政府大楼，宛如华盛顿的白宫。电力资源显得过剩，夜间灯火辉煌。马路宽度一律为双向八车道。这个城市使我瞠目结舌。

行程最后，曹主任陪同我和家绮一起参观了西夏王陵遗址。宁夏的历史慢慢地向我展示她的神秘和魅力。宁夏回族自治区位于“古丝绸之路”上。历史上曾是东西部交通贸易的重要通道。宁夏的北面是蒙古族，南面是汉族。可想而知夹在这两大势力板块中间的古代羌族必须是强悍的。

如果没有西夏，就不会有今日的宁夏银川。回顾历史，西夏、西夏国究竟在哪里？

西夏在中国西北部，“西夏”之名是北宋对于当时地处西北的党项羌族政权的称谓。西夏的疆域曾经横跨现今的宁夏、甘肃、青海、陕西、内蒙古等省区。国势最强盛之际，曾扩张到青海的西宁、新疆的哈密一带。从地缘政治来看，西夏自古以来就是内接中原，西通西域，北连大漠，各民族南来北往的要地。

西夏国近200年（公元1038—1227年），是由藏缅语系的党项族建立的（党项族是古代西羌族的一支，也称“党项羌”）。这个游牧与农耕两种文明相互交融的民族不是一个甘于寂寞落伍的民族，它积极汲取了汉族和北宋的文化营养，创制出了自己的文字，制定了自己的典章制度，形成了与汉族文化具有姻亲的西夏文化。

土墩模样的西夏王陵

西夏国的命运是悲惨的。据明代《弘治宁夏新志》记载：

2008年9月，我和家绮在贺兰山下

很多岩壁上有文字

大大小小的岩石上都可见岩画

成吉思汗对西夏的征服战争先后进行过6次。蒙古国大军曾经盘踞贺兰山，包围西夏国都中兴府，进行了大规模的杀戮与破坏。征服者残酷无比的镇压，使得烜赫一时的西夏灭国。西夏的文物典籍也被频繁的战火毁坏殆尽。

西夏的文字是西夏大臣野利仁荣在开国国王李元昊的授权下，独自根据汉字的造字特点和提取了部分汉字偏旁部首、笔画，参照融合了契丹文字的造型，经过好几年才创制出来的颇具个性特征的民族文字。故字体与汉字很相似。

西夏王朝南征北战，最后被蒙古人打败，全军覆没，西夏西羌族似乎无一幸存者。古羌族所创造的文化，从精致的工艺品到方块象形文字，全部湮没在沙土的深处。一个民族的兴衰史，一个历史的谜团，令人浮想联翩。我身处西夏王陵遗址，周围一片寂静。没有荣耀，没有辉煌，没有厮杀，没有掠夺，只有几座土墩模样的王陵，等待着今天的人们聆听它们的诉说，无言，无声。我身处辽阔的平原，闭上眼睛，向遥远的太空，向地壳的深处，搜索那段惊心动魄的历史，哪怕能够捕获它的万分之一。

即兴创作：沙漠之歌

一百年
茫茫沙漠无垠
一百个王国
千百个战士
一刀一剑　厮杀着
一个一个　倒下
碧血黄沙
天籁死寂
毁了文明
毁了明天。

一百年后
蛮荒沙漠无言

我和家绮畅游在今日和平年代中的宁夏

2008年9月，热烈庆祝宁夏回族自治区成立50周年（背景是巨型沙雕）

不闻大漠谣
不见月牙泉
我　唯一幸存者
拥抱着劫后余生
憧憬着美好未来
千丝万缕
思绪飘荡。
让仇杀成历史
远去吧　战争
再建丝绸路
挥师越重洋
东西方文明哟
以交流而融合
沙漠变绿洲
给生命更多创造。

捡石子的人

——2013年10月18日初稿
——2013年11月7日完稿

回忆过去某天从某地出发，不费多少路程，即可到达海边。入住宾馆，从观景房望去，沙滩近在咫尺。几个星期在办公室和会议室压缩空气里生活，出乎意料地见到了宽阔的大海，异样的感觉，犹如没有经过缓冲舱突然解压。我喜欢海的深沉浑厚、浩瀚无垠，喜欢海的挥洒自如、桀骜不驯。海在人类基因中留下烙印。生物是从海洋中爬上岸的，从两栖、爬行到直立行走，过程艰难而漫长。我对大海怀有莫大的敬畏之心。

海浪与沙滩：沙滩平缓地向大海延伸。蓝色的天空，在城市中少见。阳光永远那么慷慨，似乎能透过慢慢张开的皮肤毛孔，把热传递给全身。海风吹着，海浪分层次地向沙滩推进。能量积累到一定的高峰，掀起一排浪潮，约莫一个层楼高，顷刻之间，倾泻在沙滩上。我不会游泳，便在沙滩上漫步，水面保持在膝部以下，任凭清凉的海水有节奏地轻轻拍打。几位年轻人，喜欢游泳，但显然不是弄潮的能手。他们被海浪激惹，坐上救生圈，手臂搁在圆圈的边缘上，时而用外悬的两只脚击打着水面，一副坐在沙发上的悠闲模样。不知谁出的主意。

海浪向沙滩发起一阵又一阵的冲击，救生圈随之起伏漂游。海水的抨击声淹没了年轻人的呼喊。蓦地，一个浪头把他们举上4米到5米的高度，向沙滩猛扑下来。这群大孩子会大声吼叫，近乎狂野。有人跌坐在沙滩上，他们很快爬起来，急忙转身，跳跃着去追赶已经漂散的救生圈，重新开始他们的嬉耍，贪婪地享受着海赐给他们的欢乐。我没有冒险的勇气。我很想捏一把沙，作为见证，带回家去，却找不到一个口袋，或者一块布，把沙包装起来。沙子悄悄地从指缝中溜走了。看到海浪步步进逼，我走向高处，带着几分遗憾。

海水与石头：大海无边，风平浪静，阳光普照。海水清澈，一块石头安安静

2009年10月，我与家人再次观赏海边风光，脚踩温热的细软沙滩

家绮也喜欢捡石子留念

海水与石头

静地躺着。海水与石头互相撞击，激起浪花，风能听到它们纵情的呼唤。没有石头，海水感到孤单，感到平淡。不见漩涡，缺乏音乐。没有海水，石头会干裂，化成尘埃随风飘散，杳无踪迹。

风不愿生命枯竭，石头不喜欢汹涌澎湃的海浪。石头愉快地接受海水，柔和地拍打，进退有序地冲刷。海水面对石头而振奋，发起冲击，挥洒激情，期盼石头的应答。风指挥着生命的交响乐，抒情而舒坦。太阳高兴了，向着海洋发散爱的光和热。海的确很美！

有人问：子非海水，子非石头，安知海水与石头之乐？

答曰：我知海水与石头之乐。我非子，我知子不知海水与石头之乐。因为你没有到过海边。

森林之旅：是一次“奇境漫游记”。世界上的道路多种多样。有人要走的地方总会有路。用脚踩的，用车辆压的，弯弯曲曲，坑坑洼洼，路向前延伸着，不见尽头。我们的领队轻易地就找到了森林的豁口，把我们引进神秘的隐蔽去处。与大海相比，森林太不一样了。漫山遍野，沉静的、凝固的、封闭的庞大实体，矜持而不欢迎人们的入侵。未经开发的老林，参天大树过于密集，阳光难以射入，阴气袭人，湿淋淋的恐怖感。我们到达的是一块已经砍伐修理好的土地，中间特意保留了几棵大树和顶部浓密的绿色冠盖。好多条很粗的古藤直落地面。当地人敏捷地攀登而上，可以透过绿色冠盖的遮蔽，把周围地貌尽收眼底。

森林里

粗略看来，算是小小的村落，房屋布局分散。清一色的高脚屋，结构设计，风格原始，没有客厅、卧室、洗手间等功能繁多的分工，反而显得宽敞。室内不加任何修饰，没有家具，躺下可睡，席地而坐。简单得不能再简单。地板用竹子编排，缝隙之间可以窥见高脚屋下面的泥土地，完全开放，没有遮拦。如果约请两三位亲朋好友侃大山，定能天方夜谭，妙趣横生。如果要逃离城市的喧嚣，这里绝对是个好地方。

有则故事这么讲：一位游客前来拜访一位智者。房子只有一个房间，地上堆放着书籍。“你的家具呢？”游客问。“那你的呢？”智者反问。“我是来旅游的，只是一个过客而已。”游客说：“我也是。”智者问答。他说得对，我们都是地球的过客。然而，我不是智者。在这块森林的“开发区”里，这些小竹楼确实没有水与电的供应，没有来自文明世界的任何信息，有的是那些纠缠不休、恼人的蚊子和攻击性很强的不知名的昆虫。我们已经进化到这般程度，把祖先固有的最原始的求生技能都“退化”掉了，把智者的聪明睿智也扔掉了。当我的思念返回现实世界的时候，我也确实意识到此地虽然“西线平静无战事”，却绝不是世外桃源。

从那一天起，我开始捡石子，都是普通的小石子，颜色、花纹和形状毫无奇特之处。石子散落在各个角落，被过路者踢、蹭、践踏着。也许有几块石子俏皮地向我眨眼。无论走到哪里，我会俯下身去捡，放进裤兜。没有挑选的标准，两相情愿而已。我仿佛在捡回幼儿园的童年时光。我捡石子，不是出于收藏的癖好，是想把记忆留在小小的石子里，或者更确切地说，是想把石子作为见证，留在我的记忆里。每块石子都附有纸片，将走过的山山水水写上地名和日期，用纸包裹妥当。我的想法很简单，回家以后，可以仿效电影展示的模式，制作一个小沙盘，按地图标记，把每块石子安放在恰当的位置上，旁边插上旗杆。这番漫游记将是三维立体的，别具风格，前所未有。我很欣赏自己富有新意的构思，异想天开，绝对小孩子的玩意儿。我们坐火车返回，不必担心行李超重。

至今保留着的石子儿

回家后是完全另一种生活，没有时间，也没有制作沙盘的兴趣了。我把石子完全忘了。某天，我奉调到北京工作，翻箱倒柜，包装妥当。搬家那种活，劳人筋骨。我发现这一堆尘封多年的小纸包，里面还躺着那几块石子，有纸片，活像是一群有生命记录的小精灵。我把那些石子统统扔到垃圾桶里。一块块毫无用处的石头，不是艺术品，没有观赏价值。既便是散乱了，却依然在我想象中，拼凑出一幅色彩斑斓的马赛克，镶嵌着青年时代的天真、活力和激情。马赛克留存在那个捡石子的人的记忆里，有几分朦胧，但没有消失。

人生百味

情牵中华

『来到这个世上，是为了遇见太阳。』

——巴尔蒙特·康斯坦丁·德米特里耶维奇《为了看看阳光，

一、阅读随笔

管仲的传奇

——2019年11月初稿

——2019年12月完稿

前言

管仲哪年出生，我没搞清楚。据文字记载，他在公元前645年死去。早年和鲍叔牙合伙做生意，分财利，他爱占便宜，贪财。经商破产后，他和鲍叔牙结伴去当兵。上战场打仗，他最先逃跑，贪生怕死。管仲名声不好，不如鲍叔牙厚道。《古文观止》“管晏列传”一文中，有一段管仲事后的自白，写得很生动、很坦率。

齐襄公有两个儿子，公子纠和公子小白。管仲和鲍叔牙分别投靠公子纠和公子小白，当上谋士。齐襄公遭谋杀，两儿子紧急赶回都城，谁先到，谁登基。毫无悬念，管仲略施小计，在半路上截袭公子小白，他一箭把飞驶中的公子小白射倒。但是，公子小白没有死，他赶在公子纠之前，登基掌权。公子小白就是齐桓公。谁当宰相？鲍叔牙举荐管仲，并非出于谦逊，而是他能识人。齐桓公居然拜管仲为相国，不记一箭之仇，他能用人。管仲辅佐齐桓公，“通货积财，富国强兵”。春秋五霸，有齐桓公、晋文公、楚庄王、吴王阖闾、越王勾践。齐桓公居五霸之首。管仲死后，竖刁、易牙、开方之辈用权，齐国大乱，齐桓公被活活饿死。

宋朝苏洵在《管仲论》中写道：“祸之作，不作于作之日，亦必有所由兆。”他认为：“故齐之治也，吾不曰管仲，而曰鲍叔；及其乱也，吾不曰竖刁、易牙、开放，而曰管仲。”齐桓公晚年沉迷声色，之所以不起用竖刁、易牙、开方，是因为管仲在世。然而，管仲与齐桓公相处多年，不可能不知齐桓公之为人。他身居相国之高位，没有尽职“清君侧”。他知有竖刁、易牙、开方，而不去之。“有仲尼而后知去少正卯”，管仲没有效法孔子。他不顾身后齐国兴衰，撒手不管，一走了之。在《管仲论》中，苏洵加上一句：“夫齐国不患有三子，而患无仲。”管仲居然落得个好声誉。管仲传奇，奇在他的一生，在正反两面不同角色反复转换的过程中，完成他惊世的事业。

政商博奕 重商抑农vs重农轻商

欲知管仲其人，不妨重温历史。中国的历史并非我想象中那样，一贯的“重商”。中国人乐于经商，这是事实。周朝以“商”为国号。汉代，从事工商业者十倍于农民。到了唐宋两朝，长安和洛阳是人口过百万的大城市。城市人口占总人口的20%以上。同时期的欧洲，人口最多的城市不过十万人。城市的发展，没有相应的工农业生产和经济规模的支持，是不可能的。

出土的文物和文字记载提供了可靠的依据。早在3000多年前的商朝竟能生产出一个大方铜鼎。体积庞大，重达833公斤。《商周考古》一书中描述大铜鼎的铸造流程，出于推测，并非确凿的史料。大鼎的原材料是铜和锡的合金，铸造者要掌握非常恰当的合金配比。铸造大鼎的铜要到1200℃才能熔化，需要强力的鼓风助燃设备，并且大鼎必须在较短时间内连续灌注。当年使用的炼锅，每只熔铜12.7公斤，而大鼎重800多公斤，需要80个以上的炼锅，同时进行熔化。工场平台至少有2000平方米。为此，需要组建300~400人的工匠团队协同操作，掌握火候和铜液灌注时间，保证质量。可以说，大铜鼎的铸造是历史上最早的冶金工业的产物。那位“总管”相当于现代的总工程师。

最早的农业生物革命产生在中国。四大发明举世闻名，农耕时代的技术水平也超过其他地区。宋朝的水稻和明朝的棉花这两项生产规模高速发展，全国人口猛增。到了明清两代，粮食产量和棉纺织业的生产规模是英国的6倍。中国是第一个人口过亿的国家。

庞大的内需市场必然促进商业的发展，货物得以流通。殷商时期，古人善于经商。武王灭商，旧贵族迁聚洛阳，他们经营工商业，廉价买进，高价卖出，追求利润。因此，洛阳很快成为全国商业最发达的地方，贵族也因经商而更为富有。农民则一辈子“锄禾日当午，汗滴禾下土”，好容易获得收成，真是“粒粒皆辛苦”。

周朝建国，认为殷商灭亡是因为兴了商业，荒了农业，国基不稳，礼崩乐坏。所以，接受教训，反过来重农抑商，工商业者的社会地位低贱。“君子远小人”。《周礼》规定，贵族不能进入市场进行交易，违者受惩罚。到了春秋时代，又来了次反复。商人不再专门为贵族服务。他们往来于各国之间，近购远贩，获取高额利润。自由商人大量出现。富豪商贾第一次在中国历史上出现。然而，士大夫阶层鄙视商人，不乏其人。

姜尚是在辅佐武王灭商之后，建立齐国。疆界不大，土地贫瘠，“区区之齐在海滨”，捕鱼业和煮盐业一向发达。姜尚很聪明，他大力扶持工商业。西周时期，官属工匠的职责是制造祭祀器皿和贵族的专用品。周朝铸造巨型铜鼎，以壮国威，不计成本，既不能食，又不能获利。到春秋时期，工商业为民间服务的趋势初步形成，而工商业盈利能力大于农业，出现新的转机。

“管仲变法”

就品格情操而论，管仲乃一介小人也。然而，他懂得经济的重要性。把经济搞活了，社会才能稳定。“仓廪实而知礼节，衣食足而知荣辱。”这句话是管仲说的。管仲兴齐，不靠兵戈征伐。此人颇有眼界。齐乃区区小国，有近海之利，他抓住捕鱼和贩盐的既有优势以及姜尚建国以来，好商之风已形成传统，大力推行重商政策。我们决不能因此忽视，管仲有着一种根深蒂固的治国理念。他深知有关国计民生的支柱性产业必须控制在国家的手中，经济必须保障中央集权。由此衍生“国有民营”的经济政策。在公元前的春秋时代，能提出这样的政策，管仲确实是名不虚传的奇人奇才。

第一，管仲的经济政策颇有特色。他规定鱼、盐可以自由出口，“征于关者勿征于市，征于市者勿征于关”。这种单一的征税政策的优惠，有效地促进了齐国的商业。在古代，商业的开发，齐国最早。管仲大力开放门户，吸引前来齐国做生意的商人。空车来的，不收税；徒步背东西来的，不收税。因此，境外来的商人越来越多，他设立专门接待外商的旅馆，对乘车来的外商提供膳食，乘两乘车来的供给马的饲料，乘三乘车来的供仆人的饭食。大量引进外资，首开官办的色情业，故此境外的商人如流水般来到齐国，他大收其税。同时，活跃了城镇其他服务业。

第二，在放活微观的同时，强调政府对经济的宏观控制。具体实施从财政、税收和价格三个方面入手。在中国历史上，管仲开创第一次经济大变法，称为“管仲变法”。

他最大的创新是盐场和铁矿专营，为中央集权制度提供经济保障。盐和铁是两大支柱性产业，是唯一的工商合营产业。从业者既自制商品，又自行贩卖。盐出口，价格高达成本的40倍，政府和工商业者都获取高额利益。商业资本和产业资本互相转化，利润累积，形成强大的财源。这样的工商合营产业，生产原料取自大自然，国家可以垄断。

管仲不主张国家亲自下场。山上出铁矿，海里产海盐，他实行盐铁专卖政策。他对捕鱼业和冶铁业，具体操作有所不同。首先，我们从盐业谈起。食盐是战略性商品，人不能食而无盐。然而，国家无法垄断盐的自然资源。他开放盐池让民间自由生产，国家统一收购。盐业的产量和销售由政府控制，从而控制了价格，防止大起大落。另外，他采取“寓税于价”的办法，把税收隐蔽在商品里。表面上，政府没有征税。纳税人在不知不觉中纳了税，不至于造成心理上的对抗。盐业的“专营收入”归国家。因此，实际的全国税收总额可以比人头税高出一倍。

管仲对冶铁业，实行国有民营，与盐业有所不同。他强调政府必须垄断所有的矿山资源。他宣布法令，发现矿苗，马上由国家保管和封存起来。擅自开采者，砍脚。国家控制铁制产品价格，统一购销。然而，冶铁作坊下放给民间商人经营，盈利的七成归商人。国家不必派平民去服役。民怨，会引起国民分裂，不值。专营权属于国家，经营权归商人。铁是关键性生产资料。资源国有，专营收入实际上是“间接的人头税”，与税收并行，增加了收入。

盐铁专营获得巨大利益，管仲对农业的征税很宽厚。两年征收一次。丰收之年，每年征15%。农业歉收，每年征5%。饥荒之年，免税。国家囤积大量粮食，足以控制市场价格的波动，严禁任何人操纵市场。毫无疑义，在农耕时代，此举很得人心。

第三，在对外贸易方面，根据不同的情况来处理各国的价格水平。如果他国商品质量比本国的好，他就提高该国的商品在国内的销售价格，吸引外货输入。为奖励出口，他就压低本国商品的出售价格。鱼、盐出口一概免税。“天下高而我下”。他施用这套灵活的手法调节经济，不仅搞活了对外贸易，而且增加了国家收入。

管仲年轻时做买卖，破了产。他当上相国，能敏锐地纵观全局，推行“专卖”政策，他成功了。

商战而屈四国

齐国强盛，齐桓公七年，以霸主身份，会盟各国诸侯，统一各国的关贸税赋，达成协定。第二年，规定与会各国要修建道路，统一度量标准。实际上是建立一个区域经济的关税同盟。但是，他没有取周而代之的野心，也没有兼并各国的想法。齐国有三万装备精良的士兵，与春秋其他四霸不同，管仲没有用武力去征伐周边国家。他善用商战的办法，削弱他国的势力。对付莒、莱两个小国，以及鲁、梁两个大国，他反复改变策略，迷惑对方，引诱其中计，不战而屈四国。

管仲是中国最早的经济改革大师。他的改革核心是“以商止战”。他重视国家对经济的控制，垄断有关国计民生的一切资源，把生产、价格和统购统销控制在国家的手里，允许把经营权交给商人，让商人获取丰厚的利益。他催生出一种官商经济模式，把工商业和国家捆绑在一起，这是农耕时代中国特色的经济制度。管仲巧妙的治国理念，影响后世数千年。时至今日，“管仲经济学”听起来仍有几分新鲜感。

“管仲变法”是大改革，是卓有成效的创新。如果与20世纪20年代至90年代某些欧洲国家一度盛行的国家垄断的计划经济相比较，管仲的政策更明智，具有明显的优势。

作为历史人物的正面角色，管仲表现得淋漓尽致。但是，他有着典型的两面性。管仲作为反面角色，最后将赤裸裸地表演出来。

重消费　好奢侈　齐国大乱

管仲是失败的商人，胆小的逃兵。曾经效命于公子纠。公子小白登位，称齐桓公，杀了公子纠。管仲乖乖地投靠新的主子。后世的儒家对管仲颇有微词，甚至斥之为“非仁者”。管仲当上相国后，他显示了卓越的治国才能。史称“千古一相”。管仲为人的正反两面，暴露无遗。

齐国经济发展，国民口袋里的钱多了。管仲顺势利导，主张消费，他认为节俭是长期经济不发达的产物。“俭则伤事”。中国历代治国以节俭为重，管仲反其道而行之。他鼓励多消费，甚至奢侈地消费。富起来的人应该不断地消费，贫穷的人才有工作可做，提高就业率。商人发现有利可图，就会千方百计加强商品营运，手中的货物绝不久留，把资金流动起来，让资金“产生”资金。听起来，很像现代的企业家。货源财源畅通无阻，进一步促进经济发展。管仲的经济政策很超前。他说：“政之所兴，在顺民心”，也就是说，要让百姓安居乐业，生活稳定，生养繁衍，多子多孙。管仲是位多产作家，收集到的以管仲署名的文章有564篇，据说有一篇专门宣扬他的“从政法宝”。

“仓廪实而知礼节，衣食足而知荣辱。”这句话是管仲说的。殊不知，仓廪实、衣食足了以后，不是必然“知礼节”“知荣辱”。这个“知”需要坚持不懈地对国民进行道德教育。管仲从来不谈德育。他本人就是享乐主义者，推崇奢侈。《史记》说他“富拟于公室”。齐桓公也是纵情享乐的人，他有“三大邪”：“好田”“好酒”“好色”。竖刁、易牙、开方等很快聚集在齐桓公身边。齐桓公嬉言，他吃遍天下美食，就是没有吃过人肉。于是，易牙杀了亲生儿子，把肉献给齐桓公吃。齐桓公即便要清除这班佞臣，简直比戒毒还难。管仲欲“清君侧”。惜乎，他若打铁，自身不硬。他死后两年，齐桓公卧床不起，五公子争立。易牙把齐桓公关在宫内，封闭门窗，筑起围墙，一代霸主被活活饿死。

似乎有着一种必然的规律，正如《围城》所说：“事实上，一个人的缺点，正像猴子的尾巴，蹲在地面上时是看不见的，直到他向树上爬，就把后部供大众瞻仰，可是这红臂长尾本来就有，并非地位爬高了的新标识。”管仲没有摆脱这只无形的手。他是位大有争议的人物。孔子说了句公道话：“管仲相桓公，霸诸侯，一匡天下，民到于今受其赐。微管仲，吾其被发左衽矣。”意思是说：“管仲辅佐齐桓公，称霸诸侯，匡正天下一切，人民到现在还受到他的好处。如果没有管仲，我可能还是一个披头散发、敞开着左衣襟的不文明人”。

《望月望乡》诗文碑帖

——2020年6月12日初稿

——2020年6月14日完稿

2020年5月底，我们租两辆卡车，分批搬走家中废旧无用之物8大件。有两只大柜子尘封多年，说起来，令人厌烦。我打开柜门，意外地发现几件文物，包括王羲之《兰亭序》长卷等。其中《望月望乡》碑帖，有诗全文，加人物像。委托懂行的亲戚，交荣宝斋裱画并装在玻璃大镜框内，全重25斤。本周一，搬运到家。为腾出空间挂画，将客厅摆设做了一番调整。忙到下午，落局后，大幅碑帖整体展现在我眼前，惊喜不已。

画面上部为诗文，行书笔法，流水行云，舒畅而飘逸，看来并非出自近代书法家的手笔。其下为人物像，衣着古时宽袖大袍，昂首挺立，颇有气魄。绘画的风格更近似古代画家之作。然而，我不善于识辨行书文字。诗文的作者是谁，他在述说什么？这给了我一大难题。

大女儿陈颖古文学功底比我强。她能间断认出几个字，尚不能串连成文。遂网上查阅。原来这是一首五言诗，名为《望月望乡》：

翘首望东天
神驰奈良边
三笠山顶上
想又皎月圆

作者阿倍仲麻吕，何许人也？公元698年生于日本奈良附近一个中等贵族之家。他聪敏好学，对汉学和唐朝文化颇感兴趣。8世纪初，中国正值唐朝开元盛世，经济繁荣，文化昌盛。日本刚完成由奴隶社会向封建社会的转变。为建立新制度，日本朝廷屡次派出遣唐使者和遣唐留学生。

公元717年（开元五年），以多沾县宁押使为首的第9次遣唐使团，一行557人，分乘四艘船，由大阪启程，抵达福冈，向中国进发。古代航海技术落后，从日本到中国，旅程6个月，十分艰险。使团在扬州登陆后，西进唐朝首都长安。公元717年10月3日，玄宗皇帝诏慰日本大使。10月16日，中书省举行欢迎宴会。朝觐以后，遣唐大使于10月22日率团回国。留学生继续在唐朝求学深造。阿倍仲麻吕便是留学生之一。

唐朝设有三类学校，要经过科举，取得进士、明经的资格，才能出任官吏。进士和明经是高等文官的考试。进士要求长于论述国家大政方针，具有政治家的才能；明经则要求长于经义教学的学者才能。以进士最为尊重。

阿倍仲麻吕进入国子监太学，结业后，参加科举，考中进士。作为第一个外国人参加科举，得到玄宗皇帝的赏识，被挽留在唐任官。公元731年（开元十九年）破格晋升为门下省左补阙（七品以上），虽品级不高，但在宫中有更多的机会可以接触皇帝。玄宗赐给他一个中国姓名：朝（晁）衡，他把原名仲麻吕改为字。公元734年（开元二十二年）他入唐已17年，适逢日本第10次遣唐使团行将回国之际，他向朝廷提出要求归国。玄宗皇帝挽留，没能满足他的愿望。阿倍仲麻吕写下了一首五言诗：

慕义名空在
输忠孝不全
根思无有日
归国定何年

公元742年（天宝元年），阿倍仲麻吕晋升为秘书监兼卫尉卿（从三品）。任职期内，他广泛结识长安各界字者名流，与唐代著名诗人李白、王维等密切交往，互相赠答诗文。公元753年（天宝十二年）阿倍仲麻吕56岁，已在中国度过了37年异国生涯，任公卿等高位。他再次申请回国。唐玄宗见阿倍仲麻吕，家中有高堂，便同意了他的要求。特命他以皇帝特派大使的资格伴送日本大使回国。消息传出，长安素与仲麻吕交好的友人，挥笔做诗赠别。王维以《送秘书晁监还日本国》为题，诗云：

积水不可及，安知沧海东。
九州何处远，万里若乘空。
向国唯看日，归帆但信风。
鳌身映天黑，鱼眼射波红。
乡树扶桑外，主人孤岛中。
别离方异域，音信若为通。

王维并为诗写了长序。阿倍仲麻吕写了《衔命还国作》诗篇，赠答友人。诗曰：

衔命将辞国，非才忝侍臣。
天中恋明主，海外亿慈亲。
伏奏违金阙，騑骖去玉律。
蓬莱乡路远，若木故园林。
西望怀恩日，东归感义辰。
平生一宝剑，留赠结交人。

公元753年（天宝十二年）6月阿倍仲麻吕辞别长安，南下扬州。10月15日，会见鉴真大师等人。11月15日，启航回国，是夜皓月当空，长天秋水，江天一色。何倍仲麻吕仰视海天，心潮澎湃，乃以国言作《天之原》歌一首，当即译成汉语《望乡》。在江苏镇江的北固山上，有块《望月望乡》诗碑，碑上诗文就是阿倍仲麻吕（汉名晁衡）的作品，已收入《全唐诗》。

家中挂起的碑帖

阿倍仲麻吕公元717年（开元五年）入唐，至公元753年（天宝十二年）离开长安归国。这37年正值唐朝全盛时期，他是第一位外国留学生考取进士资格。玄宗皇帝挽留他在唐朝做官。到公元742年（天宝元年），经破格晋升，身居朝廷公卿之高位。这37年异国生涯也是阿倍仲麻吕个人平步青云的美好时光。他回顾往昔，久别思归之情就浓缩在这篇五言诗内。图中画像为阿倍仲麻吕的盛年风貌，留下了印记。

圆明园的强盗和他们的子孙

——2009年2月6日初稿

——2009年3月8日完稿

世界上有这么一种怪物，从基因学角度来看，他们酷似1860年洗劫圆明园强盗的潜在子孙。从认知水平来判断，估计他们有严重的智力障碍。作为收藏家，竟然不知手中的宝藏是赃物，而恣意炫耀。就他们的财富和教育程度而论，他们不可能对于法国作家贝尔纳·布里泽（Bernard Brizay）出版的《1860：圆明园大劫难》一书，一无所知。他们不应该对维克多·雨果（Victor Hugo）1861年书写的《就英法联军远征中国致巴特雷上尉的信》置若罔闻。

然而，他们足够的愚蠢，在拍卖前表示要中国“实现人权和西藏自由”，才会将铜像归还。他们不过是胆怯理亏的偷窃者、不知羞耻的伪君子、得意忘形的骗子！这种怪物在今日异常显眼的就是当今法国收藏家，鼠首铜像、兔首铜像的持有者贝尔热。

一位有良知的法国作家贝尔纳·布里泽著书《1860：圆明园大劫难》，以翔实的史料、严谨的态度再现了1860年英法联军对圆明园抢劫并焚毁的事实。

维克多·雨果于1861年11月25日《就英法联军远征中国致巴特雷上尉的信》——《一天，两个强盗走进了圆明园》中写道：

法国作家贝尔纳·布里泽著《1860：圆明园大劫难》

“世界上的艺术家、诗人、哲学家都知道有个圆明园，伏尔泰现在还提起它。人们常说，希腊有巴特农、埃及有金字塔、罗马有竞技场、巴黎有圣母院、东方有圆明园。尽管有人不曾见过它，但都梦想着它。这是一个震撼人心的、尚不被外人熟知的杰作，就像在黄昏中，从欧洲文明的地平线上看到了遥远的亚洲文明的倩影。

这个奇迹现已不复存在。

一天，两个强盗走进了圆明园，一个抢掠，一个放火。可以说，胜利是偷盗者的胜利，两个胜利者一起彻底毁灭了圆明园，人们仿佛又看到了胜利者一起彻底毁灭了圆明园，人们仿佛又看到了因将巴特农神庙拆运回英国而臭名远扬的埃尔金的名字。

当初在巴特农神庙所发生的事情又在圆明园重演了，而且这次干得更凶、更彻底，以至于片瓦不留。我们所有教堂的所有珍品加起来也抵不上这座神奇无比、光彩夺目的东方博物馆。那里不仅有艺术珍品，而且还有数不胜数的金银财宝。多么伟大的功绩！多么丰硕的意外横财！这两个胜利者一个装满了口袋，另一个装满了钱柜，然后勾肩搭臂，眉开眼笑地回到了欧洲。这就是两个强盗的故事。

我们欧洲人自认为是文明人，而在我们眼里，中国人是野蛮人，可这就是文明人对野蛮人的所作所为。

在历史面前，这两个强盗分别叫作法兰西和英格兰。但我要抗议，而且我感谢你给我提供了这样一个机会。统治者犯的罪并不是被统治者的错，政府有时会成为强盗，但人民永远也不会。

法兰西帝国将一半战利品装入了自己的腰包，而且现在还俨然以主人自居，炫耀从圆明园抢来的精美绝伦的古董。我希望有一天，法兰西能够脱胎换骨，洗心革面，将这不义之财归还给被抢掠的中国。

在此之前，我谨作证：发生了一场偷盗，作案者是两个强盗。”

维克多·雨果

1861年11月25日

如果设想巴黎圣母院大教堂被异国侵略者军队烧毁，钟楼内悬挂的大钟被盗，而流失海外。经过若干年后，由异国收藏家拿出来拍卖，重新展现在世人的面前。法国人会有什么感受？我相信，我也希望如此野蛮的强盗行为今后不会，也不应该再发生。巴黎圣母院是法国的。正像雨果所说的那样：“历史的结晶是属于全人类的。”

进入圆明园的强盗，即使是战争的胜利者，在历史面前，也将永远受到谴责。进入圆明园的强盗受到中国人民永远的谴责，也受到法国人和英国人的永远的谴责。强盗就是强盗。文明人进行抢劫也是强盗，是更为可耻的强盗，因为虚伪，以自欺欺人的方式爱说三道四。抢掠来的古董就是赃物，不义之财终将归还给被抢掠的中国，既使强盗不愿意洗心革面。粗略地说，王牌强盗很难脱胎换骨。愿21世纪的法兰西和英格兰并非如此。

我想：这正是2009年法国佳士得拍卖行，执意拍卖圆明园兔首铜像、鼠首铜像活动，所能告诉我们的全部故事，讽刺、有趣，也深受教益。

《北京五书》与梁思成、林徽因夫妇

——2009年6月6日完稿

读2009年5月24日《北京晚报》，获悉《北京五书》包括《北京紫禁城》《北京颐和园》《北京天坛》《北京四合院》《北京古建筑地图》，由清华大学出版社出版。据报道，《北京五书》凝聚了清华大学建筑学院的无数心力，历时数年，汇集了前辈学者研究与测绘成果，也有今人实地踏勘和拍摄。完成这部巨著是我国古建筑学的一件大事，是保护中华民族文化遗产的一件大事。

北京古都，北京古建筑群，作为一个整体，已经被肢解、被破坏。有些历史或艺术瑰宝已经不复存在。梁思成和林徽因目睹清明古城墙被迅速拆毁后，抚砖痛哭。林徽因道：将来恢复，也是假古董。在梁思成与林徽因去世后，他们的故居（位于东城区北总部胡同的四合院）也未能逃脱被拆除的命运。后由东城区文化委通知建设单位停止拆除并复建。

在发展现代化城市和保护历史古建筑、古文化遗产等问题上，巴黎比北京保留着更多的光彩，更多的魅力。巴黎展现着永恒的民族独特性。在这个问题上，法兰西民族比我们有更多的智慧。

我不懂建筑学，但有这方面的爱好。《北京五书》的出版，我很高兴。大家依然记得1930年梁思成先生加入由朱启钤创建的“中国营造学社”。学社的工作是“中国人自己系统研究与传播中国建筑的起点”，把中国古建筑推向世界做出了重大贡献。有人说：“建筑是一个民族文化的结晶”。且看希腊、罗马、埃及、俄罗斯、土耳其、印度、柬埔寨等地，雄峙百年千年的古建筑，活生生地代表着那些伟大民族的灿烂、独特的文化。一个国家能够崛起也是因为那个国家有着独特的思想与独特的文化。一个有智慧的民族不会任意摧毁古建筑。世界城市现代化建设，不可能出现清一色建筑一统天下的局面。

今天，我们可以理解梁思成、林徽因夫妇的苦心，他们要保护古建筑、要保护中华民族独特的文化。为此，他们付出了巨大的代价。

梁思成先生的思想和精神没有因为他的死亡而终止。他直言敢谏，不愧是梁启超先生的儿子。他提出保护北京古城的原则和方案，有远见，有道理。他被斥责，曰：“若当皇帝，定是暴君。”梁思成先生不是暴君，他只不过是一介瘦弱的书生。他的意见可以不被采纳，但不应该受到不公正待遇。一个人的生命应该被尊重。

《北京五书》出版是一件喜事。我仿佛重新听到梁思成先生当年说过的话：“五十年后，历史将证明我是对的。”是的，梁思成是对的。

读《哈佛，凌晨四点半》有感

在哈佛大学100座图书馆中，有一座维德勒图书馆，由维德勒的母亲在1915年捐建。维德勒是哈佛大学的一名学生。1912年4月12日，当“泰坦尼克号”即将沉没之际，维德勒让母亲先登小船逃生，他却转身返回船舱，因为他忘了带上《弗朗西斯·培根散文集》。最终，他和他那本心爱的书一起葬身海底。维德勒图书馆建成后，收藏的第一本书是维德勒的母亲捐赠的《弗朗西斯·培根散文集》，保存在密封的玻璃框内。书的下方写着“书与维德勒同在”。

这个故事刊登在2010年10月9日的《北京晚报》上，我读后深受感动。故事的作者曾在一个普通日子的凌晨4时，再次来到哈佛大学校园。走进大学图书馆，只见每间阅览室、每个座位上都坐着哈佛学子。他们在读书、做笔记。面对此情此景，我相信作者必然深受感动。所以，他的文章题目就是：《哈佛，凌晨四点半》。

哈佛大学图书馆有这样一条名言：“此刻打盹，你将做梦；此刻读书，你将圆梦。（This moment nap，you will have a dream; But this moment study，you will interpret a dream.）哈佛人认真读书，大胆创新，将一个个梦想变成了现实。

哈佛大学图书馆的故事给我的深刻启示是：在物种进化的过程中，人类与禽兽分道扬镳，是因为人类能够不断积累经验、知识和智慧，禽兽则不能。人类能够发明文字，把脑子里记忆的知识和智慧写到纸上。后代人能够通过书籍，把前代人的知识继承下来。后代人能够写文章、写书，把人类的智慧代代相传，并且加以发扬。人有阅读和写作的能力，野兽则没有。时至今日，人类能不断取得进步，而野兽仍然只是野兽。

时下，尽管大家很忙，压力很大，急匆匆地奔走于病房、门诊、手术室、会议室之间。然而，我们每天必须做的事情之一，就是要阅读、写作。我们要清醒地听到“哈佛，凌晨四点半”的钟响。哈佛大学已经诞生了40位诺贝尔奖得主和30位普利策奖得主。我们如何？

科学实践与思考

——2013年5月30日 完稿

人类似乎有着一种与生俱来的强烈欲望，那就是要扩大自身的活动疆域。他们千方百计地让梦想成真。在征服大陆四大洲和八大洋以后，他们急于想飞上天空，进入太空。然后，飞向月球，飞向更为遥远的其他星球。人类也梦想深入博大精深的生物世界。为什么“人类”，这个大千世界里小小的灵长类动物竟能如此匪夷所思呢？且看20世纪人类“大科学”的壮举（包括登月计划和人类基因组计划），让我们将故事从头讲起。

动力飞行

1903年12月17日，在北卡罗来纳州的基蒂霍克，出现了奥维尔·莱特和威尔伯·莱特兄弟两人。他们把自制的双翼飞机拖到沙滩上，进行第一次动力飞行的尝试。一群当地人来到现场，围观这“一对可怜的疯子”。首次飞行，驾驶员是弟弟奥维尔，持续了12秒，飞出120英尺。接着轮到哥哥威尔伯，飞出175英尺。最后一轮尝试，飞行时间59秒，高度12～14英尺，持续飞行852英尺。随后，有许多美国人、欧洲人也跃跃欲试，把飞行当作娱乐。商人嗅到这项发明有利可图。政治家和军人发现新产品可以增强军事实力，“空军将成为与海军同等重要的力量。”莱特兄弟首飞成功，揭开了20世纪人类科学一场影响深远的革命。世界从此进入航空时代。

登月计划

从1962开始，6次登月成功，1次失败，共有12名航天员分批登月并在月球表面上行走，实现了人类5000年的登月梦想。到1972年，阿波罗登月计划（Apollo Project，AP）结束，共花费255多亿美元。1969年7月20日，美国宇航员尼尔·阿姆斯特朗等3人驾驶着阿波罗11号宇宙飞船奔月，其中两人第一次踏上了月球表面，3人在7月24日安全返回地球。阿姆斯特朗在登月之后说：这是我个人的一小步，却是人类迈出的一大步（that' s one small step for man，one giant leap for mankind）。

AP不是美国人想闹新奇的玩意儿，而是美苏争霸年代冷战的产物。苏联曾抢先把卫星发射到月球，接着又抢先把宇航员加加林送上太空，并安全返回地球。苏联人很潇洒地把一批远程导弹安放在古巴放射场上。美国人发现了，大光其火，启动了登月计划，阿波罗是古希腊的太阳和复仇之神。美国如愿以偿。几十年后解密的档案披露，苏联也有过登月计划，但是失败了。美国的登月计划也曾遭受波折。AP总设计师科学家韦纳·冯·布劳恩（Wernher von Braun）绞尽脑汁，想实现载人登月计划。美国军方急于要制造出强大的火箭，打击苏联人。美国军方反对AP，而美国总统肯尼迪是个聪明人，他力排众议，决定启动登月计划。

整整40年过去了。人们可以看到，受益于登月计划的推动，出现了新型微电子技术。例如，20世纪70年代的袖珍计算器，20世纪80年代的家用电脑和互联网雏形，21世纪视频流和社交网络，等等，无一不是微电子技术引领的成果，无一不是与21世纪地球上人们的生活息息相关。登月计划正是这场始于20世纪70年代的信息经济时代的前奏。从这层意义上说，登月是20世纪人类大科学的壮举。这是美军方没有想到的，他们不是科学家。

人类基因组计划

人类基因组计划（Human Genome Project，HGP）由美国科学家于1985年率先提出，于1990年正式启动，2003年完成，花费38亿美元。到2010年已为美国带来8000亿美元的回报。该计划对医学、农业、环境、能源等多个领域带来根本性的创新，长远影响无法估量。可以说，HGP是生物经济时代的序曲，与登月计划并称为20世纪人类大科学的壮举。

有些往事值得追思。20世纪90年代，几位在美国工作的中国科学家，极力主张中国参与HGP。他们毅然回国，几经上书，却遭到了国内科学家的一致反对。理由很简单：HGP最终完成的基因图谱将公布于众，中国不必投入巨资参与该计划。当时英国也有过类似的声音，争辩结论是："英国必须参与其中，才能感知和学习新科技进展，捕捉新科技进步带来的机遇。"受英国人的启发，那几位在美国工作的中国科学家自筹资金，拿到了1%的任务。

他们于1999年创办了中国最具创新企业——华大基因。13年过去了，这家机构已经成为世界第一的测序机构，数据产出量占全球的50%。然而，中国不能只有一个"华大基因"。在庆幸的同时，应该反思中国失去了什么？当初没有从国家层面及早布局，加大投入，付出的代价是什么？试看我国自2007年确立"新药创制"重大专项以来，"业绩乏善可陈"。"原本想造几颗原子弹，没有想到造了几颗手榴弹，还有几颗是哑弹。"有的中国科学家如此评价。然而，20世纪人类终于打开了生物世界的奥秘之门。

脑计划

21世纪提出新的挑战，如人类大脑是如何工作的，大脑疾病（帕金森病、阿尔茨海默病等）为什么很难医治等。据悉人类大脑拥有1000亿个神经元和100万亿个神经突触。但是科学家甚至不了解一只小虫的神经体系，尽管那种小虫只有302个神经元。科学家对单个神经元有不少了解，但对于小神经元之间的网络工作机制，神经元产生信号如何传达并改变靶细胞的活动等问题，知之甚少。2013年4月2日，美国白宫正式公布一项“脑计划”（Brain Activity Map Project，BAM），以探索人类大脑工作机制，绘制脑活动全图，针对帕金森病和阿尔茨海默病等大脑疾病，开发新疗法。预计10年内将投入30亿美元。

脑计划引发的思考。脑计划比人类基因组计划复杂得多。对于脑计划，国际上，有的科学家充满狂热的激情，有的则持深刻的怀疑态度。让我们重温20世纪的故事。我国在人类基因组计划之初，国内工作的科学家一致反对国家参与，他们愿意等待基因组序列图完成后公布，然后利用该项成果。这是侥幸心理。仅由少数海外归来的科学家参与，取得的回报有限。道理很简单，比如做数学题，必须懂得演算过程，仅仅知道答案，不足以掌握知识。实际上，从20世纪50年代开始，新药开发已经陷入困境，国际药物大企业“转型”研发与基因相关的药物。如果科技发展出现重大转折时，不大力参与，不敏锐地吸收新知识，就会失去感知和捕捉基因组科技进步对于生物医学以及转基因农业带来的机遇，结果产生“lockout”（锁定在外）的效应。

那些被“锁定在外”的组织，将逐渐被新科技进步的浪潮淘汰。以柯达为例。柯达具有132年历史，长期以来充当感光工业领跑者，却以破产告终。该公司在20世纪共获得19 576项专利，早在1975年制造了世界上第一台数码照相机。说柯达不懂得潮流，不是事实。错误的是柯达以行业龙头老大自居，决策层固执地在原有技术路线上“路径依赖”，不能自拔。在摄影技术从胶片化向数码化转型的节骨眼上，公司沉溺于传统胶片，压制数码照相机的进步。一百多年的金字招牌被“锁定在外”，就此倒下。

“以史为鉴，可以知兴替”，反思历史，是为了不犯重复的错误。柯达的鲜活教训，对于我国一些“金字招牌百年老店”来说，足以唤醒警觉。目前，人类对于大脑的了解非常有限。如果说要在10年内治愈帕金森病、阿尔茨海默病，造福人类，那是言过其实。“脑计划”需要很长时间才能达到具体目标。即使如此，神经科学领域巨大而艰难的课题，将在未来数十年，人类从这项计划的实施中获益。我们需要丢掉侥幸心理，用战略思维和战略眼光看清楚这一点。梦想面对着未来，要求我们眼下做出艰巨的努力。“脑计划”的梦，是21世纪大科学的梦，也是中国的梦。

F大调畅想曲

——2019年2月20日初稿

——2019年2月22日完稿

从人类的老祖宗站着走路起，人与物的关系便发生绵延不断的改变，谱写下了丰富多彩的历史。我们老祖宗迈开两腿走路，把猎物扛在肩上走回来。到了某年某月，有些不太勤快的聪明人，坐到牛背上优哉游哉。后来又骑在马背上，发现这样可以走得更远、更快。推着独轮车搬运东西，或者用手拿着桨划船比游泳更省力气。人可以驾驭物，这是一次大觉醒。在人类发展的第一阶段，人与物的关系凸显出来。

到了工业革命时代，人喜欢坐汽车代步，或者开着火车远距离运输笨重的货物，尽管最初有人嘲笑马比火车跑得更快。乘轮船在大河上可以漂游得更远、更快、更舒服。那个年代，船体旁确实有只露出水面的大轮子不停顿地转动着。即便到了19世纪，在城市中，人推的独轮车与汽车同行，而且出现更多的人力车、三轮车之类的交通工具。有些人拉着车奔跑着，有些人费劲地脚踩着轮子。他们喘着气，挥着汗。另有一些人坐在车上，夏天烈日下，打开遮阳伞，摇着铁扇公主那把扇子，驱赶着周围的热气。这帮人不费力气，既不拉车也不踩三轮，轻松愉快地到达目的地。此外，有些人舒舒服服坐在车子里，心安理得地驾驶着汽车。

为适应社会日益增长的、多样化的需求，体力劳动者更辛苦。有能力雇用劳力者的生活更轻松了，而那些既没有劳力又没有能力雇用劳力者的就倒了霉。自然，有些人可以役使另一些人，此事古已有之。人与物的关系从农耕社会到工业社会发生了更深刻的改革。在人类发展的第二阶段，人与人的关系更深刻地被改变，这种改变也同步凸显出来。

在阅读中思索

人与其他动物大不相同。人爱好做梦，想飞上天。为了实现梦想，开始动手不断摸索与改良。有一天，发明了一架飞机，能够离开地面1米多高，飞行几秒钟而已，好玩吧！近代人也不示弱，很快学会制造飞机，载客越来越多，飞得越来越高、越来越远，飞越辽阔的海洋，飞达各大洲、各国家、各城市。“航空”成为人类活动中不可或缺的一部分。人的梦想永远不会停止，他想离开地球，飞到其他星球上去。果然，有人登上月球，在月球表面笨拙地踩上几步。很像人类的老祖宗站起身来用脚在地面上迈开步子，一个模样。“航天”时代终于到来。人与物的关系从地球扩大到其他星球。这是人类发展的第三阶段。

今天我们生活在信息时代，“大数据”“人工智能”相继出现，影响着国家机器的运转，影响着人的生老病死。大数据的应用领域是人工智能，它可以通过不断地数据化、模块化训练强化记忆力，很快学会重复性操作，不断地提高多种本领。人工智能不拿薪水，不知疲倦，不闹情绪。人工智能将成为人类的忠实助手，人类的社会将发生更大更快的进步。我们将从工业革命时代进入一个完全不同的、崭新的时代。

到了新时代，人工智能有否可能变成人类的敌人？我们不必害怕。记得工业革命初期，工人以为机器抢了他们的饭碗，把机器砸了。今天，谁也不会这么做。人类不断地改进机器，以产生更多的财富。工人以高效率的劳动，获取更多的报酬。对于今天出现的人工智能，有一点似乎可以肯定，人有感情，人工智能没有，因为人工智能是机器人。我们正面对自然人与人工智能的关系。这是人类发展的第四阶段。

人类将有更远大的梦想，要更好地驾驭机器人。人工智能将帮助人类进一步开发人与物的关系，世界将会变得更加奇妙。

“药”的故事

——2019年11月29日 完稿

中学时期，我开始读鲁迅的著作。我阅读的第一本书是《呐喊》。鲁迅很会讲故事，有一篇文章题目叫作《药》。

老栓的儿子病得很重。他摸黑，打个灯笼，沿着一条灰白小道走着。那时没有医院。惶恐中，他看到犯人被押上场，被砍头了。从一堆颈项伸得很长的围观者中，闯出一个浑身黑色的人，站在老栓面前。“嘿，一手交钱，一手交货！”那人一只手攥着一个鲜红的馒头，那红的还一点一点地往下滴。老栓摸出洋钱，接过他要的货。这东西不是药铺里的药。“这个包里有着新的生命，要移植到他家里”。

回到家，老栓把那包东西塞在灶里。等上片刻，小栓的妈妈把一碟乌黑的圆东西端到她儿子的面前。“吃下去，病便好了。”掰开圆东西，焦皮里面是白面的馒头。“这样的人血馒头，什么痨病都包好！”原来这馒头沾的是夏四奶奶儿子的血。年轻人造反，关在牢里，还劝牢头造反，不要命，被砍了头。那个满脸横肉的人又来了，“小栓碰到了这样的好运气”，“这病自然一定全好”。结局确实很“自然”。这一年的清明，小栓的妈妈在一坐新坟前面，哭了一场。夏四奶奶跄跄踉踉地走到另一坐新坟前，“这坟里的也是儿子了”，她哭了一场。

她们很悲痛，两人都闹不明白，儿子是怎么死的。社会要变革，儿子要造反，头被砍了，怨不得别人，造反的人自己不要命，做母亲的改变不了这一切。吃人血馒头要趁热，“药吃下去，病包好”。多么熟悉的口头禅，至今还时有所闻。

那位满脸横肉、一身黑色的人，没有冒称自己是医生，他有人血馒头，买不买，愿者上钩。小栓的爸妈也是无奈。哪里去找医生。估计医生也弄不明白“痨病”是什么回事。医生开的药方很文明。药铺里买回来的药一定不沾人血，可是中药救不了小栓的命。

鲁迅因为父亲生病，和2位名医周旋过整整两年。由此，他写了一篇文章《父亲的病》(见《朝花夕拾》)。

鲁迅请来一位名医，用药与众不同。他的特色是“药引”。比如芦根，要到河边去掘，还有经霜三年的甘蔗。凡有灵药，一定很不容易找到。这样有两年，鲁迅爸爸的水肿逐日厉害。这位中医很诚实，说另请高明吧，便推荐了另一位名医，“病是不要紧的，不过经他的手，可以格外好得快”。他说完，走人。

请来另一位中医，用药的确身手不凡。他喜欢一种奇特的“药引”。最平常的是“蟋蟀一对”，“要原配，即本在一窠中者”。可见昆虫也要贞节，续弦或者有小三，连做药的资格也没有了。好容易办妥，又出了个难题，要“平地木十株”。这是什么东西，问读书人、卖草药的、木匠师傅，都摇头。有一位爱种花木的远房叔祖知道，是生在山中树下的一种小树，能结红子。药引找到了，然而先生尚需一种特别的丸药：败鼓皮丸。水肿一名鼓胀，用打破的旧鼓皮，可以对抗。全城中只有一家出售，五里地远。鲁迅的父亲吃了一百多天的“败鼓皮丸”，打不破水肿，躺在床上喘气。煎好的药，灌下去，却从口角上回了出来。那位中医用药如神。他另开了一种丹，点在舌上，一定见效，“舌乃心之灵苗”。父亲沉思了一会儿，摇摇头。他喘气，连儿子也听得很吃力。鲁迅不再和那位先生周旋了，“只在街上有时看见他坐在三名轿夫的快轿里飞一般抬过”。

我读鲁迅写的文章，立即想到我大哥和二姐的可悲命运。妈妈结婚后，先后生了4个孩子，两男两女。奶奶把我的大哥看作传宗接代的根苗。我的二姐排行老三，长得讨人喜欢。我大姐排行第二，我是老四。

谁知我的大哥和二姐，都在各自在3岁那一年，患急腹症，肚子鼓鼓的。奶奶出的主意请老中医来家诊治。老中医来家后，话说来都是头头是道，服泻药排毒，开完药方，走人。我大哥死了。轮到我二姐，老中医下处方，服泻药排毒，开完药方，走人。我二姐也死了。两个孩子就这样先后夭折。那位老中医不知是哪家名医第几代传人，他坚信祖师爷的诊治方法错不了。那年头，出现这样的事情，病家自认天命。

20世纪50年代，我在上海广慈医院（现在的瑞金医院）做外科住院医生。曾轮转到小儿外科培训1年，见到小儿急腹症最常见的有胆道蛔虫症、急性阑尾炎穿孔后腹膜炎，以及肠套叠。胆道蛔虫症因疼痛和强迫性体位，容易诊断。阑尾炎穿孔和肠套叠，都需要急诊手术，孩子术后都可以活下来。很自然，我想起了大哥和二姐，他们死于急腹症。如果当时有其他的选择，如果大哥和二姐还活着……可惜生活没有“如果”。但我老是这么想着。这不是记忆，是烙印。

二、社会洞见

医闹违法当惩处

——2013年3月10日初稿

——2016年1月27日完稿

近几年每年总有几起医闹事件发生，闹得沸沸扬扬，闹得大家对社会产生不安全感，医闹破坏了医院的正常医疗秩序，干扰了正在进行中的医疗改革（以下简称“医改”）。医闹这个问题已经使有些尚未走出校门的医学生、在职的临床医生感到困惑，甚至恐慌。医闹是违法的，有些家属在医院里任意打砸，侵犯临床医生的人身安全，殴打或者用刀捅医生、护士，应该依法处理。对于医闹，发生一起，要惩处一起。2014年3月6日，时任国家卫生和计生委员会主任李斌表示，“暴力伤医事件是严重的违法犯罪行为，不可容忍，必须严惩。”相信李斌主任的讲话能够落到实处，能够出实效。因为她讲的是实话。

医学是一门需要艰苦探索的生命科学，而人的认识不可能一蹴而就。从我国医学院和教学医院目前拥有的教师资源来看，培养一名合格的临床医生至少需要15年，而且培养数量与社会需求有差距。临床医生责任大，风险也大，超负荷工作，三级医院尤其如此。我们常听到有些患者抱怨：“到医院看病，路上花1个小时，门诊排队挂号花1个小时，医生看病只有5分钟。”这样的抱怨是可以理解的。我们也常听到有些医生说，一上午的门诊，一名医师要接诊60多位患者。给每一位患者能留出多少时间，也是可以计算出来的。大家对这种基本情况需心中有数。我国需要通过深化医改来解决问题，绝不能让医闹再添乱。

临床医生要做到尽可能不误诊、不漏诊，需要不懈地进行科学实践和经验积累，认真总结经验，吸取教训。科学在进步，我们面对的疾病谱与50年前相比也要复杂得多。把患者医治好，是医生和家属共同的愿望。临床医生犯错误有好几种情况，需要分析与核实，具体情况要具体处理。不能一出差错就不分青红皂白，一律粗暴“打棍子”了事。

最近我的朋友圈里都在转发一段视频：2015年“五一”劳动节这天，北京大学人民医院一位急诊科医生值夜班，他的老父亲从济南来北京办事，到医院看儿子。儿子忙得抬不起头，根本说不上话。老人家只好挂了个号，规规矩矩地排着队。两个多小时后，他和儿子见了一面。父亲把一杯水放在诊疗桌上说：“儿子，我没有不舒服，就是想让你歇一会儿，喝口水。”大家想一想，谁家的儿子没有父亲，谁家的父亲不心疼自己的儿子。他们的时间都给了谁？这就是医生的奉献。他们的奉献应该获得尊重。

全国几次重大自然灾害中，不顾自身安危、冲在救死扶伤第一线的有众多的医生和护士。北京市2013年全年完成门诊、急诊量达到2.16亿人次，经治疗后出院的患者270万人次。这是全体医生和护士辛劳服务的结果。教学医院的医生同时肩负着医、教、研三重任务，常年超负荷工作，忍辱负重地推动着我国医学科学的发展。

发生医疗纠纷，家属不是仲裁者，可以通过上告法院，依靠法律解决问题。家属没有权利凭一时冲动，在医院打砸、大闹，甚至对医务工作者进行人身伤害。这些人把法律和法院放在了什么位置？把自己放在了什么位置？

犯法必严惩。作为医生，我们要对医闹必会受到法律制裁持有充分的信心；同时，丢掉恐慌和疑惑，鼓起勇气继续走在医改的大路上。把患者服务做好，把医学科学推向前进，这永远是我们医护工作者的天职。

医院里的人间喜剧①

2014年7月26日晚，观看北京卫视纪实影片《生命缘》。虽然不在现场，却深受感动，情不自禁。影片讲述一位来自外地的孕妇，据说她妊娠有问题，当地医院建议“另请高明”，她辗转来到北京求医。孕妇是走着进入医院的。在协和

① 本文于2014年7月27日发表于《健康报》，经作者修订后使用。

医院急诊检查，证实她患有肺动脉高压症、妊娠期高血压症。问题确实很严重，多个器官功能被损害。医院组织多科会诊，包括急诊科、心内科、妇产科、麻醉科、ICU等医生，紧急商讨治疗对策，这是协和医院长期以来形成的传统。根据会诊意见，通知家属病情危急。35岁的丈夫以及家人正在等候他们的孩子的降临，没有觉察到媳妇和胎儿正濒临死亡的威胁。肺动脉高压症可以使产妇在分娩过程中猝死，新生儿几乎也在劫难逃。“自然分娩”会是致命的，丈夫和一家人获知后惊呆了。他们带着天堂的喜悦，突然滑向地狱深处的黑洞。

让母亲和孩子都活下来，是家人和医生们共同的愿望。不允许过多的犹豫，很快决定剖腹产。即便如此，产妇有可能死在手术台上，新生儿也有可能出不了手术室。但是，别无选择，命运就是这般残酷。家属被动且无奈，他们需要援助。唯有医生可以有所作为，尽管医生掌握的主动权有限。要把人救活，对医生的知识、经验和判断力提出了挑战。医生比产妇和家属更清楚将会发生些什么，他们承受着不寻常的压力和焚心般的煎熬，局外人很难真切感受。

手术室门外，聚集着两家人，他们情绪没有失控。因为在手术室里面，保留着他们最后的希望。年轻的丈夫是打工的，把自家儿张薄薄的现钞，加上他父母掏出来的养老积蓄和其他亲人的资助，一共30万都拿了出来。他一张一张地数着，紧张地攒在手中。钱是冷的，还是烫的，他不知道。钱花完了，一家人怎么活，他没有想过。大家期待手术室门再次打开的一刹那能听到“母子平安”。

手术开始。一切潜伏的危险因素，已知的和未知的，开始撞击产妇和胎儿脆弱的生命。主刀医生和她的助手们，活像在翻滚的海浪中冲浪。医护工作者们在和死神赛跑。通过荧屏显露的模糊的场景，好几次我暗自思忖：“产妇这一下过不去了。”生命是种奇妙的现象，难以预测，不能轻言放弃。胎儿终于脱离了母体，很快由另一组整装待命的医生和护士接手，转到另一张手术桌面上。这是怎么样的小生命？大脑袋、瘦小的躯体。时间一分一分地过去，婴儿不哭，能活吗？医生和护士忙碌着，不慌乱，很专业。救治持续了整整7分钟之久，新生儿第一次哭出声，挣扎着降落到人世间。他是男婴，撒了第一泡尿。地球上可能又多了一个捣蛋鬼。然而，从此刻起，男婴承载着家族血脉的延续和未来的希望，他将受到众人百般呵护。由于男婴体重过轻，被放入早产儿培育暖箱里面照看。母亲也活下来了，大家皆大欢喜。如果孩子生下来就失去母亲，丈夫会痛苦一辈子。

我们的主刀医生打开手术室的门，宣布好消息，她是快乐的。她和助手们在一起，抹去了一家人的绝望和悲痛。在手术室门外，做爷爷、奶奶、姥爷、姥姥的，用手擦拭着眼泪。三世同堂大团圆，带着期盼和梦想，他们的泪是热的。婴儿体重终于达到了标准，可以脱离暖箱生活。孩子的妈妈第一次近距离见到了她的宝贝。十几天前从妈妈身上掉下来的肉，险些把妈妈的命给搭上。小小的婴儿开始了属于他的生命旅程。妈妈看着他，凝视着，把自己都忘却了。不远处，我发现了一位ICU女医生。在和死亡的较量中，她是参与者，也是见证者。教科书上，诊断、治疗和预后都有明文记述。然而，她面对的是死神正在无情地撕裂着这个无力自卫的家庭。生离死别的黑影，曾经梦魇般地折磨着这位年轻医师的心。当生命之火照亮母亲和婴儿的时候，她也流泪了，泣而色变。做医生的，需要有真实的感情。医生是这样炼成的。

我们应该感谢《生命缘》总策划人张丽和她的伙伴们，在北京卫视的黄金档，勇敢地推出医疗纪实节目。没有故弄虚玄，不是作秀。如果我没有记错，这是我看到的第一部成功的医疗剧。影片之所以感动人，是因为真实。对于医生和护士们有着强力的励志作用。在医疗全过程中，忙碌着的医生和护士们都是普通人。他们名不见经传。日复一日，年复一年，他们把无声的爱，传递给更多的人。他们很容易被遗忘。一辆又一辆的救护车将接踵而至，陆续驶进这家繁忙的医院。生活正在继续。让生命得到尊重，让更多的人有被爱的感觉，社会将更加完美。

如果雨果见到偷巧克力的小女孩

——2016年1月9日 完稿

维克多·雨果是19世纪的法国作家，1805年生人。本文所说的“偷巧克力的小女孩”在我国甘肃省某县，出生于2003年，才13岁，她叫小赵。维克多·雨果和这个小女孩所属不同国家，不同时代，不同社会，时空跨度也很大。雨果不可能见到永昌县的小赵，我们的小女孩也许不知道世上曾经有雨果这样一位人物。所以，在文章标题中我选用虚拟词“如果”，给自己留下一点想象的余地。

小赵是初中学生，家境贫困，父母以卖爆米花为生，供养着两个孩子上学。中午放学后，小赵到一家超市买矿泉水，顺手拿了巧克力和其他商品，被超市营业员抓住，从她衣服中查出赃物。店主责令她打电话通知家长。母亲赶到商场后，出手打了小赵，小赵当即离开。几十分钟后，公安局接到报警，女孩小赵从高楼17层一跃而下，当场死亡。

我情不自禁地想起雨果笔下《悲惨世界》中的主人公冉阿让（Jean Valjean，以下简称J. V）。当然，小赵不是J. V。小赵由父母供养，可以上学，可以有钱上超市买矿泉水。她顺手偷走巧克力或许并非为饥饿所迫。她跳楼自尽，因为不能忍受当众的羞辱。她不曾考虑对自己的生命、对父母亲、对社会负有责任。相比之下，J. V打破商店的橱窗偷了一个面包，因为他找不到工作，他姐姐单身抚养着七个孩子，不堪饥寒煎熬。他被抓入狱，判刑五年。J. V不甘心让他姐姐和那七个孩子流离失所，自生自灭。他三次越狱潜逃，抗拒追捕，终被捉拿归案。罪上加罪，戴镣铐服苦役十九年，就是为了当初他偷了一个面包。

小赵和J. V 两人所处的时代和社会完全不同。当今我国社会尽管需要改革的问题很多，但是大体上，对于未成年孩子是爱护的，是给予教育的，是帮助他们健康成长的。如果母亲不当众动手打她，如果小赵平时能受到良好的家庭教育和学校教育，她也许不至于以任性的过激行为结束自己年轻的生命。

让我们回过头来，重读雨果的《悲惨世界》。J. V终其一生是位悲惨人物。服刑期满，他走出苦役场，有了自由。然而，"苦役犯"这个无形的罪名，死死地缠住了他。"危险分子"是他贴身的标签，他不可能融入社会。所到之处，他必须向当地宪兵队报到，出示他的"黄色通行证"，并登记在册。出狱后，徒步行走四天。那一天，他连续走了大约50公里，来到了这座城市，没吃的。城里大小旅店，普通居民之家，一概拒绝他住宿过夜。他爬进一个铺有稻草的狗屋，一只大狗追着咬他，把他赶了出来。他在路旁，找到一块石板睡下。一位好心的大妈向他遥指当地主教居住的小屋，门没有上锁，J. V进去了。对这位贫困强悍的不速之客，主教以礼相待，烤火取暖，共进晚餐，拒不收费。J. V向主教如实倾诉他的身世。他狼吞虎咽，倒头就睡。凌晨，他悄悄起身，把餐桌上的银制餐具悉数掳入自己的背囊，不告而别，越墙而去。宪兵发现了他，把他逮捕，带来见主教，查问嫌疑犯背囊中的银器是否主教的餐具。主教毫不犹豫地说，是他送给J. V的。还说，有一对银制烛台，也是给他的，怎么忘了带走呢？现在拿去吧。他告诉J. V，今后光临，推开那扇临街的门进来就是。主教请三位宪兵退去。

我仿佛置身一座旋转舞台之前，在时空中往返穿越。谁知此时发生该事件的超市门前，事态竟然演变成一场聚众事件。孩子死了，最悲痛的自然是母亲，毕竟女孩才13岁。她向店主讨要说法，好事者聚集在商店门口，招来上千人围观。有人起哄，冲击超市。公安机关调集警力，众人相继散去。时隔一天，数千人再次聚集，围攻公安干警，损毁执勤车辆。市委、市政府领导到现场，劝说群众离去。他们关心的是维持社会秩序。那些起哄者，真的是想为孩子“讨公道、伸正义”吗？我看到了他们精神上的饥渴，以及他们的冷漠。

让我们穿越回到雨果的《悲惨世界》中，J. V离开主教家出走之时，不曾有所感悟。十九个年头的苦役，令他衣不蔽体，食不果腹，镣铐在身，受尽折磨。J. V当时心中只怀有对人类社会深深的仇恨。他走出苦役场的那天，当局付给他109个法郎，外加几个零碎钱，算是十九年的“工资”，还有一张他必须终身随身携带的“黄色通行证”。他不知姐姐的去向，从此再也见不到姐姐和姐姐的七个孩子。社会偷走了他劳动所获，毁了他的家庭。社会欠了J. V大大的一笔债，却不必偿还。J. V也欠了社会一笔债，就是那个面包，他偷而没有到手的那个面包。社会从他身上偷取那么多，社会是最大的贼，反而以公理自居，要他永远屈服，这使J. V疯狂，他寻找报复。

天无绝人之路，J. V遇到了当地的主教。那位主教有着坚定的信仰。他厌恶那些高贵的主教们，站在祭台之上，大声布道，为穷人祈祷，自己住在宫殿般的豪宅里面。反其道而行之，主教以仁慈之心，无所畏惧，他曾多次走进那些被损害、被侮辱、被抛弃的危险分子的生活中去，从来不为此等善举而张扬。主教对待J. V，也是真心诚意。三位宪兵退出以后，主教对J. V说：“永远不要忘了，你给我的承诺，使用这些银器，去做一个厚道的人。”J. V很惊奇，他不曾对主教许下任何诺言。主教接着说：“J. V，我的兄弟，你不再属于邪恶，你回归善良。我赎买你的灵魂，把它交给上帝”（大意）。这是黑暗的深渊中爆发的霹雳，使J. V内心深受震撼。J. V已经48岁了，他必须从仇恨中解脱出来拥有自己的生活，再不刻意报复。他要改变自己，去做一个厚道的人。自我转变是一种严酷的、痛苦的过程。J. V劫后余生，命途坎坷多舛。他始终是一位悲惨的人物，但他也是一位与人为善的厚道之人。他做到了这一点。

此刻，我坐在书桌前，打开微信，重读有关小赵的那段简讯。小赵也是一个悲惨的人。我们，做父母的、做营业员的、做学校老师的、阅读消息的读者、做媒体报道的，以及当场围观起哄的，我们能做得再好一点吗？在众多的评语中，一位网友写道：“如果是我，我会俯下身说：孩子，喜欢吃巧克力吗？喜欢就拿去吧。但是答应叔叔以后不可以偷。”（原文）善哉，仁者之言。如果事发之初，那位网友能够在场，能够俯下身对小赵说这样一段话，一时迷失的童稚灵魂，有可能回归充满着生机的人间，醒悟后的回归将深刻影响小赵的一生。这位网友的话是一道光亮，一道唤起人性良知的光亮！

故事到此结束了吗？不。我还在想。

打的难　谁之过（2014年有感）

——2014年10月31日初稿

——2014年11月8日完稿

20岁到30岁是人体发育和健康状态的最佳阶段。那些日子，健步行走毫不费力，似乎双足安上飞轮，脚底长上弹簧，所谓行如风是也。20世纪50年代到60年代在上海，基本上没有私家车，偶见少数飞驶过街的都是公家车，为当官的专用，还配有专职司机。马路上是自行车的王国。如果谈到出租车，自然会想起过去的人力车、三轮车，全都靠人力驱动。那会儿搭车不难，也不贵。我从上海搬到北京后，第一次坐上出租汽车大约是在20世纪80年代初，从法国留学归来以后不久。出租车就那么几辆，排列在北京饭店新楼前的空地上，经王府井直接进入，没有阻拦。开门上车就座，司机面带笑容，乐于与乘客聊天。那次也是第一回听到司机以“您老”相称，着实使我吃了一惊。那时打的不难，是一种享受。

城市发展有其自身的规律，高速公路多了，私家车、公务车、出租车像潮水一样涌入北京城。北京市区面积逐步扩展，道路不断延伸。公交车跟不上形势。打的成为一种需要。随之而来的是麻烦和抱怨，如同水涨船高，多了起来。出租车司机不大愿意载客去首都机场，理由很简单，到达机场，空车返回，亏了。在机场再次接客，要排队，耐性等待。一个上午，白白丢掉了最佳时机。有好几位司机说：出租车公司从司机的收入中，提成太多，不公平。司机很辛苦，吃的是口辛苦饭。吃饭不准时，买便当在路旁对付吃上一顿。收车不敢太晚，怕天黑遭歹徒打劫。为什么要避开老年人？一般老人的家居条件不会太好，胡同窄，路旁常停着各种车辆。进胡同难，出胡同也难，不划算。

乘客也有苦难诉。我有位老朋友，在给我的短信中写道：“我老伴活着的时候要去协和医院，都要约我儿子或朋友接送，否则根本叫不到车。我为老伴取药回家，好几次下雨等车，多少空车扬长而去。我曾打电话给广播电台反映医院附近打车难，但无下文。”

今年（2014年）8月，我病好出院后由夫人家绮陪同，第一次坐轮椅外出打的，屡遭空车司机冷眼遗弃。司机肯定能看到我，可惜顺路不顺眼。自己感觉到上了年纪的人在繁忙的道路上已经无驻足之地。家绮推着我的轮椅，从协和医院西门绕着医院围墙走一段停一下，换着不同地方尝试打车。她初次推轮椅，技术不高明，很吃力。家绮快80岁，也已累了。眼看满路奔跑的空车不少，出租车司机目不斜视，没有一辆停下来。即使在竖着出租车停车处的路牌位置招呼空车，亦毫无反应。最后我们只得转到医院南门，尽管我坐在轮椅里，也顿觉精疲力竭。

到了协和医院南门，我在大门石狮子旁无奈地望着街上，家绮继续不断招手向空车示意。这时，门口一位穿黑色制服的中年人，佩戴红色“志愿者”字样的臂章。他走过来帮我们挥手叫车，依旧无人理睬。不知过了多久，那位可敬的志愿者快步穿过马路，成功地叫停一辆街对面的空车，我和家绮终于获得“解救”。无论怎样，还是会有热心做好事的人，我上车后心怀感激地思忖着。

这是我多么熟悉的一条街区。小女儿“毛头”曾在这里上幼儿园，每天下班后我接她回家，从协和医院西门到新开路胡同宿舍，就是走这条街。一路上，我拉着“毛头”的小手，“毛头”一路不停地说着她在幼儿园一天的经历，回家的这条路上自有一份甜甜的快慰。现在，这条路拓宽了，通往东方新天地一带的老房屋都拆除了。“毛头”上的幼儿园也拆得杳无踪迹。时光流逝，景物迁移，遗留的痕迹只在我记忆中永存。哪怕在此处生活过近30年，如今却变得行如陌路。

为何会出现打车难？全国GDP比改革开放前增长100多倍，生活水平也提高不少，空车有那么多，是司机的劳务得不到合理的报酬？是社会道德淡漠了？空车拒载，是不正常的现象，也不应该。而且，拒载之风愈演愈烈，波及的是全国多数城市。打的难，谁之过？

在郎咸平撰写的《郎咸平说：改革如何再出发》一书中，他也谈到了“各位读者都熟悉的出租车行业”，并且讲了一段故事：“我的一位企业家学生乘坐高铁去某城市出差，出车站之后竟然遭遇被拼车的待遇，等了一个多小时出租车才出发。这个老板对我说，坚决不到这个城市办企业。”郎咸平通过这个实例，来分析这里面的利益关系。他说“这里面涉及地方政府、出租汽车公司、出租车司机、乘客和纳税人五个方面的利益博弈关系”，“每次博弈的结果，几乎都由乘客和纳税人来埋单”，“最倒霉的就是乘客，其次是司机”。提出的各种解决方案都要触及利益集团的利益，所以改革充满了困难。我那位好心朋友向广播电台投诉，无下文，也是符合逻辑的结果。现在，政府下决心挑战几大利益集团，这是一场严峻的较量。但我相信“打的难”一定会得到改善。

伊文思的悲剧

——2009年8月27日完稿

伊文思是荷兰的著名纪录片导演。我认识他，因为他曾经是我的一位患者，住在北京协和医院ICU接受治疗。综合性ICU正式成立于1983年，此时已过了磨合期，进修医师也多了起来。由此估计，伊文思在北京协和医院ICU的住院时间大概在20世纪90年代初。

伊文思显得苍老、脆弱、疲惫，带有几分抑郁感。他能说法语。我们之间的沟通，没有语言上或心理上的障碍。他平时沉默寡言，语音低沉，但并不怪僻，有幽默感。眼神会突然冒出闪光。他的微笑难以捉摸，更多的像个老顽童。随着住院时间的延长，病情渐趋稳定，我有更多的时间去观察伊文思这样一个人物。我发现他的确是个老顽童，童心未泯。这一发现拉近了我和他之间的距离。我对他的过去逐步有些粗略的了解。

罗丽丹和伊文思，两人太不一样了。罗丽丹很活跃，快人快语，性格开朗，精力充沛。遇到什么问题，都有一套应对的措施。她是位需要显示自己比男人更强、更高明的女性。那年来华，罗丽丹可能碰上了一些不太愉快的插曲。在和她的中国伙伴谈判中，她的态度既会来硬的，也会来软的，这与我们初次见面时，罗丽丹给我的第一印象相比较，使我惊异。我认定罗丽丹是伊文思的发言人。我和他们俩交上了朋友。

伊文思是中国人民的老朋友。“文化大革命”期间，到中国来拍摄《愚公移山》。按他的想法，“希望以真实场面的电影记录”，“把中国的真实信息”传递给欧洲的观众。伊文思是一位善良的人，是一位善良的纪录片的导演。在“四人帮”倒行逆施的年代，在一片莺歌燕舞声中，伊文思很难穿透那些任人摆设的虚假的场景，捕捉到真实的信息。甚至生活在国内的、经受磨难的中国老百姓，对当时所发生的一切也感到一头雾水，浑浑噩噩的。对于一位生活在国外，对中国人民一贯友好的伊文思来说，他怎么能意识到“四人帮”给中国带来的是一场祸害？冤假错案涉及人数之多，社会层面之广，历时之久长，让人难以想象。经济停滞，许多农民处于赤贫状况，肚子吃不饱，也令人难以想象。

“四人帮”被打倒以后，西方电影界某些人士说伊文思和罗丽丹“撒了个弥天大谎”。据媒体报道，1985年伊文思和罗丽丹来华访问，在回答北京学生的提问中，罗丽丹说：“我们认识的很多中国朋友，在‘文化大革命’中受尽磨难。可是他们又让我们拍了这么一部片子（指《愚公移山》）。对此，我们不知道怎么讲才好。如果用今天的眼光来评论此片什么该拍，什么不该拍，我们就难以回答。”罗丽丹的回答是勇敢的。伊文思和罗丽丹曾经看到，在中国共产党成立不到30年的时间里，中国从饱受耻辱和战争蹂躏的苦难中站了起来，缔造了一个崭新的中华人民共和国。他们认为这是人类历史上的惊人之举。但是，他们不可能想到，在中华人民共和国成立后短短十几年的时间，历史把中国推向另一边，推向一场自我毁灭的大动荡。所以，罗丽丹的回答也是坦诚的。事实上，即便是中国人，也需要认真地反思、梳理和剖析，需要改革开放30年的实践，那个特定年代特异性历史现象之所以生成和发展的脉络，才有可能渐渐清晰起来。

在我认识伊文思和罗丽丹的那一年，他们正在中国拍摄一部纪录片《风》。据罗丽丹说，中方某些接待人员对他们并不那么热情。在西安拍摄秦始皇兵马俑场景时，发生过一些争执，拍摄过程也不顺利。有一天，北京电影学院邀请罗丽丹参加一次讨论会，她执意要我陪同他一起去。讨论会在小礼堂，人数不多，显得低调，有些冷清。记得伊文思曾经告诉我，他是第一个把自己的摄像机赠送给延安的朋友的外国人。我作了一番即席发言。大意说，在我们有困难的时候给我们帮助的老朋友，我们不要忘记他们。最后我用法语加上一句：“伊文思是我们的。”（Evans est le notre!）与会者的反应也是低调的。也许因为我不是他们的同行。

读到《北京晚报》2009年8月8日刊登的一篇文章，其中有一段跃然纸上：“不是伊文思和罗丽丹的纪录片不公正，而是他们所记录的那个特定年代充满了不公正。”我认为，文章作者如此评论是公正的。作为一个外国人，出于对中国人民的一片善意，在充满了不公正的特定年代，来到充满了不公正的中国，拍摄了一部引起争议的纪录片，这是伊文思的悲剧，也是罗丽丹的悲剧。

临别前，罗丽丹送给我几张照片留念。经过几次搬家，几次清理书柜，伊文思和罗丽丹的照片找不到了。我相信照片仍然保存在某个角落里，我不会忘记他们。

人文奥运的价值随感

——2012年8月12日完稿

在举世瞩目的伦敦奥运会男子110米跨栏比赛中，刘翔摔倒在地。他起身后踮着单足跳跃着至终点，走完那悲壮的110米距离。刘翔俯身亲吻最后一杆栏框，向心爱的赛场做最后告别。跟腱断裂使他无法实现更快、更强的愿望。一位英国运动员和一位西班牙运动员，上前来搀扶着他。

这位“亚洲飞人”赐给我们12秒88打破世界纪录的辉煌，带给我们他屡伤屡战的勇气。刘翔创造世界纪录的辉煌令大家欣喜若狂，倾千万宠爱于其一身。刘翔是鹤，鹤立鸡群。如今鹤摔倒了，大家不禁会想在或长或短的时期内，中国110米跨栏项目还能出现“鹤”吗？

社会舆论，有鼓励，有惋惜，谩骂似乎也很多……所折射的社会心态是脆弱的，一部分人痴迷于奥运会金牌，很在乎这个面子。对于世界冠军，我们应当尊敬他们。他们的拼搏精神是赐给我们的财富。运动员的生涯是艰苦而短暂的。从某种角度来看，竞技体育是残酷的。没有常胜将军，能够一胜到底。那些有过巨大贡献的运动员，即使在冲击奖牌或新的成绩中失败了，他们同样值得拥有大家的爱护、理解和尊敬。每当我看到运动员老将，带着伤病坚持参赛，终与奖牌无缘，悄然离场时，我不能不为之动容。

运动员的训练必须与国际接轨。不能为已经取得的成功经验作茧自缚。奥运会赛场采用的是“三枪”，也就是说在短短三天内，预赛、复赛和决赛都要跑得好，而且相对稳定。另外，重视训练后损伤的修复，将其放到和训练一样重要的位置上来。比赛自然要讲究战略战术，这些战略战术都需要运动员来完成。要想到运动员是人，和我们一样。作为一名医生，我不希望我国的游泳运动员像报道中描述的国外运动员那样，每日早餐吃8个鸡蛋，每顿午餐或晚餐需要吃下一斤意大利通心粉、一块比萨饼和1000卡的饮料，以便允许自己的心脏搏动在赛道中达到每分钟200次。这都不是科学地增强全民体质之道。“更快、更高、更强”是奥林匹克的精神，而不是一种教条式规定。顾拜旦说过：在奥运会上“重在参与”，参赛选手起着示范作用，目的是带动全民运动，增强全民体质。我们不应偏离这个初心。谁能忍心看着运动员在运动场上倒下、受伤被抬下去，甚至是猝死？我想顾拜旦可能会流泪。

衷心希望我们返璞归真，坚持奥林匹克精神的初心。我坚信人文奥运不是金牌奥运。

三、兴趣生活晚霞红

我写博客

——2012年9月15日 完稿

2006年我开始写博客。我不会汉语拼音，也不想学。一方面是自己浓重的上海发音问题，已经改不了了。另一方面，心里不习惯用拼音文字替代汉语去表达汉学。有一段时间因输入法问题使我无法利用电脑撰写博客，特别感谢汉王笔的发明者，扭转了这种不愉快的局面。

我拥有一间书房，书柜里摆放着我喜欢读的书，还有一部电脑和写字台。这样的环境条件对于从上海石库门楼房走出来的我、从马棚改建的临时房屋走出来的我、从北京筒子楼大杂院里走出来的我来说，简直是莫大的福气。

读我所敬爱的作家写的书，是莫大的乐趣。我所敬爱的作家，他们说实话，不说假话，不骗人。我仿佛找到了对话者，尽管我不可能得到直接的反馈。时不时地，我可以在博客写些什么。我认为可以通过我喜欢的方式与写这些书的作家沟通，与博客的读者沟通。兴之所致，信笔写来，灵感像从脑子里奔涌出来，从笔尖上流淌出来，煞是痛快、舒畅。电脑也好，博客也好，都是我的好伙伴。

2006年伊始，我不知博客是何物。写着写着，经年累月，感觉到很有意思。此后的写作思维也是由前面的博文一步一步引导出来的。博文的写作带领我追忆过去更远一点，对林林总总的人物和故事看得更清晰一点，对令人迷惑不解的思想命题之间的纠葛想得更多一点。梳理自己的思想，脑袋里的蕴藏会充实一点。写作令人胸怀豁达，海阔天空。这一点，是我开始写作第一篇博客时根本没有预想到的。

像狄更斯在《双城记》中所说的那样："这是智慧的时代，这是愚蠢的时

2019年12月28日我享受新的体验——博客写作

代。”身逢盛世，现在是改革的时代，是很多问题正待解决的时代。回首一生中的一些亲身经历、一些见证、一些回忆，比文字所能表达的更刻骨铭心。有正面的，有反面的，有的是历史的必然，有的是人为的。绝不能让悲惨的历史片段重演。生活是最好的教科书，是醒悟的源泉。现在身处一生中最稳定、安逸的时光，我很珍惜。

年轻时，我的想法不多，其中不少是可笑的、幼稚的和感性的冲动。千万不要认为“幼稚”只是小孩子犯的毛病。当前正处于社会大发展时期，机遇与挑战共存，多方矛盾将更加突出。往事并非烟云，温故而知新。写我博客，读自己喜欢读的书，写自己喜欢写的文章，做自己喜欢做的事。把眼前的生活过好了、活好了。人世间永远有阳光。

“要理解生活，需向后看。要经历生活，需向前行。”

天堂鸟的翠堤春晓

——2012年12月6日完稿

观看北京电视台《纪实》栏目，可以欣赏非洲大陆美丽的自然风光。有的镜头是近距离拍摄的，特别吸引人。在树林深处一小块较为平坦的土地上，飞来了一只雄性“天堂鸟”，尾巴比较长，约莫与其躯干相等，尾羽丰满，显得有点蓬松，蓝色比天空更蓝、蓝得清亮，蓝得赏心悦目。头顶一撮羽毛冲天，显示十足的雄性。后脑勺长出两根细长黑鞭，结尾处有小球球，随着鸟儿的跳动而弹跳着，活像清朝官员顶冠后面那绺“花翎”。全身羽毛以黑色居多，一派西方绅士款式的大礼服。前胸挺起，显露出大块金色发亮的正方形图案，酷似清代朝服上表明文武官员品级的“补片”。是谁模仿了谁？我宁愿相信非洲天堂鸟是原始创作者，清代朝服设计者意在使人与自然融合共存而已。我曾经在阿根廷伊瓜苏大瀑布附近的树林丛里见过相似的鸟，但不能与电视中所见的那只“帅哥鸟”相媲美。我记不住“帅哥鸟”的真实名称，所以称它“天堂鸟”，天堂里飞来的鸟。为了行文方便，昵称其为“帅哥”。

透过浓密的树叶间隙，倾泻下来的强烈阳光，恰好投照在这只灵活跳跃的鸟儿身上，把多姿多彩的奇异组合，动态地展现出来。“帅哥”美得迷人。我若是雌鸟，我将着实为之倾倒。他在干什么呢？他选择了这块小小的空地，不厌其烦地把遗留在地面上的树杈、树叶及其他杂物统统清除干净。他昂首挺胸，把他的顶冠、前胸闪光的金色“补片”，展露无遗。他挥动着后脑勺那两根细长的“花翎”，仰天鸣叫，声达重霄。老天不负有情者，不知从哪里飞来一只雌鸟。我认定她是雌鸟，因为她没有“帅哥”那样自我炫耀。她着装简朴，全身上下棕色羽毛披挂，无顶冠、无花翎，亦无蓬松的尾羽，更没有胸前金光闪闪的“补片”，毫无诱惑力。她低调鸣叫几声，以为应对。在树枝上站稳了，居高临下，俯视着。说实话，我非鸟，安知鸟之乐。站在地上的那位“帅哥”忽然兴奋起来，竖起他蓝色的尾巴，作扇状开屏，微微颤抖着。他没有孔雀那般华丽妖艳，却独具魅力和进攻性。他保持着昂首、挺胸、开屏的形象，自信而挺拔。

令我吃惊的一幕终于发生了。雌鸟飞了下来，轻盈降落到这块平地上，面对面直视“帅哥”，毫不羞涩，几分挑逗几分矜持。这块小小的土地霎时火热起来。“帅哥”绕着雌鸟起舞，昂首、挺胸、开屏，舞步跳跃，有板有眼。节奏感很强，节奏是摄影者在幕外配音的。这位“帅哥”在按照施特劳斯圆舞曲旋转，很潇洒，很有风度。他可能在什么时候听过施特劳斯的圆舞曲，他可能从他爹妈那里接受过华尔兹舞步的训练。你不信吗？我信。是天堂鸟开创了华尔兹，不是我们人类。施特劳斯的名曲，比如电影《翠堤春晓》中的圆舞曲吧，很可能从天堂鸟那里获取了灵感。小小一只天堂鸟竟能把清代朝服之瑰丽与欧洲华尔兹之优美，集东西方文化之大成于一身，能说天堂鸟没有智慧吗？你信了吗？你应该相信。雌鸟原地站着，不挪步，也不旋转，神情专注，细细品尝着，陶醉而不迷茫。某时某刻，情感爆发突破了临界阈，她像一支箭，嗖地飞上树梢。信号已经发出。“帅哥”收起尾屏，奋翅一搏，腾空而起，直插雌鸟的身旁。世界尽有浪漫、激情、恩爱、和谐与极致。这个世界属于他俩，属于“帅哥”和他的新伙伴。在绿叶丛中，在阳光下，有情者终成眷属。啊！阳光下的天堂鸟，生命的华尔兹。

红葡萄酒

——2020年8月4日 完稿

老伴家绮在手机上订购红葡萄酒，一箱一箱地订购。过了不久，商家要她为红葡萄酒写几句评语。酒是我喝的，她当然要我写。我能写什么呢？好喝。为什么好喝？因为我喜欢喝。为什么我喜欢喝？因为好喝。这是世界上最简单的逻辑。

决定着我们情感、我们思想的是我们的胃肠道，是我们舌头上的味蕾。舌头和胃肠道本身没有语言，没有文字。她们产生诗、产生词、产生歌、产生舞蹈。有了酒，才有诗，才有李白。李白必须喝醉了，才有好诗。

2013年2月，家绮与我在家中来点红葡萄酒

20世纪80年代初我去法国南方，比利牛斯山的一座小村庄，在法国和西班牙边界的附近。穿越这条边界线，用不着护照。不远处，西班牙一家小酒店挂着“欢迎你光临”的牌子。我在村上小住，遇见一位法国年轻人。他说：“L，homme suive le pain。”（人追随着面包）他说的是最明白的哲理，虽然不见之于经典。有面包，必然有酒和奶酪。法国人是美食家。美食有三：面包、奶酪、葡萄酒，美名：三合一体“triade gastronomique”。他们喜欢吃着“红色的肉”，喝红葡萄酒。吃着“白色的肉”，喝白葡萄酒。为什么？因为他们喜欢。

2015年，红葡萄酒配上家绮自己烘焙的大面包，坐下来两人聊聊天，美哉！

我到过几家教授的家做客，在那里，我学到最好的学问。走进客厅，在你的右侧，必有一只小木柜，门面不是平的，有精美浮雕。主人打开柜门，里面有好几瓶酒。他取过一只高脚酒杯，请你喝上一点威士忌，就开始交谈。法国人很喜欢发表与众不同的意见。这很容易理解，因为法国有300多种奶酪。有奶酪，必然有酒。我很快发现，主人不再是讲课的老师，我也不是听课的学生。酒改变了一切。

在我们生活的地球上，经度、纬度间只有一条狭小的地带，产生世界上最好的葡萄。生活在这条地带的人，酿出世界上最好的葡萄酒。在那里，上天向葡萄种植园洒下的阳光最迷人。印象派画家还不能更多地抓住阳光给这块大地、给植物、给这里的小村舍、给人，特别是投照在人的服装上、皮肤上所反映的迷人的、多变的色彩。

我进入神圣的地窖，看到一桶一桶的大橡木桶。瓶装的酒总是斜放着的。每隔一定时间，被翻转一次。在这场虔诚的巡礼中，主人会打开一个大木桶的龙头，给你递上一小杯酒，供你品尝。我不是品酒行家。酒进入我的口腔，舌尖最快的反应，最快的产品就是一种感情，来自灵魂的感情。葡萄酒巧妙地使灵魂产生新的感应。舌尖自身没有文字，没有言语。舌尖是人类文明的发源地。

我喜欢酒，我喜欢红葡萄酒。为什么？因为我喜欢。

美食与生活和文化

——2013年8月26日完稿

2013年八月初，大伏天，我淋浴完毕跨出浴室，地砖水湿，不经意间，滑溜出一大段，跌坐在地。左膝扭了，腿能抬举但屈曲痛，左足趾甲沟出血。没有股骨颈骨折，天助吾也。夫人家绮闻声赶到。她找来两把椅子，教我用双臂撑着，她从腋下把我抱住，托将起来，帮我在一把椅子上坐稳了。这一招看来狼狈，费了牛劲，但很能救急。不多久，左侧屁股鼓起大包，卧床三天。凡上桌吃饭，上厕所方便等一应大事，有劳家绮把我扶将起来，一步一拐地挪动。约莫一周，伤痛略见缓解。暑天酷热，饮食不适，腹泻一次，量不多。胃口不好，就什么都不好，人会忽然变得歇斯底里。胃肠道功能决定一个人的兴趣、情绪、思想和行为。按妈妈家祖传良方，先喝米粥。

家绮确实一番苦心好意，想给我弄点好吃的。惜乎，她待事之年从来不下厨房。半途出家，不谙烹调基本规则，好愿望出不了好味道。她颇自信，不肯将就我的食性。每天都由家绮为我做饭，每天我必须吃夫人给我做的饭。我饭来开口，筷来动手，能好意思闹别扭吗？如果说“味同嚼蜡”，太伤她自尊心。我倒能慢慢揣摩当年曹操为什么要说“食之无味，弃之可惜”，英雄自有尴尬时。躺在枕上，灵感飘忽，悟出一点小小道理：夫人为我做饭，尽管口碑欠佳，总能不畏人言，专心致志，真难为了她。

我想念小时候吃早餐，一碗粥，一小碟油花生，几瓣松花蛋。十岁多，能吃大饼油条，或者糯米饭团夹油条，边咬，双手边捏着，真是享受。北京小吃店不一定供应。年轻时长身体，我喜欢肉食，指的是牛、羊、猪、鸡、鸭、鱼和兔子肉，还有牛奶和鸡蛋。对肘子肉，情有独钟。中年两次犯急性胰腺炎，经历禁食、胃肠道减压、静脉输液等抢救治疗，没有并发出血性胰腺炎，算是侥幸。从此接受夫人严格的饮食管制。素食对我缺乏诱惑力，特别讨厌苦瓜、南瓜、茄子、麻菇、百合。我当不了和尚，此生不见得能修成正果。我讲究实惠。肉食能摄入蛋白质，每天摄入多少克，要有个数，机体代谢收支要有平衡。有的氨基酸人体无法合成，必须依靠胃肠道每天摄入，是谓必需氨基酸。这个道理做了几十年医生，我才明白过来。悟道难啊！

社会上不乏好心的养生学专家，崇尚“少吃肉”，经年累月，苦口婆心地说教。“千金难买老来瘦”，代代相传，老幼皆知，不需验证，但人和人存在个体差异，一律追求“老来瘦”，不知掩盖了多少老年营养不良症。2010年我那场大病，消瘦，不介意。出现了黄疸，急忙住院。发现蛋白质摄入不足，免疫功能低下，潜伏五十多年的结核菌，乘虚发难。怎么回事？急性溶血。什么意思？大量红细胞被溶解。按这个速度，生命能维持多久，屈指可数。我从心里感激北京协和医院医疗组的诸位医师。没有他们，我早就呜呼哀哉。他们仔细求证，找出致病菌，针对性反击。想恢复普通饮食摄入吗？胰腺受不了，腹泻，给我下马威。蒋朱明教授，人称他“讲究理论的书生”，他琢磨着，用输液泵经鼻—十二指肠置管，定量、恒速、持续灌注高蛋白要素营养液。逐步调整，这样一年后，才缓了口气。没有足够的氨基酸输入，哪来免疫蛋白的合成。等待有朝一日，第一次在舌尖上放一片榨菜，慢慢吮着，那种滋味，飘然成了仙。

我没有资格自称美食家。我喜欢舌尖上的品味，仅此而已。美国的牛排、大龙虾，我想起来就流口水。美国橄榄球运动员爆发的冲击力，谁能对抗？食肉者也。法国菜，味道更细腻些。不同解剖部位的牛肉享有不同的声誉，到了巴黎才增长见识。牛排烧烤不当，切到内层见不到鲜红色的肉，这样的牛排不能供奉上餐桌。欧洲有的花甲老人，尚能骑马、挥杆、打马球，食肉者也。这在我国罕见。中国老年人大多喜欢蜷缩在坐椅里，晒太阳。我一见到烤牛肉就兴奋。此时

法国奶酪店

夫人发出警告："当心你的胰腺。"

法国奶酪举世无双，恕我允许自己保留可爱的偏见。法国奶酪360种，粗略地分为硬与软两类，以白色米粉样表面，稀疏地夹杂着蓝色不规则线条的山羊奶酪，尤为诱人。当侍者托上木盘，山羊奶酪以特有的色香味，足以俘虏座上宾客。一块奶酪，一小片面包，一杯红葡萄酒，是一种奇妙的组合，雅号"美食三位一体"（trinite gastronomique）。法国朋友说："每天尝一种奶酪，值得你在巴黎住上一年。"我那么喜欢旅游，如今只是奢望。

我不懂品酒，把杯中红葡萄酒，轻轻摇晃，在鼻尖下掠过一两个来回，呷上一口，含在嘴里，然后咽下。我不辨其味，故作姿态，比囫囵吞下多些情趣。蜗牛缩在灌满热油的壳里面，用一把精致小匙，用锋利的侧面，轻轻一刮，剔取出来，慢慢放进口里，闭上眼睛，琢磨着什么滋味。有一种蛤蜊名为扇贝软体动物Mollusque Saint-Jacques者，是我在某教授母亲的乡间别墅一次家宴上尝到的。味道记不起来了。美食激发的欢乐，由舌尖渗透到脑细胞，至今还惦记着。我相信美的构思、美的语言与美食相关。

巴黎有一家咖啡店Cafe PROCOPE，位于法国喜剧院附近，1686年开张至今，面门不大，保持着原貌，室内摆设如旧，显得清静。据说很多历史名人（如伏尔泰、巴尔扎克、雨果等）都曾经是常客。值班经理介绍，不夸大其词，历史和咖啡一样令人心领神会。他向我们指出伏尔泰或者巴尔扎克习惯的座位。他笑容可掬地告诉我们中间某一位

2013年5月4日，与家人一起品尝牛排

同伴，他正坐在当年雨果的座位上，许是碰上了好运气。此说不需要考古学家考证，在座诸君皆大欢喜。我很容易把这家小小咖啡店与宏伟的巴黎先贤祠之间拉起一根线。

这是我所尊崇的文化，没有被旅游商业沾染的美食文化。不要以为只需坐下来吃，有好酒好菜，就能吃出美食文化。讲阔气，比排场，满嘴肥油，酒气熏人，是酗酒，是饕餮，吃出贪婪、吃出腐败，吃撑了也吃不出文化。美食文化有吸收，有融合，有灵感，有身心感受，妙在其中。思绪让我从往事的回忆中，归还到生活的现实。我做了个梦，是一个美丽的梦。

舌尖上的烧烤

——2013年5月9日 完稿

为什么烧烤的英文名称是Barbecue？据说从前法国人来到加勒比海，在岛上把整只宰好的羊从胡须到屁股（de la barbe au cul）放在烤架上烤熟后进食。法文简称为barbe-cul，英语读成barbecue，简写BBQ。

20世纪60年代初，我曾在阿尔及利亚参加一次盛宴。大厅中摆放着几张巨大的木头桌子。几位膀粗腰圆的厨师扛抬着半只羊，分头甩在每张桌上。我说“半只”，是指整只羊劈成一半，不见羊胡须和屁股。烧烤约莫五分熟，保持深层肌肉呈鲜红色。客人围着桌子转悠，用刀切割，以手抓食。忘了什么调料。除了政府官员和外宾，本地宾客以白长袍、蓄大胡子者居多。这里是穆斯林社会，没有女性出席。异国情调加美食，教人长见识。

我也曾在法国吃过烧烤，在餐厅里，当然见不到整只宰好的羊，看不到羊胡须和屁股，没有烟雾，正襟危坐，好吃，好奇，太绅士，缺了点野性。在巴黎更多是在朋友家的花园里，站着，走动着，自己动手烧烤，自己动手吃，杯中葡萄美酒，烟雾缭绕，似乎增添几分加勒比海岛上的氛围。大声说笑，很热闹。

在西藏阿里（1972年），野外露天，很原始。肚子饿了，讲究实惠。取出一条冻羊腿，不必计较落在上面的尘土，直接大快朵颐，足矣。用刀削下小片，分块穿在铁钎上。已燃的羊粪蛋架上晒干的牛粪块，随意撒上盐和胡椒，噼噼啪啪作响，烤肉香混杂着牛羊粪的臭烟雾，喝上几口酥油茶，不愧为雪山高原的美食

2013年4月，我和家绮享受现代花式烧烤——铁板烧

享受。然而，人老先老腿，巴黎离我太远，阿里不可望也不可即。北京有雅玛铁板烧烤店，就在家门口。约几位亲朋好友，几对夫妇，相聚在一起，吃烧烤，随意聊天，好生自在。

掌勺师傅就站在我们对面，说话扬州口音。在北京地界上，可以彼此称老乡，很容易拉近距离。他身着白色工作服，头戴圆筒高帽子，卷起袖子，手臂白白胖胖，笑容可掬，比外科大夫有吸引力。厨师操作平台是大面积锃亮的钢板，近距离，无遮拦，按时兴的说法，透明度极佳。排气孔像一长排小格子窗，正好挡在他肚子前面。背后长条桌，摆放着几种瓶装的调料。糖、盐、酱、醋、料酒、胡椒粉不可少。还有一罐芡粉。他把姜、葱、蒜切成条、丝或片，分堆地放在一只盘子上。先把这些准备好，利索有序。看他切肉片，或用刀把大虾从壳中轻快取出，刀下显功夫。食物在烧烤板上反复翻转，火候恰当，香而不焦。有时，他浇下一泼冷水，盖上圆锅盖，像盛火鸡大盘子上的那种，焖上一会儿。何时撒下何种调料，有板有眼。撒下多少量，全在他手指尖上。有看，有闻，有吃，色香味俱全。真可谓，子非我，安知我之乐。当扬州师傅把我的一份拨到我的餐盘里时，我垂涎欲滴，自然而然会说声谢谢。我牙齿掉了好多个，还把下半假牙搞丢了，只能慢慢嚼，反而可以细细品尝。留下片刻时光，和大家聊天，稍候下一道肉食，让胆汁、胰液，从容不迫地在胃肠道里融合。

我之所以如此感兴趣，是因为一个多月来，我在家里开始学烧菜。周末女婿来看望我们老两口。女婿有好手艺。夫人嫁给我，摸索着下厨房，也是无可奈何。她为我大病后的饮食，伤透脑筋。心有余而力不足，清蒸鱼老是带着腥味。我不敢随便提意见，人有自尊心嘛。我光说不练，也不像话。因此，一有机会，就跟着女婿当见习学徒，做好笔记。夫人说过，烹调像生物化学实验，里面大有学问，不能小看。最近总算能独立做好一盘清蒸鲈鱼。经夫人验证，可以食用，令我眉飞色舞。

2010年我大病，在协和住院1年，有好几个月依赖那根从鼻孔插入空肠的管道，持续泵入“要素饮食”，昼夜不歇，可以保证必需的营养。口中免进烟火食，否则腹泻，即刻报应。满嘴淡得发慌。记得夫人第一次喂我一片榨菜，我的天哪，其味道鲜美深知做神仙真不是闹着玩的。今天，我能大开斋戒，应该有感恩之心。说起吃肉，我就来劲、提精神。人是动物，很物质。胃肠道需要美食，当然也不能贪嘴。优质蛋白、必需氨基酸是生命的物质。有了优质蛋白，人的脑子才会运转，思想、情感慢慢转悠出来。世人称李白为诗圣，与杜甫齐名，酒醉诗成。自叹没有此等能耐，与酒无缘，诗写不出来。孔子说："三月不知肉味，面有菜色。"他没有教我等后代子孙去啃苦瓜，智也。如果让他老人家活到今天，请他来吃现代花样烧烤，也许他会编写一部《论语创新版》，毕竟《论语》在他身后800年由孟子执笔。孔子吃现代烧烤，定能吃出个新名堂来。舌尖上的烧烤，舌尖上的文化。

我国的古代建筑研究：朱启钤和梁思成

——2012年4月22日完稿

我喜欢古代建筑。小学生时代，我住在上海法租界的石库门楼房里。从爸爸的几本精装的英文原版书中，发现古埃及金字塔、狮身人面像，古希腊的神庙，高兴得不得了。世界的文明，人类的历史，令人着迷。1953年第一次出差到北京，走进故宫，走进天坛，身临其境，真是开了眼界。我不懂建筑，不懂中国古建筑。1964年起，在北京定居下来。北京协和医院邻近故宫，与天坛是近邻，

冬天里的故宫（作者父亲拍摄）

颐和园文昌阁（作者父亲拍摄）

崇文门城楼近在咫尺。爸爸特别喜欢中国古建筑，也爱好摄影，给我们留下几幅作品，抓住这座古城的片段历史缩影，竟成为不可再得的宝贝。

不知从哪一年起，北京开始忙着拆城楼、拆城墙。打从那个节骨眼儿上，我开始知道梁思成先生。这位建筑大师勇于向上直言。惹得当年有位领导大光其火，指着他（也许指着他的鼻子）说："你若当上皇帝，你就是暴君。"北京有的城楼，有的城墙，还是拆了。梁思成感到像"割了他的肉"。这位"暴君"被驱逐出京城，到乡下去反省。一介柔弱秀才，有理讲不清。直到他被"解放"之日，终不免带上"反面教员"的桂冠。近日读柴静的文章《一百年前的领导干部》，才知道有位朱启钤先生，他的一生深刻影响了梁思成。

朱启钤何许人也。学者王世襄说："可惜现在的人对朱启钤知道得太少。"他第一个想在北京街上装路灯，某御史向皇帝弹劾他。他在大栅栏推行单行道制，才30岁出头，竟敢冒犯权威，判罚肃王善誉的福晋。他会做官，从晚清、北洋政府、民国、新中国，一个都不落。1913年，他当内务部长。京汉两条铁路修到了前门。正阳门交通拥堵。他把正阳门两侧打开两大洞，东进西出。又开通长安街南北方向的交通要道。清帝退位后，皇家祭祀的社稷坛"榛莽丛生，蛇鼠为患"。他把明清两代的社稷坛开辟为北京第一座公园。北洋政府说没有钱。他先捐出一千元，成立董事会，对外募捐。就这么干起来，建成了今天的中山公园。1915年袁世凯死后，他被通缉，很快又被赦免。路过南京时，他在陶湘那里发现一本《营造法式》。书是北宋李诫写的，是最为完备的中国古建筑的文字记载。"但古人用语、句读在千年之后已经难看明白。"朱启钤请了几位国学家，老头们懂古字，不懂建筑，搞不明白。朱启钤没有停下来。他邀请梁思成担任"法式部"主任。想不到李诫写的《营造法式》这部书影响了梁思成和林徽因两人的终生。

梁思成知道要读懂这部《营造法式》，要做大量的野外考察。他们靠大车和毛驴，去偏远的深山荒野考察，"暴雨骤至，下马步行，身无寸缕之干"，"终日奔波，仅得馒头三枚，人各一，晚间又为臭虫蚊虫所攻，不能安枕尤为痛苦"。几千年的建筑，"没数字、没图片，没记录"。应县木塔，九层重叠，"他们硬是一层一层，一根柱，一檩梁，一个斗拱一个斗拱地测，把几千根梁架斗拱都测完了"。上到塔顶，大风仿佛要把人刮下去。要上10米多高的塔刹，只能攀住塔刹垂下的这条900年前的铁链，"梁思成双脚悬空地攀了上去"。

林徽因患肺结核，在艰苦考察中，记述的是近乎天真的狂喜之情，"我乐时就高兴地笑，笑声一直散到对河对山，说不定哪一个林子，哪一个村落里去！”读到这里，我很感动，还能说什么呢？我从心里庆幸林徽因没有看中徐志摩，她嫁给了梁思成，情人眼里出智慧。尽管一生跌宕起伏，饱受风霜，她与梁思成患难与共，她给梁思成幸福，她自己也幸福。

太平洋战争爆发后，朱启钤担心这座古城的文物古迹为战火所毁，他请建筑师张镈，用了3年半时间，对明清两代保存下来的古建筑做现场实测。天公不作美。天津遇上水灾，存放在银行库房里的测绘资料全被水浸了。图稿纸薄，他请人把它们逐页晾干，再裱在坐标纸上。几乎是《西游记》唐玄奘西域取经的20世纪翻版，九九八十一难的最后一难。过去洗印的照片，底片已毁，重新翻拍。从中选出最重要的一批图片，加印两套，寄给梁思成。凭借这批史料，梁思成写成《中国建筑史》。

朱启钤创立“中国营造学社”，对中国古建筑学是大有贡献的人物。1937年前，正当兵荒马乱的年代，营造学社在全国11个省，详细测绘古建筑共2738幢，图稿1898张。这些资料全部给了清华大学。建筑学者杨宇振说：“中国古代建筑研究的主要成就和基本框架，依然是六七十年前营造学社的成果，主要集中在朱启钤任社长的短短十来年间。”杨先生又说：“关于这一点，实在不能不引起思考和反省。”

回望朱启钤和梁思成，我被他们的钻研与执着精神深深感动。他们是中华民族文化遗产的捍卫者。在21世纪的今天，人们对于民族文化独特性的自豪感，越来越重视对文物古建的保护和复兴，这是对朱启钤和梁思成最好的纪念。

2014年巴西世界杯足球赛之际的畅谈

——2014年7月4日初稿

——2014年7月11日修稿

——2014年7月15日完稿

世界杯足球赛，风起云涌，波澜壮阔，所向披靡，惊心动魄，整个绿茵球场把教练、球员和几万名球迷牢牢地吸引住，铸成一个结结实实的、狂欢人群的实体，包括全球几亿电视观众。从太空俯瞰，世界杯比赛之日，巴西的里约热内卢就是世界的中心。足球比赛最令人震撼，最令人痴迷，其他球赛无法与之媲美。

我看足球，不管它什么任意球、角球，罚黄牌、红牌之类，也从来不在意是否越位。我的注意力特别容易集中在场地内的布阵、突围、飞奔进球等方面。进攻球员之所以神奇，在于他既狂野又冷静，眼观六路，迅速反应及决断。他们不缠绵于传球，不拖泥带水。只见球员们拼命狂奔好长一段距离，高超的带球技术，像魔术师那样把球粘在自己的脚上，怎么甩也甩不掉似的。刹那间，在几十条错乱晃动的球员腿的缝隙中，亮出一道如闪电般稍纵即逝的突破口。进攻球员单刀直入，突然一脚狠射，球神不知鬼不觉地乖乖飞进了球门，全场顿时爆发地动海啸般的欢呼雀跃。这就是足球比赛的速度与激情。

足球不可预测，十八强比赛中有一支甲队与一支乙队咬住厮杀，各出奇招，多次射门，人尽其力，球却不买账。欲“请君入瓮”，球却死皮赖脸，缠住门柱子，过门而不入。因甲队整体实力略呈优势，竟然在终场前几分钟，乙队还找不到进球的对策。谁知讲解员分析局势的话音刚落，乙方球员蔫蔫地进了一球。离终场哨声吹起不到5分钟。速度极快，我是在重播的时候，才能看清楚球是怎么进去的。全场球迷一瞬间都跳了起来。主教练发了疯似的奔跑着、跳跃着、挥舞拳头狂吼着。教练看上去肚大体胖，又如此激动，我真担心他会不会心肌梗死发作。乙队球员开心地全都压在进球队员身上，顾不上他怎么能喘上气来。在球场上，哨声没有吹响之前，什么奇迹都可能发生。可惜甲队没有能够在最后5分钟扳成平局，但他们问心无愧。只要自强不息，他们将是完美的。

门将不是铜墙铁壁，他要弹跳扑救。偌大的球门贪婪地张开血盆大口，伺机吞进一两只球为快。门将全凭全身肌肉和神经，超速反应。如果不能把球抱住，就把球死死扑住，不让滑脱，或者把球顶出门框。如若无计可施，也要使出浑身解数，摸爬滚打一番，把球抢回来。即便不成功，门将也会直挺挺倒地，以示悲壮之志。本届美国队的门将，秃顶浓密大胡子，一场比赛，挡住了16次射门，他有着过人的想象力和判断能力。虽因一球之差，无法晋级，他为美国队争得了面子。有一位门将面对点球，把右臂外伸，刻意误导。踢点球者硬能驯服地听从指挥，把球踢向那一边，正中门将下怀。不应该责备那位踢点球者的天真无邪，也不必指责门将刁钻促狭。门将掌握着最后一道防线，从来不好对付。不信，请任何普通人上场在门前站着，哪怕只一分钟。球门那么大，门将的身高和弹跳扑打的范围也就这么一点，飞球射门的速度，留给守门员做出反应的时间以秒计算。不出奇招，焉能克敌。守门员和射门者是一对永恒的矛盾体。矛与盾，各有自己的哲学。

白话直说，我上了年纪从来记不住世界上那几支大名鼎鼎的名牌球队和那些名牌球星，尽管他们拥有全世界为之倾倒的几亿粉丝。即便想起他们英姿勃勃的帅气，却怎么也说不清他们的尊姓大名。他们每个人都有着感人励志故事。

有几位球星或球队给我留有深刻记忆。足球赛是竞技体育，会有狂野的动作。巴西球迷身穿10号球衣，激昂地高喊着内马尔的名字。内马尔拥有53场比赛进35球的辉煌战绩，巴西全国只有一个名字“桑巴10号，内马尔”。内马尔不仅是巴西球迷心中的骄傲，也是竞争对手集中盯防的对象。本次比赛，内马尔遭受猛烈冲撞，腰椎受伤，躺在担架上从球场撤下。内马尔的受伤无疑影响着巴西队在本届足球杯的命运。巴西从疯狂到失魂，故事最醒目。足球赛要冲锋陷阵，要争强斗狠，需要球员个人的英雄行为，大腿肌肉撕裂者有之，肌腱断裂者有之，肛门撕裂伤者有之。为争顶头球，晕倒者有之，出血者有之。

足球赛是人性直率的表达，不可能十全十美。本届足球杯爆出“苏神咬人”的奇闻。乌拉圭的苏亚雷斯在拼抢时咬了意大利后卫的肩膀。国际足联处罚严厉，勒令他退出本届世界杯，停赛N多场，罚款若干元。然而，比赛结果乌拉圭队晋级16强，挤掉了意大利。苏亚雷斯回国，受到英雄凯旋般的盛大欢迎。国家总统亲自到机场迎接。乌拉圭总统不会因此受到国际足联的制裁。在世界杯的世界里，能容忍世界的多元性，容忍存异，很直率。在世界杯的世界里，谁也不会领导世界杯100年，世界杯的魅力在于总有些不可预测的变化。

德国队夺取了冠军，与大力神杯阔别了24年之久，矢志不渝。德国队是一部战车，整体运作。球员个人的作用，也发挥得很好。在决赛那场，进退有序，一波又一波，似乎由电脑计算着的那股架势。然而，锐气、灵感和爆发力到哪里去了？很可能德国和阿根廷双方球员都感受着巨大的压力。到加时赛，失误的多了，摔倒的多了，受伤的多了，犯规的多了。力不从心，球不到位，把设计好的方案搅乱了。人困马乏，战局扑朔迷离。看上去，这不像是世界两支强队之间最后的角逐。人们多少有点无奈地等待着罚点球来一决雌雄。但是，在可诅咒的加时赛最后几分钟，球进入了阿根廷球门。就这一刹那，全场沸腾。德国队登上领奖台。德国队的主教练、全体球员的感情喷涌而出，出自内心的眼泪不可抑制。举杯高呼。2014年世界杯结束了。

静下心来回想，对于每次世界杯我都不作预测。无论哪个国家，哪个球队，哪位球员，我都没有偏见，按时尚的说法，“不持立场”。谁家赢了，我欢呼。

谁家输了，我敬佩他们面对强者敢于“亮剑”的勇敢和力挽狂澜的韧性。卫冕队对我缺乏吸引力。哪个球队能永远卫冕。球运长盛不衰，世界上没有这回事。黑马现象，情理之中，意料之外，令人振奋。据说2004年世界杯，希腊队不被人看好，他们低调，不事声张，过关斩将，终于进入决赛，夺取冠军。黑马给足球输送新生力量，让世界充满新的希望。

中国球迷千里之外，在家里或在酒吧，喝着啤酒看电视，为其他各国球员绝妙进球而雀跃，而尖叫。最让我憋气的是世界杯没有中国队的影子。国家足球队似乎少了拼抢冲撞之力，丢了取胜的斗志。看看欧洲和南美的足球，我们应该有所醒悟。中国需要在世界杯比赛中，取得体面的球队排名，恐怕还要50年、100年。

在人类历史上，世界杯足球赛不是滑铁卢，不是诺曼底，不是上甘岭。足球赛不可能扭转乾坤。然而，足球赛所表达的体育精神，有时竟能战胜战争的暴虐，1970年尼日利亚正经历3年内战，200万尼日利亚人死亡。球王贝利来到该国首都拉各斯，踢了一场表演赛。战争双方临时停火48小时，让大家回到绿茵场上来，欣赏贝利的球技。1914年8月，第一次世界大战爆发，死伤惨烈。就在1914年圣诞之夜，英国和德国官兵走出战壕，唱圣诞歌，互赠礼品。随后，各段战壕的士兵自发展开足球赛，钢盔摆球门，罐头当足球。他们不能制止大战中的血腥屠杀，但是在浸透鲜血的战地上出现的这些足球赛，是人的本性的象征，是人类文明的象征。

这就是足球的魅力。这就是足球赛感人之处。足球赛塑造着一种可贵的平衡，是人类文明不可或缺的一部分。通过足球比赛，不分国籍、种族、宗教或者政治意识形态，尽管时不时会有这样或那样的麻烦，终能最大限度地把人类团聚在一起，分享着生命的激情和未来美好的向往。我爱世界杯。希望世界杯越办越好。

索契冬奥会：多元文化和人类的爱

——2014年2月27日完稿

历届奥运会是世界上的体育盛会，是高水平的综合性竞技体育大赛。我早年感兴趣的是欣赏运动员的惊险动作、雄猛的力量、精细的技巧、激动人心的速度、令人瞠目结舌的高度，以及各届奥运会创造了多少世界新纪录等。我是置身事外的观赏者。时间给我看到了事物的多个方面。每位运动员各有专业。为提高某个特定项目的水平，必须接受严格的训练。每天8小时或者更多，重复同样的动作，一遍又一遍。细节尤其重要，刻板的、强制性的，不厌其烦。要求注意力高度集中，似乎需要以计算机测量那样整齐划一。运动员精神高度紧张，表现力求有力、优美而且舒展。想“超越自我”吗？教练会不时调整训练方案和要求。运动员自觉跟上，提高动作的难度，展现更多的醒人耳目的惊险之举。

从7岁或8岁开始，训练替代了童年的嬉耍游玩，影响接受中小学基础教育的进程。运动员们日复一日，在训练场上，在水池里，运动员用自己的青春拼搏出最好的成绩。身经百战，能够夺取奥运会金牌，享受冠军之誉者，毕竟是少数佼佼者。能够获得其他奖牌，而功成身退，应该是幸运者。有几位“大龄运动员”，以最后的最大的努力，争得奥运会比赛资格，最终无缘于奖牌。有的摔倒了，结束了自己的运动生涯。不要别人扶持，微笑着站起来。微笑是对自己的肯定，微笑赢得尊敬。然而，更多的运动员摔倒在训练场上，从来没有机会登上任何级别的领奖台，或者连名次也没有，他们尽了责任，尽了努力，默默无闻，不为人知。有的严重损伤，但争强好胜，继续训练参赛，缺乏医疗监督，以致两脚不能站立，承受着煎熬。对这样一位运动员来说，他的生活还得继续。每当看到运动员流泪时，我感受他们几多拼搏，几多辛酸。作为一名医生，我认为人体的功能是有限度的。跳蚤的两条后腿肌肉强壮，能跳七八寸高，可以跳过自身身长350倍的距离。这相当于一个人跳过一个足球场。人不是跳蚤。运动员以青春的全部激情和活力，把美和爱奉献给人们。我们同样要把人类的爱奉献给运动员们，包括没有拿到奖牌的，无名无闻的贡献者。我们不能忘记他们，他们也需要爱。

感谢2008年北京奥运会张艺谋编导组，通过开幕式向世界展示中华民族的文化和历史，宣扬了美和爱。2014年索契冬奥会开幕式和闭幕式，从33个俄文字母，透过小女孩的眼睛，帮助我们在动乱的、贪婪的现实中认识，新世纪奥运会要彰显新的面目：多元的文化和人类的爱。

索契冬奥会开幕式开始，迎面而来的是奔驰中的“三驾马车”，画面壮观、抒情、有诗意。阅读媒体的报道，方知“三驾马车”典出果戈理的小说《死魂灵》。果戈理是中国人熟悉的俄国作家。我没有读过《死魂灵》，感受显然迟钝。在历史发展的重要时刻，“三驾马车”成为俄罗斯开放的、奋进的象征。大胆的“鸟儿般的三驾马车”飞驰奔腾，把“吃惊的旁观者”甩在后面，“谁也追赶不上”。索契冬奥会承载着俄罗斯永恒的梦，正在释放的是一种开放的自强的信号，引人瞩目。

用俄语33个字母，向世人展示俄罗斯伟大的作家、思想家和科学家。开幕式导演不选择抽象、俗套和说教。观众可以见到托尔斯泰、契诃夫、果戈理、普希金、陀思妥耶夫斯基等众多人物（画像）。他们创造了俄罗斯文化的辉煌。他们是俄罗斯的，也是世界的。这是因为他们的作品和思想，能够跨越不同的时代、地域和民族，为公众所熟悉、理解和接受。《战争与和平》是我在1947年暑假一口气读完的小说。从不同人物的生活和内心世界改变，可以触摸到沙皇时代的俄罗斯社会。皮埃尔、娜塔莎和安德烈，这三位人物给我印象深刻。娜塔莎和安德烈的共舞也是开幕式上芭蕾舞演出的重要段落。俄罗斯古典音乐指挥大师捷杰耶夫进入八名旗手之列。开幕式导演以浓重的色彩献上这一场俄罗斯高雅艺术的盛会。

从俄语字母排列中，发现了“纳博科夫”。Nabokov是一位俄裔美籍作家，榜上有名，实在意料之外。开幕式导演没有选择高尔基、肖洛霍夫，或者索尔仁尼琴，显然意在文化领域方面，展示当今俄罗斯文化开放的鲜明姿态。

在俄罗斯历史的叙述中，彼得大帝是俄罗斯人的骄傲。彼得大帝建设强大的俄罗斯帝国，向海洋进军，是俄罗斯精神的砥柱。1917年“十月革命”开创了苏联。在那个时代，2000万苏联人在反法西斯战争中战死、饿死、冻死。最后获得战争的胜利。但苏联不复存在，这段历史不可能回避。所以导演选择了现代派绘画，没有选择阿芙乐尔巡洋舰。

索契冬奥会是历史上迄今为止，规模最大、参赛人数最多的一次冬奥会。俄罗斯运动员创造了最好历史成绩，俄罗斯代表团成为冬奥会历史上第一个奖牌数超过30枚的代表团。开幕式和闭幕式以文化主题贯穿始终，演出壮观而抒情，给冬奥会增添光彩和魅力。索契献上俄罗斯文化的灿烂瑰宝，让体育与文化从历史中走来，以开放进取的心态，帮助众多关心奥林匹克的人们，关心多元的文化思想的人们，了解俄罗斯的精神文化世界。这也是为提升和充实奥林匹克精神，推进多元文化沟通的一种持久性探索。索契冬奥会因此赢得广泛的喝彩。闭幕式导演不是俄罗斯人，而是著名导演丹尼尔·芬齐·帕斯卡。他的努力尤其令人敬佩。

体育根植在丰厚的文化和历史之中。脱离文化的体育将显得苍白而失去活力。运动员如果对文学不感兴趣，对历史知之很少，如果片面沉迷于拼体力，拼技巧，一味追求不断刷新纪录，夺取奖牌，这样的运动员有可能成为另类群体。新世纪现代化进程迅猛加速，不同地区、国家、民族之间的利益分享不平衡的趋势在加剧，贫穷、贪婪、争夺和仇恨使世界的动乱更为恶化。我们不可能要求体育解决世界上错综复杂的利益冲突和纷争。然而，新世纪的奥林匹克可以以更开放的精神，推出公众喜闻乐见的生动活泼的形式，促进世界多元文化的沟通和交流。目标在于唤起更多的爱，让人的生命更健康，人类社会更为和谐。把眼光放得更长远，索契冬奥会正给我们带来一份期盼，一种新的思考。

告别，为了铭记钱学森

——2009年11月6日 完稿

阅读《光明日报》获悉钱学森老先生于2009年10月31日去世。追悼会于今日（2009年11月6日）在八宝山革命公墓举行。钱学森老先生是我国航天之父，航天科学的奠基人。

为了祖国的强盛，不顾当年美国当局的阻挠、进监狱、限制自由遭软禁。五年艰辛归国路，一颗爱国心。组建航天科技研究机构培养几代科技人才，航天之父，改变了民族的命运。大学要创新教育思想，是钱老留给我们的宝贵遗产。

毕其一生，以精力、汗水、热血、智慧，奉献给祖国。作为科学家、作为知识分子，钱老是一面旗帜："高度的民族自尊心，民族自信心，民族气节。"

我从心里希望有一天为钱学森先生实行国葬，我从心里赞成建立钱学森图书馆。

钱学森是中国的国魂，新时代的国魂。

我的籍老兄

——2012年11月4日 完稿

籍老兄（籍孝诚）是我的好朋友，我们同在一家医院共事，他是儿科教授。籍老兄身高1.8米以上，健壮，整天乐呵呵，笑声爽朗。见面握手，他伸出长满肌肉的大手，一巴掌把我抓住，热乎乎的，紧紧的。他说话底气十足，发自丹田，

籍孝诚（1923—2019年），河北任丘人，著名儿科专家，北京协和医院原儿科主任

男中音听来悦耳。他好像和谁都说得来，都聊得开，很快和对话者拉近距离。我大女儿约在四岁的时候，冬天扁桃腺反复发炎。见到老籍，我问他是否要手术摘除，回答干脆，不需要摘除，扁桃腺是人体重要防线，孩子长大自然会好起来的。他见到孩子有一种天然的亲和力，抚弄我大女儿的头，两只大巴掌拍打她的脸，大声说笑，我大女儿并不害怕，还叫他一声伯伯。我这才有点明白，籍老兄这只“北极熊”为何能当上儿科大夫。他特别告诉我，要注意保暖。别看他大大咧咧，但很是细心。那个年头，生活中故事很多。医科院曾在先农坛一块空地上留下一排马厩，后来改造成宿舍。我进住之时，只剩下过去牵马进出的中央过道的一端，截断的过道临时糊出一间小房间供我家居住，房间有一排半截的窗户。某年某月某日某时，窗户一侧墙上的泥块雪崩似的大块脱落，露出缺口。北风乘虚而入，势不可当，周围荒地没遮拦。妈妈拿出一条旧棉絮，让爸爸使劲堵漏。窗户玻璃碎了，只能自助解决。爸爸买来一只大风斗，在屋外，爬上凳子，把风斗固定在窗户木框上，冻得脸红手僵，消除了煤气中毒隐患，也免得全家挨冻。八年后，全家迁居新开路大院。离去前，回眸一瞥，那棉絮、那风斗还忠实地钉在岗位上。人可以一时无情，物有情呀。谁能预测2012年入冬提前12天供暖，幸福啊，两个人世间耶乎哉。也许从这件事往后，我觉得籍老兄要我注意保暖，是一件大事，他说话一向靠谱，不忽悠人。

一般规律，人总有烦恼，不与人言者七八成。“文化大革命”期间，籍老兄没有往常那么开怀，但从不愁眉苦脸，至少在我遇见他的时候如此。偶然的机会，我在老楼尸体解剖室，观看尸解的过程。屋内还有几个人，不认识。籍老兄站在一旁。他轻声告诉我，躺在解剖台上的是基础所某研究人员，曾去苏联留学，一时想不开，割断股动脉，自杀了。腹股沟处留下横切口，敞开着，死者懂得解剖。他胃内残留很多面条，一段一段出奇地整齐，呈粉红色，他的皮肤也一样。死者无声无息地躺着，无法告诉人们他怎么想的，一个人的生命就这样结束了。如果他能挨到十一届三中全会拨乱反正那天，他很可能会活下来。籍老兄沉默良久，突然一个念头闪过，我自问：自己会撞上这么一天吗？我们一起走出解剖室。地窨子过道，乱哄哄，人来人往。此时我想起我的一家人。

20世纪60年代，籍老兄下乡

籍老兄多才多艺，他英文很棒，会写诗，写毛笔字，会舞蹈。我想，按当年标准，他经不起追查祖宗三代。一次下乡，严冬正在悄悄过去，我见路边有一个小吃摊，摆上一张小方桌。附近有个挑担，一头是个汽油桶改装的锅炉，另一头架上摆着几种调料品，地上有一桶水，洗碗用，也洗抹布。不远处，还停放着一辆破旧的专用三轮车。座上总有吃客，有说有闹，气氛比城里人鲜活。他们不在乎有时候满街尘土飞扬。从某种角度来欣赏，小吃摊有点像巴黎的街头咖啡座。当然，两者不是一个品位，氛围不一样。无意中发现一位老农，棉袄棉裤穿着整齐，腰上缠着一条宽大的、厚实的毛围巾，捧着一大碗面条，稀里哈啦地喝着。定神一看，哇塞，这不是我的籍老兄吗？！

到了教育改革阶段，医大原教务长章央芬已经“解放”。她平易近人，却爱唠叨，大家亲切地称呼她“老太太”，亲近多于敬畏。她带领着医院里一班中年临床医师到某地的劳动大学取经，包括我在内，人数不多，算是“可教育弟子”吧。大学大门虚设，对面山头上刻有“劳动大学”四个墨黑的大字，从远处就可以看清楚。学生列队进出，每人肩扛大铲，威风凛凛。没有发现课堂，也就没有可能领教劳动大学的课堂教学。我们在宿舍大统仓里拜访劳动大学的学生，有交谈就有提问。回答我们提问的是一位青年农民。交谈中，他对各种提问，自有一套，慢慢道来。他更像大学生的发言人。室内还有好几位同学，分散在各自的铺位上。薄薄的几本书随意散落着。青年人并不上前凑热闹，比较矜持，对我们不太感兴趣似的。像隔着玻璃，不可触及。奇怪的感觉。有了这段短暂的现场见闻，看那部“讲马尾巴功能”的电影，得以心领神会。

搭上火车返回北京，已是夜里。硬座车厢像是货车安上一排排横向座位，通气良好。我感到郁闷。劳动大学是我国教革的方向吗？如果此等大学有朝一日红遍全国，我们将还会有文化吗？有科学吗？有明天吗？被这类问题缠住头脑的人，不只我一人。我想，坐在这个车厢里的人，没有谁有能力改变这个局面。我们那位投笔从戎的新四军老干部、“老太太”也不可能摆脱无形的紧箍咒。谁也没有再提起劳动大学。车厢里，比较容易找到籍老兄，他个子高，喜欢聊天，空气活跃了起来。不知到了哪个车站，有人下车松动筋骨。在聚光灯下，火车头喷出的水雾陪衬出的景色，或明或暗，飘忽着，撩人眼目。隐约中，几个人影在翩翩起舞。“新疆亚克西”，是籍老兄的声音，合着舞蹈的节拍。哎哟，我的籍老兄哟。唯一的院领导是“老太太”，她坐在车厢里，神态宽容。

改革开放是大事。籍老兄去美国留学，我去了法国。“劳动大学”与巴黎大学，辛辣的对照。在法国我发奋学习，拼命想追回被蹉跎的光阴。回国后，我忙呀忙呀，抢得20年好时光，不至于枉度此生。历史喜欢嘲弄人，历史不允许人愚弄它。弹指间，籍老兄和我都已步入老年。有一天，知道他只身去了英国。通过网络与素不相识的英国人联系好，分别在同意接纳他的几家住处过宿，不参加旅游团。居然电邮发给我一张照片，在英国克雷顿公园里拍的，硬朗豪爽之气，不减当年。还用毛笔写上一首诗，他89岁了。我闭上眼，还是那位在北京乡下，路边小吃摊头，吃面条的“农民大爷”。近日气象预报北京要降温下雪，籍老兄突发灵感，要来小区看望几位老伙计，大家怕他摔跤骨折，劝阻他也不听。

2012年我和家绮在文庆成家中做客
（由左至右：籍孝诚、潘家绮、作者）

2014年1月28日，协和老专家午餐会活动（由左至右：家绮、作者与籍老兄）

2014年2月老朋友们相聚
（前排由左至右：王爱霞、作者、籍孝诚、纪宝华、董怡；后排由左至右：臧美孚、潘家绮、朱文玲、金乔、籍大庆）

他在电话里敞开大嗓门说："我一定来，我来了。"一如既往，无所畏惧。11月2日天降大雪，预约的司机不出车了。文庆成夫妇打算搭乘地铁，去籍老兄家里和他聊天消解寂寞，不料出门为地上冰雪所阻。11月4日北京积雪最深处达38厘米。军警、消防队员、环卫职工、志愿者纷纷走上街头，扫雪铲冰，清理折断树枝，好不热闹。晚上，籍老兄在电话里说："星期五吧，我会来的，我一定来。"他兴高采烈，认定道路已经开通，可以所向披靡，忘却了自己的年龄。他的话音勾起了我对几十年来已经沉淀的往事记忆。窗外的雪花纷纷扬扬。俱往矣，数寒冬腊月，今年喜事多。

有情人的情人节

——2009年2月17日完稿

2月14日情人节是外国人的情人节。20世纪50年代和60年代，情人节不如现在这么时尚，大家忙于工作和政治学习。然而，在情人的心目中永远有个情人节。情人们需要有这么一天，无论外部世界怎样风云变幻，能够不张扬、十分专注地编织着属于二人世界的浪漫梦想。我和家绮的专属情人节是3月8日。

20世纪90年代，我和家绮公园照

1997年，我和家绮在无锡鸳鸯亭

1997年，我和家绮在无锡大觉湾石窟

1997年，我和家绮在无锡月老祠

梦是浪漫的，是朦胧的，看不清却似乎能看到很多，似乎又能看到很远。在浪漫的梦里，情人们可以发挥不受制约的想象力，可以感受无与伦比的诱惑。梦里的浪漫是天真的、纯朴的，赐给有情的情人们一种幸福，一种天上人间的幸福。情人们彼此倾吐温情脉脉的语言，或者表达语言所无法表达的脉脉温情。梦里的情人很傻，浪漫使情人更傻。心灵深处真情自然流露，在世俗的、并非有情人看来，是异乎寻常的傻，傻得幸福。

如果住在地球上的人们做的梦，一点也不含糊，一心要把事物看得十分透彻，刻意按主观愿望规划自己的人生，用尽心计，以个人的意志打造世界，这样的梦会使人疯狂。如果住在地球上的人们尽做这样的梦，如果做这样的梦的人们，有着倾国倾城之色，或者腰缠万贯，富比石崇，或者智力过人，权重九鼎，这样的世界将是可悲的。

2月14日西方情人节的正式名称是Valentine’s day（圣瓦伦丁节）。据说古罗马皇帝为了战争，征召青年士兵，禁止婚姻。有位神父Sanctus Valentine敢于违抗皇帝旨意，继续在教堂里主持婚礼，让有情人终成眷属。神父被捕。公元269年2月14日他被绞死。故事悲壮感人，一点也

1997年情人节，我和家绮的爱情地久天长

不浪漫，却永远铭记在世人的心里。幸福来之不易，需要好好珍惜。

1382年，为纪念英王查理二世和波西米亚公主安娜结婚八个月的喜庆，杰弗利·乔叟Geoffrey Chaucer献上一篇诗歌：《众鸟之会》（*Parlement of Foules*），其中有一句，大意是说："那天是圣瓦伦丁节/每只鸟都来选择他的配偶。"此后，Valentine's day成为浪漫的情人节。

人们需要情人节，需要情人节的真情和浪漫。

狮身人面像与圣诞老人

——2012年6月8日完稿

近黄昏的夕阳无限好，意味着太阳还在西边的地平线上。古埃及人有绝妙的想法，他们认为地平线是世界的出入口。公元前2500年，他们建造了狮身人面像，把神庙和大金字塔排列在同一条中轴线上。狮身人面像是守卫者，让法老在下一个轮回中，从东边地平线重返世界。经过4500年的风化，守卫者也垂垂老矣。构成他威武身躯的各层岩石，正随风飘零，化为飞沙，露出瘦骨嶙峋。考古学家们只能从残存的彩色碎片中，窥测他当年的光彩和辉煌。在狮身人面像两条前肢之间，竖立着一块15吨重的紫色花岗石碑，古埃及象形文字清晰可辨。4500年前的祖先把他们的所作所为，他们的思想，传递给后人。人类的历史和文化得以持续和延伸。法老下令塑造狮身人面像，工程浩大，以显示王者的威力、意志和尊严。王者归来，他将重新掌握统治权，取得生命的延续。王者的生命在统治权。

4000多年来，太阳多少次从西边地平线上下去，又从东边地平线上升起。法老再也没有机会从后续的轮回中，从东方地平线的入口处重返世界。法老的权力是一次性的，只有太阳的活力是永恒的。世界上各式各样的王者，无论他们的人生哲学如何，仍然和法老一样，在心灵深处，死抱住古老的痴迷。所以，狮身人面像不能倒塌或者消失。但是，狮身人面像是上了一把年纪，不堪重任。他保证西边地平线的出口畅通无阻，忘了守住东边地平线的入口。今天的人们喜欢他这种可爱的衰老现象。

李国文在2007年写道："为什么圣诞老人总是那么受到欢迎？不是因为他有一

张乐呵呵的脸，给人带来礼物。而是一年365天中，他只露一次脸。”话说白了，老爷爷总带来礼物，塞进袜子里，他的脸总是乐呵呵的，而且一年只来一次，在平安夜。“天天是老爷爷，你试试看，不烦才怪。”世界真奇妙，真可爱。我们有圣诞老人，乐呵呵的，一年只露脸一次。我们有狮身人面像，他的衰老惹人喜欢。

生活的圆舞曲：启航2013年

——2012年12月26日初稿

——2013年1月7日完稿

“为了太阳，我回到这个世界”

不知老之已至，我不折不扣地成为耄耋老人。从有记忆能力的年纪算起，我有效的生活该有七十来个年头了。2010年大病，几乎走到了人世间那端的边缘，生命与疾病在时间上赛跑着。医疗小组几位大夫把我艰难地一步步拉扯回来。从这层意义来思量，北京协和医院是我的家。在重病煎熬中，家绮陪伴着我，白昼黑夜，整整一年。家绮与我从1963年开始点燃的火种，燃烧着，呵护着我生命的火焰。在这个节骨眼上，好心人曾经婉言提醒我，根据那段日子急性溶血的速度以及相应需要输入红细胞的频率，几乎可以具体推算，我还能走多远。那时很容易腹泻，完全依靠要素营养泵入十二指肠。想运用自身努力在床上坐起来已经不可能。每天我观看着太阳从前方高楼后面升起，脑袋里一再闪出这样的问题：明天我还能见到眼前的景象吗？我将往哪里去？阳光例行公事般地投照在病房内，墙上，桌上，无声地移动着，绝不会在某一条线上，某个面上停滞不前。转机终于出现，找到了确切病因，溶血的速度慢了下来。全身一块一块组织，一组一组细胞开始苏醒，生命踏着顽强的步伐回来了。活着能看到改革开放深入的新时代，我非常高兴。大病有着神

2005年，我坐在长椅上享受时光

奇的作用，此生蒙受过一些挫折和磨难，都在悄悄远去，苦难和恩怨正在淡化而蒸发。但愿留存下来的将是一片晶莹、透彻的美好记忆。凡是极端的、愚昧的、专横的东西都是短命的。拨乱反正，解放思想，带来了阳光，带来了新的希望和新的梦。套用俄罗斯诗人巴尔蒙特的一句诗（大意）：“为了太阳，我回到这个世界。”人世间并不完善，但是很美。要像黄永玉老先生那样，“挥洒性情，享受阳光下生命的每一次快乐。”啊，我的太阳！

平安夜，2013

——2013年12月24日完稿

再有几天，2013年就要过去了。自认为很努力，每天上午打开电脑写作。想得多，写得慢，写作已经成为习惯。写出来的东西不一定够得上称为作品。中午睡大觉。下午读报、剪报或者读书。读得慢，想得多。想些什么，说不清楚。我相信有些思想，有些感受像烟雾那样浮现出来，是语言或者文字无法表达的。顺其自然，我慢慢地进入一个永远是新鲜的世界。不知什么时候，灵感悄悄地在空气中飘移着，不可捉摸。或者在阅读的时候，或者清晨似醒未醒之际，灵感开始在脑子里闪烁。也许就在一瞬间，冒出一丝朦胧的思念，接着爆出一个字，或者蹦出一组词句。不需要想得更多，抛开手中的书报，赶紧从床上翻身而起，打开电脑，抓住那一个字，抓住那一组词句，先写下来，生怕它们随风消逝。没有拟定的主题和写作提纲，思想在写作过程中明晰起来，上一段文字引出下一段文章。语文老师将斥之为无稽之谈。电脑为我提供反复删改的便利。在显示屏上，读着整篇黑色的印刷体文字，心神舒坦，说不上是成就感。理论上，文章是大脑的产物。然而，我确实感到有一只无形的手，时不时地送给我一篇又一篇的文章。

2021年12月，沉浸在写作中，无比快乐

脑子转动起来的惬意
（拍摄于2012年家中）

大脑是物质的，需要营养。通俗的说法，狼行千里吃肉。丘吉尔是大美食家。他说那些一生没有品尝美食的人，一辈子说不出一句聪明的话。那位英国首相心高气傲，言语近乎苛刻，却有几分道理。古人曰：肉食者谋。2010年那场大病，我才明白蛋白质是生命物质。每每见到牛排、腔骨肉、里脊肉、肘子肉，青春之火复燃，灵感从天而降。神经元和树突系统活动顿时火起来。八十而知刷牙之事关乎健康长寿。鳄鱼依靠那张又长又大的嘴巴捕获食物，上下颚各有6排利齿。随着年龄的增长，前排牙齿耗损，后排顺序推进，保障消化道供应，支撑着鳄鱼凶猛的攻击力。对镜自顾，天生的单排牙齿，不知爱护，蛀坏了好几颗，所剩者力薄势单。何以咀嚼肉食，喂养我这七尺之躯。今年有一段时日，不胜口腔溃疡多次复发之苦。溃疡疼痛影响食欲，折磨神经，长此以往，必将引发情绪上的躁狂症。于是由夫人家绮陪伴去口腔科，在聚光灯下，乖乖地张开嘴巴。诚惶诚恐接受口腔科医生好心的捣鼓，又拔牙又装假牙。小女儿为我挑选牙刷，刷头小，前端略为狭长，可以伸至牙槽最深处，洗刷各个侧面的牙垢，而且不会引起呕吐反射。区区生活自理之道，到耄耋之年，始有所悟。闻道不在先后，脑子转动起来了，很惬意。

那场大病是一记重拳把我击倒。如果就此不能生还，枉来人间走一趟。医师真能救人之命。医师加朋友，更能出奇效。我的夫人是我赖以生存的必需元素。思想起来，平日里应该给她多些体贴，少点霸道。非得到这般地步，方知真诚的

20世纪90年代，多年的师生情　乔晓溪来家做客

年老后真正的二人世界（2013年2月9日家中）

亲情之可贵，方知我不知之又愚又钝又蠢。正是圣诞节前夕，小乔（乔晓溪）来我家做客，多年不见。她是学生中敢于直言不讳者。她深知我创业之时压力之大，要求极其严格，脾气大但并非出于恶意。弹指30年，往事渐行渐远，记忆犹存。有的学生被辞退，他们刚走上社会，阴影在相当一段时间里紧缠着他们。有的拂袖而去，以后的路也走得辛苦。有的会原谅我，有的以摆脱我为快，有的也许记恨。一个新引进的专业要从各科力量雄厚的北京协和医院，找到一方立足之地，必须做出业绩。对此，我不曾抱有幻想。路是一步一坎坷走过来的。在创建之初，需要聚集一支有活力、能实干的团队。年轻的学生是我依靠的力量。我不能把他们忘却。在拓荒的岁月里，我的命运和学生们的命运紧紧拴在一起，功劳自然不能算在我一个人头上。古人说："朝闻道，夕死可矣。"我说，不然。闻道不容易，要好好活着。

到我这把年纪，周围的人和事，会越来越清淡。我和老伴在这100平方米的居室、两个人的世界里转悠着，是一种乐趣。心，安静下来。脑子，多一些空间。

我喜欢读书，不为专业，不为张罗生活。据说每天坚持阅读15分钟，一年就可以读至少200万字，近20本书。每本书都蕴藏着太阳似的一分光和热。静下心来阅读，作者会慷慨地把那分光和热传递给我。然而，人生就是一本读不完的书。我这辈子既往的生活里，孕育着思想和情感。把它们解放出来，我会发现心中充满着阳光。

心中充满阳光（2019年海边）

2013，告别过去的岁月

——2013年12月31日完稿

再过几小时，2013年即将成为过去。对我来说，时间更为宝贵。从弱冠成年算起，我的一生大致可分两个阶段。第一个30年，有朝气，有激情，天真而乐观，什么工作都干过一点。然而，缺乏思考，感性多于理性，不相信新社会能出现邪恶和灾难。谁知不惑之年，厄运降临，我突然跌入低谷。天变了，人脸变了。一种无法言喻的孤独感，挥之不去的窒息和压抑。很多事我大惑不解。失去了人的尊严，要忍受无声的歧视，比物质生活匮乏更折磨人。

那样的岁月里，我的家是支撑着我活下去的唯一力量。冷酷的现实告诉我，在社会大动乱中，家多么重要。每当我踏进那间小屋的时候，见到我父母年迈体衰，形影相依，无奈又无助。语言无法解释，也无法缓解焦虑的压迫。重要的是，我们仍然在一起。我抱起蹒跚学步的大女儿，十分害怕有一天会失去她，撞击我的是难以忍受的揪心。在一段时间内，大女儿是黑户口，受片警呵斥成惯例。在一段时间内，我的夫人家绮无法来京探亲，她在黄山深山老林中。我俩在结婚几天后就两地分居。我不知明天会爆出什么不测。潜在的恐惧感可以摧毁人的意志。那些以整人为乐的各色形象的人物，他们不在乎这些。狂妄使他们丧失理智，有的甚至丧失人性。家，说明我存在的价值。家，不能破碎。对这个家，我有责任。

去西藏阿里的一年，雪山上有白雪，纯洁的白雪有神奇的力量，给我重建自信和韧性的勇气。我有足够的时间，沉住气，进行思考。高原缺氧，人烟稀少，阳光照射强烈。有阳光的地方，邪恶和黑暗终将被驱除，世界将会是干净的，光明的。雪山净化我的头脑，净化我的心灵。我认为我生来没有罪，现在也没有罪。从当年社会的全局来看，我这段生活称不上灾难。从历史进程来说，这段时期也只是一篇荒唐的插曲。

祸兮福所倚。逆境和挫折，把我自身的缺陷充分暴露了出来。是非颠倒，逼使我学会了思索。年轻的时候，受到最多的批评是容易过高地估计自己，对周围事物缺乏深入了解。及至天下大乱，一棍子打下来，我显得一无是处。静下来反思，很有好处。多少好汉就是因为骄傲自满，摔下来的。作为小人物，我这段生活经历，值得庆幸还可爬起来，重新开始，是我宝贵的人生财富。

十一届三中全会中国共产党以智慧和勇气，发动了震撼人心的转变。乘改革开放之东风，经导师曾宪九教授启发和授意，1979年我赴法国进修危重病医学。这项专业当时中国大陆是空白，对我来说完全陌生。由此开启我第二个30年的生活，脑袋里充满希望和梦想。巴黎与当年北京相比，是另外一个世界。人称巴黎是花之都，时尚之都。尽说巴黎人浪漫，好美食，爱享受。如此说话的多半是飘游的旅客，他们跟随着导游，遵循传统的路线，抢景点，拍照留念，逛商场，买奢侈品，以资炫耀。

巴黎无论在文化、历史、艺术或者科学等领域，自有更沉着的、特异的一面。大学办学之道，医院办院之道，我们知之甚少。通过两年的进修，了解法国仍总嫌粗浅。其实，法国人受17世纪哲学家笛卡儿（René Descartes）的哲学思想影响很深，讲究严谨，讲究逻辑。巴黎第五大学就是以René Descartes命名，昭示大学的精神，倡导方法论，反对经验论。住院医师、主治医师工作，绝不像人们想象的那样懒散。有竞争、有淘汰。上级医师欢迎年轻医师提出问题，但不能含糊。不然，他会说："你再去翻阅病历，想清楚了，到办公室来找我。"每位住院医师会私下计算着需要在哪个周四的下午，在全科医师面前，做一次学术报告，无须他人提示或催促。他要准备好应对主治医师的发问。科主任在台下听着。这类学术报告，尽管规模小，被列入例行的考核。巴黎的年轻医师活得不轻松。

我曾享受两次意外的接待。主治医师在办公室，即兴向我发问，不是谈新进展，是谈基本问题，考查我的理解能力。老师打破砂锅问到底，让学生手心冒汗。谈话完毕，老师对我说："你坐地铁，也可以读书。"在进修医师管理方面，法国人也很认真。第二年在ICU工作，需要办理法律手续。为此，我手持导师的推荐信，去法国卫生部、劳工部、移民局，申办"巴黎公立医院医师"资格。然而，法国的节假日多。每年暑假，多数巴黎人离开巴黎，外出旅游。他们把各自的专业暂时丢在脑后。所谓"充电"，就是读小说，读历史书。留存在我记忆中的还是那句话："坐地铁，也可以读书。"像中国古人刻在竹简上的箴言。每个人每天有24小时，要读书，时间是可以挤出来的。

进修即将到期，回国前有些问题困扰着我。回想国内办大学、办医院，几十年来，与当时国际水平有着很长一段距离的差距。为什么危重病医学起源在欧美，而不在中国？危重医学的学术理念能被中国医学界接受吗？我的忧虑并非没有依据。要引进一个新的专业，要在医院里找到一方立足之地，要获得我国医学界的认同，必须做出成绩，用事实来说话。1983年，北京协和医院建立中国大陆第一个ICU。曾宪九教授亲自命名新专业为"加强医疗科"。我近52岁，从零点起步，我需要聚集一支朝气蓬勃、不畏困难有干劲的团队。年轻的学生们是我依靠

茁壮的大树

的力量。我始终清晰地记得我们是如何步履坎坷走过这创业之路的。首先要把协和医院的ICU搞好，协和是根。今天我很高兴，现在第一线工作的第二代正在做着老一代没有做好、没有完成的工作，做着老一代没有做过的工作。时至2014年，我们需要考虑的是，我国发展危重病医学正面临着哪些问题，危重病医学要走向何方。我82岁，愿做个“80后”，把82当作2岁，过好每一个今天。在全面深入改革的浪潮中，继续编织我的梦想，我们共同的梦想。

天气晴朗，没有雾霾。极目望去，从安立路到四环路，已是车水马龙，开始城市繁忙的一天。高楼层叠，太阳兴冲冲地爬上来，阳光暖人心，它照射进来灌满我的书房。太阳还是那个永恒的太阳。今天是2014年的元旦，我82岁。

感悟人生随笔

——写在改革开放30年的今天

——2008年10月10日完稿

1947年，我由原中法学校毕业，因为外语方面占点优势，转入原震旦大学。为什么选择医学院？主要因为我父亲在太平洋战争爆发后，连续四年失业，难以支撑家庭生计。抗战胜利后，出现转机，父母竭尽全力支持姐姐和我，进大学继续读书。起初，我胸无大志，心想人总要生病，做医生给人治病，不至于失业。自己自幼多病，现代医学的医术和医疗环境，给了我良好的憧憬和印象。对医学的兴趣是后来产生的。

1949年新中国成立。上海社会风气焕然一新。大环境的改变迫使我考虑：我应该怎样做人？人的一生总有关键性的一两步，必须迈出去。在此转折关头，特别是杨舜刚、潘恩源两位同班同学给我的指引和劝导，使我终身受益。一生中，我最留恋的、最难以忘怀的，就是在大学的那段时光。历史是公正的。历史给每个人的内容是不同的，留下的烙印也是不同的。

1953年毕业后留母校，在广慈医院普通外科当住院医生。因为外事需要，每年有一次或两次，外调当翻译。最长的一次，曾脱产一年多。这无疑使外科无法对我的临床工作和专业培训进行正常的安排。1958年“大跃进”，上海第三钢

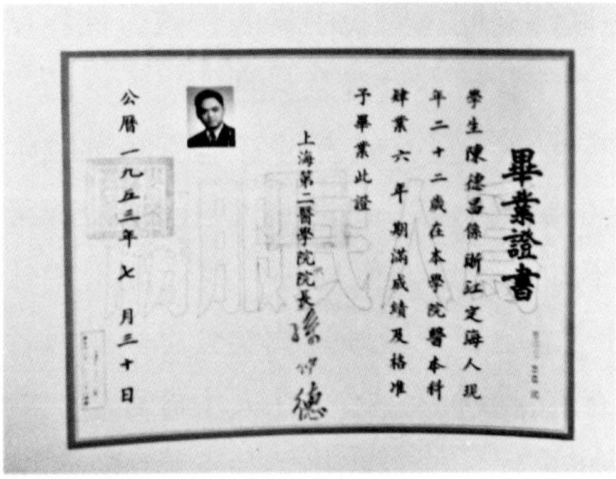

1953年震旦医学院毕业证书

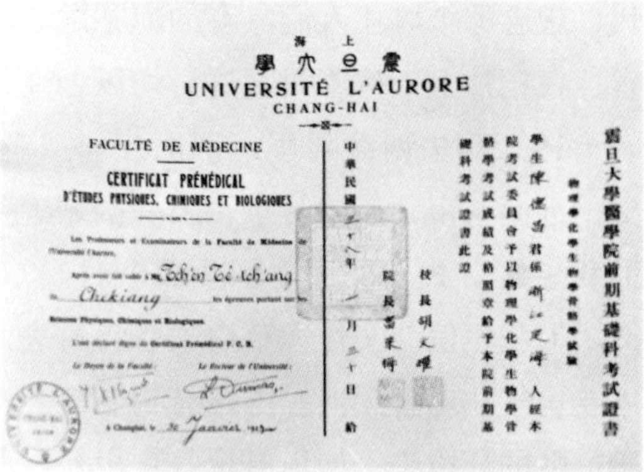

1950年，震旦医学院前期基础课考试证书

铁厂两位炼钢工人在生产岗位上，全身被烧伤。全体外科住院医生应召到手术室参加初期的清创、包扎和输液治疗。两位工人归我收治住院。我从来没有见过如此严重的大面积烧伤，不知道在最初24小时内需要静脉输入6000毫升如此大量的晶体液及胶体液，更不知道如何去识辨烧伤的深度。然而，伤员临危不惧的精神以及全医院甚至社会的奋起响应，对我的思想起了强有力的催化作用。从伤员入院当天起，我再也没有离开病房。这件事促使我对人生的价值观，作更多的思考。1959年荣获“社会主义建设积极分子”称号获得奖章，出席全国代表大会。1964年受卫生部嘉奖。

1960年临时调入中联部，参加《毛泽东选集》第4卷的翻译工作一年，曾任法文组复核组组长，因良好的工作表现受到表扬。有几位老同志提醒我：“少年得志，平步青云”，“如果犯了错误，或者受到不公正的待遇，是否还能和党同心同德?”（说实话，当年不知道老同志们说的“受到不公正的待遇”是怎么一回事）。他们的提醒语重心长。在尔后的一段生活中，我为我的年轻付出了代价。

1964年遵照广慈医院党委决定，我奉命到卫生部报到。获悉国家援外计划已经改变，遂转入北京协和医院。离开工作11年的广慈医院，告别朝夕相处的年轻伙伴们，脱离我所痴迷的烧伤专业，我就此悄然走了。因为我在外科轮训方面的缺陷，协和医院保留我主治医生职称，按照住院医生职务开始工作。协和医院别具风格的教育，使我毫不后悔自己的选择，收获颇多。

1965年从阿尔及利亚医疗支援回国，“文化大革命”开始。我的岳父和姐夫都被批斗。有一天上午，我从手术台上被撤下，并被调离病房，接着被两次抄家。我陷入痛苦的矛盾和迷茫的困惑。在多难的岁月里，我默默想念大学生时代，想念那个时代人们具有的赤子之心。中联部老同志给我中肯的告诫，催我反省，在精神上支持着我。这一切风云变幻是当年我根本没有意料到的。

1972年去西藏阿里巡回医疗。或者住在土围子里，或者过着地道的游牧生活。远离城市狂热的纷争，第一次贴近贫苦的藏民，第一次回归大自然。冷静帮助我了解自我，了解周围。那个时候，我不知道今后向何处去，我还能干些什么。但我相信"文化大革命"必将过去，社会总会越变越好。我学会忍耐。忍者需要勇气。勇者无惧。巴金有句名言："没有神，我们是人。"在人生旅程中，处于失败的环境中，如何有勇气走出？是西藏的藏民们给了我热情和责任感。赴藏医疗队的经历宝贵又难忘。

在这个阶段正好赶上改革开放，我的人生才会有后一阶段的转折。我是幸运儿，深感我的恩师曾宪九教授知遇之恩。我不是协和医学院毕业生，何况中途插班。曾教授并没有因此嫌弃我。当年我的不足显而易见，曾教授却能发现我的优势所在，正是他独具慧眼之处。即使曾教授本人在"文化大革命"期间身遭厄运，他也始终以执着的理想影响着后来之辈，鼓励我逆境中求奋进。按我的亲身体会和理解，这就是"协和精神"。曾宪九教授改变了我的后半辈子。我对曾教授的感恩之心永生难忘。

在外科学领域里，我的老师以毕生精力，开创临床与基础医学相结合的先河。然而，他建立的外科代谢与营养实验室，社教运动期间受到指责，到"文化大革命"完全停办。外科实验室变成全科开会或批斗的场所。他早年对ICU的设想，只有到了改革开放的年代，才有可能付诸实施。1983年，按国际标准和理念，协和医院建立了中国大陆第一家ICU。2003年，SARS肆虐北京，指挥中心集中六家教学医院ICU，全力救治危重患者。今年（2008年）四川大地震，成都华西医院ICU承担着大批危重创伤患者的医疗任务。作为曾宪九教授的学生，我深感老师的真知灼见，深感改革开放对我国医学事业的发展，至关重要。没有改革开放，就没有今天。

21世纪10年代的作者，虽然行动不便，依旧喜爱参会面对面分享经验、交流思想

我的老师曾教授未竟的事业，需

要后来者继承。“每代人都有自己的一段路程要跑”。从医学发展来看，我做的工作微不足道，但绝非可有可无。我没有理由妄自菲薄。季羡林老先生说，人生的意义与价值在于“承上启下、承前启后的责任感”。我正在走向耄耋之年，难免浑浑噩噩。然而，我想在改革开放30年的今天，我同样需要找到自己的位置，找回我的责任感。

国庆节后的思念

——2014年10月8日完稿

夏天来也匆匆，去也匆匆。骄阳下的酷热很快从人们的记忆中悄悄地退去。秋高气爽，万绿丛中浮现出金黄色斑斓，月白风清，景色迷人。有阴雨，也有雾霾，还有地震。不知不觉中，竟然跨入耄耋之年。童年无忧无虑，嘴馋，大人品尝美食，小孩不能。何年何月我能获得这份权利呢。妈妈说：你要等到十岁。日子过得很慢，一年很长很长，十岁何其遥远。弱冠之年，自以为懂得很多世间事，欲与人试比高，仿佛前面等待着的是无限风光。毕业后留母校，开始学习如何做医生。经常参加涉外的任务是意外的际遇，接触的是领导，是著名人士。青年人过早地跨入社会的上层，未必佳。没有在基层的生活和实践，不知基层社会是怎么回事，太多的浪漫的理想主义。日子过得很好。渴望更快成长。脱离社会的实际，过高估计自己。

中年过得比较辛苦，经历“文化大革命”之乱。平步青云，突然从云层上跌落下来。而立之年，多了些磨难，产生好多疑虑，好多困惑。自信我并非一无是处。然而，社会还需要我吗？我还能被社会接纳吗？前方的路在哪里？峥嵘岁月中的彷徨是痛苦的。日子过得很慢，很沉重。在记忆中，这段时期特别长。一种语言，一种声音，千万次重复，千万次传播，异口同声。前无古人，后无来者。“文化大革命”给社会、国家带来的灾难，对文化、对信念、对人们的精神所造成的摧残，难以估量。理解历史，需要与那段历史拉开一段时间，拨开迷雾，打破禁锢，回顾和梳理。沉思中，渐渐地悟出以往被蒙蔽的一些道理。再也不会说“我要快快长大”，始知生命之可贵，闻道之艰难。

党的十一届三中全会，拨乱反正，改革开放。在历史的长河中，“文化大革命”之乱不过是一出荒唐的闹剧。然而，拨乱反正需要勇气和智慧。改革开放，实际上是一场革命，是一场没有硝烟的革命。出路在哪里？建设中国特色的社会主义社会。人们看到了光明，有了新的希望。

古稀之年退出第一线。到各地出席学术会议或者演讲，或者担任某某学会会长之类，还能出国活动，自我感觉没有退出学术界的舞台。78岁大病一场，急性溶血性贫血，险些丧命，几位医疗小组的教授，既是治病的医生，更是我的老朋友。协和医院救了我的命。大病初愈，我读了好几本非专业的书籍。如同与几位作家谈话，引发思考，让我振作起来。阅读是“贪婪”的，是一种享受。我依靠要素饮食维持营养，经十二指肠管持续泵入。开始在病床上或沙发上，用笔记本电脑写文章，慢慢进入新的世界。那时我想，我们活着的世界多美好，生活多好。我能活到90岁吗？我希望日子慢慢地过，阳光能移动得慢一点，多给我一点光明和温暖。

今年（2014年）三次房颤发作，终于药物转复成功。不料这样或那样的原因，发生急性心衰、肺水肿，自己感觉像被水淹了一样。一种冰冷的、凝重的恐惧感袭来，即使2010年那场重病，把我推到了生命的边缘，但不曾有过这等感受。此次心衰发展快，幸运的是心内科医师急救及时。就这一步之遥，我又闯过了一关。然而，舒张型心衰的预后远不如收缩型心衰那么令人稍能宽慰。与2011年出院时相比，到今年血红蛋白和白细胞计数在缓慢下降。我自然会想到体内潜伏的结核分枝杆菌4年前发起的那场急性溶血的战争。这位潜伏在我体内

我想过好每一天
（拍摄于2008年）

我、家绮和侯百东、华兆琳夫妇（2014年10月7日）

的“恐怖分子”是否将伺机再起。耄耋之年，不敢有过多的奢望。我不知道，也不可能知道有生之年所剩余的时间有多少。我想过好每一天，做我愿意做的事，让每一天活的有意义。

2014年国庆假日，昔日的研究生侯百东来家做客。侯百东在博士毕业后去了美国，他和夫人华兆琳博士回归祖国已经3年多，在中国科学院有了自己的科研班底、实验室和基金。夫妻俩思维活跃，三日不见，刮目相看。他们的变化让我着实惊喜。

我的老师曾宪九教授说过：他希望在我们的队伍中将会有些人在基础医学和临床医学两个桥头堡之间当架桥工。曾教授为我们开辟了一条路，今天我们要做什么，明天的路在哪里。听了侯百东、华兆琳夫妇的设想，大受鼓舞。国内有着愿意当架桥工的人，可惜很分散。有时站在桥那端的人找不到桥这端的人。双方要有强烈的愿望，强烈的兴趣。架桥是一个聚集人才的过程。一个非常偶然的机会，碰上站在桥一端的人正在寻找桥另一端的志同道合者。不管此事发展结果如何，我愿意与他们一起寻路，做一个寻路人。这样做，我也为有生之年过得更有意义，去寻路。

缅怀

珍惜此生

『这是一条永不停顿的自我认识的道路，时间感更加贴近内心，合乎现实和精神的双重需要。』

俄国作家格拉宁在《奇特的一生》里，透露了昆虫学家柳比歇夫的时间管理秘密

——本书作者陈德昌的生前感言

一路走好 | 北京协和医院举行陈德昌教授遗体告别仪式

——北京协和医院“协和医生说” 2022年12月17日

2022年12月16日，仲冬的北京有些清冷，一位医德高尚的长者离开了我们。在北京协和医院告别厅，人们来到这里，送别这位中国重症医学的奠基人和开拓者——北京协和医院陈德昌教授。

陈德昌教授于2022年12月10日23时06分在北京与世长辞，享年90岁。陈教授离开了他挚爱的医学事业，离开了他日夜奋斗过的重症医学战场，走完了他光辉的90载人生历程。

12月16日上午8时，陈教授的遗体告别仪式在北京协和医院外科楼告别厅举行。告别厅上方悬挂着“沉痛悼念陈德昌教授”，两侧挽联“笑容依旧伴春风，神韵犹在花丛里”。哀乐低回，陈老身上覆盖着一面鲜红的中国共产党党旗，躺在鲜花中，面容安详。

各级领导和社会各界以不同方式表达了对陈德昌教授逝世的哀悼和对家属的慰问。中华医学会重症医学分会、中国病理生理学会危重症专业委员会、中国医师协会重症医学医师分会、中华护理学会重症护理专业委员会、北京协和医院领导、各科室及职工、兄弟医院同人、学术团体代表、陈德昌教授亲朋好友与社会各界人士敬赠的花圈、花篮摆满了告别厅。告别厅外沿途的电视里循环播放着陈德昌教授的纪念短片。

陈德昌的遗孀潘家绮教授一袭黑衣，坐在轮椅上。她的目光始终不愿离开陈德昌遗体的方向，希望能多看一眼这位挚爱的伴侣。瞻仰遗容时，人们怀着无限哀思，肃立默哀，鞠躬行礼，手捧明黄的菊花，面朝遗体，从右至左绕灵一周。

不久后，家属推着轮椅，来到遗体正前方，潘家绮教授站起身来，双手竭力地靠近陈教授的脸庞，含泪深情地说道：“下辈子，我们还要在一起。”前来送别的至亲挚友无不动容。

“ICU扎根协和，把院内危重患者服务好。ICU要走出医院围墙，把社会大众服务好。”这是陈德昌教授在回忆录中留下的文字，重症医学也是他一生为之奋斗的事业。

作为北京协和医院重症医学科的创始人，我国重症医学的奠基人和开拓者，陈德昌教授不仅将国际重症医学最先进最前沿理念较早地、系统地介绍到了中国，还在此后近40年，一直引领着这个新兴学科的规范化发展，培养了诸多中国重症医学界的领军人物。

陈教授对全身感染和多器官功能障碍综合征（MODS）的基础和临床研究，使感染性休克的病死率从66%下降至44%，达到国际先进水平。在他带领下成立的中国病理生理学会危重病医学专业委员会，是我国重症医学重要的学术交流平台，与国际相关学术组织建立了密切联系，在2012年欧洲危重病医学会学术年会期间，组委会设置了中国专场，使中国重症医学界首次登上了全球顶级学术会议的讲台。

陈教授始终怀着对科学的激情和对生命的敬畏，心系每一名患者。“不忘初心，以必为之志，推动着危重病医学在中国的发展。”在陈教授的一生中，医学的出路就在于永不停止地探索，更新对疾病和人体的认识，寻求治疗的创新和突破，这种精神将永远激励着后学不断前行。

陈德昌教授的逝世，是我国重症医学事业的重大损失，也是北京协和医院的重大损失。他为我国医疗卫生事业作出的丰功伟绩将永载史册！他的大医情怀和济世风骨将永驻人间！

陈德昌：且看大鹏同风起

——北京协和医院供稿，《健康报》发表

2022年12月10日，我国著名医学家、医学教育家，我国重症医学的奠基人和开拓者，北京协和医院重症医学科（原加强医疗科）首任主任陈德昌教授因病医治无效逝世，享年90岁。

陈德昌教授曾创建我国第一个ICU和第一个重症医学临床科室，创办中国病理生理学会危重病医学专业委员会，并担任首任主任委员，为我国重症医学界培养了很多领军人物。他是全身性感染、多器官功能障碍综合征研究的引领者，曾在历次重大公共卫生事件中为国献策。

陈德昌教授一生为我国重症医学事业发展殚精竭虑、鞠躬尽瘁，作出了不可磨灭的贡献。

我国重症医学的奠基人和开拓者

1932年1月，陈德昌生于浙江定海。1953年，他毕业于上海第二医学院医疗系，后进入上海第二医学院附属瑞金医院。1960年，他因成功治疗严重烧伤患者获卫生部嘉奖。1964年，他来到北京协和医院基本外科，师从曾宪九教授。

1979年，47岁的陈德昌受曾宪九教授委托，去巴黎科钦医院进修重症医学。陈德昌回忆说："曾教授要我下功夫学习基本理论，他要培养的是具有科学思维能力的临床医师，而不是技工。"

在巴黎科钦医院ICU，陈德昌像是闯入了一个未知的世界。他等待着某一天，会有某位法国大夫为他讲解和指导。但这样的一天从来没有出现过。"我既然下决心要学习，就应该知道自己需要学什么，而不是由别人来告诉我应该学什么。"陈德昌回忆说。第一学年，陈德昌补习了有关重症医学的生理学和病理生理学基本知识。第二学年，陈德昌取得"巴黎公立医院医师"资格证书，进入Ambroise-Pare医院病房工作。两年的留法学习，为他回国开展工作打下了坚实的基础。

1982年，陈德昌回国。他在曾宪九教授的支持下，参照国际先进模式筹建了外科ICU。1983年，发展到7张病床的北京协和医院外科ICU独立成为中国大陆第一个重症医学临床科室——加强医疗科，陈德昌任首任科主任。

事实上，重症医学在国内一开始并不被广泛接受。"没有患者主动来，接诊的都是弥留之际的患者，要不就是各科室诊断不了的。"陈德昌深知，只有救好了重症患者，才能改变大家的看法。为此，他在救治上动了很多脑筋，慢慢地，越来越多的科室愿意把患者送到加强医疗科。在专科实力非常强大的协和医院，一个新科室被认可，是一件非常不容易的事情。

作为我国重症医学的奠基者和开拓者，陈德昌不仅将国际重症医学最先进、最前沿的理念系统地引入我国，还在此后近40年，一直引领着这个新兴学科的规范化发展。

1982年，外科ICU刚刚建立后，陈德昌就与马遂合作完成北京协和医院第一例肺动脉漂浮导管插管。1982—1998年，陈德昌又和同事们为537名患者留置漂浮导管，推动着我国重症医学的发展。

20世纪90年代，在ICU床位不断扩大、从业人员日益增多的情况下，建立国内重症医学学术交流平台的需求迫在眉睫。1996年，陈德昌领导同人开始筹备国内危重病医学专业委员会。1997年，中国病理生理学会危重病医学专业委员会在北京正式成立，陈德昌担任首届全国委员会主任委员。这是国内重症医学界第一个全国性的学术组织，堪称我国重症医学发展历史上的标志性事件，促进了全国重症医学的发展。

专委会自成立后，与欧洲危重病医学会、美国危重病医学会、法语系危重病医学会等学术组织建立了密切联系。2012年，欧洲危重病医学会学术年会在进行期间，特地设置了中国专场，中国重症医学界首次登上了全球顶级学术会议的讲台。

全身性感染等研究的引领者

在临床中，陈德昌发现大量的严重感染患者不明原因死亡，这些患者生前都表现为多器官损伤。陈德昌敏锐地抓住这个关键问题，把严重感染多器官功能障碍的临床基础研究放在了重点位置。

1982—1999年，北京协和医院ICU共收治危重患者3760名，其中多器官功能障碍综合征（MODS）患者800余名，由严重感染诱发者占60%。

以此为基础，陈德昌团队对全身感染和MODS进行了系统的基础和临床研究。陈德昌提出，这种感染不在局部而在全身，这种感染既没有脓也没有毒，一旦触发，就像原子核裂变一样，出现炎症瀑布式反应，患者最终会出现多器官功能衰竭。

陈德昌总结感染性休克治疗的临床经验，指出治疗关键在于早期纠正低血容量，提高氧输送，避免持久性氧债，并有效控制或清除感染灶。这一认识最终使感染性休克的病死率从66%下降至44%，达到国际先进水平。

他带领团队进一步研究发现，细胞因子IL-1家族基因多态性与全身性感染相关。该研究为国际上在基因水平防治严重感染提供了依据，代表了20世纪90年代以来对严重感染研究的新发展，在国际上处于前沿水平。陈德昌领衔的“全身性感染与多器官功能障碍综合征的临床与基础研究”获得2002年国家科技进步奖二等奖。

“桃李不言，下自成蹊”的医学教育家

作为国内重症医学的领军人物，陈德昌曾多次担当重任。1971年，他作为中央赴西藏阿里医疗队队长，奔赴雪域高原。医疗队员经常骑马深入牧区巡诊，一骑就是八九个小时。一次长途出诊，因当天无法到达目的地，陈德昌只能夜宿在羊圈里。第二天醒来，他翻不动身，才发现自己被夜里下的大雪埋住了。万幸

的是，口鼻呼出的热气把厚厚的积雪吹出了一个洞，他才没有被大雪憋死。在平均海拔4500米的日土县，陈德昌带领医疗队开展了外科、妇产科、口腔科等手术，短短3个月就完成了70多例手术。医疗队的付出，换来了当地百姓的信任。

2003年“非典”期间，71岁的陈德昌再次出马。他在北京防治指挥中心多次参加危重患者会诊，向上级部门建议动员三甲医院ICU医生和护士，集中治疗“非典”危重患者以降低病死率，取得了显著效果。

陈德昌表示，对于我国的重症医学学科，自己参与了0～1的工作，从1～100的进步有一批学生在推动。从1982年开始，他陆续培养了我国重症医学界的诸多领军人物。刘大为、席修明、严静、许媛、邱海波、杜斌、马朋林、周建新、李毅等先后进入北京协和医院ICU，在陈德昌的指导下学习重症医学。之后，他们陆续成为我国重症医学发展的中坚力量。正如陈德昌在自己的一篇文章中所写的：“鸟儿飞了。不是小鸟，是雄鹰，展翅翱翔。飞吧，飞得更高。”在他的引领下，我国重症医学这只鸟也已经成长为雄鹰，展翅于云霄。

缅怀陈德昌教授！醉心医海一生，让我们重温他的思想与感悟

——《健康报》医生频道2022年12月12日

中国重症医学的开拓者、缔造者和奠基人，北京协和医院主任医师、教授、博士研究生导师，陈德昌教授因病于2022年12月10日23时06分在北京逝世，享年90岁。

北京协和医院教授、博士生导师陈德昌教授，北京协和医院ICU创建者。1932年1月生，浙江定海人，1953年毕业于上海第二医学院医疗系，师从曾宪九教授。

中华医学会重症医学分会在其微信公众号发文悼念称：“陈德昌教授的逝世，是我国重症医学事业的重大损失，我们失去了一位德高望重的一代名师。”1981年留法归国的陈德昌于1983年在北京协和医院建立了中国大陆第一个综合性ICU，并被任命为首位重症医学科主任。在他的引领下，团队不仅将国际重症医学最先进最前沿理念较早地、系统地介绍到了中国，还在此后近40年，

一直引领着这个新兴学科的规范化发展。

桃李不言，陈德昌教授培养的多名学生，如今已是重症医学界的翘楚，他们在重症医学领域颇有建树，特别是在抗击新冠肺炎疫情这场“没有硝烟的战争”中发挥了举足轻重的作用。

陈德昌教授与《健康报》有深厚的情谊，醉心医海的陈教授笔耕不辍，近年来在《健康报》上发表了十余篇优秀文章。在2018年健康报社举办的“中国卫生与健康科技创新发展高峰论坛”上，陈德昌教授获得“健康传播最高荣誉奖”。在颁奖现场发表获奖感言时，他说：“很荣幸得到《健康报》的奖励，这是对我的鼓舞。在社会主义建设新时代，要积极学习，好好生活，不断超越自我。有些陈旧的医学概念必须革新。”

今天我们整理了一些陈德昌教授曾在《健康报》发表的文章，以表怀念。重读文章，从字里行间透出一名老医学专家对这份事业的深情。

1. 他关注重症医学发展

新时代危重症医学更需创新

危重症医学正面临着新时代的挑战，应该怎样学习提高？这需要我们开动独立思考的能力，不受传统观念的束缚，把自身内在的创新潜力挖掘出来、激发出来，其最根本的驱动力是追求科学真理，是对患者生命的尊重和爱护，通过我们的治疗使更多的危重患者能够生存下来。

2. 他关心青年医生成长

最困难的是“不失对人世的热情”

面对医学新挑战，我们不能囿于“今日之真理”，好奇心、兴趣、对科学的激情和对生命的敬畏是医学科学进步的永恒动力。

3. 他心系每一名患者

协和85岁老专家陈德昌教授的人生反思

疾病是复杂的，人心也是复杂的，每一位患者对疾病的心理反应是不一样的，难以预料。每一位患者，每一位家属，正像张孝骞教授所说，都是我们的“第一例”。医生千万不要自以为见多识广，不要想当然。孔子说：“好仁不好学，其蔽也愚。”医生虽然治病救人，但不一定就能做好这件事。

沉痛哀悼陈德昌教授

——中华医学会重症医学分会2022年12月11日

中国共产党优秀党员，中国重症医学的开拓者、缔造者和奠基人，北京协和医院主任医师、教授、博士研究生导师，陈德昌教授因病于2022年12月10日23时06分在北京逝世，享年90岁。

陈德昌教授的逝世，是我国重症医学事业的重大损失，我们失去了一位德高望重的一代名师。全国重症同道，让我们化悲痛为力量，继承和发扬陈德昌教授的优秀品质，为进一步发展我国重症医学事业做出更大贡献。

陈德昌教授千古!

微笑依旧，温暖依旧 | 深切缅怀陈德昌老师

——协和梧桐会2022年12月14日

缅怀

沉痛悼念并深切缅怀梧桐荣誉导师陈德昌老师

为德必昌，泽远绵长
陈德昌老师简介

陈德昌，男，中国共产党优秀党员、中国重症医学的开拓者、缔造者和奠基人，北京协和医院主任医师、教授、博士研究生导师，陈德昌老师因病于2022年12月10日23时06分在北京逝世，享年90岁。

陈德昌老师师从曾宪九教授，创立了协和ICU。1982年率先应用肺动脉漂浮导管进行床边血流动力学及氧输送的动力监测，提高了对于急性危及生命的临床情况的判断能力，改进了低容量性休克、心源性休克，特别是感染性休克时的输

液复苏治疗。改进了急性呼吸窘迫综合征（ADRS）患者以及因急性肾衰竭接受持续性血液过滤术患者的输液治疗。

当陈德昌老师逝世的消息传来，感恩梧桐树的同学们很悲痛，往日与陈老师促膝长谈的难忘情景一幕幕展现。陈德昌老师的和蔼、亲切、睿智带给同学们珍贵的家人般温暖，他待患者如亲人、对医学事业的探索与奉献更是深刻启迪了我们这些年轻人对于医学的理解，成为我们不断前行的精神力量。

先生之风，山高水长
回忆与纪念

为德必昌，泽远绵长；
丰功伟业，积厚流光。
云山苍苍，江水泱泱；
先生之风，山高水长。
先生的谆谆教导永记心中，
先生的音容笑貌永志不忘。

——中国协和医科大学八年制16级 曹馨元

陈德昌老师和潘家绮老师的家中，陈德昌老师首先强调了内科基础的重要性，他说，虽然我当时选的是外科，但是内科的知识对我来说非常重要，内科的教授张孝骞没有直接带过我，却对我也有重大的影响。他时刻记着张老师说过的几句话："医生一定要到患者身边去"，"每一例患者都应该当作第一例"。

陈老师还强调一定要从临床的失败中吸取教训，他引用了丘吉尔的名言："成功就是从失败到失败，也依然不改热情。"他强调对于治不好的患者一定要多问几个为什么，并举了当年建立ICU，发现患者体内炎症风暴的例子："当时我们也曾疯狂过，为了消除炎症因子，从北京医院吴蔚然院长那里借来了血浆交换机，用卡车运过来，然而我们发现清除了一波以后又一波紧接着而来，并且无法预测，患者还是去世了。"这个时候应该说这个问题我们解释不了，还是继续坚持吗？他还是选择了不放弃，并坚信这些医学难题在一代又一代人的努力下都会被攻克。

陈老师还由衷地表达了对吴蔚然院长当时为了医学的进步慷慨帮助的敬意，说那时候吴院长总会来看那个患者的恢复情况。这让我们感受到了当时的吴院长对解决医学问题的那颗火热的赤子之心。吴蔚然院长在逝世之时，陈老师还写过悼念的文章《怀念和吴蔚然老师在一起的日子》。

在我的印象中，每个梧桐树的老师都非常有特点，但是他们大部分都和想象中严肃的医生形象是不一样的，都有很鲜明的个人魅力，陈德昌老师就是这样一个很有个人魅力的老师。跟着感恩梧桐树的探访队伍去看望陈老师时，他腿脚已经不是很方便了，每次潘老师扶着他出来，他与同学们谈笑风生，从学习方法，到具体的科学问题，还经常使用启发性的提问，来引导大家的思考。陈老师真的是一个很棒，拥有年轻心态的好老师，还拥有有趣的灵魂。我在想，和陈老师一起学习、工作，一定会让临床变得更加生动、深刻，有创造性、有启发性。陈老师还教会我们感恩。作为一个学科带头人、ICU创立者，他有很多成功救治患者的经验。但是他选择和我们分享的是一个吴蔚然老师帮助他将血浆交换机从北京医院用卡车运到协和，以实现降低炎症因子水平的想法，然而最终失败的故事。他没有因为救治失败而掩饰，而是真诚地与我们晚辈分享，失败之中也是可以学习到很多的，失败也要铭记曾经帮助过自己的人。很遗憾，这几年过年没有能够再去探望陈老师，今后也再没有机会了。我想，将陈老师告诉我们的故事铭记，学习像陈老师拥有一样有趣、有创造力、懂得感恩的灵魂，也许是记住陈老师最好的方式。

陈德昌老师走好，陈德昌老师千古！

——中国协和医科大学八年制11级 赵浩

“多年前因梧桐树活动曾有幸拜访过陈老师、潘老师夫妇，印象中在挂满老照片的客厅里，陈老师夫妇给我们讲述了他们当年的求学工作不易，感叹新时代的发展与变化。有幸能聆听作为协和三宝之一陈老师、潘老师夫妇的谆谆教导，感动于前辈们的纯粹及奉献，我辈也自当静下心来踏踏实实学习与做事。”

——中国协和医科大学八年制13级 洪汝萍

一直以为陈德昌老师很严肃、不太喜欢接见外人，没想到这次拜访出乎意料，身体刚恢复的陈老师很热情招呼我们进去坐，语气中充满着一股朝气，正如他所说

探访陈德昌教授留影

的："我特别喜欢和你们年轻人在一起，我仿佛也年轻了十岁。"陈老师与我们分享了自己对当大夫的看法，尤其是张孝骞主任对他的影响：一是"临床"要在患者身上不断学习；二是"每位患者都是新的病例"，不能认为自己以前看过这样的病就掉以轻心；三是"即使失败了，要去思考自己为什么失败"。陈德昌老师的言语中充满了力量，"年轻人经历点失败不算什么，我相信你们以后都能成为好大夫"。

——中国协和医科大学八年制13级 朱佳伟

虽早已熟识各位老教授，但今天是第一次当面见到钟守先、朱元珏和陈德昌老师。他们的热情、朴素和睿智深深感染着我，一颦一笑间，协和老一辈医学家的风采展露无遗。钟老给我们讲述老协和的故事，细致教授我们外科的技巧；朱老师虽退休多年，却依旧保持英文阅读习惯；陈老师笔耕不辍，睿智的言语引得大家频频点头。希望我在职业生涯的末期依旧能保持像他们一样乐观开朗的心态，祝老教授们身体健康，万事如意！

——中国协和医科大学八年制13级 项永波

2018年的我们即将步入临床，期待之余不免有些许忐忑，给老教授们拜的第一波早年着实给我们打了一针强心剂。

老师与我们分享了各自进入临床时思想和心态上的变化，从老师们的话语中感受到，"兴趣"对医生的职业发展至关重要，无论在选导师或是之后的职业规划中，都切忌过急。若能在轮转中发掘自己的兴趣所在，便更容易深入领域，钻研创新。其次，老师们还与我们分享了一些实用的临床tips：一是常在床旁，把自己当作患者的"监护人"，各方面了解患者；二是多看书，书本不能解决的问题再去请示上级；三是常思考，对治疗成功或失败的病例都要善于回顾，追溯缘由，以期改进。

此次与老师们的交流收获颇丰，也让我对之后的临床之路越发期待。

——中国协和医科大学八年制13级 陈琬琪

2018年探访陈德昌老师和潘家绮老师合影

梧桐树与陈德昌老师和潘家绮老师过春节

梧桐树与陈德昌老师、潘家绮老师夫妇合影

时光记忆：特别鸣谢

“一家好医院：北京协和医院。一位好老师：我敬爱的曾宪九教授。在一个新的时代，让我有机会为祖国效力。他们培养我做一个对社会主义建设有用的人。

到了年老退休回顾当年，我多少做了点工作，没有虚度此生。”

——陈德昌

陈德昌

中国重症医学奠基人和开拓者

时光荏苒，作者和潘家绮夫妇对多年来给予大力支持、鼓励、包容与关爱的工作中的同人们以及生活中的朋友们，深表感谢，以下照片记录了和他们在一起的美好瞬间。对那些给予温暖和支持但遗憾未出现在这些合照中的人们，同样心怀感恩。

20世纪80年代赴法医学代表团合影
（前排左，时任卫生部部长陈敏章；前排中，时任北京协和医院院长朱预；后排左二，时任北京协和医院名誉院长方圻；前排右，作者）

21世纪初，著名呼吸病学专家、中国工程院院士钟南山（左）、时任中国病理生理学会理事长薛全福（右）与作者（中）合影

1994年，原上海第二医科大学校长、中国工程院院士王振义（左）与潘家绮（右）合影

1998年，北京协和医院血液内科原主任赵永强（右）及其导师Schmaier（右二）、潘家绮（左）及其导师伍焜玉（左二）合影

1999年12月29日，千禧年协和内科大合影
（第一排左起：王爱霞、刘尔坤、张之南、毕增祺、金兰、李邦琦、张安、方圻、罗慰慈、张文英、陈寿坡、付福贞；第二排左起：康子琦、沈亚瑾、李学旺、鲁重美、董怡、朱元珏、贝濂、潘家绮、蒋明、李蓉生、吴宁、陈元方、柯美云、李德高、顾墀秋、宋书梅、许莹；第三排左起：黄庆元、陈书长、陆星华、朱文玲、纪宝华、林耀广、赵永强、秦树林、陈端霞、蔡柏蔷、游凯、吴梓涛、盛瑞媛、邓国华、沈悌、严晓伟；第四排左起：卜玉芬、于孟学、张抒扬、钱家鸣、张德利、陆慰萱、郑法雷、唐福林、陆国钧、麦灿荣、武永吉、韩江娜、刘晓红、方秀才；第五排左起：陈原稼、孙钢、邓华、黄超联、于晓初、倪超、曾小峰、方全、江国柱、单渊东、张奉春）

20世纪90年代，北京协和医院专家庆祝张安教授生日
（前排左起：张之南、张安、范琪；后排左起：单渊东、潘家绮、武永吉、刘尔坤、李蓉生）

2013年作者大病痊愈后2年，为答谢既是医生又是朋友的专家们聚会
（左起：潘家绮、武永吉、作者、赵永强、李蓉生、蒋朱明）

2008年，北京协和医院血液内科同事庆祝潘家绮70岁生日
（左起：华宝来、王书杰、作者、潘家绮、赵永强、白春梅、范连凯）

2014年，作者（左一）与籍孝诚（左二）、纪宝华（左三）、臧美孚（左四）合影

2014年，潘家绮（左）和北京协和医院原心内科主任朱文玲（右）、原感染内科主任王爱霞（后排）合影

2018年1月，北京协和医院内科大合影后，盛瑞媛（左一）、董怡（左二）、王爱霞（左三）、潘家绮（左四）与张孝骞雕像合影

2014年，北京协和医院ICU同事与作者、潘家绮的合影（前排左起：潘家绮、作者、石岩、彭劲民；后排左起：鲁梅珊、杜斌教授儿子、杜斌、翁利、王春耀）

2014年，北京协和医院ICU同事与作者、潘家绮的合影（前排左起：杜斌教授儿子、潘家绮、作者、孟彦苓；后排左起：鲁梅珊、张萌、翁利、王春耀、许彪、石岩、彭劲民）

2015年北京市重症同人与作者、潘家绮的合影（前排左起：席修明、作者、潘家绮、杜斌；后排左起：陈丁文、宁素茹、孙红、许媛、史丹胡）

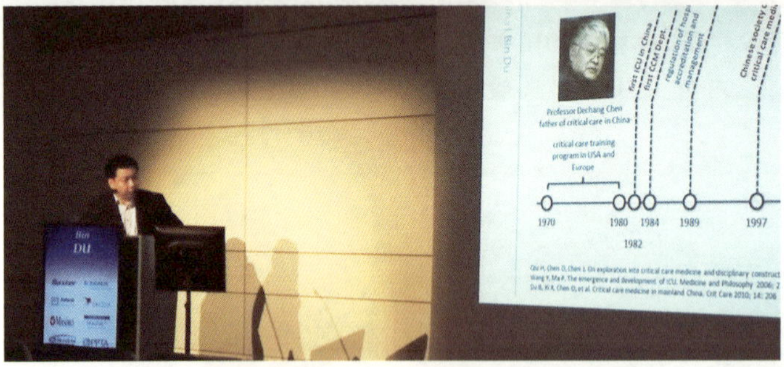

2015年，杜斌教授在比利时参加第35届危重病医学与急诊医学国际研讨会中介绍中国重症医学的发展

2003年，时任长庚医院ICU主任许媛（左）与作者（右）合影

2005年，作者（左）与杜斌（中）、魏东兵（右）合影

2008年，潘家绮（左）、作者（中）、时任宁夏医科大学总医院ICU主任曹相原（右）合影

2008年，时任301医院ICU主任宋青（左）、作者（中）与潘家绮（右）合影

2014年，潘家绮（左一）、作者（左二）、侯百东（左三）和华兆琳（左四）夫妇合影

2013年，作者（左）与乔晓溪（右）合影

2015年，邱海波（左一）、作者（左二）、潘家绮（左三）、杨毅（左四）合影

2018年，作者（左）与北京协和医院急诊科副主任李毅（右）合影

2016年，杨霁（左一）、作者（左二）、潘家绮（左三）、北京协和医院外科ICU主任隆云（左四）合影

2022年，学生到家中看望潘家绮（左起：管向东、康焰、上海瑞金陈德昌、于凯江、邱海波、潘家绮、杨毅）

2016年春节前夕，北京协和医院院领导带领老干部处、团青及科室人员到家中慰问
（左起：时任老干部处处长康红、时任副院长陈杰、潘家绮、时任团委书记杨德彦、作者）

2016年，时任北京协和医院副院长王以朋（左）、潘家绮（中）与作者（右）

2018年中国卫生与健康科技创新发展高峰论坛，时任宣传处处长段文利（右）与潘家绮（左）合影

2021年11月，时任北京协和医院宣传处副处长董琳（右）与作者（左）共同讨论文章

2020年12月，北京协和医院宣传处口述历史团队与作者、潘家绮教授合影
（左起：王晶、潘家绮、作者、董琳、王帅雨）

附录

陈德昌教授生平

探寻全身感染与多器官功能障碍的解决之道
——荣获二〇〇二年国家科技奖

回顾 2003 年 SARS 中陈德昌教授的表现

海内外学术交流

代表性著作题录

陈德昌教授生平

——2022年12月10日

——北京协和医院

陈德昌教授，我国著名医学家、医学教育家，中国重症医学的奠基人和开拓者。

1932年1月生于上海，1953年毕业于上海第二医学院医疗系。1958—1964年在上海第二医学院附属瑞金医院任外科住院医师、总住院医师、烧伤科主治医师。1964年因成功治疗严重烧伤工人邱财康获卫生部嘉奖。1964—1979年任北京协和医院基本外科主治医师，师从曾宪九教授。1979年晋升为外科副教授。1979—1981年受高教部委派赴法国巴黎第五大学Cochin医院综合性加强医疗科进修。1980—1981年在法国巴黎第五大学Ambroise-Pare医院心脏加强医疗科任“巴黎公立医院医师”。1982年任博士生导师。1985年晋升为外科教授。

陈德昌教授一生为我国重症医学事业发展殚精竭虑、鞠躬尽瘁，作出了突出的、不可磨灭的贡献。曾担任北京协和医院原加强医疗科主任；创办中国病理生理学会危重病医学专业委员会并担任首任主任委员。曾担任西太平洋危重病医学联合会理事，世界危重病医学会联盟中国代表，美国微生物学会会员，*Critical Care and Shock*杂志编委等。

中国重症医学的奠基人和开拓者

1979年，陈德昌教授受曾宪九教授委托赴巴黎Cochin医院进修重症医学。1980年，获得“巴黎公立医院医师”资格证书并进入Ambroise-Pare医院工作。陈德昌教授回国后于1982年在曾宪九教授的支持下参照国际先进的学术理念和组织模式，筹建了外科ICU，这是中国大陆第一个ICU。仅仅1年后的1983年，发展到7张床的北京协和医院外科ICU独立成为中国大陆第一个重症医学临床科室——加强医疗科，1984年年初陈德昌教授任首任科主任。作为中国重症医学的奠基人和开拓者，陈德昌教授带领的重症医学团队，不仅将国际重症医学最先进最前沿理念较早地、系统地介绍到了中国，还在此后近40年，一直引领着这个新兴学科的规范化发展。1982年刚刚建立外科ICU，陈德昌教授与马遂教授合作完成北京协和医院第一例肺动脉漂浮导管插管。此后，1982—1998年，曾经为537名患者留置漂浮导管，推动着中国重症医学的探索和发现。

20世纪90年代，在ICU床位不断扩大、从业人员日益增多的情况下，建立国内重症医学学术交流平台的需求迫在眉睫。1996年，陈德昌教授领导国内同人开始筹备国内危重病医学专业委员会。1997年，中国病理生理学会危重病医学专业委员会在北京正式成立，陈德昌教授担任首届全国委员会主任委员，这是国内重症医学界第一个全国性的学术组织，堪称中国重症医学发展历史上的标志性事件，促进了中国重症医学的发展。

在陈德昌教授的带领下，中国病理生理学会危重病医学专业委员会自成立以来，始终致力打造学术交流的平台，促进中国重症医学的发展，在加强国际交流与促进基础知识培训等方面具有鲜明的特色。与欧洲危重病医学会、美国危重病医学会、法语系危重病医学会等学术组织建立了密切联系，2012年欧洲危重病医学会学术年会期间，组委会特地设置了中国专场，使得中国重症医学界首次登上了全球顶级学术会议的讲台。

全身性感染、多器官功能障碍综合征研究的引领者

大量的严重感染患者不明原因死亡，这些患者生前都表现为多个器官出现损伤。陈德昌教授敏锐地抓住这个关键问题，把严重感染多器官功能障碍的临床基础研究放在了重点位置。

1982年至1999年，协和ICU共收治危重患者3760名，其中多器官功能障碍综合征（MODS）患者800余名，由严重感染诱发者占MODS的60%，这在当时为国内最大宗的病例。

以此为基础，陈德昌教授团队对全身感染和MODS进行了系统的基础和临床研究。陈德昌教授提出，这种感染不在局部而在全身，因此更名为全身性感染。这种感染既没有脓也没有毒，一旦触发，就像原子核裂变一样，发生炎症瀑布式反应，导致一个个器官序贯性倒下，最终出现多器官功能衰竭。他总结感染性休克治疗的临床经验，指出治疗关键在于早期纠正低血容量，提高氧输送，避免持久性氧债，并有效控制或清除感染灶。这一认识最终使感染性休克的病死率从66%下降至44%，达到国际先进水平。他带领团队进一步研究发现，细胞因子IL-1家族基因多态性与全身性感染相关。该研究为国际上在基因水平防治严重感染提供了依据，有助于筛选高危患者，以进行相应的预防。相关论文发表在美国

危重病医学会专业期刊*Critical Care Medicine*上。该研究代表了20世纪90年代以来对严重感染研究的新发展，在国际上处于前沿水平。陈德昌教授领衔的“全身性感染与多器官功能障碍综合征的临床与基础研究”获得2002年国家科技进步奖二等奖。2017年获健康传播最高荣誉奖。

发挥外语特长，支援边疆医疗，为祖国和人民贡献力量

陈德昌教授具有坚实的法语基本功，能够进行流利的交流。1952年作为实习医生奉调去丹麦哥本哈根参加国际妇女大会，并担任中国代表团的翻译，发挥了重要的作用。1955年奉调北京生物制品所工作一年，进行了大量的医疗文献翻译工作。1960年奉调中联部参加了《毛泽东选集第四卷》的翻译工作，作为复核组组长高质量完成了校对，保证了出版。1962年被卫生部指派参加中国卫生代表团访问越南的工作，担任代表团秘书和翻译，工作得到一致好评。由于表现出色，1963年接卫生部临时外调令成为中国军事医学代表团随员，开启了第二次越南之行，任务8个月。1972年作为中央赴西藏阿里第二批医疗队队长，奔赴雪域高原两年，医治了大量藏族同胞，为祖国和人民作出了贡献。

在“SARS”期间作出卓越贡献

作为国内重症医学的领军人物，陈德昌教授在历次重大公共卫生事件为国献策。2003年“非典”肆虐期间，71岁的陈德昌教授再次担当重任。奉调在北京市防治指挥中心工作，多次参加危重患者会诊，向上级政府和机关建议动员三甲医院ICU医师和护士，集中治疗“非典”危重患者以降低病死率，取得了显著效果。陈德昌教授因此荣获中国科协颁发的奖状以及北京市委、市政府授予的金质奖章。

杰出的医学教育家

为了传播危重病医学理念和加强医疗技术，推广ICU组建的模式，1983—1998年，陈德昌教授牵头组织培训各省市进修医生150余名和进修护士200余名，其中大量人才已成为业务骨干或科室带头人。1987年起，受卫生部委托，多次主持全国危重病医学讲习班。1989—1996年，主持由北京协和医院主办的全国危重病医学学术会议共8次，促进了国内各地区ICU网络的建成。1997年创

建中国病理生理学会危重病医学专业委员会（二级学会），陈德昌教授任第一、第二届主任委员。2005年中华医学会重症医学分会成立，聘任名誉主任委员。2009年，任中国医师协会第一届重症医学医师分会主任委员。

从1982年开始，陈德昌教授培养了诸多中国重症医学界的领军人物。1984—1998年，培养硕士5名，博士6名。学科创建伊始，刘大为、席修明、严静、陈德昌（上海）、许媛、邱海波、杜斌、马朋林、周建新、隆云、李毅等陆续进入ICU，在他的指导下学习重症医学，他们陆续成为中国重症医学的中坚力量。首任中华医学会重症医学分会主任委员刘大为教授、中华医学会重症医学分会候任主任委员陈德昌（上海）教授，以及新冠疫情中被冠以“重症八仙”之名的杜斌教授、邱海波教授等，均出自他的门下。陈德昌教授为中国重症医学顶尖人才的培养发挥了重要作用。

陈德昌教授担任的主要国内外学术团体职务

美国微生物学会会员；

美国科学促进协会会员；

美国*Critical Care and Shock*杂志编委；

世界危重病医学学会联合会中国委员；

西太平洋危重病医学联合会（WPACCM）理事；

中华人民共和国卫生部国际交流中心第一、第二、第三届理事；

中国病理生理学会危重病医学专业委员会第一、第二届主任委员；

香港中文大学医学院客座教授等。

所荣获的奖项及奖状

1964年　救治邱财康大面积烧伤成功　获卫生部颁奖　二等功

1995年　获第23届日本急救医学会颁发的演讲感谢状

2001年　领衔研究项目“严重感染诱发多器官功能障碍综合征基础与临床研究”
获2001年北京市科技进步奖二等奖
获2001年中华医学科技进步奖二等奖

2002年　获2002年国家科技进步奖二等奖

2003年　首都防治SARS工作先进个人
中国科协、北京科协颁发奖状

　　　　北京市委、北京市政府授予金质奖章
2004年　美国心脏病协会授予促进ECC（心血管急救）项目在中国开展奖
2005年　被聘为中华医学会重症医学分会第一届名誉主任委员
2008年　获北京协和医院杰出贡献奖
2009年　获中国病理生理学会危重病医学专业委员会终身成就奖
2010年　获全军重症医学会终身成就奖
2010年　获北京医学会医学成就奖
2012年　获中华医学会重症医学分会终身成就奖
2017年　获健康与科学传播最高荣誉奖
2021年　获“敬佑生命　荣耀医者”第六届公益活动“生命之尊”

1995年获第23届日本急救医学会颁发“The Relations of Hemodynamics, Oxygen Delivery and Gastric Intramucosal PH in Patients with Septic Shock”演讲的感谢状

2002年党和国家领导人接见国家科学技术奖励大会代表

SARS优秀共产党员奖章

2004年美国心脏病协会授予的促进ECC（心血管急救）项目在中国开展的奖状

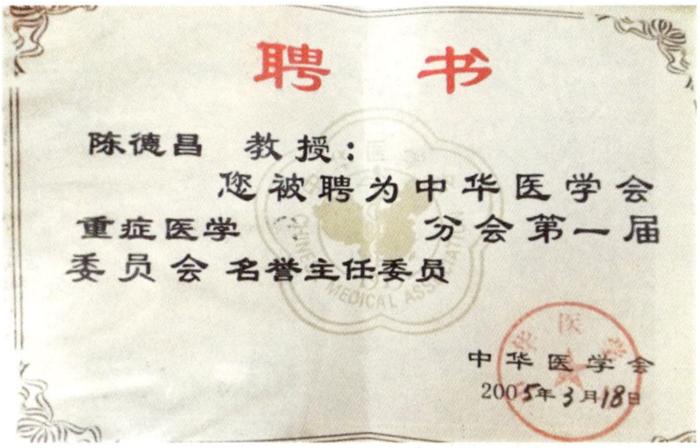

2005年，被聘为中华医学会重症医学分会第一届委员会名誉主任委员

2008年，获北京协和医院颁发的杰出贡献奖

2009年，荣获中国病理生理学会危重病专业委员会终身成就奖

2010年获"北京医学会医学成就奖"

2012年，中华医学会重症医学分会颁发的终身成就奖

中华医学会重症医学分会重症医学终身成就奖——陈德昌教授

颁奖词：既见君子，云胡不喜？

他以医者仁心，率先将重症医学引入中国。

一个名字，一段传奇。

挽着一个时代，他引领中国重症医学蹒跚起步。

他是奠基者，更是引路人。

站在生命的最后一道防线上，他说，身穿白衣，就要对生命负责到底。

身处从理论到实践的最前沿，他播下了重症医学的种子。

ICU里，他是与死亡对峙的杏林斗士，救人无数。

桃李园下，他是辛勤哺育的妙手园丁，授业万千。

博学笃志，切问近思。他的过去，是我们无法描摹的标尺。

年虽耄耋，志在千里。他的未来，还将砥砺前行，书写新的辉煌。

荣获健康与科学传播最高荣誉奖

2021年荣获“敬佑生命荣耀医者”第六届公益活动“生命之尊”

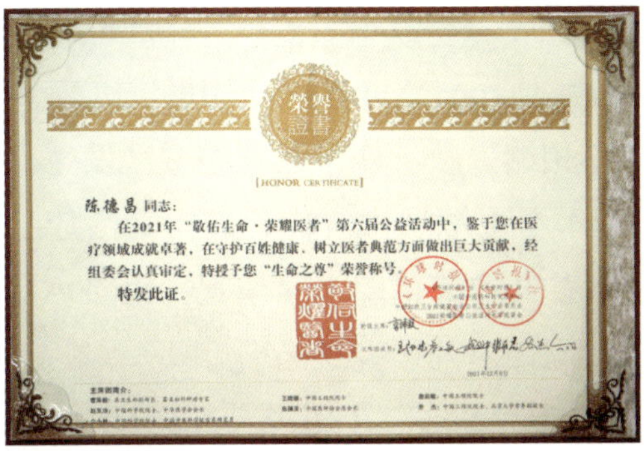

2021年"生命之尊"荣誉证书

在党60年致敬函

光荣在党50年纪念章

庆祝中华人民共和国成立70周年纪念章

探寻全身感染与多器官功能障碍综合征的解决之道——荣获2002年国家科技进步奖二等奖

——作者：北京协和医院 王晶，段文利

——2018年11月14日发表于《中华重症医学杂志》

2002年第9期的《医学研究通讯》杂志发表了一篇由北京协和医院陈德昌教授撰写的科研成果介绍，该项成果获得了当年的国家科学技术进步奖二等奖，题目为"全身感染与多器官功能障碍综合征的临床与基础研究"。其开篇提到，"细菌及其产物可造成全身炎症反应综合征（systemic inflammatory response syndrome，SIRS）与代偿性抗炎反应综合征（compensatory anti-inflammatory response syndrome，CARS）失衡，导致广泛组织被破坏，引起多器官功能障碍综合征（multiple organ dysfunction syndrome，MODS）。20世纪90年代以来，采用抗炎症介质治疗的多中心临床试验相继失败。四个器官序贯性发生功能衰竭者的病死率为100%，需要基础与临床医学更深层次合作，以提高治疗水平，改善预后。”简短、理性的科学论述中透露出的信息却不容乐观：MODS是危重患者死亡的重要原因，也是国际医学界共同面对的研究难题。

人类对MODS有了主观认识仅有半个世纪。1967年，外科医师Ashbaugh发表论文《成人呼吸窘迫综合征》，发现肺外疾病可以诱发肺部以及其他远距离器官功能衰竭。1973年，Tilney等发现腹主动脉瘤破裂患者手术后，在原始受损害的器官以外，可以引发序贯性的、多个远距离器官功能障碍。1977年，Eiseman等学者首先提出了“多器官功能衰竭”（multiple organ failure，MOF）的概念，后于1991年由美国胸科医师协会/危重病医学会（American College of Chest Physicians/Society of Critical Care Medicine，ACCP/SCCM）修正为“MODS”。MODS不是几个单器官功能衰竭的数学累加。学者们曾假设，在严重创伤或者严重感染等情况下，有一种“触发机制”，致使原来健康的器官也会像多米诺骨牌那样一个一个地倒下。这种假设成为重症医学发展的“起飞点”。

重症医学在中国起步于改革开放的年代。时任北京协和医院外科主任的曾宪九教授早在20世纪50年代初就有意愿创建一间休克病房，但受历史条件限制未能实现。他敏锐地觉察到，20世纪60年代以来，重症医学在全球范围内逐渐形成可观的发展态势，新的概念相继问世，某些生理或病理生理学的实验室技术也进入临床实践。新概念与新技术结合，必将推动学术的发展。因此，他认为协和医院建设现代化重症监护病房（intensive care unit，ICU）刻不容缓。1979年，他委派陈德昌到法国巴黎第五大学Cochin医院学习现代重症医学知识，两年后陈德昌回国。1982年，曾宪九果断决定创建外科ICU。1983年，参照国际先进的学术理念和组织模式，北京协和医院建立了中国大陆第一家规范化的综合性ICU，有7张床位。这个新成立的临床专科被曾宪九亲自命名为“加强医疗科”，陈德昌被任命为首届科主任。

曾宪九之所以不遗余力地推动ICU的建设，是因为这符合他一贯的学术思想，即把基础研究的最新成果应用于临床，促进临床医学的发展。早在1961年，曾宪九就建立起外科代谢与营养实验室，实验室在20世纪60年代和80年代两个不同阶段的研究，为危重患者机体反应和器官功能支持等课题打下了基础。

在曾宪九以临床问题为导向、注重创新思维和实验求证精神的影响下，陈德昌形成了与之一脉相承的善于临床思考、勇于研究探索的学术风格。在他的带领下，北京协和医院ICU创建伊始，就利用医院得天独厚的学术资源和疾病资源优势，着手进行危重患者机体反应和生命支持等方面的课题研究。

当时的ICU以收治严重感染患者为主，严重感染是经常遇到的、棘手的临床疑难问题。在全球范围内，严重感染也是患者主要的病死原因之一，严重感染所致MODS是国际公认的研究难题，这个难题便成为协和ICU团队的研究课题。1982年至1999年，北京协和医院ICU共收治危重患者3760名，其中MODS患者800余名，由严重感染诱发者占MODS的60%，这在当时为国内最大宗的病例。以此为基础，北京协和医院ICU团队对全身感染和MODS进行了系统的基础和临床研究，使MODS的治疗水平在全国领先，并达到国际先进水平。

在临床研究方面，确立了重症医疗的指导思想和目标。强调早期诊断和早期积极复苏治疗的重要性；明确重症医疗的目标在于支持重要器官功能，以赢得时间，为病因治疗创造条件，防止发生多器官功能衰竭。

研究团队在国内率先开展了对感染性休克血流动力学与氧输送的研究，以指导复苏治疗。如1982年起应用肺动脉漂浮导管进行床边血流动力学动态监测，1987年把氧输送与氧耗等参数列入血流动力学监测项目，1988年应用胃张力计监测胃黏膜pH反映组织氧合状态。于是，形成了一整套在血流动力学、氧输送、胃黏膜pH参数指导下的输液复苏方案，明显提高了治疗水平和存活率。

研究团队在国内率先对院内感染致病菌进行流行病学监测和分析，认识了当时医院获得性感染的特点和严重性，结果发现革兰阴性杆菌的比例已经从16%增至40%左右，分析了最常见的致病菌种类，可指导经验性抗生素治疗，防止患者早期死亡。当时，住院医师杜斌负责对ICU感染致病菌进行定期流行病学监测。

研究团队对感染性休克的输液复苏与心血管功能支持性治疗进行了探讨。1982年起，在血流动力学参数指导下进行积极的大量输液，及时纠正早期低血容量。在全国率先研究多巴胺和多巴酚丁胺的血流动力学效应，当年硕士研究生刘大为担负监测工作，取得了良好的效果。通过测定感染性休克后期经食管超声心动检查和右室射血分数，指导输液治疗和正性肌力药物的应用。总结感染性休克治疗的临床经验，认为治疗关键在于早期纠正低血容量，提高氧输送，避免持久性氧债，并有效控制或清除感染灶。最终使感染性休克病死率从66%下降至44%左右，达到国际先进水平。

研究团队对呼吸机相关性肺损伤进行了实验研究，为保护性肺通气策略的实施提供了依据。以此为前提，对1991年至1996年的216例急性呼吸窘迫综合征患者进行分析，结果显示直接死于顽固性低氧血症者仅占12.7%，多数死于感染性休克或其他肺外脏器功能衰竭。经综合治疗，使急性呼吸窘迫综合征病死率从最初的55%～60%下降至40%左右，与国际先进水平近似。

研究团队自1984年起率先对MODS伴急性肾衰竭的患者应用持续性血液滤过术，同时可以有效保证营养支持与输液复苏治疗，避免失衡综合征，挽救了部分患者的生命。

在基础研究方面，研究团队自1992年起，先后把“细胞因子在感染及器官损伤中的作用及治疗探讨”“肝脏枯否细胞在感染诱发多器官损伤中的作用”等立题研究，由当年博士研究生邱海波、孙东旭等负责实验室工作，取得肯定的成果。通过十余年的临床实践，发现临床上全身感染患者对治疗反应存在个体差异：全身感染严重程度相似的患者，只有部分会发生多器官功能衰竭，而有些人对治疗的反应良好，病死率较低。因此，团队于1998年起对“细胞因子白介素（interleukin，IL）-1家族基因多态性与全身感染”进行研究，博士研究生马朋林负责实验室工作，并且选择全身感染患者及健康志愿者各60名，比较性地研究了细胞因子IL-1基因多态性与全身感染易感性、全身感染程度及预后的关系。结果发现，基因IL-1A或IL-1B等位基因2与IL-1RN等位基因2同时出现时，病死率极高（80%），可能是全身感染的高危遗传学标志；等位基因1/1基因型纯合子则有保护作用（病死率为0）。该研究为在基因水平防治严重感染提供了依据，有助于筛选高危患者，以进行相应的预防。有关论文发表在美国危重病医学会专业期刊*Critical Care Medicine*上，该杂志主编、著名危重病学家Joseph E. Parrillo为此论文亲自撰写专题述评，称赞这一对多个基因多态性与全身感染类型及疾病严重程度关系的比较研究有独到之处，对进一步开展遗传异质性与全身感染关系的研究具有重要意义。同行点评认为，本研究代表了20世纪90年代以来对严重感染研究的新发展，在国际上处于前沿水平。

时至今日，重症医学领域仍在相关疾病的发病机制、诊断标准和治疗方案等方面持续进行探索，新概念的更新、新进展的取得令人鼓舞。作为中国重症医学的奠基者和开拓者，北京协和医院重症医学科不仅将重症医学理念较早地、系统地介绍到了中国，还在此后的近40年，一直引领着这个新兴学科的发展，将这棵幼苗呵护为参天大树。

回顾2003年SARS中陈德昌教授的表现

——2003年11月14日

素材提供者：北京协和医院副院长杜斌教授

年逾七旬的陈德昌教授是北京协和医院加强医疗科教授、中国病理生理学会危重病医学专业委员会主任委员

初春的北京，本应是他稍感闲暇的日子。但是，一纸调令打乱了本应平静的生活。4月下旬，作为专家指导组的成员，陈德昌教授来到了刚刚成立不久的北京SARS医疗救治指挥中心。

直到此时，他才真正意识到SARS对北京市医疗卫生行业造成的巨大冲击。原有的定点医院早已人满为患，而新指定的定点医院难以迅速准备到位，许多医务人员相继病倒在岗位上。与此同时，新增SARS确诊和疑似病例日益增加，高峰时超过每日300人，因而许多患者的及时住院成为难题。

面对几近失控的局面，指挥中心的部分工作人员着急地落了泪。陈德昌教授心里也是万分焦急，但他更深知此时保持冷静头脑的重要性。他详尽地分析了北京的疫情以及危重SARS患者的情况，仅用两天时间就向中心领导提出在SARS定点医院设立重症监护病房（ICU）的建议："危重患者的集中收治，既保证了医疗护理工作的质量，又能够节省人力、物力和财力的投入，从而避免早期ICU医护人员疲于四处作战的情况。"

短短的一个星期内，陈德昌教授向指挥中心提交了7份书面建议，内容涉及ICU的具体人员配备、防护措施、危重患者的治疗措施等。在SARS疫情肆意流行的危急关头，陈德昌教授提出了"重症患者集中收治，集中管理"这一具有战略性意义的建议，同时提出ICU病房必须由ICU专业人员组成，以保证ICU的救治水平。年逾古稀的他连夜写出了SARS患者ICU病房的基本标准及人员设备安排。此外，陈德昌教授还利用自己在全国危重病医学界的威望，动员浙江大学医学院组织ICU医护人员近百人，随时准备进京担负医疗救治任务以支援北京。为

了贯彻重症SARS患者集中收治，陈教授又倡导并主持制定了重症患者的转运指导原则及救护车装备标准，亲自号召并点名组成ICU专家转运护送队，实现了急危重患者安全转运的创举，为有效提高对重症患者的救治水平、降低病死率起到了决定性的作用。

两个多月以来，他夜以继日奋战在北京SARS医疗救治指挥中心的工作岗位上，完成了大量的日常会诊、电视电话远程会诊以及死亡病例分析工作。另外，他还参加了《SARS临床工作指南》一书的编写；为了提高临床医生对呼吸机的使用水平，组织制作了VCD教学光盘。这些工作的开展在危重症患者的救治中起到了重要的作用。

自陈德昌教授提出建议至今，超过100名的危重患者转入ICU病房，接受ICU正规的治疗和护理，患者宝贵的生命得以挽救。

陈德昌教授作为一名资深知名专家，在危急关头，挺身而出，表现出一名老专家强烈的事业心和责任感。陈德昌教授是指挥中心所有工作人员中年龄最大的一位德高望重的老专家，他不顾年老体弱，曾患脑血管病，但他连夜奋战在工作岗位上。在抗击SARS的战役中，始终战斗在斗争的最前沿。正是在他这种无私奉献精神的感召下，一大批ICU的专家、医生、护士走进隔离病房，不分昼夜地工作，挽救了无数患者的生命。

2003年SARS指挥中心合影
（坐排：陈德昌教授，站排由左至右：杜斌、席修明、安友仲教授）

海内外学术交流

2006年第14届APACCM开会致辞

大会主席　陈德昌

——2006年8月19日

背景介绍：2006年，“西太平洋危重病医学会”（Western Pacific Association of Critical Care Medicine，WPACCM）改名为“亚太危重病医学会”（Asia-Pacific Association of Critical Care Medicine，APACCM）。2006年8月26日至29日，第14届APACCM大会在北京国际会议中心召开，大会由该学会和中国危重病医学会（中国病理生理学会）联合举办。参加本次会议代表950余人，来自25个国家和地区。本次会议共收到国内外论文210余篇。

作为中方执行主席，我在大会召开前夕举行的晚宴上，向来宾致欢迎词，并在大会上作学术演讲。

第14届亚太危重病医学会（APACCM）国际会议暨第7届中国病理生理学会危重病医学专业委员会（CSCCM）全国会议即将如期在北京举行。

本届大会是在这样的历史时期召开的：危重病医学面对21世纪的挑战。在诸多疑难课题中，严重感染作为住院患者的急性杀手，死亡率居高不下，引起国

际医学界普遍关注。20世纪初，巴塞罗那宣言号召向严重感染宣战，目标在今后5年内降低严重感染死亡率25%，并推出“严重感染治疗指南”。一场全球性联合行动正在展开。

我国从事危重病医学工作者不能置身事外。任何医疗理念或策略的改变，必将接受实践的检验，需要在全国范围内，进行广泛的论证和探讨，以求有所发现。因此，必须对我国多中心临床试验，建立切实可靠的质控和监督制度，才能在国际学术论坛上争得发言权，使科学进展对患者有益。纸上谈兵、不甘心深入实践，可以哗众取宠于一时，终难有所建树。照抄照搬，学而不思，无实事求是之心，则难以取得实效。至于肆意炒作，急功求利，必将为世人诟病。要实现宣言的目标，我们对当今形势下的不良思潮，应该有清醒的认识。

他山之石可以攻玉。此次应邀莅会的嘉宾中，有几位著名学者曾参与巴塞罗那宣言的撰写和“指南”的编制工作。希望与会代表们，通过报告、讨论或交谈，能够获取启示和教益。现代医学已经从“描述性医学”走向“理解性医学”。经历了大体生理学、细胞生物学、分子生物学等不同发展阶段，现代医学正进入系统医学生物学的新时代。与时俱进，需要我们付出劳动。

与此同时，全国会议将进行换届选举。一些老同志或因年事已高，或因离职退休，将从全国委员会中退下来。我们钦佩他们的敬业精神和开拓精神。我们感谢他们从学会创建伊始所进行的不懈努力。一批中青年，以中年骨干为主体，将被选入新一届全国委员会。做好青老接替，把中青年的能量释放出来。此外，鉴于临床与基础医学结合的必要性和艰巨性，一些病理生理学科的老师将被选入新的委员会，为进一步探索结合的途径，提供必要的人才资源基础。希望新一届全国委员会将更有朝气，具有更强的生命力。

在这里，我高兴地宣布：今年6月，经中国病理生理学会理事会批准，特别聘请6位院士，德高望重的长者，为中国病理生理学会危重病专业委员会的顾问。他们是盛志勇、黎介寿、黎磊石、王正国、钟南山、郑树森。祝他们老当益壮，给后来者更多的教诲和栽培。这对于危重病医学在我国的可持续性发展至关重要。

最后，我向中国科协会议中心全体老师们表示衷心的感谢。他们任劳任怨、克勤克俭、临乱而不慌、处置有方。本届大会之所以能如期召开，他们功不可没。我们十分感谢中华医学会、中国人民解放军重症医学会的大力支持。

预祝大会圆满成功。

中国医师协会重症医学医师分会《宣言》

——2009年7月10日

中国卫生部2009年1月19日下发文件，增加一级诊疗科目“重症医学科”，代码“28”。

从文件下发之日起，重症医学科成为一门独立的临床诊疗科目。宗旨：①对可能发生或者已经发生的，危及患者生命的，急性的器官功能障碍，进行紧急复苏（resuscitation）以及延续性多个器官功能的支持治疗（prolonged multi-organ systems titrated life-support）；②尽早重建人体内环境稳定（homeostasis），为病因针对性治疗，创造条件或赢得时间（buy the time），最终控制疾病；③对严重的致病因素的打击、所引发的机体应答紊乱，特别在多个器官功能受损的条件下，各个器官之间的相互作用和影响（organ-interaction）及其调节机制，进行临床与基础医学相结合的科学研究。

重症医学的临床基地是ICU。为保证医疗服务质量，要具备下列基本条件：①特定的区域；②床边的、实时的监测仪器以及高科技治疗装备，并提供24小时无障碍运行；③ICU专职医师经过重症医学科的专业培训和考核。提高护士与患者（N：P）的比率；④医院血库、药房、中心实验室及其他后勤提供全天候保障。

重症患者医疗服务要规范化。诊疗《手册》或《指南》既经制定或公布，一方面要落实到日常医疗实践中去，以获取切实的效益。在此过程中，进一步发现新问题，作为更新《指南》的依据。另一方面，要加强人性化关切，包括伦理学、心理学、医患关系以及医生与患者家属的关系等方面。医学与人文科学相结合。建设人文化ICU。积极参加灾难性突发事件的救援工作。当重症危及生命的关键时刻，给患者有力的医疗救援和照顾，使他们真正受益，这是重症医学专科的立足之本。

重症医学是一门新兴学科。当医学科学发展到一定水平，需要深化对各个器官、各个系统问题的研究。临床医学于是出现以不同器官（系统）为基础的各种专科。然而，当医学发展到今天的水平，多个器官相互作用、相互干扰，发生序贯性功能衰竭，病死率明显高于单器官功能衰竭。从“单个器官”到“多个器官”，出现新的转变，提出新的挑战。需要从临床实践中去发现问题，提高到基础医学的水平来分析，提出假设，进行研究。然后，回到临床实践，以求验证。按“临床—基础—临床”模式，不断地探索与求证。要善于从失败中吸取教训。这是重症医学可持续性发展的动力。

在有条件的医院，特别是教学医院，重症医学专业医师要做好科学研究。强力的致病因素打击下，所引发的机体应答紊乱，必然需要医学干预。调整机体应答的失衡，重建新的平衡，始终是世界性难题。这方面的临床与基础医学相结合的研究，需要由重症医学专科医师主导并负责。多中心临床试验（clinical trials）应该按照循证医学原则进行。认真的科学研究才能从根本上改进医疗水平。

从“单器官”向“多器官”的转变，从另一个侧面，凸显了重症医学“跨学科”（interdisciplinary medicine）的特性。重症医学作为一门临床专科，具有独立性。这是全国从事重症医学专业的同道们盼望已久的，经过二十余年的共同努力的结果，来之不易。我们将以我们的努力，证明并发展重症医学专科的特色和独立性。在学术上，加强开放和兼容。在学术面前，科不分大小，人人平等。

今天中国医师协会重症医学医师分会成立了。中国医师协会是行业性群众组织。重症医学医师分会要维护本行业医师的权益，明确职责，考核资格，严肃纪律，提高道德品质，使那些危及生命的急性重症患者能够得到高科技、高质量的医疗服务。为此，必须在重症医学医师协会内部，加强监督和管理。

重症医学医师分会号召全体会员，通过努力和奉献，扩大本行业的影响和社会效益。成立大会的主题是打造我们的家园。要打造一个兵强马壮的家园。这是一个大的家园，人多，自然会有不同意见。我们主张讨论、交流、更多的理解、必要时的妥协、彼此注意对方合理的愿望和利益，化解不和谐因素，打造一个和谐的家。

重症医学科要独立。学术要开放，要兼容。重症医学医师分会这个家要和谐。愿有志于从事重症医学的同道们，奉献大家的青春年华、汗水、劳累和激情，提升学科的软实力，让重症医学在我国的大地上发扬光大。

北京协和医院陈德昌教授执笔

2009年07月10日中国医师协会重症医学医师分会成立大会上宣读

中国医师协会重症医学医师分会成立专家合影
（前排右起席修明、北京协和陈德昌、覃铁河、方强；后排左起医师协会洪雪丹、周建新、马朋林、褚杜明、王春亭、杜斌、干事长李元忠、康焰等共8名副会长）

第二届全军危重病医学大会开幕式致辞

——长沙2009年4月2日

我很高兴参加第二届解放军危重病医学大会。700多位同道们参加了这次会议。与大家在一起，切磋学术，我能感受到解放军的活力和蓬勃朝气。

你们有盛志勇、黎介寿等院士级领军人物，你们有林洪远、马朋林、李维勤、宋青、姚咏明、陈林等一批年富力壮的学科带头人，率领着大家前进。宝贵的人力资源是危重病医学可持续发展的保证。

我与家绮参会

原304医院林洪远教授（时任全军重症专委会主任委员）、家绮、作者、马朋林合影

危重病医学在中国作为一门新兴的学科，经过20余年的奋斗，依靠大家的努力，获得了医学界的认可，并被社会接受。现在，我们拥有三个全国性的危重病医学的学术团体。今后应该怎样走下去？需要运用创新思维，寻求更为明确、更为清晰的共识。

一个人要有反思的能力，有总结成功经验和失败教训的能力，他才能继续进取，继续开拓。

一支军队有反思的能力，有总结成功经验和失败教训的能力，一定是有战斗力的军队，有伟大前途的军队。

我相信解放军同道们能够为危重病医学在我国的发展，发挥带头作用。

预祝大会成功。谢谢大家！

北京大学医学部重症医学系成立大会贺词

——2009年11月17日

尊敬的各位领导
尊敬的各位老师
同道们、朋友们：

危重病医学是医学领域中最年轻的学科，在全世界，历史不过50年。25年前，危重病医学在我国曾经是空白。危重病医学的引进和发展是改革开放的产物。

2008年10月，在北京大学医学部重症医学系成立大会上，作者致贺词演讲

今天北京大学医学部成立重症医学系。作为学科的医学教研的基本建设工程的一个实体，医学院成立学系的作用是医学会或其他群众性学术团体所不能替代的，因而是一件大事。我表示热烈祝贺，并且向以安友仲教授为首的学系领导表示热烈的祝贺。

危重病医学从诞生之日起，她的渊源是多元性的，她的发展不可避免的是跨学科性的。大家都希望我国危重病医学能够取得长足的发展，在国际学术界取得一席之地。怎么办？要有特色，要与众不同。所以，需要创新思维。创新思维不等于胡思乱想，必须接受客观实践的检验。

问题在于，现在的医学教育能培养出有创新思维的学术领军人物吗？钱学森老先生在生前说过："中国还没有一所大学能够按照培养科学技术发明创造人才的模式去办学"，"没有自己独特的创新东西"。他认为："这是中国当前的一个很大问题。"

我在北京协和医院工作，我认为协和医学教育有好的传统。新中国成立前，学生人少，是精英教育。新中国成立后，情况发生改变，客观需求不同，学生多得多了，老师与学生的沟通不如过去。我和曾宪九教授，因为"文化大革命"特殊情况，反而有更多的机会，面对面地交谈。在学术思想方面，我得益于曾宪九老师的教导。21世纪有着新的需要。新的学术领军人物将不同于张孝骞，不同于曾宪九。实际上，也不可能复制张考骞，不可能复制曾宪九。

医学教育要适应时代的需要。人才是从民主学风中"冒"出来的，从公平和公开的竞争和较量中"冒"出来的。民主学风和公平的竞争也是产生创新思维的土壤。

我国经济处于转型阶段。新时代对社会和科学所提出的新的需求，永远是学科发展的最大动力。新兴学科的产生需要一批走在时代学术新潮流前面的人。新的需要，必将产生新一辈的人才。我们是有希望的。

危重病医学要取得可持续的进步，做好重症医学系的教育，显得特别重要。

预祝北京大学医学部重症医学系取得成功，为危重病医学在我国的发展作出贡献。

谢谢大家！

中国病理生理学会危重病医学专业委员会成立20周年大会开幕致辞

——2016年8月10日

至今日（2016年）中国病理生理学会危重病医学会成立，已经20年了。经过大家的努力，危重病医学会已经成为我国医学界的一支有生力量，在国际学术组织中取得了一定的席位。在全国疫情暴发和地震自然灾害等急救援助中，ICU发挥了重要的作用，得到社会的肯定。我向大会表示祝贺。向大家表示感谢。

21世纪正面临着新的挑战，我们要静下心来思考当今的问题在哪里。危重病医学是新兴的学科，是发展中、变革中的学科。学科的生命力在创新思维，在创业精神。创新就是不要被已经知道的东西困住，不要被原有的专科束缚。创业就是为实现危重病医学的理念，敢闯敢干，不信邪，不罢休。

我们的学会提倡学术自由。一个人，一种学术流派，可以有不同的见解。但目标是共同的。不能忘了当初为什么要建设ICU，为什么要发展危重病医学，不要忘了什么是危重病医学的学术理念。我们的学会提倡学术争鸣，不要学术垄断，要提高大家的科学素质。孔子说："君子和而不同，小人同而不和。"

无论是美国的经验，欧洲的、澳洲的、亚洲的或是其他国家的经验，都可以借鉴。但必须适应我们国家以及不同地区的社会、文化、医疗等条件。不能移花接木，不能拔苗助长，更不能"一刀切"。所有的假设都将经受实践的检验。我们要三省吾身：我们是谁？我们是怎么走过来的？我们要往哪里去？中国病理生理学会危重病医学分会和中华医学会重症医学分会在一起，不忘初心，奋勇前进。危重病医学在中国将迎来明天的太阳。

2016年9月，北京协和医院杜斌教授宣读陈德昌教授贺词

其他国内外学术交流会议照片合集

1991年首届全国ICU专题讨论会代表合影（第一排左六：作者）

1997年9月第二届全国危重病医学研讨会代表集体合影（第一排右十：作者）

1999年，全军首届危重病医学研讨会（304医院主办）
右一：王谊冰（304医院重症医学科）
右二：席修明（北京复兴医院重症医学科）
右三：赵金光（时任304医院院长）
左一：陈胜清（时任304医院副院长）
左二：作者
左三：盛志勇院士（304医院）

2000年2月美国奥兰多，第29届危重病医学教育和科学研讨会

中华医学科技奖颁奖大会暨2002年新春专家座谈会（右一：作者）

2004年10月，湖南省首届危重病医学学术会议（左四：作者）

2006年6月，首届全军危重病医学研讨会演讲（南京军区总医院主办）

2008年江苏省第六届重症医学大会（左三：作者）

2008年11月，中国病理生理学会危重病医学专业委员会十周年纪念第八届危重病医学全国会议暨中华呼吸病学会呼吸生理和重症监护学组年会于广州召开

2008年第二届全军重症医学大会暨沈阳军区首届重症医学会议（左起：时任301医院ICU主任宋青、作者、潘家绮、时任广州军区总医院ICU主任苏磊）

2009年5月第三届中华医学会重症医学会年会（站立者：作者）

2009年12月第二届中法危重病医学研讨会暨上海重症医学论坛（左起：席修明、潘家绮、昆明医科大学附属第一医院况铣、作者、上海瑞金医院李宏为、上海瑞金医院汤耀卿、杜斌、原上海长征医院陈德昌）

2009年12月，第二届中法危重病医学研讨会暨上海重症医学论坛（中方主席）

2009年10月，北京医学会危重症医学专业学术年会

2012年6月1日，潘家绮（左）、作者（中）、阜外医院外科ICU中心主任张海涛（右）合影

2012年6月1日，中国医师协会“中国心脏重症的发展之路”研讨会上发言

2012年，第6次全国重症医学大会

2012年9月，中国医师协会中国病理生理学会学术会议

2015年北京重症医学年会（左起：杜斌、姜利、许媛、马朋林、席修明、潘家绮、作者、周建新、宋青）

2018年中国卫生与健康科技创新发展高峰论坛

代表性著作题录

- 《黄家驷外科学》第十六章“感染与多器官功能障碍综合征”
- 耿德章主编《老年医学》第二十一章“老年人急性危重病与多器官功能障碍综合征”
- 陈德昌主编《感染与多器官功能障碍综合征》
- 血清降钙素和白细胞介素6检测在感染性和非感染性炎症反应鉴别诊断中的作用[J]．中华医学杂志，2002，82（16）：1111-1114.
- 白细胞介素1家族细胞因子基因多态性对全身性感染的患者预后的影响[J]．中华医学杂志，2002，82（18）：1237-1241.
- 感染相关性器官衰竭评分对多器官功能障碍综合征预后判断的意义[J]．中华医学杂志，2001，81（2）：78-81.
- 雷公藤单体T4对小鼠肺泡吞噬细胞释放细胞因子的影响[J]．中华医学杂志，1999，79（3）：232-233.
- 感染、细胞因子与多器官功能衰竭[J]．中华医学杂志，1991，71（12）：717-719.
- 综合性加强医疗病房的获得性细菌性感染[J]．中华医学杂志，1996，76（4）：262-266.

- LPS诱导器官损伤中炎症细胞因子的表达及药物治疗探讨[J]．中华医学杂志，1996，76（4）：254-257.
- 选择性抑制诱导型NO合酶对内毒素性休克的影响[J]．中华医学杂志，1996，76（11）：813-817.
- 3447例尸解病例深部真菌感染分析[J]．中华医学杂志，1996，76（5）：352-354.
- 危重病患者菌血症75例分析[J]．中华医学杂志，1998，78（6）：416-419.
- 急性ARDS患者病死危险因素的调查[J]．中国危重病急救医学杂志，1998，10（2）：523-527.
- 危重病患者中心静脉插管相关性感染前瞻性研究[J]．中华外科杂志，1997，35（7）：398-488.
- Genomic polymorphism within Il-1 family cytokines influences the outcome pf septic patients[J]. Critical Care Medicine, 2002, 30 (5): 1046-1050.
- Procalcitonin may be a better Predictor of interleukin-6 than Conventional Inflammatory Markers[J]. Critical Care and Shock, 2002, 5 (3): 177-182.
- Inhibitory Effects of NO & Il-10 on production of TNF, Il-1 & Il-6 in mouse alveolar macrophages[J]. Acta Pjarmacol Sinc, 1999, 20 (3): 271-275.
- Effects of dexamethasone & ibuprofen on LPS-induced gene expression of TNF, Il-1 & MIP-1 in rat lung[J]. Acta Pharmecol Sinica, 1997, 18 (2): 165-168.
- Effects of dexamethasone,ibuprofen &; ligustrtazini on LPS-induced YNFproduction[J]. Acta Pharmacol Sinica, 1997, 18 (1): 67-70.